U0915842

证券期货业标准汇编

Compilation of Standards of the Securities and Futures Industry

(2003—2013)

|上卷|

中证信息技术服务有限责任公司
证券期货业编码和标准服务中心 编

中国经济出版社
CHINA ECONOMIC PUBLISHING HOUSE
北 京

图书在版编目（CIP）数据

证券期货业标准汇编（2003—2013）/ 中证信息技术服务有限责任公司、证券期货业编码和标准服务中心编.
北京：中国经济出版社，2014.7
ISBN 978-7-5136-3329-1
Ⅰ.证… Ⅱ.①中… Ⅲ.①证券市场—行业标准—汇编—中国—2003—2013②期货市场—行业标准—汇编—中国—2003—2013 Ⅳ.①F832.5-65

中国版本图书馆 CIP 数据核字（2014）第 141536 号

责任编辑 师少林 夏 兵
责任审读 霍宏涛
责任印制 巢新强
封面设计 久品轩

出版发行 中国经济出版社
印 刷 者 三河市佳星印装有限公司
经 销 者 各地新华书店
开 本 889mm×1194mm 1/16
印 张 81
字 数 2000 千字
版 次 2014 年 7 月第 1 版
印 次 2014 年 7 月第 1 次
书 号 ISBN 978-7-5136-3329-1
定 价 980.00 元
广告经营许可证 京西工商广字第 8179 号

中国经济出版社 网址 www.economyph.com 社址 北京市西城区百万庄北街 3 号 邮编 100037
本版图书如存在印装质量问题，请与本社发行中心联系调换（联系电话：010-68330607）

《证券期货业标准汇编（2003—2013）》
编委会

编写说明

一、全国金融标准化技术委员会证券分技术委员会（以下简称“证标委”）于2003年12月由国家标准化管理委员会批准组建。成立10年来，在中国证监会的领导下，已制定了二十多项证券期货领域的国家标准和行业标准。

近期，证标委即将进行第三次换届，因此有必要将自证标委成立以来发布，并仍在施行的所有证券期货业标准进行集中梳理，汇编成书。今后将以此书为基础逐年编撰，连续出版。本书全面总结了证标委成立10年以来的工作成果，有利于促进证券期货行业标准的推广应用，是一本方便广大证标委委员和有关单位、人员查询相关标准的工具书。

二、《证券期货业标准汇编（2003—2013）》篇目共由六个部分组成，内容依次为：（一）基础编码类；（二）接口标准类；（三）信息披露类；（四）信息安全类；（五）技术管理类；（六）业务规范类。

三、《证券期货业标准汇编（2003—2013）》收入了自证标委成立至2013年12月31日发布并实施的各类标准。

四、《证券期货业标准汇编（2003—2013）》由证标委组织，中证信息技术服务有限责任公司和证券期货业编码和标准服务中心负责具体的编辑整理工作。

五、《证券期货业标准汇编（2003—2013）》的编辑工作，得到了中国证监会的关心和指导，同时也得到了行业机构的大力支持。对本书存在的不足之处，诚请提出批评和改进意见，使证券期货业标准文件汇编工作日臻完善。

前　　言

在经济全球化的背景下，标准已成为创新技术产业化、市场化的关键环节和经济、科技竞争的制高点，已成为现代国际经济竞争和沟通合作的重要手段和技术纽带，已成为实现国家科学技术发展战略的重要组成部分。党中央、国务院对标准化工作给予高度重视，将标准化工作逐步提升到国家战略层面来加以对待。

首先，标准是市场规范发展的重要基石。标准的本质是统一，它是对重复性事物和概念的统一规定；标准的任务是规范，它调整的对象是各种各样的客体。有一种说法是“二流企业卖产品，一流企业卖专利，超一流企业卖标准”。标准在一定程度上决定着市场的控制权。标准不仅是信息化发展的技术基础，同时也是市场业务规范发展的重要依据。通过制定和实施标准，能够调整和规范市场行为、提高市场运转效率、降低市场运行成本，在一定范围内持续获得最佳秩序和效益。

其次，标准与法律法规相辅相成，好比车之二轮，鸟之两翼，共同支持着市场经济有效、正常运行。加强标准与法规的配合，将标准作为市场监管法规的有效补充，能够使监管要求兼具弹性和刚性。

中国资本市场建立二十余年来，市场功能不断完善，市场规模不断扩大，迅速完成了从小市场到大市场的转变，在国民经济中的地位日益重要。资本市场是一个信息化程度很高的市场，标准作为市场规范发展的基础，作用尤为重要。提高行业标准化水平，可以有效降低资本市场的运行风险和成本，提升资本市场的运行效率和服务质量，有效地推动资本市场健康稳定发展。

全国金融标准化技术委员会证券分技术委员会（以下简称“证标委”）自2003年成立以来，在证券期货行业标准化工作的组织、管理、实施等方面做了大量工作，取得了显著成绩。一是组织行业各相关单位，集中力量制定了一批资本市场信息化发展、信息安全保障急需的标准，这些标准的出台和应用，逐步统一了一些重要领域的数据标准和传输标准，对于提高市场效率起到了积极的作用；二是在前瞻研究和反复论证的基础上，制定了资本市场标准体系框架，将对未来几年标准的制定工作发挥引领的作用；三是建立了资本市场标准化工作的体制机制，制定并完善了标准化工作的管理制度，充分调动市场积极性，集中市场和监管部门的力量，形成了各方协调配合，合力推进标准化的工作机制；四是在制定标准的过程中，逐步培养了一支标准化人才队伍，为进一步深化标准化工作提供了坚实的保障。

虽然行业在标准化工作方面取得了一些成绩，但是相对资本市场的快速发展而言，标准化工作仍然存在“跟不上”的问题，标准数量和质量还不能很好地满足市场发展的需要。中国资本市场处于一个快速发展、新兴加转轨的阶段，市场具有发展快、变化快、创新多的特点，对标准化工作提出了很高的要求，首先是需要制定的标准较多，其次是要求出台标准的速度要快。因此，未来几年，全行业将继续加强标准化工作，进一步完善标准化工作管理体制和运行机制，坚持“证监会统一领导、证标委统筹协调、行业机构分工协作、专业委员会技术把关”的管理方式，进一步加强标准的制修订工作，努力使标准的应用水平再上一个新的台阶。

为更好地促进证券期货行业标准的推广应用，方便证标委委员、行业机构和相关人员的查阅使用，证标委委托中证信息技术服务有限责任公司和证券期货业编码与标准服务中心收集整理并编辑出版《证券期货业标准汇编(2003—2013)》。《汇编》收录了证券期货行业已发布的标准，作为证券期货行业标准化的工具书，将有利于广大证券期货行业从业人员更好地了解标准，用好标准，切实推动国家和行业标准在资本市场广泛应用。

contents | 目　录 |

证券期货业标准汇编（2003—2013）

上　卷

一、基础编码类

二、接口标准类

下　卷

三、信息披露类

四、信息安全类

五、技术管理类

六、业务规范类

一、基础编码类

- 上市公司分类与代码　JR/T 0020—2004
- 证券及相关金融工具国际证券识别编码体系　GB/T 21076—2007
- 证券投资基金编码规范　JR/T 0085—2012
- 证券投资基金参与方编码规范　JR/T 0086—2012

ICS 03.060
A11
备案号

JR

中华人民共和国金融行业标准

JR/T 0020－2004

上市公司分类与代码

Listed Companies Classification and Code

2005－03－25 发布

2005－03－25 实施

中国证券监督管理委员会　发布

目 次

前 言

本标准制定时，主要参考了国家统计局的《国民经济行业分类（GB/T 4754－2002）》。同时借鉴了联合国的《标准产业分类（SIC/Rev. 3）》和美国、加拿大、墨西哥共同编制的《北美产业分类体系 2002（NAICS）》。

本标准的分类基本单位是境内上市公司法人单位，其一般从事多种经济活动；本标准根据上市公司法人单位所从事各项经济活动的营业收入比重或投资收益占总资产的比重，来确定该上市公司的类别。这两点与 GB/T 4754－2002 有差异。

本标准的附录 A 和附录 B 是资料性附录。

本标准由上市公司分类与代码标准化小组提出。

本标准由全国金融标准化技术委员会归口。

本标准起草单位：中国证券监督管理委员会、上海证券交易所、深圳证券交易所。

本标准的主要起草人：徐雅萍、何龙灿、刘连起、苏梅、李斌、寻晓箐、董国群、赵志刚、张全祥。

上市公司分类与代码

1 范围

1.1 本标准以在中国境内证券交易场所挂牌交易的上市公司为基本分类单位。

1.2 本标准规定了上市公司的分类原则、编码方法、分类结构和代码。

1.3 本标准为指导性标准，适用于证券行业内的各有关单位、部门对上市公司分类信息进行统计、分析及其他相关工作。

2 原则和规定

2.1 划分类别的原则

2.1.1 非股权投资类上市公司以公司经会计师事务所审计的年度合并报表中的营业收入比重为分类指标；股权投资类上市公司以公司长期股权投资占总资产的比重为分类指标。

2.1.2 将上市公司的经济活动分为大类、中类两级，小类为支持性分类参考，不进行具体划分。为避免制造业类别过于庞大，在制造业的大类和中类之间增设辅助性类别（次类）。

2.2 类别归属的确定

2.2.1 大类及制造业中次类的确定

a）当某公司的长期股权投资金额达到或超过总资产的50%时，将其划入综合类。

b）当某公司的长期股权投资金额未达到总资产的50%时，若该公司某类业务的营业收入比重大于或等于50%，则将其划入该业务相对应的类别；若该公司没有一类业务的营业收入比重大于或等于50%，但某类业务营业收入比重比其他业务收入比重均高出30%，则将该公司划入此类业务相对应的类别，否则，将其划为综合类。

2.2.2 中类的确定

a）对于非综合类公司，将在公司所属大类（制造业中为次类）的经营业务中，营业收入所占比例最高的业务所对应的类别，作为公司的中类类别。

b）对于综合类公司，当公司的长期股权投资金额达到或超过总资产的50%时，将其划入股权投资综合类；否则，划入其他综合类。

2.3 编码方法

2.3.1 总体编码采用了层次编码法，类别编码采取顺序编码法：大类为单字母A、B、C……升序赋码；制造业下次类为单字母加一位数字按升序赋码；中类为单字母加两位数字按升序赋码；小类为单字母加四位数字按升序赋码。

2.3.2 各类中带有“其他”字样的收容类，以所属中类的相应代码加两位数字“99”表示。

2.3.3 中类、小类均采取跳跃增码，以适应今后增加或调整类属的需要。

3 分类结构和代码表

代码				类别名称
大类	次类	中类	小类	
A				**农、林、牧、渔业**
		A01		**农业**
			A0101	谷物及其他作物种植业
			A0120	蔬菜、园艺作物种植业
			A0130	水果、坚果、饮料及香料作物种植业
			A0150	中药材种植业
			A0199	其他农业
		A03		**林业**
			A0101	林木培育及种植业
			A0120	木材及竹材采运业
			A0150	林产品采集业
			A0199	其他林业
		A05		**畜牧业**
			A0501	牲畜饲养放牧业
			A0510	猪饲养业
			A0520	家禽饲养业
			A0599	其他畜牧业
		A07		**渔业**
			A0701	海洋渔业
			A0705	内陆渔业
		A09		**农、林、牧、渔服务业**
			A0901	农业服务业
			A0905	林业服务业
			A0915	畜牧兽医服务业
			A0920	渔业服务业
			A0999	其他农、林、牧、渔服务业
		A99		其他农、林、牧、渔业
B				**采矿业**
		B01		**煤炭开采和洗选业**
			B0101	烟煤和无烟煤的开采和洗选业
			B0105	褐煤的开采和洗选业
			B0150	其他煤炭的开采和洗选业
		B03		**石油和天然气开采业**
			B0301	天然原油和天然气开采业
			B0360	与石油和天然气开采有关的服务业
		B05		**黑色金属矿采选业**
			B0501	铁矿采选业
			B0550	其他黑色金属矿采选业
		B07		**有色金属矿采选业**
			B0701	常用有色金属矿采选业
			B0730	贵金属矿采选业
			B0740	稀有稀土金属矿采选业
		B09		**非金属矿采选业**
			B0901	土砂石开采业
			B0910	化学矿开采业
			B0920	采盐业
			B0950	石棉及其他非金属矿开采业
		B99		**其他采矿业**
C				**制造业**

续表

代码				类别名称
大类	次类	中类	小类	
	C0			**食品、饮料、烟草**
		C01		**农副食品加工业**
			C0101	粮食及饲料加工业
			C0111	植物油加工业
			C0115	制糖业
			C0120	屠宰及肉类蛋类加工业
			C0125	水产品加工业
			C0140	蔬菜、水果和坚果加工业
			C0199	淀粉及其他农副食品加工业
		C03		**食品制造业**
			C0301	焙烤食品制造业
			C0310	糖果、巧克力及蜜饯制造业
			C0320	方便、速冻食品制造业
			C0330	液体乳及乳制品制造业
			C0340	罐头食品制造业
			C0350	调味品、发酵制品制造业
			C0360	盐加工业
			C0399	其他食品制造业
		C05		**饮料制造业**
			C0501	酒精及饮用酒制造业
			C0510	软饮料制造业
			C0520	制茶业
			C0599	其他饮料制造业
		C08		**烟草制造业**
	C1			**纺织、服装、皮毛**
		C11		**纺织业**
			C1101	棉纺织、印染加工业
			C1105	化纤纺织、印染加工业
			C1110	毛纺织、染整加工业
			C1115	麻纺织、印染加工业
			C1120	丝绢纺织、印染加工业
			C1125	纺织制成品制造工业
			C1130	针织、编织品及其制品制造业
			C1199	其他纺织品业
		C13		**纺织服装、鞋、帽制造业**
			C1301	纺织服装制造业
			C1320	纺织面料鞋制造业
			C1340	纺织面料帽制造业
		C14		**皮革、毛皮、羽绒（毛）及其制品制造业**
			C1401	皮革鞣制加工业
			C1405	皮革服装、鞋、帽及其他皮革制品制造业
			C1410	毛皮鞣制及其制品业
			C1415	羽绒（毛）加工及其制品业
	C2			**木材、家具**
		C21		**木材加工及竹、藤、棕、草制品业**
			C2101	锯材、木片加工业
			C2105	人造板制造业
			C2110	木制品业
			C2115	竹、藤、棕、草制品业
		C25		**家具制造业**

续表

代码				类别名称
大类	次类	中类	小类	
			C2501	木质家具制造业
			C2505	竹、藤家具制造业
			C2510	金属家具制造业
			C2525	塑料家具制造业
			C2599	其他家具制造业
	C3			**造纸、印刷、文体用品**
		C31		**造纸及纸制品业**
			C3101	纸浆制造业
			C3105	造纸业
			C3110	纸制品业
		C35		**印刷业和记录媒介的复制**
		C37		**文教体育用品制造业**
			C3701	文化用品制造业
			C3710	体育用品制造业
			C3720	乐器制造业
			C3730	玩具制造业
			C3750	游艺用品及室内游艺器材制造业
			C3799	其他文教体育用品制造业
	C4			**石油、化学、塑胶、塑料**
		C41		**石油加工、炼焦业**
			C4101	人造原油生产业
			C4105	原油加工业
			C4110	石油制品业
			C4115	炼焦业
		C43		**化学原料及化学制品制造业**
			C4301	基础化学原料制造业
			C4310	化学肥料制造业
			C4320	农药制造业
			C4330	涂料、油墨、颜料及类似产品制造业
			C4350	合成材料制造业
			C4360	专用化学产品制造业
			C4370	日用化学产品制造业
		C47		**化学纤维制造业**
			C4701	纤维素纤维原料及纤维制造业
			C4705	合成纤维制造业
		C48		**橡胶制造业**
			C4801	轮胎制造及翻新加工业
			C4810	橡胶板、管、带制造业
			C4815	橡胶零件制造业
			C4820	再生橡胶制造业
			C4825	日用及医用橡胶制品业
			C4830	橡胶靴鞋制造业
			C4835	橡胶制品翻修业
			C4899	其他橡胶制品业
		C49		**塑料制造业**
			C4901	塑料薄膜制造业
			C4905	塑料板、管、型材制造业
			C4910	塑料丝、绳及编织品制造业
			C4915	泡沫塑料制造业

续表

代码				类别名称
大类	次类	中类	小类	
			C4917	人造革、合成革制造业
			C4920	塑料包装箱及容器制造业
			C4925	制造零件制造业
			C4930	塑料鞋及日用塑料杂品制造业
			C4999	其他塑料制造业
	C5			**生物、医药制品**
		C51		**医药制造业**
			C5101	化学药品原药制造业
			C5105	化学药品制剂制造业
			C5110	中药饮片加工及中成药制造业
			C5115	动物用药品制造业
			C5130	卫生材料及医药用品制造业
			C5199	其他医药制造业
		C55		**生物制品业**
			C5501	生物药品制造业
			C5530	生化药品制造业
			C5599	其他生物制品业
	C6			**金属、非金属矿物**
		C61		**非金属矿物制品业**
			C6101	水泥、石灰和石膏制造业
			C6105	水泥、石膏制品业
			C6115	砖瓦、石材及其他建筑材料制造业
			C6120	玻璃及玻璃制品业
			C6125	陶瓷制品业
			C6130	耐火材料制品业
			C6150	石墨及碳素制品业
			C6199	其他非金属矿物制品业
				黑色金属冶炼及压延加工业
		C65	C6501	炼铁业
			C6505	炼钢业
			C6510	钢压延加工业
			C6515	铁合金冶炼业
				有色金属冶炼及压延加工业
		C67	C6701	常用有色金属冶炼业
			C6730	贵金属冶炼业
			C6740	稀有稀土金属冶炼业
			C6750	有色金属合金制造业
			C6760	有色金属压延加工业
				金属制品业
		C69	C6901	结构性金属制品制造业
			C6910	金属工具制造业
			C6920	集装箱和金属包装容器制造业
			C6925	金属丝绳及其制品业
			C6930	建筑、安全用金属制品业
			C6935	金属表面处理及热处理业
			C6950	搪瓷、不锈钢及类似日用金属制品业
			C6999	其他金属制品业

续表

代码				类别名称
大类	次类	中类	小类	
	C7			**机械、设备、仪表**
		C71		**通用机械、设备制造业**
			C7101	锅炉及原动机制造业
			C7105	金属加工机械制造业
			C7110	起重运输设备制造业
			C7115	泵、阀门、压缩机及类似机械制造业
			C7120	轴承、齿轮、传动和驱动部件制造业
			C7125	风机、衡器、制冷及包装设备等通用设备制造
			C7130	其他通用设备制造业
			C7135	通用零部件制造业
			C7150	通用机械、设备修理业
			C7155	金属铸、锻加工业
			C7199	其他通用机械、设备制造业
		C73		**专用设备制造业**
			C7301	矿山、冶金、建筑专用设备制造业
			C7305	化工、木材、非金属加工专用设备制造业
			C7310	食品、饮料、烟草及饲料生产专用设备制造业
			C7315	印刷、制药、日化、照明及其他日用品生产专用设备制造业
			C7320	纺织、服装及皮革工业专用设备制造业
			C7325	电子、电工机械专用设备制造业
			C7330	武器弹药制造业
			C7335	航空、航天专用设备制造业
			C7340	农、林、牧、渔业专用机械制造业
			C7345	医疗仪器设备及器械制造业
			C7350	环保、地质勘查及社会服务专用设备制造业
			C7360	专用机械设备修理业
			C7399	其他专用设备制造业
		C76		**电气机械及器材制造业**
			C7601	电机制造业
			C7610	输配电及控制设备制造业
			C7615	电线、电缆、光缆及电工器械制造业
			C7620	电池制造业
			C7625	电力家用器具制造业
			C7630	照明器具制造业
			C7640	电气机械、器材修理业
			C7699	其他电气机械及器材制造业
		C78		**仪器仪表及文化、办公用机械制造业**
			C7801	通用仪器仪表制造业
			C7805	专用仪器仪表制造业
			C7810	钟表及计时仪器制造业
			C7815	光学仪器及眼镜制造业
			C7830	其他仪器仪表制造业
			C7850	文化、办公用机械制造业
			C7870	仪器、仪表及文化、办公用机械修理业
	C8			**交通运输设备**
		C81		**铁路运输设备制造业**
		C82		**汽车制造业**
		C83		**电车制造业**
		C84		**摩托车制造业**
		C85		**自行车制造业**
		C86		**船舶及浮动装置制造业**
		C87		**航空航天器制造业**

续表

代码				类别名称
大类	次类	中类	小类	
		C88		**交通器材业其他交通运输设备制造业**
		C89		**交通运输设备修理业**
	C9			**其他制造业**
		C99		**其他制造业**
D				**电力、燃气及水的生产和供应业**
		D01		**电力、热力的生产和供应业**
				电力生产业
			D0101	电力供应业
			D0105	热力的生产和供应业
		D03	D0110	**燃气生产和供应业**
		D05		**水的生产和供应业**
				自来水生产和供应业
			D0501	污水处理及其再生利用
			D0510	其他水的处理、利用与分配
		D99	D0520	**其他电力、燃气及水的生产和供应业**
E				**建筑业**
		E01		**房屋**
		E05		**土木工程建筑业**
				铁路、道路、隧道和桥梁工程建筑业
			E0501	水利和港口工程建筑业
			E0510	工矿工程建筑业
			E0520	架线和管道工程建筑业
			E0530	其他土木工程建筑业
		E10	E0599	**建筑安装业**
		E20		**建筑装饰业**
		E99		**其他建筑业**
F				**交通运输、仓储和邮政业**
		F01		**铁路运输业**
			F0301	铁路客运业
			F0310	铁路货运业
			F0350	火车站及其他铁路运输辅助业
		F03		**道路运输业**
			F0301	公路客运业
			F0310	道路货运业
			F0350	道路运输辅助业
		F05		**城市公共交通业**
			F0501	公共电汽车客运业
			F0510	城市轨道交通业
			F0520	出租车客运业
			F0530	城市轮渡业
			F0399	其他城市公共交通业
		F07		**水上运输业**
			F0701	水上旅客运输业
			F0710	水上货物运输业
			F0750	港口
			F0770	水上运输辅助业

续表

代码				类别名称
大类	次类	中类	小类	
		F09		**航空运输业**
			F0901	航空客货运输业
			F0910	通用航空服务业
			F0950	机场
			F0970	航空运输辅助业
		F11		**管道运输业**
		F15		**装卸搬运、运输代理及其他交通运输服务业**
		F21		**仓储业**
			F2101	谷物、棉花等农产品仓储业
			F2199	其他仓储业
		F25		**物流管理业**
		F31		**邮政业**
			F3101	国家邮政业
			F3199	其他邮政业
		F99		**其他交通运输、仓储和邮政业**
G				**电子信息技术业**
		G01		**通信、雷达、广播电视及相关设备制造业**
			G0101	通信设备制造业
			G0110	雷达及配套设备制造业
			G0120	广播电视设备制造业
		G10		**电子计算机及相关设备制造业**
			G1001	计算机整机制造业
			G1010	计算机网络设备制造业
			G1020	计算机外部设备制造业
		G20		**电子元器件制造业**
			G2010	电子器件制造业
			G2050	电子元件制造业
		G30		**家用电子视听设备制造业**
		G40		**电信及其他信息传输服务业**
			G4001	电信服务业
			G4010	广播电视传输服务业
			G4020	卫星传输服务业
		G50		**计算机应用服务业**
			G5001	计算机系统服务业
			G5010	数据处理业
			G5020	计算机维修业
			G5099	其他计算机应用服务业
		G60		**软件业**
		G70		**互联网信息传播业**
		G99		**其他电子信息技术业**
H				**批发和零售业**
		H01		**批发业**
			H0101	农畜产品批发业
			H0110	食品、饮料、烟草制品批发业
			H0120	纺织品、服装、鞋帽批发业
			H0130	日用品批发业
			H0140	文化、体育用品及器材批发业
			H0150	医药及医疗器械批发业
			H0160	机械设备、五金交电及电子产品批发业
			H0170	再生物资回收与批发业

续表

代码				类别名称
大类	次类	中类	小类	
			H0199	其他批发业
		H11		**零售业**
			H1101	综合零售业
			H1110	食品、饮料及烟草制品专门零售业
			H1120	纺织品、服装、鞋帽及日用品专门零售业
			H1130	文化、体育用品及器材专门零售业
			H1140	医药及医疗器械专门零售业
			H1150	汽车、摩托车、燃料及零配件专门零售业
			H1160	家用电器及电子产品专门零售业
			H1170	五金、家具及室内装修材料专门零售业
			H1199	无店铺及其他零售业
		H21		**贸易经纪与代理业**
		H99		**其他批发和零售贸易业**
I				**金融业**
		I01		**银行业**
			I0101	银行
			I0130	城市、农村信用社
			I0199	其他银行业
		I21		**证券、期货业**
			I2101	证券交易所
			I2111	证券公司
			I2131	证券投资基金管理公司
			I2151	期货交易所
			I2161	期货经纪公司
			I2199	证券期货投资咨询及其他辅助服务业
		I41		**保险业**
			I4101	人寿保险业
			I4110	财产保险业
			I4115	再保险业
			I4199	保险辅助服务业
		I51		**典当业**
		I61		**信托业**
		I99		**其他金融业**
J				**房地产业**
		J01		**房地产开发与经营业**
		J05		**园区开发与管理**
		J10		**物业管理业**
		J30		**房地产中介服务业**
			J3001	房地产经纪业
			J3020	房地产评估业
			J3030	房地产咨询业
			J3099	其他房地产中介服务业
		J99		**其他房地产业**
K				**社会服务业**
		K01		**住宿业**

续表

代码				类别名称
大类	次类	中类	小类	
			K0101	旅游饭店
			K0110	一般旅店
			K0199	其他住宿业
		K10		**餐饮业**
			K1001	正餐服务业
			K1010	快餐服务业
			K1020	饮料及冷饮服务业
			K1099	其他餐饮业
		K20		**租赁业**
			K2001	汽车租赁业
			K2010	机械设备租赁业
			K2020	文化及日用品租赁业
			K2099	其他租赁业
		K30		**商务服务业**
			K3001	企业管理服务业
			K3010	法律服务业
			K3020	咨询与调查服务业
			K3030	广告业
			K3040	旅行社
			K3020	职业中介服务业
			K3099	其他商务服务业
		K40		**科研、技术及地质勘查服务业**
			K4001	科研开发服务业
			K4010	科技交流和推广服务业
			K4020	专业技术服务业
			K4030	地质勘查服务业
			K4099	其他科研、技术及地质勘查服务业
		K60		**教育业**
			K6001	学前教育
			K6010	初等教育
			K6020	中等教育
			K6030	高等教育
			K6040	职业技能教育
			K6050	特殊教育
			K6099	其他教育业
		K80		**旅游景区开发与管理业**
		K90		**卫生、保健、护理服务业**
		K95		**环境治理**
		K99		**其他社会服务业**
L				**文化、体育和娱乐业**
		L01		**新闻业**
		L10		**出版业**
			L1001	图书出版业
			L1010	报纸出版业
			L1020	期刊出版业
			L1030	音像制品出版业
			L1040	电子出版物出版业
			L1099	其他出版业
		L30		**广播电影电视和音像业**
			L3001	广播节目制作、播放
			L3010	电影制作、发行、放映

续表

代码				类别名称
大类	次类	中类	小类	
			L3020	电视节目制作、播放
			L3030	音像制作业
		L40		**艺术业**
			L4001	文艺创作与表演
			L4010	艺术表演场馆
			L4040	艺术经纪代理业
			L4099	其他艺术业
		L60		**体育业**
			L6001	体育俱乐部
			L6010	体育比赛组织
			L6020	体育场馆
			L6030	体育经纪代理业
			L6099	其他体育业
		L70		**娱乐业**
			L7001	室内娱乐业
			L7010	游乐园
			L7020	休闲健身娱乐业
			L7099	其他娱乐业
		L99		**其他文化、体育和娱乐业**
Z				**综合类**
		Z01		**股权投资综合类**
		Z99		**其他综合类**

附录 A
（资料性附录）
本标准与国家标准 GB/T 4754－2002《国民经济行业分类》类目对照表

上市公司分类与代码	国民经济行业分类	说明
A 农、林、牧、渔业	**A 农、林、牧、渔业**	
A01 农业	01 农业	
A03 林业	02 林业	
A05 畜牧业	03 畜牧业	
A07 渔业	04 渔业	
A09 农、林、牧、渔服务业	05 农、林、牧、渔服务业	
A99 其他农、林、牧、渔业		
B 采矿业	**B 采矿业**	
B01 煤炭开采和洗选业	06 煤炭开采和洗选业	
B03 石油和天然气开采业	07 石油和天然气开采业	
B05 黑色金属矿采选业	08 黑色金属矿采选业	
B07 有色金属矿采选业	09 有色金属矿采选业	
B09 非金属矿采选业	10 非金属矿采选业	
B99 其他采矿业	11 其他采矿业	
C 制造业	**C 制造业**	
C0 食品、饮料、烟草		
C01 农副食品加工业	13 农副食品加工业	
C03 食品制造业	14 食品制造业	
C05 饮料制造业	15 饮料制造业	
C08 烟草制造业	16 烟草制造业	
C1 纺织、服装、皮毛		
C11 纺织业	17 纺织业	
C13 纺织服装、鞋、帽制造业	18 纺织服装、鞋、帽制造业	
C14 皮革、毛皮、羽绒（毛）及其制品制造业	19 皮革、毛皮、羽绒（毛）及其制品业	
C2 木材、家具		
C21 木材加工及竹、藤、棕、草制品业	20 木材加工及竹、藤、棕、草制品业	
C25 家具制造业	21 家具制造业	
C3 造纸、印刷、文体用品		
C31 造纸及纸制品业	22 造纸及纸制品业	
C35 印刷业和记录媒介的复制	23 印刷业和记录媒介的复制	
C37 文教体育用品制造业	24 文教体育用品制造业	
C4 石油、化学、塑胶、塑料		
C41 石油加工、炼焦业	25 石油加工、炼焦及核燃料加工业	核燃料加工业为国家特殊行业，在 LCC 中去掉
C43 化学原料及化学制品制造业	26 化学原料及化学制品制造业	
C47 化学纤维制造业	28 化学纤维制造业	
C48 橡胶制造业	29 橡胶制造业	
C49 塑料制造业	30 塑料制造业	
C5 生物、医药制品		
C51 医药制造业	27 医药制造业	
C55 生物制品业	27 医药制造业	C55 为 27 中的一部分

续表

上市公司分类与代码	国民经济行业分类	说明
C6 金属、非金属矿物 C61 非金属矿物制品业 C65 黑色金属冶炼及压延加工业 C67 有色金属冶炼及压延加工业 C69 金属制品业	 31 非金属矿物制品业 32 黑色金属冶炼及压延加工业 33 有色金属冶炼及压延加工业 34 金属制品业	
C7 机械、设备、仪表 C71 通用机械、设备制造业 C73 专用设备制造业 C76 电气机械及器材制造业 C78 仪器仪表及文化、办公用机械制造业	 35 通用设备制造业 36 专用设备制造业 39 电气机械及器材制造业 41 仪器仪表及文化、办公用机械制造业	
C8 交通运输设备	37 交通运输设备制造业	LCC 将交通运输提升为次类
C99 其他制造业	409 工艺品及其制造业 410 废弃资源和废旧材料回收加工业	C99 包括 409 和 410 等上述未包括的制造业
D 电力、燃气及水的生产和供应业 D01 电力、热力的生产和供应业 D03 燃气生产和供应业 D05 水的生产和供应业 D99 其他电力、燃气及水的生产和供应业	**D 电力、燃气及水的生产和供应业** 44 电力、热力的生产和供应业 45 燃气生产和供应业 46 水的生产和供应业	
E 建筑业 E01 房屋与土木工程建筑业 E10 建筑安装业 E20 建筑装饰业 E99 其他建筑业	**E 建筑业** 47 房屋与土木工程建筑业 48 建筑安装业 49 建筑装饰业 50 其他建筑业	
F 交通运输、仓储和邮政业 F01 铁路运输业 F03 道路运输业 F05 城市公共交通业 F07 水上运输业 F09 航空运输业 F11 管道运输业 F15 装卸搬运、运输代理及其他交通运输服务业 F21 仓储业 F31 邮政业 F99 其他交通运输、仓储和邮政业	**F 交通运输、仓储和邮政业** 51 铁路运输业 52 道路运输业 53 城市公共交通业 54 水上运输业 55 航空运输业 56 管道运输业 57 装卸搬运、运输代理及其他交通运输服务业 58 仓储业 59 邮政业	
G 电子信息技术业 G01 通信、雷达、广播电视及相关设备制造业 G10 电子计算机及相关设备制造业 G20 电子元器件制造业 G30 家用电子视听设备制造业 G40 电信及其他信息传输服务业 G50 计算机应用服务业 G60 软件业 G70 互联网信息传播业 G89 其他电子信息技术业	 401 通信设备制造业 402 雷达及配套设备制造业 403 广播电视及相关设备制造业 404 电子计算机制造业 405 电子器件制造业 406 电子元件制造业 407 家用视听设备制造业 60 电信及其他信息传输服务业 61 计算机服务业 62 软件业 602 互联网信息传播业	 G01 为 401、402 和 403 的合并 G20 对 405 和 406 进行了合并 G40 为 60 中减去 602，602 入 G70

续表

上市公司分类与代码	国民经济行业分类	说明
H 批发和零售业	**H 批发、零售业**	
H01 批发业	63 批发业	
H11 零售业	65 零售业	
H21 贸易经纪与代理业	638 贸易经纪与代理业	H21 将 63 中的 638 提出单独作为中类
H99 其他批发和零售贸易业		
I 金融业	**J 金融业**	
I01 银行业	68 银行业	
I21 证券、期货业	69 证券业	I21 为 69 和 719 中的期货业和证券投资基金业
I41 保险业	70 保险业	
I51 典当业	715 典当业	
I61 信托业		LCC 将信托业（I61）从其他金融业（71）中提升为中类
I99 其他金融业	71 其他金融业	I99 为 71 中减去 715 和期货业、证券投资基金业及信托业
J 房地产业	**K 房地产业**	
J01 房地产开发与经营业	721 房地产开发经营业	
J05 园区开发与管理		J05 为各地科技、开发园区的开发与管理
J10 物业管理业	722 物业管理业	
J30 房地产中介服务业	723 房地产中介服务业	
J99 其他房地产业	729 其他房地产业	
K 社会服务业	**I 住宿餐饮业**	前者为后八者相关部分的合并
	L 租赁和商业服务业	
	M 科学研究、技术服务和地质勘查业	
	N 水利、环境和公共设施管理业	
	O 居民服务和其他服务业	
	P 教育	
	Q 卫生、社会保障和社会福利业	
	R 文化、体育及娱乐产业	
K01 住宿业	66 住宿业	
K10 餐饮业	67 餐饮业	
K20 租赁业	73 租赁业	
K30 务服务业	74 商务服务业	
K35 物流管理业		K35 为同现代物流有关的各种服务活动
K40 科研、技术及地质勘查服务业	75 科研、技术及地质勘查服务业	
K60 教育业	P 教育业	
K80 旅游景区开发与管理业	813 旅游景区管理业	
K90 卫生、保健、护理服务业	85 卫生	
K95 环境治理及其他社会服务业	80 环境管理	
K99 其他文化、体育、教育及娱乐产业	82 居民服务业	K99 为 80、82 和 83 相关部分的合并
	83 其他服务业	
L 文化、体育与娱乐业	**R 文化、体育及娱乐产业**	
L01 新闻业	881 新闻业	
L10 出版业	882 出版业	
L30 广播电影电视和音像业	89 广播电影电视和音像业	
L70 艺术业	901 文艺创作与表演	L70 为 901、902、908 的合并
	902 艺术表演场馆	
	908 文化艺术经纪代理	
L65 体育业	91 体育业	
L75 娱乐业	92 娱乐业	
L99 其他文化、体育与娱乐业		
Z 综合类		
Z01 股权、债权投资综合类		
Z10 非股权、债权投资综合类		

附录 B
（资料性附录）
本标准与国家标准 GB/T 4754－2002《国民经济行业分类》结构对照表

上市公司分类与代码				国民经济行业分类			
大类	次类	中类	小类	门类	大类	中类	小类
A 农、林、牧、渔业	0	6	20	A 农、林、牧、渔业	5	18	38
B 采矿业	0	6	14	B 采矿业	6	15	33
C 制造业	9	37	165	C 制造业	30	169	482
D 电力、燃气及水的生产和供应业	0	4	6	D 电力、燃气及水的生产和供应业	3	7	10
E 建筑业	0	4	2	E 建筑业	4	7	11
F 交通运输、仓储和邮政业	0	10	21	F 交通运输、仓储和邮政业	9	24	37
G 电子信息技术业	0	9	19	G 信息传输、计算机服务和软件业	3	10	14
H 批发、零售业	0	4	19	H 批发、零售业	2	18	93
I 金融业	0	6	16	I 住宿、餐饮业	2	7	7
J 房地产业	0	5	8	J 金融业	4	16	16
K 社会服务业	0	11	35	K 房地产业	1	4	4
L 文化与信息传播业	0	7	25	L 租赁和商务服务业	2	11	27
Z 综合类	0	2	2	M 科学研究、技术服务和地质勘查业	4	19	23
				N 水利、环境和公共设施管理业	3	8	18
				O 居民服务和其他服务业	2	12	16
				P 教育	1	5	13
				Q 卫生、社会保障和社会福利业	3	11	17
				R 文化、体育和娱乐业	5	22	29
				S 公共管理和社会组织	5	12	24
				T 国际组织	1	1	1
（合计）13	9	111	352	20	95	396	913

ICS 03.060
A 11

GB

中华人民共和国国家标准

GB/T 21076－2007

证券及相关金融工具 国际证券识别编码体系

Securities and Related Financial Instruments
International Securities Identification Numbering System
（ISO 6166：2001，MOD）

2007－09－05 发布　　　　2007－12－01 实施

中华人民共和国国家质量监督检验检疫总局
中国国家标准化管理委员会
发布

目　次

前　言

本标准修改采用 ISO 6166：2001《证券及相关金融工具——国际证券识别编码体系》。

本标准与 ISO 6166：2001 的主要差异如下：

——增加了标准在中国境内的应用范围；

——增加了引用文件 ISO 10962 金融工具分类；

——补充了部分术语；

——补充了基本编码部分的规则；

——补充了中国的编码机构，修改了已有的 ISIN 编码部分内容，删除了未有编码机构的国家；

——补充了中国的注册机构；

——增加了附录 A“产品类别的编码方式”，增加了附录 B“顺序码”的编码方式；

——ISO 6166：2001 第七章“信息及查询”调整为本标准的附录 F，补充了中国境内本标准注册机构的信息。

本标准的附录 A、附录 B、附录 C 和附录 D 为规范性附录，附录 E 和附录 F 为资料性附录。

本标准由中国证监会提出。

本标准由全国金融标准化技术委员会归口。

本标准起草单位：中国证监会信息中心、深圳证券交易所、上海证券交易所、上海期货交易所、中国证券登记结算公司、中央国债登记结算公司。

本标准的主要起草人：杨淑琴、白硕、李大鹏、高斌、宋其章、邹胜、王毛路、曾海泉、何晓雷。

本标准首次发布。

引　言

随着国际证券业务的快速发展，市场日渐需要一种能在全球范围内广泛使用的国际证券识别编码。实施 ISIN 编码有助于统一各国现有的证券编码，支持国际化证券的识别和证券信息交换，支持各种跨境交易和结算的国际证券业务。

证券及相关金融工具国际证券识别编码体系

1 范围

本标准的内容为国际证券识别编码提供了统一结构。它应用于所有证券及相关金融工具的交易和管理。

本标准规定了中国境内注册发行的证券及相关金融工具的国际识别码（ISIN），规定了中国ISIN码的编码规则、编码分配、编码注册机构、信息及查询等内容。

本标准适用于发行人注册地在中国境内，并在中国证券市场、期货市场、银行间市场、场外市场以及境外资本市场挂牌交易的证券及相关金融工具；适用于发行人注册地在中国境内，并且在本标准实施前已经分配了ISIN识别码的证券及相关金融工具。

本标准不适用于发行人注册地在中国境外，并在中国境内的证券市场、期货市场、银行间市场、场外市场挂牌交易的证券及相关金融工具。

2 规范性引用文件

下列文件中的条款通过本标准的引用而成为本标准的条款。凡是注日期的引用文件，其随后所有的修改单（不包括勘误的内容）或修订版均不适用于本标准，然而，鼓励根据本标准达成协议的各方研究是否可使用这些文件的最新版本。凡是不注日期的引用文件，其最新版本适用于本标准。

GB/T 2659 世界各国和地区名称代码（GB/T 2659－2000，eqv ISO 3166－1：1997）

GB/T 12406 表示货币和资金的代码（GB/T 12406－1996，idt ISO 4217：1990）

ISO 10962 金融工具分类

3 术语和定义

本标准采用下列术语和定义。

3.1

国际证券识别编码 International Securities Identification Number；ISIN

唯一的识别给定证券或其他金融工具的代码。

3.2

交易业务 Trading Business Process

利用交易报盘设施进行证券买卖的市场业务，如买入、卖出、修改和撤销等业务。

3.3

非交易业务 Non-Traded Business Process

利用交易报盘设施进行非证券买卖的市场业务，如网络投票、新股申购、配股认购、可转债转股等业务。

3.4

非交易业务的工具编码 Product Codes for Non-Traded Business

处于某种非交易业务的证券及相关金融工具单独分配的 ISIN 编码，此编码不同于该工具在交易业务中所分配的 ISIN 编码。

3.5

国家编码机构 National Numbering Agency；NNA

代表一国家加入国家编码机构协会（Association of National Numbering Agencies，ANNA）组织，负责管理分配该国的 ISIN 编码的编码机构。在中国，国家编码机构是指国务院证券监督管理机构授权的证券行业标准化机构。

3.6

ISIN 编码申请人 ISIN Number Applicant

为某金融工具向国家编码机构申请分配 ISIN 编码的金融工具发行人。

4 编码规则

ISIN 编码应由以下部分组成：

a）前缀码：GB/T 2659 规定的两位字母国家编码。

b）基本编码：由产品类别码和顺序码组成。产品类别码表示证券及相关金融工具的类型码，它由 1 位字母组成。产品类别码根据附录 A 的说明进行产品类别编码；顺序码是根据该种证券及相关金融工具的申请顺序而自动生成的编码，它由 8 位数字字母组合而成。顺序码根据附录 B 的说明进行排序计算。

c）检验码：由 1 位数字组成，按照附录 C 提供的‘模 10“隔位乘 2”求和’算法进行计算。

5 编码分配

5.1 拥有编码机构的国家

对于拥有编码机构的国家，国家编码机构应按照相关的编码规则分配 ISIN 编码。在中国，国家编码机构是国务院证券监督管理机构授权的证券行业标准化机构，它根据第 4 章的编码规则负责为证券及相关金融工具分配 ISIN 编码。

5.2 对于已有的 ISIN 编码

所有已经分配的 ISIN 编码应保持不变，而对无 ISIN 编码的现有证券，根据本标准分配 ISIN 码。

对于中国境内的证券及相关金融工具，根据本标准予以分配。

5.3 ISIN 的申请

若要对证券及相关金融工具申请分配 ISIN 编码，则需要向国家编码机构提交申请信息（附录 D 所示）。

在新的金融工具发行前，宜由相关主要管理人或发行人申请分配 ISIN 编码。为满足市场需要，国家编码机构将及时分配 ISIN 编码。

根据 5.1 不能获得 ISIN 编码时，应根据 ISIN 注册机构的规定予以解决。

5.4 信息交换

为了确保证券及相关金融工具信息能在世界范围内便于获取，中国的国家编码机构将与其他国家的国家编码机构相互交换有关 ISIN 编码的信息。

6 注册机构

根据 ISO/IEC 指南的第 1 部分附录 N 给出的条款，ISO 理事会已经指定国家编码机构协会（Association of National Numbering Agencies，ANNA）作为本标准的国际注册机构。

在中国，本标准的注册机构是国家标准化管理委员会批准组建，在证券、期货领域内从事全国性标准化工作的技术组织。

附录 A
（规范性附录）
产品类别的编码方式

对于交易业务类的证券及相关金融工具，采用了 ISO 10962 规定的金融工具分类依据和分类代码进行产品类别编码。对于股票类的金融工具用字母“E”进行编码；对于债券类的金融工具用字母“D”进行编码；对于权益类的金融工具用字母“R”进行编码；对于期权类的金融工具用字母“O”进行编码；对于期货类的金融工具用字母“F”进行编码；对于综合类的金融工具用字母“M”进行编码。

对于非交易业务类的证券及相关金融工具，用字母“Z”进行产品类别编码。

表 A.1 给出了上述产品类别码的具体产品种类。

表 A.1　产品类别码及覆盖的具体产品

<table>
<tr><th colspan="2">产品类别</th><th>产品类别码</th><th>具体产品种类</th></tr>
<tr><td rowspan="6">交易业务类</td><td>股　票</td><td>E</td><td>普通股票、优先股票、可转债股、优先可转债股、共同基金等</td></tr>
<tr><td>债　券</td><td>D</td><td>债券、可转换债券、带权证的债券、中期票据、货币市场工具等</td></tr>
<tr><td>权　益</td><td>R</td><td>分配权益、认购权益、购买权益、权证等</td></tr>
<tr><td>期　权</td><td>O</td><td>买入期权、卖出期权等</td></tr>
<tr><td>期　货</td><td>F</td><td>商品期货、金融期货等</td></tr>
<tr><td>综合类</td><td>M</td><td>具有参考性的金融工具（如货币、商品、利率等）、其他资产产品（如房地产契约、保险计划等）</td></tr>
<tr><td colspan="2">非交易业务类</td><td>Z</td><td>转托管、市值配售、网络投票、新股申购、配股认购、可转债转股、可转债回售等</td></tr>
</table>

附录 B
（规范性附录）
顺序码的编码方式

证券及相关金融工具的顺序码将遵循如下编码规则：

a）该顺序编码为一个 8 位字符组成的代码。

b）每位字符由数字（0～9）及字母（A～Z）依次顺序排列，因此该顺序编码可视为一个 36 进制的代码。设 f_{i-1} 为一个 8 位的 36 进制的代码，f_i 是紧随 f_{i-1} 之后的代码，那么有 $f_i=f_{i-1}+1$。

c）对于本标准实施前现有的证券及相关金融工具，其顺序编码的起始值为 $f_0=00000000$；对于本标准实施后未来的证券及相关金融工具，其顺序编码的起始值为 $f_0=10000000$；其后的顺序码可按下列数列递推公式进行自动生成（以 $f_0=00000000$ 开始为例）：

$$
\begin{cases}
f_0=00000000 \\
f_1=f_0+1=00000001 \\
\cdots \\
f_{10}=f_9+1=0000000A \\
\cdots \\
f_{35}=f_{34}+1=0000000Z \\
f_{36}=f_{35}+1=00000010 \\
\cdots \\
f_i=f_{i-1}+1
\end{cases}
$$

为了进一步描述上述顺序码的编码原则，下图 B.1 给出了本标准实施后，产品顺序码的一部分编码例子。

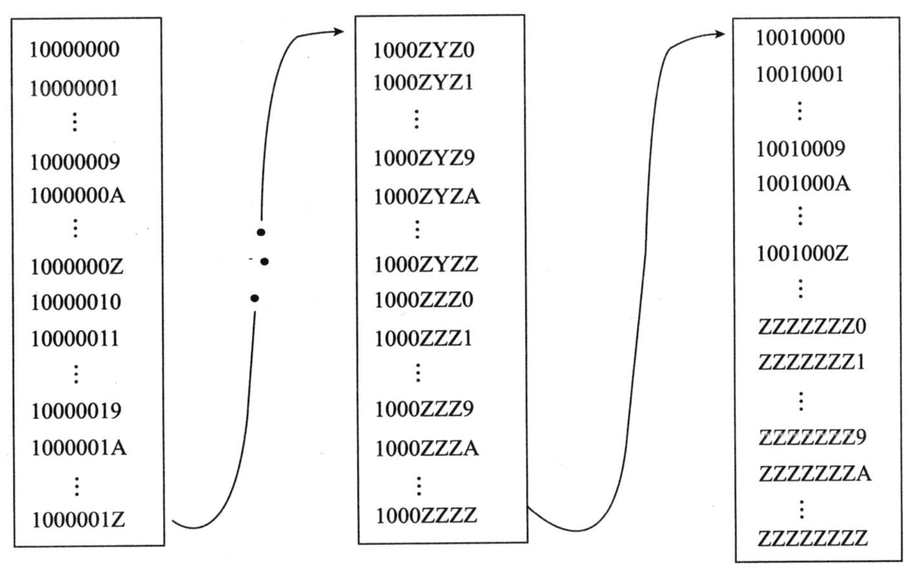

图 B.1 顺序编码的编码方式例子

附录 C
（规范性附录）
利用“模 10‘隔位乘 2’求和”算法计算校验码的方法

具体计算方法见如下步骤：

a）步骤 1

每一英文字母的具体数值见表 C.1。

表 C.1

字母	数值	字母	数值	字母	数值	字母	数值	字母	数值
A	10	F	15	K	20	P	25	U	30
B	11	G	16	L	21	Q	26	V	31
C	12	H	17	M	22	R	27	W	32
D	13	I	18	N	23	S	28	X	33
E	14	J	19	O	24	T	29	Y	34
								Z	35

b）步骤 2

以包括零在内的右边第一个数字开始（按序数从低到高），每隔一位交替将对应位上的数字乘以 2。

c）步骤 3

将按步骤 2 获得的数字与其他未受影响位上的原始数字相加。

d）步骤 4

将步骤 3 获得的数字之和从与其最接近的且末位为 0 的较大数中扣减［相当于计算从步骤 3 获得的数字之和的较低位（个位）数字与 10 之差的余数］。若从步骤 2 获得的数字之和是个个位数为 0 的数字（30，40 等），则校验位为 0。

例 C.1

W. R. Grace and Co. shares

US 3 8 3 8 8 3 10 5

30 28 3 8 3 8 8 3 10 5

21 21 2 1 2 1 2 1 21 2

60 48 6 8 6 8 16 3 20 10

6+0+4+8+6+8+6+8+1+6+3+2+0+1+0=59

校验码 $\frac{1}{60}$

Hitachi Ltd. shares

JP 3 7 8 8 6 0 000

19 25 3 7 8 8 6 0 000

21 21 2 1 2 1 2 1 212

29 45 6 7 16 8 12 0 000

2+9+4+5+6+7+1+6+8+1+2+0+0+0+0=51

校验码 $\frac{9}{60}$

International Bank for Reconstruction and Development（Worldbank） 15 1/8 % due 15 December 1991

US 4 5 9 0 5 6 D G 9

30 28 4 5 9 0 5 6 13 16 9

21 21 2 1 2 1 2 1 21 21 2

60 48 8 5 18 0 10 6 23 26 18

6+0+4+8+8+5+1+8+0+1+0+6+2+3+2+6+1+8=69

校验码 $\frac{1}{70}$

附录 D
（规范性附录）
最低信息要求

一般情况下，在申请分配 ISIN 编码时，申请人应向国家编码机构或代理机构提供如下信息：

——发行名称及描述（包括类别或种类）；

——发行人名称及注册地；

——主要管理人或管理集团（债券类工具）的名称及注册地；

——国际债券类产品所对应的 CSD/ICSD 名称及所在国家；

——衍生品及商品交易所的名称和所在国家；

——利率、期限、利息支付日；

——货币；

——其他国务院证券监督管理机构授权的证券行业标准化机构要求的信息。

向国家编码机构提交申请的申请人应遵守编码机构所指定的业务规则，即编码机构也可要求申请人提供额外的信息。

附录 E
（资料性附录）
实例

E.1 编码系统上线后新发产品的编码实例

例 1：编码系统上线后，深圳证券市场需要发行一只新的股票 A，对股票 A 进行 ISIN 编码的过程如下：首先由于股票 A 在产品类别上是属于股票大类，因此它的产品类别码为 E；然后查阅编码系统在最近一次对股票类产品所分配的 ISIN 码，假定为 CNE1ABCEDFG0（其中 1ABCEDFG 是该 ISIN 的顺序码，0 是其数字校验码），根据上述给定的顺序编码方式，1ABCEDFG 下一个顺序码是 1ABCEDFH，因此股票 A 所对应的顺序码是 1ABCEDFH。结合前面确定的产品类别码 E，股票 A 的 ISIN 编码为 CNE1ABCEDFH8。

例 2：编码系统上线后，上海期货交易所需要发行一个新的期货合约 cu0712，需要对该产品进行 ISIN 编码，过程如下：首先 cu0712 在产品类别上是属于期货大类，因此它的产品类别码为 F；然后查阅编码系统在最近一次对期货类产品所分配的 ISIN 码，假定为 CNF1A1345FG1（其中 1A1345FG 是该 ISIN 的顺序码，1 是其数字校验码），根据上述给定的顺序编码方式，1A1345FG 下一个顺序码是 1A1345FH，因此 cu0712 所对应的顺序码是 1A1345FH。结合前面确定的产品类别码 F，期货合约 cu0712 的 ISIN 编码为 CNF1A1345FH9。

假如上海期货交易所同时递交的产品申请有两个，分别是 cu0712（铜 07 年 12 月份的合约）和 al0712（铝 07 年 12 月份的合约）。那么，根据产品所属的地区名称拼音、上市地证券代码以及产品名称拼音为序进行排序，由于产品名简称“铝”的拼音排在“铜”之前，因此 al0712 的顺序码为 1A1345FH，而 cu0712 的顺序码为 1A1345FI，它们各自对应的 ISIN 码分别为：CNF1A1345FH9 和 CNF1A1345FI7。

假如上海期货交易所、大连商品交易所递交的产品申请如 cu0712（铜 07 年 12 月份的合约）和 m0712（豆粕 07 年 12 月份的合约）同时到达编码机构，那么根据产品所属的地区名称拼音、上市地证券代码以及产品名称拼音为序进行排序，由于 m0712 的产品所属地——大连（Dalian）拼音位于 cu0712 的所属地——上海（Shanghai）之前，因此 m0712 排在 cu0712 之前，m0712 的顺序码为 1A1345FH，而 cu0712 的顺序码为 1A1345FI，它们各自对应的 ISIN 码分别为：CNF1A1345FH9 和 CNF1A1345FI7。

E.2 编码系统上线前已上市产品的编码实例

例 3：对系统上线前已在上海证券交易所上市的股票——郴电国际（600969）进行 ISIN 编码。由于郴电国际股票在编码系统上线前已经上市交易，属历史遗留问题，将根据新老划断原则进行处理，过程如下：由于郴电国际属于股票类产品，因此它的产品类别码为 E。另外，在系统上线前，对于我国证券市场上所有已上市的股票类产品，编码机构依次根据产品上市时间、产品所属的地区名称拼音和上市地证券代码为序进行重新顺序排序。假定郴电国际在此排序过程中的排序号为 002345AZ，该序号便是郴电国际的顺序码。结合前面确定的产品类别码 E，郴电国际的 ISIN 码为 CNE002345AZ0（0 是其数字校验码）。

假如郴电国际由于某种原因，需要从上海证券市场转移到深圳三板市场进行交易，那么其现有的 6 位本地市场编码（600969）需要改变，但是其 ISIN 编码保持不变，仍然为 CNE002345AZ0。

附录 F
（资料性附录）
信息及查询

关于本标准的实施和 ISIN 分配以及国家编码机构和指定代理机构名单的信息与查询，均可与注册机构秘书处联系。

ISO 6166 注册机构的日常工作地址为：

Association of National Numbering Agencies scrl

Mr. Alain Duhamel，Executive Secretary

c/o Euroclear France

115，rue Reaumur

FR-75081 Paris Cedex 02

France

在中国，本标准注册机构的日常工作地址为：

证标委秘书处

中国证券监督管理委员会信息中心

北京市西城区金融大街 19 号富凯大厦 A 座

邮编 100032

中国

ICS 03.060
A11
备案号

JR

中华人民共和国金融行业标准

JR/T 0085－2012

证券投资基金编码规范

Unified Code of Mutual Funds Specification

2012－12－26 发布 2012－12－26 实施

中国证券监督管理委员会 发布

目　次

前　言

本标准依据 GB/T 1.1－2009 给出的规则起草。

本标准由全国金融标准化技术委员会证券分技术委员会提出。

本标准由全国金融标准化技术委员会归口。

本标准起草单位：中国证监会基金监管部、中国证监会信息中心、中国证券业协会、中国证券登记结算有限责任公司、上海证券交易所、深圳证券交易所、中国银河证券、中信证券、中国工商银行、中国银行、信诚基金、华夏基金、华安基金、嘉实基金、工银瑞信基金、南方基金、博时基金、北京济安金信。

本标准主要起草人：洪磊、刘万方、程立、王铁牛、张帆、陈逸辛、张喆、邵求明、潘振江、郑斌祥、吴韶平、郭静、何晓雷、吴钦文、连煜伟、唐强、查韩锋、吴垠、张金锋、赵良、彭鑫、连省、姚颉、古和鹏、陈磊。

引　言

在本标准发布之前，我国证券交易所挂牌的证券投资基金编码按照证券交易所对上市证券的统一编码规则编码和管理，不在证券交易所挂牌的证券投资基金编码由基金管理公司自行分配和管理。证券交易所挂牌的证券投资基金产品编码为6位数字，前两位为15、16、18的是深圳证券交易所基金，50、51、52的是上海证券交易所基金。不在证券交易所挂牌的证券投资基金编码规则为：基金编码为6位数字，前两位为基金管理公司的注册登记机构编码（TA编码），后四位为产品流水号。由于TA编码的最大容量为100，而基金管理公司的数量已经超过70家，TA编码面临资源不足的问题。由于基金产品编码与TA编码挂钩，TA编码不足会影响到基金产品编码的分配。

本标准发布之后，证券交易所挂牌的证券投资基金编码仍然由交易所统一分配和管理，但须将分配的编码向证券期货业标准化组织授权的编码和标准服务机构备案。不在证券交易所挂牌的证券投资基金的编码分配和管理方式将发生变化。本标准发布前已经分配和使用的基金产品编码将继续沿用，对于新成立的基金，编码仍沿用6位数字编码，但与TA编码脱钩，基金编码不再具有含义。编码由证券期货业标准化组织授权的编码和标准服务机构统一分配和管理。

证券投资基金编码规范

1 范围

本标准规定了证券投资基金的编码标准和分配规则。

本标准适用于基金托管人、基金销售机构、基金注册登记机构、基金销售支付结算机构、基金销售结算资金监督机构等在内的基金参与方以及基金投资人申请及使用证券投资基金编码。

2 规范性引用文件

下列文件对于本文件的应用是必不可少的。凡是注日期的引用文件，仅所注日期的版本适用于本文件。凡是不注日期的引用文件，其最新版本（包括所有的修改单）适用于本文件。

GB/T 1988－1998 信息技术信息交换用七位编码字符集

3 术语和定义

下列术语和定义适用于本标准。

3.1

证券投资基金 Mutual Fund

是指通过公开发售基金份额募集，由基金管理人管理，基金托管人托管，为基金份额持有人的利益，以资产组合方式进行证券投资活动的集合投资方式。

3.2

基金产品主编码 Base Code of Mutual Fund

以基金合同为基准的基金产品编码，是基金产品法律主体的唯一标识。

3.3

货币市场基金 Money Market Fund

是指发行基金所募集的资金主要投资于短期债券、大额可转让存单、商业票据和回购协议等货币市场工具的基金。

3.4

债券基金 Bond Fund

是指主要投资于各种国债、金融债券及公司债的证券投资基金。

3.5

分级基金 Graded Fund

是通过事先约定基金的风险收益分配，将母基金份额分为预期风险收益不同的子份额，并可将其中部分或全部类别份额上市交易的结构化证券投资基金。

4 编码规范

4.1 编码原则

证券投资基金产品编码采用 6 位无意义数字编码。

4.2 编码分配原则

证券投资基金编码的分配原则如下：

a）主编码的分配以基金合同为单位，每个基金产品只有一个主编码，是其唯一标识。

b）对于因不同份额净值、收益不同的分级基金，部分货币市场基金和债券基金等，除分配主编码外，还可根据份额类别分配不同的基金编码。

c）在上海证券交易所挂牌的证券投资基金使用 50～59 开头的 6 位数字编码，在深圳证券交易所挂牌的证券投资基金使用 15～19 开头的 6 位数字编码。

d）本标准发布前已经分配和使用的基金产品编码继续沿用。新分配的编码按照证券期货行业整体规划统一分配和管理。

5 注册管理机构

a）证券投资基金编码由证券期货业标准化组织授权的编码和标准服务机构统一分配和管理。

b）上海、深圳证券交易所挂牌或应用的基金编码由上海、深圳证券交易所自行分配和管理，并报证券期货业标准化组织授权的编码和标准服务机构备案。

ICS 03.060
A11
备案号

JR

中华人民共和国金融行业标准

JR/T 0086－2012

证券投资基金参与方编码规范

Unified Code for Participants in Mutual Funds Market Specification

2012－12－26 发布　　　　2012－12－26 实施

中国证券监督管理委员会　发布

目　次

前　言

本标准按照 GB/T 1.1－2009 给出的规则起草。

本标准由全国金融标准化技术委员会证券分技术委员会提出。

本标准由全国金融标准化技术委员会归口。

本标准起草单位：中国证监会基金监管部、中国证监会信息中心、信诚基金、上海证券交易所、深圳证券交易所、中国证券登记结算有限责任公司、中国证券业协会、中国工商银行、中国银行、中国银河证券、中信证券、华夏基金、华安基金、嘉实基金、工银瑞信基金、南方基金、博时基金、北京济安金信科技有限公司。

本标准主要起草人：洪磊、刘万方、程立、陈逸辛、张帆、张喆、邵求明、潘振江、郑斌祥、吴韶平、郭静、何晓雷、吴钦文、连煜伟、唐强、查韩锋、吴垠、张金锋、赵良、彭鑫、连省、姚颉、古和鹏、陈磊、王铁牛。

证券投资基金参与方编码规范

1 范围

本标准规定了基金参与方编码的编码标准和分配规则。

本标准适用于基金托管人、基金销售机构、基金注册登记机构、基金销售支付结算机构、基金销售结算资金监督机构等机构的数据交换和身份识别。

2 规范性引用文件

下列文件对于本文件的应用是必不可少的。凡是注日期的引用文件，仅所注日期的版本适用于本文件。凡是不注日期的引用文件，其最新版本（包括所有的修改单）适用于本文件。

GB/T 11714－1997 全国组织机构代码编制规则

3 术语和定义

下列术语和定义适用于本标准。

3.1

基金托管人 Fund Custodian

基金托管人是依法设立并取得基金托管业务资格的商业银行。

3.2

基金销售机构 Fund Distributor

基金销售机构是指获得基金销售业务资格的基金管理人、商业银行（含在华外资法人银行）、证券公司、证券投资咨询机构、独立基金销售机构以及中国证券监督管理委员会（以下简称中国证监会）规定的其他机构。

3.3

基金注册登记机构 Fund Transfer Agent

基金注册登记机构是指办理基金份额的登记过户、存管和结算业务的机构。基金注册登记机构可办理投资人基金账户的建立和管理，基金份额注册登记，基金销售业务的确认、清算和交收，代理发放红利，建立并保管基金份额持有人名册等业务。

3.4

基金销售支付结算机构 Fund Trading Payment Agent

基金销售支付结算机构是指符合中国证监会规定条件的从事基金销售支付结算业务的商业银行或者支付机构。

3.5

基金销售结算资金监督机构 Fund Trading Supervision Agent

基金销售结算资金监督机构是指在基金销售结算资金流转过程中，对基金销售相关机构开立、使用销售账户的行为和基金销售结算资金划转流程承担监督职责的商业银行或者中国证券登记结算有限责任公司。

4 编码规则

基金参与方的编码规则如下：

a）作为注册登记机构的基金参与方，采用2位字符编码，字符可为数字或英文字母，英文字母区分大小写。

b）其他基金参与方使用全国组织机构代码作为参与方编码。全国组织机构代码按GB/T 11714－1997执行。

5 注册管理机构

基金参与方编码由证券期货业标准化组织授权的编码与标准服务机构统一分配和管理。

全国组织机构代码的管理机构为全国组织机构代码管理中心。

二、接口标准类

- 证券交易数据交换协议　JR/T 0022-2004
- 期货交易数据交换协议　JR/T 0016-2004
- 证券登记结算业务数据交换协议　JR/T 0018-2004
- 开放式基金业务数据交换协议　JR/T 0017-2012
- 股指期货业务基金与期货数据交换接口　JR/T 0087-2012
- 证券期货业与银行间业务数据交换消息体结构和设计规则　JR/T 0046-2009

ICS 03.060
A11
备案号

JR

中华人民共和国金融行业标准

JR/T 0022-2004

证券交易数据交换协议

Securities Trading Exchange Protocol

2005-03-25 发布

2005-03-25 实施

中国证券监督管理委员会　发布

目　次

前　言

本标准部分内容参照了金融信息交换协议（FIX4.4）。

本标准的附录A、B、C、D、E、F为资料性附录。

本标准由证券交易标准化小组提出。

本标准由全国金融标准化技术委员会归口。

本标准起草单位：中国证券监督管理委员会信息中心承担，上海证券交易所负责起草，深圳证券交易所、上海期货交易所、国信证券公司、泰阳证券公司、华夏证券公司参与制订。

本标准的主要起草人：杨淑琴、许强、陈忠苏、丁桦、吴韶平、黄寅飞、喻华丽、万春波、王海、黄宾、刘汉西、汤玉龙、李大鹏。

证券交易数据交换协议

1 范围

本标准规定了证券交易所交易系统与市场参与者系统之间进行证券交易所需的数据交换协议

(Securities Trading Exchange Protocol，简称 STEP)，规定了应用环境、会话机制、消息格式、安全与

加密、数据完整性、扩展方式、消息定义、数据字典等内容。

本标准适用于证券交易所与市场参与者和相关金融机构间的业务数据交换。

本标准提供了市场参与者内部系统与市场参与者协议转换接口的连接标准以及市场参与者内部系统通过开放接口与证券交易所之间的连接标准。

本标准也可支持证券交易所与其他外部交易所间连接。

2 规范性引用文件

下列文件中的条款通过本标准的引用而成为本标准的条款。凡是注明日期的引用文件，其随后所有的修改单（不包括勘误的内容）或修订版均不适用于本标准，然而，鼓励根据本标准达成协议的各方研究是否可使用这些文件的最新版本。凡是不注明日期的引用文件，其最新版本适用于本标准。

GB/T 2659 世界各国和地区名称代码

GB/T 12406 表示货币和资金的代码

ISO 10383 交易所和市场代码标志识别码（MIC）[Codes for exchanges and regulated markets-Marked identifier Codes（MIC)]

ISO 10962 证券金融票据的分类（CFI 代码）[Securities-Classification of Financial Instruments（CFI code)]

3 术语和定义

下列术语和定义适用于本标准。

3.1

组件块 Component Block

消息中具有一定业务相关的数据域集合，如证券品种定义，主要用于更直观地描述消息的业务含义。

3.2

新订单 New Order-Single

交易客户方新产生的订单。

3.3

执行报告 Execution Report

交易服务方响应交易客户方的消息，主要用于：订单确认、订单状态变化确认（如撤单确认和修改单确认）、发送订单的成交回报、订单拒绝。

3.4

指定交易 Designated Trading

将证券账号与某一证券营业部所属的参与者业务单元（如席位号）相联系，从而限定该证券账号的交易应在该参与者业务单元下进行的交易方式。

3.5

转托管 Designation Transfer

投资者将其托管在某一券商处的证券转到另一券商处托管的行为，并且投资者只能将证券在其托管的券商处卖出。

3.6

公司行为 Corporate Action

上市公司的非交易类业务，如新股配售、配股认购、可转债转股、回售等。

3.7

PBU（参与者业务单元）Participant Business Unit

市场参与者行使交易权利，获取交易服务的唯一逻辑通道。

3.8

市场参与者 Market Participants

参与证券交易的客户方，如券商、证券公司、证券营业部、交易所会员等。

4 应用环境

证券交易数据交换协议应用环境请参考附录 A 应用环境参考实例。

5 会话机制

5.1 STEP 会话

5.1.1 消息序号

任何一条消息都被分配有一个消息序号来唯一标识，消息序号在每次会话过程中从 1 开始，在整个会话过程中连续递增，直到该会话过程全部结束。通过监视消息序号的连续性可以知道交换中的消息缺口，并做出反应，使得连接双方数据同步。

连接双方都明确确定相互独立的消息序号，参与连接的任何一方负责维护自己发送的消息序号，并监视接收的消息序号以保证消息缺口的发现和处理。

5.1.2 心跳

在消息交换的空闲期间，连接双方将会产生有规则的心跳消息。通过心跳消息可以监控通讯连接的状态。心跳间隔时间由会话发起人在登录时确定。在发送任何消息后，应立即重新设置心跳间隔计时器。心跳间隔时间应该得到连接双方的确认，由登录发起人给出并得到登录接受方的确认。

连接双方使用相同心跳间隔时间。

5.1.3 缺口填补

由于协议是基于乐观的消息传输模式，消息在传输过程中可能存在丢失，而这种消息丢失发送方不能检测，因此接收方应负责检测消息的缺口并处理。有两种处理方法：接收方发现缺口后向发送方请求发送缺口消息及其后的所有消息；接收方发现缺口后，保存已收到消息，并向发送方请求重复发送缺口消息。

5.1.4 消息重复发送

响应一个重发请求而重复发送消息时，或者不确定对方是否收到某消息而重复发送该消息时，要求在该消息内加上可能重复标志（Possible Duplicate＝Y）。如何处理该消息则是接收方的事情。由于当生成有此类可能重复发送的消息时，仍使用该消息的原来序号，但某些信息可能会改变，如原始时间、发送时间、正文长度、可能重复标志等，所以应重新计算校验和。

5.1.5 消息重新发送

基于应用层的可能重发，如发送的订单在相当长的时间内没有确认，或者怀疑其根本未曾发送过，可以通过设置可能重新发送标志来重新发送（Possible Resend＝Y），并使用新的消息序号。接收方应用层收到该类消息后，应通过查询消息内的域（如订单编号等）来确定此前是否收到此条消息。该类消息应确定包含相同的正文数据，同样，由于某些信息可能会改变，所以应重新计算校验和。

5.1.6 消息确认

由于协议是基于乐观的消息传输模式，通过监视消息序号发现缺口，不支持对每个消息收发的确认。但大量消息收发的确认可在应用层定义。在应用层接受和拒绝是允许的，如订单的确认。

5.2

STEP 连接

会话过程的数据交换可以这样描述：连接双方各有一个连续的消息序号随消息传送，而交易期间可以多次断开并重新连接，其断开的原因可以是外因引起，也可以是连接双方根据系统来统一制定何时断开并重新连接。一次会话连接通常不应超过 24 小时，当然，如需要保持 24 小时以上的连接，则需要发送一条含有序号重设标志的登录消息来建立新的起始消息序号。

STEP 连接分为三个部分：登录、消息交换、注销。

STEP 会话包含一个或多个 STEP 连接，即一个 STEP 会话可以跨越多个登录。

5.2.1 登录

登录连接包含三个步骤：建立电信通讯连接、连接双方的确认/认证、消息传输同步的初始化。主要有以下几点：

5.2.1.1 连接

会话的发起方与接收方建立电信通讯连接。

5.2.1.2 认证

发起方发送登录消息（Logon），接收方认证发起方身份的合法性。登录消息应包括认证的必要数据，如用户名、密码等。如果发起方身份通过认证，则接收方发送一个登录消息作回应。如果认证失败，会话接收方则在发送一个含失败说明的注销消息（Logout）后关闭连接。不过发送注销消息并非是必须的，因为在某些情况下往往会引起其他问题。在发起方收到接收方的登录消息之后即可认为会话连接建立完成。会话发起方可以紧随登录消息之后开始发送其他消息。

通常在登录后或者刚发送完测试请求消息（TestRequest）时延迟等待一段时间，然后再发送新的消息，使得连接双方能有效控制重发请求。否则可能会导致一方会针对对方的每一条新消息发出重发请求。

5.2.1.3 初始化

在身份通过认证之后，发起方和接收方应首先同步消息序号，然后才能相互发送新的信息。同步消息序号通过消息序号域（MsgSeqNum）来确定，将登录消息里的消息序号（MsgSeqNum）与内部监控的下一个预期的消息序号进行比较就能发现消息的消息序号缺口。同样，发起方通过将接收方发送的登录消息里的消息序号（MsgSeqNum）与下一个预期的消息序号进行比较也能发现消息的缺口。

5.2.2 消息交换

在以上初始化完成之后，可以开始进行信息交换。所有有效消息的格式将在“会话消息”和“应用消息”部分中详细叙述。

5.2.3 注销

会话的正常结束是通过连接双方互相发送注销消息（Logout）完成的。若结束时没有收到回送的注销消息（Logout），则把对方视作已注销。除此之外的其他方式的会话结束视为非正常，并应按错误来处理。

在发送注销消息（Logout）之前，应发送测试请求消息（TestRequest）以要求对方的心跳信息，这有助于保证不出现消息序号缺口。

在结束会话之前，注销消息（Logout）的发起方应该等待对方回送的注销消息（Logout），这样给接收方一个填补缺口的机会。待重发请求的信息全部收到后，接收方才可发送应答的注销消息（Logout）。如果接收方在一定时间内没有答复，那么会话就可以立即中断。①

5.2.4 消息恢复

以下描述了有关恢复消息的具体方法。

每一方必须维护两个消息序号，一个为了发送，一个为了接收。

当接收进来的消息序号与预期的消息序号不相符合时，需进行修正处理。但需要注意的是，如果接收进来的是序号重设—重设（SeqReset-Reset）消息则不需要修正处理，因为处理该消息时不必考虑它的消息序号。如果接收的消息的消息序号比预期的消息序号小，而且没有设置可能重复标志（PossDupFlag），那么表明发生了严重的错误。因此必须立即结束会话，并开始进行人工干预。如果接收进来的消息序号比预期的大，那么表明有消息被遗漏，应通过发送重发请求申请填补缺口。

当收到重发请求时，重发人可以作出回应为以下三种之一：②

a）作为正常回应，重发人按顺序发送被请求的消息，这些消息的消息序号仍为原消息序号，并且将可能重复的标志（PossDupFlag）置位为“Y”。

b）作为正常回应，重发人发送序号重设—缺口填补（SeqReset-GapFill）消息，可能重复标志（PossDupFlag）置位为“Y”，以表示删除过时或多余的消息。

c）作为非正常回应，重发人发送序号重设—重设（SeqReset-Reset）消息，可能重复的标志（PossDupFlag）置位为“Y”，以强制消息序号同步。

在缺口填补过程中，不需要重新发送某些会话消息。取而代之的是一种特殊的序号重设—缺口填补（SeqReset-GapFill）消息。不需要重新发送的会话消息是：登录、注销、重发请求、心跳、测试请求、序号重设—重设（SeqReset-Reset）和序号重设—缺口填补（SeqReset-GapFill）。这样

---

① 注销不影响任何订单的状况。所有有效的订单都可在注销（Logout）之后执行。

② 本文中请求人指的是提出重发请求的那一方，重发人指的是回应重发请求的那一方。

会话拒绝消息便成为了唯一可能被重新发送的会话消息。

会话过程中应监视接收进来的消息以便发现由于疏漏而被对方重新发送了的会话消息［设置了可能重复标志（PossDupFlag）的］。当收到这些消息以后，处理时，只要确保它们具有消息序号的完整性即可，可忽略对它们的业务或应用的处理。

如果碰到多个连续的不需要重发的会话消息，则只需发送一个序号重设一缺口填补（SeqReset-GapFill）消息取而代之。该序号重设一缺口填补消息的消息序号是下一个预期的消息序号。

序号重设一缺口填补（SeqReset-GapFill）消息的新消息序号（NewSeqNo）为本连续会话消息段中最大消息序号＋1。①

在缺口被填补完成之后，交换引擎应将无序的消息暂时保存为有序的排列并按顺序对它们进行处理。这样防止出现对 n→m，n→m＋1，n→m＋2，…的重发请求，从而导致了大量的可能重复（PossDupFlag＝“Y”）标记。

检验消息序号的连续在会话过程管理中是必不可少的部分。不过，针对消息类型的不同，处理消息序号流的差异也就不同。表 1 列出了当进来的消息序号大于预期消息序号时而应采取的措施。②

表 1　缺口填补处理措施

消息类型	针对消息序号错误所采取的措施
登录	永远是连接双方发送的第一条消息，用于认证和连接。如果发现登录消息中有缺口，则应在回送登录确认消息之后立即发送重发请求
注销	如果发现有缺口，应发送重发请求消息以重新接收所有丢失的消息，然后再发送注销消息作为对注销请求的确认。注意严禁在有缺口情况下结束会话。并由注销的最初发起人负责结束会话，因此注销发起人有责任回应所有的重发请求
重发请求	首先处理完对方的重发请求，随后发送自己的重发请求以填补消息序号错误而发现的消息缺口
序号重设一重设	可以忽略消息序号错误。因为在序号重设一重设（SeqReset-Reset）消息中的新消息序号（NewSeqNo）强制为下一发送消息的消息序号
序号重设一缺口填补	应立即向对方发送重发请求。但是，重要的是要确保没有无意间跳过任何消息，这意味着缺口填补消息应按次序被接收到，如果次序不对，那么表示出现了非正常的情况
所有其他信息	执行正常的缺口填补

6　消息格式

6.1　数据类型

数据类型用于定义数据域的取值类型，本标准由几个基本的数据类型（整数、浮点数、单字符、字符串、二进制数据块）和在此基础上扩展的数据类型组成。除“data”数据类型外，其他数据类型均以 ASCII 码字符串表示。

---

① 如在重新发送操作期间，有 7 条连续的会话消息等待发送，它们以消息序号 9 开始和以消息序号 15 结束，此时只发送一个序号重设一缺口填补（SeqReset-GapFill）消息来代替那 7 条消息，那么该序号重设一缺口填补（SeqReset-GapFill）消息的消息序号是 9，这是因为要承接上条消息而保持消息序号的连续性；其中新消息序号（NewSeqNo）是 16，这样使得对方知道下一消息发送时的消息序号。

② 在任何情况下，除了序号重设一重设消息外，如果进来的消息序号比预期的消息序号小，而且可能重复标志（PossDup-Flag）没有被设置，那么应立即终止会话过程。并应在结束会话之前，向对方发送带有解释正文的注销（Logout）消息。

6.1.1 整数 int

无逗号和小数位的序号，可表示正负（ASCII 码字符“-”，“0”至“9”组成）。符号占据一个字符位置。允许前置字符零（例：“00023”＝“23”）。

整数类型的扩展定义：

长度 Length：以整数表示字节为单位的数据长度，正数。

重复数 NumInGroup：以整数表示重复组的个数，正数。

消息序号 SeqNum：以整数表示消息序号，正数。

域号 TagNum：以整数表示的域号（或称 Tag），正数，首位不能为零。

月日期号 DayOfMonth：以整数表示的月份中第几天，取值 1～31。

6.1.2 浮点数 float

含有可选的小数部分，可表示正负（ASCII 码字符“-”，“0”至“9”和“.”组成）。最多 15 位有效数字。允许前置字符零（例：“00023”＝“23”）。允许小数部分后置字符零（例：“23.0”＝“23.0000”＝“23”）。

浮点数类型的扩展定义：

除非特别声明，浮点数类型均有正负。

量 Qty：股份数量、资产数量等，可以有小数部分。

价格 Price：小数位数可变。

价格偏移量 PriceOffset：代表价格偏移量的浮点域。

金额 Amt：典型的价格与数量相乘结果，如成交金额。

百分比 Percentage：小数表示方法：.05 代表 5%。

6.1.3 单个字符 char

指除界定符外所有字母字符和标点字符，区分字母大小写。

字符类型的扩展定义：

布尔 Boolean：该域取值于两个字符，（“Y”＝True/Yes，“N”＝False/No）

6.1.4 字符串 String

区分字母大小写。

字符串类型的扩展定义：

多元值字符串 MultipleValueString：用空格分隔。

国家 Country：参见 GB/T 2659。

字符串货币类型 Currency：参见 GB/T 12406。

交易所或市场编号 Exchange：字符串，参见 ISO10383。

年月日期 month-year：格式 YYYYMM 或 YYYYMMDD 或 YYYYMMWW，YYYY＝0000－9999，MM＝01－12，DD＝01－31，WW＝w1，w2，w3，w4，w5。

国际标准时时间戳 UTCTimestamp：格式

YYYYMMDD－HH：MM：SS（秒）

或 YYYYMMDD－HH：MM：SS.sss（毫秒），

YYYY＝0000－9999，MM＝01－12，DD＝01－31，HH＝00－23，MM＝00－59，SS＝00－60（秒），sss＝000－999（毫秒）。

国际标准时时间 UTCTimeOnly：格式

HH：MM：SS 或 HH：MM：SS.sss，

HH＝00－23，MM＝00－59，SS＝00－60（秒），sss＝000－999（毫秒）。

国际标准时日期 UTCDateOnly：格式 YYYYMMDD，

YYYY=0000－9999，MM=01－12，DD=01－31。

本地市场日期 LocalMktDate：格式 YYYYMMDD，YYYY=0000－9999，MM=01－12，DD=01-31。

6.1.5 数据 Data

无格式和内容限制的原始数据，包含长度域和数据域两个部分，数据域数据可以包含数值 0x01，长度域指明数据域的字节数。

6.2 域

域是基本的数据元素，每个域有其域号、业务含义和确定的取值范围，域号统一分配给不同的域，是域的区分标志，在消息中，通过域号来确定不同的域。域的数据类型决定了其取值类型，域的取值范围可以是一个集合，任何在此集合外的取值被认为是非法取值。数据字典部份详细定义了所有域的业务定义、数据类型和取值范围。

6.2.1 域的使用

在消息中，域的使用有三种方式：必须的，可选的，条件限制选择（即根据其他相关域的存在与否或取值来决定）。作为一个完整的消息，必须域和条件限制选择域是需要包含的。

6.2.2 自定义域

如本标准中定义的域不够使用时，证券交易所或市场参与者可以扩展定义新的域，即自定义域。

6.2.3 域汉字编码

域取值为汉字时需要使用统一的 GBK 汉字编码标准。

6.2.4 域界定

消息中所有的域（包含 data 类型数据域）都有一个分隔符来界定分隔，该分隔符就是不可打印字符 ASCII 码“SOH”（#001，hex：0x01，本文档中以<SOH>表示）。因此，所有消息以“8=STEP. x. y. z<SOH>”字符串开始并以“10=nnn<SOH>”字符串结束。

除 data 数据类型域外，其他数据域内容都不应包含域界定符<SOH>。

6.2.5 语法

任何消息都严格由多个“域号=值”的基本结构组成，“域号=值”基本结构用域界定符<SOH>分隔。

消息组成结构如图 1：

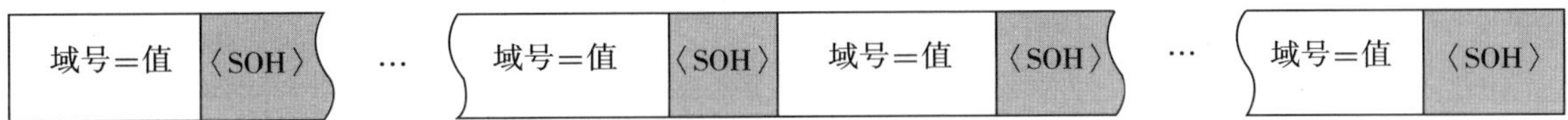

图 1 消息格式

消息由消息头、消息的正文和消息尾组成。同样，每个组成部份都由一系列“域号=值”组成，并且在遵循以下规则前提下“域号一值”基本结构可以是任意的次序：

a）开始部分应是消息头，随后是正文，最后是消息尾。

b）消息头的前 3 个域的次序不能改变：起始串（Tag=8）、消息体长度（Tag=9）、消息类型（Tag=35）。

c）消息尾的最后一个域应是校验和域（Tag=10）。

d）重复组中，域出现的顺序应遵循该重复组在消息或组件中定义时的次序。

e）在一条消息中，除重复组域外任何其他域不能重复出现（消息格式的例子见注①）。

6.2.6 重复组

域可以在重复组里多次重复，用以传输数组类的数据。通常域名起始为“No”字符的域指明重复的次数，并位于重复组的开始处。本文档中重复组的定义通过缩进的→符号表示，重复组也可嵌套。使用子重复组时不能省略父重复组。

具体可参考附录 B 重复组实例。

7 安全与加密

由于消息有可能在公网或不安全的网络上传输交换，因此需要对相关的敏感数据加密处理。

具体加密的方法由连接双方达成的协议而定。

消息内除某些需要公开识别的域以明文传输外，其他任何域都可以加密放置于密文数据域（SecureData）内。当然，这些被加密的域也可以同时保留明文的表示方式。

当决定使用加密方案时，可以对消息正文内所有的域加密。如果消息的重复组内有部分需要加密的，那么要求对整个重复组加密。

本协议还提供的一些域用以支持数字签名、密钥交换和正文加密等安全技术。

正文加密方案有三种：

a）将安全敏感的域加密后移至 SecureData 域。

b）将所有允许加密的域加密后移至 SecureData 域。

c）将所有允许加密的域加密后移至 SecureData 域，同时这些域以明文在消息中重复出现。

8 数据完整性

数据的完整性通过两个方法保证：消息体长度和校验和的验证。

消息体长度是以 BodyLength 域来表示，其值是计算出的消息长度域后面的字符数，包含紧靠校验和域标志“10＝”之前的界定符 SOH。

校验和是把每个字符的二进制值从消息开头“8＝”中的“8”开始相加，一直加到紧靠在校验和域“10＝”之前的域界定符，然后取按 256 取模得到的结果。

校验和域位于消息的最末一个，校验和的计算是在加密之后进行的。计算校验和的代码段可参考附录 F 计算校验和。

9 扩展方式

9.1 扩展分类

扩展分为两个部分：消息定义扩展和域定义扩展。

消息定义扩展可以通过新增消息类型来实现，但尽量在已有消息中通过域定义或取值扩展来定义新业务。已有消息所代表的业务在扩展时不能改变。

---

① 8＝STEP. 1. 0. 0＜SOH＞9＝112＜SOH＞35＝D＜SOH＞49＝BRKR＜SOH＞56＝INVMGR＜SOH＞34＝235＜SOH＞52＝20030620－09：35：27＜SOH＞11＝000007＜SOH＞21＝2＜SOH＞55＝青岛啤酒＜SOH＞48＝600600＜SOH＞ 54＝1＜SOH＞44＝8. 520 ＜SOH＞ 38＝1000 ＜SOH＞ 60＝20030620－09：35：28＜SOH＞40＝2＜SOH＞10＝157＜SOH＞

域定义扩展可以通过新增域来实现，但尽量通过扩展域值来扩展域的定义。消息中已定义的必须的域不能取消定义，也不能改变成可选域。

9.2 扩展规则

自定义消息的消息类型值首字符为“U”。其他类型的消息由全国金融标准化技术委员会根据国际相关标准的变化统一定义并发布。

消息和域临时定义原则：上海证券交易所临时定义消息的消息类型值首两位字符为“UA”，深圳证券交易所临时定义消息的消息类型值首两位字符为“UB”；消息和域的临时定义应同时报备至全国金融标准化技术委员会。

域号 1—4999 由全国金融标准化技术委员会根据国际标准的变化统一定义并发布，该域区间只有全国金融标准化技术委员会有权扩展、修改和发布；域号 8500－8999 由全国金融标准化技术委员会自行定义，其中 8800－8999 为临时定义区间；临时定义区间中域号 8800－8899 为全国金融标准化技术委员会授权上海证券交易所市场临时定义区间，域号 8900－8999 为全国金融标准化技术委员会授权深圳证券交易所市场临时定义区间。域号 10000 以上由连接双方自行约定定义。

消息的模块顺序在扩展定义时不能改变，即保持消息头、消息体和消息尾的顺序。而模块的内部，域和重复组的顺序是可以变化的。

消息头的头三个域的定义和位置不能改变，但可以扩展增加消息头的可选域。

消息尾最后一个域的定义和位置不能改变，但可以扩展增加消息尾的可选域。

9.3 版本管理

本协议的版本管理权属于全国金融标准化技术委员会。

版本号格式为 X. Y. Z，版本号从 1.0.0 起始，当新版本完全兼容上一版本时只改变版本号中的 Z。

本协议当前版本的版本号为 1.0.0。

全国金融标准化技术委员会定期审核临时定义，并在新版本中统一定义发布，同时取消相关临时定义。

10 消息定义

10.1 消息头

每一个会话或应用消息有一个消息头，该消息头指明消息类型、消息体长度、发送目的地、消息序号、发送起始点和发送时间。

其中有两个域用于消息重发，对于会话级的事件而重复发送消息时将可能重复发送标志（PossDupFlag）设置为 Y（发送时用原来的消息序号），当重新发送时使用新的消息序号时将可能重新发送标志（PossResend）设置为 Y，接受者应按以下方法处理上述消息：

可能重复发送，如果带有该消息序号的消息在以前曾经接受过，则忽略消息；如果未曾收到过，则按正常步骤处理。

可能重新发送：将消息传递给应用层以确定此前是否收到该消息（通过检查订单编号或相关参数）。

消息头格式见表 2。

表 2 消息头

Tag	域名		必需	说明
8	BeginString		Y	起始串 STEP. 1. 0. 0（不可加密，消息的第一个域）
9	BodyLength		Y	消息体长度（不可加密，消息的第二个域）
35	MsgType		Y	消息类型（不可加密，消息的第三个域）
49	SenderCompID		Y	发送方代码（不可加密，发送方标识符）
56	TargetCompID		Y	接收方代码（不可加密，接收方标识符）
115	OnBehalfOfCompID		N	最初发送方标识符（可加密），用于经第三方发送
128	DeliverToCompID		N	最终接收方标识符（可加密），用于经第三方发送
90	SecureDataLen		N	密文数据长度
91	SecureData		N	密文数据（紧跟密文数据长度域）
34	MsgSeqNum		Y	消息序号（可加密）
50	SenderSubID		N	发送方子标识符（可加密）
142	SenderLocationID		N	发送方方位标识符（可加密）
57	TargetSubID		N	接收方子标识符（可加密）
143	TargetLocationID		N	接收方方位标识符（可加密）
116	OnBehalfOfSubID		N	最初发送方子标识符（可加密）
144	OnBehalfOfLocationID		N	最初发送方方位标识符（可加密）
129	DeliverToSubID		N	最终接收方子标识符（可加密）
145	DeliverToLocationID		N	最终接收方方位标识符（可加密）
43	PossDupFlag		N	可能重复标志，重复发送时，作此标记（可加密）
97	PossResend		N	可能重发标志（可加密）
52	SendingTime		Y	发送时间（可加密）
122	OrigSendingTime		N	原始发送时间（可加密）
347	MessageEncoding		N	消息中 Encoded 域的字符编码类型（非 ASCII 码）
369	LastMsgSeqNumProcessed		N	最后处理消息序号（可加密）
370	OnBehalfOfSendingTime		N	最初发送时间（用 UTC 表示时间）
627	NoHops		N	历史跳跃信息重复组，记录消息经第三方发送的历史，每次经第三方发送为一个跳跃，仅当 OnBehalfOfCompID 使用时有效，主要用于跟踪消息的路径
→	628	*HopCompID*	N	取值第三方的 SenderCompID
→	629	*HopSendingTime*	N	取值用第三方的 SendingTime
→	630	*HopRefID*	N	取值第三方的 MsgSeqNum

10.2 消息尾

每一个消息（会话或应用消息）都有一个消息尾，并以此终止。消息尾可用于分隔多个消息，包含有 3 位数的校验和值。

消息尾格式见表 3。

表 3　消息尾

Tag	域名	必需	说　明
93	SignatureLength	N	数字签名长度（不可加密）
89	Signature	N	数字签名（不可加密）
10	CheckSum	Y	校验和，消息的最末域（不可加密）

10.3　会话消息

会话消息涉及标准的使用机制，将在以下各节中予以介绍，并定义会话消息格式。

连接双方均可生成会话消息。

10.3.1　心跳消息（MsgType=0）

心跳消息用于监控通信连接的状况，并可确认是否接收到最后一条消息。

当 STEP 连接的任何一方在（[HeartBtInt] 秒，心跳间隔）时间内没有发送任何数据的时候，将产生一个心跳消息并传送出去。当连接的任何一方在（[HeartBtInt] + [合理传输时间]）时间内都没有收到任何有关的数据的时候，将产生一个测试请求消息并传送出去。如果在此之后的（[HeartBtInt] + [合理传输时间]）时间内，仍没有收到心跳消息，那么可认为此次连接失败，而且需开始实施修正操作。

如果 HeartBtInt 被设置为零，那么将不会定期生成心跳消息。并且不论 HeartBtInt 取值多少，任何一方都可发送测试请求消息，接收方由此将强行生成心跳消息。

因对方的测试请求消息而产生的心跳（Heartbeats）消息应包括对方测试请求消息中的测试请求标识符（TestReqID）。这有利于确定该心跳消息是响应测试请求而产生的，而不是由于超时而产生的。

心跳消息格式见表 4。

表 4　心跳（Heartbeat）

Tag	域　名	必　需	说　明
	标准消息头	Y	MsgType=0
112	TestReqID	N	测试请求标识符，如是对测试请求而响应的心跳消息，则应包含本域
	标准消息尾	Y	

10.3.2　登录消息（MsgType=A）

登录消息能证实用户是否已建立与对方系统的连接。登录消息应是在 STEP 会话开始时的连接双方发送的第一个消息。

HeartBtInt 域用来声明产生心跳的时间间隔（连接双方 HeartBtInt 取相同的值）。连接双方事先约定取值，由登录发起方产生并得到接收方的确认响应。

在接收登录消息时，接收方将验证发起方身份的合法性，并且同样发出登录消息以确认连接请求已被接受。同样，确认登录消息也可以被发起方使用以验证连接了身份合法的接收方。

接收方应在收到登录消息之后，立即作好开始消息处理的准备。发起方可以选择在接收到确认登录消息之前开始 STEP 消息传输。不过本标准规定：在有关密钥确认的登录消息收到之后，才实施正常的消息交换。

确认登录消息还可被用于密钥相互确定。如果认为当前会话密钥强度较弱，需要更换密钥，那么就可通过发回带有新密钥的登录消息来建议使用更强的会话密钥。当然，这仅仅对允许密钥相互确认的加密协议有意义。

登录消息还可以用来指明最大消息长度（MaxMessageSize），也可以用来指明发送和接受时所支持的消息类型。

登录消息格式见表 5。

表 5　登录（Logon）

Tag	域　名		必　需	说　明
	标准消息头		Y	MsgType=A
98	EncryptMethod		Y	加密方法（不可加密）
108	HeartBtInt		Y	心跳间隔
95	RawDataLength		N	无格式数据长度，用于认证
96	RawData		N	无格式数据，用于认证
141	ResetSeqNumFlag		N	序号重设标志
383	MaxMessageSize		N	最大消息长度，单条消息的最大字节数
384	NoMsgTypes		N	消息类型个数
→	372	*RefMsgType*	N	消息类型
→	385	*MsgDirection*	N	消息方向
464	TestMessageIndicator		N	测试标志，指明该会话是测试连接或正常运行连接，用于防止意外
553	Username		N	用户名
554	Password		N	密码
	标准消息尾		Y	

10.3.3　测试请求消息（MsgType=1）

测试请求消息能强制对方发出心跳消息。测试请求消息的作用是检查对方消息序号和检查通信线路的状况。对方用带有测试请求标识符（TestReqID）的心跳作应答。

测试请求标识符（TestReqID）用以指明对方生成心跳消息是响应测试请求而非正常超时引起的。对方发送心跳消息作为应答时，将测试请求标识符（TestReqID）包括在消息中。任何字符串都可以用作测试请求标识符（TestReqID）[可使用时间戳（timestamp）]。

测试请求消息格式见表 6。

表 6　测试请求（Test Request）

Tag	域　名	必　需	说　明
	标准消息头	Y	MsgType=1
112	TestReqID	Y	测试请求标识符
	标准消息尾	Y	

10.3.4　重发请求消息（MsgType=2）

重发请求消息由接收方发出，目的是向发送方申请某些消息重复发送。此功能用于：发现消息序号缺口、接收方丢失了消息和在初始化过程中也可能使用。

重发请求消息能被用来请求重新发送单个消息、一系列的消息或在某一特定消息之后的所有消息。

当重复发送消息的时候，发送方将考虑消息类型；如：在重复发送系列中有一条会话消息，由于过期而不再有效，发送方不需要重复传输这条消息。因此，当发送方不重复发送某消息时，序号重设—缺口填补（SeqReset-Gap Fill）消息将被用来跳过消息。①

重发请求消息有以下几种表示方式：

• 请求重发一条消息：起始消息序号（BeginSeqNo）＝结束消息序号（EndSeqNo）

• 请求重发某个范围内的消息：起始消息序号（BeginSeqNo）＝该范围中的第 1 条消息，结束消息序号（EndSeqNo）＝该范围中的最后一条消息序号

• 请求重发某一特定消息之后的所有的消息：起始消息序号（BeginSeqNo）＝该范围中的第 1 条消息，结束消息序号（EndSeqNo）＝0（无限大）。

重发请求消息的格式见表 7。

表 7 重发请求（Resend Request）

Tag	域 名	必 需	说 明
	标准消息头	Y	MsgType=2
7	BeginSeqNo	Y	起始消息序号
16	EndSeqNo	Y	结束消息序号
	标准消息尾	Y	

10.3.5 会话拒绝消息（MsgType=3）

当接收方收到一条消息时，由于违反了会话机制而造成不能适当地处理该消息时，应该发出会话拒绝消息。如：当收到一条消息，这条消息虽成功地通过了解密、校验和正文长度检验，但却被发现带有无效的数据［如：消息类型（MsgType）＝&］，此时应发出拒绝消息。

被拒绝的消息应该写入日志。

接收方应该忽略任何被歪曲、不能被解析或数据完整性核对失败的消息。立即对下一个有效的 STEP 消息进行处理将会发现消息缺口，并且将产生重发请求。在 STEP 交换引擎内应能够识别这种无限重发循环。

当产生和收到会话拒绝消息意味着出现了严重错误，可能发送方或接收方的应用存在逻辑错误。

如果要重新传输拒绝消息，那么应赋予该消息一个新的消息序号，并设置可能重发标志（PossResend）为 Y。

无论何时，本标准规定应在正文域里尽可能描述拒绝原因。

如果所收到的应用层消息遵循了会话机制，那么可以开始在业务层处理该消息。如果在处理过程中，发现违反业务规则，那么应该发出业务层的“拒绝”消息。很多业务层的消息都有指定的“拒绝”消息，此时这些消息可以发挥作用。其他无对应会话拒绝消息的，则均可通过业务“拒绝”消息进行拒绝。

会话拒绝消息格式见表 8。

---

① 接收方按订单顺序进行消息处理是非常有必要的。例如，如果订单第 7 条消息被错过，而收到第 8 和第 9 条，那么应用方将忽略 8 和 9，然后要求重发送第 7～第 9，或者要求重新发送第 7～第 0（0 表现无限）。在顺序混乱的状况中通常用后一方案恢复消息，因为当连接双方都同时试图尽快恢复缺口的状况下，此种方法能更快地进行消息恢复。

表 8 会话拒绝（Reject）

Tag	域 名	必 需	说 明
	标准消息头	Y	MsgType＝3
45	RefSeqNum	Y	关联消息序号，即被拒绝的消息序号
371	RefTagID	N	相关错误域号
372	RefMsgType	N	相关错误消息类型
373	SessionRejectReason	N	会话拒绝原因编号
58	Text	N	文本，可作解释拒绝的原因
354	EncodedTextLen	N	编码文本长度
355	EncodedText	N	编码文本（非 ASCII 码）
	标准消息尾	Y	

会话拒绝原因见表 9。

表 9 会话拒绝原因

会话拒绝原因
0＝存在无效的域号
1＝该消息中必须的域丢失
2＝该消息中出现未曾定义的域
3＝未定义域号
4＝域未赋值
5＝域取值错误（范围溢出）
6＝取值格式错误
7＝解密错误
8＝签名错误
9＝公司标识符错误
10＝发送时间精度错误
11＝无效的消息类型
12＝XML 验证错误（XML Validation error）
13＝同一域多次出现（非重复组）
14＝有序的域出现次序错误
15＝重复组域次序错误
16＝重复组重复次数错误
17＝非 data 数据域中出现域界定符＜SOH＞

10.3.6 序号重设消息（MsgType＝4）

序号重设消息由发送方发出，用于告知接收方下一个消息的消息序号。序号重设消息有两种模式：序号重设一缺口填补（SeqReset-Gap Fill）；序号重设一重设（SeqReset-Reset）。序号重设一重设通常在灾难恢复情况下使用。

当需要支持 24 小时的连接并用序号重设标志（ResetSeqNumFlag）来建立新的一套消息序号的时候，关于连接双方的序号重设时间和发起方另行确定，但序号重设的发起方不同于登录过程的发起方。其处理过程如下：其中一方先发送测试请求（TestRequest）。在收到心跳消息后，确认没有消息序号缺口后，发起方发送一条登录消息，在该消息中应附有设为 Y 的序号重设标志（ResetSeqNumFlag），并且它的消息序号（MsgSeqNum）为 1。接收方则应该发送一条登录消息作回应，其中序号重设标志（ResetSeqNumFlag）为 Y，消息序号（MsgSeqNum）为 1。此后，连接双方发送出的消息的消息序号应从 2 开始。需要注意的是一旦发起方发送附有序号重设标志（ResetSeqNumFlag）的登录消息，那么接收人应服从该请求，并且“昨天”传送的消息不可能再重发。如果不遵守以上的处理规则应立即中断连接，并手工设置干预。

序号重设消息用两种模式表示：

当 GapFillFlag=Y 时，该消息为序号重设—缺口填补（SeqReset-Gap Fill），当 GapFillFlag=N 或没有设置时，该消息为序号重设—重设（SeqReset-Reset）。

序号重设消息能在下列情况下使用：

a）在重新发送的处理过程中，发送方可以选择不发送某个消息（例如一个会话消息）。序号重设—缺口填补（SeqReset-Gap Fill）能被用来填补那条消息。

b）在重新发送的处理过程中，有大量的会话消息不需要发送，这样产生的消息序号缺口也可以由序号重设—缺口填补（SeqReset-Gap Fill）消息来填补。

c）在应用层失败的情况下，有必要通过发送序号重设—重设（SeqReset-Reset）在发送和接收的连接双方进行强制消息序号同步。

在任何情况下，序号重设消息都指定了 NewSeqNo（新的消息序号），并重设该值为下一个将被传送消息的消息序号。

如果缺口填补标志（GapFillFlag）域被设置为 Y，那么消息序号（MsgSeqNum）域取值应该遵循消息序号规则，即：序号重设—缺口填补（SeqReset-Gap Fill）消息的消息序号（MsgSeqNum）应该对应缺口范围内第一条消息的消息序号，因为对方正准备接收这个消息序号的消息。

序号重设—缺口填补（SeqReset-Gap Fill）只能增加消息序号。如果收到的序号重设—缺口填补（SeqReset-Gap Fill）消息试图使下一个预期的消息序号变小，那么此消息应该被拒绝接受，并被视作为错误。[①]

如果缺口填补标志（GapFillFlag）域没有出现（或被设为 N），即为序号重设—重设（SeqReset-Reset）消息，那么有可能是此序号重设—重设（SeqReset-Reset）消息的目的是恢复混乱顺序的消息。此时消息头里的消息序号（MsgSeqNum）应该忽略。禁止在重发请求的正常回应中使用序号重设—重设（SeqReset-Reset）［应使用序号重设—缺口填补（SeqReset-Gap Fill）］。序号重设—重设（SeqReset-Reset）仅用于无法用序号重设—缺口填补（SeqReset-Gap Fill）进行恢复的灾难情况。注意使用序号重设—重设（SeqReset-Reset）可能会造成消息丢失。

序号重设消息格式见表 10。

表 10　序号重设（Sequence Reset）

Tag	域　名	必　需	说　明
	标准消息头	Y	MsgType=4
123	GapFillFlag	N	缺口填补标志
36	NewSeqNo	Y	新消息序号
	标准消息尾	Y	

① 如可能存在接收方发送多个重发请求（如先请求重发 5～10，随后请求重发 5～11）。如果消息序号 8，10 和 11 表示应用消息，而 5～7 和 9 表示会话消息，那么为响应该重发请求，有一些应用消息需被重新发送，首先发送的 SeqReset-GapFill 中新消息序号（NewSeqNo）设置为 8，即第 8 条消息；完成重发应用消息后，发送 SeqReset-GapFill 且新消息序号（NewSeqNo）设置为 10，即第 10 条消息，接着完成重发应用消息。随后又可能发送 SeqReset-GapFill 且新消息序号（NewSeqNo）设置为 8，即第 8 条消息（序号变小）；完成重发应用消息后，发送 SeqReset-GapFill 且新消息序号（NewSeqNo）设置为 10，即第 10 条消息，以及第 11 条消息，接着完成重发应用消息。此时接收方通过检查在序号重设—缺口填补（SeqReset-Gap Fill）中的新消息序号（NewSeqNo）是否比预期的小可发现此种错误。如果发现有这种错误，那么说明该序号重设—缺口填补（SeqReset-Gap Fill）是重复的，应该放弃处理。

10.3.7 注销消息（MsgType=5）

注销消息是发起或确认 STEP 会话终止的消息。未经注销消息交换而断开连接，一律视为非正常的断开。

在最后终止会话之前，注销的发起人应该等待连接对方确认注销消息。这使得连接对方有了实施任何有必要的缺口填补的机会。如果连接对方没有在适当的时间间隔里作回应，那么会话就可以终止。

注销发起人在发送注销消息之后不应发送任何消息，除非接收到连接对方发出的重发请求消息。

注销消息格式见表 11。

表 11　注销（Logout）

Tag	域　名	必　需	说　明
	标准消息头	Y	MsgType=5
58	Text	N	文本
354	EncodedTextLen	N	编码文本长度
355	EncodedText	N	编码文本（非 ASCII 码）
	标准消息尾	Y	

10.4 应用消息

10.4.1 应用消息组件

应用消息中有很多共用的数据域集合——组件。比如说，大多数应用消息都会用到一系列定义证券品种的数据域：Symbol，SecurityIDSource，SecurityID，……。为避免重复，本标准中定义了一些关键组件，在应用消息定义中直接用名称引用这些组件。实际的消息定义和使用中，则应该将组件扩展开成为相应的数据域集合。

组件可以是重复组的部分，此时组件对应的整组数据域都位于组件所在重复组的级别上，遵从重复组的域顺序规则。

10.4.1.1 组件<Instrument>

<Instrument>组件定义了证券品种（金融工具）及其相关属性，其中证券代码和证券名称是必需的域。

<Instrument>组件结构定义见表 12。①

表 12　组件<Instrument>

Tag	域　名		必　需	说　明
55	Symbol		***	证券名称
48	SecurityID		***	证券代码
22	SecurityIDSource		N	证券代码源
454	NoSecurityAltID		N	备选证券代码个数
→	455	*SecurityAltID*	N	备选证券代码个数
→	456	*SecurityAltIDSource*	N	备选证券代码源，有效取值与证券代码源（SecurityIDSource）相同
461	CFICode		N	证券类别

① *** 表示域的“必需”属性依赖于该组件在消息定义中的“必需”属性。

续表

Tag	域　名	必　需	说　明
207	SecurityExchange	N	交易所代码
762	SecuritySubType	N	证券子类别，与 CFICode 配合使用
231	ContractMultiplier	N	债券折合成回购标准券的比例
107	SecurityDesc	N	证券描述，如英文简称

备选证券代码域可在自定义证券代码标准向 ISIN 编码标准过渡期间使用。

使用备选证券代码示例：

假设上证所证券代码正处于现有代码和 ISIN 编码的切换期间，此时发出订单购买“浦发银行”，现有代码 600000，ISIN 代码 CN0006000003

域名（Tag）	值	解　释
Symbol（55）	浦发银行	证券名称
SecurityID（48）	600000	证券代码
SecurityIDSource（22）	101	证券代码源为上证所
NoSecurityAltID（454）	1	有一个额外证券代码
→*SecurityAltID*（455）	CN0006000003	备选证券代码
→*SecurityAltIDSource*（456）	4	证券代码源为 ISIN

经过切换后

域名（Tag）	值	解　释
Symbol（55）	浦发银行	证券名称
SecurityID（48）	CN0006000003	证券代码
SecurityIDSource（22）	4	证券代码源为 ISIN
NoSecurityAltID（454）	1	有一个额外证券代码
→*SecurityAltID*（455）	600000	备选证券代码
→*SecurityAltIDSource*（456）	101	证券代码源为上证所

证券类别由 CFICode 和 SecuritySubType 共同描述。CFICode 是 ISO10962 金融工具分类代码国际标准。SecuritySubType 由市场自行定义，对 CFICode 加以补充，但有些证券品种不需要 SecuritySubType 域。中国证券市场中常见证券品种对应的 CFICode 和 SecuritySubType 描述如下：

证券品种	CFICode（461）	SecuritySubType（762）
A 股	ES	A
A 股新股申购	ES	AN
A 股增发	ES	AS
A 股权证	ES	AR
国债现货	D	G
企业债券	D	O

续表

证券品种	CFICode (461)	SecuritySubType (762)
金融债券	D	F
可转债	DC	
债券回购	D	R
投资基金	EU	
B 股证券	ES	B
B 股权证	ES	BR
指数	MRI	

10.4.1.2　组件<OrderQtyData>

<OrderQtyData>组件用于表示证券数量，通常在订单中使用。

<OrderQtyData>组件结构定义见表 13。

表 13　组件<OrderQtyData>

Tag	域　名	必　需	说　明
38	OrderQty	N	订单数量
516	CashOrderQty	N	订单比例

10.4.1.3　组件<Parties>

<Parties>组件用于表示参与方信息。

<Parties>组件结构定义见表 13。

表 14　组件<Parties>

Tag			域名	必需	说　　明
453			NoPartyIDs	N	参与方个数
→	448		*PartyID*	N	参与方代码，结合 PartyIDSource 和 PartyRole
→	447		*PartyIDSource*	N	指示 PartyID 的代码源，如果有 PartyID 则该域必须出现，取值依赖于 PartyRole
→	452		*PartyRole*	N	指定参与方角色
→	802		*NoPartySubIDs*	N	指示重复的参与方子代码个数
→	→	523	*PartySubID*	N	参与方子代码
→	→	803	*PartySubIDType*	N	参与方子代码类型

市场参与方包括券商、投资者、清算公司、交易员等，通常 PartyID 为参与方代码，PartyRole 用以指明参与方角色。参与方其他信息如名称等，可由 PartySubID 进一步描述，由 PartySubIDType 加以区分。中国证券市场中常见参与方信息描述如下：

参与方信息	"PartyRole" (452)	"PartyIDSource" (447)	"PartySubIDType" (803)
投资者证券账户	5 =投资者编号 (Investor ID)	5 =中国投资者编号 (Chinese Investor ID)	

续表

参与方信息	"PartyRole" (452)	"PartyIDSource" (447)	"PartySubIDType" (803)
投资者姓名			5 =合法全名（Full Legal Name of Firm）
席位或 PBU 代码	1 =券商（Executing Firm）	C =通用市场参与者标识符（Generally Accepted Market Participant Identifier）	
交易员代码	12 = 交易员（Executing Trader）	D =私有自定义代码（Proprietary/Custom Code）	
交易对手方席位或 PBU 代码	17 = 对方券商（Contra Firm）	C =通用市场参与者标识符（Generally Accepted Market Participant Identifier）	
交易对手方投资者证券账户	39 = 对方投资者编号（Contra Investor ID）	5 =中国投资者编号（Chinese Investor ID）	
清算公司代码	4 = 清算公司（Clearing Firm）	C =通用市场参与者标识符（Generally Accepted Market Participant Identifier）	
转托管业务转入席位或 PBU 代码	40 =转入券商（Transfer to Firm）	C =通用市场参与者标识符（Generally Accepted Market Participant Identifier）	

具体也可以参见附录 C 组件 Parties 实例。

10.4.2 订单业务类

订单业务类消息主要是支持日常实时交易和非交易的消息，其中最典型的是新订单消息，新订单消息由交易客户方发出，用以提交订单。

非交易业务指国内与国际证券市场惯例略有不同的一些特殊增值业务，如某些公司行为和政府债券发行与分销。

10.4.2.1 新订单消息（MsgType=D）

新订单消息可以带有执行指令。执行指令（ExecInst）指示订单的执行条件。执行指令中包含数量条件。

对于在消息头中设置了 PossResend 标志的订单消息，应当使用交易客户方（券商）订单编号（ClOrdID）核实是否已收到该订单，具体实现时还应检查订单参数（买卖方向、证券代码、数量等）进行核实。如果之前收到该订单，应以执行报告消息回应订单状态。如果之前未收到，则以执行报告消息回应订单确认。

TransactTime 域指示订单发起时间，可结合业务规则来判断收到的订单是否已过期。

新订单消息也适用于使用撮合机制的大宗交易、国债场内分销、国债回购等业务，作为交易客户方的指令。

新订单消息支持交易订单和非交易订单。

非交易订单指不通过实时交易而发生变化的行为，如发行、配股、转股、回售、质押、冻结等。

新订单消息（New Order-Single）的格式见表 15。

表 15　新订单（New Order-Single）

Tag	域　名	必　需	说　明
	标准消息头	Y	MsgType=D
11	ClOrdID	Y	交易客户方（券商）订单编号
18	ExecInst	N	执行指令
组件<Parties>		N	**参与方**
组件<Instrument>		Y	**证券定义**
54	Side	Y	买卖方向
60	TransactTime	Y	订单发起时间
组件<OrderQtyData>		Y	**数量**
8526	NonTradingOrdType	N	非交易业务订单类型
40	OrdType	Y	订单类型
423	PriceType	N	价格类型
44	Price	N	价格（限价订单时有效）
15	Currency	N	币种
	标准消息尾	Y	

10.4.2.2　新订单清单消息（MsgType=E）

当有多个新订单需要批量发送时，可使用新订单清单消息。

新订单清单消息的格式见表 16。

表 16　新订单清单（New Order-List）

Tag	域名		必需	说明
	标准消息头		Y	MsgType= E
66	ListID		Y	交易客户方（券商）新订单清单编号，当日必需唯一
394	BidType		Y	报价类型，如非公开模式、公开模式、无出价处理
68	TotNoOrders		Y	指示在同一 ListID 下所有消息中的订单总数，用以支持消息分割
73	NoOrders		Y	订单个数
→	11	*ClOrdID*	Y	交易客户方（券商）订单编号
→	67	*ListSeqNo*	Y	清单内订单序号
→	组件<*Parties*>		N	**参与方**
→	18	*ExecInst*	N	执行指令
→	组件<*Instrument*>		Y	**证券定义**
→	54	*Side*	Y	买卖方向
→	60	*TransactTime*	Y	订单发起时间
→	组件<*OrderQtyData*>		Y	**数量**
→	8526	*NonTradingOrdType*	N	非交易业务订单类型
→	40	*OrdType*	Y	订单类型

续表

Tag	域名		必需	说明
→	423	*PriceType*	N	价格类型
→	44	*Price*	N	价格（限价订单时有效）
→	15	*Currency*	N	币种
	标准消息尾		Y	

10.4.2.3 执行报告消息（MsgType=8）

执行报告消息可用于：

a）订单确认

b）订单状态变化确认（如撤单确认和修改单确认）

c）发送订单的成交回报

d）订单拒绝

每个执行报告中都包含两个域：OrdStatus，订单状态；ExecType，执行类型。

OrdStatus 用以报告订单当前状态，如果同时存在多个订单状态，则只报告优先级最高的状态。订单状态优先级见表 17（并未全部使用）。

表 17　订单状态优先级

优先级	OrdStatus	说　明
11	待撤消（6）Pending Cancel	撤单请求待处理，用于确认收到撤单请求，而非确认撤单已成功
10	待替换（E）Pending Replace	修改单请求待处理，用于确认收到修改单请求，而非确认订单修改已成功
9	当天完成（3）Done for Day	订单在当天未成交或未完全成交，闭市后结束该订单
8	已计算（B）Calculated	订单在当天结束（成交或当天完成）后，计算并报告佣金或货币结算细节
7	已成交（2）Filled	订单全部成交，没有剩余数量
6	已 终 止（7）Stopped	订单在交易所中被终止，用于价格保护和数量保护
5	已延缓（9）Suspended	由于客户请求而暂停执行订单
4	已 撤 消（4）Canceled	订单被撤消
4	已过期（C）Expired	订单由于时间条件而到期失效
3	部分成交（1）Partially Filled	订单部分成交，有剩余数量
2	新（0）New	开放订单（已进入订单簿，等待撮合）
2	已 拒 绝（8）Rejected	订单被交易服务方（交易所）拒绝，允许在订单确认之后拒绝订单，即从状态“新”进入“已拒绝”
2	待处理（A）Pending New	订单被交易服务方（交易所）接收到但还未处理，仅在状态请求信息的回应可能出现
1	已接受（D）Accepted for Bidding	订单被接受，并已被估价，仅用于 BidType 为“Disclosed”的一揽子订单

ExecType 域用以标识执行报告的执行类型。执行报告中 ExecType 和 OrdStatus 共同指示了订单状态的改变。在响应修改单时，ExecType 为待替换，指示修改单请求正在处理。ExecType 为已替换，指示修改单请求已完成。

执行信息（如已成交或部分成交）与其他状态变化信息（如待撤消、待替换、已撤消、已替换、已接受、当天完成）不能在一个执行报告中同时传递。

在订单处于“待处理”状态并将进入新状态（即待替换）时如果发生了成交，执行报告中应包括原始的订单参数（ClOrdID，OrderQty，Price 等）。执行报告中 CumQty 和 AvgPx 要进行更新。只有在发出 ExecType 为已替换的执行报告后，才可以认为订单被成功替换。

撤单和修改单在订单有剩余数量时才有效。如果要求替换的订单数量低于累计执行数量 CumQty 的水平，券商将中止执行该订单。对已成交订单要求修改价格将会被拒绝。OrderQty，CumQty，LeavesQty 和 AvgPx 共同反映出订单的累计状态。例如，订单 B 替换了部分成交的订单 A，订单 B 的 OrderQty，CumQty，LeavesQty 和 AvgPx 域也要加上订单 A 的累计数量。

一般性公式为：订单数量 OrderQty＝累计执行数量 CumQty＋订单剩余数量 LeavesQty

公式的例外情况：如果 ExecType 和/或 OrdStatus 为已撤消、当天完成、已过期、已计算、已拒绝，则订单不处于活跃状态，LeavesQty 为 0。

ExecType＝F（Trade）用以传递新成交信息。

ExecType＝D（Restated）表明执行报告是由交易服务方主动向交易客户方发送的。应给出 ExecRestatementReason。这可用在有时间条件的订单到期、公司行为、电话口头报单、交易服务方修改价格或交易服务方主动撤单等情况。

ClOrdID 提供给交易客户方（机构、券商、中间商等）进行订单标识，在其内部系统中唯一。域 OrderID 则是由交易服务方（券商、交易所、基金管理公司等）生成的订单标识。在撤单和修改单中，ClOrdID/OrigClOrdID 需要形成链接。

执行报告消息（Execution Report）的格式见表 18。

表 18　执行报告消息（Execution Report）

Tag	域　名	必　需	说　明
	标准消息头	Y	MsgType＝8
37	OrderID	Y	订单编号，交易服务方（交易所）的唯一订单标识
11	ClOrdID	N	交易客户方（券商）订单编号
41	OrigClOrdID	N	原始交易客户方（券商）订单编号，指示被撤消/修改订单的 ClOrdID
组件<Parties>		**N**	**参与方**
66	ListID	N	如果订单是通过 New Order-List 发送的，指示订单所在清单编号
17	ExecID	Y	执行编号，交易服务方赋予的唯一执行标识（或称成交编号）
150	ExecType	Y	执行类型
39	OrdStatus	Y	订单状态
103	OrdRejReason	N	订单拒绝时需要
378	ExecRestatementReason	N	ExecType ＝ D（Restated）时需要
790	OrdStatusReqID	N	订单状态请求编号
组件<Instrument>		**Y**	**证券定义**
54	Side	Y	买卖方向
组件<OrderQtyData>		**Y**	**数量**
8526	NonTradingOrdType	N	非交易业务订单类型

续表

Tag	域　名	必　需	说　明
40	OrdType	N	订单类型
423	PriceType	N	订单价格类型
44	Price	N	订单价格
15	Currency	N	币种
32	LastQty	N	上一成交数（最近一笔成交数量）
31	LastPx	N	上一成交价（最近一笔成交价格）
151	LeavesQty	Y	订单剩余数量
14	CumQty	Y	累计执行数量
6	AvgPx	Y	成交平均价
60	TransactTime	N	执行报告时间
381	GrossTradeAmt	N	成交金额
8500	OrderEntryTime	N	订单申报时间
8501	AccountSecPosition	N	股东持股余额
	标准消息尾	Y	

10.4.2.4　修改单消息（MsgType=G）

修改单消息用以修改已申报订单的参数。如果要将订单剩余数量完全撤消，应使用撤单消息。

修改单消息可以用来更改开放订单的各种合法属性（如：增减数量，更改价格，更改指令等）。

修改单消息需要立即回应。除非修改单能立刻被处理或拒绝，否则应先发送一个待替换的执行报告。

修改单消息仅在订单能成功撤回，且没有产生执行的情况下被接受。无法处理的修改单消息将用撤单拒绝消息来拒绝。撤单拒绝消息中应提供修改单消息的 ClOrdID 和 OrigClOrdID。

在修改单消息中，ClOrdID 会更改并保证唯一，但 OrderID 不变。

本标准允许多个修改单形成链接。但要注意：

订单发送方以乐观方式建立链接，即将订单中的 OrigClOrdID 赋值为上一未被拒绝的 ClOrdID；订单接收方以悲观方式建立链接，即将执行报告中的 OrigClOrdID 赋值为上一已被接受的 ClOrdID。

如果订单发送方希望修改单能够快速地链接，那么最好是在修改单中包含全部订单细节。比如说，先发送修改单更改价格，之后又发送修改单更改数量，那么第二个修改单中也应该包括修改后价格（有可能第一个修改单被拒绝）。

对于已申报的非交易订单修改，应使用撤单消息而不是修改单消息。

修改单消息（Order Cancel/Replace Request）的格式见表 19。

表 19　修改单消息（Order Cancel/Replace Request）

Tag	域　名	必　需	说　明
	标准消息头	Y	MsgType=G
37	OrderID	N	订单编号，交易服务方（交易所）的唯一订单标识
组件<Parties>		N	**参与方**

续表

Tag	域　名	必　需	说　明
41	OrigClOrdID	Y	原始交易客户方（券商）订单编号，指示被修改订单的 ClOrdID
11	ClOrdID	Y	交易客户方（券商）订单编号
18	ExecInst	N	执行指令
组件<Instrument>		Y	**证券定义**
54	Side	Y	买卖方向
60	TransactTime	Y	订单发起时间
组件<OrderQtyData>		Y	**数量**
40	OrdType	Y	订单类型
423	PriceType	N	价格类型
44	Price	N	价格（限价订单时有效）
15	Currency	N	币种
	标准消息尾	Y	

10.4.2.5　订单状态请求消息（MsgType=H）

订单状态请求用于向交易服务方请求某订单的状态，交易服务方通过执行报告消息返回订单状态。

订单状态请求消息的格式见表 20。

表 20　订单状态请求消息（Order Status Request）

Tag	域　名	必　需	说　明
	标准消息头	Y	MsgType=H
37	OrderID	N	订单编号，交易服务方（交易所）的唯一订单标识
组件<Parties>		N	**参与方**
41	OrigClOrdID	Y	原始交易客户方（券商）订单编号，指示被修改订单的 ClOrdID
11	ClOrdID	Y	交易客户方（券商）订单编号
790	OrdStatusReqID	N	订单状态请求编号，订单状态请求唯一标识，在返回的执行报告消息中需包含此编号。
组件<Instrument>		Y	**证券定义**
54	Side	Y	买卖方向
	标准消息尾	Y	

10.4.2.6　撤单消息（MsgType=F）

撤单消息用以撤消订单的全部订单剩余数量。如果只进行部分撤单，则应使用修改单消息。

撤单消息仅在订单能成功撤回，没有产生执行的情况下被接受。

撤单消息也被赋予一个 ClOrdID，可视作另外一个订单。如果被拒绝，撤单拒绝消息的 ClOrdID 放置撤单消息的 ClOrdID，而原始订单的 ClOrdID 则放入 OrigClOrdID 域。ClOrdID 要保证唯一。

撤单消息需要立即回应。除非撤单能立刻被处理或拒绝，否则应先发送一个待撤消的执行报告。

撤单消息（Order Cancel Request）的格式见表21。

表21　撤单消息（Order Cancel Request）

Tag	域　名	必　需	说　明
	标准消息头	Y	MsgType=F
41	OrigClOrdID	Y	原始交易客户方（券商）订单编号，指示被撤消订单的ClOrdID
37	OrderID	N	订单编号，交易服务方（交易所）的唯一订单标识
11	ClOrdID	Y	交易客户方（券商）订单编号
组件<Parties>		N	**参与方**
组件<Instrument>		Y	**证券定义**
54	Side	Y	买卖方向
60	TransactTime	Y	订单发起时间
组件<OrderQtyData>		Y	**数量**
8526	NonTradingOrdType	N	非交易业务订单类型
40	OrdType	Y	订单类型
	标准消息尾	Y	

10.4.2.7　撤单拒绝消息（MsgType=9）

本消息用于撤单、修改相关消息的拒绝，包括交易业务类撤单消息、修改单消息、非交易业务类撤单消息、注册指令撤单消息等。

交易服务方接收到撤单或修改单后发现无法执行（只有订单存在剩余数量时才允许更改价格或减少数量，已成交订单不可更改等），将发送撤单拒绝。

拒绝修改单或撤单时，撤单拒绝消息应用ClOrdID指示修改单或撤单的ClOrdID，用OrigClOrdID指示之前最后接受的订单（除非拒绝原因是“未知订单”）。

撤单拒绝消息（Order Cancel Reject）的格式见表22。

表22　撤单拒绝消息（Order Cancel Reject）

Tag	域　名	必　需	说　明
	标准消息头	Y	MsgType=9
37	OrderID	Y	订单编号，交易服务方（交易所）的唯一订单标识
11	ClOrdID	Y	交易客户方（券商）订单编号
41	OrigClOrdID	Y	原始交易客户方（券商）订单编号，指示被撤消/修改订单的ClOrdID
39	OrdStatus	Y	订单状态
组件<Parties>		N	**参与方**
60	TransactTime	N	订单发起时间
434	CxlRejResponseTo	Y	撤单拒绝回应类型
102	CxlRejReason	N	撤单拒绝原因
	标准消息尾	Y	

10.4.3 注册类

注册类消息是交易客户方申请或变更其证券账号交易权利的指令，是进行证券交易前的准备。注册类消息支持指定交易、转托管、国债回购登记/注销等业务。

10.4.3.1 注册消息（MsgType=U001）

注册消息中的注册指令（Designation Instruction），用于指明注册业务的类别：指定交易登记、指定交易撤消、转托管、国债回购登记、国债回购注销。

指定交易注册消息用于上海证券交易所的全面指定交易模式，由交易客户方发出，用以将证券账号与参与者业务单元进行关联或撤消关联。

转托管注册消息用于深圳证券交易所的账号托管模式，由交易客户方发出，用以变更账号持股与托管参与者业务单元间的指定关系。

在转托管注册消息中，若无证券代码，表示该证券账号在该参与者业务单元下的所有证券都要求转至新的参与者业务单元；若无数量，表示该证券账号在该参与者业务单元下的该证券的全部持有量都转至转入参与者业务单元。

国债回购登记/注销注册消息由交易客户方发出，用以为证券账号申请或注销进行国债回购业务的权利。

注册消息通过指定注册类型来确定注册消息是新注册请求还是注册撤单，注册撤单由交易客户方发出，用以撤消之前的注册请求。

注册消息的格式见表23。

表23 注册

Tag	域名	必需	说明
	标准消息头	Y	MsgType=U001
41	OrigClOrdID	N	原始交易客户方（券商）订单编号，指示被撤消订单的ClOrdID
37	OrderID	N	订单编号，交易服务方（交易所）的唯一订单标识
11	ClOrdID	Y	交易客户方（券商）订单编号
8502	DesignationInstruction	Y	注册指令： 1=指定交易登记 2=指定交易撤消 3=转托管 4=国债回购登记 5=国债回购注销
8527	DesignationTransType	N	注册类型： 1=新注册请求（New） 3=注册撤单（Cancel）
组件<Parties>		N	**参与方**
组件<Instrument>		N	**证券定义**
60	TransactTime	Y	事务发起时间
组件<OrderQtyData>		N	**数量**
	标准消息尾	Y	

10.4.3.2 注册执行报告消息（MsgType=U002）

注册执行报告消息由交易服务方发出，用以回应注册消息。

注册执行报告消息的格式见表24。

表 24　注册执行报告

Tag	域　名	必　需	说　明
	标准消息头	Y	MsgType=U002
37	OrderID	Y	订单编号，交易服务方（交易所）的唯一订单标识
11	ClOrdID	N	交易客户方（券商）订单编号
41	OrigClOrdID	N	原始交易客户方（券商）订单编号，指示被撤消订单的 ClOrdID
17	ExecID	Y	执行编号，交易服务方赋予的唯一执行标识（或称成交编号）
150	ExecType	Y	执行类型
39	OrdStatus	Y	订单状态
103	OrdRejReason	N	订单拒绝原因
8502	DesignationInstruction	Y	注册指令： 1=指定交易登记 2=指定交易撤消 3=转托管 4=国债回购登记 5=国债回购注销
组件<Parties>		N	**参与方**
组件<Instrument>		N	**证券定义，转托管业务中使用**
60	TransactTime	Y	事务发起时间
组件<OrderQtyData>		N	**数量**
	标准消息尾	Y	

10.4.4　行情

10.4.4.1　证券信息请求消息（MsgType=e）

证券信息请求用于交易客户方向交易服务方提出有关证券信息的请求，通过此信息，可以得到一条或多条有关证券信息的消息。

证券信息请求消息包含一个订阅请求类型（SubscriptionRequestType）域，通过该域的不同取值告知对方所请求的是何种类型：

0—表示请求人只要求快照或当前状态。

1—表示请求人要求快照+更新（若状态发生变化）。

2—表示请求人要求撤销处于等待中的证券信息状态快照或更新请求。

证券信息请求消息的格式见表 25。

表 25　证券信息请求（Security Status Request）

Tag	域　名	必　需	说　明
	标准消息头	Y	MsgType=e
324	SecurityStatusReqID	N	证券信息请求编号
组件<Instrument>		Y	**证券定义**
15	Currency	N	币种
263	SubscriptionRequestType	Y	订阅请求类型

续表

Tag	域　名		必　需	说　明
336	TradingSessionID		N	交易盘标识
625	TradingSessionSubID		N	交易盘子标识，如： A 股市场 B 股市场 基金市场 国债市场 其他债券市场 债券回购市场
	标准消息尾		Y	

10.4.4.2　证券信息广播消息（MsgType=f）

证券信息广播消息包含证券相关信息、市场交易信息等。

证券信息广播消息的格式见表 26。

表 26　证券信息广播（Security Status）

Tag	域　名		必　需	说　明
	标准消息头		Y	MsgType=f
组件<Instrument>			**Y**	**证券定义**
324	SecurityStatusReqID		N	证券信息请求编号
561	RoundLot		N	交易单位该证券订单数量的单位量，即最终的委托数量=订单数量×交易单位
8507	IndustryClassification		N	行业种类参见中国证监会颁布的《上市公司行业分类指引》
15	Currency		N	币种
8508	ShareFaceValue		N	每股面值
8509	OutStandingShares		N	总发行量
8510	PublicFloatShareQuantity		N	流通股数
8511	PreviousYearProfitPerShare		N	上年每股利润
8512	CurrentYearProfitPerShare		N	本年每股利润
136	NoMiscFees		N	杂项费用类别数
→	139	*MiscFeeType*	N	杂项费用类别 3=佣金（Local Commission） 4=经手费（Exchange Fees） 5=印花税（Stamp） 6=征管费（Levy） 7=其他（Other） 13=过户费（TransferFee）
→	891	*MiscFeeBasis*	N	杂项费用单位
→	137	*MiscFeeAmt*	N	杂项费用金额
225	IssueDate		N	上市日期
541	MaturityDate		N	到期/交割日
111	MaxFloor		N	每笔限量

续表

Tag		域　名	必　需	说　明
8513		BidLotSize	N	买数量单位 买订单数量应为此域值的整数倍
8514		AskLotSize	N	卖数量单位卖订单数量应为此域值的整数倍
8515		PriceTickSize	N	价格档位
8517		AuctionPriceLimit	N	集合竞价限价参数
8518		ContinuousTradePriceLimit	N	连续竞价限价参数
8516		PriceLimitType	N	限价参数类型
8519		DailyPriceUpLimit	N	涨幅价格（最高价）
8520		DailyPriceDownLimit	N	跌幅价格（最低价）
326		SecurityTradingStatus	N	交易状态（含停牌标志） 2 =停牌（Trading Halt） 3 =恢复（Resume） 101：首日上市 102：增发股份上市 103：正常状态 104：上网定价发行 105：上网竞价发行 106：国债挂牌分销
8521		SecurityProperties	N	证券属性 N=正常 S=ST 股 P=PT 股 H=上证所证券在深交所代理 T=代办转让证券 Z=深交所证券在上证所代理
292		CorporateAction	N	除权除息标志 A =除股息（Ex-Dividend） B =除分配（Ex-Distribution） C =除权（Ex-Rights） D =新股（New） E =除利息（Ex-Interest） N =正常（Normal）
8522		NoIndicesParticipated	N	所属指数数量
→	8528	*ParticipatingindexID*	N	所属指数
→	8523	*IndexinclusionIndicator*	N	纳入指数计算标志 Y：纳入该指数计算 N：暂停纳入该指数计算
		标准消息尾	Y	

10.4.4.3　证券行情广播消息（MsgType=U003）

证券行情广播消息用于支持交易所通过行情通讯系统广播市场行情。

证券行情广播消息的格式见表 27。①

表 30 证券信息广播（Security Status）

Tag	域名			必需	说明
	标准消息头			Y	MsgType＝U003
146	NoRelatedSym			N	证券个数
→	**组件＜*Instrument*＞**			Y	**证券定义**
→	8503	*NumTrades*		N	成交笔数
→	387	*TotalVolumeTraded*		N	成交数量
→	8504	*TotalValueTraded*		N	成交金额
→	140	*PreClosePx*		N	昨收盘价
→	268	*NoMDEntries*		Y	行情条目个数
	→	275	*MDMkt*	Y	交易市场 XSHG＝上海证券交易所 XSHE＝深圳证券交易所
	→	269	*MDEntryType*	Y	行情条目类别 0 ＝买入（Bid） 1 ＝卖出（Offer） 2 ＝成交价（Trade） 3 ＝指数（Index Value） 4 ＝今开盘价（Opening Price） 5 ＝今收盘价（Closing Price） 6 ＝结算价（Settlement Price） 7 ＝最高价（Trading Session High Price） 8 ＝最低价（Trading Session Low Price）
	→	270	*MDEntryPx*	N	行情条目价格
	→	271	*MDEntrySize*	N	行情条目数量
	→	272	*MDEntryDate*	N	行情条目日期
	→	273	*MDEntryTime*	N	行情条目时间
	→	290	*MDEntryPositionNo*	N	行情条目买卖盘序号 MDEntryType 为 0 或 1 时有效
→	8505	*LastPriceChange*		N	价格变化
→	8506	*TotalLongPosition*		N	合约持仓量
→	8524	*PERatio1*		N	市盈率 1（价格/上年每股利润，对国债则表示每百元国债应计利息额，每日收市后更新）
→	8525	*PERatio2*		N	市盈率 2（价格/本年每股利润，对国债则表示到期收益率，每日收市后更新）
	标准消息尾			Y	

10.4.5 市场控制

10.4.5.1 市场参数请求消息（MsgType＝BI）

市场参数请求消息用于接入方向交易所发送市场参数请求，获取当前市场相关控制参数，交易

① MDEntryDate 和 MDEntryTime 用于发布当前行情的日期和时间。对于指数发布，可以用相应的域表示前收盘指数、今开盘指数、今成交金额、最高指数、最低指数、最新指数、成交股数等。

所应以市场参数消息作为请求的响应。

市场参数请求消息的格式见表 28。[①]

表 28　市场参数请求

Tag	域　名	必　需	说　明
	标准消息头	Y	MsgType=BI
335	TradSesReqID	Y	交易盘请求编号
336	TradingSessionID	N	交易盘标识
625	TradingSessionSubID	N	交易盘子标识，如： A 股市场 B 股市场 基金市场 国债市场 其他债券市场 债券回购市场
207	SecurityExchange	N	交易所代码
338	TradSesMethod	N	交易盘交易方法 1 = 电子交易系统 2 = 喊价交易（Open Outcry） 3 = 双方（Two Party）
339	TradSesMode	N	交易盘交易模式 1 = 系统测试 2 = 模拟交易 3 = 产品（正常交易）
263	SubscriptionRequestType	Y	订阅请求类型
	标准消息尾	Y	

10.4.5.2　市场参数消息（MsgType=BJ）

市场参数消息用于交易所向交易客户方发送市场状态、时段信息，用以交易客户方控制交易。

市场参数消息的格式见表 29。[②]

表 29　市场参数

Tag	域　名		必　需	说　明
	标准消息头		Y	MsgType=BJ
335	TradSesReqID		N	交易盘请求编号
396	NoTradingSessions		Y	交易盘个数
→	336	*TradingSessionID*	Y	交易盘标识

① 如果市场参数请求消息没有交易盘子标识（TradingSessionSubID），则表示要求获取所有市场的参数。

② 如果市场参数消息没有交易盘子标识（TradingSessionSubID），则表示所有市场参数相同。

续表

Tag	域名		必需	说明
→	625	*TradingSessionSubID*	N	交易盘子标识，如： A 股市场 B 股市场 基金市场 国债市场 其他债券市场 债券回购市场
→	207	*SecurityExchange*	N	交易所代码
→	338	*TradSesMethod*	N	交易盘交易方法 1= 电子交易系统 2 = 喊价交易（Open Outcry） 3 = 双方（Two Party）
→	339	*TradSesMode*	N	交易盘交易模式 1 = 系统测试 2 = 模拟交易 3 = 产品（正常交易）
→	325	*UnsolicitedIndicator*	N	主动发送标识.
→	340	*TradSesStatus*	Y	交易盘状态 0 =未知状态（Unknown） 1 =停盘（Halted） 2 =开盘（Open） 3 =闭盘（Closed） 4 =预开盘（Pre-Open） 5 =预闭盘（Pre-Close） 7 =挂起（Suspend） 11 =正常交易（Trading） 21 =中断（Break）
→	567	*TradSesStatusRejReason*	N	交易盘状态请求拒绝原因
→	341	*TradSesStartTime*	N	交易盘开始时间
→	342	*TradSesOpenTime*	N	交易盘开盘时间
→	343	*TradSesPreCloseTime*	N	交易盘预关闭时间
→	344	*TradSesCloseTime*	N	交易盘关闭时间
→	345	*TradSesEndTime*	N	交易盘结束时间
→	387	*TotalVolumeTraded*	N	总成交量
→	58	*Text*	N	说明正文
→	354	*EncodedTextLen*	N	编码文本长度
→	355	*EncodedText*	N	编码文本
	标准消息尾		Y	

11 数据字典

以下列出会话层消息和应用层消息中用到的数据域，数据类型定义格式参见数据类型定义（6.1）说明部分。

Tag	域名	域中文名	数据类型	说明
6	AvgPx	成交平均价	Price	订单所有成交的平均成交价
7	BeginSeqNo	起始消息序号	SeqNum	重发消息区的起始消息序号
8	BeginString	起始串	String	起始串，指示协议版本，不可加密，消息中的第一个域，取值：STEP.1.0.0
9	BodyLength	消息体长度	Length	消息体长度，不可加密，消息的第二个域
10	CheckSum	校验和	String	校验和，不可加密，消息最后一个域
11	ClOrdID	交易客户方订单编号	String	由交易客户方（券商）赋予的订单编号，对相应券商（SenderCompID）在订单交易时期内应保证唯一。对跨日订单，可以在该域内嵌入交易日期
14	CumQty	累计执行数量	Qty	订单所有成交的成交总股数
15	Currency	币种	Currency	价格的货币单位，可以缺省，但最好给出
16	EndSeqNo	结束消息序号	SeqNum	重发消息区的结束消息序号 BeginSeqNo = EndSeqNo，表明重发一条消息 EndSeqNo = “0”，表明重发起始消息序号后的所有消息
17	ExecID	执行编号	String	由交易服务方（即交易所）赋予的执行编号，在订单交易时期内应保证唯一。对跨日订单，可以在该域内嵌入交易日期（或称成交编号）
18	ExecInst	执行指令	MultipleValueString	交易所订单处理指令，可以有多个（将在下一阶段使用）
22	SecurityIDSource	证券代码源	String	证券代码来源或代码集合，如果消息中使用了SecurityID域则也应有SecurityIDSource域，取值： 4=ISIN（ISIN组织） 101=上海证券交易所 102=深圳证券交易所 （100+ 自行内部使用）
31	LastPx	上一成交价	Price	订单最近一个成交的成交价
32	LastQty	上一成交数	Qty	订单最近一个成交的股数
34	MsgSeqNum	消息序号	SeqNum	消息序号

续表

Tag	域名	域中文名	数据类型	说明
35	MsgType	消息类型	String	消息类型，不可加密，消息的第三个域。自定义消息类型以“U”开头，如 U1，U2 等。消息类型取值： 0 =心跳（Heartbeat） 1 =测试请求（Test Request） 2 =重发请求（Resend Request） 3 =会话拒绝（Reject） 4 =序号重设（Sequence Reset） 5 =注销（Logout） 8 =执行报告（Execution Report） 9 =撤单拒绝（Order Cancel Reject） A =登录（Logon） D =新订单（Order-Single） E =新订单清单（Order-List） F =撤单（Order Cancel Request） G=修改单（Order Cancel/Replace Request） H=订单状态请求（Order Status Request） e =证券信息请求（Security Status Request） f =证券信息广播（Security Status） BI =市场参数请求（Trading Session List Request） BJ =市场参数（Trading Session List） U001=注册指令 U002=注册指令执行报告 U003=证券行情广播
36	NewSeqNo	新消息序号	SeqNum	新消息序号
37	OrderID	订单编号	String	由交易服务方（交易所）赋予的订单编号，在交易日内应保证唯一。对跨日订单，可以在该域内嵌入交易日期
38	OrderQty	订单数量	Qty	订单中的证券数量
39	OrdStatus	订单状态	char	订单当前状态，取值： 0 =新（New） 1 =部分成交（Partially Filled） 2 =已成交（Filled） 3 =当天完成（Done for Day） 4 =已撤消（Canceled） 6 =待撤消（Pending Cancel） 7 =已终止（Stopped） 8 =已拒绝（Rejected） 9 =已延缓（Suspended） A =待处理（Pending New） B =已计算（Calculated） C =已过期（Expired） D =已接受（Accepted for Bidding） E =待替换（Pending Replace） Z =非交易订单已接收（Non-trading Order has been Received）

续表

Tag	域名	域中文名	数据类型	说明
40	OrdType	订单类型	char	订单类型，取值： 1 =市价（Market） 2 =限价（Limit） 3 =止损（Stop） 4 = 止损限价（Stop Limit） 6 = 含或不含（With or Without） 7 = 限价或更好价（Limit or Better） 8 = 限价含或不含（Limit With or Without） 9 = 基于基价（On Basis） D = 上次报价（Previously Quoted） E = 上次显示指定的（Previously Indicated） G = 外汇互换（Forex-Swap） I = 当日有效限价，剩余部分在收市结束时变为市价［Funari（Limit Day Order with Unexecuted Portion Handled as Market On Close. E. g. Japan）］ J = 执行转市价，如果订单部分执行，所有剩余部分立即变成为市价［Market If Touched（MIT）］ K =市价订单未执行部分转现价，［Market with Leftover as Limit（Market Order then Unexecuted Quantity Becomes Limit Order at Last Price）］ L = 上次基金定价，历史价格［Previous Fund Valuation Point（Historic Pricing）（for CIV）］ M=下次基金定价，预期价格［Next Fund Valuation Point －（Forward Pricing）（for CIV）］ P = 挂钩（Pegged） X =大宗交易（Block Trade） Y =协商交易（Negotiated Trade） Z =非交易订单（Non-Trading Order）
41	OrigClOrdID	原始交易客户方订单编号	String	之前相关订单的 ClOrdID，用于撤单或修改单
43	PossDupFlag	可能重复标志	Boolean	指示该消息序号的消息可能重复发送，取值： Y = 可能重复 N = 首次发送
44	Price	价格	Price	每股价格
45	RefSeqNum	关联消息序号	SeqNum	消息的关联消息序号
48	SecurityID	证券代码	String	证券代码，应在 SecurityIDSource 中指明代码源
49	SenderCompID	发送方代码	String	发送方代码
50	SenderSubID	发送方子标识符	String	发送方子代码（如交易员）
52	SendingTime	发送时间	UTCTimestamp	消息发送时间
54	Side	买卖方向	char	订单买卖方向，取值： 1 =买入（Buy） 2 =卖出（Sell）
55	Symbol	证券名称	String	行情滚动屏上显示的证券名称

续表

Tag	域名	域中文名	数据类型	说明
56	TargetCompID	接收方代码	String	接收方代码
57	TargetSubID	接收方子标识符	String	接收方的人员代码
58	Text	文本	String	自由格式文本串
60	TransactTime	事务时间	UTCTimestamp	订单或执行的创建时间
66	ListID	订单清单编号	String	交易客户方对批量订单的编号，日内唯一，如果跨日订单要保证唯一，可以在订单清单编号中加入日期
67	ListSeqNo	订单清单序号	int	订单清单中单个订单的序号
68	TotNoOrders	全部订单数	int	指示在同一 ListID 下所有消息中的订单总数，用以支持消息分割
73	NoOrders	订单个数	NumInGroup	订单个数
89	Signature	数字签名	data	数字签名
90	SecureDataLen	密文数据长度	Length	加密数据块长度
91	SecureData	密文数据	data	加密数据块
93	SignatureLength	数字签名长度	Length	数字签名域的字节数
95	RawDataLength	无格式数据长度	Length	无格式数据的字节数
96	RawData	无格式数据	data	无格式的数据，可以是位图、WORD 文档
97	PossResend	可能重发标志	Boolean	指示该消息可能发送过（使用不同的消息序号），取值： Y：可能重发 N：首次发送
98	EncryptMethod	加密方法	int	加密方法，取值： 0 = 无加密或其他加密方法（None / Other） 1 = PKCS 加密方法（私有） 2 = DES 加密方法（ECB 模式） 3 = PKCS/DES 加密方法（私有） 4 = PGP/DES 加密方法 5 = PGP/DES-MD5 加密方法 6 = PEM/DES-MD5 加密方法
102	CxlRejReason	撤单拒绝原因	int	撤单拒绝原因，取值： 0 =撤单太晚（Too Late to Cancel） 1 =未知订单（Unknown Order） 2 =自选原因（Broker / Exchange Option） 3 =正在撤消（Order Already in Pending Cancel or Pending Replace Status） 4 =不能群组撤单（Unable to Process Order Mass Cancel Request） 5 =订单时间不匹配（OrigOrdModTime did not Match Last TransactTime of Order） 6 =收到重复单（Duplicate ClOrdID Received） 99 = 其他（Other）

续表

Tag	域名	域中文名	数据类型	说明
103	OrdRejReason	订单拒绝原因	int	订单拒绝原因，取值： 0 =券商/交易所选项（Broker / Exchange Option） 1 =证券代码非法（Unknown Symbol） 2 =交易关闭（Exchange Closed） 3 =订单超过限价（Order Exceeds Limit） 4 =订单太迟（Too Late to Enter） 5 =未知订单（Unknown Order） 6 =重复订单（Duplicate Order（e. g. dupe ClOrdID）） 7 =与口头报单重复（Duplicate of a Verbally Communicated Order） 8 =失效订单（Stale Order） 9 = Trade Along Required 10 =无效账户（Invalid Investor ID） 11 = 不支持的订单特征（Unsupported Order Characteristic） 12 = 监查选择原因（Surveillence Option） 13 = 数量错误（Incorrect Quantity） 14 = 数量分配错误（Incorrect Allocated Quantity） 15 =未知账号［Unknown Account（s）］ 99 = 其他（Other） 100=参与者业务单元代码非法 101=委托日期非法 102=证券停牌 103=买委托数量不是 SJSXX. XXBLDW 的整数倍；或 104=卖委托数量不是 SJSXX. XXSLDW 的整数倍；或 105=委托数量超出 SJSXX. XXMBXL 的限值； 106=委托价格不是 SJSXX. XXJGDW 的整数倍 107=证券账户含有非数字字符 108=非法的委托业务 109=测试环境正式用户不允许报单 110=WTCLBZ 没有填“z” 111=交易期间测试用户不允许报单 112=该参与者业务单元无权经营该种证券 113=该证券账户无权交易该种证券 114=该证券在当前时间不可交易 115=参与者业务单元被禁买或禁卖 116=证券账户被禁买或禁卖 117=参与者业务单元资金可用量不足 118=该委托记录标有 DELETE 标记 119=回购卖空 120=参与者业务单元卖空 121=股东卖空 122=总量超限 123=价格过高 124=价格过低 125=价格错误 126=数量非法 127=数量超限 128=重复申购 129=账户非法

续表

Tag	域名	域中文名	数据类型	说明
103	OrdRejReason	订单拒绝原因	int	130＝转股禁止 131＝回售禁止 132＝非质押物 133＝持股超限 203 ＝无效证券代码（Invalid Stock ID） 204 ＝非交易时间（This Stock is not in Trading Hours） 213 ＝证券被挂起（Stock is Suspended） 214 ＝该股票不参与集合竞价（Orders not Accepted for this Stock During Open Period） 215 ＝无效账号（Invalid Client Account） 216 ＝该账号未指定在你参与者业务单元（Your Firm does not Own this Account） 217 ＝账号已挂起（Account is Suspended） 218 ＝无效价格（Invalid Price） 219 ＝申报价不能为零（Price may not be 0 for a Limit Order） 220 ＝最小价格步长是（Minimum Price Step is…） 222 ＝价格超出范围（Price is out of Range） 224 ＝无效数量（Invalid Quantity） 225 ＝申报数量必须大于 0（Quantity must be Greater than 0） 227 ＝申报数量不符最小步长（Invalid Quantity for Minstep） 228 ＝申报量必须不大于（Order Quantity must not be more than） 229 ＝超出限量（Holding Limit would be Exceeded） 231 ＝余额不足（Insufficient Account Balance for Sell Order） 234 ＝股票持有量超出限量（Holdings Limit on Stock would be Exceeded） 235 ＝Unable to Find Base Stock for Rights 243 ＝机构账号不能买卖此证券 244 ＝S 账号不能买入 245 ＝不能撤消指定（有卖空股票） 246 ＝不能撤消指定（有委托） 247 ＝不能撤消指定（公司卖空） 248 ＝上海中央登记结算公司不允许撤消指定 271 ＝该账号已指定在你参与者业务单元 272 ＝未做指定不能交易 401 ＝无效操作员代码（Invalid Trader ID） 403 ＝无效申报序号（Invalid Order Number） 404 ＝他人申报（Not your Order） 405 ＝账号不同（Account Differ） 406 ＝股票不同（Stock Differ） 407 ＝买卖不同（BuySell Differ） 2001＝ 日期出错（Date Error） 2002＝ 时间出错（Time Error） 2003＝ 券商 ref 字段数据错误（Brok-ref Error） 2004＝ 账号出错（Account Error） 2005＝ 买卖出错（B、S Error） 2006＝ 代码出错（Stock Error） 2007＝ 价格出错（Price Error） 1100＝ 委托号太大（Weituo Number too Large）

续表

Tag	域名	域中文名	数据类型	说明
103	OrdRejReason	订单拒绝原因	int	1101= 记录不匹配（Record not Match） 1102= 委托失败（Weituo Faulted） 1000= 非法状态（Invalid Status） 1021= 记录号出错（Rec-num Error） 1022= 证券帐号错误（ACC Error） 1023= 证券代码错误（STOCK Error） 1024= 买卖标志错误（B/S Error） 1025= 价格错误（PRICE Error） 1026= 数量错误（QTY Error） 1027= 日期字段错误（Field Date Error）
107	SecurityDesc	证券描述	String	证券描述信息，在 STEP 中用以描述证券的英文简称
108	HeartBtInt	心跳间隔	int	心跳间隔（单位：秒）
111	MaxFloor	每笔限量	Qty	每笔限量
112	TestReqID	测试请求标识符	String	用于测试请求消息，将包含在回应的心跳消息中
115	OnBehalfOfCompID	最初发送方标识符	String	用于经第三方发送消息，指明原始发送方公司代码，SenderCompID 域指明第三方公司代码
116	OnBehalfOfSubID	最初发送方子标识符	String	用于经第三方发送消息，指明原始发送方交易员代码
122	OrigSendingTime	原始发送时间	UTCTimestamp	收到重发请求后，将订单重发时，记录的原始消息发送时间
123	GapFillFlag	缺口填补标志	Boolean	用于序号重设消息，指示是否填补缺口，取值： Y =序号重设一缺口填补消息，消息序号域有效（Gap Fill message，MsgSeqNum field valid） N =序号重设一重设消息，消息序号域无效（Sequence Reset，ignore MsgSeqNum）
128	DeliverToCompID	最终接收方标识符	String	用于经第三方发送消息，指明最终接收方公司代码，TargetCompID 域指明第三方公司代码
129	DeliverToSubID	最终接收方子标识符	String	用于经第三方发送消息，指明最终接收方人员代码
136	NoMiscFees	杂项费用类别数	NumInGroup	杂项费用重复组重复次数
137	MiscFeeAmt	杂项费用金额	Amt	杂项费用金额
139	MiscFeeType	杂项费用类别	String	指明杂项费用的费用类型有效取值： 1 = 监管费用［Regulatory（e. g. SEC)］ 2 =税（Tax） 3 =佣金（Local Commission） 4 =经手费（Exchange Fees） 5 =印花税（Stamp） 6 =征管费（Levy） 7 =其他（Other） 8 = 价格附加值（Markup） 9 = 消费税（Consumption Tax） 10 = 每次交易（Per Transaction） 11 = 转换费（Conversion） 12 = 代理费（Agent） 13 =过户费（TransferFee）

续表

Tag	域名	域中文名	数据类型	说明
140	PreClosePx	昨收盘价	Price	昨收盘价
141	ResetSeqNumFlag	序号重设标志	Boolean	指示会话连接双方是否要重设序号 Y = Yes，需要重设序号（Reset Sequence Numbers） N = No
142	SenderLocationID	发送方方位标识符	String	消息发起方人员所在地点
143	TargetLocationID	接收方方位标识符	String	消息接收方人员所在地点
144	OnBehalfOf LocationID	最初发送方方位标识符	String	用于经第三方发送消息，指明消息原始发起方人员所在地点
145	DeliverTo LocationID	最终接收方方位标识符	String	用于经第三方发送消息，指明消息最终接收方人员所在地点
146	NoRelatedSym	证券个数	NumInGroup	指示重复的证券个数
150	ExecType	执行类型	char	执行报告的类型，与 OrdStatus 配合使用，取值： 0 =新（New） 3 =当天完成（Done for Day） 4 =已撤消（Canceled） 5 =已替换（Replaced） 6 =待撤消（Pending Cancel） 7 =已终止（Stopped） 8 =已拒绝（Rejected） 9 =已延缓（Suspended） A =待处理（Pending New） B =已计算（Calculated） C =已过期（Expired） D =主动发送（Restated） E =待替换（Pending Replace） F =成交或部分成交［Trade（Partial Fill or Fill）］ G =成交修改（Trade Correct） H =成交撤消（Trade Cancel） I =订单状态（Order Status）
151	LeavesQty	剩余数量	Qty	订单仍开放（可以撮合）部分的股数
167	SecurityType	证券类别	String	指示证券类别，在 STEP 中未使用
207	SecurityExchange	交易所代码	Exchange	ISO10383 标准，其中： XSHG=上海证券交易所 XSHE=深圳证券交易所
225	IssueDate	上市日期	UTCDate	上市日期
231	ContractMultiplier	转换折合比例	Percentage	债券折合成回购标准券的比例

续表

Tag	域名	域中文名	数据类型	说明
263	SubscriptionRequestType	订阅请求类型	char	订阅请求类型，取值范围： 0 =快照（Snapshot） 1 =快照+预定更新［Snapshot + Updates（Subscribe）］ 2 =忽略前快照+非预定更新［Disable Previous Snapshot + Update Request（Unsubscribe）］
268	NoMDEntries	行情条目个数	NumInGroup	行情条目个数
269	MDEntryType	行情条目类别	Char	行情条目类别 0 =买（Bid） 1 =卖（Offer） 2 =最新价（Trade） 3 =指数（ Index Value） 4 =今开盘价（ Opening Price） 5 =今收盘价（ Closing Price ） 6 =结算价（Settlement Price） 7 =最高价（Trading Session High Price） 8 =最低价（Trading Session Low Price）
270	MDEntryPx	行情条目价格	Price	行情条目中的价格
271	MDEntrySize	行情条目数量	Qty	行情条目中的数量
272	MDEntryDate	行情条目日期	UTCDate	行情条目中的日期
273	MDEntryTime	行情条目时间	UTCTimeOlny	行情条目中的时间
275	MDMkt	行情条目市场	Exchange	行情条目中的市场（交易所），ISO10383 标准，其中： XSHG=上海证券交易所 XSHE=深圳证券交易所
290	MDEntry PositionNo	行情条目买卖盘序号	int	行情条目买卖盘序号 MDEntryType 为 0/1 时有效
292	CorporateAction	股东大会决议	MultipleValue String	股东大会决议，如除权除息等 有效取值： A =除股息（Ex-Dividend） B =除分配（Ex-Distribution） C =除权（Ex-Rights） D =新股（New） E =除债券利息（Ex-Interest） N =正常（Normal）
324	SecurityStatus ReqID	证券信息请求编号	String	证券信息请求的唯一编号
325	UnsolicitedIndicator	主动发送标识	Boolean	用于表示消息是主动发送或是响应请求而被动发送 有效取值： Y = 消息主动发送 N = 消息被动发送

续表

Tag	域名	域中文名	数据类型	说明
326	SecurityTrading Status	交易状态	int	交易状态 2 =停牌（Trading Halt） 3 =恢复（Resume） 101 =首日上市 102 =增发新股 103 =正常状态 104 =上网定价发行 105 =上网竞价发行 106 =国债挂牌分销
335	TradSesReqID	交易盘请求编号	String	交易盘请求消息的唯一编号
336	TradingSessionID	交易盘标识	String	交易盘标识，取值示例（CLOSE、OPEN、BREAK1、TRADING1、BREAK2、TRADING2）
338	TradSesMethod	市场交易方法	Int	市场交易方法 1 = 电子交易系统 2 = 喊价交易（Open Outcry） 3 =双方（Two Party）
339	TradSesMode	市场交易模式	Int	市场交易模式 1 = 系统测试 2 = 模拟交易 3 = 产品（正常交易）
340	TradSesStatus	交易盘状态	int	交易盘状态 0 =未知状态（Unknown） 1 =停盘（Halted） 2 =开盘（Open） 3 =闭盘（Closed） 4 =预开盘（Pre-Open） 5 =预闭盘（Pre-Close） 7 =挂起（Suspend） 11 =正常交易（Trading） 21 =中断（Break）
341	TradSesStartTime	交易盘开始时间	UTCTimestamp	交易盘开始时间
342	TradSesOpenTime	交易盘开盘时间	UTCTimestamp	交易盘开盘时间
343	TradSesPre CloseTime	交易盘预关闭时间	UTCTimestamp	交易盘预关闭时间
344	TradSesCloseTime	交易盘关闭时间	UTCTimestamp	交易盘关闭时间
345	TradSesEndTime	交易盘结束时间	UTCTimestamp	交易盘结束时间
347	MessageEncoding	消息编码类型	String	消息中编码域的字符编码类型（非 ASCII 码） 取值范围： ISO-2022-JP（for using JIS） EUC-JP（for using EUC） Shift _ JIS（for using SJIS） UTF-8（Unicode 字符编码，for using Unicode） GBK（GBK 汉字编码标准，中国大陆以及新加坡使用） BIG5（BIG5 汉字编码标准，港澳台使用）

续表

Tag	域名	域中文名	数据类型	说明
354	EncodedTextLen	编码文本长度	Length	EncodedText 域的字节数
355	EncodedText	编码文本	data	Text 域的编码形式，使用 MessageEncoding 域指明的编码方式，如果使用，必须同时使用 Text 域（用 ASCII 码）
369	LastMsgSeqNum Processed	最近处理消息序号	SeqNum	最新一次接收并处理的消息序号，可以在每条消息中都给出，利于对方了解情况
370	OnBehalfOf SendingTime	最初发送时间	UTCTimestamp	已过期取消
371	RefTagID	相关域号	int	所引用的 Tag
372	RefMsgType	相关消息类型	String	所引用消息的类型
373	SessionReject Reason	会话拒绝原因	int	用于会话消息拒绝，指示拒绝原因，取值： 0 = 存在无效的域号 1 = 该消息中必须的域丢失 2 = 该消息中出现未曾定义的域 3 = 未定义域号 4 = 域未赋值 5 = 域取值错误（范围溢出） 6 = 取值格式错误 7 = 解密错误 8 = 签名错误 9 = 公司标识符错误 10 = 发送时间精度错误 11 = 无效的消息类型 12 = XML 验证错误（XML Validation Error） 13 = 同一域多次出现（非重复组） 14 = 有序的域出现次序错误 15 = 重复组域次序错误 16 = 重复组重复次数错误 17 = 非 data 数据域中出现域界定符<SOH>
378	ExecRestatement Reason	重述原因	int	交易服务方主动发出的执行报告中给出主动执行原因，取值： 0 = GT Corporate Action 1 = GT Renewal / Restatement (no Corporate Action) 2 = 口头更改（Verbal Change） 3 = 订单重新定价（Repricing of Order） 4 = 经纪人选择权（Broker Option） 5 = 部分订单量拒绝，如交易所发起部分拒绝（Partial Decline of OrderQty (e. g. Exchange-Initiated Partial Cancel)） 6 = 因交易停止而取消（Cancel on Trading Halt） 7 = 因系统故障而取消（Cancel on System Failure） 8 = 市场/交易所选择权［Market (Exchange) Option］ 101 = 国债回购到期反向成交（Repurchase Settlement）

续表

Tag	域名	域中文名	数据类型	说明
381	GrossTradeAmt	成交金额	Amt	成交金额：CumQty * AvgPx（Currency 单位）
383	MaxMessageSize	最大消息长度	Length	单条消息的最大字节数
384	NoMsgTypes	消息类型个数	NumInGroup	重复组中 MsgType 的个数
385	MsgDirection	消息方向	char	指明消息方向. 取值范围： S＝发送（Send） R＝接收（Receive）
386	NoTrading Sessions	交易盘个数	NumInGroup	指示重复的交易盘个数
387	TotalVolume Traded	成交数量	Qty	交易成交数量
394	BidType	报价类型	int	报价请求的类型编码，取值范围： 1＝非公开模式（“Non Disclosed” Style（e. g. US/European）） 2＝公开模式（“Disclosed” Style（e. g. Japanese）） 3＝无出价处理（No Bidding Process）
396	NoTrading Sessions	交易盘个数	NumInGroup	交易盘个数
423	PriceType	价格类型	int	价格类型代码，取值： 1 ＝ 百分比（Percentage） 2 ＝ 每单位，每股或每合约［Per Unit（i. e. Per Share or Contract）］ 3 ＝ 固定数量，绝对值［Fixed Amount（Absolute Value）］ 4 ＝ 折扣－低于标准百分点（Discount-Percentage Points Below Par） 5 ＝ 补贴－高于标准百分点（Premium-Percentage Points Over Par） 6 ＝ 与基准利率相差的点数（Basis Points Relative to Benchmark） 7 ＝ 三个月国债期货合同和三个月境外美元期货合同的价格差（TED Price） 8 ＝ 三个月国债期货合同和三个月境外美元期货合同的收益差（TED Yield）
434	CxlRejResponseTo	撤单拒绝类型	char	在撤单拒绝消息中，指示是撤单还是修改单 1 ＝ 撤单 2 ＝ 修改单

续表

Tag	域名	域中文名	数据类型	说明
447	PartyIDSource	参与方代码源	char	指示 PartyID 的代码源，如果有 PartyID 则该域必须出现，取值依赖于 PartyRole 1）PartyRole ＝ “Investor ID”，股票（Equity） 1 ＝ 韩国投资者编号（Korean Investor ID） 2 ＝ 台湾 QFII（Taiwanese Qualified Foreign Investor ID QFII / FID） 3 ＝ 台湾交易账户（Taiwanese Trading Account） 4 ＝ 马来西亚中央登记号［Malaysian Central Depository（MCD）number］ 5 ＝ 中国投资者编号（Chinese Investor ID） 2）其他情况/通常情况 B ＝ SWIFT 银行代码［BIC（Bank Identification Code-Swift managed）Code］ C ＝ 通用市场参与者标识符［Generally Accepted Market Participant Identifier（e. g. NASD mnemonic）］ D ＝私有自定义代码（Proprietary/Custom Code） E ＝ ISO 国家地区代码（ISO Country Code） F ＝ 交割机构地址（Settlement Entity Location）
448	PartyID	参与方代码	String	参与方代码，结合 PartyIDSource 和 PartyRole
452	PartyRole	参与方角色	int	指定参与方角色，取值： 1 ＝ 券商（Executing Firm） 2 ＝ 信用经纪人（Broker of Credit） 3 ＝ 客户编号（Client ID） 4 ＝ 清算公司（Clearing Firm） 5 ＝ 投资者编号（Investor ID） 6 ＝ 介绍公司（Introducing Firm） 7 ＝ 订单输入公司（Entering Firm） 8 ＝ 卖空交易出借股票公司（Locate/Lending Firm（for Short-Sales）） 9 ＝ 基金管理人客户编号（Fund Manager Client ID（for CIV）） 10 ＝ 结算地（Settlement Location） 11 ＝ 订单发起交易员（Order Origination Trader） 12 ＝ 交易员（Executing Trader） 13 ＝ 订单发起公司（Order Origination Firm） 14 ＝ 不记名清算公司（Giveup Clearing Firm） 15 ＝ 相应的清算公司（Correspondant Clearing Firm） 16 ＝ 执行系统（Executing System） 17 ＝ 对方券商（Contra Firm） 18 ＝ 对方清算公司（Contra Clearing Firm） 19 ＝ 资助公司（Sponsoring Firm） 20 ＝ 对手公司（Underlying Contra Firm） 21 ＝ 清算机构（Clearing Organization） 22 ＝ 交易所（Exchange） 24 ＝ 客户账户（Customer Account） 25 ＝ 对应清算机构（Correspondent Clearing Organization） 26 ＝ 对应经纪人（Correspondent Broker）

续表

Tag	域名	域中文名	数据类型	说明
452	PartyRole	参与方角色	int	27 = 买卖方，收发方［Buyer/Seller (Receiver/Deliverer)］ 28 = 托管人 (Custodian) 29 = 中间机构 (Intermediary) 30 = 代理人 (Agent) 31 = 子托管人 (Sub Custodian) 32 = 受益人 (Beneficiary) 33 = 当事人 (Interested Party) 34 = 监管机构 (Regulatory Body) 35 = 流动性提供者 (Liquidity Provider) 36 = 录入交易员 (Entering Trader) 37 = 对方交易员 (Contra Trader) 38 = 投资账户 (Position Account) 39 = 对方投资者编号 (Contra Investor ID) 40 = 转入券商 (Transfer to Firm)
453	NoPartyIDs	参与方个数	NumInGroup	参与方个数
454	NoSecurityAltID	备选证券代码个数	NumInGroup	备选证券代码个数
455	SecurityAltID	备选证券代码	String	备选证券代码，需要 SecurityAltIDSource 域配合使用
456	SecurityAltIDSource	备选证券代码源	String	备选证券代码源，如果有 SecurityAltID 则该域必须出现，有效取值与证券代码源 (SecurityIDSource) 相同。 4 = ISIN (100+ 自行内部使用) 101 = 上海证券交易所 102 = 深圳证券交易所
460	Product	证券粗类别	int	指示证券类别，在 STEP 中未使用
461	CFICode	证券类别	String	金融工具分类代码 (ISO10962)，参考 Product 和 SecurityType
464	TestMessageIndicator	测试标志	Boolean	测试标志，指明该会话是测试连接或正常运行连接，用于防止意外 取值范围： Y = True N = False
516	OrderPercent	订单比例	Percentage	现未使用
523	PartySubID	参与方子代码	String	参与方子代码
541	MaturityDate	到期日	LocalMktDate	到期/交割日
553	Username	用户名	String	用户名或用户代码
554	Password	密码	String	密码
561	RoundLot	交易单位	Qty	该证券订单数量的单位量，即最终的委托数量应为订单数量×交易单位

续表

Tag	域名	域中文名	数据类型	说明
567	TradSesStatus RejReason	交易盘状态请求拒绝原因	Int	交易盘状态请求拒绝原因： 1 = 未知或无效交易盘标识 99 = 其他
625	TradingSession SubID	交易盘子标识	String	可选，用以对交易盘加以限定，取值可由相应市场自行定义： A 股市场 B 股市场 基金市场 国债市场 其他债券市场 债券回购市场
627	NoHops	跳跃个数	NumInGroup	历史跳跃信息重复组，记录消息经第三方发送的历史，每次经第三方发送为一个跳跃，仅当 OnBehalfOfCompID 使用时有效，主要用于跟踪消息的路径
628	HopCompID	跳跃公司代码	String	取值第三方的 SenderCompID，当使用 OnBehalfOfCompID 域时有效
629	HopSendingTime	跳跃发送时间	UTCTimestamp	取值用第三方的 SendingTime，当使用 OnBehalfOfCompID 域时有效
630	HopRefID	跳跃参考消息序号	String	取值第三方的 MsgSeqNum，当使用 OnBehalfOfCompID 域时有效
762	SecuritySubType	证券子类别	String	证券子类别，与 CFICode（461）或 SecurityType（167）共同描述证券类别，如果使用，必须同时使用 CFICode 或 SecurityType
790	OrdStatusReqID	订单状态请求编号	String	订单状态请求唯一标识，在返回的执行报告消息中需包含此编号
802	NoPartySubIDs	参与方子代码个数	NumInGroup	指示重复的参与方子代码个数
803	PartySubIDType	参与方子代码类型	int	参与方子代码 PartySubID（523）的类型，取值范围： 1 = 公司（Firm） 2 = 个人（Person） 3 = 系统（System） 4 = Application 5 = 合法全名（Full Legal Name of Firm） 6 = 通信地址，含街道地址、区域、邮政编码［Postal Address（Inclusive of Street Address，Location，and Postal Code）］ 7 = 电话号码（Phone Number） 8 = 电子信箱（Email Address） 9 = Contact Name 10 = 结算证券账号［Securities Account Number（for Settlement Instructions）］ 11 = 结算注册号［Registration Number（for Settlement Instructions and Confirmations）］ 12 = 结算注册地址［Registered Address（for Confirmation Purposes）］ 13 = Regulatory Status（for Confirmation Purposes）

续表

Tag	域名	域中文名	数据类型	说明
803	PartySubIDType	参与方子代码类型	int	14 = 结算注册名［Registration Name (for Settlement Instructions)］ 15 = 结算现金账号［Cash Account Number (for Settlement Instructions)］ 16 = 银行代码 (BIC code) 17 = CSD Participant/Member Code (e. g. Euroclear, DTC, CREST or Kassenverein Number) 18 = 注册地址 (Registered Address) 19 = 基金/账户名 (Fund/Account Name) 20 = 电报挂号 (Telex Number) 21 = 传真号 (Fax Number) 22 = 证券账户名 (Securities Account Name) 23 = 现金账户名 (Cash Account Name) 24 = 部门 (Department) 25 = Location / Desk 26 = Position Account Type 4000+ = 保留给连接双方自定义用
891	MiscFeeBasis	杂项费用单位	int	杂项费用单位，取值范围： 0 =绝对值 (Absolute) 1 =每单位 (Per Unit) 2 =百分比 (Percentage)
8500	OrderEntryTime	订单申报时间	UTCTimestamp	订单申报时间
8501	AccountSecPosition	持股余额	Qty	持股余额
8502	DesignationInstruction	注册指令	Char	注册指令： 1=指定交易登记 2=指定交易撤消 3=转托管 4=国债回购登记 5=国债回购注销
8503	NumTrades	成交笔数	Int	成交笔数
8504	TotalValueTraded	成交金额	Amt	成交金额
8505	LastPriceChange	价格变化	Priceoffset	价格变化
8506	TotalLongPosition	合约持仓量	Qty	合约持仓量
8507	IndustryClassification	行业种类	String	左边第一位为字母，其余两位数字或空格，参见中国证监会颁布的《上市公司行业分类指引》的大类划分
8508	ShareFaceValue	每股面值	Price	每股面值
8509	OutStandingShares	总发行量	Qty	总发行量
8510	PublicFloatShareQuantity	流通股数	Qty	流通股数
8511	PreviousYearProfitPerShare	上年每股利润	Price	上年每股利润
8512	CurrentYearProfitPerShare	本年每股利润	Price	本年每股利润

续表

Tag	域名	域中文名	数据类型	说明
8513	BidLotSize	买数量单位	Qty	买订单数量必须为此域值的整数倍
8514	AskLotSize	卖数量单位	Qty	卖订单数量必须为此域值的整数倍
8515	PriceTickSize	价格档位	Price	价格的最小变动单位，买卖订单价格必须为此域值的整数倍
8516	PriceLimitType	限价参数类型	Char	“0”：表示集合竞价限价参数和连续竞价限价参数为价格； “1”：表示集合竞价限价参数和连续竞价限价参数为比例
8517	AuctionPriceLimit	集合竞价限价参数	Float	集合竞价限价参数
8518	ContinuousTrade PriceLimit	连续竞价限价参数	Float	连续竞价限价参数
8519	DailyPriceUpLimit	涨幅价格	Price	为当日涨幅限制的价格上限
8520	DailyPrice DownLimit	跌幅价格	Price	为当日跌幅限制的价格下限
8521	SecurityProperties	证券属性	Char	N=正常 S=ST 股 P=PT 股 H=上证所证券在深交所代理 T=代办转让证券 Z=深交所证券在上证所代理
8522	NoIndices Participated	所属指数数量	NumInGroup	所属指数数量
8523	IndexinclusionInd-icator	纳入指数计算标志	Boolean	Y：纳入该指数计算 N：暂停纳入该指数计算
8524	PERatio1	市盈率一	Float	市盈率一
8525	PERatio2	市盈率二	Float	市盈率二
8526	NonTrading OrdType	非交易业务订单类型	Char	4：配股 5：可转债转股 6：可转债回售 7：新股申购 8：市值配售放弃认购 A：无股份冻结质押 B：股份质押且冻结 C：无股份冻结解押 D：股份解押且解冻 E：预受要约 F：解除预受要约 G：新股增发
8527	Designation TransType	注册指令类型	Int	注册指令类型，取值范围： 1-新注册请求（New） 3-注册撤单（Cancel）
8528	ParticipatingInd-exID	所属指数代码	String	证券所属指数的证券代码

附录 A
（资料性附录）
应用环境参考实例

图 A. 1 是证券交易数据交换协议应用环境的参考实例。

在该参考实例中证券交易数据交换协议用于市场参与者内部系统与市场参与者协议转换系统间的连接、交易所交易系统与采用 STEP 开放接口的市场参与者系统间连接，同时也支持外部交易所接口系统与外部交易所的连接。

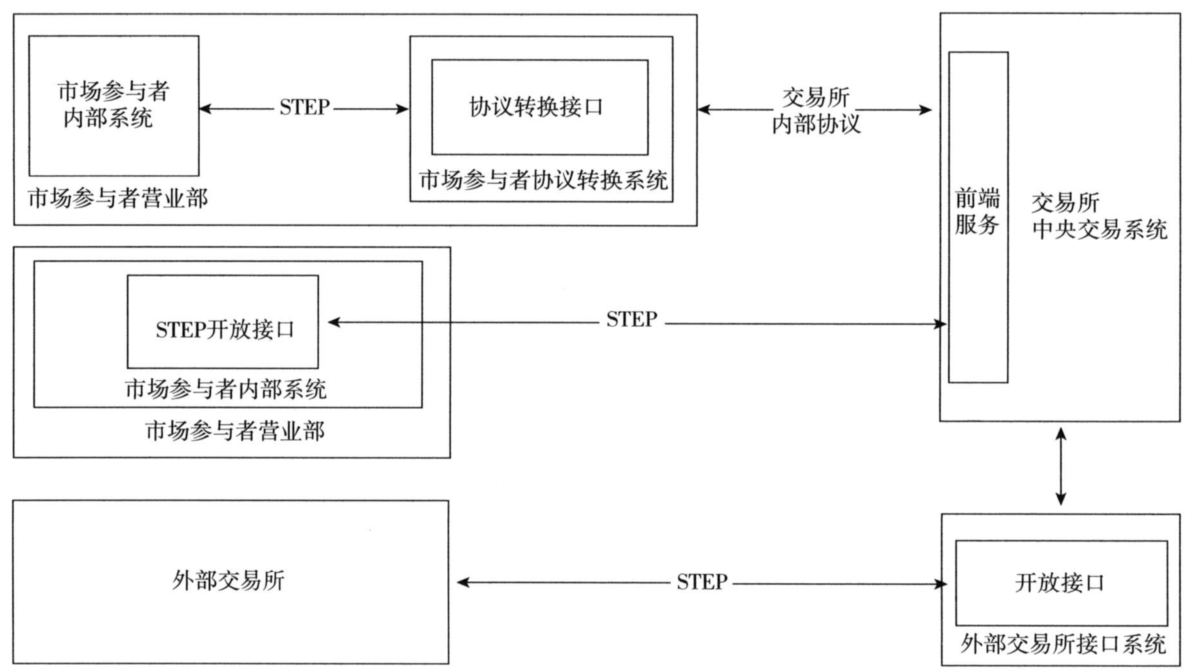

图 A. 1 应用环境实例

附录 B
（资料性附录）
重复组实例

例如定义一重复组：

454	NoSecurityAltID		N	备选证券代码个数
→	455	*SecurityAltID*	N	备选证券代码
→	456	*SecurityAltIDSource*	N	备选证券代码源

可能的应用表示为：

454=2<SOH>455=600600<SOH>456=101<SOH>45
5=000001<SOH>456=102<SOH>

附录 C
（资料性附录）
缺口填补方式

接收方在检测到消息丢失后（发现消息缺口），有两种方式处理缺口。方式一：接收方发现缺口后向发送方请求发送缺口消息及其后的所有消息，见图 C.1；方式二：接收方发现缺口后，保存已收到消息，并向发送方请求发送缺口消息，见图 C.2。

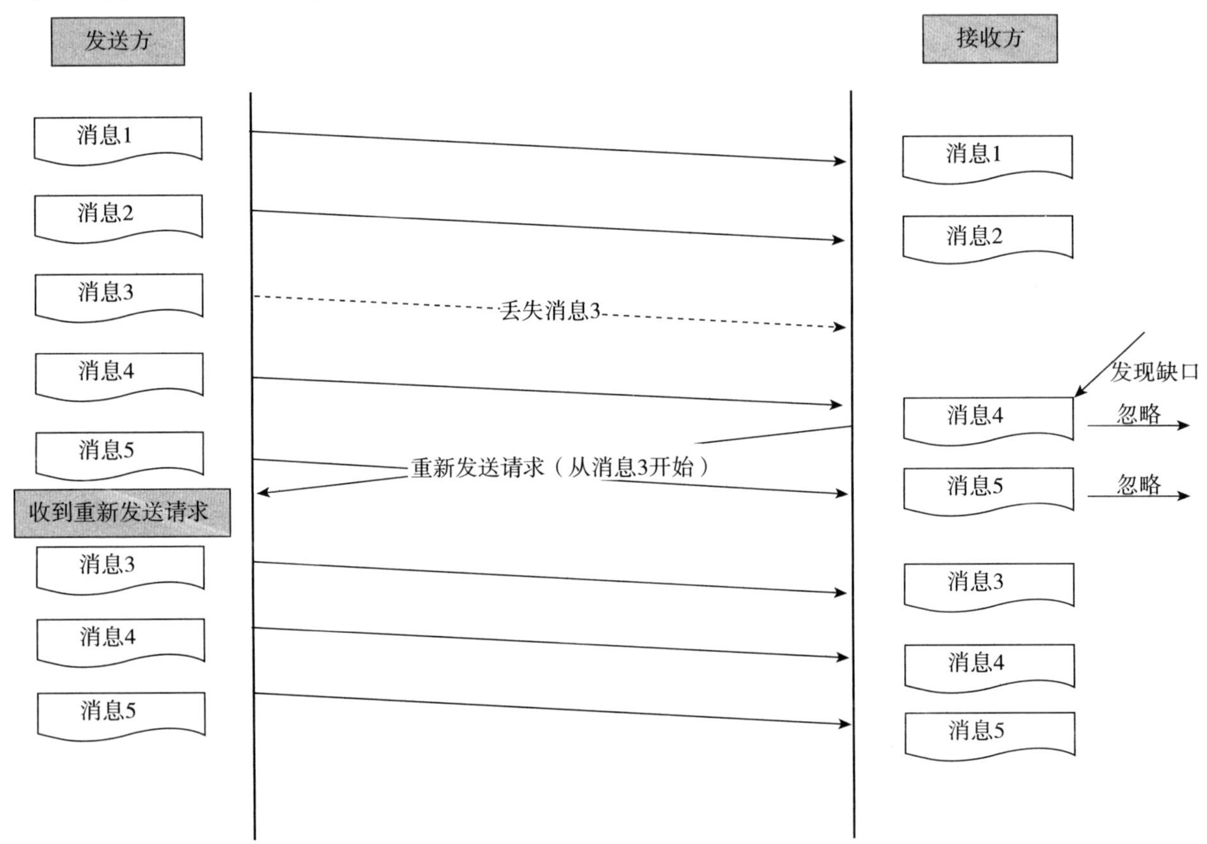

图 C.1　缺口填补方式一

发送方
接收方
消息1
消息2
消息3
消息4
消息5
收到重新发送请求
消息3
消息6
收到重新发送请求
丢失消息3
重新发送请求（消息3）
丢失消息5
重新发送请求（消息5）
消息1
消息2
发现缺口
消息4
保留
消息3
消息4
发现缺口
消息6
保留

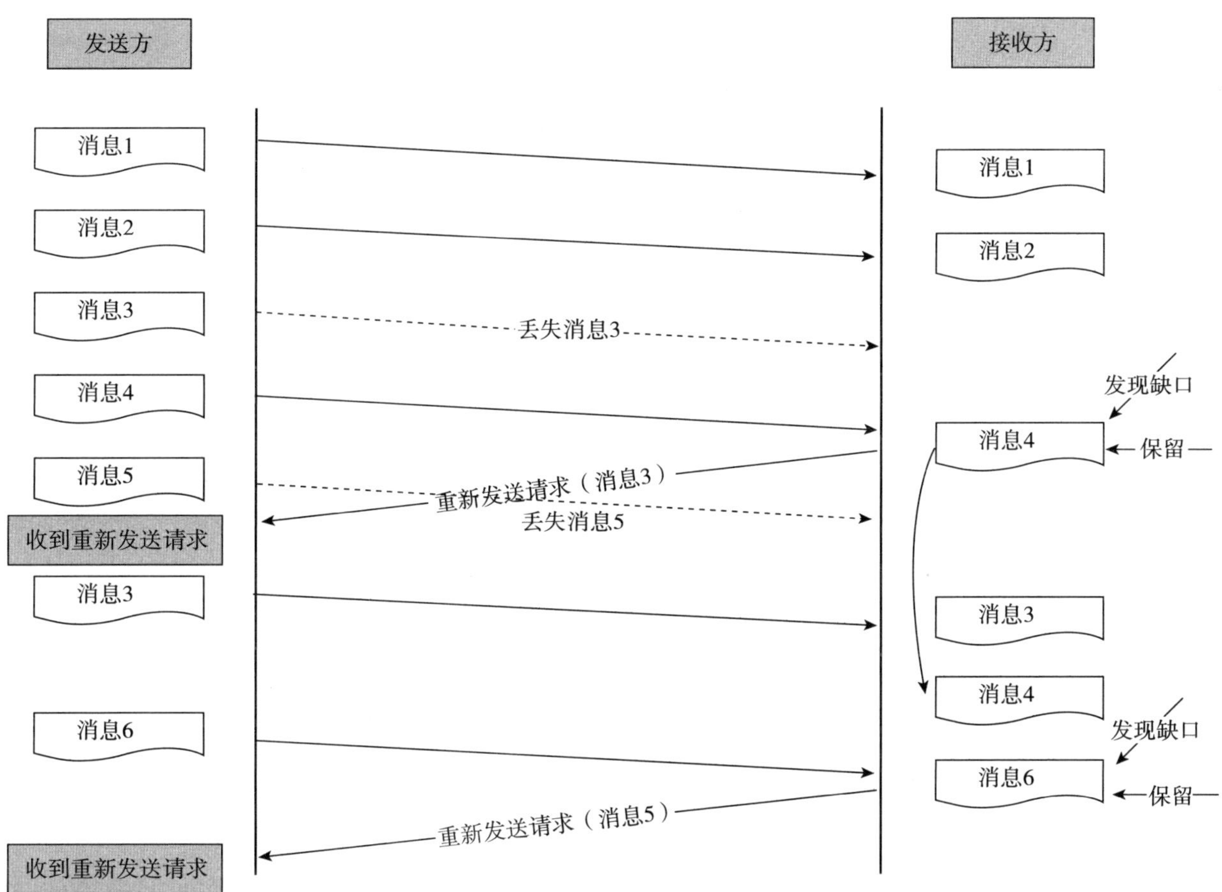

图 C.2　缺口填补方式二

附录 D
（资料性附录）
会话连接场景

D.1 登录

图 D.1 是一个连接登录的场景，连接申请方向连接服务方发送一个登录消息，第一个消息因无效而通过注销来拒绝登录。第二个消息有效，服务方回送一条登录消息表示确认。

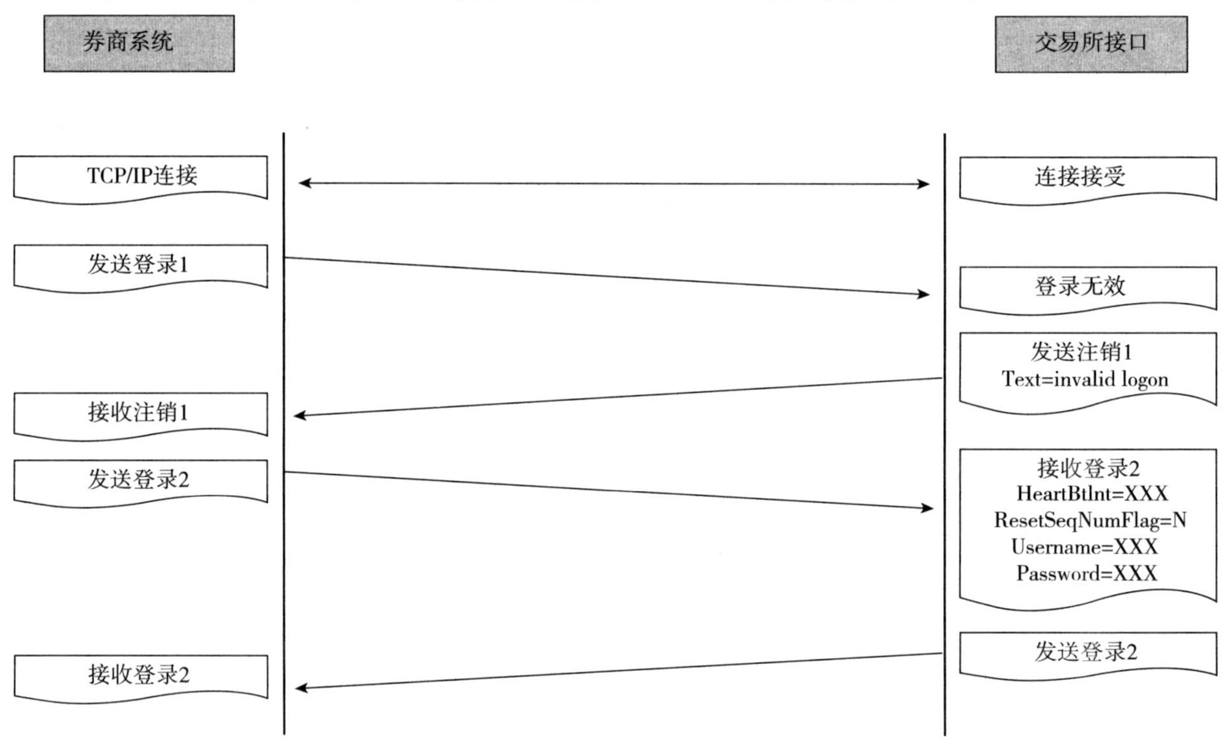

图 D.1　登录

D.2 注销

图 D.2 显示注销会话的场景，申请注销后，服务方回送注销消息确认断开会话。

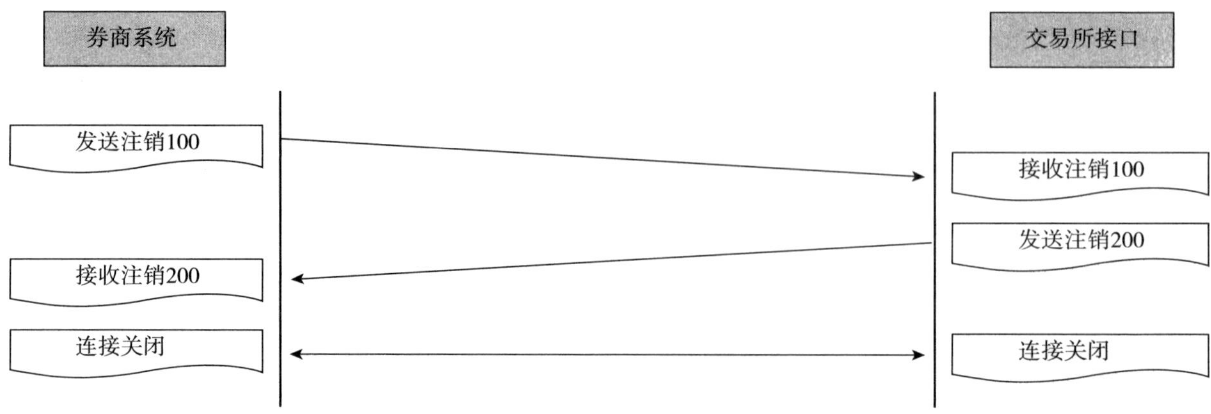

图 D.2　注销

D.3 重发

图 D.3 是会话断开而重发消息的场景，发送方在发送完一些应用消息给接收方后，在某个时刻 TCP/IP 连接意外断开。此后发送方一直发送完 104 号才发现通讯故障并等待通讯恢复，通讯恢复后，发送方发送 105 号登录消息重新连接，连接后接收方发送重发请求消息给发送方，要求重新发送 103 号及其以后的消息。发送方响应其请求，并用序号重设来覆盖 105 号登录消息。

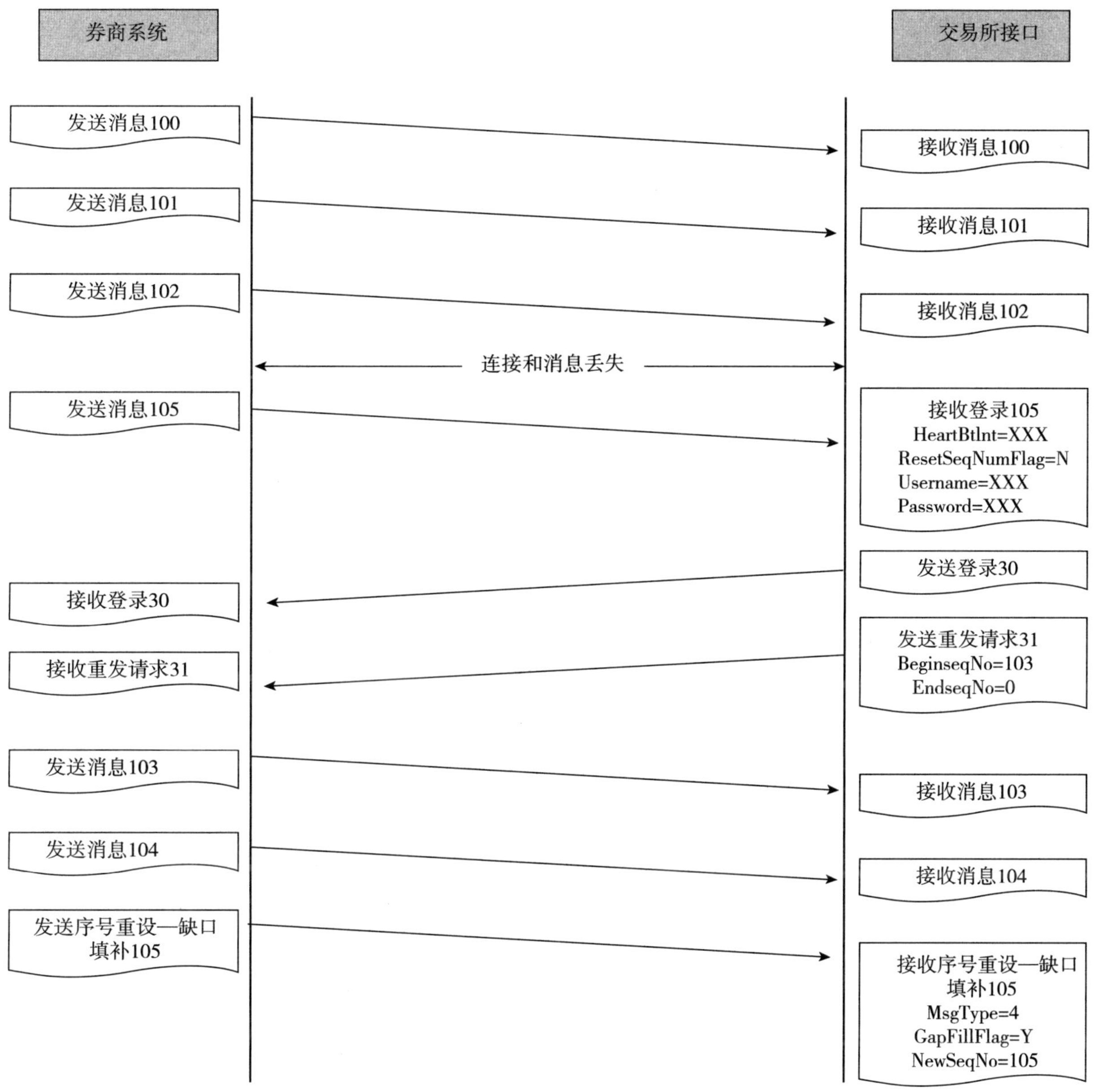

图 D.3 重发

D.4 重发请求

图 D.4 是一个重发消息中含有会话消息的重发场景，发送方在发送完一些应用消息和心跳消息给接收方后，收到了一条重发请求 30 号（接收方的当前发送消息序号）。发送方于是重新发送应用消息给接收方，而心跳消息则通过序号重设消息来覆盖或跳过，这样保持了消息序号的对应和连续。通常发送方应保存一定范围的消息供填补缺口，这些需保存的消息是含有应用消息和会话消息即所有曾发送的消息。

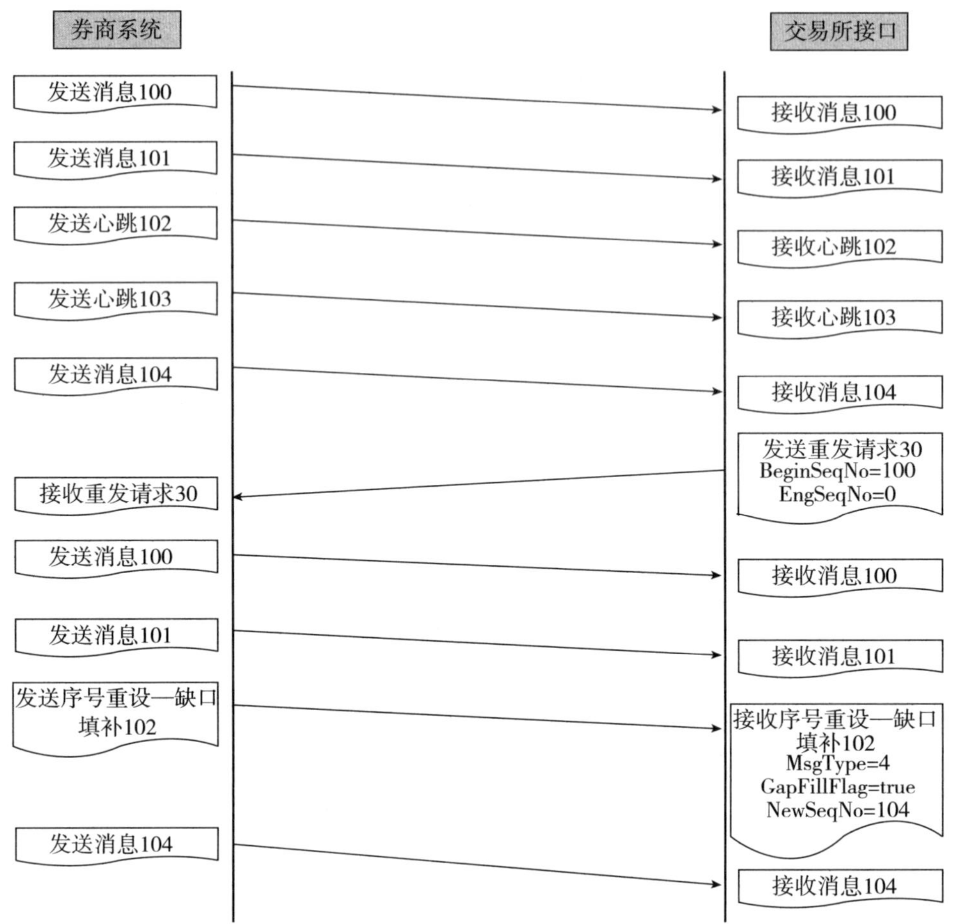

图 D.4 重发请求

D.5 心跳和测试请求

图 D.5 是心跳和测试请求的场景，连接双方的空闲持续在经过一个约定的时间间隔后，连接双方根据规则都可以发送心跳或测试请求。

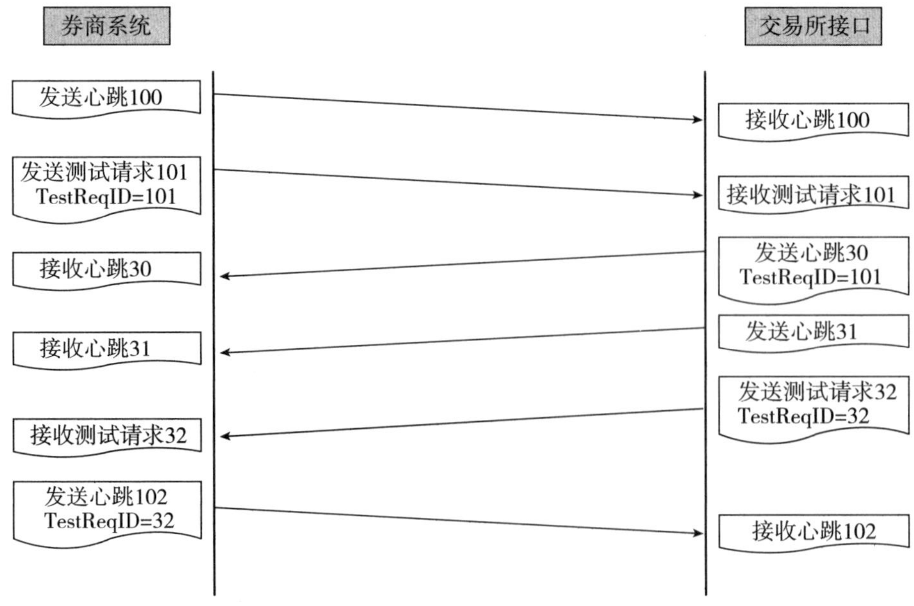

图 D.5 心跳和测试请求

附录 E
（资料性附录）
应用消息场景

E.1 新订单场景图

新订单场景见图 E.1。

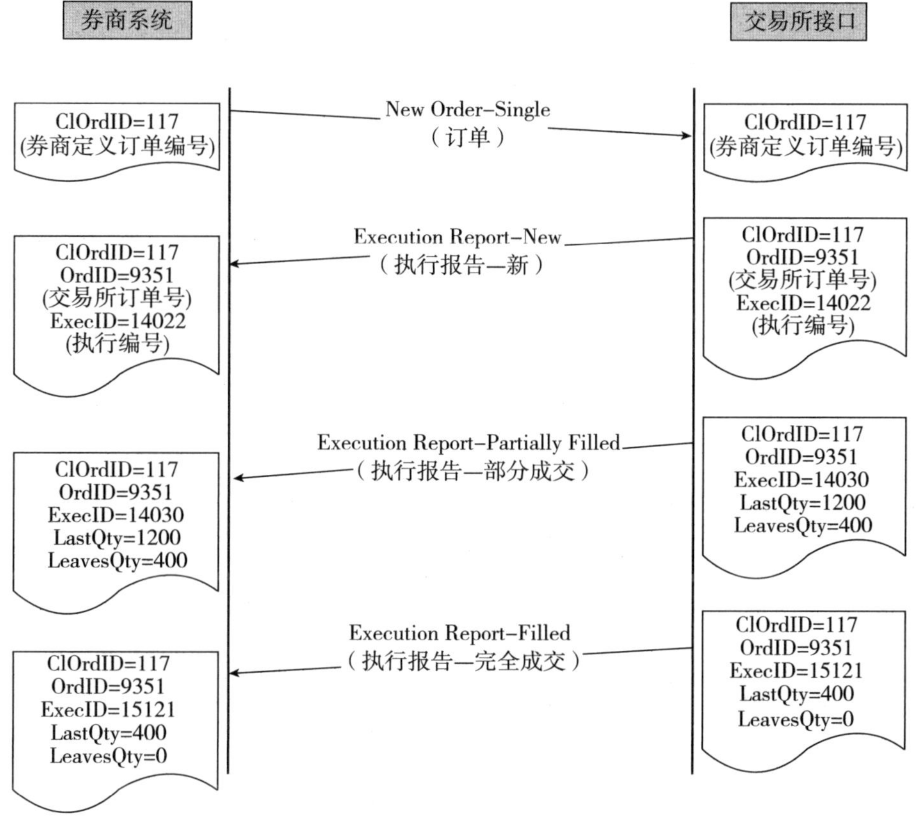

图 E.1 新订单场景

E.2　撤单场景图

撤单场景见图 E.2。

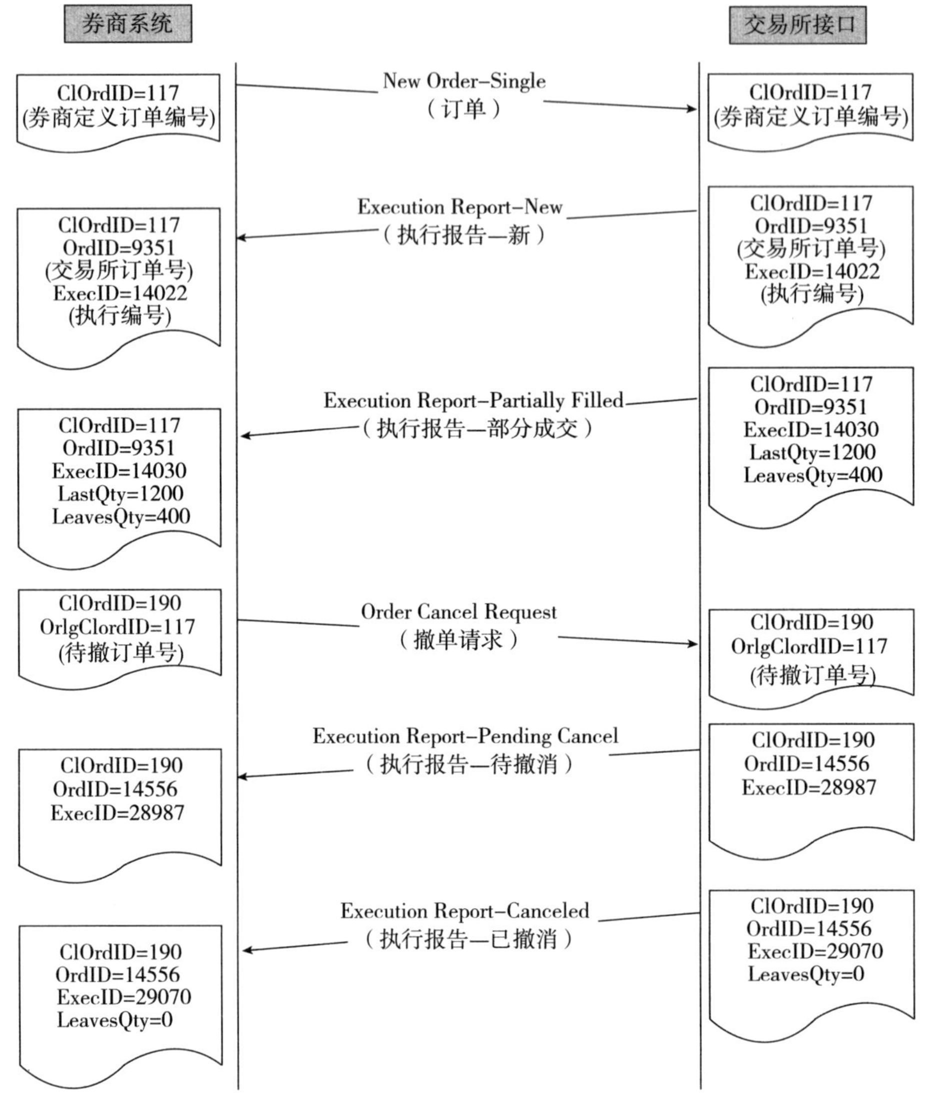

图 E.2　撤单场景

E.3　组件 Parties 实例

假设有市场参与方，数据内容如表 E.1 所示。

表 E.1

内　容	数　据
证券账号	A264820888
交易员代码	HTZQ
业务参与者单元（席位）	00J95

则该 Parties 组件格式如下：

453＝3<SOH>448＝A264820888<SOH>447＝5<SOH>452＝5<SOH>448＝HTZQ<SOH>447＝D<SOH>452＝12<SOH>448＝00J95<SOH>447＝C<SOH>452＝1<SOH>

E.4 新订单消息实例

假设投资人买入委托，数据内容如表 E.2 所示。

表 E.2

内　容	数　据
委托日期	20030310
委托时间	09：32：40
委托号（交易客户方订单编号）	000007
证券账号	A264820888
证券代码	600600
买卖标志	1（买）
委托价格	8.950
委托数量	1600
业务参与者单元（席位）	00J95

该新订单消息格式如下：

8＝STEP.1.0.0＜SOH＞9＝121＜SOH＞35＝D＜SOH＞49＝券商 A＜SOH＞56＝XSHG＜SOH＞11＝000007＜SOH＞453＝2＜SOH＞448＝A264820888＜SOH＞447＝5＜SOH＞452＝5＜SOH＞448＝00J95＜SOH＞447＝C＜SOH＞452＝1＜SOH＞21＝2＜SOH＞55＝青岛啤酒＜SOH＞48＝600600＜SOH＞22＝101＜SOH＞54＝1＜SOH＞60＝20030310－09：32：40＜SOH＞38＝1600＜SOH＞40＝2＜SOH＞44＝8.950＜SOH＞10＝123＜SOH＞

其中：

56＝XSHG 表示上海证券交易所

E.5 订单确认消息实例

交易所收到订单后的确认消息数据如表 E.3 所示。

表 E.3

内　容	数　据
交易所订单编号	9351
券商订单编号	000007
执行编号	110
执行类型	0
委托日期	20030310
委托时间	09：32：40
证券账号	A264820888
证券代码	600600
买卖标志	1（买）
委托价格	8.950
委托数量	1600
业务参与者单元（席位）	00J95

使用执行报告消息确认订单接收，消息格式如下：

8=STEP.1.0.0<SOH>9=121<SOH>35=8<SOH>49=XSHG<SOH>56=券商A<SOH>37=9351<SOH>11=000007<SOH>17=110<SOH>150=0<SOH>39=0<SOH>453=2<SOH>448=A264820888<SOH>447=5<SOH>452=5<SOH>448=00J95<SOH>447=C<SOH>452=1<SOH>55=青岛啤酒<SOH>48=600600<SOH>22=101<SOH>54=1<SOH>60=20030310-09：32：40<SOH>38=1600<SOH>40=2<SOH>44=8.950<SOH>151=1600<SOH>14=0<SOH>6=8.900<SOH>10=123<SOH>

E.6 执行报告消息实例

交易所部分成交执行报告消息格式：

8=STEP.1.0.0<SOH>9=121<SOH>35=8<SOH>49=XSHG<SOH>56=券商A<SOH>37=9351<SOH>11=000007<SOH>17=17582<SOH>150=F<SOH>39=1<SOH>453=2<SOH>448=A264820888<SOH>447=5<SOH>452=5<SOH>448=00J95<SOH>447=C<SOH>452=1<SOH>55=青岛啤酒<SOH>48=600600<SOH>22=101<SOH>54=1<SOH>60=20030310-09：40：20<SOH>38=1600<SOH>40=2<SOH>44=8.950<SOH>32=1200<SOH>31=8.930<SOH>151=400<SOH>14=1200<SOH>6=8.930<SOH>381=10716<SOH>8501=20030310-09：32：45<SOH>8502=NAME<SOH>8503=3795<SOH>10=123<SOH>

E.7 注册消息实例

注册消息为自定义消息，如指定交易业务，投资人申请指定登记的注册消息格式如下：

8=STEP.1.0.0<SOH>9=121<SOH>35=U001<SOH>49=券商A<SOH>56=XSHG<SOH>11=000010<SOH>453=2<SOH>448=A264820888<SOH>447=5<SOH>452=5<SOH>448=00J95<SOH>447=C<SOH>452=1<SOH>60=20030310-10：24：46<SOH>8502=1<SOH>8527=1<SOH>10=123<SOH>

E.8 行情广播消息实例

假设行情广播数据如表E.4所示。

表 E.4

证券代码	000000	000001	600600
证券名称	145532（时间）	上证指数	青岛啤酒
前收盘价	1697.431	1627.480	7.610
今开盘价	139.206	1626.630	7.650
成交金额		5134076122	5695042
最高价	20020423（日期）	1634.863	7.840
最低价		1621.866	7.650
最新价		1624.546	7.790
当前买入价			7.780
当前卖出价			7.790
成交数量		4999097	733972
市盈率1	1624.546		38.49
买量一			250
买价二			7.770

续表

证券代码	000000	000001	600600
买量二			2143
买价三			7.760
买量三			5200
卖量一			200
卖价二			7.800
卖量二			68308
卖价三			7.810
卖量三			3172
市盈率 2			0.00
价格变化			－0.030
折合比例			0.00

该行情广播消息格式如下：

8＝STEP.1.0.0＜SOH＞9＝625＜SOH＞35＝U003＜SOH＞49＝XSHG＜SOH＞56＝券商A＜SOH＞146＝3＜SOH＞55＝145532＜SOH＞48＝000000＜SOH＞140＝1697.431＜SOH＞268＝2＜SOH＞275＝XSHG＜SOH＞269＝4＜SOH＞270＝139.206＜SOH＞275＝XSHG＜SOH＞269＝7＜SOH＞270＝20020423＜SOH＞8524＝1624.546＜SOH＞55＝上证指数＜SOH＞48＝000001＜SOH＞387＝4999097＜SOH＞8504＝5134076122＜SOH＞140＝1627.480＜SOH＞268＝4＜SOH＞275＝XSHG＜SOH＞269＝2＜SOH＞270＝1624.546＜SOH＞275＝XSHG＜SOH＞269＝7＜SOH＞270＝1634.863＜SOH＞275＝XSHG＜SOH＞269＝8＜SOH＞270＝1621.866＜SOH＞55＝青岛啤酒＜SOH＞48＝600600＜SOH＞387＝733972＜SOH＞8504＝5695042＜SOH＞140＝7.610＜SOH＞268＝16＜SOH＞275＝XSHG＜SOH＞269＝4＜SOH＞270＝7.650＜SOH＞275＝XSHG＜SOH＞269＝7＜SOH＞270＝7.840＜SOH＞275＝XSHG＜SOH＞269＝8＜SOH＞270＝7.650＜SOH＞275＝XSHG＜SOH＞269＝2＜SOH＞270＝7.790＜SOH＞275＝XSHG＜SOH＞269＝0＜SOH＞270＝7.780＜SOH＞271＝250＜SOH＞290＝1＜SOH＞275＝XSHG＜SOH＞269＝1＜SOH＞270＝7.790＜SOH＞271＝200＜SOH＞290＝1＜SOH＞275＝XSHG＜SOH＞269＝0＜SOH＞270＝7.770＜SOH＞271＝2143＜SOH＞290＝2＜SOH＞275＝XSHG＜SOH＞269＝1＜SOH＞270＝7.800＜SOH＞271＝68308＜SOH＞290＝2＜SOH＞275＝XSHG＜SOH＞269＝0＜SOH＞270＝7.760＜SOH＞271＝5200＜SOH＞290＝3＜SOH＞275＝XSHG＜SOH＞269＝1＜SOH＞270＝7.810＜SOH＞271＝3172＜SOH＞290＝3＜SOH＞8505＝－0.030＜SOH＞8524＝38.49＜SOH＞8525＝0.00＜SOH＞10＝123＜SOH＞

附录 F
（资料性附录）
计算校验和

以下为计算校验和的代码段：

```
char *GenerateCheckSum (char *buf, long bufLen)
{
  static char tmpBuf [ 4 ];
  long idx;
  unsigned int cks;

  for (idx=0L, cks=0; idx < bufLen; cks+= (unsigned int) buf [ idx++]);
  sprintf (tmpBuf, "%03d", (unsigned int) (cks % 256));
  return (tmpBuf);
}
```

ICS 03.060
A11
备案号

JR

中华人民共和国金融行业标准

JR/T 0016－2004

期货交易数据交换协议

Futures Trading Data Exchange Protocol

2005－03－25 发布　　　　2005－03－25 实施

中国证券监督管理委员会　发布

目　次

前　言

本标准的附录 A、B、C、D、E 为规范性附录。附录 F 和 G 为资料性附录。

本标准由期货交易数据交换协议标准化小组提出。

本标准由全国金融标准化技术委员会归口。

本标准起草单位：中国证券监督管理委员会信息中心、上海期货交易所、郑州商品交易所和大连商品交易所。

本标准的主要起草人：王肇东、张永康、杨淑琴、严少辉、胥海涛、梅宏斌、许强、贾佩山、李广儒、雷晓全。

期货交易数据交换协议

1 范围

本标准是期货交易数据交换协议（Futures Trading Data Exchange Protocol，简称FTD），包括该数据交换协议的体系结构、报文格式、数据字典、运作机制等内容。

本标准适用于期货交易所系统和会员系统之间进行交易所需的数据交换和通讯。本标准也可以适用于交易所内部、会员内部或者交易所之间的数据交换和通讯。

2 术语和定义

本章定义的所有术语都是针对期货交易的，不包含技术名词，以及本标准自己使用的名词。这些名词的使用，如果可能产生歧义，都将在本标准使用时专门进行定义或区分。

2.1 有关期货的术语

2.1.1

期货合约 Futures Contract

由交易所统一制定的、规定在将来某一特定的时间和地点交割一定数量和质量商品的标准化合约。本标准内有时简称为合约。

注：除了价格、交易双方以外，期货合约的所有其他要素都已经确定了。

2.1.2

交易所 Futures Exchange

根据有关规定，进行期货合约交易的统一场所。

2.1.3

会员 Member

在交易所进行期货交易、交割、结算和资金管理的基本单位。

注：交易所实行会员制管理，只有会员才有权在交易所直接从事期货交易。

2.1.4

交易员 Trader

会员在某个交易所从事期货交易时的代表。

注：一个会员在一个交易所可以有若干个交易员，每个交易员的权限可能不完全相同。

2.1.5

客户 Client

进行期货交易的个人或者机构实体。

注：客户要从事期货交易，必须通过有资格的会员进行，在会员公司开户，由会员代理客户从事期货交易。交易所对会员结算，会员对客户结算。一个客户可以通过该会员有报单权限的任何一个交易员进行报单申请。

2.1.6

投机 Speculation

利用市场出现的价差进行买卖从中获得利润的交易行为。

2.1.7

套期保值 Hedge

买入（卖出）与现货市场数量相当、但交易方向相反的期货合约，以期在未来某一时间通过卖出（买入）期货合约来补偿现货市场价格变动所带来的实际价格风险的交易行为。

2.2 有关交易的术语

2.2.1

报单 Order

会员或客户对某期货合约的申买申卖委托请求。

注：报单有许多种类，每个报单还可以设置不同的属性，以限定其成交的方式。这些种类和属性的定义见2.3。

2.2.2

成交 Match

按交易所配对撮合原则完成的交易。

注：一个成交是针对买卖双方的，与两个报单相关。

2.2.3

成交行情 Match Quotation

由交易所发布的，让各个会员和客户了解目前合约成交情况的信息。

2.2.4

报单行情 Order Quotation

由交易所发布的，让各个会员和客户了解目前合约报单队列情况的信息。

2.2.5

交易状态 Trade Status

指交易所规定的对不同的交易方式进行区分的状态值。

注：各个交易所可以根据自己的需要，定义自己在不同时段的交易状态。目前的交易状态一般包括开盘集合竞价、连续交易、收盘集合竞价、暂停交易、停止交易等。

2.2.6

交易所系统 Exchange System

由交易所提供的可以接收会员的各种业务请求，并发出适当响应的计算机系统。

2.2.7

会员系统 Member System

由会员提供的可以向交易所发出各种业务请求，并且能够恰当地解释所得到响应的计算机系统。

2.2.8

交易所端 Exchange Side

指本协议连接的两端中，属于交易所系统的一端。

2.2.9

会员端 Member Side

指本协议连接的两端中，属于会员系统的一端。

2.2.10

连续交易 Continuous Trade

指交易所提供的，在接收报单后，立即按照当前适当的价格进行成交的交易模式。

2.2.11

集合竞价 Auction

指交易所提供的，在接收报单后，不立即进行交易，而是在接收所有报单后，根据总体的报单情况，按照最大成交量、最小剩余量原则确定了成交价格后，再完成成交的交易模式。

2.2.12

保证金 Margin

客户按照规定标准交纳的，用于结算和保证履约的资金。

注：保证金的计算方式由清算机构决定。

2.2.13

熔断 Fuse

在交易过程中，市场波动过大，满足某个特定条件时，执行某些特定操作以管理风险的业务过程。

注：这里的特定条件一般是指成交价格升高或降低超过特定的幅度。特定操作一般是指停止交易、暂停交易、重新进行集合竞价等。

2.3 有关报单的术语

2.3.1

限价报单 Limited Order

带有限定价格的报单。

注：只有在限定价格或更好价格时才执行。

2.3.2

市价报单 Market Order

不带有价格限定，按照市场中存在的最好的几个价格买入或者卖出的报单。

注：不能成交的部分将被取消。

2.3.3

止损市价报单 Market Stop Order

在目前的市场价格达到指定的止损价格时，才会被激活，变成市价报单的报单。

2.3.4

止损限价报单 Limited Stop Order

在目前的市场价格达到指定的止损价格时，才会被激活，变成限价报单的报单。

2.3.5

市价转限价报单 Market to Limited Order

按照市价报单的方式成交，但是其不能成交的部分保留在报单队列中，变成限价报单的报单。

2.3.6

最好价格报单 Best Price Order

不带有价格限定，按照市场中存在的最好的一个价格买入或者卖出的报单。

注：不能成交的部分将被取消。

2.3.7

均价报单 Average Price Order

限定了最终成交的平均价格的报单。

注：交易所系统将尝试从市场上最好价格开始来满足报单的全部数量，直到全部成交、找不到对手方或者成交的平均价已经达到限定的均价，再做一个成交则均价的限制就不能满足。剩余未成交部分将被取消。

2.3.8

即时全部成交 Fill or Kill

表示要求立即全部成交，否则就全部取消的报单属性。

2.3.9

即时部分成交 Fill and Kill

表示要求立即成交，对于无法满足的部分予以取消的报单属性。

2.3.10

当日有效 Good for Day

表示只在当日的交易时段有效，一旦当前交易时段结束，自动取消的报单属性。

2.3.11

取消前有效 Good Till Cancel

表示将一直有效，直到交易员取消这个报单，或者该合约本身到期的报单属性。

2.3.12

指定日期前有效 Good Till Date

表示将一直有效，直到指定日期、交易员取消这个报单，或者该合约本身到期的报单属性。

2.3.13

最小成交量 Minimum Volume

表示要求满足成交量达到这个最小成交量，否则就取消的报单属性。

3 体系结构

3.1 要求

本标准的体系结构应建立在一个可靠的、有连接的、基于流的广域网络协议的基础之上。该广域网络协议应当：

- 具备点对点的寻址能力；
- 能够进行连接和断开操作；
- 能够有序地进行信息内容的传送；
- 具有透明的流分割传送机制。

具有这些特征的广域网络协议包括但是不限于 TCP/IP、X.25、ATM。本标准也可以基于具有某些安全特性的可靠连接之上，例如 SSL（Secure Socket Layer）等。

3.2 通讯模式

FTD 中的所有通讯都会基于某个通讯模式。通讯模式实际上就是说明通讯双方协同工作的方式。

FTD 涉及的通讯模式共有三种：

• 对话通讯模式；
• 私有通讯模式；
• 广播通讯模式。

对话通讯模式是指由会员端主动发起的通讯请求。该请求被交易所端接收和处理，并给予响应。例如报单、查询等。这种通讯模式与普通的客户/服务器模式相同。

私有通讯模式是指交易所端主动向某个特定的会员发出的信息。例如成交回报等。

广播通讯模式是指交易所端主动向市场中的所有会员都发出相同的信息。例如市场公告、行情等。

通讯模式和网络的连接不一定存在简单的一对一的关系。也就是说，一个网络连接中可能传送多种不同通讯模式的报文，一种通讯模式的报文也可以在多个不同的连接中传送。通讯模式与连接的关系应由各个交易所决定。

无论哪种通讯模式，其通讯过程都如图 1 所示。

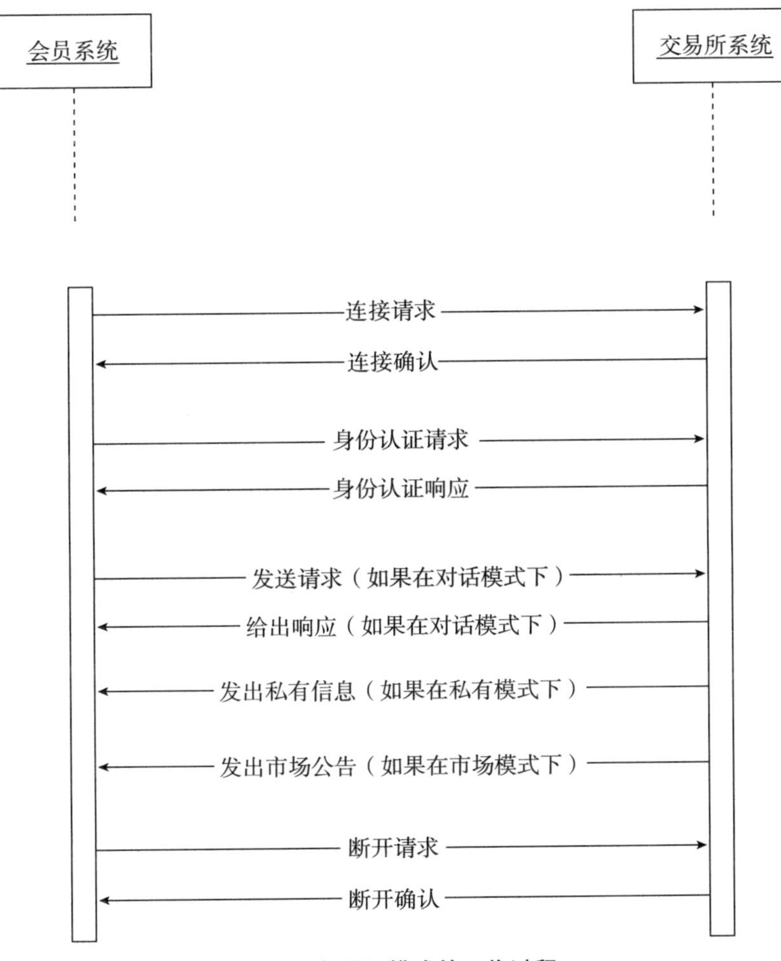

图 1　各通讯模式的工作过程

也就是说，无论哪种通讯模式，都应先由会员系统向交易所系统发出连接请求，在得到连接确认后发出身份认证请求。会员系统得到正确的身份认证响应后，开始执行上述通讯模式中的报文传送。报文传送完成以后，一般也是由会员端发出断开请求，在得到交易所系统的断开确认响应后，才真正断开物理连接。

还有两种特殊的断开连接的情况如下：

• 网络发生故障时，直接发生断开连接。
• 交易所根据实际情况，要求所有的或者指定的交易员断开连接。此时交易所系统将主动发出强制退出报文，然后主动断开物理连接。

3.3 通讯模式举例

下面用几个例子说明在网络连接中通讯模式的工作方法。

如果采用每种模式各自一个连接的方式，那么典型的对话模式连接通讯将如图 2 所示。

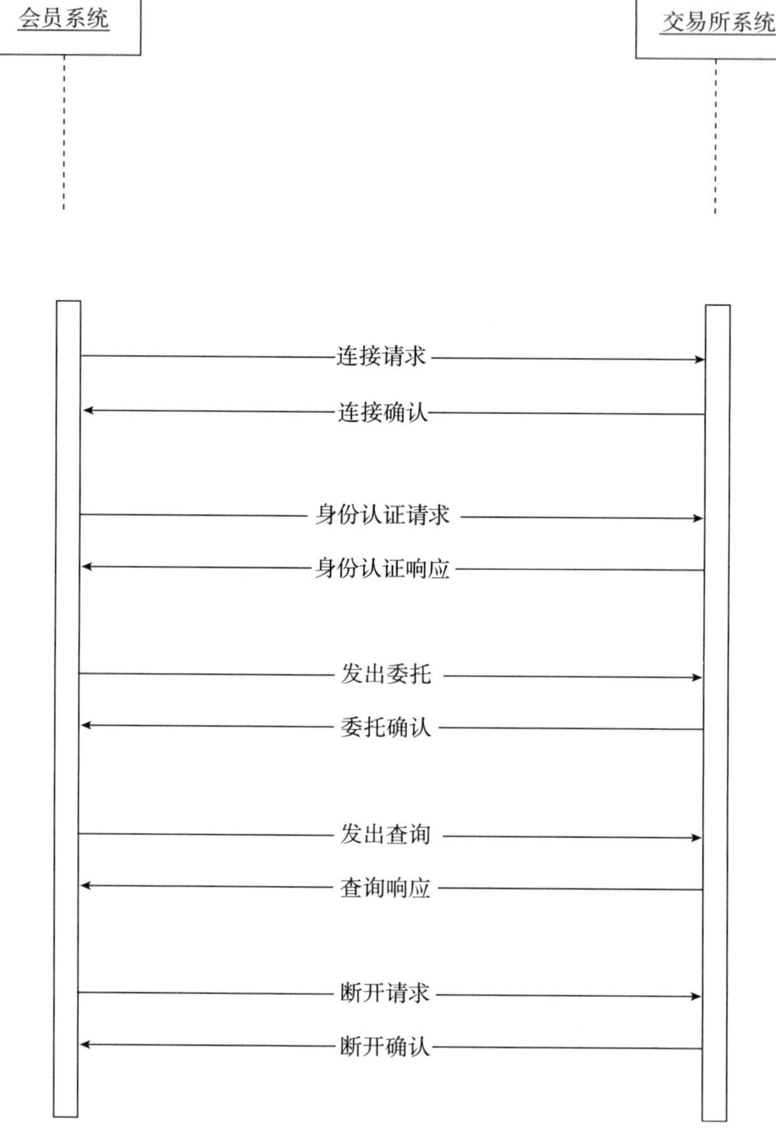

图 2　对话模式连接举例

典型的私有模式连接通讯将如图 3 所示。

图 3　私有模式连接举例

典型的广播模式连接通讯如图 4 所示。

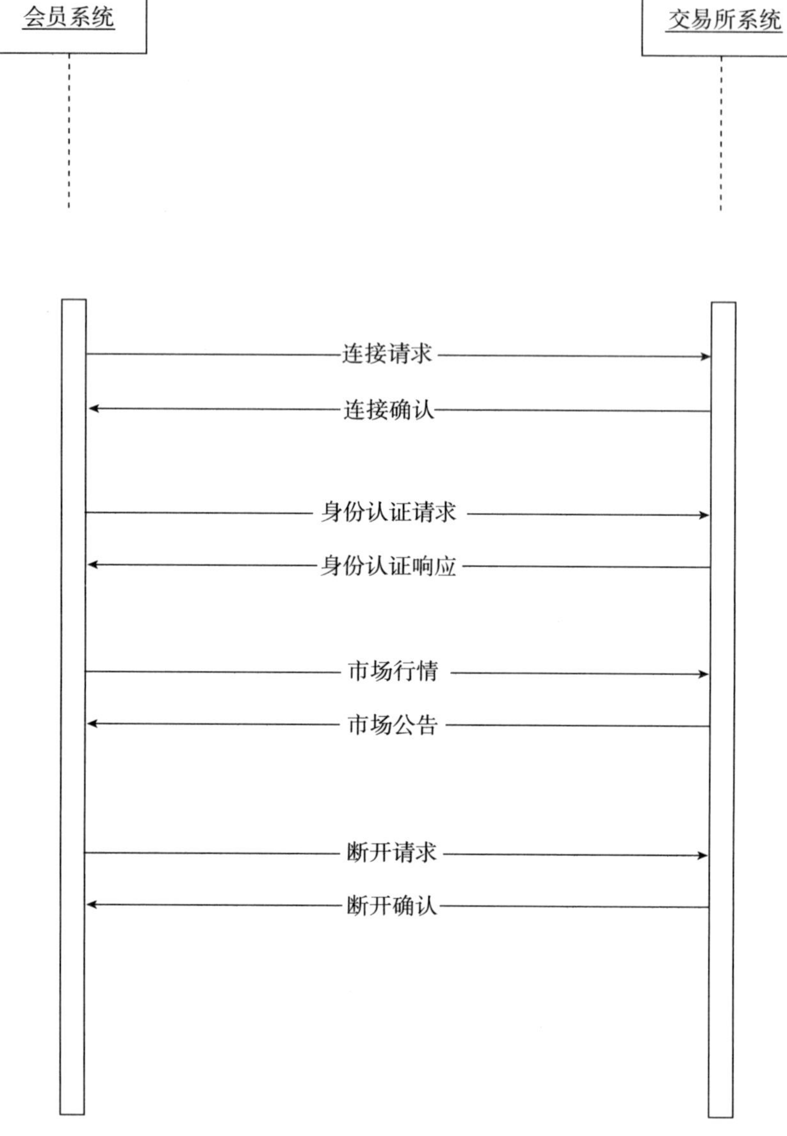

图 4　广播模式连接举例

如果在一个连接中同时运行三个模式，那么典型的混合模式连接通讯如图 5 所示。

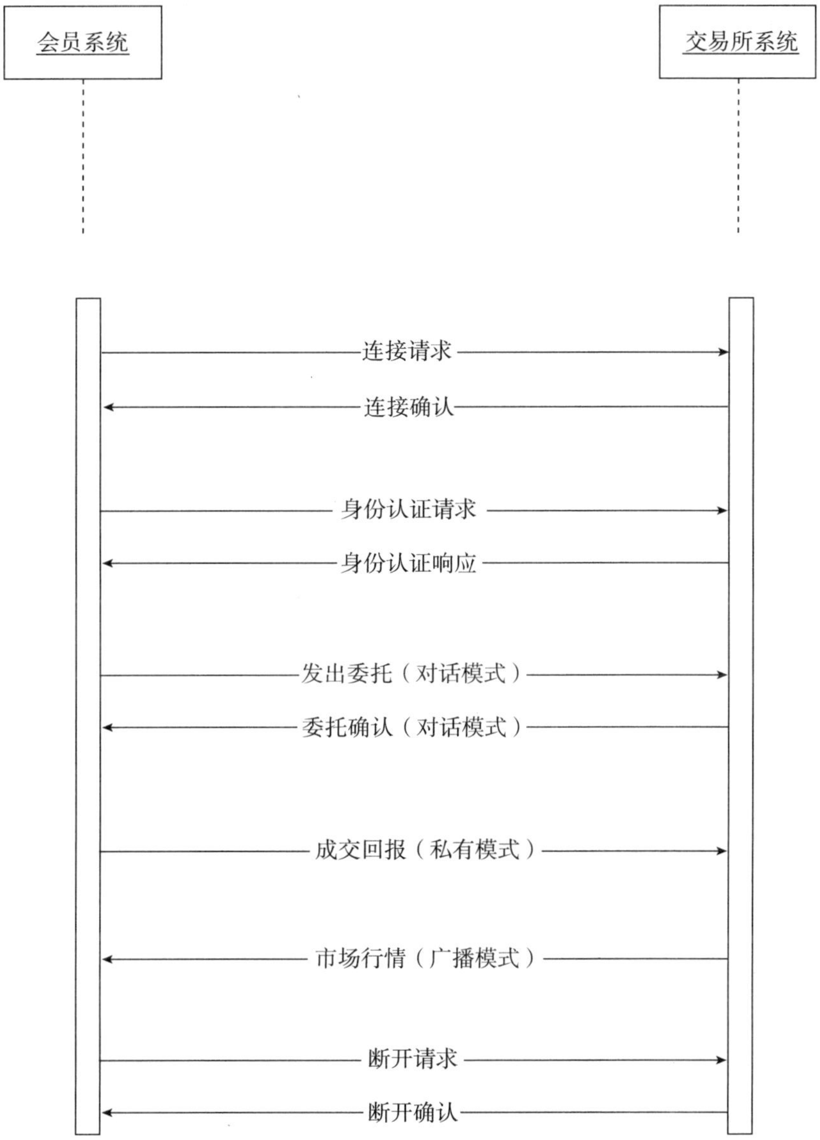

图 5　混合模式连接举例

上述通讯模式的描述是针对将 FTD 协议使用在会员系统和交易所系统之间进行通讯的情况。如果该协议被使用在其他情况下，例如会员内部、交易所内部或者交易所之间，那么这些通讯模式中的会员系统和交易所系统就相当于客户系统和服务器系统。

3.4　通讯模式和数据流

在本标准中需要区分的两个重要概念是通讯模式和数据流。数据流表示的是一个单向或双向的、连续的、没有重复和遗漏的数据报文的序列，它可以完成特定的功能。通讯模式是指一个数据流进行互动的工作模式。每个数据流应该对应一个通讯模式，但是一个通讯模式下可能有多个数据流。

一种最简单的使用方法是为上述每种通讯模式构造一种数据流，产生了对话流、私有流和广播流。也可以使用其他方法，在一个通讯模式下建立多种数据流，例如在对话通讯模式下建立两个流：交易流和查询流；在广播通讯模式下建立两个流，即通知流和行情流。本标准只规定各个报文工作在哪个通讯模式下，但是不规定具体的数据流划分方法，而是将这个划分方法留给各个交易所自行决定。

不同的通信模式有着不同的数据流管理原则。在使用对话模式时，一个数据流就是一个连接的过程，在这个连接内将保障各个信息的完整性和有序性。但是，当连接断开后，重新连接将开始一个新的数据流，这个数据流和原来的数据流没有直接的关系。如果会员系统在提交报单以后，没有收到报单确认以前，连接被断开，会员端不能假设此报单已经被接收，也不能假设其没有被接收。再次连接后，即使该报单已经被接收，会员系统也不能在这个连接中收到该报单的确认信息。会员系统的解决办法有三种：可以进行一次查询；或者使用相同的本地报单单号再次提交该报单，因为如果该报单已经被接收，那么交易所系统会返回一个重复报单的信息；另一种方法是利用在私有模式中的报单确认信息，确定交易所系统是否已经收到报单。

对于私有模式和广播模式，一个数据流对应在一个交易时段内（一般为一个交易日）的完成某项功能的所有连接。也就是说，会员在重新连接时，会从上次断开连接的地方继续接收下去，而不会从头开始，除非会员强制指定。每个会员或者交易员都有自己的私有模式数据流，该会员或交易员只能接收自己私有模式下的信息。交易所的每个市场会有一个广播模式的数据流，如果交易所只有一个市场，或者交易所不区分多个市场的概念，那么整个系统就只有一个广播模式的数据流。

4 报文格式

4.1 FTD 报文

FTD 报文由报头、扩充报头和信息正文三个部分组成，如图 6 所示。报头描述数据报文的整体信息；扩充报头提供链路管理功能；信息正文是具体的各个域的内容。

FTD 报头 (4 字节)	FTD 扩充报头 (可选，最多 127 字节)	FTD 信息正文 (可选，最多 4096 字节)

图 6 FTD 报文结构

4.1.1 FTD 报头

FTD 报头由四个字节组成，如图 7 所示。

字节 0	字节 1	字节 2	字节 3
报文类型	扩充长度	信息正文长度	

图 7 FTD 报头结构

· 报文类型，见表 1。

· 扩充长度：扩充报头字节长度。如果扩充长度等于 0，代表没有扩充报头，紧跟在报头后面的是信息正文。

· 信息正文长度：整个报文中信息正文的字节长度。采用网络顺序，前一字节是高位字节，后一字节是低位字节。如果信息正文长度等于 0，代表此报文没有信息正文，是链路管理报文。注意：信息正文长度不包括报头和扩充报头的长度。

表 1 FTD 报文类型表

报文类型	数　值	描　述
FTDTypeNone	0x00	此报文不具有任何意义，一般用于心跳
FTDTypeFTDC	0x01	信息正文中是正常的域数据内容
FTDTypeCompressed	0x02	信息正文中包括的是压缩数据，解压缩后再处理

注：交易所系统和会员系统在收到非上述报文类型的报文时，可以将其丢弃，不做任何处理。

由于回送给会员的响应信息可能非常多（例如查询命令），为了节约网络传送带宽，交易所服务器可以把一个或多个FTD数据报文压缩后存放在另一个FTD信息正文中，会员系统在接收后，应当将其解压缩后作为一个或多个普通的FTD报文处理。

4.1.2 FTD扩充报头

扩充报头最长127个字节，由一系列的按照图8规定的标记组成。

字节0	字节1	字节2,...
标记类型	标记长度	数据（按照标记长度指定）

图8 FTD扩充报头标记结构

标记类型及其内容描述的定义见表2。如果没有标记数据，则标记长度等于0。

表2 标记类型说明

标记类型	数 值	描 述	长 度
FTDTagNone	0x00	0	丢弃不处理此标记
FTDTagDatetime	0x01	4	时间戳。Unix格式时间，网络序
FTDTagCompressMethod	0x02	1	信息正文压缩方法。现在只支持一种压缩方法。0表示没有压缩；1表示LZ压缩
FTDTagSessionState	0x03	1	发送端状态 0：未知状态；1：未登录；2：已登录，但在同步数据；3：同步状态
FTDTagKeepAlive	0x04	0	发送端发送心跳信息，表示还在正常工作
FTDTagTradedate	0x05	4	交易所当前交易日日期。Unix格式时间，网络序
FTDTagTarget	0x06	2	说明报文的目标，使用两个字母，表示目标的交易所。如果要发送的目标就是接收方所处于的交易所，那么就不需要使用此项

由于系统功能的扩展，交易所可以增加扩充标记的类型。会员端系统如果接收到无法识别的标记，只需将其简单丢弃，不做其他处理。

4.1.3 FTD信息正文

FTD信息正文可能是以下两种内容：

- 未压缩过的FTDC报文；
- 压缩后的FTDC报文。

FTD信息正文的长度由FTD报头中的信息正文长度字段确定。

4.2 FTDC报文

FTDC报文是FTD报文中的主要内容，它封装在FTD报文中，其结构如图9所示：

<table>
<tr><td rowspan="2">FTD 报头和扩充报头
>=4字节</td><td colspan="2">FTD信息正文</td></tr>
<tr><td>FTDC报头
16字节</td><td>FTDC信息正文
（数据域+数据域+…）</td></tr>
</table>

图9 FTDC报文结构

FTDC报文包括16个字节的FTDC报头和为数不等的数据域组成的FTDC信息正文。整个FTDC报文长度不能超过4096字节（4K）。报文中所有传送的二进制数据全部采用网络序。

4.2.1 FTDC报头

FTDC报头有16个字节，表示FTD信息正文的类型、长度等控制信息。其具体定义见表3。

表 3　FTDC 报头说明

报头数据项	名　称	字节长度	描　述
Version	版本号	1	二进制无符号整数。目前版本为 1
TransactionId（TID）	FTD 信息正文类型	4	二进制无符号整数
Chain	报文链	1	ASCII 码字符
SequenceSeries	序列类别号	2	二进制无符号短整数
SequenceNumber（SeqNo）	序列号	4	二进制无符号整数
FieldCount	数据域数量	2	二进制无符号短整数
FTDCContentLength	FTDC 信息正文长度	2	二进制无符号短整数。以字节为单位

4.2.1.1　信息正文类型

信息正文类型 TID 是二进制整数，表示信息正文的类型。这些类型的定义见附录 A。

4.2.1.2　报文链

在一个报文中，可能需要放入多个数据域。特别是对于某些报文，数据域的个数是不确定的，例如许多查询响应报文，都有这样的情况。当域的数量充分多时，就会超过报文总长度的限制，也就是超过了 4096 个字节，本标准把这种报文称为长报文。一个长报文需要分割成多个报文发送。此时需要一种机制，让报文的接收方能够识别收到的报文是一个被分割成多块的长报文的一部分。因此，我们就使用了报文链的概念。报文链用于说明本报文是长报文中的哪一部分。一个长报文被分割成多个报文后，其序列号是相同的。具体的报文链定义见表 4。

表 4　报文链定义

报文链	描　述
‘S’	报文链中只有单个 FTDC 报文
‘F’	报文链的第一个 FTDC 报文
‘C’	报文链的中间 FTDC 报文
‘L’	报文链的最后一个 FTDC 报文

4.2.1.3　序列类别号和序列号

序列类别号和序列号是用于保障交易所和会员之间信息的完整性和有序性而定义的两个字段。使用这两个字段，应当达到如下最终效果：

· 一个数据流中任何发送方发出的信息，如果发生遗漏，那么接收方应当在收到其后面的信息时就能立即识别出信息遗漏。此时，接收方可以采取直接断开线路或者要求重发的措施。

· 一个数据流中任何发送方发出的信息，如果发生错序，那么接收方应当在收到第 1 个错序的报文时就能立即识别信息错序。此时，接收方可以采取直接断开线路或者要求重发的措施。

· 不同的数据流之间的报文顺序是各自独立，互不相关的。

序列类别号表示了一个具体的数据流，这个数据流使用某一种通讯模式，也就是说这种通讯模式中的所有报文，无论上行还是下行，都应当使用这个序列类别号，但是不包括连接、登录和断开报文。在一个序列类别号下，一个方向的信息传送将用序列号进行编号，第 1 个报文的序列号为 1，后面的逐一增加。

对于对话模式，所有的请求由会员端发出，其序列类别号应设置为 0。完成登录后的第一个请求，其序列号为 1，其后逐一递增不能重复。交易所系统如果发现收到的序列号中有间歇，说明通讯或者应用程序本身出现故障，将主动断开与会员的连接且不发送提示报文。在此模式下，序列号由会员端确定。交易所端在给出每个响应时，将使用收到请求的同一序列号。

对于广播模式，只有从交易所发出的信息，所以不存在上行信息序列号的问题。对于下行的数据，其序列类别号应当对所有会员都是相同的，其取值范围是大于等于1的整数，具体数值由各个交易所确定。交易所发给会员登录响应后的第1个广播报文，其序列号为1，以后也逐一增加。

私有模式与广播模式基本相同，但是其下行的序列类别号对于每个会员是不同的。每个会员应当唯一对应一个私有模式的序列类别号，对应方式由各个交易所自行决定。其取值范围也是大于等于1的整数。

对于有关登录和断开的报文，无论是请求还是响应，其序列类别号和序列号一律为0。

如果在一个连接中有多个通讯模式，各通讯模式也是各自遵守上述序列号规则。

在发生断路时，会员可以重新进行连接和登录。对于对话模式，原来的通讯不需要恢复，所以新的序列号重新从1开始。但是对于私有模式和广播模式，会员在重新进行连接和登录时，需要说明上次收到的该序列类别号对应的最后一个序列号，这样交易所系统就可以从下一个序列号的地方继续发送后面的报文。也就是说，私有模式和广播模式的序列号在一个交易时段（一般就是一个交易日）内是唯一的，而对话模式的序列号只在一个连接内是唯一的。

4.2.1.4 数据域数量

FTDC的信息正文包括顺序排列的数据域，数据域数量字段说明了本报文中数据域的多少。

4.2.1.5 FTDC信息正文长度

FTDC信息正文长度字段表示FTDC信息正文的长度，不包括FTDC报头的16个字节。

4.2.2 FTDC信息正文

FTDC信息正文由一系列自我描述的数据域构成。数据域包括一个数据域编码（FieldId，FID）、内容长度（FIDLength）和内容（DataItem）。其格式如表5所示。

表5 数据域格式

数据域项目	字节长度	描　述
FieldId（FID）	4	数据域标识。类型为二进制整数
FieldLength（FIDLength）	2	内容字节长度，不包括FID和FIDLength。网络序短整数
DataItem	FieldLength	内　容

数据域分为基本数据域和补充数据域。基本数据域是必选的，补充数据域可以根据需要选用。

数据域中的内容是多个字段，字段有必填字段和非必填字段。所有未使用的字段应该用相应类型的初始化值填充。

在数据域中的所有字段，都有一个自己的类型。类型分为基本类型和衍生类型。目前支持的基本类型如表6所示。

表6 基本类型表

基本类型名	类型说明	长度	精度	对　齐	初始化
FTDCharType	单字节类型	1		二进制	0
FTDFloatType〈a，b〉	浮点数类型，ASCII方式存放	a	b	右对齐，前段用0补足，如果为负，第一位为“-”	0.0
FTDIntType	四字节整数类型	4		二进制，高位在前	0
FTDNumberType〈a〉	整数类型，ASCII方式存放	a		右对齐，前段用0补足，如果为负，第一位为“-”	0
FTDStringType〈a〉	字符串类型	a		左对齐，后段用空格补足	空格
FTDWordType	双字节整数类型	2		二进制，高位在前	0

所有的衍生类型都是某个基本类型的实例，这些衍生类型的定义见附录 B。

所有使用这些基本类型和衍生类型定义的字段见附录 C。

所有使用这些字段组合形成的数据域的定义见附录 D。

所有使用这些数据域组合形成的报文的定义见附录 E。

4.3 主要业务运作机制

4.3.1 连接管理机制

4.3.1.1 登录机制

本标准是基于有连接的通讯机制的。一个连接上可能有多个数据流。会员系统首先需要连接到交易所的系统，然后针对每个数据流，分别登录。也就是说，在交易员登录请求 ReqUserLogin 报文中，需要说明要登录的数据流名称。目前已经定义的数据流名称依赖于每个通讯模式一个数据流的假设。如果交易所定义其他数据流，则需要扩展这个数据流名称。

在通过认证后，交易所将和会员在这个连接中使用此数据流通讯。在一个连接中，可以进行多次登录请求，如果这些登录请求申请的是不同的数据流，那么这个连接就可以提供多个数据流的信息和服务。一个连接中存在的多个数据流应该是给同一个会员的。

对于私有模式和广播模式，如果交易员端曾经收到过该交易时段的部分信息，那么就需要同时在 ReqUserLogin 报文中给出发送信息起始说明域 DisseminationstartField，用于通知交易所从哪个信息开始继续发送。这样就可以保障跨连接的数据流得到保持。

4.3.1.2 登录退出机制

在会员使用交易员登录退出 ReqUserLogout 报文，退出登录时，也需要同样指定退出的是哪个数据流。即使退出了所有的数据流，也不一定会断开连接。在正常情况下，只有会员会主动断开连接。会员也可以不发送登录退出报文，直接断开连接，这会相当于自动退出所有的数据流。交易所希望断开连接时，可以选择先发送一个强制退出 ForceExit 报文，通知会员原因，然后断开连接，也可以直接断开。强制退出意味着所有的数据流全部断开。

4.3.1.3 心跳机制

在连接已经建立的情况下，如果任何一侧在相当长的时间内，不需要向另一侧发送任何报文，那么应该定期发送心跳报文。心跳报文就是报文类型为 FTDTypeNone 的、不含有 FTDC 的 FTD 报文，而且在扩充报头内有 FTDTagKeepAlive 项。心跳间隔时间的长度由交易所决定，或者利用登录报文中的字段进行协商决定。任何一侧，在更长的一段时间内，没有收到任何有意义的报文和心跳报文时，可以直接断开连接，也就相当于退出了所有的数据流。

4.3.2 报单和成交机制

4.3.2.1 报单录入和成交的正常过程

报单录入和成交的正常过程如下所示：

1）会员通过对话模式发出报单录入 ReqOrderInsert 报文。

2）交易所在确认此报文后，给予报单应答 RspOrderInsert 报文。

3）交易所在私有模式中发出报单确认 OrderConfirmation 报文。

4）交易所在广播模式中发出增量报单行情 MarketOrderIncData 报文（这是可选步骤）。

5）在发生成交后，交易所在私有模式中向双方分别发出单边成交回报 TradeInsertSingle 报文。

6）交易所在广播模式中发出增量成交行情 MarketMatchIncData 报文（这是可选步骤）。

4.3.2.2 报单操作的正常过程

报单操作的正常过程如下所示：

1）会员通过对话模式发出报单操作请求 ReqOrderAction 报文。

2）交易所在确认此报文后，给予报单操作应答 RspOrderAction 报文。

3）交易所在私有模式中发出报单确认 OrderConfirmation 报文。

4）交易所在广播模式中发出增量报单行情 MarketOrderIncData 报文（这是可选步骤）。

4.3.2.3 立即执行的报单录入和成交过程

如果录入的报单是属于立即执行，不进行排队的，那么其报单录入和成交的正常过程如下所示：

1）会员通过对话模式发出报单录入 ReqOrderInsert 报文。

2）交易所在确认此报文后，给予报单应答 RspOrderInsert 报文。

3）在发生成交后，交易所在私有模式中向双方分别发出单边成交回报 TradeInsertSingle 报文。

4）交易所在广播模式中发出增量成交行情 MarketMatchIncData 报文（这是可选步骤）。

5）交易所在广播模式中发出增量报单行情 MarketOrderIncData 报文（这是可选步骤）。

6）反复进行上述 3、4、5 三个步骤，直到无法成交为止。

7）交易所在私有模式中发出报单确认 OrderConfirmation 报文。

4.3.3 行情机制

交易所提供的行情信息，可以分为多个层次。交易所可以自行决定提供哪些类型的行情。这些层次包括：

- 成交行情
- 报单行情

4.3.3.1 正常接收

4.3.3.1.1 成交行情

如果交易所提供成交行情，又有两种实现机制：完全成交行情机制和增量成交行情机制。

如果采用完全成交行情机制，在正常情况下，交易所需要在广播模式中发送成交行情 MarketMatchData 报文。在该报文中，有两种可能的域，分别是成交行情域 MarketMatchDataField 和成交行情变化域 MarketMatchDataChgField。成交行情域是对一个合约当前行情的完整描述，而成交行情变化域提供的是一个合约行情信息中不断变化的信息。一般情况下，交易所需要在一些重要的时刻，例如开市、收市等，发送成交行情域的信息，而在平时发送成交行情变化域。会员在收到这些信息后，将能够立即得到当前的完全行情信息。发送成交行情报文的时间，也可以由各个交易所自行决定，例如每隔固定的时间发送，或者每当发生变化时发送等。

如果交易所提供的成交行情采用增量成交行情机制，在正常情况下，交易所也需要在广播模式中发出一些成交行情 MarketMatchData 报文，特别是在开市、收市这样的重要时刻。而在平时，交易所将发出增量成交行情 MarketMatchIncData 报文，这个报文中含有的每个增量成交行情域 MarketMatchIncField，说明了一个或多个相同合约、相同价格、相同成交双方性质的成交信息。如果会员已经拥有完整的当前成交行情信息，那么根据收到的这个增量成交行情信息，就可以计算出新的最新价、最高价、最低价、成交数量等信息。根据成交双方的性质（指同为开仓、同为平仓或不同），就可以计算出目前的持仓信息，这样，会员就可以继续拥有完整的当前成交行情信息。而初始的成交行情信息应当通过成交行情报文发给会员。增量成交行情报文的发送时机可以是固定时间间隔，也可以是每当发生变化时，这由交易所自行决定。

4.3.3.1.2 报单行情

如果交易所提供报单行情，在正常情况下，交易所就需要在广播模式中发出增量报单行情 MarketOrderIncData 报文和增量成交行情 MarketMatchIncData 报文。在初始时，我们知道报单队列中应当是空的（对于前一个交易时段遗留到本交易时段的报单，需要在后面再次发给会员）。假设我们知道当前的完整报单队列信息（不包括报单来源方面的信息），那么在收到的增量报单行情报文时，可以得到在某个合约某个价格某个买卖方向上报单发生的变化，会员就可以计算出新的报单行情。这里的变化可能是因为新增报单造成的增加，可能是因为取消报单造成的减少，但是不包括由于成交造成的减少。对于由于成交造成的减少，会员可以通过接收增量成交行情报文，计算出报单量减少的情况，保证报单行情的准确性。在增量报单行情报文中，可以设定所提供数量的类型，即是绝对量还是增量。如果是绝对量，会员可以直接替换相关的数量；如果是增量，就需要对原有的数量进行加减。交易所可以选择在发生一些重要变化的时刻，例如开市，发出含有绝对数量的增量报单行情报文。交易所在提供报单行情时，还可以选择完全报单行情或是部分报单行情。如果选择部分报单行情，那么交易所可以只对最接近行情水面的若干个价格，发出绝对数量的报单行情，会员在收到这些信息后，就可以得出最优的几个买价和卖价的信息。发送增量报单行情和增量成交行情的时机，可以是固定的时间间隔，也可以是每当发生变化时，这由交易所自行决定。

4.3.3.2 恢复接收

行情机制中另一个重要方面是在失去联络一段时间后，如何恢复接收行情。在恢复接收行情时，会员应当有两个选择，即是恢复所有的历史行情，还是快速恢复当前的行情。交易所应当同时提供足够的机制，允许会员进行选择。

4.3.3.2.1 完全恢复接收

无论采用何种行情机制，如果会员希望恢复所有的历史行情，可以使用广播模式的登录中，使用发送信息起始说明域 DisseminationstartField，告知交易所希望收到的下一个报文的序列号，这样就可以得到所有遗漏的报文，恢复整个历史行情。

4.3.3.2.2 快速恢复接收

在使用完全成交行情或者增量成交行情机制的情况下，如果会员希望快速恢复当前行情，可以先通过对话模式，发出成交行情查询 ReqQryMarketMatchData 报文。通过得到的响应，迅速得到目前的最新成交行情，同时得到该行情对应的广播模式序列号。然后在广播模式中登录时，在发送信息起始说明域 DisseminationstartField，使用收到的广播模式序列号加 1，让交易所从这个报文开始发送所有的报文。这样，目前行情迅速恢复，未来的行情将正常获得。

在使用报单行情的情况下，如果会员希望快速恢复当前行情，可以先通过对话模式，发出报单行情查询 ReqQryMarketOrderData 报文，迅速得到目前的最新报单行情，同时得到该行情对应的广播模式序列号。然后在广播模式中登录，在发送信息起始说明域 DisseminationstartField，使用收到的广播模式序列号加 1，让交易所从这个报文开始发送所有的报文。这样，目前行情迅速恢复，未来的行情将正常获得。

一个需要特别考虑的情况是交易所同时提供成交行情和报单行情的快速恢复机制。在这种情况下，会员发出的成交行情查询 ReqQryMarketMatchData 报文和报单行情查询 ReqQryMarketOrderData 报文得到的响应，可能对应的时间点有所不同，这样得到的广播模式序列号也不同。在这种情况下，会员在广播模式中登录，在发送信息起始说明域 DisseminationstartField，应当使用收到的较小的广播模式序列号加 1，让交易所从这个报文开始发送所有的报文。当会员收到的广播模式报文达到了较大的广播模式序列号时，会员就得到了足够的恢复当前行情信息了。在这个阶段，会员系统具体的处理方式如下：

- 如果先查成交，后查报单，收到增量成交行情时，更新当前成交行情，不更新当前报单行情收到增量报单行情时，将其抛弃。
- 如果先查报单，后查成交，收到增量成交行情时，更新当前报单行情，不更新当前成交行情；收到增量报单行情时，更新当前报单行情。

4.4 关键数据的说明

以下对各个关键的数据域中的字段进行说明。其明确定义以附录C为准。

4.4.1 持仓

4.4.1.1 定义持仓数据时的假设

会员或者客户的持仓说明基于下列的假设：

- 所有的持仓量都分为套期保值量和投机量。
- 会员或者客户可以同时拥有一个合约的多仓和空仓。
- 平仓需要区分平今日仓和昨日仓。

4.4.1.2 部分使用持仓数据的方法

对于不使用上述假设的交易所，可以只使用下面的一部分字段，具体的规则如下：

- 不区分套期保值量和投机量，只使用所有的投机字段，所有的套期保值字段都设为0。
- 不同时拥有一个合约的多仓和空仓，在多仓情况下，多仓量为正，空仓量为0。在空仓情况下，多仓量为0，空仓量为正。注意，可能出现客户持仓不允许同时多仓和空仓、而会员允许的情况。
- 不区分平今日仓和昨日仓，只有平昨日仓的字段有效，平今日仓的字段全部为0。

4.4.1.3 持仓数据的字段

下面分别介绍主要的持仓字段：

- 前日留下的多仓和空仓量，作为今日初始的持仓量信息

  YdBuyHedgePosition：前买持仓量（保）

  YdBuySpecPosition：前买持仓量（投）

  YdSellHedgePosition：前卖持仓量（保）

  YdSellSpecPosition：前卖持仓量（投）

- 今日买卖的成交量，包括了开仓和平仓量的总和

  BuyHedgeVolume：买成交量（保）

  BuySpecVolume：买成交量（投）

  SellHedgeVolume：卖成交量（保）

  SellSpecVolume：卖成交量（投）

- 今日的多头和空头的开仓量

  BuyHedgePosition：买开仓量（保）

  BuySpecPosition：买开仓量（投）

  SellHedgePosition：卖开仓量（保）

  SellSpecPosition：卖开仓量（投）

- 今日的多头和空头的平仓量，平仓对象是今日开的仓

  BuyOffsHPosition：买平今量（保）

  BuyOffsSPosition：买平今量（投）

  SellOffsHPosition：卖平今量（保）

  SellOffsSPosition：卖平今量（投）

- 今日的多头和空头的平仓量，平仓对象是昨日开的仓

  YdBuyOffsHPosition：买平昨量（保）

  YdBuyOffsSPosition：买平昨量（投）

  YdSellOffsHPosition：卖平昨量（保）

YdSellOffsSPosition：卖平昨量（投）

- 今日发生的开仓报单，但是还没有成交造成的多头或空头的持仓冻结，在计算限仓时有用

  LongOpenFrozHPosition：多头开仓冻结持仓手（保）

  LongOpenFrozSPosition：多头开仓冻结持仓手（投）

  ShortOpenFrozHPosition：空头开仓冻结持仓手（保）

  ShortOpenFrozSPosition：空头开仓冻结持仓手（投）

- 今日发生的平今日仓报单，但是还没有成交造成的多头或空头的持仓冻结，在计算可以平今日仓的余量时有用

  LongOffsFrozHPosition：多头平仓冻结持仓手（保）

  LongOffsFrozSPosition：多头平仓冻结持仓手（投）

  ShortOffsFrozHPosition：空头平仓冻结持仓手（保）

  ShortOffsFrozSPosition：空头平仓冻结持仓手（投）

- 今日发生的平昨日仓报单，但是还没有成交造成的多头或空头的持仓冻结，在计算可以平昨日仓的余量时有用

  YdLongOffsFrozHPosition：上日多头平仓冻结持仓手（保）

  YdLongOffsFrozSPosition：上日多头平仓冻结持仓手（投）

  YdShortOffsFrozHPosition：上日空头平仓冻结持仓手（保）

  YdShortOffsFrozSPosition：上日空头平仓冻结持仓手（投）

4.4.2 资金

4.4.2.1 定义资金数据时的假设

会员资金信息是基于这样的假设：套期保值和投机是分开的。如果交易所不需要做这个区分，那么就可以只使用下面的投机字段，而所有的套期保值字段为 0。

4.4.2.2 资金数据的字段

资金数据的字段主要包括：

- 今日初的保证金

  InitMargin：初始保证金

- 今日多头或空头开仓用掉的保证金

  BuySpecOpenUsedMargin：买投开仓使用保证金

  BuyHedgeOpenUsedMargin：买保开仓使用保证金

  SellSpecOpenUsedMargin：卖投开仓使用保证金

  SellHedgeOpenUsedMargin：卖保开仓使用保证金

- 今日多头或空头平仓时产生的盈亏

  BuySpecOffsetProfit：买投平仓盈亏

  BuyHedgeOffsetProfit：买保平仓盈亏

  SellSpecOffsetProfit：卖投平仓盈亏

  SellHedgeOffsetProfit：卖保平仓盈亏

- 今日多头或空头平仓返回的保证金

  BuySpecOffsetMargin：买投平仓返回保证金

  BuyHedgeOffsetMargin：买保平仓返回保证金

  SellSpecOffsetMargin：卖投平仓返回保证金

  SellHedgeOffsetMargin：卖保平仓返回保证金

- 今日多头或空头发出的开仓，但是还没有成交造成冻结的保证金
  BuySpecOpenFrozMargin：买投开仓冻结保证金
  BuyHedgeOpenFrozMargin：买保开仓冻结保证金
  SellSpecOpenFrozMargin：卖投开仓冻结保证金
  SellHedgeOpenFrozMargin：卖保开仓冻结保证金
- 今日多头或空头的成交额
  BuySpecTurnOver：买投成交额
  BuyHedgeTurnOver：买保成交额
  SellSpecTurnOver：卖投成交额
  SellHedgeTurnOver：卖保成交额
- 今日加入或提出的保证金
  AddValue：本交易日新增资金
  DelValue：本交易日提出资金
- 会员可用的保证金余额
  BalanceValue：可用保证金余额

4.4.3 报单

有关报单内容的域有两个，分别是报单信息域 OrderInsertField 和报单状态域 OrderStatus-Field。报单信息域在报单录入和应答时使用，而报单状态域在报单确认和查询报单的响应中使用。报单信息域只说明报单本身的信息，而报单状态域还包括了其成交、挂起等方面的信息，所以报单信息域的字段是报单状态域的一个子集。

4.4.3.1 报单信息域字段

在报单信息域中有下列字段：

- OrderSysId：合同编号
  在一个交易时段内唯一标识报单的编号，在报单录入时应当为空，应答时会填入。
- OrderLocalId：委托编号
  在一个交易时段内，在一个交易员范围内唯一的报单标识，在报单录入时填入，交易所会检查是否与过去的重复。如果重复，那么就会抛弃。
- UserId：交易员编码
  提交此报单的交易员。
- ParticipantId：交易会员编码
  提交此报单的交易员所属的会员。
- ClientId：客户编码
  希望进行交易的客户。
- InstrumentId：合约编码
  要交易的合约。
- Direction：买卖方向
  是买入还是卖出。
- OffsetFlag：开平仓标记
  是开仓还是平仓。
- HedgeFlag：投保标记
  是投机还是套期保值，对于不区分这两者的交易所，此字段无效。

- StopPrice：止损价格

  在止损限价和止损市价报单时，表示触发止损的价格。
- LimitPrice：限价

  在限价、止损市价和市价转限价报单时，表示希望成交的限价。在均价报单时，表示均价的限价。
- VolumeTotalOrginal：原始总申报数量（以手为单位）

  申报成交的数量。
- OrderType：报单类型

  是限价、市价、止损限价、止损市价、市价转限价、最好价格还是均价报单。
- MatchCondition：报单成交属性

  说明是即时全部成交、即时部分成交、当日有效、取消前有效还是指定日期前有效。
- MatchSession：报单成交时间

  允许成交的时间段是在开盘集合竞价、连续交易、收盘集合竞价还是其中的若干个阶段。
- ValidThrough：有效时间约束

  当报单成交属性是指定日期前有效时，表示指定的日期。
- MinimalVolume：最小成交量

  当报单成交属性是即时部分成交时，表示应该完成成交的最小数量。
- AutoSuspend：自动挂起标志

  表示在连接断开或者交易员退出时，如果该报单还在报单队列中，交易所是否需要自动挂起这个报单。
- InsertTime：录入时间

  报单录入的时间。

对于上面的各个报单类型、成交属性、成交时间等，各个交易所并不一定需要全部实现。交易所只需要实现其支持的那几种类型的报单即可。

4.4.3.2　报单状态域字段

报单状态域具有报单信息域的所有字段，此外它还有下列字段：

- VolumeTotal：剩余总申报数量（以手为单位）

  目前还没有成交的剩余申报数量。
- OrderStatus：报单状态

  目前的报单状态是全部成交、部分成交还在队列中、部分成交不在队列中、未成交还在队列中、未成交不在队列中还是撤单。
- SuspendTime：挂起时间

  如果不为空，表示本报单被挂起，此字段的值为挂起的时间。
- ActiveTime：激活时间

  如果不为空，表示本报单曾经被挂起，现在又被激活，此字段的值为激活的时间。
- UpdateTime：最后修改时间

  最后一次修改此报单的时间。
- ActiveUserId：操作交易员编码

  对此报单进行过撤单、挂起或者激活操作的最后一个交易员。
- Margin：保证金

  由于本报单占用或者冻结的保证金量。

- ForceGroupId：强平组号

  强平单的组号主要用于方便撤单，一般交易员不使用这个字段。
- TradePrice：最新成交价格

  最新的一个成交的价格。
- TradeVolume：今成交量

  已经完成的成交量。

4.4.4 成交单

在成交回报中的单边成交回报域 TradeInsertSingleField 中的内容如下：

- InstrumentId：合约编码

  成交的合约。
- InstrumentVersion：合约版本号

  成交合约的版本号，目前应该为 0。
- CancelFlag：成交是否被取消

  是否已经取消了这个成交。
- CancelDate：取消日期

  如果取消了此成交，说明取消的日期。
- CancelTime：取消时间

  如果取消了此成交，说明取消的时间。
- TradeId：成交编号

  成交单的唯一标识。
- MatchDate：成交日期

  发生成交的日期。
- MatchTime：成交时间

  发生成交的时间。
- ClearDate：清算日期

  进行清算的日期。
- Price：价格

  成交价格。
- Volume：数量

  成交量。
- OrderSysId：合同编号

  此成交对应的报单的合同编号。
- UserId：交易员编码

  提交此成交对应报单的交易员。
- Direction：买卖方向

  是买入还是卖出。
- OffsetFlag：开平仓标记

  是开仓还是平仓。
- HedgeFlag：投保标记

  是投机还是套期保值。
- ParticipantId：交易会员编码

成交的会员。

- ClientId：客户编码

  成交的客户。
- OrderLocalId：委托编号

  此成交对应的报单的委托编号。

4.5 报文清单

4.5.1 报文清单列表

报文清单列表见表7。

表7 报文清单列表

要求	会员发出报文名	会员发出报文说明	交易所发出报文名	交易所发出报文说明	信息正文类型
数据流管理报文					
要求	ReqUserLogin	交易员登录请求	RspUserLogin	交易员登录应答	TID _ UserLogin
要求	ReqUserLogout	交易员登录退出	RspUserLogout	交易员登录退出应答	TID _ UserLogout
可选			ForceExit	强制退出	TID _ ForceExit
要求			Error	错误响应	TID _ Error
对话模式报文					
交易员功能					
可选	ReqUserPassword Update	交易员修改密码	RspUserPassword Update	交易员修改密码应答	TID _ UserPass wordUpdate
报单					
要求	ReqOrderInsert	报单录入	RspOrderInsert	报单应答	TID _ OrderInsert
要求	ReqOrderAction	报单操作请求	RspOrderAction	报单操作应答	TID _ OrderAction
交易所信息查询					
可选	ReqQryMarket	市场查询请求	RspQryMarket	市场查询应答	TID _ QryMarket
可选	ReqQryMarket Status	查询市场交易状态请求	RspQryMarket Status	查询市场交易状态应答	TID _ Qry MarketStatus
可选	ReqQryInstrument	合约查询	RspQryInstrument	合约查询应答	TID _ QryInstrument
可选	ReqQryInstrument Status	查询合约交易状态请求	RspQryInstrument Status	查询合约交易状态应答	TID _ QryInstrument Status
行情查询					
可选	ReqQryMarket MatchData	成交行情查询	RspQryMarket MatchData	成交行情查询应答	TID _ QryMarket MatchData
可选	ReqQryMarket OrderData	报单行情查询	RspQryMarket OrderData	报单行情查询应答	TID _ QryMarket OrderData
会员客户信息查询					
可选	ReqQryParticipant	会员信息查询	RspQryParticipant	会员信息查询应答	TID _ QryParticipant
可选	ReqQryClient	客户信息查询	RspQryClient	客户信息查询响应	TID _ QryClient

续表

要求	会员发出报文名	会员发出报文说明	交易所发出报文名	交易所发出报文说明	信息正文类型
可选	ReqQryDeposit	会员资金查询	RspQryDeposit	会员资金查询应答	TID _ QryDeposit
可选	ReqQryPPosition	会员持仓查询	RspQryPPosition	会员持仓查询应答	TID _ QryPPosition
可选	ReqQryPosition	会员客户持仓查询	RspQryPosition	会员客户持仓查询应答	TID _ QryPosition
报单成交查询					
可选	ReqQryOrder	报单查询	RspQryOrder	报单查询应答	TID _ QryOrder
可选	ReqQryTrade	成交单查询	RspQryTrade	成交单查询应答	TID _ QryTrade
交易员查询					
可选	ReqQryUser	查询交易员请求	RspQryUser	查询交易员应答	TID _ QryUser
可选	ReqQryUserLogin	交易员在线查询	RspQryUserLogin	交易员在线查询应答	TID _ QryUserLogin
出错					
要求			Error	错误响应	TID _ Error
私有模式报文					
要求			OrderConfirmation	报单确认	TID _ Order Confirmation
要求			TradeInsertSingle	单边成交回报	TID _ TradeInsert Single
可选			ParticipantBulletin	会员告示	TID _ Participant Bulletin
广播模式报文					
状态改变通知					
要求			MarketStatus ChangeNotify	市场状态改变通知	TID _ MarketStatus ChangeNotify
要求			Instrument ChangeNotify	合约参数改变通知	TID _ Instrument ChangeNotify
要求			InstrumentStatus ChangeNotify	合约状态改变通知	TID _ InstrumentStatus ChangeNotify
行情					
要求			MarketMatchData	成交行情	TID _ Market MatchData
可选			MarketMatchInc Data	增量成交行情	TID _ Market MatchIncData
可选			MarketOrderInc Data	增量报单行情	TID _ Market OrderIncData
告示					
可选			MarketBulletin	交易所告示广播	TID _ MarketBulletin

4.5.2 报文功能说明

4.5.2.1 数据流管理报文

4.5.2.1.1 登录报文

交易员在进行任何与交易所系统有关的操作之前，应该先连接到交易所系统，发出交易员登录请求 ReqUserLogin 报文。交易所系统在对交易员进行认证后，可以通过交易员登录应答 RspUserLogin 给出响应，同意交易员使用各项服务。

在 ReqUserLogin 报文中，最核心的域是交易员请求登录域 ReqUserLoginField。此域中除了基本的交易会员编码、交易员编码、口令等信息外，最主要的信息是数据流的名称。每次登录都是针对特定的数据流的，需要说明是针对对话模式、私有模式和广播模式的数据流。在通过认证后，交易员开始使用这个指定的数据流。

在一个连接中，可以进行多次登录请求，如果这些登录请求申请的是不同的数据流，那么可以在一个连接中同时提供多个数据流的信息和服务。一个连接中存在的多个数据流应该是给同一个会员的。

如果登录失败，则交易所系统会给出错误响应 Error 报文。对于私有模式和广播模式，如果交易员端曾经收到过该交易时段的部分信息，那么就需要同时在 ReqUserLogin 报文中给出发送信息起始说明域 DisseminationstartField，用于通知交易所从哪个信息开始继续发送。

4.5.2.1.2 退出报文

交易员要退出系统时，应当发出交易员登录退出 ReqUserLogout 报文。交易所系统会给出交易员登录退出应答 RspUserLogout 报文作为响应。如果退出失败（一般是因为根本就没有登录进去），那么交易所系统会给出错误响应 Error 报文。

由于在一个连接中可能存在多个数据流，所以在退出时需要说明退出哪一个数据流。在退出后，连接将继续保持，因为可能还存在其他数据流，或者交易员可能希望使用此连接进行一次新的登录。最后将连接断开是会员系统的责任。

交易员也可以不发送退出报文，直接断开连接，这样此连接中的所有登录的流将全部自动退出。

4.5.2.1.3 强制退出报文

在交易所要求某个交易员立刻断开连接时，可以发出强制退出报文 ForceExit。该报文是由交易所发给会员的，包含了强制退出的原因信息。在发出此报文后，交易所将立即断开此连接。强制退出是针对一个连接的，而不是针对一个数据流的。

4.5.2.2 对话模式报文

4.5.2.2.1 交易员功能

可以使用对话模式报文完成的交易员功能只有修改密码功能。交易员可以发出交易员修改密码 ReqUserPasswordUpdate 报文，交易所在修改成功后，给出交易员修改密码应答 RspUserPasswordUpdate 报文。如果出错，会给出错误响应 Error 报文。

4.5.2.2.2 报单

交易员可以通过报单录入 ReqOrderInsert 报文，提交新的报单。在 ReqOrderInsert 报文中，将包含一个报单信息域 OrderInsertField，该域中需要说明各个报单的基本信息，该域还含有对限价指令、立即成交指令等的支持。

在发出请求时，交易员端需要填入委托编号，并保证在一个交易时段内，同一个交易员的委托编号是唯一的。如有多次登录，交易员可以在每次登录响应中获得已经提交的最大的本地报单编号，超过这个编号的都是未用的，这样就可以让交易员知道如何进行合适的编号。

交易所系统在收到此报文后，如果成功接收，则会返回报单应答 RspOrderInsert 报文，其包含的主要域也是 OrderInsertField 域，但是交易所会设置一个合同编号，该编号全系统唯一。如果交易所不能接收这个报单，则返回错误响应 Error 报文。这里的错误仅指报单本身的错误，与其是否能够成交无关。交易所返回 RspOrderInsert 报文的同时，可以同时在私有模式中，向该会员发出报单确认 OrderConfirmation 报文。交易所也可以同时在广播模式中发出增量报单行情 MarketOrderIncData 报文。

交易员还可以发出报单操作请求 ReqOrderAction 报文，对报单的状态进行调整。目前本标准只定义了删除、挂起和激活三种操作。如果操作成功，交易所将返回报单操作应答 RspOrderAction 报文。如果操作失败，则交易所将会发出错误响应 Error 报文。如果交易所发出了 RspOrderAction 报文，就会同时在私有模式中，向该会员发出报单确认 OrderConfirmation 报文。交易所也可以同时在广播模式中发出增量报单行情 MarketOrderIncData 报文。

4.5.2.2.3 交易所信息查询

交易员可以发出市场查询请求 ReqQryMarket 报文，在报文中可以指定市场编号，也可以置为空，表示查询所有的市场。交易所将返回市场查询应答 RspQryMarket 报文，应答报文可以包含多个市场域 MarketField，该域包含了该市场的基本信息，特别是包括该市场广播模式信息序列号。市场域中的市场交易类型是保留字段，未来可能用于区分非撮合交易的情况。如果发生错误，交易所可以返回错误响应 Error 报文。这个查询是针对市场的静态信息的。

交易员也可以发出查询市场交易状态请求 ReqQryMarketStatus 报文，在报文中可以指定市场编号，也可以置为空，表示查询所有的市场。交易所将返回查询市场交易状态应答 RspQryMarketStatus 响应，其中可以包含多个市场状态域 MarketStatusField，说明各个市场目前的交易状态，以及目前的广播模式序列值。如果发生错误，交易所可以返回错误响应 Error 报文。这个查询是针对市场的动态信息的。

交易员还可以发出合约查询 ReqQryInstrument 报文，在报文中可以指定合约编码，也可以指定市场编码（表示该市场下的所有合约），还可以都不指定（表示所有的合约）。交易所将返回合约查询应答 RspQryInstrument 报文，包含多个合约域 InstrumentField，详细说明该合约的各种信息。如果发生错误，交易所可以返回错误响应 Error 报文。这个查询是针对合约的静态信息的。

交易员也可以发出查询合约交易状态请求 ReqQryInstrumentStatus 报文，在报文中可以指定合约编码，也可以指定市场编码（表示该市场下的所有合约），还可以都不指定（表示所有的合约）。交易所将返回查询合约交易状态应答 RspQryInstruementStatus 报文，其中可以包含多个合约状态域 InstruementStatusField，说明各个合约的目前交易状态。如果发生错误，交易所可以返回错误响应 Error 报文。这个查询是针对合约的动态信息的。

4.5.2.2.4 行情查询

交易员可以使用成交行情查询 ReqQryMarketMatchData 报文，查询目前的成交行情。在此报文中，交易员可以指定合约，也可以不指定，表示查询所有合约的成交行情。交易所将返回一个成交行情查询应答 RspQryMarketMatchData 报文，包含多个成交行情域 MarketMatchDataField。每个域说明一个合约目前的成交行情，包括相关的所有信息。该域中还包含一个广播模式中的序列号，说明该行情对应的广播模式数据流的位置。在存在多个 MarketMatchDataField 域的情况下，交易所有义务保证在一个 RspQryMarketMatchData 报文中的所有 MarketMatchDataField 中，广播模式中的数据序列号应该完全相同，即使该响应报文是通过多报文的形式返回的。也就是说，一个行情查询的结果，应该是历史上存在的某个时刻的行情的一个快照。如果发生错误，交易所可以返回错误响应 Error 报文。

交易员可以使用报单行情查询 ReqQryMarketOrderData 报文，查询目前的报单行情。在此报文中，交易员可以指定合约，方向或者同时指定这两者。交易所将返回一个报单行情查询应答 RspQryMarketOrderData 报文，包含多个报单行情域 MarketOrderDataField。每个 MarketOrderDataField 说明特定合约、特定买卖方向、特定价位上的报单数量。特别地，该域中还包含一个广播模式中的数据序列号，说明该行情对应的广播模式数据流的位置。在存在多个 MarketOrderDataField 域的情况下，交易所有义务保证在一个 RspQryMarketOrderData 报文中的所有 MarketOrderDataField 中，广播模式中的数据序列号应该完全相同，即使该响应报文是通过多报文的形式返回的。也就是说，一个行情查询的结果，应该是历史上存在的某个时刻的行情的一个快照。如果发生错误，交易所可以返回错误响应 Error 报文。

4.5.2.2.5　会员客户查询

交易员可以使用会员信息查询 ReqQryParticipant 报文，查询会员的信息。在此报文中，交易员可以指定交易会员编码，也可以不指定，表示查询所有的会员。交易所将返回会员信息查询应答 RspQryParticipant 报文，包含多个会员域 ParticipantField，每个 ParticipantField 域说明一个会员的信息，包括会员的基本信息、交易权限等。一个交易员是否可以查询其他会员的信息，由各个交易所自行决定。如果发生错误，交易所可以返回错误响应 Error 报文。这个查询是针对会员的静态信息的。

交易员可以使用客户信息查询 ReqQryClient 报文，查询客户的信息。在此报文中，交易员可以指定客户编码，也可以指定交易会员编码（表示该会员下的所有客户），也可以什么也不指定（表示所有客户）。交易所将返回客户信息查询应答 RspQryClient 报文，包含多个客户域 ClientField，每个 ClientField 域说明一个客户的信息，包括客户的基本信息、交易权限等。一个交易员是否可以查询其他会员下的客户信息，由各个交易所自行决定。如果发生错误，交易所可以返回错误响应 Error 报文。这个查询是针对客户的静态信息的。

交易员可以使用会员资金查询 ReqQryDeposit 报文，查询会员的资金状况。在此报文中，交易员可以指定交易会员编码，也可以不指定，表示查询所有的会员。交易所将返回会员资金查询应答 RspQryDeposit 报文，包含多个会员资金域 DepositField，每个 DepositField 是一个会员的资金信息。其中具体字段的定义见 4.4.2。一个交易员是否可以查询其他会员的信息，由各个交易所自行决定。如果发生错误，交易所可以返回错误响应 Error 报文。这个查询是针对会员的动态信息的。

交易员可以使用会员持仓查询 ReqQryPPosition 报文，查询会员的持仓状况。在此报文中，交易员可以指定特定的或不指定交易会员编码和合约编码，以控制查询的范围。交易所将返回会员持仓查询应答 RspQryPPosition 报文，包含多个会员持仓域 PPositionField，每个 PPositionField 是一个会员的持仓信息。其中的具体字段定义见 4.4.1。一个交易员是否可以查询其他会员的信息，由各个交易所自行决定。如果发生错误，交易所可以返回错误响应 Error 报文。这个查询是针对会员的动态信息的。

交易员可以使用会员客户持仓查询 ReqQryPosition 报文，查询客户在一个会员处的持仓状况。在此报文中，交易员可以指定特定的或不指定交易会员编码、客户编码和合约编码，以控制查询的范围。交易所将返回会员客户持仓查询 RspQryPosition 报文，包含多个客户持仓域 PositionField，每个 PositionField 是一个客户在一个会员的持仓信息。其中的具体字段定义见 4.4.1。一个交易员是否可以查询其他会员处客户的信息，由各个交易所自行决定。如果发生错误，交易所可以返回错误响应 Error 报文。这个查询是针对客户的动态信息的。

4.5.2.2.6　报单成交查询

交易员可以使用报单查询 ReqQryOrder 报文，查询报单的情况。在此报文中，交易员可以指定特定的或不指定合约编码、交易会员编码、交易员编码、客户编码和合同编号，以控制查询的范围。交易所将返回报单查询应答 RspQryOrder 报文，包括多个报单状态域 OrderStatusField，每个 OrderStatusField 表示一张报单，其中具体字段的定义见 4.4.3。一个交易员是否可以查询其他会员处的报单信息，以及非此交易时段内的报单，由各个交易所自行决定。如果发生错误，交易所可以返回错误响应 Error 报文。

交易员可以使用成交单查询 ReqQryTrade 报文，查询成交单的情况。在此报文中，交易员可以指定特定的或不指定合约编码、交易会员编码、交易员编码、客户编码、合同编号、开始时间和直到时间，以控制查询的范围。交易所将返回成交单查询应答 RspQryTrade 报文，包含多个单边成交回报域 TradeInsertSingleField 域，每个 TradeInsertSingleField 表示一张成交单，其中具体字段的定义见 4.4.4。一个交易员是否可以查询其他会员处的成交单信息，以及非此交易时段内的成交单，由各个交易所自行决定。如果发生错误，交易所可以返回错误响应 Error 报文。

4.5.2.2.7 交易员查询

交易员可以使用查询交易员请求 ReqQryUser 报文，查询交易员的情况。在此报文中，交易员可以指定特定的或不指定交易会员编码和交易员编码，以控制查询的范围。交易所将返回查询交易员应答 RspQryUser 报文，包含多个交易员域 UserField，每个 UserField 域表示一个交易员，其中包含了该交易员的基本信息。一个交易员是否可以查询其他会员的交易员信息，由各个交易所自行决定。如果发生错误，交易所可以返回错误响应 Error 报文。

交易员可以使用交易员在线查询 ReqQryUserLogin 报文，查询交易员在线的情况。在此报文中，交易员可以指定特定的或不指定交易会员编码和交易员编码，以控制查询的范围。交易所将返回交易员在线查询应答 RspQryUserLogin 报文，包含多个交易员在线域 UserLoginField，每个 UserLoginField 域表示一个交易员的在线状况，其中包含了该交易员不同模式的状态、登录及退出时间等信息。一个交易员是否可以查询其他会员的交易员在线信息，由各个交易所自行决定。如果发生错误，交易所可以返回错误响应 Error 报文。

4.5.2.2.8 出错

在发生各种错误时，交易所可以返回错误响应 Error 报文。在此报文中，有一个错误域 ErrorField，该域用于给出错误代码、正文和时间信息。另外，Error 报文还可以附带一个错误序列号域 ErrorTargetSequenceField 和错误报单号域 ErrorTargetOrderField。ErrorTargetSequenceField 中包含了一个序列类别号和序列号，可以在此数据流中唯一指定一个报文，用于说明此错误响应是针对哪一个请求的。如果交易所使用异步的方式实现对话模式的数据流，则这个域将是非常重要的。另一个域 ErrorTargetOrderField 中包含了一个报单的合同编号和委托编号，用于唯一指定一个报单。交易所在收到报单录入或者报单操作时，发生错误，可以选择返回这个域，以帮助会员端方便地找到出错的报单。

4.5.2.3 私有模式报文

4.5.2.3.1 报单确认

在收到报单后，交易所可以在该会员的私有模式数据流中，向会员发出报单确认 OrderConfirmation 报文。此报文中含有一个报单状态域 OrderStatusField，说明了该报单目前的状态。关于其中字段的定义，见 4.4.3。

4.5.2.3.2 单边成交回报

在完成一次成交后，交易所将在成交双方会员的私有模式数据流中，各发出一个单边成交回报 TradeInsertSingle 报文。该报文中含有一个单边成交回报域 TradeInsertSingleField，说明了该成交单的信息。关于其中字段的定义，见 4.4.4。

4.5.2.3.3 会员告示

交易所可以通过会员告示 ParticipantBulletin 报文，向特定的会员发出通知。该报文中含有一个告示域 BulletinField，包含了这个告示的详细内容，包括消息的类型、发送时间、消息来源、消息正文等。

4.5.2.4 广播模式报文

4.5.2.4.1 状态改变通知

交易所可以通过市场状态改变通知 MarketStatusChangeNotify 报文，向所有会员通知市场状态的变更。在该报文中有一个市场状态域 MarketStatusField，说明该市场新的交易状态，以及目前的广播模式序列号。

交易所可以通过合约参数改变通知 InstrumentChangeNotify 报文，向所有会员通知合约参数的变化。在该报文中有一个合约域 InstrumentField，说明了该合约的所有新参数。

交易所可以通过合约状态改变通知 InstrumentStatusChangeNofity 报文，向所有会员通知合约状态的变化。在该报文中有一个合约状态域 InstruementStatusField，说明该合约新的交易状态。

4.5.2.4.2 行情

交易所可以使用成交行情 MarketMatchData 发送完整的或部分的成交行情。在此报文中，可以包含任意个成交行情域 MarketMatchDataField 和成交行情变化域 MarketMatchChgDataField。每个 MarketMatchDataField 表示一个合约的当前行情，包括了开盘价、收盘价、最新价、结算价、清算价、买入价、卖出价、前收盘价、前结算价、总成交手数、总成交金额、持仓量等所有这些行情信息。而 MarketMatchChgDataField 实际上是 MarketMatchDataField 的一个子集，只包含了最新价、最高价、最低价等在一个交易时段内会发生变化的字段，交易所可以自行决定如何使用这两种类型的域。例如，仅在开市和收市时发送 MarketMatchDataField，平时都发送 MarketMatchChgDataField。

交易所可以使用增量成交行情 MarketMatchIncData 报文，发送增量的成交行情信息。在这个报文中，包含多个增量成交行情域 MarketMatchIncDataField，每个域说明了一个合约在一个价位上的几次成交情况。根据目前的成交行情，以及这个增量信息，会员端可以自行计算新的即时行情。交易所可以自行决定是否通过这种增量成交行情报文，还是完全通过成交行情报文来发送成交行情。

交易所可以使用增量报单行情 MarketOrderIncData 报文，发送增量的报单行情信息。在这个报文中，包含多个报单行情域 MarketOrderDataField，每个域说明了一个合约在一个价位、一个买卖方向上的报单增量情况。根据历史的报单行情，以及这个增量报单行情和上面的增量成交行情，会员可以计算出整个报单队列，产生完成的报单行情。

4.5.2.4.3 告示

交易所可以通过交易所告示广播 MarketBulletin 报文，向所有会员发出通知。该报文中含有一个告示域 BulletinField，包含了这个告示的详细内容，包括消息的类型、发送时间、消息来源、消息正文等。

5 安全性要求

安全性要求包括三个方面：

- 身份认证要求；
- 传送加密要求；
- 权限设置要求。

5.1 身份认证

对于身份认证要求，我们可以采用多种身份认证方式混合的方法。在标准中规定了交易员登录时应该提供的交易员名和口令信息。对于最低要求的交易所，可以使用这种机制，要求每个交易员拥有一个私有的口令进行认证。对于较高要求的交易所，可以在这种口令机制的基础上，增加底层通讯协议提供的身份认证机制，例如使用 SSL 的客户认证机制，通过证书加强认证的强度。这种方式对本标准没有影响。对于更高要求的交易所，可以采用动态口令机制，让每个交易员有自己一张口令卡，通过输入这张口令卡的当时口令，进入本系统。此时，交易所的系统应该能够对动态口令进行认证。使用这种方式，也不会影响本标准的执行。

5.2 传送加密

传送加密要求是为了保证会员与交易所之间的信息不被泄漏给其他人员。最普遍的方法是使用底层通讯协议的加密方式，例如使用 SSL 的加密机制，这样，上层的协议就不需要做任何调整。如果交易所需要定义自己特殊的加密算法，可以在 FTD 报头的报文类型中选用 FTDTypeCompressed，然后在扩充报头的 FTDTagCompressMethod 项中，定义一个自己特有的编号，这样就可以实现将需要的部分报文采用自己特有的加密算法处理的效果。

5.3 权限设置

本标准涉及的权限就是交易的权限。本标准规定的交易权限分为三个等级：完全可交易、只可平仓和不准交易。交易的权限可以针对客户设置，也可以针对合约设置。对于特定客户、特定合约的交易权限，取这两个权限中较低的权限。

6 可靠性保障

可靠性保障机制包括：

· 防单点故障

· 网络断路检测

· 断点恢复

· 防止重发、乱序机制

6.1 防单点故障

基于本标准，可以实现无单点故障的系统。由于本标准没有限定会员端连接到交易所的寻址机制，各个交易所在实现时，可以使用后备地址、目录服务查询等方式，找到交易所能够工作的前置系统，因此交易所系统是可以没有单点故障的。同时，会员端可以使用多个终端同时接入会员端，本标准没有进行限制，因此，如果需要，会员端也可以实现无单点故障的要求。

6.2 网络断路检测

本标准中含有网络断路检测机制。在本标准中，规定了心跳信息。交易所和会员在实现本标准时，可以使用此机制，根据各个通讯模式的特点，实现单向或双向的心跳发送和检测机制，可以选用固定心跳，或者普通报文信息同时携带心跳的方式。具体心跳的发送周期和检测周期，可以由各个交易所自行规定，也可以在登录时，由会员系统建议。

6.3 断点恢复

本标准含有进行断点恢复的功能。在发生各种类型的问题后，进行断点恢复时，会员系统将需要重新登录到交易所。此时，对于私有模式，会员系统可以指定发生问题前，本会员已经收到的信息的最大序列号，这样，交易所可以将此号码后面的所有针对这个会员的信息报文发给会员，这样就实现了私有模式的断点恢复。对于广播模式，如果会员需要重新复原所有的历史行情信息，也可以采用与私有模式相同的机制。如果会员希望快速恢复到目前的状态，可以通过查询，知道目前的行情信息，然后根据此时行情信息对应的广播模式序列号，继续接收后面的行情。对于对话模式，如果会员端发出的所有报单请求都已经得到了响应，那么就不需要恢复。如果最后的报单请求没有得到响应，则可以重发此报单，使用相同的委托编号，这样，如果交易所没有收到过此报单，就会接收它；如果收到过，就会发现重复，将其抛弃。

6.4 防止重发乱序机制

本标准的序列号可以有效地防止重发和乱序机制。具体方式见 4.2.1.3。

7 扩展方式

对本标准的扩展分为两种基本方式：兼容性扩展和非兼容性扩展。兼容性扩展需要保障低版本的实现在收到高版本的报文时，能够识别出它是高版本的；而高版本的实现在收到低版本的报文时，应当能够识别出它是低版本的。无论何种情况，系统都能在低版本的概念下给出正确的响应。而非兼容性扩展不需要保障这一点。

对本标准的扩展可以由两种机构进行，一种是负责制定本标准的标准化小组，另一种是各个交易所。标准化委员会可以做出兼容性扩展或非兼容性扩展，而各个交易所只能做出兼容性扩展。下面定义的扩展方式都是针对兼容性扩展的。

- FTD 报文的总体格式，包括 FTD 报头的结构，FTD 扩充报头的长度限制，FTD 信息正文的长度限制，在扩展时是不能改变的，应该符合 4.1.1 中的规定。
- FTD 的报文类型中，在表 1 已经定义的类型是不能改变的，但是在扩展时可以增加新的报文类型。
- FTD 扩充报头中的结构和预定义的标记类型在扩展时是不能改变的，应该符合 4.1.2 中的规定。但是，在扩展时可以增加新的标记。
- FTDC 报文的结构，在扩展时是不能改变的，应该符合 4.2 中的规定。
- FTDC 报头的结构，在扩展时是不能改变的，应该符合 4.2.1 中的规定。
- FTDC 报头中的版本号，在标准化小组做出扩展时，应该增加；而交易所的扩展，不能改变版本号。
- FTDC 报头中的信息正文类型中，凡是在附录 A 中规定的，不能被改变，但是扩展时可以增加新的信息正文类型。
- FTDC 报头中的报文链、序列类别号、序列号、数据域个数、信息 FTDC 信息正文的字节长度在扩展时是不能改变的，应该符合 4.2.1 中相应各节的规定。
- FTDC 信息正文中采用数据域的形式，以及数据域本身的格式，在扩展时是不能改变的，应该符合 4.2.2 的规定。
- FTDC 数据域中的基本类型，无论其表示方式、初始化方式还是对齐模式，在扩展时是不能改变的，应该符合 4.2.2 的规定，但是扩展时可以增加新的基本类型。
- 对于在 4.5 中规定的所有预定义报文，其各个数据域在扩展时是不能改变的，但是扩展时可以在这些报文中增加新的可选域。
- 除了在 4.5 中规定的预定义报文，扩展时可以增加新的自定义报文。这些报文需要使用新的信息正文类型。这些自定义报文可以使用预定义的数据域，也可以定义新的数据域。
- 在附录 D 中定义的数据域定义，在扩展时是不能改变的，但是可以定义新的数据域，使用不同的数据域标识。
- 在附录 C 中定义的字段，在扩展时是不能改变的，但是可以定义新的字段。

- 在附录 B 中定义的自定义类型，除了在所有以 FTDCharType 形式存在的枚举类型外，在扩展时是不能改变的。枚举类型在扩展时，不能改变其已经定义的枚举值，但是可以增加定义新的枚举值。在扩展时，也可以定义新的自定义类型。

如果各个交易所需要按照上面的规定，进行兼容性扩展，应当将这些扩展要求提交给本标准化小组，经过批准后使用，以便保证不同交易所之间的扩展不发生冲突。

在进行兼容性扩展时，应当同时定义按照附录 F 中规定的 DTD，定义扩展后的本标准的 XML 描述。在附录 G 中有未经过扩展的本标准的 XML 描述。

附录 A
（规范性附录）
信息类型正文值

信息正文类型值见表 A.1 中的定义。

表 A.1 信息正文类型值表

信息正文类型编号	信息正文类型值
TID_Error	0x0001
TID_ForceExit	0x1005
TID_InstrumentChangeNotify	0x2007
TID_InstrumentStatusChangeNotify	0x2006
TID_MarketBulletin	0x2003
TID_MarketMatchData	0x2004
TID_MarketMatchIncData	0x2002
TID_MarketOrderIncData	0x2001
TID_MarketStatusChangeNotify	0x2005
TID_OrderAction	0x0004
TID_OrderConfirmation	0x1003
TID_OrderInsert	0x0003
TID_ParticipantBulletin	0x1002
TID_QryClient	0x000C
TID_QryDeposit	0x0008
TID_QryInstrument	0x0005
TID_QryInstrumentStatus	0x000E
TID_QryMarket	0x000B
TID_QryMarketMatchData	0x0002
TID_QryMarketOrderData	0x0012
TID_QryMarketStatus	0x000D
TID_QryOrder	0x0006
TID_QryParticipant	0x0013
TID_QryPosition	0x000A
TID_QryPPosition	0x0009
TID_QryTrade	0x0007
TID_QryUser	0x0014
TID_QryUserLogin	0x0015
TID_TradeInsertSingle	0x1001
TID_UserLogin	0x0016
TID_UserLogout	0x0017
TID_UserPasswordUpdate	0x0018

附录 B
（规范性附录）
衍生类型明细

衍生类型明细信息见表 B.1。

表 B.1　衍生类型表

衍生类型名称	基本类型	长度	精度	格　式	取值范围
FTDActionFlag	FTDCharType	1	0		0 ->删除，1 ->挂起，2 ->激活
FTDBoolFlag	FTDCharType	1	0		1 ->真，0 ->假
FTDClientId	FTDStringType〈8〉	8	0		
FTDClientType	FTDCharType	1	0		0 ->自然人，1 ->法人
FTDConnection Reference	FTDStringType〈5〉	5	0		
FTDDataFlowFlag	FTDCharType	1	0		0 ->对话流，1 ->私有流，2 ->广播流
FTDDate	FTDStringType〈8〉	8	0	YYYY MMDD	2003 年 1 月 1 日表示为“20030101”
FTDDateTime	FTDStringType〈20〉	20	0	YYMM DDHH	2003 年 1 月 1 日下午 3 点 45 分 30 秒表示为“20030101154530”
FTDDirection	FTDCharType	1	0		0 ->买，1 ->卖
FTDErrorCode	FTDStringType〈10〉	10	0		错误码由各交易所自行定义
FTDForceExitCode	FTDCharType	1	0		0 ->目前应该为 0
FTDHedgeFlag	FTDCharType	1	0		1 ->投机，3 ->套期保值
FTDInstrumentId	FTDStringType〈10〉	10	0		
FTDInstrumentStatus	FTDCharType	1	0		0 ->连续交易，1 ->开盘集合竞价，2 ->收盘集合竞价，3 ->暂停，4 ->非交易
FTDInstrumentType	FTDCharType	1	0		0 ->目前应该为 0
FTDInstrumentVersion	FTDCharType	1	0		0 ->目前应该为 0
FTDLocalId	FTDStringType〈24〉	24	0		
FTDMarketId	FTDStringType〈10〉	10	0		
FTDMarketStatus	FTDCharType	1	0		0 ->连续交易，1 ->开盘集合竞价，2 ->收盘集合竞价，3 ->暂停，4 ->非交易
FTDMatchCondition	FTDCharType	1	0		1 ->即时全部成交，2 ->即时部分成交，3 ->当日有效，4 ->取消前有效，5 ->指定日期前有效
FTDMatchFlag	FTDCharType	1	0		0 ->同为开仓，1 ->同为平仓，2 ->不同
FTDMatchSession	FTDCharType	1	0		1 ->开盘集合竞价，2 ->连续交易，3 ->开盘集合竞价和连续交易，4 ->收盘集合竞价，5 ->开盘集合竞价和收盘集合竞价，6 ->连续交易和收盘集合竞价，7 ->开盘集合竞价，连续交易和收盘集合竞价

续表

衍生类型名称	基本类型	长度	精度	格　式	取值范围
FTDMsgRef	FTDStringType〈6〉	6	0		
FTDName	FTDStringType〈80〉	80	0		
FTDNewsType	FTDStringType〈3〉	3	0		由各交易所自行定义
FTDNewsUrgency	FTDCharType	1	0		0 ->不紧急,1 ->紧急
FTDOffsetFlag	FTDCharType	1	0		0 ->开仓,1 ->平仓,2 ->强平,3 ->强减
FTDOrderStatus	FTDCharType	1	0		0 ->全部成交,1 ->部分成交还在队列中,2 ->部分成交不在队列中,3 ->未成交还在队列中,4 ->未成交不在队列中,5 ->撤单
FTDOrderType	FTDCharType	1	0		0 ->限价,1 ->市价,2 ->止损限价,3 ->止损市价,4 ->市价转限价,5 ->最好价格,6 ->均价
FTDParticipantId	FTDStringType〈8〉	8	0		
FTDParticipantType	FTDCharType	1	0		0 ->自营,1 ->经纪,2 ->综合,3 ->特别,4 ->做市商
FTDPassword	FTDStringType〈40〉	40	0		
FTDPercent	FTDFloatType〈4,2〉	4	2		
FTDPrice	FTDFloatType〈12,4〉	12	4		
FTDProtocolVersion	FTDStringType〈8〉	8	0		
FTDPubStyle	FTDCharType	1	0		0 ->不发布,1 ->发布
FTDSequenceNo	FTDIntType	4	0		
FTDSequenceSeries	FTDWordType	2	0		
FTDServerAppName	FTDStringType〈20〉	20	0		
FTDStopCode	FTDCharType	1	0		0 ->目前应该为 0
FTDSysOrderId	FTDStringType〈20〉	20	0		
FTDTime	FTDStringType〈8〉	8	0	HHmmss	下午 3 点 45 分 30 秒表示为“154530”
FTDTimeOut	FTDNumberType〈3〉	3	0		0 ->不紧急,1 ->紧急
FTDTimeStamp	FTDStringType〈20〉	20	0	Unix 系统 UTC 时间	
FTDTradeId	FTDStringType〈20〉	20	0		
FTDTradeRight	FTDCharType	1	0		0 ->完全,1 ->只可平,2 ->不准交易
FTDTradeType	FTDCharType	1	0		0 ->目前应该为 0
FTDUserId	FTDStringType〈15〉	15	0		
FTDUserStatus	FTDCharType	1	0		0 ->目前应该为 0
FTDUserType	FTDCharType	1	0		0 ->目前应该为 0
FTDValue	FTDFloatType〈14,2〉	14	2		
FTDVolume	FTDIntType	4	0		
FTDVolumeType	FTDCharType	1	0		0 ->增量,1 ->绝对量

附录 C
（规范性附录）
字段明细

字段明细信息见表 C.1。

表 C.1 字段明细表

字段名称	字段类型	字段说明
Abstract	FTDStringType〈80〉	摘要/说明
ActionLocalId	FTDLocalId	报单操作本地编号
ActiveTime	FTDTime	激活时间
ActiveUserId	FTDUserId	操作交易员编码
AddValue	FTDValue	本交易日新增资金
AskLot	FTDVolume	卖出数量
AskPrice	FTDPrice	卖出价
AutoSuspend	FTDBoolFlag	自动挂起标志
AveragePrice	FTDPrice	均　价
BalanceValue	FTDValue	可用保证金余额
BidLot	FTDVolume	买入数量
BidPrice	FTDPrice	买入价格
BroadcastLoginTime	FTDDateTime	最后一次广播模式登录时间
BroadcastLogOutTime	FTDDateTime	最后一次广播模式退出时间
BroadcastSequenceNo	FTDIntType	广播模式中的数据序列号
BroadcastSequenceSeries	FTDWordType	广播模式序列类别号
BroadcastStreamStatus	FTDBoolFlag	广播模式在线状态
BuyHedgeOffsetMargin	FTDValue	买保平仓返回保证金
BuyHedgeOffsetProfit	FTDValue	买保平仓盈亏
BuyHedgeOpenFrozMargin	FTDValue	买保开仓冻结保证金
BuyHedgeOpenUsedMargin	FTDValue	买保开仓使用保证金
BuyHedgePosition	FTDVolume	买开仓量(保)
BuyHedgeTurnOver	FTDValue	买保成交额
BuyHedgeVolume	FTDVolume	买成交量(保)
BuyOffsHPosition	FTDVolume	买平今量(保)
BuyOffsSPosition	FTDVolume	买平今量(投)
BuySpecOffsetMargin	FTDValue	买投平仓返回保证金
BuySpecOffsetProfit	FTDValue	买投平仓盈亏

续表

字段名称	字段类型	字段说明
BuySpecOpenFrozMargin	FTDValue	买投开仓冻结保证金
BuySpecOpenUsedMargin	FTDValue	买投开仓使用保证金
BuySpecPosition	FTDVolume	买开仓量(投)
BuySpecTurnOver	FTDValue	买投成交额
BuySpecVolume	FTDVolume	买成交量(投)
CancelDate	FTDDate	取消日期
CancelFlag	FTDBoolFlag	成交是否被取消
CancelTime	FTDTime	取消时间
ClearDate	FTDDate	清算日期
ClearPrice	FTDPrice	清算价
ClientId	FTDClientId	客户编码
ClientName	FTDName	客户名称
ClientType	FTDClientType	客户类别
ClosePrice	FTDPrice	收盘价
ComeFrom	FTDStringType〈20〉	消息来源
ConnectionReference	FTDConnectionReference	链路标示
Content	FTDStringType〈500〉	消息正文
Currency	FTDStringType〈3〉	交易用的货币,按照 ISO4217 标准定义
DataFlowFlag	FTDDataFlowFlag	数据流名称
DelValue	FTDValue	本交易日提出资金
DialogLoginTime	FTDDateTime	最后一次对话模式登录时间
DialogLogoutTime	FTDDateTime	最后一次对话模式退出时间
DialogStreamStatus	FTDBoolFlag	对话模式在线状态
Direction	FTDDirection	买卖方向
EndDelvDate	FTDDate	最后交割日
EndTrdDate	FTDDate	最后交易日
ErrorCode	FTDErrorCode	错误代码
ErrorText	FTDStringType〈100〉	错误正文
ExchangeDateTime	FTDDateTime	交易所系统时间
Forcedistime	FTDIntType	强平的撮合间隔
ForceExitCode	FTDForceExitCode	强制退出号
ForceExitMsg	FTDStringType〈100〉	强制退出原因
ForceGroupId	FTDLocalId	强平组号
FrontId	FTDStringType〈20〉	前置机标识
FuseFlag	FTDBoolFlag	熔断标记
Fuselimit	FTDPrice	熔断限额

续表

字段名称	字段类型	字段说明
Fusepersisttime	FTDIntType	熔断最大持续时间
Fusepoint	FTDStringType〈6〉	在该时间点后不可熔断，为 HHmmss 格式
FuseRights	FTDBoolFlag	可否熔断
HedgeFlag	FTDHedgeFlag	投保标记
HighLimit	FTDPrice	涨停板
HighLimitRate	FTDPercent	涨停板率
HighPrice	FTDPrice	最高价
InitMargin	FTDValue	初始保证金
InsertTime	FTDDateTime	录入时间
InstrStopCode	FTDStopCode	停止交易原因
InstrumentId	FTDInstrumentId	合约编码
InstrumentName	FTDName	合约名称
InstrumentStatus	FTDInstrumentStatus	合约交易状态
InstrumentType	FTDInstrumentType	合约类型
InstrumentVersion	FTDInstrumentVersion	合约版本号
IpAddr	FTDStringType〈20〉	登录者的 IP 地址
IsLogin	FTDBoolFlag	是否登录
LastLot	FTDVolume	最后一笔成交手数，双向计算
LastPrice	FTDPrice	最新价
LifeHigh	FTDPrice	历史最高成交价格
LifeLow	FTDPrice	历史最低成交价格
LimitPrice	FTDPrice	限　价
LongOffsFrozHPosition	FTDVolume	多头平仓冻结持仓手(保)
LongOffsFrozSPosition	FTDVolume	多头平仓冻结持仓手(投)
LongOpenFrozHPosition	FTDVolume	多头开仓冻结持仓手(保)
LongOpenFrozSPosition	FTDVolume	多头开仓冻结持仓手(投)
LowLimit	FTDPrice	跌停板
LowLimitRate	FTDPercent	跌停板率
LowPrice	FTDPrice	最低价
Margin	FTDPrice	保证金
MarketId	FTDMarketId	市场编码
MarketMatchDataStatus	FTDBoolFlag	是否主动发送成交行情
MarketName	FTDName	市场名称
MarketStatusId	FTDMarketStatus	市场交易状态编码
MatchCondition	FTDMatchCondition	报单成交属性
MatchDate	FTDDate	成交日期

续表

字段名称	字段类型	字段说明
MatchFlag	FTDMatchFlag	成交双方的性质
MatchSession	FTDMatchSession	报单成交时间
MatchTime	FTDTime	成交时间
MaxLot	FTDVolume	最大可下单手数
MaxOrderLocalId	FTDLocalId	最大报单本地编号
MessageReference	FTDMsgRef	用户自定义数据。可打印 ASCII 字符
MinimalVolume	FTDVolume	最小成交量
MinLot	FTDVolume	最小可下单手数
Name	FTDStringType〈20〉	名　称
NewPassword	FTDPassword	新口令
NewsType	FTDNewsType	消息类型
NewsUrgency	FTDNewsUrgency	紧急程度
OffsetFlag	FTDOffsetFlag	开平仓标记
OldPassword	FTDPassword	旧口令
OpenInterest	FTDVolume	持仓量
OpenPrice	FTDPrice	开盘价
OrderActionCode	FTDActionFlag	报单操作类型码
OrderLocalId	FTDLocalId	委托编号
OrderStatus	FTDOrderStatus	报单状态
OrderSysId	FTDSysOrderId	合同编号
OrderType	FTDOrderType	报单类型
ParticipantId	FTDParticipantId	交易会员编码
ParticipantName	FTDName	会员名称
ParticipantType	FTDParticipantType	会员类型
PartiTrdRight	FTDTradeRight	会员权限
Password	FTDPassword	口　令
PreClose	FTDPrice	前收盘价格
PreOpenInterest	FTDVolume	前最后持仓量，双向计算
PreSettle	FTDPrice	前结算价格
Price	FTDPrice	价　格
PrivateLoginTime	FTDDateTime	最后一次私有模式登录时间
PrivateLogoutTime	FTDDateTime	最后一次私有模式退出时间
PrivateStreamStatus	FTDBoolFlag	私有模式的状态
ProtocolVersion	FTDProtocolVersion	使用 FTD 版本号
Pubstyle	FTDPubStyle	竞价阶段合约行情发布方式
SellHedgeOffsetMargin	FTDValue	卖保平仓返回保证金

续表

字段名称	字段类型	字段说明
SellHedgeOffsetProfit	FTDValue	卖保平仓盈亏
SellHedgeOpenFrozMargin	FTDValue	卖保开仓冻结保证金
SellHedgeOpenUsedMargin	FTDValue	卖保开仓使用保证金
SellHedgePosition	FTDVolume	卖开仓量(保)
SellHedgeTurnOver	FTDValue	卖保成交额
SellHedgeVolume	FTDVolume	卖成交量(保)
SellOffsHPosition	FTDVolume	卖平今量(保)
SellOffsSPosition	FTDVolume	卖平今量(投)
SellSpecOffsetMargin	FTDValue	卖投平仓返回保证金
SellSpecOffsetProfit	FTDValue	卖投平仓盈亏
SellSpecOpenFrozMargin	FTDValue	卖投开仓冻结保证金
SellSpecOpenUsedMargin	FTDValue	卖投开仓使用保证金
SellSpecPosition	FTDVolume	卖开仓量(投)
SellSpecTurnOver	FTDValue	卖投成交额
SellSpecVolume	FTDVolume	卖成交量(投)
SendTime	FTDTime	发送时间
SequenceNo	FTDSequenceNo	序列号
SequenceSeries	FTDSequenceSeries	序列类别号
ServerAppName	FTDServerAppName	会员应用系统名称
SettlePrice	FTDPrice	结算价
ShortCutKey	FTDCharType	输入快捷键
ShortOffsFrozHPosition	FTDVolume	空头平仓冻结持仓手(保)
ShortOffsFrozSPosition	FTDVolume	空头平仓冻结持仓手(投)
ShortOpenFrozHPosition	FTDVolume	空头开仓冻结持仓手(保)
ShortOpenFrozSPosition	FTDVolume	空头开仓冻结持仓手(投)
StartDelvDate	FTDDate	开始交割日
StartTime	FTDTime	开始时间
StartTrdDate	FTDDate	开始交易日
StopPrice	FTDPrice	止损价格
SuspendTime	FTDTime	挂起时间
ThroughTime	FTDTime	直到时间
Tick	FTDPrice	最小价位
TimeOut	FTDTimeOut	发送监测信号时间间隔
TimeSpan	FTDNumberType〈3〉	时区,正数表示东区,负数表示西区
TimeStamp	FTDTimeStamp	时间戳
TotalMarketMatchData	FTDIntType	发送成交行情记录总数,网络序

续表

字段名称	字段类型	字段说明
TotalVolume	FTDVolume	总成交量
TradeDate	FTDDate	交易委托日期
TradeId	FTDTradeId	成交编号
TradeLot	FTDIntType	总成交手数,双向计算
TradePrice	FTDPrice	最新成交价格
TradeRights	FTDTradeRight	交易权限
TradeTurnOver	FTDVolume	总成交金额,双向计算
TradeType	FTDTradeType	市场交易类型
TradeVolume	FTDIntType	今成交量
Unit	FTDIntType	每手乘数
UpdateTime	FTDTime	最后修改时间
URLLink	FTDStringType〈200〉	此消息的 WEB 联结
UserId	FTDUserId	交易员编码
UserStatus	FTDUserStatus	交易员状态
UserType	FTDUserType	交易员类别
ValidThrough	FTDDate	有效时间约束
Volume	FTDVolume	数　量
VolumeTotal	FTDIntType	剩余总申报数量(以手为单位)
VolumeTotalOrginal	FTDIntType	原始总申报数量(以手为单位)
VolumeType	FTDVolumeType	数量类型
YdBuyHedgePosition	FTDVolume	前买持仓量(保)
YdBuyOffsHPosition	FTDVolume	买平昨量(保)
YdBuyOffsSPosition	FTDVolume	买平昨量(投)
YdBuySpecPosition	FTDVolume	前买持仓量(投)
YdLongOffsFrozHPosition	FTDVolume	上日多头平仓冻结持仓手(保)
YdLongOffsFrozSPosition	FTDVolume	上日多头平仓冻结持仓手(投)
YdSellHedgePosition	FTDVolume	前卖持仓量(保)
YdSellOffsHPosition	FTDVolume	卖平昨量(保)
YdSellOffsSPosition	FTDVolume	卖平昨量(投)
YdSellSpecPosition	FTDVolume	前卖持仓量(投)
YdShortOffsFrozHPosition	FTDVolume	上日空头平仓冻结持仓手(保)
YdShortOffsFrozSPosition	FTDVolume	上日空头平仓冻结持仓手(投)

附录 D
（规范性附录）
数据域内容清单

数据域内容的清单见表 D. 1。

表 D. 1　数据域内容清单

域名称	域说明	域编号	域编号值	字段名称	字段说明
BulletinField	告示域	FID_BulletinField	0x0001		
				NewsType	消息类型
				NewsUrgency	紧急程度
				SendTime	发送时间
				Abstract	摘要/说明
				ComeFrom	消息来源
				MarketId	市场编码
				Content	消息正文
				URLLink	此消息的 WEB 联结
ClientField	客户域	FID_ClientField	0x0002		
				ClientId	客户编码
				ParticipantId	交易会员编码
				ClientName	客户名称
				ClientType	客户类别
				TradeRights	交易权限
DepositField	会员资金域	FID_DepositField	0x0003		
				ParticipantId	交易会员编码
				ParticipantType	会员类型
				TradeDate	交易委托日期
				InitMargin	初始保证金
				BuySpecOpenUsedMargin	买投开仓使用保证金
				BuyHedgeOpenUsedMargin	买保开仓使用保证金
				SellSpecOpenUsedMargin	卖投开仓使用保证金
				SellHedgeOpenUsedMargin	卖保开仓使用保证金
				BuySpecOffsetProfit	买投平仓盈亏
				BuyHedgeOffsetProfit	买保平仓盈亏
				SellSpecOffsetProfit	卖投平仓盈亏

续表

域名称	域说明	域编号	域编号值	字段名称	字段说明
				SellHedgeOffsetProfit	卖保平仓盈亏
				BuySpecOpenFrozMargin	买投开仓冻结保证金
				BuyHedgeOpenFrozMargin	买保开仓冻结保证金
				SellSpecOpenFrozMargin	卖投开仓冻结保证金
				SellHedgeOpenFrozMargin	卖保开仓冻结保证金
				BuySpecOffsetMargin	买投平仓返回保证金
				BuyHedgeOffsetMargin	买保平仓返回保证金
				SellSpecOffsetMargin	卖投平仓返回保证金
				SellHedgeOffsetMargin	卖保平仓返回保证金
				BuySpecTurnOver	买投成交额
				BuyHedgeTurnOver	买保成交额
				SellSpecTurnOver	卖投成交额
				SellHedgeTurnOver	卖保成交额
				AddValue	本交易日新增资金
				DelValue	本交易日提出资金
				BalanceValue	可用保证金余额
Dissemination StartField	发送信息起始说明域	FID_Dissemina tionstartField	0x0004		
				SequenceSeries	序列类别号
				SequenceNo	序列号
ErrorField	错误域	FID_ErrorField	0x0005		
				ErrorCode	错误代码
				ErrorText	错误正文
				TimeStamp	时间戳
ErrorTarget OrderField	错误报单号 域	FID_ErrorTarget OrderField	0x002D		
				OrderSysId	合同编号
				OrderLocalId	委托编号
ErrorTarget SequenceField	错误序列号 域	FID_ErrorTarget SequenceField	0x002E		
				SequenceSeries	序列类别号
				SequenceNo	序列号
ForceExitField	强制退出域	FID_ForceExit Field	0x0006		
				ForceExitCode	强制退出号
				ForceExitMsg	强制退出原因

续表

域名称	域说明	域编号	域编号值	字段名称	字段说明
InstrumentField	合约域	FID_Instrument Field	0x0007		
				MarketId	市场编码
				InstrumentId	合约编码
				InstrumentVersion	合约版本号
				InstrumentName	合约名称
				ShortCutKey	输入快捷键
				StartTrdDate	开始交易日
				EndTrdDate	最后交易日
				InstrumentType	合约类型
				EndDelvDate	最后交割日
				StartDelvDate	开始交割日
				InstrStopCode	停止交易原因
				Currency	交易用的货币
				TradeRights	交易权限
				FuseRights	可否熔断
				Unit	每手乘数
				Tick	最小价位
				HighLimitRate	涨停板率
				LowLimitRate	跌停板率
				MaxLot	最大可下单手数
				MinLot	最小可下单手数
				Pubstyle	竞价阶段合约行情发布方式
				Fuselimit	熔断限额
				Fusepersisttime	熔断最大持续时间
				Fusepoint	在该时间点后不可熔断
				FuseFlag	熔断标记
				Forcedistime	强平的撮合间隔
Instrument StatusField	合约状态域	FID_Instrument StatusField	0x0008		
				InstrumentId	合约编码
				InstrumentStatus	合约交易状态
MarketField	市场域	FID_MarketField	0x0026		
				MarketId	市场编码
				MarketName	市场名称

续表

域名称	域说明	域编号	域编号值	字段名称	字段说明
				BroadcastSequenceSeries	广播模式序列类别号
				TradeType	市场交易类型
MarketMatch DataChgField	成交行情变化域	FID_MarketMatch DataChgField	0x0012		
				InstrumentId	合约编码
				InstrumentVersion	合约版本号
				OpenPrice	开盘价
				HighPrice	最高价
				LowPrice	最低价
				LastPrice	最新价
				BidPrice	买入价格
				AskPrice	卖出价
				BidLot	买入数量
				AskLot	卖出数量
				Volume	数量
				OpenInterest	持仓量
MarketMatch DataField	成交行情域	FID_Market MatchDataField	0x0013		
				InstrumentId	合约编码
				InstrumentVersion	合约版本号
				PreClose	前收盘价格
				PreSettle	前结算价格
				PreOpenInterest	前最后持仓量，双向计算
				OpenPrice	开盘价
				BidPrice	买入价格
				BidLot	买入数量
				AskPrice	卖出价
				AskLot	卖出数量
				LastPrice	最新价
				LastLot	最后一笔成交手数，双向计算
				TradeLot	总成交手数，双向计算
				TradeTurnOver	总成交金额，双向计算
				OpenInterest	持仓量
				HighPrice	最高价
				LowPrice	最低价

续表

域名称	域说明	域编号	域编号值	字段名称	字段说明
				ClosePrice	收盘价
				SettlePrice	结算价
				ClearPrice	清算价
				AveragePrice	均 价
				LifeHigh	历史最高成交价格
				LifeLow	历史最低成交价格
				HighLimit	涨停板
				LowLimit	跌停板
				TotalVolume	总成交量
				UpdateTime	最后修改时间
				MarketMatchDataStatus	是否主动发送成交行情
				TotalMarketMatchData	发送成交行情记录总数,网络序
				BroadcastSequenceNo	广播模式中的数据序列号
MarketMatchIncDataField	增量成交行情域	FID_MarketMatchIncDataField	0x000A		
				InstrumentId	合约编码
				InstrumentVersion	合约版本号
				VolumeType	数量类型
				Price	价 格
				Volume	数 量
				MatchFlag	成交双方的性质
MarketOrderDataField	报单行情域	FID_MarketOrderDataField	0x000D		
				InstrumentId	合约编码
				InstrumentVersion	合约版本号
				VolumeType	数量类型
				Direction	买卖方向
				Price	价 格
				Volume	数 量
				BroadcastSequenceNo	广播模式中的数据序列号
MarketStatusField	市场状态域	FID_MarketStatusField	0x0009		
				MarketId	市场编码
				MarketStatusId	市场交易状态编码

续表

域名称	域说明	域编号	域编号值	字段名称	字段说明
				BroadcastSequenceNo	广播模式中的数据序列号
OrderAction Field	报单操作域	FID_Order ActionField	0x000B		
				OrderActionCode	报单操作类型码
				OrderSysId	合同编号
				ActionLocalId	报单操作本地编号
				InstrumentId	合约编码
				InstrumentVersion	合约版本号
				UserId	交易员编码
OrderInsert Field	报单信息域	FID_Order InsertField	0x000C		
				OrderSysId	合同编号
				OrderLocalId	委托编号
				UserId	交易员编码
				ParticipantId	交易会员编码
				ClientId	客户编码
				InstrumentId	合约编码
				Direction	买卖方向
				OffsetFlag	开平仓标记
				HedgeFlag	投保标记
				StopPrice	止损价格
				LimitPrice	限　价
				VolumeTotalOrginal	原始总申报数量（以手为单位）
				OrderType	报单类型
				MatchCondition	报单成交属性
				MatchSession	报单成交时间
				ValidThrough	有效时间约束
				MinimalVolume	最小成交量
				AutoSuspend	自动挂起标志
				InsertTime	录入时间
				MessageReference	用户自定义数据。可打印 ASCII 字符
OrderStatus Field	报单状态域	FID_Order StatusField	0x000E		
				OrderSysId	合同编号

续表

域名称	域说明	域编号	域编号值	字段名称	字段说明
				OrderLocalId	委托编号
				UserId	交易员编码
				ParticipantId	交易会员编码
				ClientId	客户编码
				InstrumentId	合约编码
				Direction	买卖方向
				OffsetFlag	开平仓标记
				HedgeFlag	投保标记
				StopPrice	止损价格
				LimitPrice	限价
				VolumeTotalOrginal	原始总申报数量（以手为单位）
				OrderType	报单类型
				VolumeTotal	剩余总申报数量（以手为单位）
				MatchCondition	报单成交属性
				MatchSession	报单成交时间
				ValidThrough	有效时间约束
				MinimalVolume	最小成交量
				AutoSuspend	自动挂起标志
				OrderStatus	报单状态
				InsertTime	录入时间
				ActiveTime	激活时间
				SuspendTime	挂起时间
				UpdateTime	最后修改时间
				ActiveUserId	操作交易员编码
				Margin	保证金
				ForceGroupId	强平组号
				TradePrice	最新成交价格
				TradeVolume	今成交量
				MessageReference	用户自定义数据。可打印 ASCII 字符
ParticipantField	会员域	FID_ParticipantField	0x000F		
				ParticipantId	交易会员编码
				ParticipantName	会员名称
				ParticipantType	会员类型

续表

域名称	域说明	域编号	域编号值	字段名称	字段说明
				PartiTrdRight	会员权限
PositionField	客户持仓域	FID_PositionField	0x0010		
				ParticipantId	交易会员编码
				ClientId	客户编码
				InstrumentId	合约编码
				InstrumentVersion	合约版本号
				TradeDate	交易委托日期
				YdBuyHedgePosition	前买持仓量(保)
				YdBuySpecPosition	前买持仓量(投)
				YdSellHedgePosition	前卖持仓量(保)
				YdSellSpecPosition	前卖持仓量(投)
				BuyHedgeVolume	买成交量(保)
				BuySpecVolume	买成交量(投)
				SellHedgeVolume	卖成交量(保)
				SellSpecVolume	卖成交量(投)
				BuyHedgePosition	买开仓量(保)
				BuySpecPosition	买开仓量(投)
				SellHedgePosition	卖开仓量(保)
				SellSpecPosition	卖开仓量(投)
				BuyOffsHPosition	买平今量(保)
				BuyOffsSPosition	买平今量(投)
				SellOffsHPosition	卖平今量(保)
				SellOffsSPosition	卖平今量(投)
				YdBuyOffsHPosition	买平昨量(保)
				YdBuyOffsSPosition	买平昨量(投)
				YdSellOffsHPosition	卖平昨量(保)
				YdSellOffsSPosition	卖平昨量(投)
				LongOpenFrozHPosition	多头开仓冻结持仓手(保)
				LongOpenFrozSPosition	多头开仓冻结持仓手(投)
				ShortOpenFrozHPosition	空头开仓冻结持仓手(保)
				ShortOpenFrozSPosition	空头开仓冻结持仓手(投)
				LongOffsFrozHPosition	多头平仓冻结持仓手(保)

续表

域名称	域说明	域编号	域编号值	字段名称	字段说明
				LongOffsFrozSPosition	多头平仓冻结持仓手(投)
				ShortOffsFrozHPosition	空头平仓冻结持仓手(保)
				ShortOffsFrozSPosition	空头平仓冻结持仓手(投)
				YdLongOffsFrozHPosition	上日多头平仓冻结持仓手(保)
				YdLongOffsFrozSPosition	上日多头平仓冻结持仓手(投)
				YdShortOffsFrozHPosition	上日空头平仓冻结持仓手(保)
				YdShortOffsFrozSPosition	上日空头平仓冻结持仓手(投)
PPositionField	会员持仓域	FID_PPositionField	0x0011		
				ParticipantId	交易会员编码
				InstrumentId	合约编码
				InstrumentVersion	合约版本号
				TradeDate	交易委托日期
				YdBuyHedgePosition	前买持仓量(保)
				YdBuySpecPosition	前买持仓量(投)
				YdSellHedgePosition	前卖持仓量(保)
				YdSellSpecPosition	前卖持仓量(投)
				BuyHedgeVolume	买成交量(保)
				BuySpecVolume	买成交量(投)
				SellHedgeVolume	卖成交量(保)
				SellSpecVolume	卖成交量(投)
				BuyHedgePosition	买开仓量(保)
				BuySpecPosition	买开仓量(投)
				SellHedgePosition	卖开仓量(保)
				SellSpecPosition	卖开仓量(投)
				BuyOffsHPosition	买平今量(保)
				BuyOffsSPosition	买平今量(投)
				SellOffsHPosition	卖平今量(保)
				SellOffsSPosition	卖平今量(投)
				YdBuyOffsHPosition	买平昨量(保)
				YdBuyOffsSPosition	买平昨量(投)

续表

域名称	域说明	域编号	域编号值	字段名称	字段说明
				YdSellOffsHPosition	卖平昨量(保)
				YdSellOffsSPosition	卖平昨量(投)
				LongOpenFrozHPosition	多头开仓冻结持仓手(保)
				LongOpenFrozSPosition	多头开仓冻结持仓手(投)
				ShortOpenFrozHPosition	空头开仓冻结持仓手(保)
				ShortOpenFrozSPosition	空头开仓冻结持仓手(投)
				LongOffsFrozHPosition	多头平仓冻结持仓手(保)
				LongOffsFrozSPosition	多头平仓冻结持仓手(投)
				ShortOffsFrozHPosition	空头平仓冻结持仓手(保)
				ShortOffsFrozSPosition	空头平仓冻结持仓手(投)
				YdLongOffsFrozHPosition	上日多头平仓冻结持仓手(保)
				YdLongOffsFrozSPosition	上日多头平仓冻结持仓手(投)
				YdShortOffsFrozHPosition	上日空头平仓冻结持仓手(保)
				YdShortOffsFrozSPosition	上日空头平仓冻结持仓手(投)
ReqQryClient Field	客户查询请求域	FID_ReqQry ClientField	0x0014		
				ParticipantId	交易会员编码
				ClientId	客户编码
ReqQryDeposit Field	会员资金查询域	FID_ReqQry DepositField	0x0015		
				ParticipantId	交易会员编码
ReqQryInstrumentField	合约查询请求域	FID_ReqQry InstrumentField	0x0016		
				MarketId	市场编码
				InstrumentId	合约编码
ReqQryInstrumentStatusField	合约状态查询响应域	FID_ReqQry InstrumentStatus Field	0x0017		

续表

域名称	域说明	域编号	域编号值	字段名称	字段说明
				MarketId	市场编码
				InstrumentId	合约编码
ReqQryMarket Field	市场查询请求域	FID_ReqQry MarketField	0x0018		
				MarketId	市场编码
ReqQryMarket MatchDataField	成交行情查询请求域	FID_ReqQryMark etMatchDataField	0x001F		
				InstrumentId	合约编码
ReqQryMarket OrderDataField	报单行情查询请求	FID_ReqQryMark etOrderDataField	0x001B		
				InstrumentId	合约编码
				Direction	买卖方向
ReqQryMarket StatusField	市场状态查询请求域	FID_ReqQry MarketStatusField	0x0019		
				MarketId	市场编码
ReqQry OrderField	报单查询请求域	FID_ReqQry OrderField	0x001A		
				InstrumentId	合约编码
				InstrumentVersion	合约版本号
				ParticipantId	交易会员编码
				UserId	交易员编码
				ClientId	客户编码
				OrderSysId	合同编号
ReqQryPartici pantField	会员查询请求域	FID_ReqQry ParticipantField	0x001C		
				ParticipantId	交易会员编码
ReqQry PositionField	客户持仓查询请求域	FID_ReqQry PositionField	0x001D		
				ParticipantId	交易会员编码
				ClientId	客户编码
				InstrumentId	合约编码
ReqQryP PositionField	会员持仓查询请求域	FID_ReqQryP PositionField	0x001E		
				ParticipantId	交易会员编码
				InstrumentId	合约编码
ReqQry TradeField	成交查询请求域	FID_ReqQry TradeField	0x0020		
				InstrumentId	合约编码

续表

域名称	域说明	域编号	域编号值	字段名称	字段说明
				InstrumentVersion	合约版本号
				ParticipantId	交易会员编码
				UserId	交易员编码
				ClientId	客户编码
				OrderSysId	合同编号
				StartTime	开始时间
				ThroughTime	直到时间
ReqQryUser Field	交易员查询域	FID_ReqQry UserField	0x0021		
				ParticipantId	交易会员编码
				UserId	交易员编码
ReqQryUser LoginField	交易员在线查询域	FID_ReqQryUser LoginField	0x0022		
				ParticipantId	交易会员编码
				UserId	交易员编码
ReqUserLogin Field	交易员登录请求域	FID_ReqUser LoginField	0x0023		
				DataFlowFlag	数据流名称
				ParticipantId	交易会员编码
				UserId	交易员编码
				Password	口　令
				ConnectionReference	链路标示
				ServerAppName	会员应用系统名称
				ProtocolVersion	使用 FTD 版本号
				TimeOut	发送监测信号时间间隔
				IpAddr	登录者的 IP 地址
ReqUser LogoutField	交易员退出登录请求域	FID_ReqUser LogoutField	0x0024		
				DataFlowFlag	数据流名称
				ParticipantId	交易会员编码
				UserId	交易员编码
ReqUserPassword-UpdateField	交易员修改口令请求域	FID_ReqUserPass wordUpdateField	0x0025		
				ParticipantId	交易会员编码
				UserId	交易员编码

续表

域名称	域说明	域编号	域编号值	字段名称	字段说明
				NewPassword	新口令
				OldPassword	旧口令
RspUserLogin Field	交易员登录响应域	FID_RspUser LoginField	0x0027		
				DataFlowFlag	数据流名称
				ParticipantId	交易会员编码
				UserId	交易员编码
				Password	口　令
				ExchangeDateTime	交易所系统时间
				TimeSpan	时　区
				IpAddr	登录者的 IP 地址
				MaxOrderLocalId	最大报单本地编号
RspUser LogoutField	交易员退出登录响应域	FID_RspUser LogoutField	0x0028		
				DataFlowFlag	数据流名称
				ParticipantId	交易会员编码
				UserId	交易员编码
				ExchangeDateTime	交易所系统时间
RspUserPasswo-rdUpdateField	交易员修改口令响应域	FID_RspUserPass wordUpdateField	0x0029		
				ParticipantId	交易会员编码
				UserId	交易员编码
				NewPassword	新口令
TradeInsert SingleField	单边成交回报域	FID_TradeInsert SingleField	0x002A		
				InstrumentId	合约编码
				InstrumentVersion	合约版本号
				CancelFlag	成交是否被取消
				CancelDate	取消日期
				CancelTime	取消时间
				TradeId	成交编号
				MatchDate	成交日期
				MatchTime	成交时间
				ClearDate	清算日期
				Price	价　格
				Volume	数　量
				OrderSysId	合同编号

续表

域名称	域说明	域编号	域编号值	字段名称	字段说明
				UserId	交易员编码
				Direction	买卖方向
				OffsetFlag	开平仓标记
				HedgeFlag	投保标记
				ParticipantId	交易会员编码
				ClientId	客户编码
				OrderLocalId	委托编号
UserField	交易员域	FID_UserField	0x002B		
				UserId	交易员编码
				ParticipantId	交易会员编码
				Name	名称
				IsLogin	是否登录
				UserStatus	交易员状态
				UserType	交易员类别
UserLoginField	交易员在线域	FID_UserLoginField	0x002C		
				ParticipantId	交易会员编码
				UserId	交易员编码
				IpAddr	登录者的 IP 地址
				DialogStreamStatus	对话模式在线状态
				DialogLoginTime	最后一次对话模式登录时间
				DialogLogoutTime	最后一次对话模式退出时间
				PrivateStreamStatus	私有模式的状态
				PrivateLoginTime	最后一次私有模式登录时间
				PrivateLogoutTime	最后一次私有模式退出时间
				BroadcastStreamStatus	广播模式在线状态
				BroadcastLoginTime	最后一次广播模式登录时间
				BroadcastLogOutTime	最后一次广播模式退出时间
				FrontId	前置机标识

附录 E
（规范性附录）
报文内容清单

报文内容清单见表 E.1。

表 E.1　报文内容清单

报文名称	报文解释	数据域名称	数据域解释	最多出现次数	最少出现次数
Error	错误响应				
		ErrorField	错误域	1	1
		ErrorTargetSequenceField	错误序列号域	1	0
		ErrorTargetOrderField	错误报单号域	1	0
ForceExit	强制退出				
		ForceExitField	强制退出域	1	1
InstrumentChangeNotify	合约参数改变通知				
		InstrumentField	合约域	1	1
		ErrorField	错误域	1	0
InstrumentStatus ChangeNotify	合约状态改变通知				
		InstrumentStatusField	合约状态域	1	1
		ErrorField	错误域	1	0
MarketBulletin	交易所告示广播				
		BulletinField	告示域	1	1
MarketMatchData	成交行情				
		MarketMatchDataField	成交行情域	任意	0
		MarketMatchDataChgField	成交行情变化域	任意	0
MarketMatchIncData	增量成交行情				
		MarketMatchIncDataField	增量成交行情域	任意	1
		ErrorField	错误域	1	0
MarketOrderIncData	增量报单行情				
		MarketOrderDataField	报单行情域	任意	1
		ErrorField	错误域	1	0
MarketStatusChangeNotify	市场状态改变通知				
		MarketStatusField	市场状态域	1	1
		ErrorField	错误域	1	0

续表

报文名称	报文解释	数据域名称	数据域解释	最多出现次数	最少出现次数
OrderConfirmation	报单确认				
		OrderStatusField	报单状态域	1	1
		ErrorField	错误域	1	0
ParticipantBulletin	会员告示				
		BulletinField	告示域	1	1
ReqOrderAction	报单操作请求				
		OrderActionField	报单操作域	1	1
ReqOrderInsert	报单录入				
		OrderInsertField	报单信息域	1	1
ReqQryClient	客户信息查询				
		ReqQryClientField	客户查询请求域	1	1
ReqQryDeposit	会员资金查询				
		ReqQryDepositField	会员资金查询域	1	1
ReqQryInstrument	合约查询				
		ReqQryInstrumentField	合约查询请求域	1	1
ReqQryInstrumentStatus	查询合约交易状态请求				
		ReqQryInstrument StatusField	合约状态查询响应域	1	1
ReqQryMarket	市场查询请求				
		ReqQryMarketField	市场查询请求域	1	1
ReqQryMarketMatchData	成交行情查询				
		ReqQryMarket MatchDataField	成交行情查询请求域	1	1
ReqQryMarketOrderData	报单行情查询请求				
		ReqQryMarket OrderDataField	报单行情查询请求	1	1
ReqQryMarketStatus	查询市场交易状态请求				
		ReqQryMarketStatusField	市场状态查询请求域	1	1
ReqQryOrder	报单查询				
		ReqQryOrderField	报单查询请求域	1	1
ReqQryParticipant	会员信息查询				
		ReqQryParticipantField	会员查询请求域	1	1
ReqQryPosition	会员客户持仓查询				
		ReqQryPositionField	客户持仓查询请求域	1	1
ReqQryPPosition	会员持仓查询				
		ReqQryPPositionField	会员持仓查询请求域	1	1

续表

报文名称	报文解释	数据域名称	数据域解释	最多出现次数	最少出现次数
ReqQryTrade	成交单查询				
		ReqQryTradeField	成交查询请求域	1	1
ReqQryUser	查询交易员请求				
		ReqQryUserField	交易员查询域	1	1
ReqQryUserLogin	交易员在线查询				
		ReqQryUserLoginField	交易员在线查询域	1	1
ReqUserLogin	交易员登录请求				
		ReqUserLoginField	交易员登录请求域	1	1
		DisseminationstartField	发送信息起始说明域	1	0
ReqUserLogout	交易员登录退出				
		ReqUserLogoutField	交易员退出登录请求域	1	1
ReqUserPasswordUpdate	交易员修改密码				
		ReqUserPassword UpdateField	交易员修改口令请求域	1	1
RspOrderAction	报单操作应答				
		OrderActionField	报单操作域	1	1
		ErrorField	错误域	1	0
RspOrderInsert	报单应答				
		OrderInsertField	报单信息域	1	1
		ErrorField	错误域	1	0
RspQryClient	客户信息查询应答				
		ClientField	客户域	任意	1
		ErrorField	错误域	1	0
RspQryDeposit	会员资金查询应答				
		DepositField	会员资金域	任意	1
		ErrorField	错误域	1	0
RspQryInstrument	合约查询应答				
		InstrumentField	合约域	任意	1
		ErrorField	错误域	1	0
RspQryInstrumentStatus	查询合约交易状态应答				
		InstrumentStatusField	合约状态域	任意	1
		ErrorField	错误域	1	0
RspQryMarket	市场查询应答				
		MarketField	市场域	任意	1

续表

报文名称	报文解释	数据域名称	数据域解释	最多出现次数	最少出现次数
		ErrorField	错误域	1	0
RspQryMarketMatchData	成交行情查询应答				
		MarketMatchDataField	成交行情域	任意	1
		ErrorField	错误域	1	0
RspQryMarketOrderData	报单行情查询应答				
		MarketOrderDataField	报单行情域	任意	1
		ErrorField	错误域	1	0
RspQryMarketStatus	查询市场交易状态应答				
		MarketStatusField	市场状态域	任意	1
		ErrorField	错误域	1	0
RspQryOrder	报单查询应答				
		OrderStatusField	报单状态域	任意	1
		ErrorField	错误域	1	0
RspQryParticipant	会员信息查询应答				
		ParticipantField	会员域	任意	1
		ErrorField	错误域	1	0
RspQryPosition	会员客户持仓查询应答				
		PositionField	客户持仓域	任意	1
		ErrorField	错误域	1	0
RspQryPPosition	会员持仓查询应答				
		PPositionField	会员持仓域	任意	1
		ErrorField	错误域	1	0
RspQryTrade	成交单查询应答				
		TradeInsertSingleField	单边成交回报域	任意	1
		ErrorField	错误域	1	0
RspQryUser	查询交易员应答				
		UserField	交易员域	任意	1
		ErrorField	错误域	1	0
RspQryUserLogin	交易员在线查询应答				
		UserLoginField	交易员在线域	任意	1
		ErrorField	错误域	1	0
RspUserLogin	交易员登录应答				
		RspUserLoginField	交易员登录响应域	1	1
		ErrorField	错误域	1	0
RspUserLogout	交易员登录退出应答				

续表

报文名称	报文解释	数据域名称	数据域解释	最多出现次数	最少出现次数
		RspUserLogoutField	交易员退出登录响应域	1	1
		ErrorField	错误域	1	0
RspUserPasswordUpdate	交易员修改密码应答				
		RspUserPassword UpdateField	交易员修改口令响应域	1	1
		ErrorField	错误域	1	0
TradeInsertSingle	单边成交回报				
		TradeInsertSingleField	单边成交回报域	1	1

附录 F
（资料性附录）
FTD DTD 描述

使用 DTD，刻画 FTD 及其兼容性扩展的方式，应当按照如下规定。

```
<? xml version="1.0"encoding="GB2312"? >
<!--
    中国证券交易标准期货交易传输协议标准 1.0(Securities Exchange Protocol 1.0)描述用
DTD
-->
<! ELEMENT ftd(packages,tids,fields,items,types)>
<!--
    ftd 中包含下列内容
       packages    所有报文的定义
       tids        所有的报文编号的定义
       fields      所有域的定义
       items       所有字段的定义
       types       所有衍生类型的定义
-->
<! ELEMENT packages(packageDefine * )>
<!--
    packages 中是一组 packageDefine
-->
<! ELEMENT packageDefine(field * )>
<! ATTLIST packageDefine
    name NMTOKEN #REQUIRED
    tid NMTOKEN #REQUIRED
    model(none|dialog|private|market)#REQUIRED
    comment CDATA#IMPLIED
>
<!--
    每个packageDefine 中可以定义下列属性
        name      报文名称，在 packages 中唯一
        tid       报文编号，应该出现在 tids 中的 tidDefine 中的 name 中
        comment 报文说明
    在每个 packageDefine 中，需要用 field 说明包含的所有域的使用
-->
```

```
<! ELEMENT field EMPTY>
<! ATTLIST field
    name NMTOKEN #REQUIRED
    maxOccur CDATA #REQUIRED
    minOccur CDATA #REQUIRED
    comment CDATA #IMPLIED
>
<!--
    在报文定义中使用的域不需要给出详细说明,仅仅是对 fields 中定义的域的引用。
    每个field 中可以定义下列属性
        name      域名称,应该出现在 fields 中的 fieldDefine 中的 name 中
        maxOccur报文中该域最多出现次数,应当是整数,或者用 * 表示任意多个
        minOccur报文中该域最少出现次数,应当是整数
        comment 在此报文中使用该域的说明(不是域本身的说明)
-->
<! ELEMENT tids(tidDefine * )>
<!--
    tids 中是一组 tidDefine
-->
<! ELEMENT tidDefine EMPTY>
<! ATTLIST tidDefine
    name NMTOKEN #REQUIRED
    value NMTOKEN #REQUIRED
>
<!--
    每个报文编号定义 tidDefine 中可以定义下列属性
        name      编号名称,在 tids 中唯一
        value     编号的值,应当是一个整数
-->
<! ELEMENT fields(fieldDefine * )>
<!--
    fields 中是一组 fieldDefine
-->
<! ELEMENT fieldDefine(item * )>
<! ATTLIST fieldDefine
    name NMTOKEN #REQUIRED
    fid NMTOKEN #REQUIRED
    fidValue NMTOKEN #REQUIRED
    comment CDATA #IMPLIED
>
<!--
```

```
    每个域定义 fieldDefine 中可以定义下列属性
            name        域的名称，在 fields 中唯一
            fid         域编号
            fidValue    域编号的值，应当是一个整数
            comment     域说明
    在每个 fieldDefine 中，需要说明包含的字段 item 的使用
-->
<! ELEMENT item EMPTY>
<! ATTLIST item
    name NMTOKEN #REQUIRED
    comment CDATA #IMPLIED
>
<!--
    在域中使用的字段不需要给出详细说明，仅仅是对 items 中定义的字段的引用
    每个 item 中可以定义下列属性
name        字段名称，应该出现在 items 中的 itemDefine 中的 name 中
comment 在此域中使用该字段的说明(不是字段本身的说明)
-->
<! ELEMENT items(itemDefine * )>
<!--
    items 中是一组 itemDefine
-->
<! ELEMENT itemDefine EMPTY>
<! ATTLIST itemDefine
    name NMTOKEN #REQUIRED
    type CDATA #REQUIRED
    comment CDATA #IMPLIED
>
<!--
    每个字段定义 itemDefine 中可以定义下列属性
name        字段的名称，在 items 中唯一
type        字段类型，应该是基本类型，或者出现在 types 中的 typeDefine 中的 name 中
comment 字段说明
-->
<! ELEMENT types(typeDefine * )>
<!--
    types 中是一组 typeDefine
-->
<! ELEMENT typeDefine(enumValue * )>
<! ATTLIST typeDefine
    name NMTOKEN #REQUIRED
```

```
    baseType CDATA #REQUIRED
    length CDATA #IMPLIED
    precision CDATA #IMPLIED
    comment CDATA #IMPLIED
>
<!--
    每个衍生类型定义 typeDefine 中可以定义下列属性
            name      类型名称，在 types 中唯一
            baseType 基础类型，即此类型实际上就是什么类型，应该是
                        FTDStringType 或
                        FTDNumberType 或
                        FTDFloatType 或
                        FTDCharType 或
                        FTDWordType 或
                        FTDIntType
                    加上可能的长度说明
        comment 类型说明，一般用于说明其格式和用途
    如果该类型只有有限的几个允许的取值，那么就需要定义枚举值 enumValue -->
<! ELEMENT enumValue EMPTY>
<! ATTLIST enumValue
    name CDATA #REQUIRED
    comment CDATA #IMPLIED
>
<!--
    每个枚举值可以定义下列属性
        name      枚举值，应当符合所属的类型定义
        comment 该枚举值表示的意义
-->
```

附录 G
（资料性附录）
FTD XML 描述

使用 XML 方式，刻画本标准中规定的内容，应当使用下列的 XML 文件。

```
<? xml version=“1. 0”encoding=“GB2312”? >
<! DOCTYPE FTD SYSTEM “ftd. 1. dtd”>
<ftd>
    <packages>
      <packageDefine name=“Error” tid=“TID_Error” model=“dialog” comment=“错误响应”>
        <field name=“ErrorField” maxOccur=“1” minOccur=“1” comment=“错误域”/>
        <field name=“ErrorTargetSequenceField” maxOccur=“1” minOccur=“0” comment=“错误序列号域”/>
        <field name=“ErrorTargetOrderField” maxOccur=“1” minOccur=“0” comment=“错误报单号域”/>
    </packageDefine>
    <packageDefine name=“ForceExit” tid=“TID_ForceExit” model=“none” comment=“强制退出”>
        <field name=“ForceExitField” maxOccur=“1” minOccur=“1” comment=“强制退出域”/>
    </packageDefine>
    <packageDefine name=“InstrumentChangeNotify” tid=“TID_InstrumentChangeNotify” model=“broadcast” comment=“合约参数改变通知”>
        <field name=“InstrumentField” maxOccur=“1” minOccur=“1” comment=“合约域”/>
        <field name=“ErrorField” maxOccur=“1” minOccur=“0” comment=“错误域”/>
    </packageDefine>
    <packageDefine name=“InstrumentStatusChangeNotify” tid=“TID_ InstrumentStatus-ChangeNotify”model=“broadcast” comment=“合约状态改变通知”>
        <field name=“InstrumentStatusField” maxOccur=“1” minOccur=“1” comment=“合约状态域”/>
        <field name=“ErrorField” maxOccur=“1” minOccur=“0” comment=“错误域”/>
    </packageDefine>
    <packageDefine name=“MarketBulletin” tid=“TID_MarketBulletin” model=“broadcast” comment=“交易所告示广播”>
        <field name=“BulletinField” maxOccur=“1” minOccur=“1” comment=“告示域”/>
    </packageDefine>
    <packageDefine name=“MarketStatusChangeNotify” tid=“TID_MarketStatusChangeNo-
```

```
tify"model="broadcast" comment="市场状态改变通知">
        <field name="MarketStatusField" maxOccur="1" minOccur="1" comment="市场状态域"/>
        <field name="ErrorField" maxOccur="1" minOccur="0" comment="错误域"/>
    </packageDefine>
    <packageDefine name="MarketMatchIncData" tid="TID_MarketMatchIncData" model="broadcast"comment="增量成交行情">
        <field name="MarketMatchIncDataField" maxOccur="任意" minOccur="1" comment="增量成交行情域"/>
        <field name="ErrorField" maxOccur="1" minOccur="0" comment="错误域"/>
    </packageDefine>
    <packageDefine name="MarketMatchData" tid="TID_MarketMatchData" model="broadcast"comment="成交行情">
        <field name="MarketMatchDataField" maxOccur="任意" minOccur="0" comment="成交行情域"/>
        <field name="MarketMatchDataChgField" maxOccur="任意" minOccur="0" comment="成交行情变化域"/>
    </packageDefine>
    <packageDefine name="OrderConfirmation" tid="TID_OrderConfirmation" model="private"comment="报单确认">
        <field name="OrderStatusField" maxOccur="1" minOccur="1" comment="报单状态域"/>
        <field name="ErrorField" maxOccur="1" minOccur="0" comment="错误域"/>
    </packageDefine>
    <packageDefine name="MarketOrderIncData" tid="TID_MarketOrderIncData" model="broadcast"comment="增量报单行情">
        <field name="MarketOrderDataField" maxOccur="任意" minOccur="1" comment="报单行情域"/>
        <field name="ErrorField" maxOccur="1" minOccur="0" comment="错误域"/>
    </packageDefine>
    <packageDefine name="ParticipantBulletin" tid="TID_ParticipantBulletin" model="private"comment="会员告示">
        <field name="BulletinField" maxOccur="1" minOccur="1" comment="告示域"/>
    </packageDefine>
    <packageDefine name="ReqOrderAction" tid="TID_OrderAction" model="dialog" comment="报单操作请求">
        <field name="OrderActionField" maxOccur="1" minOccur="1" comment="报单操作域"/>
    </packageDefine>
    <packageDefine name="ReqOrderInsert" tid="TID_OrderInsert" model="dialog" comment="报单录入">
```

```
<field name=“OrderInsertField” maxOccur=“1” minOccur=“1” comment=“报单信息域”/>
</packageDefine>
<packageDefine name=“ReqQryClient” tid=“TID_QryClient” model=“dialog” comment=“客户信息查询”>
<field name=“ReqQryClientField” maxOccur=“1” minOccur=“1” comment=“客户查询请求域”/>
</packageDefine>
<packageDefine name=“ReqQryDeposit” tid=“TID_QryDeposit” model=“dialog” comment=“会员资金查询”>
<field name=“ReqQryDepositField” maxOccur=“1” minOccur=“1” comment=“会员资金查询域”/>
</packageDefine>
<packageDefine name=“ReqQryInstrument” tid=“TID_QryInstrument” model=“dialog” comment=“合约查询”>
<field name=“ReqQryInstrumentField” maxOccur=“1” minOccur=“1” comment=“合约查询请求域”/>
</packageDefine>
<packageDefine name = “ReqQryInstrumentStatus” tid = “TID_ QryInstrumentStatus” model=“dialog”comment=“查询合约交易状态请求”>
<field name=“ReqQryInstrumentStatusField” maxOccur=“1” minOccur=“1” comment=“合约状态查询响应域”/>
</packageDefine>
<packageDefine name=“ReqQryMarket” tid=“TID_QryMarket” model=“dialog” comment=“市场查询请求”>
<field name=“ReqQryMarketField” maxOccur=“1” minOccur=“1” comment=“市场查询请求域”/>
</packageDefine>
<packageDefine name=“ReqQryMarketStatus”tid=“TID_QryMarketStatus” model=“dialog”comment=“查询市场交易状态请求”>
<field name=“ReqQryMarketStatusField” maxOccur=“1” minOccur=“1” comment=“市场状态查询请求域”/>
</packageDefine>
<packageDefine name=“ReqQryOrder” tid=“TID_QryOrder” model=“dialog” comment=“报单查询”>
<field name=“ReqQryOrderField” maxOccur=“1” minOccur=“1” comment=“报单查询请求域”/>
</packageDefine>
<packageDefine name = “ReqQryMarketOrderData” tid = “TID_ QryMarketOrderData” model = “dialog” comment=“报单行情查询请求”>
<field name=“ReqQryMarketOrderDataField” maxOccur=“1” minOccur=“1” com-
```

```
ment=“报单行情查询域”/>
        </packageDefine>
        <packageDefine name=“ReqQryParticipant” tid=“TID_QryParticipant” model=“dialog” comment=“会员信息查询”>
            <field name=“ReqQryParticipantField” maxOccur=“1” minOccur=“1” comment=“会员查询请求域”/>
        </packageDefine>
        <packageDefine name=“ReqQryPosition” tid=“TID_QryPosition” model=“dialog” comment=“会员客户持仓查询”>
            <field name=“ReqQryPositionField” maxOccur=“1” minOccur=“1” comment=“客户持仓查询请求域”/>
        </packageDefine>
        <packageDefine name=“ReqQryPPosition” tid=“TID_QryPPosition” model=“dialog” comment=“会员持仓查询”>
            <field name=“ReqQryPPositionField” maxOccur=“1” minOccur=“1” comment=“会员持仓查询请求域”/>
        </packageDefine>
        <packageDefine name=“ReqQryMarketMatchData” tid=“TID_QryMarketMatchData” model=“dialog” comment=“成交行情查询”>
            <field name=“ReqQryMarketMatchDataField” maxOccur=“1” minOccur=“1” comment=“成交行情查询请求域”/>
        </packageDefine>
        <packageDefine name=“ReqQryTrade” tid=“TID_QryTrade” model=“dialog” comment=“成交单查询”>
            <field name=“ReqQryTradeField” maxOccur=“1” minOccur=“1” comment=“成交查询请求域”/>
        </packageDefine>
        <packageDefine name=“ReqQryUser” tid=“TID_QryUser” model=“dialog” comment=“查询交易员请求”>
            <field name=“ReqQryUserField” maxOccur=“1” minOccur=“1” comment=“交易员查询域”/>
        </packageDefine>
        <packageDefine name=“ReqQryUserLogin” tid=“TID_QryUserLogin” model=“dialog” comment=“交易员在线查询”>
            <field name=“ReqQryUserLoginField” maxOccur=“1” minOccur=“1” comment=“交易员在线查询域”/>
        </packageDefine>
        <packageDefine name=“ReqUserLogin” tid=“TID_UserLogin” model=“none” comment=“交易员登录请求”>
            <field name=“ReqUserLoginField” maxOccur=“1” minOccur=“1” comment=“交易员登录请求域”/>
```

```
<field name="DisseminationstartField" maxOccur="1" minOccur="0" comment="发送信息起始说明域"/>
</packageDefine>
<packageDefine name="ReqUserLogout" tid="TID_UserLogout" model="none" comment="交易员登录退出">
<field name="ReqUserLogoutField" maxOccur="1" minOccur="1" comment="交易员退出登录请求域"/>
</packageDefine>
<packageDefine name="ReqUserPasswordUpdate" tid="TID_UserPasswordUpdate" model="dialog" comment="交易员修改密码">
<field name="ReqUserPasswordUpdateField" maxOccur="1" minOccur="1" comment="交易员修改口令请求域"/>
</packageDefine>
<packageDefine name="RspQryUserLogin" tid="TID_QryUserLogin" model="dialog" comment="交易员在线查询应答">
<field name="UserLoginField" maxOccur="任意" minOccur="1" comment="交易员在线域"/>
<field name="ErrorField" maxOccur="1" minOccur="0" comment="错误域"/>
</packageDefine>
<packageDefine name="RspOrderAction" tid="TID_OrderAction" model="dialog" comment="报单操作应答">
<field name="OrderActionField" maxOccur="1" minOccur="1" comment="报单操作域"/>
<field name="ErrorField" maxOccur="1" minOccur="0" comment="错误域"/>
</packageDefine>
<packageDefine name="RspOrderInsert" tid="TID_OrderInsert" model="dialog" comment="报单应答">
<field name="OrderInsertField" maxOccur="1" minOccur="1" comment="报单信息域"/>
<field name="ErrorField" maxOccur="1" minOccur="0" comment="错误域"/>
</packageDefine>
<packageDefine name="RspQryClient" tid="TID_QryClient" model="dialog" comment="客户信息查询应答">
<field name="ClientField" maxOccur="任意" minOccur="1" comment="客户域"/>
<field name="ErrorField" maxOccur="1" minOccur="0" comment="错误域"/>
</packageDefine>
<packageDefine name="RspQryDeposit" tid="TID_QryDeposit" model="dialog" comment="会员资金查询应答">
<field name="DepositField" maxOccur="任意" minOccur="1" comment="会员资金域"/>
<field name="ErrorField" maxOccur="1" minOccur="0" comment="错误域"/>
```

```
</packageDefine>
<packageDefine name=“RspQryInstrument” tid=“TID_QryInstrument” model=“dialog” comment=“合约查询应答”>
    <field name=“InstrumentField” maxOccur=“任意” minOccur=“1” comment=“合约域”/>
    <field name=“ErrorField” maxOccur=“1” minOccur=“0” comment=“错误域”/>
</packageDefine>
<packageDefine name=“RspQryInstrumentStatus” tid=“TID_QryInstrumentStatus” model=“dialog”comment=“查询合约交易状态应答”>
    <field name=“InstrumentStatusField” maxOccur=“任意” minOccur=“1” comment=“合约状态域”/>
    <field name=“ErrorField” maxOccur=“1” minOccur=“0” comment=“错误域”/>
</packageDefine>
<packageDefine name=“RspQryMarket” tid=“TID_QryMarket” model=“dialog” comment=“市场查询应答”>
    <field name=“MarketField” maxOccur=“任意” minOccur=“1” comment=“市场域”/>
    <field name=“ErrorField” maxOccur=“1” minOccur=“0” comment=“错误域”/>
</packageDefine>
<packageDefine name=“RspQryMarketStatus” tid=“TID_QryMarketStatus” model=“dialog”comment=“查询市场交易状态应答”>
    <field name=“MarketStatusField” maxOccur=“任意” minOccur=“1” comment=“市场状态域”/>
    <field name=“ErrorField” maxOccur=“1” minOccur=“0” comment=“错误域”/>
</packageDefine>
<packageDefine name=“RspQryOrder” tid=“TID_QryOrder” model=“dialog” comment=“报单查询应答”>
    <field name=“OrderStatusField” maxOccur=“任意” minOccur=“1” comment=“报单状态域”/>
    <field name=“ErrorField” maxOccur=“1” minOccur=“0” comment=“错误域”/>
</packageDefine>
<packageDefine name=“RspQryMarketOrderData” tid=“TID_QryMarketOrderData” model=“dialog” comment=“报单行情查询应答”>
    <field name=“MarketOrderDataField” maxOccur=“任意” minOccur=“1” comment=“报单行情域”/>
    <field name=“ErrorField” maxOccur=“1” minOccur=“0” comment=“错误域”/>
</packageDefine>
<packageDefine name=“RspQryParticipant” tid=“TID_QryParticipant” model=“dialog” comment=“会员信息查询应答”>
    <field name=“ParticipantField” maxOccur=“任意” minOccur=“1” comment=“会员域”/>
    <field name=“ErrorField” maxOccur=“1” minOccur=“0” comment=“错误域”/>
```

```
</packageDefine>
<packageDefine name="RspQryPosition" tid="TID_QryPosition" model="dialog" comment="会员客户持仓查询应答">
    <field name="PositionField" maxOccur="任意" minOccur="1" comment="客户持仓域"/>
    <field name="ErrorField" maxOccur="1" minOccur="0" comment="错误域"/>
</packageDefine>
<packageDefine name="RspQryPPosition" tid="TID_QryPPosition" model="dialog" comment="会员持仓查询应答">
    <field name="PPositionField" maxOccur="任意" minOccur="1" comment="会员持仓域"/>
    <field name="ErrorField" maxOccur="1" minOccur="0" comment="错误域"/>
</packageDefine>
<packageDefine name="RspQryMarketMatchData" tid="TID_QryMarketMatchData" model="dialog" comment="成交行情查询应答">
    <field name="MarketMatchDataField" maxOccur="任意" minOccur="1" comment="成交行情域"/>
    <field name="ErrorField" maxOccur="1" minOccur="0" comment="错误域"/>
</packageDefine>
<packageDefine name="RspQryTrade" tid="TID_QryTrade" model="dialog" comment="成交单查询应答">
    <field name="TradeInsertSingleField" maxOccur="任意" minOccur="1" comment="单边成交回报域"/>
    <field name="ErrorField" maxOccur="1" minOccur="0" comment="错误域"/>
</packageDefine>
<packageDefine name="RspQryUser" tid="TID_QryUser" model="dialog" comment="查询交易员应答">
    <field name="UserField" maxOccur="任意" minOccur="1" comment="交易员域"/>
    <field name="ErrorField" maxOccur="1" minOccur="0" comment="错误域"/>
</packageDefine>
<packageDefine name="RspUserLogin" tid="TID_UserLogin" model="none" comment="交易员登录应答">
    <field name="RspUserLoginField" maxOccur="1" minOccur="1" comment="交易员登录响应域"/>
    <field name="ErrorField" maxOccur="1" minOccur="0" comment="错误域"/>
</packageDefine>
<packageDefine name="RspUserLogout" tid="TID_UserLogout" model="none" comment="交易员登录退出应答">
    <field name="RspUserLogoutField" maxOccur="1" minOccur="1" comment="交易员退出登录响应域"/>
    <field name="ErrorField" maxOccur="1" minOccur="0" comment="错误域"/>
```

```
        </packageDefine>
        <packageDefine name=“RspUserPasswordUpdate” tid=“TID_UserPasswordUpdate”
model=“dialog” comment=“交易员修改密码应答”>
            <field name=“RspUserPasswordUpdateField” maxOccur=“1” minOccur=“1” com-
ment=“交易员修改口令响应域”/>
            <field name=“ErrorField” maxOccur=“1” minOccur=“0” comment=“错误域”/>
        </packageDefine>
        <packageDefine name=“TradeInsertSingle” tid=“TID_TradeInsertSingle” model=“pri-
vate”comment=“单边成交回报”>
            <field name=“TradeInsertSingleField” maxOccur=“1” minOccur=“1” comment=
“单边成交回报域”/>
        </packageDefine>
    </packages>
    <tids>
        <tidDefine name=“TID_Error” value=“0x0001”/>
        <tidDefine name=“TID_QryMarketMatchData” value=“0x0002”/>
        <tidDefine name=“TID_OrderInsert” value=“0x0003”/>
        <tidDefine name=“TID_OrderAction” value=“0x0004”/>
        <tidDefine name=“TID_QryInstrument” value=“0x0005”/>
        <tidDefine name=“TID_QryOrder” value=“0x0006”/>
        <tidDefine name=“TID_QryTrade” value=“0x0007”/>
        <tidDefine name=“TID_QryDeposit” value=“0x0008”/>
        <tidDefine name=“TID_QryPPosition” value=“0x0009”/>
        <tidDefine name=“TID_QryPosition” value=“0x000A”/>
        <tidDefine name=“TID_QryMarket” value=“0x000B”/>
        <tidDefine name=“TID_QryClient” value=“0x000C”/>
        <tidDefine name=“TID_QryMarketStatus” value=“0x000D”/>
        <tidDefine name=“TID_QryInstrumentStatus” value=“0x000E”/>
        <tidDefine name=“TID_QryMarketOrderData” value=“0x0012”/>
        <tidDefine name=“TID_QryParticipant” value=“0x0013”/>
        <tidDefine name=“TID_QryUser” value=“0x0014”/>
        <tidDefine name=“TID_QryUserLogin” value=“0x0015”/>
        <tidDefine name=“TID_UserLogin” value=“0x0016”/>
        <tidDefine name=“TID_UserLogout” value=“0x0017”/>
        <tidDefine name=“TID_UserPasswordUpdate” value=“0x0018”/>
        <tidDefine name=“TID_TradeInsertSingle” value=“0x1001”/>
        <tidDefine name=“TID_ParticipantBulletin” value=“0x1002”/>
        <tidDefine name=“TID_OrderConfirmation” value=“0x1003”/>
        <tidDefine name=“TID_ForceExit” value=“0x1005”/>
        <tidDefine name=“TID_MarketOrderIncData” value=“0x2001”/>
        <tidDefine name=“TID_MarketMatchIncData” value=“0x2002”/>
```

```
        <tidDefine name=“TID_MarketBulletin” value=“0x2003”/>
        <tidDefine name=“TID_MarketMatchData” value=“0x2004”/>
        <tidDefine name=“TID_MarketStatusChangeNotify” value=“0x2005”/>
        <tidDefine name=“TID_InstrumentStatusChangeNotify” value=“0x2006”/>
        <tidDefine name=“TID_InstrumentChangeNotify” value=“0x2007”/>
    </tids>
    <fields>
        <fieldDefine name=“BulletinField” fid=“FID_BulletinField” fidValue=“0x0001” comment=“告示域”>
            <item name=“NewsType” comment=“消息类型”/>
            <item name=“NewsUrgency” comment=“紧急程度”/>
            <item name=“SendTime” comment=“发送时间”/>
            <item name=“Abstract” comment=“摘要 &#47;说明”/>
            <item name=“ComeFrom” comment=“消息来源”/>
            <item name=“MarketId” comment=“市场编码”/>
            <item name=“Content” comment=“消息正文”/>
            <item name=“URLLink” comment=“此消息的 WEB 联结”/>
        </fieldDefine>
        <fieldDefine name=“ClientField” fid=“FID_ClientField” fidValue=“0x0002” comment=“客户域”>
            <item name=“ClientId” comment=“客户编码”/>
            <item name=“ParticipantId” comment=“交易会员编码”/>
            <item name=“ClientName” comment=“客户名称”/>
            <item name=“ClientType” comment=“客户类别”/>
            <item name=“TradeRights” comment=“交易权限”/>
        </fieldDefine>
        <fieldDefine name=“DepositField” fid=“FID_DepositField” fidValue=“0x0003” comment=“会员资金域”>
            <item name=“ParticipantId” comment=“交易会员编码”/>
            <item name=“ParticipantType” comment=“会员类型”/>
            <item name=“TradeDate” comment=“交易委托日期”/>
            <item name=“InitMargin” comment=“初始保证金”/>
            <item name=“BuySpecOpenUsedMargin” comment=“买投开仓使用保证金”/>
            <item name=“BuyHedgeOpenUsedMargin” comment=“买保开仓使用保证金”/>
            <item name=“SellSpecOpenUsedMargin” comment=“卖投开仓使用保证金”/>
            <item name=“SellHedgeOpenUsedMargin” comment=“卖保开仓使用保证金”/>
            <item name=“BuySpecOffsetProfit” comment=“买投平仓盈亏”/>
            <item name=“BuyHedgeOffsetProfit” comment=“买保平仓盈亏”/>
            <item name=“SellSpecOffsetProfit” comment=“卖投平仓盈亏”/>
            <item name=“SellHedgeOffsetProfit” comment=“卖保平仓盈亏”/>
            <item name=“BuySpecOpenFrozMargin” comment=“买投开仓冻结保证金”/>
```

```
        <item name="BuyHedgeOpenFrozMargin" comment="买保开仓冻结保证金"/>
        <item name="SellSpecOpenFrozMargin" comment="卖投开仓冻结保证金"/>
        <item name="SellHedgeOpenFrozMargin" comment="卖保开仓冻结保证金"/>
        <item name="BuySpecOffsetMargin" comment="买投平仓返回保证金"/>
        <item name="BuyHedgeOffsetMargin" comment="买保平仓返回保证金"/>
        <item name="SellSpecOffsetMargin" comment="卖投平仓返回保证金"/>
        <item name="SellHedgeOffsetMargin" comment="卖保平仓返回保证金"/>
        <item name="BuySpecTurnOver" comment="买投成交额"/>
        <item name="BuyHedgeTurnOver" comment="买保成交额"/>
        <item name="SellSpecTurnOver" comment="卖投成交额"/>
        <item name="SellHedgeTurnOver" comment="卖保成交额"/>
        <item name="AddValue" comment="本交易日新增资金"/>
        <item name="DelValue" comment="本交易日提出资金"/>
        <item name="BalanceValue" comment="可用保证金余额"/>
    </fieldDefine>
    <fieldDefine name="DisseminationstartField" fid="FID_DisseminationstartField"fidValue="0x0004" comment="发送信息起始说明域">
        <item name="SequenceSeries" comment="序列类别号"/>
        <item name="SequenceNo" comment="序列号"/>
    </fieldDefine>
    <fieldDefine name="ErrorField" fid="FID_ErrorField" fidValue="0x0005" comment="错误域">
        <item name="ErrorCode" comment="错误代码"/>
        <item name="ErrorText" comment="错误正文"/>
        <item name="TimeStamp" comment="时间戳"/>
        </fieldDefine>
    <fieldDefine name="ErrorTargetOrderField" fid="FID_ErrorTargetOrderField" fidValue="0x002D"comment="错误报单号域">
        <item name="OrderSysId" commnet="合同编号"/>
        <item name="OrderLocalId" comment="委托编号"/>
    </fieldDefine>
    <fieldDefine name="ErrorTargetSequenceField" fid="FID_ErrorTargetSequenceField" fidValue="0x002E" comment="错误序列号域">
        <item name="SequenceSeries" comment="序列类别号"/>
        <item name="SequenceNo" comment="序列号"/>
    </fieldDefine>
    <fieldDefine name="ForceExitField" fid="FID_ForceExitField" fidValue="0x0006" comment="强制退出域">
        <item name="ForceExitCode" comment="强制退出号"/>
        <item name="ForceExitMsg" comment="强制退出原因"/>
    </fieldDefine>
```

<fieldDefine name="InstrumentField" fid="FID_InstrumentField" fidValue="0x0007" comment="合约域">

<item name="MarketId" comment="市场编码"/>

<item name="InstrumentId" comment="合约编码"/>

<item name="InstrumentVersion" comment="合约版本号"/>

<item name="InstrumentName" comment="合约名称"/>

<item name="ShortCutKey" comment="输入快捷键"/>

<item name="StartTrdDate" comment="开始交易日"/>

<item name="EndTrdDate" comment="最后交易日"/>

<item name="InstrumentType" comment="合约类型"/>

<item name="EndDelvDate" comment="最后交割日"/>

<item name="StartDelvDate" comment="开始交割日"/>

<item name="InstrStopCode" comment="停止交易原因"/>

<item name="Currency" comment="交易用的货币"/>

<item name="TradeRights" comment="交易权限"/>

<item name="FuseRights" comment="可否熔断"/>

<item name="Unit" comment="每手乘数"/>

<item name="Tick" comment="最小价位"/>

<item name="HighLimitRate" comment="涨停板率"/>

<item name="LowLimitRate" comment="跌停板率"/>

<item name="MaxLot" comment="最大可下单手数"/>

<item name="MinLot" comment="最小可下单手数"/>

<item name="Pubstyle" comment="竞价阶段合约行情发布方式"/>

<item name="Fuselimit" comment="熔断限额"/>

<item name="Fusepersisttime" comment="熔断最大持续时间"/>

<item name="Fusepoint" comment="在该时间点后不可熔断"/>

<item name="FuseFlag" comment="熔断标记"/>

<item name="Forcedistime" comment="强平的撮合间隔"/>

</fieldDefine>

<fieldDefine name="InstrumentStatusField" fid="FID_InstrumentStatusField" fidValue="0x0008"comment="合约状态域">

<item name="InstrumentId" comment="合约编码"/>

<item name="InstrumentStatus" comment="合约交易状态"/>

</fieldDefine>

<fieldDefine name="MarketStatusField" fid="FID_MarketStatusField" fidValue="0x0009"comment="市场状态域">

<item name="MarketId" comment="市场编码"/>

<item name="MarketStatusId" comment="市场交易状态编码"/>

<item name="BroadcastSequenceNo" comment="广播模式中的数据序列号"/>

</fieldDefine>

<fieldDefine name="MarketMatchIncDataField" fid="FID_MarketMatchIncDataField"

fidValue=“0x000A” comment=“增量成交行情域”>

<item name=“InstrumentId” comment=“合约编码”/>

<item name=“InstrumentVersion” comment=“合约版本号”/>

<item name=“VolumeType” comment=“数量类型”/>

<item name=“Price” comment=“价格”/>

<item name=“Volume” comment=“成交量”/>

<item name=“MatchFlag” comment=“成交双方的性质”/>

</fieldDefine>

<fieldDefine name=“OrderActionField” fid=“FID_OrderActionField” fidValue=“0x000B”comment=“报单操作域”>

<item name=“OrderActionCode” comment=“报单操作类型码”/>

<item name=“OrderSysId” comment=“合同编号”/>

<item name=“ActionLocalId” comment=“报单操作本地编号”/>

<item name=“InstrumentId” comment=“合约编码”/>

<item name=“InstrumentVersion” comment=“合约版本号”/>

<item name=“UserId” comment=“交易员编码”/>

</fieldDefine>

<fieldDefine name=“OrderInsertField” fid=“FID_OrderInsertField” fidValue=“0x000C” comment=“报单信息域”>

<item name=“OrderSysId” comment=“合同编号”/>

<item name=“OrderLocalId” comment=“委托编号”/>

<item name=“UserId” comment=“交易员编码”/>

<item name=“ParticipantId” comment=“交易会员编码”/>

<item name=“ClientId” comment=“客户编码”/>

<item name=“InstrumentId” comment=“合约编码”/>

<item name=“Direction” comment=“买卖方向”/>

<item name=“OffsetFlag” comment=“开平仓标记”/>

<item name=“HedgeFlag” comment=“投保标记”/>

<item name=“StopPrice” comment=“止损价格”/>

<item name=“LimitPrice” comment=“限价”/>

<item name=“VolumeTotalOrginal” comment=“原始总申报数量(以手为单位)”/>

<item name=“OrderType” comment=“报单类型”/>

<item name=“MatchCondition” comment=“报单成交属性”/>

<item name=“MatchSession” comment=“报单成交时间”/>

<item name=“ValidThrough” comment=“有效时间约束”/>

<item name=“MinimalVolume” comment=“最小成交量”/>

<item name=“AutoSuspend” comment=“自动挂起标志”/>

<item name=“InsertTime” comment=“录入时间”/>

<item name=“MessageReference” comment=“用户自定义数据。可打印 ASCII 字符”/>

</fieldDefine>

<fieldDefine name=“MarketOrderDataField” fid=“FID_MarketOrderDataField” fidValue=“0x000D”comment=“报单行情域”>

<item name=“InstrumentId” comment=“合约编码”/>

<item name=“InstrumentVersion” comment=“合约版本号”/>

<item name=“VolumeType” comment=“数量类型”/>

<item name=“Direction” comment=“买卖方向”/>

<item name=“Price” comment=“价格”/>

<item name=“Volume” comment=“成交量”/>

<item name=“BroadcastSequenceNo” comment=“广播模式中的数据序列号”/>

</fieldDefine>

<fieldDefine name=“OrderStatusField” fid=“FID_OrderStatusField” fidValue=“0x000E” comment=“报单状态域”>

<item name=“OrderSysId” comment=“合同编号”/>

<item name=“OrderLocalId” comment=“委托编号”/>

<item name=“UserId” comment=“交易员编码”/>

<item name=“ParticipantId” comment=“交易会员编码”/>

<item name=“ClientId” comment=“客户编码”/>

<item name=“InstrumentId” comment=“合约编码”/>

<item name=“Direction” comment=“买卖方向”/>

<item name=“OffsetFlag” comment=“开平仓标记”/>

<item name=“HedgeFlag” comment=“投保标记”/>

<item name=“StopPrice” comment=“止损价格”/>

<item name=“LimitPrice” comment=“限价”/>

<item name=“VolumeTotalOrginal” comment=“原始总申报数量(以手为单位)”/>

<item name=“OrderType” comment=“报单类型”/>

<item name=“VolumeTotal” comment=“剩余总申报数量(以手为单位)”/>

<item name=“MatchCondition” comment=“报单成交属性”/>

<item name=“MatchSession” comment=“报单成交时间”/>

<item name=“ValidThrough” comment=“有效时间约束”/>

<item name=“MinimalVolume” comment=“最小成交量”/>

<item name=“AutoSuspend” comment=“自动挂起标志”/>

<item name=“OrderStatus” comment=“报单状态”/>

<item name=“InsertTime” comment=“录入时间”/>

<item name=“ActiveTime” comment=“激活时间”/>

<item name=“SuspendTime” comment=“挂起时间”/>

<item name=“UpdateTime” comment=“最后修改时间”/>

<item name=“ActiveUserId” comment=“操作交易员编码”/>

<item name=“Margin” comment=“保证金”/>

<item name=“ForceGroupId” comment=“强平组号”/>

<item name=“TradePrice” comment=“最新成交价格”/>

<item name=“TradeVolume” comment=“今成交量”/>

<item name="MessageReference" comment="用户自定义数据。可打印 ASCII 字符"/>

</fieldDefine>

<fieldDefine name="ParticipantField" fid="FID_ParticipantField" fidValue="0x000F" comment="会员域">

<item name="ParticipantId" comment="交易会员编码"/>

<item name="ParticipantName" comment="会员名称"/>

<item name="ParticipantType" comment="会员类型"/>

<item name="PartiTrdRight" comment="会员权限"/>

</fieldDefine>

<fieldDefine name="PositionField" fid="FID_PositionField" fidValue="0x0010" comment="客户持仓域">

<item name="ParticipantId" comment="交易会员编码"/>

<item name="ClientId" comment="客户编码"/>

<item name="InstrumentId" comment="合约编码"/>

<item name="InstrumentVersion" comment="合约版本号"/>

<item name="TradeDate" comment="交易委托日期"/>

<item name="YdBuyHedgePosition" comment="前买持仓量(保)"/>

<item name="YdBuySpecPosition" comment="前买持仓量(投)"/>

<item name="YdSellHedgePosition" comment="前卖持仓量(保)"/>

<item name="YdSellSpecPosition" comment="前卖持仓量(投)"/>

<item name="BuyHedgeVolume" comment="买成交量(保)"/>

<item name="BuySpecVolume" comment="买成交量(投)"/>

<item name="SellHedgeVolume" comment="卖成交量(保)"/>

<item name="SellSpecVolume" comment="卖成交量(投)"/>

<item name="BuyHedgePosition" comment="买开仓量(保)"/>

<item name="BuySpecPosition" comment="买开仓量(投)"/>

<item name="SellHedgePosition" comment="卖开仓量(保)"/>

<item name="SellSpecPosition" comment="卖开仓量(投)"/>

<item name="BuyOffsHPosition" comment="买平今量(保)"/>

<item name="BuyOffsSPosition" comment="买平今量(投)"/>

<item name="SellOffsHPosition" comment="卖平今量(保)"/>

<item name="SellOffsSPosition" comment="卖平今量(投)"/>

<item name="YdBuyOffsHPosition" comment="买平昨量(保)"/>

<item name="YdBuyOffsSPosition" comment="买平昨量(投)"/>

<item name="YdSellOffsHPosition" comment="卖平昨量(保)"/>

<item name="YdSellOffsSPosition" comment="卖平昨量(投)"/>

<item name="LongOpenFrozHPosition" comment="多头开仓冻结持仓手(保)"/>

<item name="LongOpenFrozSPosition" comment="多头开仓冻结持仓手(投)"/>

<item name="ShortOpenFrozHPosition" comment="空头开仓冻结持仓手(保)"/>

<item name="ShortOpenFrozSPosition" comment="空头开仓冻结持仓手(投)"/>

<item name=“LongOffsFrozHPosition” comment=“多头平仓冻结持仓手(保)”/>

<item name=“LongOffsFrozSPosition” comment=“多头平仓冻结持仓手(投)”/>

<item name=“ShortOffsFrozHPosition” comment=“空头平仓冻结持仓手(保)”/>

<item name=“ShortOffsFrozSPosition” comment=“空头平仓冻结持仓手(投)”/>

<item name=“YdLongOffsFrozHPosition” comment=“上日多头平仓冻结持仓手(保)”/>

<item name=“YdLongOffsFrozSPosition” comment=“上日多头平仓冻结持仓手(投)”/>

<item name=“YdShortOffsFrozHPosition” comment=“上日空头平仓冻结持仓手(保)”/>

<item name=“YdShortOffsFrozSPosition” comment=“上日空头平仓冻结持仓手(投)”/>

</fieldDefine>

<fieldDefine name=“PPositionField” fid=“FID_PPositionField” fidValue=“0x0011” comment=“会员持仓域”>

<item name=“ParticipantId” comment=“交易会员编码”/>

<item name=“InstrumentId” comment=“合约编码”/>

<item name=“InstrumentVersion” comment=“合约版本号”/>

<item name=“TradeDate” comment=“交易委托日期”/>

<item name=“YdBuyHedgePosition” comment=“前买持仓量(保)”/>

<item name=“YdBuySpecPosition” comment=“前买持仓量(投)”/>

<item name=“YdSellHedgePosition” comment=“前卖持仓量(保)”/>

<item name=“YdSellSpecPosition” comment=“前卖持仓量(投)”/>

<item name=“BuyHedgeVolume” comment=“买成交量(保)”/>

<item name=“BuySpecVolume” comment=“买成交量(投)”/>

<item name=“SellHedgeVolume” comment=“卖成交量(保)”/>

<item name=“SellSpecVolume” comment=“卖成交量(投)”/>

<item name=“BuyHedgePosition” comment=“买开仓量(保)”/>

<item name=“BuySpecPosition” comment=“买开仓量(投)”/>

<item name=“SellHedgePosition” comment=“卖开仓量(保)”/>

<item name=“SellSpecPosition” comment=“卖开仓量(投)”/>

<item name=“BuyOffsHPosition” comment=“买平今量(保)”/>

<item name=“BuyOffsSPosition” comment=“买平今量(投)”/>

<item name=“SellOffsHPosition” comment=“卖平今量(保)”/>

<item name=“SellOffsSPosition” comment=“卖平今量(投)”/>

<item name=“YdBuyOffsHPosition” comment=“买平昨量(保)”/>

<item name=“YdBuyOffsSPosition” comment=“买平昨量(投)”/>

<item name=“YdSellOffsHPosition” comment=“卖平昨量(保)”/>

<item name=“YdSellOffsSPosition” comment=“卖平昨量(投)”/>

<item name=“LongOpenFrozHPosition” comment=“多头开仓冻结持仓手(保)”/>

<item name=“LongOpenFrozSPosition” comment=“多头开仓冻结持仓手(投)”/>

<item name=“ShortOpenFrozHPosition” comment=“空头开仓冻结持仓手(保)”/>

<item name=“ShortOpenFrozSPosition” comment=“空头开仓冻结持仓手(投)”/>

<item name=“LongOffsFrozHPosition” comment=“多头平仓冻结持仓手(保)”/>

<item name=“LongOffsFrozSPosition” comment=“多头平仓冻结持仓手(投)”/>

<item name=“ShortOffsFrozHPosition” comment=“空头平仓冻结持仓手(保)”/>

<item name=“ShortOffsFrozSPosition” comment=“空头平仓冻结持仓手(投)”/>

<item name=“YdLongOffsFrozHPosition” comment=“上日多头平仓冻结持仓手(保)”/>

<item name=“YdLongOffsFrozSPosition” comment=“上日多头平仓冻结持仓手(投)”/>

<item name=“YdShortOffsFrozHPosition” comment=“上日空头平仓冻结持仓手(保)”/>

<item name=“YdShortOffsFrozSPosition” comment=“上日空头平仓冻结持仓手(投)”/>

</fieldDefine>

<fieldDefine name=“MarketMatchDataChgField” fid=“FID_MarketMatchDataChgField” fidValue=“0x0012” comment=“成交行情变化域”>

<item name=“InstrumentId” comment=“合约编码”/>

<item name=“InstrumentVersion” comment=“合约版本号”/>

<item name=“OpenPrice” comment=“开盘价”/>

<item name=“HighPrice” comment=“最高价”/>

<item name=“LowPrice” comment=“最低价”/>

<item name=“LastPrice” comment=“最新价”/>

<item name=“BidPrice” comment=“买入价格”/>

<item name=“AskPrice” comment=“卖出价”/>

<item name=“BidLot” comment=“买入数量”/>

<item name=“AskLot” comment=“卖出数量”/>

<item name=“Volume” comment=“成交量”/>

<item name=“OpenInterest” comment=“持仓量”/>

</fieldDefine>

<fieldDefine name=“MarketMatchDataField” fid=“FID_MarketMatchDataField” fidValue=“0x0013” comment=“成交行情域”>

<item name=“InstrumentId” comment=“合约编码”/>

<item name=“InstrumentVersion” comment=“合约版本号”/>

<item name=“PreClose” comment=“前收盘价格”/>

<item name=“PreSettle” comment=“前结算价格”/>

<item name=“PreOpenInterest” comment=“前最后持仓量，双向计算”/>

<item name=“OpenPrice” comment=“开盘价”/>

<item name=“BidPrice” comment=“买入价格”/>

<item name=“BidLot” comment=“买入数量”/>

<item name=“AskPrice” comment=“卖出价”/>

```
        <item name="AskLot" comment="卖出数量"/>
        <item name="LastPrice" comment="最新价"/>
        <item name="LastLot" comment="最后一笔成交手数,双向计算"/>
        <item name="TradeLot" comment="总成交手数,双向计算“/>
        <item name="TradeTurnOver" comment="总成交金额,双向计算"/>
        <item name="OpenInterest" comment="持仓量"/>
        <item name="HighPrice" comment="最高价"/>
        <item name="LowPrice" comment="最低价"/>
        <item name="ClosePrice" comment="收盘价"/>
        <item name="SettlePrice" comment="结算价"/>
        <item name="ClearPrice" comment="清算价"/>
        <item name="AveragePrice" comment="均价"/>
        <item name="LifeHigh" comment="历史最高成交价格"/>
        <item name="LifeLow" comment="历史最低成交价格"/>
        <item name="HighLimit" comment="涨停板"/>
        <item name="LowLimit" comment="跌停板"/>
        <item name="TotalVolume" comment="总成交量"/>
        <item name="UpdateTime" comment="最后修改时间"/>
        <item name="MarketMatchDataStatus" comment="是否主动发送成交行情"/>
        <item name="TotalMarketMatchData" comment="发送成交行情记录总数,网络序"/>
        <item name="BroadcastSequenceNo" comment="广播模式中的数据序列号"/>
    </fieldDefine>
    <fieldDefine name="ReqQryClientField" fid="FID_ReqQryClientField" fidValue="0x0014"comment="客户查询请求域">
        <item name="ParticipantId" comment="交易会员编码"/>
        <item name="ClientId" comment="客户编码"/>
    </fieldDefine>
    <fieldDefine name="ReqQryDepositField" fid="FID_ReqQryDepositField" fidValue="0x0015"comment="会员资金查询域">
        <item name="ParticipantId" comment="交易会员编码"/>
    </fieldDefine>
    <fieldDefine name="ReqQryInstrumentField" fid="FID_ReqQryInstrumentField"fidValue="0x0016" comment="合约查询请求域">
        <item name="MarketId" comment="市场编码"/>
        <item name="InstrumentId" comment="合约编码"/>
    </fieldDefine>
    <fieldDefine name="ReqQryInstrumentStatusField" fid="FID_ReqQryInstrumentStatusField"fidValue="0x0017" comment="合约状态查询响应域">
        <item name="MarketId" comment="市场编码"/>
        <item name="InstrumentId" comment="合约编码"/>
```

</fieldDefine>

<fieldDefine name=“ReqQryMarketField” fid=“FID_ReqQryMarketField” fidValue=“0x0018”comment=“市场查询请求域”>

<item name=“MarketId” comment=“市场编码”/>

</fieldDefine>

<fieldDefine name=“ReqQryMarketStatusField” fid=“FID_ReqQryMarketStatusField” fidValue=“0x0019” comment=“市场状态查询请求域”>

<item name=“MarketId” comment=“市场编码”/>

</fieldDefine>

<fieldDefine name=“ReqQryOrderField” fid=“FID_ReqQryOrderField” fidValue=“0x001A”comment=“报单查询请求域”>

<item name=“InstrumentId” comment=“合约编码”/>

<item name=“InstrumentVersion” comment=“合约版本号”/>

<item name=“ParticipantId” comment=“交易会员编码”/>

<item name=“UserId” comment=“交易员编码”/>

<item name=“ClientId” comment=“客户编码”/>

<item name=“OrderSysId” comment=“合同编号”/>

</fieldDefine>

<fieldDefine name=“ReqQryMarketOrderDataField” fid=“FID_ReqQryMarketOrderDat-aField”fidValue=“0x001B” comment=“报单行情查询请求”>

<item name=“InstrumentId” comment=“合约编码”/>

<item name=“Direction” comment=“买卖方向”/>

</fieldDefine>

<fieldDefine name=“ReqQryParticipantField” fid=“FID_ReqQryParticipantField”fidValue=“0x001C” comment=“会员查询请求域”>

<item name=“ParticipantId” comment=“交易会员编码”/>

</fieldDefine>

<fieldDefine name=“ReqQryPositionField” fid=“FID_ReqQryPositionField” fidValue=“0x001D”comment=“客户持仓查询请求域”>

<item name=“ParticipantId” comment=“交易会员编码”/>

<item name=“ClientId” comment=“客户编码”/>

<item name=“InstrumentId” comment=“合约编码”/>

</fieldDefine>

<fieldDefine name=“ReqQryPPositionField” fid=“FID_ReqQryPPositionField” fidValue=“0x001E”comment=“会员持仓查询请求域”>

<item name=“ParticipantId” comment=“交易会员编码”/>

<item name=“InstrumentId” comment=“合约编码”/>

</fieldDefine>

<fieldDefine name=“ReqQryMarketMatchDataField” fid=“FID_ReqQryMarketMatch-DataField”fidValue=“0x001F” comment=“成交行情查询请求域”>

<item name=“InstrumentId” comment=“合约编码”/>

</fieldDefine>

<fieldDefine name = “ReqQryTradeField” fid = “FID_ReqQryTradeField” fidValue = “0x0020”comment=“成交查询请求域”>

<item name=“InstrumentId” comment=“合约编码”/>

<item name=“InstrumentVersion” comment=“合约版本号”/>

<item name=“ParticipantId” comment=“交易会员编码”/>

<item name=“UserId” comment=“交易员编码”/>

<item name=“ClientId” comment=“客户编码”/>

<item name=“OrderSysId” comment=“合同编号”/>

<item name=“StartTime” comment=“开始时间”/>

<item name=“ThroughTime” comment=“直到时间”/>

</fieldDefine>

<fieldDefine name = “ReqQryUserField” fid = “FID_ReqQryUserField” fidValue = “0x0021”comment=“交易员查询域”>

<item name=“ParticipantId” comment=“交易会员编码”/>

<item name=“UserId” comment=“交易员编码”/>

</fieldDefine>

<fieldDefine name = “ReqQryUserLoginField” fid = “FID_ReqQryUserLoginField” fidValue = “0x0022” comment=“交易员在线查询域”>

<item name=“ParticipantId” comment=“交易会员编码”/>

<item name=“UserId” comment=“交易员编码”/>

</fieldDefine>

<fieldDefine name = “ReqUserLoginField” fid = “FID_ReqUserLoginField” fidValue = “0x0023”comment=“交易员登录请求域”>

<item name=“DataFlowFlag” comment=“数据流名称”/>

<item name=“ParticipantId” comment=“交易会员编码”/>

<item name=“UserId” comment=“交易员编码”/>

<item name=“Password” comment=“口令”/>

<item name=“ConnectionReference” comment=“链路标示”/>

<item name=“ServerAppName” comment=“会员应用系统名称”/>

<item name=“ProtocolVersion” comment=“使用 FTD 版本号”/>

<item name=“TimeOut” comment=“发送监测信号时间间隔”/>

<item name=“IpAddr” comment=“登录者的 IP 地址”/>

</fieldDefine>

<fieldDefine name=“ReqUserLogoutField” fid=“FID_ReqUserLogoutField” fidValue= “0x0024”comment=“交易员退出登录请求域”>

<item name=“DataFlowFlag” comment=“数据流名称”/>

<item name=“ParticipantId” comment=“交易会员编码”/>

<item name=“UserId” comment=“交易员编码”/>

</fieldDefine>

<fieldDefine name = “ReqUserPasswordUpdateField” fid = “FID_ReqUserPasswordUp-

```
dateField"fidValue=“0x0025” comment=“交易员修改口令请求域”>
        <item name=“ParticipantId” comment=“交易会员编码”/>
        <item name=“UserId” comment=“交易员编码”/>
        <item name=“NewPassword” comment=“新口令”/>
        <item name=“OldPassword” comment=“旧口令”/>
    </fieldDefine>
    <fieldDefine name=“MarketField” fid=“FID_MarketField” fidValue=“0x0026” comment=“市场域”>
        <item name=“MarketId” comment=“市场编码”/>
        <item name=“MarketName” comment=“市场名称”/>
        <item name=“BroadcastSequenceSeries” comment=“广播模式序列类别号”/>
        <item name=“TradeType” comment=“市场交易类型”/>
    </fieldDefine>
    <fieldDefine name=“RspUserLoginField” fid=“FID_RspUserLoginField” fidValue=“0x0027” comment=“交易员登录响应域”>
        <item name=“DataFlowFlag” comment=“数据流名称”/>
        <item name=“ParticipantId” comment=“交易会员编码”/>
        <item name=“UserId” comment=“交易员编码”/>
        <item name=“Password” comment=“口令”/>
        <item name=“ExchangeDateTime” comment=“交易所系统时间”/>
        <item name=“TimeSpan” comment=“时区”/>
        <item name=“IpAddr” comment=“登录者的 IP 地址”/>
        <item name=“MaxOrderLocalId” comment=“最大报单本地编号”/>
    </fieldDefine>
    <fieldDefine name=“RspUserLogoutField” fid=“FID_RspUserLogoutField” fidValue=“0x0028”comment=“交易员退出登录响应域”>
        <item name=“DataFlowFlag” comment=“数据流名称”/>
        <item name=“ParticipantId” comment=“交易会员编码”/>
        <item name=“UserId” comment=“交易员编码”/>
        <item name=“ExchangeDateTime” comment=“交易所系统时间”/>
    </fieldDefine>
    <fieldDefine name=“RspUserPasswordUpdateField”fid=“FID_RspUserPasswordUpdateField”fidValue=“0x0029” comment=“交易员修改口令响应域”>
        <item name=“ParticipantId” comment=“交易会员编码”/>
        <item name=“UserId” comment=“交易员编码”/>
        <item name=“NewPassword” comment=“新口令”/>
    </fieldDefine>
    <fieldDefine name=“TradeInsertSingleField” fid=“FID_TradeInsertSingleField” fidValue=“0x002A”comment=“单边成交回报域”>
        <item name=“InstrumentId” comment=“合约编码”/>
        <item name=“InstrumentVersion” comment=“合约版本号”/>
```

<item name=“CancelFlag” comment=“成交是否被取消”/>

<item name=“CancelDate” comment=“取消日期”/>

<item name=“CancelTime” comment=“取消时间”/>

<item name=“TradeId” comment=“成交编号”/>

<item name=“MatchDate” comment=“成交日期”/>

<item name=“MatchTime” comment=“成交时间”/>

<item name=“ClearDate” comment=“清算日期”/>

<item name=“Price” comment=“价格”/>

<item name=“Volume” comment=“成交量”/>

<item name=“OrderSysId” comment=“合同编号”/>

<item name=“UserId” comment=“交易员编码”/>

<item name=“Direction” comment=“买卖方向”/>

<item name=“OffsetFlag” comment=“开平仓标记”/>

<item name=“HedgeFlag” comment=“投保标记”/>

<item name=“ParticipantId” comment=“交易会员编码”/>

<item name=“ClientId” comment=“客户编码”/>

<item name=“OrderLocalId” comment=“报单本地编码”/>

</fieldDefine>

<fieldDefine name=“UserField” fid=“FID_UserField” fidValue=“0x002B” comment=“交易员域”>

<item name=“UserId” comment=“交易员编码”/>

<item name=“ParticipantId” comment=“交易会员编码”/>

<item name=“Name” comment=“名称”/>

<item name=“IsLogin” comment=“是否登录”/>

<item name=“UserStatus” comment=“交易员状态”/>

<item name=“UserType” comment=“交易员类别”/>

</fieldDefine>

<fieldDefine name=“UserLoginField” fid=“FID_UserLoginField” fidValue=“0x002C” comment=“交易员在线域”>

<item name=“ParticipantId” comment=“交易会员编码”/>

<item name=“UserId” comment=“交易员编码”/>

<item name=“IpAddr” comment=“登录者的 IP 地址”/>

<item name=“DialogStreamStatus” comment=“对话模式在线状态”/>

<item name=“DialogLoginTime” comment=“最后一次对话模式登录时间”/>

<item name=“DialogLogoutTime” comment=“最后一次对话模式退出时间”/>

<item name=“PrivateStreamStatus” comment=“私有模式的状态”/>

<item name=“PrivateLoginTime” comment=“最后一次私有模式登录时间”/>

<item name=“PrivateLogoutTime” comment=“最后一次私有模式退出时间”/>

<item name=“BroadcastStreamStatus” comment=“广播模式在线状态”/>

<item name=“BroadcastLoginTime” comment=“最后一次广播模式登录时间”/>

<item name=“BroadcastLogOutTime” comment=“最后一次广播模式退出时间”/>

<item name="FrontId" comment="前置机标识"/>

</fieldDefine>

</fields>

<items>

<itemDefine name="Abstract" type="FTDStringType<80>" comment="摘要 /说明"/>

<itemDefine name="ActionLocalId" type="FTDLocalId" comment="报单操作本地编号"/>

<itemDefine name="ActiveTime" type="FTDTime" comment="激活时间"/>

<itemDefine name="ActiveUserId" type="FTDUserId" comment="操作交易员编码"/>

<itemDefine name="AddValue" type="FTDValue" comment="本交易日新增资金"/>

<itemDefine name="AskLot" type="FTDVolume" comment="卖出数量"/>

<itemDefine name="AskPrice" type="FTDPrice" comment="卖出价"/>

<itemDefine name="AutoSuspend" type="FTDBoolFlag" comment="自动挂起标志"/>

<itemDefine name="AveragePrice" type="FTDPrice" comment="均价"/>

<itemDefine name="BalanceValue" type="FTDValue" comment="可用保证金余额"/>

<itemDefine name="BidLot" type="FTDVolume" comment="买入数量"/>

<itemDefine name="BidPrice" type="FTDPrice" comment="买入价格"/>

<itemDefine name="BuyHedgeOffsetMargin" type="FTDValue" comment="买保平仓返回保证金"/>

<itemDefine name="BuyHedgeOffsetProfit" type="FTDValue" comment="买保平仓盈亏"/>

<itemDefine name="BuyHedgeOpenFrozMargin" type="FTDValue" comment="买保开仓冻结保证金"/>

<itemDefine name="BuyHedgeOpenUsedMargin" type="FTDValue" comment="买保开仓使用保证金"/>

<itemDefine name="BuyHedgePosition" type="FTDVolume" comment="买开仓量(保)"/>

<itemDefine name="BuyHedgeTurnOver" type="FTDValue" comment="买保成交额"/>

<itemDefine name="BuyHedgeVolume" type="FTDVolume" comment="买成交量(保)"/>

<itemDefine name="BuyOffsHPosition" type="FTDVolume" comment="买平今量(保)"/>

<itemDefine name="BuyOffsSPosition" type="FTDVolume" comment="买平今量(投)"/>

<itemDefine name="BuySpecOffsetMargin" type="FTDValue" comment="买投平

仓返回保证金”/>

<itemDefine name=“BuySpecOffsetProfit” type=“FTDValue” comment=“买投平仓盈亏”/>

<itemDefine name=“BuySpecOpenFrozMargin” type=“FTDValue” comment=“买投开仓冻结保证金”/>

<itemDefine name=“BuySpecOpenUsedMargin” type=“FTDValue” comment=“买投开仓使用保证金”/>

<itemDefine name=“BuySpecPosition” type=“FTDVolume” comment=“买开仓量(投)”/>

<itemDefine name=“BuySpecTurnOver” type=“FTDValue” comment=“买投成交额”/>

<itemDefine name=“BuySpecVolume” type=“FTDVolume” comment=“买成交量(投)”/>

<itemDefine name=“CancelDate” type=“FTDDate” comment=“取消日期”/>

<itemDefine name=“CancelFlag” type=“FTDBoolFlag” comment=“成交是否被取消”/>

<itemDefine name=“CancelTime” type=“FTDTime” comment=“取消时间”/>

<itemDefine name=“ClearDate” type=“FTDDate” comment=“清算日期”/>

<itemDefine name=“ClearPrice” type=“FTDPrice” comment=“清算价”/>

<itemDefine name=“ClientId” type=“FTDClientId” comment=“客户编码”/>

<itemDefine name=“ClientName” type=“FTDName” comment=“客户名称”/>

<itemDefine name=“ClientType” type=“FTDClientType” comment=“客户类别”/>

<itemDefine name=“ClosePrice” type=“FTDPrice” comment=“收盘价”/>

<itemDefine name=“ComeFrom” type=“FTDStringType<20>” comment=“消息来源”/>

<itemDefine name=“ConnectionReference” type=“FTDConnectionReference” comment=“链路标示”/>

<itemDefine name=“Content” type=“FTDStringType<500>” comment=“消息正文”/>

<itemDefine name=“Currency” type=“FTDStringType<3>” comment=“交易用的货币”/>

<itemDefine name=“DataFlowFlag” type=“FTDDataFlowFlag” comment=“数据流名称”/>

<itemDefine name=“DelValue” type=“FTDValue” comment=“本交易日提出资金”/>

<itemDefine name=“Direction” type=“FTDDirection” comment=“买卖方向”/>

<itemDefine name=“EndDelvDate” type=“FTDDate” comment=“最后交割日”/>

<itemDefine name=“EndTrdDate” type=“FTDDate” comment=“最后交易日”/>

<itemDefine name=“ErrorCode” type=“FTDErrorCode” comment=“错误代码”/>

<itemDefine name=“ErrorText” type=“FTDStringType<100>” comment=“错误正文”/>

<itemDefine name=“ExchangeDateTime” type=“FTDDateTime” comment=“交易所系统时间”/>

<itemDefine name=“Forcedistime” type=“FTDIntType” comment=“强平的撮合间隔”/>

<itemDefine name=“ForceExitCode” type=“FTDForceExitCode” comment=“强制退出号”/>

<itemDefine name=“ForceExitMsg” type=“FTDStringType<100>” comment=“强制退出原因”/>

<itemDefine name=“ForceGroupId” type=“FTDLocalId” comment=“强平组号”/>

<itemDefine name=“FrontId” type=“FTDStringType<20>” comment=“前置机标识”/>

<itemDefine name=“FuseFlag” type=“FTDBoolFlag” comment=“熔断标记”/>

<itemDefine name=“Fuselimit” type=“FTDPrice” comment=“熔断限额”/>

<itemDefine name=“Fusepersisttime” type=“FTDIntType” comment=“熔断最大持续时间”/>

<itemDefine name=“Fusepoint” type=“FTDStringType<6>” comment=“在该时间点后不可熔断”/>

<itemDefine name=“FuseRights” type=“FTDBoolFlag” comment=“可否熔断”/>

<itemDefine name=“HedgeFlag” type=“FTDHedgeFlag” comment=“投保标记”/>

<itemDefine name=“HighLimit” type=“FTDPrice” comment=“涨停板”/>

<itemDefine name=“HighLimitRate” type=“FTDPercent” comment=“涨停板率”/>

<itemDefine name=“HighPrice” type=“FTDPrice” comment=“最高价”/>

<itemDefine name=“InitMargin” type=“FTDValue” comment=“初始保证金”/>

<itemDefine name=“InsertTime” type=“FTDDateTime” comment=“录入时间”/>

<itemDefine name=“InstrStopCode” type=“FTDStopCode” comment=“停止交易原因”/>

<itemDefine name=“InstrumentId” type=“FTDInstrumentId” comment=“合约编码”/>

<itemDefine name=“InstrumentName” type=“FTDName” comment=“合约名称”/>

<itemDefine name=“InstrumentStatus” type=“FTDInstrumentStatus” comment=“合约交易状态”/>

<itemDefine name=“InstrumentType” type=“FTDInstrumentType” comment=“合约类型”/>

<itemDefine name=“InstrumentVersion” type=“FTDInstrumentVersion” comment=“合约版本号”/>

<itemDefine name=“IpAddr” type=“FTDStringType<20>” comment=“登录者的 IP 地址”/>

<itemDefine name=“IsLogin” type=“FTDBoolFlag” comment=“是否登录”/>

<itemDefine name=“LastLot” type=“FTDVolume” comment=“最后一笔成交手数，双向计算”/>

<itemDefine name=“LastPrice” type=“FTDPrice” comment=“最新价”/>

<itemDefine name=“LifeHigh” type=“FTDPrice” comment=“历史最高成交价格”/>

<itemDefine name=“LifeLow” type=“FTDPrice” comment=“历史最低成交价格”/>

<itemDefine name=“LimitPrice” type=“FTDPrice” comment=“限价”/>

<itemDefine name=“IpAddr” type=“FTDStringType<20>” comment=“登录者的 IP 地址”/>

<itemDefine name=“LongOffsFrozHPosition” type=“FTDVolume” comment=“多头平仓冻结持仓手(保)”/>

<itemDefine name=“LongOffsFrozSPosition” type=“FTDVolume” comment=“多头平仓冻结持仓手(投)”/>

<itemDefine name=“LongOpenFrozHPosition” type=“FTDVolume” comment=“多头开仓冻结持仓手(保)”/>

<itemDefine name=“LongOpenFrozSPosition” type=“FTDVolume” comment=“多头开仓冻结持仓手(投)”/>

<itemDefine name=“LowLimit” type=“FTDPrice” comment=“跌停板”/>

<itemDefine name=“LowLimitRate” type=“FTDPercent” comment=“跌停板率”/>

<itemDefine name=“LowPrice” type=“FTDPrice” comment=“最低价”/>

<itemDefine name=“Margin” type=“FTDPrice” comment=“保证金”/>

<itemDefine name=“MarketId” type=“FTDMarketId” comment=“市场编码”/>

<itemDefine name=“BroadcastLoginTime” type=“FTDDateTime” comment=“最后一次广播模式登录时间”/>

<itemDefine name=“BroadcastLogOutTime” type=“FTDDateTime” comment=“最后一次广播模式退出时间”/>

<itemDefine name=“MarketName” type=“FTDName” comment=“市场名称”/>

<itemDefine name=“BroadcastSequenceNo” type=“FTDIntType” comment=“广播模式中的数据序列号”/>

<itemDefine name=“BroadcastSequenceSeries” type=“FTDWordType” comment=“广播模式序列类别号”/>

<itemDefine name=“MarketStatusId” type=“FTDMarketStatus” comment=“市场交易状态编码”/>

<itemDefine name=“BroadcastStreamStatus” type=“FTDBoolFlag” comment=“广播模式在线状态”/>

<itemDefine name=“MatchCondition” type=“FTDMatchCondition” comment=“报单成交属性”/>

<itemDefine name=“MatchDate” type=“FTDDate” comment=“成交日期”/>

<itemDefine name=“MatchSession” type=“FTDMatchSession” comment=“报单成交时间”/>

<itemDefine name=“MatchTime” type=“FTDTime” comment=“成交时间”/>

<itemDefine name=“MaxLot” type=“FTDVolume” comment=“最大可下单手数”/>

<itemDefine name=“MaxOrderLocalId” type=“FTDLocalId” comment=“最大报单本地编号”/>

<itemDefine name=“MatchFlag” type=“FTDMatchFlag” comment=“成交双方的性

质”/>

<itemDefine name=“MessageReference” type=“FTDMsgRef” comment=“用户自定义数据,可打印 ASCII 字符”/>

<itemDefine name=“MinLot” type=“FTDVolume” comment=“最小可下单手数”/>

<itemDefine name=“MinimalVolume” type=“FTDVolume” comment=“最小成交量”/>

<itemDefine name=“Name” type=“FTDStringType<20>” comment=“名称”/>

<itemDefine name=“NewPassword” type=“FTDPassword” comment=“新口令”/>

<itemDefine name=“NewsType” type=“FTDNewsType” comment=“消息类型”/>

<itemDefine name=“NewsUrgency” type=“FTDNewsUrgency” comment=“紧急程度”/>

<itemDefine name=“OffsetFlag” type=“FTDOffsetFlag” comment=“开平仓标记”/>

<itemDefine name=“OldPassword” type=“FTDPassword” comment=“旧口令”/>

<itemDefine name=“OpenInterest” type=“FTDVolume” comment=“持仓量”/>

<itemDefine name=“OpenPrice” type=“FTDPrice” comment=“开盘价”/>

<itemDefine name=“OrderActionCode” type=“FTDActionFlag” comment=“报单操作类型码”/>

<itemDefine name=“OrderLocalId” type=“FTDLocalId” comment=“委托编号”/>

<itemDefine name=“OrderStatus” type=“FTDOrderStatus” comment=“报单状态”/>

<itemDefine name=“OrderSysId” type=“FTDSysOrderId” comment=“合同编号”/>

<itemDefine name=“OrderType” type=“FTDOrderType” comment=“报单类型”/>

<itemDefine name=“ParticipantId” type=“FTDParticipantId” comment=“交易会员编码”/>

<itemDefine name=“ParticipantName” type=“FTDName” comment=“会员名称”/>

<itemDefine name=“ParticipantType” type=“FTDParticipantType” comment=“会员类型”/>

<itemDefine name=“PartiTrdRight” type=“FTDTradeRight” comment=“会员权限”/>

<itemDefine name=“Password” type=“FTDPassword” comment=“口令”/>

<itemDefine name=“PreClose” type=“FTDPrice” comment=“前收盘价格”/>

<itemDefine name=“PreOpenInterest” type=“FTDVolume” comment=“前最后持仓量,双向计算”/>

<itemDefine name=“PreSettle” type=“FTDPrice” comment=“前结算价格”/>

<itemDefine name=“Price” type=“FTDPrice” comment=“价格”/>

<itemDefine name=“PrivateLoginTime” type=“FTDDateTime” comment=“最后一次私有模式登录时间”/>

<itemDefine name=“PrivateLogoutTime” type=“FTDDateTime” comment=“最后一次私有模式退出时间”/>

<itemDefine name=“PrivateStreamStatus” type=“FTDBoolFlag” comment=“私有

模式的状态”/>

<itemDefine name=“ProtocolVersion” type=“FTDProtocolVersion” comment=“使用 FTD 版本号”/>

<itemDefine name=“Pubstyle” type=“FTDPubStyle” comment=“竞价阶段合约行情发布方式”/>

<itemDefine name=“MarketMatchDataStatus” type=“FTDBoolFlag” comment=“是否主动发送成交行情”/>

<itemDefine name=“SellHedgeOffsetMargin” type=“FTDValue” comment=“卖保平仓返回保证金”/>

<itemDefine name=“SellHedgeOffsetProfit” type=“FTDValue” comment=“卖保平仓盈亏”/>

<itemDefine name=“SellHedgeOpenFrozMargin” type=“FTDValue” comment=“卖保开仓冻结保证金”/>

<itemDefine name=“SellHedgeOpenUsedMargin” type=“FTDValue” comment=“卖保开仓使用保证金”/>

<itemDefine name=“SellHedgePosition” type=“FTDVolume” comment=“卖开仓量(保)”/>

<itemDefine name=“SellHedgeTurnOver” type=“FTDValue” comment=“卖保成交额”/>

<itemDefine name=“SellHedgeVolume” type=“FTDVolume” comment=“卖成交量(保)”/>

<itemDefine name=“SellOffsHPosition” type=“FTDVolume” comment=“卖平今量(保)”/>

<itemDefine name=“SellOffsSPosition” type=“FTDVolume” comment=“卖平今量(投)”/>

<itemDefine name=“SellSpecOffsetMargin” type=“FTDValue” comment=“卖投平仓返回保证金”/>

<itemDefine name=“SellSpecOffsetProfit” type=“FTDValue” comment=“卖投平仓盈亏”/>

<itemDefine name=“SellSpecOpenFrozMargin” type=“FTDValue” comment=“卖投开仓冻结保证金”/>

<itemDefine name=“SellSpecOpenUsedMargin” type=“FTDValue” comment=“卖投开仓使用保证金”/>

<itemDefine name=“SellSpecPosition” type=“FTDVolume” comment=“卖开仓量(投)”/>

<itemDefine name=“SellSpecTurnOver” type=“FTDValue” comment=“卖投成交额”/>

<itemDefine name=“SellSpecVolume” type=“FTDVolume” comment=“卖成交量(投)”/>

<itemDefine name=“SendTime” type=“FTDTime” comment=“发送时间”/>

<itemDefine name=“SequenceNo” type=“FTDSequenceNo” comment=“序列号”/>

<itemDefine name=“SequenceSeries” type=“FTDSequenceSeries” comment=“序列类别号”/>

<itemDefine name=“ServerAppName” type=“FTDServerAppName” comment=“会员应用系统名称”/>

<itemDefine name=“SettlePrice” type=“FTDPrice” comment=“结算价”/>

<itemDefine name=“ShortCutKey” type=“FTDCharType” comment=“输入快捷键”/>

<itemDefine name=“ShortOffsFrozHPosition” type=“FTDVolume” comment=“空头平仓冻结持仓手(保)”/>

<itemDefine name=“ShortOffsFrozSPosition” type=“FTDVolume” comment=“空头平仓冻结持仓手(投)”/>

<itemDefine name=“ShortOpenFrozHPosition” type=“FTDVolume” comment=“空头开仓冻结持仓手(保)”/>

<itemDefine name=“ShortOpenFrozSPosition” type=“FTDVolume” comment=“空头开仓冻结持仓手(投)”/>

<itemDefine name=“StartDelvDate” type=“FTDDate” comment=“开始交割日”/>

<itemDefine name=“StartTime” type=“FTDTime” comment=“开始时间”/>

<itemDefine name=“StartTrdDate” type=“FTDDate” comment=“开始交易日”/>

<itemDefine name=“StopPrice” type=“FTDPrice” comment=“止损价格”/>

<itemDefine name=“SuspendTime” type=“FTDTime” comment=“挂起时间”/>

<itemDefine name=“ThroughTime” type=“FTDTime” comment=“直到时间”/>

<itemDefine name=“Tick” type=“FTDPrice” comment=“最小价位”/>

<itemDefine name=“TimeOut” type=“FTDTimeOut” comment=“发送监测信号时间间隔”/>

<itemDefine name=“TimeSpan” type=“FTDNumberType<3>” comment=“时区”/>

<itemDefine name=“TimeStamp” type=“FTDTimeStamp” comment=“时间戳”/>

<itemDefine name=“TotalMarketMatchData” type=“FTDIntType” comment=“发送成交行情记录总数,网络序”/>

<itemDefine name=“TotalVolume” type=“FTDVolume” comment=“总成交量”/>

<itemDefine name=“TradeDate” type=“FTDDate” comment=“交易委托日期”/>

<itemDefine name=“TradeId” type=“FTDTradeId” comment=“成交编号”/>

<itemDefine name=“DialogLoginTime” type=“FTDDateTime” comment=“最后一次对话模式登录时间”/>

<itemDefine name=“DialogLogoutTime” type=“FTDDateTime” comment=“最后一次对话模式退出时间”/>

<itemDefine name=“TradeLot” type=“FTDIntType” comment=“总成交手数,双向计算”/>

<itemDefine name=“TradePrice” type=“FTDPrice” comment=“最新成交价格”/>

<itemDefine name=“UserId” type=“FTDUserId” comment=“交易员编码”/>

<itemDefine name=“TradeRights” type=“FTDTradeRight” comment=“交易权限”/>

<itemDefine name=“UserStatus” type=“FTDUserStatus” comment=“交易员状态”/>

<itemDefine name=“UserType” type=“FTDUserType” comment=“交易员类别”/>

<itemDefine name=“DialogStreamStatus” type=“FTDBoolFlag” comment=“对话模式在线状态”/>

<itemDefine name=“TradeTurnover” type=“FTDVolume” comment=“总成交金额,双向计算”/>

<itemDefine name=“TradeType” type=“FTDTradeType” comment=“市场交易类型”/>

<itemDefine name=“TradeVolume” type=“FTDIntType” comment=“今成交量”/>

<itemDefine name=“Unit” type=“FTDIntType” comment=“每手乘数”/>

<itemDefine name=“UpdateTime” type=“FTDTime” comment=“最后修改时间”/>

<itemDefine name=“URLLink” type=“FTDStringType<200>” comment=“此消息的 WEB 联结”/>

<itemDefine name=“ValidThrough” type=“FTDDate” comment=“有效时间约束”/>

<itemDefine name=“Volume” type=“FTDVolume” comment=“数量”/>

<itemDefine name=“VolumeTotal” type=“FTDIntType” comment=“剩余总申报数量(以手为单位)”/>

<itemDefine name=“VolumeTotalOrginal” type=“FTDIntType” comment=“原始总申报数量(以手为单位)”/>

<itemDefine name=“VolumeType” type=“FTDVolumeType” comment=“数量类型”/>

<itemDefine name=“YdBuyHedgePosition” type=“FTDVolume” comment=“前买持仓量(保)”/>

<itemDefine name=“YdBuyOffsHPosition” type=“FTDVolume” comment=“买平昨量(保)”/>

<itemDefine name=“YdBuyOffsSPosition” type=“FTDVolume” comment=“买平昨量(投)”/>

<itemDefine name=“YdBuySpecPosition” type=“FTDVolume” comment=“前买持仓量(投)”/>

<itemDefine name=“YdLongOffsFrozHPosition” type=“FTDVolume” comment=“上日多头平仓冻结持仓手(保)”/>

<itemDefine name=“YdLongOffsFrozSPosition” type=“FTDVolume” comment=“上日多头平仓冻结持仓手(投)”/>

<itemDefine name=“YdSellHedgePosition” type=“FTDVolume” comment=“前卖持仓量(保)”/>

<itemDefine name=“YdSellOffsHPosition” type=“FTDVolume” comment=“卖平昨量(保)”/>

<itemDefine name=“YdSellOffsSPosition” type=“FTDVolume” comment=“卖平昨量(投)”/>

<itemDefine name=“YdSellSpecPosition” type=“FTDVolume” comment=“前卖持仓量(投)”/>

```
        <itemDefine name="YdShortOffsFrozHPosition" type="FTDVolume" comment="上日空头平仓冻结持仓手(保)"/>
        <itemDefine name="YdShortOffsFrozSPosition" type="FTDVolume" comment="上日空头平仓冻结持仓手(投)"/>
        </items>
    <types>
    <typeDefine name="FTDActionFlag" baseType="FTDCharType" length="1" precision="0">
        <enumValue name="0" comment="删除"/>
        <enumValue name="1" comment="挂起"/>
        <enumValue name="2" comment="激活"/>
    </typeDefine>
    <typeDefine name="FTDBoolFlag" baseType="FTDCharType" length="1" precision="0">
        <enumValue name="1" comment="真"/>
        <enumValue name="0" comment="假"/>
    </typeDefine>
    <typeDefine name="FTDClientId" baseType="FTDStringType&lt;8&gt;"length="8" precision="0"/>
    <typeDefine name="FTDClientType" baseType="FTDCharType" length="1" precision="0">
        <enumValue name="0" comment="自然人"/>
        <enumValue name="1" comment="法人"/>
    </typeDefine>
    <typeDefine name="FTDConnectionReference" baseType="FTDStringType&lt;5&gt;" length="5"precision="0"/>
    <typeDefine name="FTDDataFlowFlag" baseType="FTDCharType" length="1" precision="0">
        <enumValue name="0" comment="对话流"/>
        <enumValue name="1" comment="私有流"/>
        <enumValue name="2" comment="广播流"/>
    </typeDefine>
    <typeDefine name="FTDDate" baseType="FTDStringType&lt;8&gt;"comment="yyyymmdd"length="8" precision="0"/>
    <typeDefine name="FTDDateTime" baseType="FTDStringType&lt;20&gt;"comment="yyyymmddhh24nnsscc" length="20" precision="0"/>
    <typeDefine name="FTDDirection" baseType="FTDCharType" length="1" precision="0">
        <enumValue name="0" comment="买"/>
        <enumValue name="1" comment="卖"/>
    </typeDefine>
    <typeDefine name="FTDErrorCode" baseType="FTDStringType&lt;10&gt;" length=
```

“10”precision=“0”/>

<typeDefine name=“FTDForceExitCode” baseType=“FTDCharType” length=“1” precision=“0”>

<enumValue name=“0” comment=“目前应该为 0”/>

</typeDefine>

<typeDefine name=“FTDHedgeFlag” baseType=“FTDCharType” length=“1” precision=“0”>

<enumValue name=“1” comment=“投机”/>

<enumValue name=“3” comment=“套期保值”/>

</typeDefine>

<typeDefinename=“FTDInstrumentId” baseType=“FTDStringType<10>” length=“10”precision=“0”/>

<typeDefine name=“FTDInstrumentStatus” baseType=“FTDCharType” length=“1” precision=“0”>

<enumValue name=“0” comment=“连续交易”/>

<enumValue name=“1” comment=“开盘集合竞价”/>

<enumValue name=“2” comment=“收盘集合竞价”/>

<enumValue name=“3” comment=“暂停”/>

<enumValue name=“4” comment=“非交易”/>

</typeDefine>

<typeDefine name=“FTDInstrumentType” baseType=“FTDCharType” length=“1” precision=“0”>

<enumValue name=“0” comment=“目前应该为 0”/>

</typeDefine>

<typeDefine name=“FTDInstrumentVersion” baseType=“FTDCharType” length=“1” precision=“0”>

<enumValue name=“0” comment=“目前应该为 0”/>

</typeDefine>

<typeDefine name=“FTDLocalId” baseType=“FTDStringType<15>” length=“15”precision=“0”/>

<typeDefine name=“FTDMarketId” baseType=“FTDStringType<10>” length=“10”precision=“0”/>

<typeDefine name=“FTDMarketStatus” baseType=“FTDCharType” length=“1” precision=“0”>

<enumValue name=“0” comment=“连续交易”/>

<enumValue name=“1” comment=“开盘集合竞价”/>

<enumValue name=“2” comment=“收盘集合竞价”/>

<enumValue name=“3” comment=“暂停”/>

<enumValue name=“4” comment=“非交易”/>

</typeDefine>

<typeDefine name=“FTDMatchCondition” baseType=“FTDCharType” length=“1” precision=“0”>

```
        <enumValue name="1" comment="即时全部成交"/>
        <enumValue name="2" comment="即时部分成交"/>
        <enumValue name="3" comment="当日有效"/>
        <enumValue name="4" comment="取消前有效"/>
        <enumValue name="5" comment="指定日期前有效"/>
    </typeDefine>
    <typeDefine name="FTDMatchSession" baseType="FTDCharType" length="1" precision="0">
        <enumValue name="1" comment="开盘集合竞价"/>
        <enumValue name="2" comment="连续交易"/>
        <enumValue name="3" comment="开盘集合竞价和连续交易"/>
        <enumValue name="4" comment="收盘集合竞价"/>
        <enumValue name="5" comment="开盘集合竞价和收盘集合竞价"/>
        <enumValue name="6" comment="连续交易和收盘集合竞价"/>
        <enumValue name="7" comment="开盘集合竞价,连续交易和收盘集合竞价"/>
    </typeDefine>
    <typeDefine name="FTDMatchFlag" baseType="FTDCharType" length="1" precision="0">
        <enumValue name="0" comment="同为开仓"/>
        <enumValue name="1" comment="同为平仓"/>
        <enumValue name="2" comment="不同"/>
    </typeDefine>
    <typeDefine name="FTDMsgRef" baseType="FTDStringType&lt;6&gt;" length="6" precision="0"/>
    <typeDefine name="FTDName" baseType="FTDStringType&lt;20&gt;" length="20" precision="0"/>
    <typeDefine name="FTDNewsType" baseType="FTDStringType&lt;2&gt;" length="2"precision="0"/>
    <typeDefine name="FTDNewsUrgency" baseType="FTDCharType" length="1" precision="0"/>
    <typeDefine name="FTDOffsetFlag" baseType="FTDCharType" length="1" precision="0">
        <enumValue name="0" comment="开仓"/>
        <enumValue name="1" comment="平仓"/>
        <enumValue name="2" comment="强平"/>
        <enumValue name="3" comment="强减"/>
    </typeDefine>
    <typeDefine name="FTDOrderStatus" baseType="FTDCharType" length="1" precision="0">
        <enumValue name="0" comment="全部成交"/>
        <enumValue name="1" comment="部分成交还在队列中"/>
        <enumValue name="2" comment="部分成交不在队列中"/>
        <enumValue name="3" comment="未成交还在队列中"/>
        <enumValue name="4" comment="未成交不在队列中"/>
```

```
        <enumValue name=“5” comment=“撤单”/>
    </typeDefine>
    <typeDefine name=“FTDOrderType” baseType=“FTDCharType” length=“1” precision=“0”>
        <enumValue name=“0” comment=“限价”/>
        <enumValue name=“1” comment=“市价”/>
        <enumValue name=“2” comment=“止损限价”/>
        <enumValue name=“3” comment=“止损市价”/>
        <enumValue name=“4” comment=“市价转限价”/>
        <enumValue name=“5” comment=“最好价格”/>
        <enumValue name=“6” comment=“均价”/>
    </typeDefine>
    <typeDefine name=“FTDParticipantId” baseType=“FTDStringType&lt;8&gt;” length=“8”precision=“0”/>
    <typeDefine name=“FTDParticipantType” baseType=“FTDCharType” length=“1” precision=“0”>
        <enumValue name=“0” comment=“自营”/>
        <enumValue name=“1” comment=“经纪”/>
        <enumValue name=“2” comment=“综合”/>
        <enumValue name=“3” comment=“特别”/>
        <enumValue name=“4” comment=“做市商”/>
    </typeDefine>
    <typeDefine name=“FTDPassword” baseType=“FTDStringType&lt;40&gt;” length=“40”precision=“0”/>
    <typeDefine name=“FTDPercent”baseType=“FTDFloatType&lt;4,2&gt;”length=“4” precision=“2”/>
    <typeDefine name=“FTDPrice”baseType=“FTDFloatType&lt;10,2&gt;”length=“10” precision=“2”/>
    <typeDefine name=“FTDProtocolVersion” baseType=“FTDStringType&lt;8&gt;” length=“8”precision=“0”/>
    <typeDefine name=“FTDPubStyle” baseType=“FTDCharType” length=“1” precision=“0”>
        <enumValue name=“0” comment=“不发布”/>
        <enumValue name=“1” comment=“发布”/>
    </typeDefine>
    <typeDefine name=“FTDSequenceNo” baseType=“FTDIntType” length=“4” precision=“0”/>
    <typeDefine name=“FTDSequenceSeries” baseType=“FTDWordType” length=“2” precision=“0”/>
    <typeDefine name=“FTDServerAppName” baseType=“FTDStringType&lt;20&gt;” length=“20”precision=“0”/>
    <typeDefine name=“FTDStopCode” baseType=“FTDCharType” length=“1” precision=“0”>
```

```
<enumValue name="0" comment="目前应该为 0"/>
</typeDefine>
<typeDefine name="FTDSysOrderId"baseType="FTDStringType&lt;20&gt;"length="20"precision="0"/>
<typeDefine name="FTDTime" baseType="FTDStringType&lt;8&gt;" comment="hh24nnsscc"length="8" precision="0"/>
<typeDefinename="FTDTimeOut" baseType="FTDNumberType&lt;3&gt;" length="3"precision="0"/>
<typeDefine name="FTDTimeStamp" baseType="FTDStringType&lt;20&gt;" comment="Unix 系统 UTC 时间" length="20" precision="0"/>
<typeDefine name="FTDUserId" baseType="FTDStringType&lt;15&gt;" length="15"precision="0"/>
<typeDefine name="FTDTradeId" baseType="FTDStringType&lt;20&gt;" length="20"precision="0"/>
<typeDefine name="FTDTradeRight" baseType="FTDCharType" length="1" precision="0">
    <enumValue name="0" comment="完全"/>
    <enumValue name="1" comment="只可平"/>
    <enumValue name="2" comment="不准交易"/>
</typeDefine>
<typeDefine name="FTDUserStatus" baseType="FTDCharType" length="1" precision="0">
    <enumValue name="0" comment="目前应该为 0"/>
</typeDefine>
    <typeDefine name="FTDUserType" baseType="FTDCharType" length="1" precision="0">
    <enumValue name="0" comment="目前应该为 0"/>
</typeDefine>
<typeDefine name="FTDTradeType " baseType="FTDCharType" length="1" precision="0">
    <enumValue name="0" comment="目前应该为 0"/>
</typeDefine>
<typeDefine name="FTDValue" baseType="FTDFloatType&lt;14,2&gt;" length="14" precision="2"/>
<typeDefine name="FTDVolume" baseType="FTDIntType" length="4" precision="0"/>
<typeDefine name="FTDVolumeType" baseType="FTDCharType" length="1" precision="0">
    <enumValue name="0" comment="增量"/>
    <enumValue name="1" comment="绝对量"/>
</typeDefine>
</types>
</ftd>
```

ICS 03. 060
A11
备案号

JR

中华人民共和国金融行业标准

JR/T 0018－2004

证券登记结算业务数据交换协议

Securities Register and Settlement Data Exchange Protocol

2005－03－25 发布 2005－03－25 实施

中国证券监督管理委员会 发布

目　次

前　言

本协议的附录 A 为资料性附录，附录 B 为规范性附录。

本协议由证券登记结算业务数据交换协议工作小组提出。

本协议由国家金融标准化委员会归口。

本协议起草单位：中国证券登记结算有限责任公司、海通证券公司、中信证券公司、国泰君安证券公司、大鹏证券公司。

本协议主要起草人：王彦龙、沈云明、谢权、陈煜涛、王锦国、龚大平、冯艺东、潘琳、李栋良、涂健、周民、李军、田军、高青、王珊。

引　言

中国证券市场发展十余年以来，沪深两个证券交易所以及专门为其服务的证券登记结算机构各自独立运作，分别形成了两套不同的证券登记结算模式，对外形成了两套不同的证券登记结算业务数据交换协议。

为了顺应证券登记结算模式统一发展的趋势，缩短市场业务创新的技术响应时间，提高实现直通处理的能力，同时考虑到中国证券市场的国际化，特制订本协议。

证券登记结算业务数据交换协议

1　范围

本标准规定了登记结算业务数据交换涉及的数据域和消息的定义规则，以及基于证券登记结算业务的数据交换的消息体和代码型字段的取值，此标准用于结算会员与结算机构、结算银行和结算机构之间的数据交换。依赖于网络传输的一些规则，比如如何确定消息的发送时间和发送地点，消息的确认以及消息的保护等，均不是本协议的内容。

本协议规定的数据内容和格式，要求在市场参与方之间进行证券登记结算业务数据往来时予以遵守。内部系统使用的数据内容和格式不受本协议的约束。

2　规范性引用文件

下列文件中的条款通过本协议的引用而成为本协议的条款。凡是注明日期的引用文件，其随后所有的修改单（不包括勘误的内容）或修订版均不适用于本协议。然而，鼓励根据本部分达成协议的各方研究是否可使用这些文件的最新版本。凡是不注明日期的引用文件，其最新版本适用于本部分。

GB/T 12406－1996 表示货币和资金的代码

GB/T 2659－2000 世界各国和地区名称代码

ISO/IEC 10646 通用多八位编码字符集

ISO/IEC 8859－18 位单字节图形编码字符集——第一部分：拉丁字母表

3　术语和定义

3.1

数据域 Data Field

数据域由一个域标记和一个紧随其后的数据项构成。

3.2

域标记 Field Tag

一个唯一字符串，用于确定其后的数据项的含义、格式和值的表示。

3.3

数据项 Data Item

一个数据值的表达式，表示为一种特定格式，并由一个前导域标记标识。

3.4

数据元 Data Element

数据单位，其识别、描述和值的表示均被定义。

注：一个数据元在确定的上下文中是不可分的。

3.5

简单数据元 Simple Data Element

包含一个单一的值的数据元。

3.6

成分数据元 Component Data Element

简单数据元，是复合数据元的组成部分，通过其在复合数据元中的位置识别。

3.7

复合数据元 Composite Data Element

包含两个或两个以上成分数据元的数据元。

3.8

分隔符 Separator

在语法上将数据分隔的单个或多个字符。

3.9

数据域模块 Block of Data Fields

与一个业务概念有关的，功能上互相关联的数据域集合。该数据域集合通过标记与消息中的其他内容区分开来。

注：一个数据域模块由一对开始标记和结束标记标识，开始标记和结束标记均带有用于描述模块特定含义的模块名字。数据域模块可以重复。一个数据域模块可以以嵌套的方式包含另外的数据域模块。

3.10

子域 Sub-field

复合数据元、域标记或消息描述符的组成部分。

3.11

消息 Message

从一方传递给另一方的一系列数据域和（或）数据域模块，用于传递有含义的业务信息。

3.12

消息代码 Message Code

用于表明消息类型的唯一字符串。

3.13

消息类型 Message Type

被标识并且具有一定结构的数据项或数据元的集合，用于传递与一个特定业务范围相关的信息。

3.14

消息描述符 Message Descriptor

描述消息的使用范围及其可能用到的域的字符串。

注：一个消息描述符由消息代码与可选的一个版本号组成。

3.15

版本号 Version Number

版本的编号，使得消息类型的不同版本可以同时被支持。

3.16

用户群体 Community of Users

参与相同市场行为并使用相同消息协议的金融机构。

4 语法和词法格式

4.1 基本原则

消息目录中的消息应遵守如下基本原则：

（1）消息必须是与系统和网络无关的；

（2）消息的使用范围不应依赖于消息的发送方和接收方；

（3）域标记应能唯一确定随后的数据项，而不依赖于消息类型或者数据域在消息中的位置。

4.2 字符集和词法格式

4.2.1 字符集

协议中的数据域采用如下字符集：

a）ISO/IEC 8859-1（Latin 1）

ISO/IEC 8859-1 包含 191 个图形字符，并且支持丹麦语、荷兰语、英语、法罗语、芬兰语、法语、德语、冰岛语、爱尔兰语、意大利语、挪威语、葡萄牙语、西班牙语和瑞典语等使用的所有字符。

b）ISO/IEC 10646-1［通用多八位编码字符集（UCS）］

它支持大多数非拉丁语系语言。

c）二进制。

4.2.2 词法格式定义

域及其构成要素的格式以如下方式描述：

a）长度限制

nn	最少一个字符，最多 nn 个字符
nn!	固定数目的字符
nn-nn	字符个数的范围
nn×nn	最多行数×每行最多字符数

b）字符类型

n	数字型
d	十进制数
h	十六进制数
b	二进制
a	字母
c	字母数字字符
z	ISO/IEC 8859-1（Latin 1）字符与 GBK 字符
“text”	引号中的文本内容不变

注：d 和 h 类型可以含有一个小数点表示浮点数，可以在前边有一个＋（正号）或－（负号）表示正负。

4.2.3　分隔符

除了用于定义数据域的字符集外，还需要各种控制字符进行语法分隔：

a）域分隔符，分隔一条消息内部的数据域；

b）标记分隔符，分隔域标记与数据项；

c）子域分隔符，分隔数据项、域标记或者消息描述符内部的子域。

下列是定义的分隔符和转义字符：

a）域分隔符　　　　CRLF（回车换行符）

b）标记分隔符　　　　“:”

c）子域分隔符　　　　“/”

除此之外，一条消息的结尾有消息分隔符。消息分隔符的格式是 CRLF“-”（回车换行加一个负号）。

4.2.4　使用的记号

下述记号用于描述子域、数据域、数据域序列或数据域模块的使用。它也被用于描述数据域和消息的结构、使用或格式。

a）数据项的名字通常显示在“<…>”中（字符“<”和“>”不构成消息的组成部分）；

b）如果数据域中的某个字符或子域是可选的，则它被显示在“[…]”（字符“[”和“]”不构成消息的组成部分）；

c）选择性的数据项（即从一系列数据项中选择其中之一）用“|”隔开显示（字符“|”不构成消息的组成部分）。

下面对此举例说明：

例 1：2!z [1n]

表示一个数据域，该数据域必备的是 2 个可接受的 Latin 1 字符，在 2 个字符后可以跟一个数字，也可以没有。

例 2：3c [“/”3! c[“/”8z]]

表示该格式可以由被“/”分隔的三个子域组成，它可以有如下几种组成方式：

a）子域 1　　　　3! c

b）子域 1 与 2　　　　3! c “/”3! c

c）子域 1、2 与 3 3! c“/”3! c“/”8z

例 3：<A>|<B>

表示序列<A>和序列<B>能且只能择其一。

例 4：<A> [<B> [<C>|<D>]]

该格式可以有如下几种组成方式：

序列 A；序列 A，B；序列 A，B，C；序列 A，B，D。

4.2.5　数的定义

数通常被定义为格式“d”。这种格式可以有一个“.”（小数点），也可以有一个前导的“+”（正号）或“-”（负号）。开始和结尾的 0 是可以接受的。合法的格式包括如下几种：

123　　　12.3　　　0.123　　　123.12.30　　　0123

4.3 消息结构和设计规则

4.3.1 消息的组成

本条款描述了一条消息的各种组成部分，以及它们的组合方式。

每条消息由下列部分组成：

（1）一个消息描述符；

（2）若干数据域和/或数据域模块；

（3）一个消息分隔符。

包含消息描述符的消息头和包含消息分隔符的消息尾，是依赖于系统、网络或传输媒介的，因而不是协议的定义对象。但是，消息描述符和消息分隔符是协议的本部分所定义的内容。

消息中的数据域和数据域模块可以按任意顺序组织，组织顺序的不同不会改变消息本身的含义。

4.3.2 消息描述符

每条消息的数据内容必须由一个消息描述符引出。描述符确定消息的范围、可以定义的域，以及这些域使用的条件。

消息描述符必须包含在消息头中。它最多由两个子域组成：一个消息代码，一个可选择的版本号。

推荐用如下序列：

＜消息代码＞［＜子域分隔符＞＜版本号＞］

在格式 3！c[“/”3！c]中：

消息代码（3！c）指的是一个定义消息使用范围的消息类型，如账号修改指令。

版本号（“/”3！c）使得同一消息类型的不同版本可以同时得到支持。它决定可以用于确定的消息类型的数据域。如果消息描述符中没有声明任何版本号，则被认为是消息类型版本“000”。需要注意的是，一个涵盖了所有其他当前版本的统一消息类型和版本也许是不必要的。

所有消息都有一个版本号。缺省地，所有现有消息都带有版本号“000”。

如上所述，消息类型本身可以单独确定消息的使用范围，而不能单独确定消息格式。版本号用于一个现存版本的新发布号，该现存版本将在一个过渡的转换时期后逐步停止使用。

4.3.3 数据域

4.3.3.1 通则

数据域由一个域标记以及紧随其后的数据项组成：

＜域标记＞＜数据项＞

一个数据域通常只涉及到一个数据元或者几个相互关联、需要联合在一起表达一个有含义的信息单元的数据元。例如，交收日＋月＋年需要联在一起表达一个有含义的交收日期数据域；另一方面，交收日期和交收数量是各自有其含义的单元，也许需要分开使用，这样就要出现在不同的数据域中。

一个数据域如果不是出现在模块中，在一条消息中通常只出现一次。

对于新的数据域，域标记将唯一定义域标记后面的数据项的格式、可能取值和含义。

数据项可以分成子域。

4.3.3.2 域标记和标记分隔符

域标记唯一标识域的业务功能和域标记后的数据项格式。它通常包含两个子域。

＜域类型＞＜标记分隔符＞，如下格式：

4！c　“:”

例如 “成交时间”数据域有一个域类型 D103，可以按如下方式使用：

D103：19980302/102515

成交时间是 1998 年 3 月 2 日 10 时 25 分 15 秒

4.3.3.3 数据域状态

消息中的数据域在消息目录中的状态分为如下三种：

a）M 必备的（Mandatory）；

b）C 有条件的（Conditional）：依赖于消息目录中定义的环境来决定是否需要；

c）O 可选的（Optional）：当隐含的信息存在并且为发送方所知时，数据域应当存在。然而，当消息没有包含该数据域时，也是有含义的。

4.3.3.4 数据项子域

域中的数据项可以被分为不同的子域。所有的子域被子域分隔符分开。

数据项中的子域可以是：

a）必备的；

b）有条件的：依赖于消息目录中定义的环境来决定是否需要；

c）可选的：当隐含的信息存在并且为发送方所知时，该子域应当存在。然而，当消息没有包含该子域时，也是有含义的。

如果一个数据项由三个可选的子域 A，B 和 C 组成，它们在数据域中的出现必须用分隔符指明。尾部的分隔符可以忽略。

例如：

“x/y/z” 表示 A，B 和 C 都出现，值分别是 x，y 和 z。

“x/y” 表示 A，B 出现，值分别是 x 和 y，而 C 不出现。

“x//y” 表示 A 和 C 出现，值分别是 x 和 y，但 B 不出现。

“/x/y” 表示 B 和 C 都出现，值分别是 x 和 y，而 A 不出现。

“x” 表示 A 出现，值是 x，B 和 C 不出现。

“/x” 表示 B 出现，值是 x，A 和 C 不出现。

“//x” 表示 C 出现，值是 x。

4.3.4 数据域模块

4.3.4.1 通则

数据域模块通常用于表示消息中一个重复的或者互相关联的数据域序列。例如，在一个持有信息的描述中，每笔持有的相关信息可以放在一个模块中。

一个数据域模块由以下部分组成：

一个模块开始域；

若干数据域和/或数据域模块；

一个模块结束域。

这意味着模块可以相互嵌套。在一条消息中模块可以重复，但是不能递归定义，即一个模块不可以定义在包含它自己的条款中。

如果要求在一条消息中重复一个具有相同含义的数据域，该数据域应当放在模块中。

4.3.4.2 模块开始域和模块结束域

模块的开始通过一个特别的数据域表示，该数据域的域类型是“Z201”。其后的数据项的组成如下：

首先有一个模块名称，对于重复出现的模块而言，还可以有两个子域分别表示该模块在消息中的第几次出现，以及该模块在消息中的出现总次数。其中，后两个子域是可选的。

该数据域的格式为：

“Z201”：16c[“/”3n[“/”3n]]

其中，第一个子域（16c）是模块名称。在一条消息中，除了相同模块的重复出现外，每个模块应当有一个在消息中唯一的模块名称。

可选的第二个子域在重复模块中是必备的。它定义了包含当前出现在内的出现次数，即该模块目前为止在该消息中已经出现的次数。第一次出现的值是 1，第二次是 2，依此类推。

可选的第三个子域定义了该模块在该消息中出现的总次数。

例如，名为 MYDATA 的一个总共出现 3 次的数据域模块的第二次出现将由如下的模块开始：

Z201：MYDATA/2/3

与每个模块开始域相伴出现的是由“Z202”标识的模块结束域。离散数据域模块结束的格式如下：

“Z202”：16c[“/”3n]

其中，必备的第一个子域是与关联的模块开始数据域中相同的模块名称。

可选的第二个子域定义重复模块的出现次数，该子域对于重复模块是必备的，其值应与相关联的模块开始域中的值对应。

模块结尾要显式声明。它们不是隐含的。

4.3.4.3 嵌套数据模块

一个数据域模块可以包含其他的数据域模块。包含在另一个数据域模块中的数据域模块必须在该模块内部是完整的。

4.3.4.4 数据域模块状态

消息中的数据域模块，就像一个数据域，在消息目录中可以有如下三种状态之一：

M　必备的。

C　有条件的。可能需要，也可能不需要或者不允许，这依赖于消息目录中定义的条件。

O　可选的。如果隐含的信息存在并且被发送方所知，则数据模块应当出现。然而，消息在没有该数据模块的情况下也是有含义的。

一个模块中的域的状态，仅当该模块存在时才起作用。

一个数据域模块并不一定要在模块开始域和结尾域之间包含任何必备域。

5 关于数据域字典的规定

5.1 内容

每个注册的域都有唯一的名字和含义。只有完全符合设计标准的数据域才会被包含在数据域字典中。

每个数据域的下列信息将包含在数据域字典中：

a）域标记。

b）数据域的名字。

c）数据格式。

d）域的合法取值范围。

e）如果该域可以取值代码词，那么所有的注册代码词连同其含义、用法和状态都应当给出。新的代码词和代码值可以在不实质上增加一个新的数据域字典条目的情况下增加给一个域。

f）域的历史：何时创建，上次修改时间，是否取代另一个域。

g）数据域字典状态。

数据域模块不需要注册，虽然模块的开始域和结束域需要注册。在消息目录中，模块的内容在它所出现的注册消息中被描述。模块开始数据域条目描述模块名称和使用它们的消息。

5.2 数据域字典状态

每个域或值将被分配一个状态。状态的取值有如下几种：

a）有效并且可用；

b）有效但是不可用；

c）将在一个确定的日期被删除。

当域本身被标为“有效”的时候，特定的值（如代码词）可以指定在一个未来日期删除。

在从数据域字典中删除一个域的时候，至少要提前 12 个月表明。

有效的注册消息中的域在该消息从消息目录中删除之前不可以从数据域字典中删除。

6 关于消息目录的规定

6.1 消息的版本号

消息目录描述所有消息类型的所有当前注册版本。消息类型定义消息的业务范围。版本号定义一个特定的用户群体用于满足该业务范围的数据域。

一个新的版本号只有在如下情况时才会被创建：

a）需要一个或多个新的域；

b）一个必备域变为有条件的或可选的；

c）所需要的域的有条件结构与现存版本中的不兼容。

特别的，这意味着在下列情况下不会创建一个新的版本号：

a）需要一个不同的域序号；

b）一个有条件域变为必备的；

c）一个有条件域变为可选的；

d）一个有条件域现在不被允许；

e）一个可选域变为必备的；

f）一个可选域变为有条件的；

g）一个可选域现在不被允许；

h）对于某个域只有特定的代码词或格式被允许。

6.2 消息描述方法

消息目录中对一条消息的描述将包含如下条款：

6.2.1 描述

通过子标题“消息发送方”“消息接收方”“使用说明”详细描述消息的用途和可能的用法。

子条款“消息发送方”“消息接收方”定义消息的来源方和目的方。

子条款“使用说明”定义消息的用途和业务范围。它决定该消息在整个事务处理链条中的位置，并且解释在什么条件下使用或不使用该消息。

6.2.2 消息格式

按照域和模块的设计给出消息。

新的消息总是与消息或模块中的域以一种逻辑业务顺序一起列出。

消息中域的格式不与消息一起包含在消息目录中，但是它们的使用约束包含在消息目录中。

6.2.3 域的用法

详细说明域在每条消息中的用法，以及约束域的出现和用法的条件规则。

域的描述本身不在消息中定义，而是在数据域字典中定义。

6.3 消息状态

消息目录中的消息及其版本号可以具有如下状态：

a）有效的；

b）在确定的日期被删除。

一条消息被删除之前，权威注册机构至少要提前 12 个月通知。使用群体在该期限内可以通报注册权威机构保留该条消息。

7 证券登记结算业务数据交换消息目录

7.1 通用消息模块

7.1.1 说明

为了简化消息描述，把不同消息中通用的模块单独描述。在消息中需要引用该模块的地方，只列明该消息模块的名字。

7.1.2 消息概要模块

消息概要模块用于描述消息的概要信息，该模块是每条消息的必备模块，并且位于消息的开始。

模块包括的数据域见表 1。

表 1 消息概要模块

序号 No.	状态 Status	标记 Tag	数据域名称 Field Name	取值 Value	说 明
1	M	Z201	模块开始	GYXX	概要信息模块开始
2	M	Z101	消息编号		
3	M	Z103	消息代码		
4	M	Z102	消息版本号		
5	M	Z104	消息功能		
6	M	Z301	发送方		
7	M	Z302	接收方		
------>可重复可选模块关联信息					
8	M	Z201	模块开始	GLXX/n/m	关联信息模块开始
9	M	Z105	消息关联类型		
10	M	Z101	消息编号		关联消息的消息编号
11	M	Z202	模块结束	GLXX/n	关联信息模块结束
------|可重复可选模块关联信息					
12	M	Z202	模块结束	GYXX	概要信息模块结束

7.1.3 证券账户基本信息模块

证券账户基本信息模块用于描述证券账户的基本信息，该模块用于证券账户管理类的消息。

模块包括的数据域见表 2。

表 2 证券账户基本信息模块

序号 No.	状态 Status	标记 Tag	数据域名称 Field Name	取值 Value	说 明
1	M	Z201	模块开始	ZHXX	账户信息模块开始
2	M	A101	证券账号		
3	M	A102	证券账户类别		
4	O	A103	证券账户状态		
5	M	Z202	模块结束	ZHXX	账户信息模块结束

7.1.4 身份信息模块

身份信息模块用于描述投资人或其相关主体的身份信息，主要用于证券账户管理类的消息。

模块包括的数据域见表 3。

表 3 身份信息模块

序号 No.	状态 Status	标记 Tag	数据域名称 Field Name	取值 Value	说 明
1	M	Z201	模块开始	SFXX	身份信息模块开始
2	M	I201	身份类别		
3	M	I202	身份性质		
4	M	I203	姓名或名称		
5	M	I204	身份证件类别		
6	M	I205	身份证件号码		
7	M	I101	国家/地区代码		
8	M	Z202	模块结束	SFXX	身份信息模块结束

7.1.5 补充身份信息模块

补充身份信息模块用于描述投资人或其相关主体的补充身份信息。

模块包括的数据域见表 4。

表 4 补充身份信息模块

序号 No.	状态 Status	标记 Tag	数据域名称 Field Name	取值 Value	说 明
1	M	Z201	模块开始	BCSFXX	补充身份信息模块开始
2	M	I201	身份类别		
3	M	I206	学历代码		
4	M	I207	职业代码		
5	M	Z202	模块结束	BCSFXX	补充身份信息模块结束

7.1.6 通讯信息模块

通讯信息模块用于描述投资人的通讯信息，主要用于证券账户管理类的消息。

模块包括的数据域见表 5。

表 5　通讯信息模块

序号 No.	状态 Status	标记 Tag	数据域名称 Field Name	取值 Value	说　明
1	M	Z201	模块开始	TXXX	通讯信息模块开始
2	M	I201	身份类别		
3	M	I301	通信地址		
4	M	I302	邮政编码		
5	O	I303	电话号码		
6	O	I304	传真号码		
7	O	I305	电子邮件		
8	M	Z202	模块结束	TXXX	通讯信息模块结束

7.2　业务消息详细描述

7.2.1　证券账户开户申请（A01）

消息发送方：开户代理点

消息接收方：登记结算机构

使用说明：用于证券账户开户申请的提交，每条消息中可以包括一项或多项申请。

具体消息定义见表 6。

表 6　证券账户开户申请

序号 No.	状态 Status	标记 Tag	数据域名称 Field Name	取值 Value	说　明
1	M	消息概要模块			
------>必备模块 B 基本信息					
2	M	Z201	模块开始	B _ JBXX	基本信息模块开始
3	M	E901	开户代理点代码		
4	M	F101	业务类别	A01	
5	M	Z202	模块结束	B _ JBXX	基本信息模块结束
------>必备模块 B 基本信息					
------|可重复必备模块 C 提交信息					
6	M	Z201	模块开始	C _ TJXX/n/m	提交信息模块开始
7	M	H101	委托编号		开户代理点给出能够唯一标识一项委托业务的编号
8	M	D101	委托时间		
9	M	A102	证券账户类别		申请开户的证券账户类别
10	M	身份信息模块			投资人的身份信息，模块中的“I201”（身份类别）取值“01”(投资人)
11	O	补充身份信息模块			投资人的补充身份信息，模块中的“I201”（身份类别）取值“01”(投资人)

续表

序号 No.	状态 Status	标记 Tag	数据域名称 Field Name	取值 Value	说　明
12	M		通讯信息模块		投资人的通讯信息，模块中的“I201”（身份类别）取值“01”（投资人）
13	C		身份信息模块		表示法定代表人的身份信息，模块中的“I201”（身份类别）取值“02”（法定代表人），投资人是机构时需要
14	C		身份信息模块		表示经办人的身份信息，模块中的“I201”（身份类别）取值“03”（经办人），投资人是机构时需要
15	M	Z202	模块结束	C _ TJXX/n	提交信息模块结束
------|可重复必备模块 C 提交信息					

7.2.2 证券账户开户回报（A02）

消息发送方：登记结算机构

消息接收方：开户代理点

使用说明：用于证券账户开户结果的回报，每条消息中可以包括一项或多项申请的回报。

具体消息定义见表 7。

表 7　证券账户开户回报

序号 No.	状态 Status	标记 Tag	数据域名称 Field Name	取值 Value	说　明
1	M		消息概要模块		
------>必备模块 B 基本信息					
2	M	Z201	模块开始	B _ JBXX	基本信息模块开始
3	M	E901	开户代理点代码		
4	M	F101	业务类别	A01	
5	M	Z202	模块结束	B _ JBXX	基本信息模块结束
------|必备模块 B 基本信息					
------>可重复必备模块 C 回报信息					
6	M	Z201	模块开始	C _ HBXX/n/m	回报信息模块开始
7	M	H102	处理编号		登记结算机构给出的能够唯一标识业务处理结果的编号
8	M	D102	处理时间		该项业务被登记结算机构处理的时间
9	M	F102	处理结果代码	Axx	该项业务被登记结算机构处理的结果
10	M	H101	委托编号		同证券账户开户申请中的相关域
11	M	D101	委托时间		同证券账户开户申请中的相关域

续表

序号 No.	状态 Status	标记 Tag	数据域名称 Field Name	取值 Value	说　明
12	M	证券账户基本信息模块			
13	M	身份信息模块			投资人的身份信息，模块中的“I201”（身份类别）取值“01”（投资人）
14	O	补充身份信息模块			投资人的补充身份信息，模块中的“I201”（身份类别）取值“01”（投资人）
15	M	通讯信息模块			投资人的通讯信息，模块中的“I201”（身份类别）取值“01”（投资人）
16	C	身份信息模块			表示法定代表人的身份信息，模块中的“I201”（身份类别）取值“02”（法定代表人），投资人是机构时需要
17	C	身份信息模块			表示经办人的身份信息，模块中的“I201”（身份类别）取值“03”（经办人），投资人是机构时需要
18	M	Z202	模块结束	C _ HBXX/n	回报信息模块结束
------|可重复必备模块 C 回报信息					

7.2.3　证券账户信息查询申请（A03）

消息发送方：开户代理点

消息接收方：登记结算机构

使用说明：用于证券账户信息查询的提交，每条消息中可以包括一项或多项查询的提交。

具体消息定义见表 8。

表 8　证券账户消息查询申请

序号 No.	状态 Status	标记 Tag	数据域名称 Field Name	取值 Value	说　明
1	M	消息概要模块			
------>必备模块 B 基本信息					
2	M	Z201	模块开始	B _ JBXX	基本信息模块开始
3	M	E901	开户代理点代码		
4	M	F101	业务类别	A02	
5	M	Z202	模块结束	B _ JBXX	基本信息模块结束
------|必备模块 B 基本信息					
------>可重复必备模块 C 提交信息					
6	M	Z201	模块开始	C _ TJXX/n/m	提交信息模块开始
7	M	H101	委托编号		开户代理点给出能够唯一标识一项委托业务的编号
8	M	D101	委托时间		

续表

序号 No.	状态 Status	标记 Tag	数据域名称 Field Name	取值 Value	说　明
9	O	证券账户基本信息模块			
10	M	身份信息模块			投资人的身份信息，模块中的“I201”（身份类别）取值“01”（投资人），用于验证查询者身份
11	C	身份信息模块			表示法定代表人的身份信息，模块中的“I201”（身份类别）取值“02”（法定代表人），投资人是机构时需要，用于验证查询者身份
12	C	身份信息模块			表示经办人的身份信息，模块中的“I201”（身份类别）取值“03”（经办人），投资人是机构时需要
13	M	Z202	模块结束	C _ TJXX/n	提交信息模块结束
------┤可重复必备模块 C 提交信息					

7.2.4　证券账户信息查询回报（A04）

消息发送方：登记结算机构

消息接收方：开户代理点

使用说明：用于证券账户信息查询的回报，每条消息中可以包括一项或多项查询的回报。

具体消息定义见表 9。

表 9　证券账户信息查询回报

序号 No.	状态 Status	标记 Tag	数据域名称 Field Name	取值 Value	说　明
1	M	消息概要模块			
------>必备模块 B 基本信息					
2	M	Z201	模块开始	B _ JBXX	基本信息模块开始
3	M	E901	开户代理点代码		
4	M	F101	业务类别	A02	
5	M	Z202	模块结束	B _ JBXX	基本信息模块结束
------┤必备模块 B 基本信息					
------>可重复必备模块 C 回报信息					
6	M	Z201	模块开始	C _ HBXX/n/m	回报信息模块开始
7	M	H102	处理编号		登记结算机构给出的能够唯一标识业务处理结果的编号
8	M	D102	处理时间		该项业务被登记结算机构处理的时间
9	M	F102	处理结果代码	Axx	该项业务被登记结算机构处理的结果
10	M	H101	委托编号		同证券账户信息查询申请中的相关域

续表

序号 No.	状态 Status	标记 Tag	数据域名称 Field Name	取值 Value	说　明
11	M	D101	委托时间		同证券账户信息查询申请中的相关域
12	C	证券账户基本信息模块			处理成功时回报
13	C	身份信息模块			投资人的身份信息，模块中的“I201”（身份类别）取值“01”（投资人），处理成功时回报
14	C	补充身份信息模块			投资人的补充身份信息，模块中的“I201”（身份类别）取值“01”（投资人），处理成功时回报
15	C	通讯信息模块			投资人的通讯信息，模块中的“I201”（身份类别）取值“01”（投资人），处理成功时回报
16	C	身份信息模块			表示法定代表人的身份信息，模块中的“I201”（身份类别）取值“02”（法定代表人），投资人是机构时需要，处理成功时回报
17	C	身份信息模块			表示经办人的身份信息，模块中的“I201”（身份类别）取值“03”（经办人），投资人是机构时需要，处理成功时回报
18	M	Z202	模块结束	C _ HBXX/n	回报信息模块结束
------|可重复必备模块 C 回报信息					

7.2.5　证券账户信息修改申请（A05）

消息发送方：开户代理点

消息接收方：登记结算机构

使用说明：用于证券账户信息修改的提交，每条消息中可以包括一项或多项修改的提交。

具体消息定义见表 10。

表 10　证券账户信息修改申请

序号 No.	状态 Status	标记 Tag	数据域名称 Field Name	取值 Value	说　明
1	M	消息概要模块			
------>必备模块 B 基本信息					
2	M	Z201	模块开始	B _ JBXX	基本信息模块开始
3	M	E901	开户代理点代码		
4	M	F101	业务类别	A03	
5	M	Z202	模块结束	B _ JBXX	基本信息模块结束

续表

序号 No.	状态 Status	标记 Tag	数据域名称 Field Name	取值 Value	说　明
------┤必备模块 B 基本信息					
------>可重复必备模块 C 提交信息					
6	M	Z201	模块开始	C _ TJXX/n/m	提交信息模块开始
7	M	H101	委托编号		开户代理点给出能够唯一标识一项委托业务的编号
8	M	D101	委托时间		
9	M	证券账户基本信息模块			
10	M	身份信息模块			投资人的身份信息，模块中的“I201”（身份类别）取值“01”（投资人），用于验证修改者身份
11	C	身份信息模块			表示法定代表人的身份信息，模块中的“I201”（身份类别）取值“02”（法定代表人），投资人是机构时需要，用于验证修改者身份
12	C	身份信息模块			表示经办人的身份信息，模块中的“I201”（身份类别）取值“03”（经办人），投资人是机构时需要
------>必备模块 C1 修改内容					
13	M	Z201	模块开始	C1 _ XGNR	修改内容模块开始
14	O	身份信息模块			投资人的身份信息，模块中的“I201”（身份类别）取值“01”（投资人）
15	O	补充身份信息模块			投资人的补充身份信息，模块中的“I201”（身份类别）取值“01”（投资人）
16	O	通讯信息模块			投资人的通讯信息，模块中的“I201”（身份类别）取值“01”（投资人）
17	O	身份信息模块			表示法定代表人的身份信息，模块中的“I201”（身份类别）取值“02”（法定代表人），投资人是机构时可用
18	O	身份信息模块			表示经办人的身份信息，模块中的“I201”（身份类别）取值“03”（经办人），投资人是机构时可用
19	M	Z202	模块结束	C1 _ XGNR	修改内容模块结束

续表

序号 No.	状态 Status	标记 Tag	数据域名称 Field Name	取值 Value	说　明
------┤必备模块 C1 修改内容					
20	M	Z202	模块结束	C _ TJXX/n	提交信息模块结束
------┤可重复必备模块 C 提交信息					

7.2.6　证券账户信息修改回报（A06）

消息发送方：登记结算机构

消息接收方：开户代理点

使用说明：用于证券账户信息修改的回报，每条消息中可以包括一项或多项修改的回报。具体消息定义见表 11。

表 11　证券账户信息修改回报

序号 No.	状态 Status	标记 Tag	数据域名称 Field Name	取值 Value	说　明
1	M	消息概要模块			
------>必备模块 B 基本信息					
2	M	Z201	模块开始	B _ JBXX	基本信息模块开始
3	M	E901	开户代理点代码		
4	M	F101	业务类别	A03	
5	M	Z202	模块结束	B _ JBXX	基本信息模块结束
------┤必备模块 B 基本信息					
------>可重复必备模块 C 回报信息					
6	M	Z201	模块开始	C _ HBXX/n/m	回报信息模块开始
7	M	H102	处理编号		登记结算机构给出的能够唯一标识业务处理结果的编号
8	M	D102	处理时间		该项业务被登记结算机构处理的时间
9	M	F102	处理结果代码	Axx	该项业务被登记结算机构处理的结果
10	M	H101	委托编号		同证券账户信息修改申请中的相关域
11	M	D101	委托时间		同证券账户信息修改申请中的相关域
12	C	证券账户基本信息模块			处理成功时回报
13	C	身份信息模块			投资人的身份信息，模块中的“I201”（身份类别）取值“01”（投资人），处理成功时回报
14	C	补充身份信息模块			投资人的补充身份信息，模块中的“I201”（身份类别）取值“01”（投资人），处理成功时回报

续表

序号 No.	状态 Status	标记 Tag	数据域名称 Field Name	取值 Value	说　明
15	C	通讯信息模块			投资人的通讯信息，模块中的“I201”（身份类别）取值“01”（投资人），处理成功时回报
16	C	身份信息模块			表示法定代表人的身份信息，模块中的“I201”（身份类别）取值“02”（法定代表人），投资人是机构时需要，处理成功时回报
17	C	身份信息模块			表示经办人的身份信息，模块中的“I201”（身份类别）取值“03”（经办人），投资人是机构时需要，处理成功时回报
18	M	Z202	模块结束	C _ HBXX/n	回报信息模块结束
------|可重复必备模块 C 回报信息					

7.2.7　证券账户改变状态申请（A07）

消息发送方：开户代理点

消息接收方：登记结算机构

使用说明：用于改变证券账户状态业务的提交，具体包括四种业务：挂失、解挂、注销、挂失换新号，每条消息中可以包括一项或多项同类业务的提交。

具体消息定义见表 12。

表 12　证券账户改变状态申请

序号 No.	状态 Status	标记 Tag	数据域名称 Field Name	取值 Value	说　明
1	M	消息概要模块			
------>必备模块 B 基本信息					
2	M	Z201	模块开始	B _ JBXX	基本信息模块开始
3	M	E901	开户代理点代码		
4	M	F101	业务类别		可取值范围：A04（挂失），A05（解挂），A06（注销），A07（挂失换新号）
5	M	Z202	模块结束	B _ JBXX	基本信息模块结束
------|必备模块 B 基本信息					
------>可重复必备模块 C 提交信息					
6	M	Z201	模块开始	C _ TJXX/n/m	提交信息模块开始
7	M	H101	委托编号		开户代理点给出能够唯一标识一项委托业务的编号
8	M	D101	委托时间		
9	M	身份信息模块			投资人的身份信息，模块中的“I201”（身份类别）取值“01”（投资人）

续表

序号 No.	状态 Status	标记 Tag	数据域名称 Field Name	取值 Value	说　明
10	C	身份信息模块			表示法定代表人的身份信息，模块中的“I201”（身份类别）取值“02”（法定代表人），投资人是机构时需要
11	C	身份信息模块			表示经办人的身份信息，模块中的“I201”（身份类别）取值“03”（经办人），投资人是机构时需要
12	M	Z202	模块结束	C _ TJXX/n	提交信息模块结束
------|可重复必备模块 C 提交信息					

7.2.8　证券账户改变状态申请回报（A08）

消息发送方：登记结算机构

消息接收方：开户代理点

使用说明：用于改变证券账户状态业务的回报，具体包括四种业务：挂失、解挂、注销、挂失换新号，每条消息中可以包括一项或多项同类业务的回报。对于处理成功的业务，需同时将回报消息拷贝发给与该证券账户有关的结算会员。

具体消息定义见表 13。

表 13　证券账户改变申请回报

序号 No.	状态 Status	标记 Tag	数据域名称 Field Name	取值 Value	说　明
1	M	消息概要模块			
------>必备模块 B 基本信息					
2	M	Z201	模块开始	B _ JBXX	基本信息
3	M	E901	开户代理点代码		
4	M	F101	业务类别		可取值范围：A04（挂失），A05（解挂），A06（注销），A07（挂失换新号）
5	M	Z202	模块开始	B _ JBXX	基本信息
------|必备模块 B 基本信息					
------>可重复必备模块 C 回报信息					
6	M	Z201	模块开始	C _ HBXX/n/m	回报信息
7	M	H102	处理编号		登记结算机构给出的能够唯一标识业务处理结果的编号
8	M	D102	处理时间		该项业务被登记结算机构处理的时间
9	M	F102	处理结果代码	Axx	该项业务被登记结算机构处理的结果
10	M	H101	委托编号		同证券账户改变状态申请中的相关域
11	M	D101	委托时间		同证券账户改变状态申请中的相关域

续表

序号 No.	状态 Status	标记 Tag	数据域名称 Field Name	取值 Value	说　明
12	C	证券账户基本信息模块			处理成功时回报（如果是挂失换新号，则其中是新证券账号相关信息）
13	M	Z202	模块结束	C _ HBXX/n	回报信息
------|可重复必备模块 C 回报信息					

7.2.9　交易清算通知（B02）

消息发送方：登记结算机构

消息接收方：结算会员

使用说明：用于集中交易和非集中交易业务的逐笔清算通知，每条消息中可以包括一笔或多笔业务的清算信息，最多可以包含一个结算席位涉及的所有交易的清算信息。

具体消息定义见表 14。

表 14　交易清算通知

序号 No.	状态 Status	标记 Tag	数据域名称 Field Name	取值 Value	说　明
1	M	消息概要模块			
------>必备模块 B 基本信息					
2	M	Z201	模块开始	B _ JBXX	基本信息模块开始
3	M	E203	结算会员代码		
4	M	E204	结算席位代码		
5	M	Z202	模块结束	B _ JBXX	基本信息模块结束
------|必备模块 B 基本信息 ------>可重复可选模块 C 交易清算					
6	M	Z201	模块开始	C _ JYQS/n/m	交易清算模块开始
7	M	F101	业务类别		
8	M	H103	交收编号		
9	M	D103	交收时间		
10	M	A101	证券账号		
11	M	B101	证券代码		
12	M	H101	委托编号		
13	M	D101	委托时间		
14	M	H102	成交编号		
15	M	D102	成交时间		
16	M	E101	交易地点		
17	M	C101	货币种类		
18	M	C201	交易价格		
19	M	B203	证券成交数量		
20	M	C202	交易金额		

续表

序号 No.	状态 Status	标记 Tag	数据域名称 Field Name	取值 Value	说　明
------>可重复可选模块 C1 税费信息					
21	M	Z201	模块开始	C1 _ SFXX/n/m	税费信息模块开始
22	M	C203	资金发生科目		税费科目
23	M	C204	资金发生数额		该税费科目发生的金额
24	M	Z202	模块结束	C1 _ SFXX/n	税费信息模块结束
------|可重复可选模块 C1 税费信息					
25	M	Z201	模块结束	C _ JYQS/n	交易清算模块结束
------|可重复可选模块 C 交易清算					

7.2.10　权益派发清算通知（B04）

消息发送方：登记结算机构

消息接收方：结算会员

使用说明：用于权益派发业务的逐笔清算通知，每条消息中可以包括一笔或多笔业务的清算信息，最多可以包含一个结算席位涉及的所有权益派发的清算信息。权益派发清算通知用于各种权益派发的逐笔清算，包括红股、红利、配股权等。

具体消息定义见表 15。

表 15　权益派发清算通知

序号 No.	状态 Status	标记 Tag	数据域名称 Field Name	取值 Value	说　明
1	M	消息概要模块			
------>必备模块 B 基本信息					
2	M	Z201	模块开始	B _ JBXX	基本信息模块开始
3	M	E203	结算会员代码		
4	M	E204	结算席位代码		
5	M	Z202	模块结束	B _ JBXX	基本信息模块结束
------|必备模块 B 基本信息 ------>可重复可选模块 C 权益派发					
6	M	Z201	模块开始	C _ QYPF/n/m	权益派发模块开始
7	M	H103	交收编号		
8	M	D103	交收时间		
9	M	A101	证券账号		
10	M	B101	证券代码		
11	M	C101	货币种类		
12	M	D202	权益派发年次		
13	M	G101	有权证券数量		权益派发依据的有效证券数量
------>可重复必备模块 C1 权益类别					
14	M	Z201	模块开始	C1 _ QYLB/n/m	权益类别模块开始
15	M	G102	权益派发类别		

续表

序号 No.	状态 Status	标记 Tag	数据域名称 Field Name	取值 Value	说 明
16	M	G103	权益派发比例		
17	M	G104	权益获得数额		
18	M	Z202	模块结束	C1 _ QYLB/n	权益类别模块结束
------|可重复必备模块 C1 权益类别					
------>可重复可选模块 C2 税费信息					
19	M	Z201	模块开始	C2 _ SFXX/n/m	税费信息模块开始
20	M	C203	资金发生科目		税费科目
21	M	C204	资金发生数额		该税费科目发生的金额
22	M	Z202	模块结束	C2 _ SFXX/n	税费信息模块结束
------|可重复可选模块 C2 税费信息					
23	M	Z202	模块结束	C _ QYPF/n	权益派发模块结束
------|可重复可选模块 C 权益派发					

7.2.11 证券转换清算通知（B06）

消息发送方：登记结算机构

消息接收方：结算会员

使用说明：用于证券转换业务的逐笔清算通知，每条消息中可以包括一笔或多笔证券转换业务的清算信息，最多可以包含一个结算席位所有证券转换业务的清算信息。证券转换消息用于股权拆分、可转债转股、配股到账、新股到账等。

具体消息定义见表 16。

表 16 证券转换清算通知

序号 No.	状态 Status	标记 Tag	数据域名称 Field Name	取值 Value	说 明
1	M	消息概要模块			
------>必备模块 B 基本信息					
2	M	Z201	模块开始	B _ JBXX	基本信息模块开始
3	M	E203	结算会员代码		
4	M	E204	结算席位代码		
5	M	Z202	模块结束	B _ JBXX	基本信息模块结束
------|必备模块 B 基本信息					
------>可重复可选模块 C 证券转换					
6	M	Z201	模块开始	C _ ZQZH/n/m	证券转换模块开始
7	M	F101	业务类别		
8	M	H103	交收编号		
9	M	D103	交收时间		
10	M	A101	证券账号		
11	C	H101	委托编号		用于主动债转股业务

续表

序号 No.	状态 Status	标记 Tag	数据域名称 Field Name	取值 Value	说 明
12	C	D101	委托时间		用于主动债转股业务
13	M	C101	货币种类		
14	M	B301	证券转换比例		
------>必备模块 C1 原始证券					
15	M	Z201	模块开始	C1 _ YSZQ	原始证券模块开始
16	M	B101	证券代码		原始证券代码
17	M	B203	证券成交数量		被转换的原始证券数量
18	O	C201	交易价格		转换单位原始证券需付价格
19	O	C202	交易金额		该笔证券转换业务交易金额
20	M	Z202	模块结束	C1 _ YSZQ	原始证券模块结束
------┤必备模块 C1 原始证券					
------>必备模块 C2 目标证券					
21	M	Z201	模块开始	C2 _ MBZQ	目标证券模块开始
22	M	B101	证券代码		目标证券代码
23	M	B203	证券成交数量		转换得到的目标证券数量
24	M	Z202	模块结束	C2 _ MBZQ	目标证券模块结束
------┤必备模块 C2 目标证券					
------>可重复可选模块 C3 税费信息					
25	M	Z201	模块开始	C3 _ SFXX/n/m	税费信息模块开始
26	M	C203	资金发生科目		税费科目
27	M	C204	资金发生数额		该税费科目发生的金额
28	M	Z202	模块结束	C3 _ SFXX/n	税费信息模块结束
------┤可重复可选模块 C3 税费信息					
29	M	Z202	模块结束	C _ ZQZH/n	证券转换模块结束
------┤可重复可选模块 C 证券转换					

7.2.12 证券过户通知（C02）

消息发送方：登记结算机构

消息接收方：结算会员

使用说明：用于证券过户的通知，每条消息中可以包括一项或多项证券过户信息，最多可以包含一个结算席位的所有账户的证券过户信息。

具体消息定义见表 17。

表 17 证券过户通知

序号 No.	状态 Status	标记 Tag	数据域名称 Field Name	取值 Value	说 明
1	M	消息概要模块			
------>必备模块 B 基本信息					

续表

<table>
<tr><th>序号 No.</th><th>状态 Status</th><th>标记 Tag</th><th>数据域名称 Field Name</th><th>取值 Value</th><th>说　明</th></tr>
<tr><td>2</td><td>M</td><td>Z201</td><td>模块开始</td><td>B _ JBXX</td><td>基本信息模块开始</td></tr>
<tr><td>3</td><td>M</td><td>D103</td><td>过户日期</td><td></td><td></td></tr>
<tr><td>4</td><td>M</td><td>E203</td><td>结算会员代码</td><td></td><td></td></tr>
<tr><td>5</td><td>M</td><td>E204</td><td>结算席位代码</td><td></td><td></td></tr>
<tr><td>6</td><td>M</td><td>Z202</td><td>模块结束</td><td>B _ JBXX</td><td>基本信息模块结束</td></tr>
<tr><td colspan="6">------|必备模块 B 基本信息</td></tr>
<tr><td colspan="6">------>可重复必备模块 C 账户过户</td></tr>
<tr><td>7</td><td>M</td><td>Z201</td><td>模块开始</td><td>C _ ZHGH/n/m</td><td>账户过户模块开始</td></tr>
<tr><td>8</td><td>M</td><td>A101</td><td>证券账号</td><td></td><td></td></tr>
<tr><td colspan="6">------>可重复必备模块 C1 证券过户</td></tr>
<tr><td>9</td><td>M</td><td>Z201</td><td>模块开始</td><td>C1 _ ZQGH/n/m</td><td>证券过户模块开始</td></tr>
<tr><td>10</td><td>M</td><td>B101</td><td>证券代码</td><td></td><td></td></tr>
<tr><td>11</td><td>M</td><td>B206</td><td>证券过户净额</td><td></td><td>该证券在该账户过入过出的算术和</td></tr>
<tr><td>12</td><td>M</td><td>B205</td><td>证券当前余额</td><td></td><td>该证券在该账户的当前余额</td></tr>
<tr><td colspan="6">------>可重复可选模块 C11 过户明细</td></tr>
<tr><td>13</td><td>M</td><td>Z201</td><td>模块开始</td><td>C11 _ GHMX/n/m</td><td>过户明细模块开始</td></tr>
<tr><td>14</td><td>M</td><td>H103</td><td>交收编号</td><td></td><td></td></tr>
<tr><td>15</td><td>M</td><td>B201</td><td>证券过户类型</td><td></td><td></td></tr>
<tr><td>16</td><td>M</td><td>B204</td><td>证券过户数量</td><td></td><td></td></tr>
<tr><td>17</td><td>M</td><td>Z202</td><td>模块结束</td><td>C11 _ GHMX/n</td><td>过户明细模块结束</td></tr>
<tr><td colspan="6">------|可重复可选模块 C11 过户明细</td></tr>
<tr><td>18</td><td>M</td><td>Z202</td><td>模块结束</td><td>C1 _ ZQGH/n</td><td>证券过户模块结束</td></tr>
<tr><td colspan="6">------|可重复必备模块 C1 证券过户</td></tr>
<tr><td>19</td><td>M</td><td>Z202</td><td>模块结束</td><td>C _ ZHGH/n</td><td>账户过户模块结束</td></tr>
<tr><td colspan="6">------|可重复必备模块 C 账户过户</td></tr>
</table>

7.2.13　资金交收通知（C04）

消息发送方：登记结算机构

消息接收方：结算会员

使用说明：用于资金交收的通知，每条消息中可以包括一项或多项资金交收通知信息，最多可以包含发生在一个资金账户上的所有资金交收信息。

具体消息定义见表 18。

表 18　资金交收通知

<table>
<tr><th>序号 No.</th><th>状态 Status</th><th>标记 Tag</th><th>数据域名称 Field Name</th><th>取值 Value</th><th>说　明</th></tr>
<tr><td>1</td><td>M</td><td colspan="3">消息概要模块</td><td></td></tr>
<tr><td colspan="6">------>必备模块 B 基本信息</td></tr>
</table>

续表

序号 No.	状态 Status	标记 Tag	数据域名称 Field Name	取值 Value	说　明
2	M	Z201	模块开始	B _ JBXX	基本信息
3	M	D103	交收日期		
4	M	E203	结算会员代码		
5	M	A201	资金账号		
6	M	C101	货币种类		
7	M	Z202	模块结束	B _ JBXX	基本信息
------|必备模块 B 基本信息					
------>必备模块 C 资金交收					
8	M	Z201	模块开始	C _ ZJJS	资金交收模块开始
9	M	C206	资金交收净额		该资金账户交收净额
10	M	C205	资金当前余额		该资金账户本次交收后余额
------>可重复可选模块 C1 科目结算					
11	M	Z201	模块开始	C1 _ KMJS/n/m	科目结算模块开始
12	M	C203	资金发生科目		
13	M	C204	资金发生数额		
14	M	Z202	模块结束	C1 _ KMJS/n	科目结算模块结束
------|可重复可选模块 C1 科目结算					
15	M	Z202	模块结束	C _ ZJJS	资金交收模块结束
------|必备模块 C 资金交收					
------>可重复可选模块 D 席位资金结算					
16	M	Z201	模块开始	D _ XWJS/n/m	席位结算模块开始
17	M	E204	结算席位代码		
18	M	C206	资金发生净额		涉及该席位的资金结算净额
------>可重复可选模块 D1 科目结算					
19	M	Z201	模块开始	D1 _ KMJS/n/m	科目结算模块开始
20	M	C203	资金发生科目		
21	M	C204	资金发生数额		
22	M	Z202	模块结束	D1 _ KMJS/n	科目结算模块结束
------|可重复可选模块 D1 科目结算					
23	M	Z202	模块结束	D _ XWJS/n	席位结算模块结束
------|可重复可选模块 D 席位资金结算					

7.2.14 证券账户管理业务费用结算信息（C06）

消息发送方：登记结算机构

消息接收方：开户代理点

使用说明：用于证券账户管理业务费用的结算通知，每条消息中可以包括一项或多项业务费用对账的通知。

具体消息定义见表 19。

表 19 证券账户管理业务费用结算信息

序号 No.	状态 Status	标记 Tag	数据域名称 Field Name	取值 Value	说 明
1	M	消息概要模块			
------>必备模块 B 基本信息					
2	M	Z201	模块开始	B_JBXX	基本信息模块开始
3	M	E901	开户代理点代码		
4	M	D103	交收时间		
5	M	D201	业务发生日期范围		所结算账户管理业务发生的日期范围
6	M	Z202	模块结束	B_JBXX	基本信息模块结束
------|必备模块 B 基本信息					
------>可重复必备模块 C 费用信息					
7	M	Z201	模块开始	C_FYXX/n/m	费用信息模块开始
8	M	F101	业务类别		
9	M	A102	证券账户类别		
10	M	A201	资金账号		
11	M	C101	货币种类		
12	M	F201	有效业务笔数		处理成功的业务数量
13	M	C207	单笔业务费用		每项业务的费用
14	M	C204	资金发生数额		
15	M	Z202	模块结束	C_FYXX/n	费用信息模块结束
------|可重复必备模块 C 费用信息					

7.2.15 债券透支通知（C08）

消息发送方：登记结算机构

消息接收方：结算会员

使用说明：用于通知结算会员债券透支信息。

具体消息定义见表 20。

表 20 债券透支通知

序号 No.	状态 Status	标记 Tag	数据域名称 Field Name	取值 Value	说 明
1	M	消息概要模块			
------>必备模块 B 基本信息					
2	M	Z201	模块开始	B_JBXX	基本信息模块开始
3	M	E203	结算会员代码		
4	M	E204	结算席位代码		
5	M	Z202	模块结束	B_JBXX	基本信息模块结束

续表

序号 No.	状态 Status	标记 Tag	数据域名称 Field Name	取值 Value	说　明
------|必备模块 B 基本信息					
------>可重复必备模块 C 债券透支信息					
6	M	Z201	模块开始	C _ TZXX/n/m	透支信息模块开始
7	M	B101	证券代码		
8	M	D102	成交时间		
9	M	B207	待交收数量		
10	M	C210	待交收金额		
11	M	Z202	模块结束	C _ TZXX/n	透支信息模块结束
------|可重复必备模块 C 债券透支信息					

7.2.16　交收指令（C09）

消息发送方：结算会员

消息接收方：登记结算机构

使用说明：用于境外代理商和有托管银行客户的境内券商的交收。

具体消息定义见表 21。

表 21　交收指令

序号 No.	状态 Status	标记 Tag	数据域名称 Field Name	取值 Value	说　明
1	M	消息概要模块			
------>必备模块 B 基本信息					
2	M	Z201	模块开始	B _ JBXX	基本信息模块开始
3	M	E203	结算会员代码		
4	M	E204	结算席位代码		
5	M	Z202	模块结束	B _ JBXX	基本信息模块结束
------|必备模块 B 基本信息					
------>可重复必备模块 C 交收指令					
6	M	Z201	模块开始	C _ JSZL/n/m	交收指令模块开始
7	M	A101	证券账号		
8	M	B101	证券代码		
9	M	B201	证券过户类型		
10	M	B203	证券成交数量		
11	M	C209	付款方式		
12	M	C204	交收金额		
13	M	E301	托管银行代码		
14	M	C208	托管银行收付款金额		
15	M	Z202	模块结束	C _ JSZL/n	交收指令模块结束
------|可重复必备模块 C 交收指令					

7.2.17　席位变动申请（D01）

消息发送方：结算会员

消息接收方：登记结算机构

使用说明：用于席位变动的申请，包括指定交易业务中的指定、撤指定，以及转托管业务中的转出、转入。

具体消息定义见表 22。

表 22　席位变动申请

<table>
<tr><th>序号 No.</th><th>状态 Status</th><th>标记 Tag</th><th>数据域名称 Field Name</th><th>取值 Value</th><th>说　明</th></tr>
<tr><td>1</td><td>M</td><td colspan="3">消息概要模块</td><td></td></tr>
<tr><td colspan="6">------>必备模块 B 基本信息</td></tr>
<tr><td>2</td><td>M</td><td>Z201</td><td>模块开始</td><td>B _ JBXX</td><td>基本信息模块开始</td></tr>
<tr><td>3</td><td>M</td><td>H101</td><td>委托编号</td><td></td><td></td></tr>
<tr><td>4</td><td>M</td><td>D101</td><td>委托时间</td><td></td><td></td></tr>
<tr><td>5</td><td>M</td><td>E203</td><td>结算会员代码</td><td></td><td></td></tr>
<tr><td>6</td><td>M</td><td>E204</td><td>结算席位代码</td><td></td><td></td></tr>
<tr><td>7</td><td>M</td><td>A101</td><td>证券账号</td><td></td><td></td></tr>
<tr><td>8</td><td>M</td><td>F101</td><td>业务类别</td><td></td><td>指定交易，撤销指定交易，转托管转出，转托管转入</td></tr>
<tr><td>9</td><td>M</td><td>Z202</td><td>模块结束</td><td>B _ JBXX</td><td>基本信息模块结束</td></tr>
<tr><td colspan="6">------|必备模块 B 基本信息</td></tr>
<tr><td colspan="6">------>可重复可选模块 C 证券信息</td></tr>
<tr><td>10</td><td>M</td><td>Z201</td><td>模块开始</td><td>C _ ZQXX/n/m</td><td>证券信息</td></tr>
<tr><td>11</td><td>M</td><td>B101</td><td>证券代码</td><td></td><td></td></tr>
<tr><td>12</td><td>M</td><td>B202</td><td>证券委托数量</td><td></td><td>席位变动涉及的证券数量</td></tr>
<tr><td>13</td><td>M</td><td>Z202</td><td>模块结束</td><td>C _ ZQXX/n</td><td>证券信息</td></tr>
<tr><td colspan="6">------|可重复可选模块 C 证券信息</td></tr>
</table>

7.2.18　席位变动申请回报（D02）

消息发送方：登记结算机构

消息接收方：结算会员

使用说明：用于席位变动申请的处理回报。

具体消息定义见表 23。

表 23　席位变动申请回报

<table>
<tr><th>序号 No.</th><th>状态 Status</th><th>标记 Tag</th><th>数据域名称 Field Name</th><th>取值 Value</th><th>说　明</th></tr>
<tr><td>1</td><td>M</td><td colspan="3">消息概要模块</td><td></td></tr>
<tr><td colspan="6">------>必备模块 B 基本信息</td></tr>
<tr><td>2</td><td>M</td><td>Z201</td><td>模块开始</td><td>B _ JBXX</td><td>基本信息模块开始</td></tr>
<tr><td>3</td><td>M</td><td>H102</td><td>处理编号</td><td></td><td></td></tr>
<tr><td>4</td><td>M</td><td>D102</td><td>处理时间</td><td></td><td></td></tr>
</table>

续表

序号 No.	状态 Status	标记 Tag	数据域名称 Field Name	取值 Value	说　明
5	M	F102	处理结果代码	Bxx	
6	M	H101	委托编号		同席位变动申请消息中相应域
7	M	D101	委托时间		同席位变动申请消息中相应域
8	M	E203	结算会员代码		同席位变动申请消息中相应域
9	M	E204	结算席位代码		同席位变动申请消息中相应域
10	M	A101	证券账号		同席位变动申请消息中相应域
11	M	F101	业务类别		同席位变动申请消息中相应域
------>可重复可选模块 B1 税费信息					
12	M	Z201	模块开始	B1 _ SFXX/n/m	税费信息模块开始
13	M	C203	资金发生科目		税费科目
14	M	C204	资金发生数额		该税费科目发生的金额
15	M	Z202	模块结束	B1 _ SFXX/n	税费信息模块结束
------|可重复可选模块 B1 税费信息					
16	M	Z202	模块结束	B _ JBXX	基本信息模块结束
------|必备模块 B 基本信息					
------>可重复可选模块 C 证券信息					
17	M	Z201	模块开始	C _ ZQXX/n/m	证券信息模块开始
18	M	B101	证券代码		
19	M	B204	证券过户数量		席位变动涉及的证券数量
20	M	Z202	模块结束	C _ ZQXX/n	证券信息模块结束
------|可重复可选模块 C 证券信息					

7.2.19　证券持有状态改变申请（D03）

消息发送方：结算会员

消息接收方：登记结算机构

使用说明：用于证券持有状态改变的申请，主要包括证券的冻结、解冻等。

具体消息定义见表 24。

表 24　证券持有状态改变申请

序号 No.	状态 Status	标记 Tag	数据域名称 Field Name	取值 Value	说　明
1	M	消息概要模块			
------>必备模块 B 基本信息					
2	M	Z201	模块开始	B _ JBXX	基本信息模块开始
3	M	H101	委托编号		
4	M	D101	委托时间		
5	M	E203	结算会员代码		

续表

序号 No.	状态 Status	标记 Tag	数据域名称 Field Name	取值 Value	说　明
6	M	E204	结算席位代码		
7	M	A101	证券账号		
8	M	F101	业务类别		冻结，解冻
9	M	F301	依据文书类别		持有状态改变依据的有效文书类别
10	M	F302	依据文书编号		持有状态改变依据的有效文书编号
11	M	D203	有效期限		改变状态的到期日
12	M	Z202	模块结束	B _ JBXX	基本信息模块结束
------|必备模块 B 基本信息					
------>可重复可选模块 C 证券信息					
13	M	Z201	模块开始	C _ ZQXX/n/m	证券信息
14	M	B101	证券代码		
15	M	B202	证券委托数量		需要改变持有状态的该证券的数量
16	M	Z202	模块结束	C _ ZQXX/n	证券信息
------|可重复可选模块 C 证券信息					

7.2.20　证券持有状态改变回报（D04）

消息发送方：登记结算机构

消息接收方：结算会员

使用说明：用于证券持有状态改变申请的回报。

具体消息定义见表 25。

表 25　证券持有状态改变回报

序号 No.	状态 Status	标记 Tag	数据域名称 Field Name	取值 Value	说　明
1	M		消息概要模块		
------>必备模块 B 基本信息					
2	M	Z201	模块开始	B _ JBXX	基本信息模块开始
3	M	H102	处理编号		
4	M	D102	处理时间		
5	M	F102	处理结果代码	Bxx	
6	M	H101	委托编号		
7	M	D101	委托时间		
8	M	E203	结算会员代码		
9	M	E204	结算席位代码		
10	M	A101	证券账号		
11	M	F101	业务类别		

续表

序号 No.	状态 Status	标记 Tag	数据域名称 Field Name	取值 Value	说明
12	M	F301	依据文书类别		持有状态改变依据的有效文书类别
13	M	F302	依据文书编号		持有状态改变依据的有效文书编号
14	M	D203	有效期限		改变状态的到期日
------>可重复可选模块 B1 税费信息					
15	M	Z201	模块开始	B1 _ SFXX/n/m	税费信息
16	M	C203	资金发生科目		税费科目
17	M	C204	资金发生数额		该税费科目发生的金额
18	M	Z202	模块结束	B1 _ SFXX/n	税费信息
------|可重复可选模块 B1 税费信息					
19	M	Z202	模块结束	B _ JBXX	基本信息模块结束
------|必备模块 B 基本信息					
------>可重复可选模块 C 证券信息					
20	M	Z201	模块开始	C _ ZQXX/n/m	证券信息模块开始
21	M	B101	证券代码		
22	M	B202	证券委托数量		
23	M	Z202	模块结束	C _ ZQXX/n	证券信息模块结束
------|可重复可选模块 C 证券信息					

7.2.21 质押申报（D05）

消息发送方：结算会员

消息接收方：登记结算机构

使用说明：用于证券质押业务的申报。

具体消息定义见表 26。

表 26 质押申报

序号 No.	状态 Status	标记 Tag	数据域名称 Field Name	取值 Value	说明
1	M	消息概要模块			
------>必备模块 B 基本信息					
2	M	Z201	模块开始	B _ JBXX	基本信息模块开始
3	M	H101	委托编号		
4	M	D101	委托时间		
5	M	D203	有效期限		质押期限
6	M	C301	质押贷款金额		
------>可重复必备模块 B1 依据文书					

续表

序号 No.	状态 Status	标记 Tag	数据域名称 Field Name	取值 Value	说　明
7	M	Z201	模块开始	B1 _ YJWS/n/m	依据文书
8	M	F301	依据文书类别		
9	M	F302	依据文书编号		
10	M	Z202	模块结束	B1 _ YJWS/n	依据文书
------|可重复必备模块 B1 依据文书					
11	M	Z202	模块结束	B _ JBXX	基本信息模块结束
------|必备模块 B 基本信息					
------>必备模块 C 质权账户信息					
12	M	Z201	模块开始	C _ ZQZH	质权账户模块开始
13	M	E203	结算会员代码		
14	M	E204	结算席位代码		
15	M	A101	证券账号		质权账户账号
16	M	Z202	模块结束	C _ ZQZH	质权账户模块结束
------|必备模块 C 质权账户信息					
------>可重复必备模块 D 质物信息					
17	M	Z201	模块开始	D _ ZWXX/n/m	质物信息模块开始
18	M	H201	质押物序号		
19	M	E203	结算会员代码		
20	M	E204	结算席位代码		
21	M	A101	证券账号		出质人账号
22	M	B101	证券代码		出质证券代码
23	M	B202	证券委托数量		出质证券数量
24	M	Z202	模块结束	D _ ZWXX/n	质物信息模块结束
------|可重复必备模块 D 质物信息					

7.2.22　质押处理回报（D06）

消息发送方：登记结算机构

消息接收方：结算会员

使用说明：用于证券质押业务的回报。

具体消息定义见表 27。

表 27　质押处理回报

序号 No.	状态 Status	标记 Tag	数据域名称 Field Name	取值 Value	说　明
1	M	消息概要模块			
------>必备模块 B 基本信息					
2	M	Z201	模块开始	B _ JBXX	基本信息模块开始
3	M	H102	处理编号		

续表

序号 No.	状态 Status	标记 Tag	数据域名称 Field Name	取值 Value	说 明
4	M	D102	处理时间		
5	M	F102	处理结果代码	Bxx	
6	M	H101	委托编号		
7	M	D101	委托时间		
8	M	D203	有效期限		质押期限
9	M	C301	质押贷款金额		
------>可重复必备模块 B1 依据文书					
10	M	Z201	模块开始	B1 _ YJWS/n/m	依据文书模块开始
11	M	F301	依据文书类别		
12	M	F302	依据文书编号		
13	M	Z202	模块结束	B1 _ YJWS/n	依据文书模块开始
------|可重复必备模块 B1 依据文书					
------>可重复可选模块 B2 税费信息					
14	M	Z201	模块开始	B2 _ SFXX/n/m	税费信息模块开始
15	M	C203	资金发生科目		税费科目
16	M	C204	资金发生数额		该税费科目发生的金额
17	M	Z202	模块结束	B2 _ SFXX/n	税费信息模块结束
------|可重复可选模块 B2 税费信息					
18	M	Z202	模块结束	B _ JBXX	基本信息模块结束
------|必备模块 B 基本信息					
------>可选模块 C 质权账户信息					
19	M	Z201	模块开始	C _ ZQZH/n/m	质权账户模块开始
20	M	E203	结算会员代码		
21	M	E204	结算席位代码		
22	M	A101	证券账号		质权账户账号
23	M	Z202	模块结束	C _ ZQZH/n	质权账户模块结束
------|可选模块 C 质权账户信息					
------>可重复必备模块 D 质物信息					
24	M	Z201	模块开始	C _ ZWXX/n/m	质物信息模块开始
25	M	H201	质押物序号		
26	M	E203	结算会员代码		
27	M	E204	结算席位代码		
28	M	A101	证券账号		出质人账号
29	M	B101	证券代码		出质证券代码
30	M	B202	证券委托数量		出质证券数量

续表

序号 No.	状态 Status	标记 Tag	数据域名称 Field Name	取值 Value	说　明
31	M	Z202	模块结束	C _ ZWXX/n	质物信息模块结束
------|可重复必备模块 D 质物信息					

7.2.23　债券利息通知（D08）

消息发送方：登记结算机构

消息接收方：结算会员

使用说明：用于债券（包含国债和企业债券）应计利息的通知。

具体消息定义见表 28。

表 28　债券利息通知

序号 No.	状态 Status	标记 Tag	数据域名称 Field Name	取值 Value	说　明
1	M	消息概要模块			
------>可重复可选模块 B 债券利息信息					
2	M	Z201	模块开始	B _ ZQLX/n/m	债券利息模块开始
3	M	B101	证券代码		
4	M	D102	计息日期		
5	M	D204	计息天数		
6	M	C302	票面利率		
7	M	C303	百元债券应计利息		
8	M	Z202	模块结束	B _ ZQLX/n	债券利息模块结束
------|可重复可选模块 B 债券利息信息					

7.2.24　投资人证券持有余额对账（D10）

消息发送方：登记结算机构

消息接收方：结算会员

使用说明：用于投资人证券持有余额对账。

具体消息定义见表 29。

表 29　投资人证券余额对账

序号 No.	状态 Status	标记 Tag	数据域名称 Field Name	取值 Value	说明
1	M	消息概要模块			
------>必备模块 B 基本信息					
2	M	Z201	模块开始	B _ JBXX	基本信息模块开始
3	M	E203	结算会员代码		
4	M	E204	结算席位代码		
5	M	D104	对账时间		
6	M	Z202	模块结束	B _ JBXX	基本信息模块结束
------|必备模块 B 基本信息					
------>可重复必备模块 C 账户持有信息					

续表

序号 No.	状态 Status	标记 Tag	数据域名称 Field Name	取值 Value	说　明
7	M	Z201	模块开始	C _ ZHCY/n/m	账户持有模块开始
8	M	A101	证券账号		
------>可重复必备模块 C1 证券持有信息					
9	M	Z201	模块开始	C1 _ ZQCY/n/m	证券持有模块开始
10	M	B101	证券代码		
11	M	B103	证券持有状态		
12	M	B104	证券持有属性		
13	M	B205	证券当前余额		
14	M	Z202	模块结束	C1 _ ZQCY/n	证券持有模块结束
------|可重复必备模块 C1 证券持有信息					
15	M	Z202	模块结束	C _ ZHCY/n	账户持有模块结束
------|可重复必备模块 C 账户持有信息					

7.2.25　席位证券持有余额对账（D12）

消息发送方：登记结算机构

消息接收方：结算会员

使用说明：用于席位证券持有余额对账。

具体消息定义见表 30。

表 30　席位证券持有余额对账

序号 No.	状态 Status	标记 Tag	数据域名称 Field Name	取值 Value	说　明
1	M	消息概要模块			
------>必备模块 B 基本信息					
2	M	Z201	模块开始	B _ JBXX	基本信息模块开始
3	M	E203	结算会员代码		
4	M	E204	结算席位代码		
5	M	D104	对账时间		
6	M	Z202	模块结束	B _ JBXX	基本信息模块结束
------|必备模块 B 基本信息					
------>可重复必备模块 C 席位持有信息					
7	M	Z201	模块开始	C _ XWCY/n/m	席位持有模块开始
8	M	B101	证券代码		
9	M	B103	证券持有状态		
10	M	B104	证券持有属性		
11	M	B205	证券当前余额		
12	M	Z202	模块结束	C _ XWCY/n	席位持有模块结束
------|可重复必备模块 C 席位持有信息					

7.2.26 回购未到期对账（D14）

消息发送方：登记结算机构

消息接收方：结算会员

使用说明：用于债券回购业务未到期数据对账。

具体消息定义见表31。

表31 回购未到期对账

序号 No.	状态 Status	标记 Tag	数据域名称 Field Name	取值 Value	说明
1	M	消息概要模块			
------>必备模块 B 基本信息					
2	M	Z201	模块开始	B _ JBXX	基本信息模块开始
3	M	E203	结算会员代码		
4	M	E204	结算席位代码		
5	M	D104	对账时间		
6	M	Z202	模块结束	B _ JBXX	基本信息模块结束
------|必备模块 B 基本信息					
------>可重复必备模块 C 回购未到期信息					
7	M	Z201	模块开始	C _ DZXX/n/m	对账信息模块开始
8	M	A101	证券账号		
9	M	B101	证券代码		
10	M	B203	证券成交数量		
11	M	C201	交易价格		
12	M	D102	成交时间		
13	M	C201	购回价格		
14	M	D203	购回日期		
15	M	H101	委托编号		
16	M	Z202	模块结束	C _ DZXX/n	对账信息模块结束
------|可重复必备模块 C 回购未到期信息					

7.2.27 资金转账指令（F01）

消息发送方：结算会员、登记结算机构

消息接收方：登记结算机构、银行

使用说明：用于结算会员从设在登记结算机构的头寸账户提款、登记结算机构通知银行从指定的付款银行账户划款到指定的收款银行账户。

具体消息定义见表32。

表32 资金转账指令

序号 No.	状态 Status	标记 Tag	数据域名称 Field Name	取值 Value	说明
1	M	消息概要模块			
------>必备模块 B 基本信息					
2	M	Z201	模块开始	B _ JBXX	基本信息模块开始

续表

序号 No.	状态 Status	标记 Tag	数据域名称 Field Name	取值 Value	说　明
3	M	H101	业务发起流水号		
4	M	D101	业务发起时间		
5	M	C204	转账金额		
6	M	C101	货币种类		
7	M	Z202	模块结束	B _ JBXX	基本信息模块结束
------|必备模块 B 基本信息					
------>必备模块 C 转出账户信息					
8	M	Z201	模块开始	C _ ZCZH	转出账户模块开始
9	M	E301	银行代号		
10	O	E302	银行名称		
11	M	A201	资金账号		
12	O	A204	资金账户名称		
13	M	Z202	模块结束	C _ ZCZH	转出账户模块结束
------|必备模块 C 转出账户信息					
------>必备模块 D 转入账户信息					
14	M	Z201	模块开始	D _ ZRZH	转入账户模块开始
15	M	E301	银行代号		
16	O	E302	银行名称		
17	M	A201	资金账号		
18	O	A204	资金账户名称		
19	M	Z202	模块结束	D _ ZRZH	转入账户模块结束
------|必备模块 D 转入账户信息					

7.2.28　资金转账响应指令（F02）

消息发送方：登记结算机构、银行

消息接收方：结算会员、登记结算机构

使用说明：用于登记结算机构响应结算会员的头寸账户提款，银行响应登记结算机构的转账。

具体消息定义见表 33。

表 33　资金转账响应指令

序号 No.	状态 Status	标记 Tag	数据域名称 Field Name	取值 Value	说　明
1	M	消息概要模块			
------>必备模块 B 基本信息					
2	M	Z201	模块开始	B _ JBXX	基本信息模块开始
3	M	H101	业务发起流水号		
4	M	D101	业务发起时间		
5	M	H102	业务响应流水号		

续表

序号 No.	状态 Status	标记 Tag	数据域名称 Field Name	取值 Value	说明
6	M	D102	业务响应时间		
7	M	F102	处理结果代码		
8	M	C204	转账金额		
9	M	C101	货币种类		
10	M	Z202	模块结束	B _ JBXX	基本信息模块结束
------┤必备模块 B 基本信息					
------>必备模块 C 转出账户信息					
11	M	Z201	模块开始	C _ ZCZH	转出账户模块开始
12	M	E301	银行代号		
13	O	E302	银行名称		
14	M	A201	资金账号		
15	O	A204	资金账户名称		
16	M	C205	资金余额		
17	M	Z202	模块结束	C _ ZCZH	转出账户模块结束
------┤必备模块 C 转出账户信息					
------>必备模块 D 转入账户信息					
18	M	Z201	模块开始	D _ ZRZH	转入账户模块开始
19	M	E301	银行代号		
20	O	E302	银行名称		
21	M	A201	资金账号		
22	O	A204	资金账户名称		
23	M	Z202	模块结束	D _ ZRZH	转入账户模块结束
------┤必备模块 D 转入账户信息					

7.2.29 资金到账通知指令（F03）

消息发送方：银行

消息接收方：登记结算机构

使用说明：用于银行通知登记结算机构已经将款项划入指定的收款账户。

具体消息定义见表 34。

表 34 资金到账通知指令

序号 No.	状态 Status	标记 Tag	数据域名称 Field Name	取值 Value	说 明
1	M	消息概要模块			
------>必备模块 B 基本信息					
2	M	Z201	模块开始	B _ JBXX	基本信息模块开始
3	M	H101	业务发起流水号		
4	M	D101	业务发起时间		

续表

序号 No.	状态 Status	标记 Tag	数据域名称 Field Name	取值 Value	说　明
5	M	C204	到账金额		
6	M	C101	货币种类		
7	M	Z202	模块结束	B _ JBXX	基本信息模块结束
------|必备模块 B 基本信息					
------>必备模块 C 转出账户信息					
8	M	Z201	模块开始	C _ ZCZH	转出账户模块开始
9	M	E301	银行代号		
10	O	E302	银行名称		
11	M	A201	资金账号		
12	O	A204	资金账户名称		
13	M	F303	银行提单号		
14	M	Z202	模块结束	C _ ZCZH	转出账户模块结束
------|必备模块 C 转出账户信息					
------>必备模块 D 转入账户信息					
15	M	Z201	模块开始	D _ ZRZH	转入账户模块开始
16	M	E301	银行代号		
17	O	E302	银行名称		
18	M	A201	资金账号		
19	O	A204	资金账户名称		
20	M	C205	资金余额		
21	M	Z202	模块结束	D _ ZRZH	转入账户模块结束
------|必备模块 D 转入账户信息					

7.2.30 资金到账通知响应指令（F04）

消息发送方：登记结算机构

消息接收方：银行

使用说明：用于响应银行到账通知。

具体消息定义见表 35。

表 35　资金到账通知响应指令

序号 No.	状态 Status	标记 Tag	数据域名称 Field Name	取值 Value	说　明
1	M	消息概要模块			
------>必备模块 B 基本信息					
2	M	Z201	模块开始	B _ JBXX	基本信息模块开始
3	M	H101	业务发起流水号		
4	M	D101	业务发起时间		
5	M	H102	业务响应流水号		

续表

序号 No.	状态 Status	标记 Tag	数据域名称 Field Name	取值 Value	说　明
6	M	D102	业务响应时间		
7	M	F102	处理结果代码		
8	M	C204	转账金额		
9	M	C101	货币种类		
10	M	Z202	模块结束	B _ JBXX	基本信息模块结束
------|必备模块 B 基本信息					
------>必备模块 C 转出账户信息					
11	M	Z201	模块开始	C _ ZCZH	转出账户模块开始
12	M	E301	银行代号		
13	O	E302	银行名称		
14	M	A201	资金账号		
15	O	A204	资金账户名称		
16	M	F303	银行提单号		
17	M	Z202	模块结束	C _ ZCZH	转出账户模块结束
------|必备模块 C 转出账户信息					
------>必备模块 D 转入账户信息					
18	M	Z201	模块开始	D _ ZRZH	转入账户模块开始
19	M	E301	银行代号		
20	O	E302	银行名称		
21	M	A201	资金账号		
22	O	A204	资金账户名称		
23	M	C205	资金余额		
24	M	Z202	模块结束	D _ ZRZH	转入账户模块结束
------|必备模块 D 转入账户信息					

7.2.31　资金账户查询指令（F05）

消息发送方：结算会员、登记结算机构

消息接收方：登记结算机构、银行

使用说明：用于结算会员向登记结算机构查询头寸账户、登记结算机构向银行查询资金账户的款项进出情况。

具体消息定义见表 36。

表 36　资金账户查询指令

序号 No.	状态 Status	标记 Tag	数据域名称 Field Name	取值 Value	说　明
1	M	消息概要模块			
------>必备模块 B 基本信息					
2	M	Z201	模块开始	B _ JBXX	基本信息模块开始

续表

序号 No.	状态 Status	标记 Tag	数据域名称 Field Name	取值 Value	说　明
3	M	H101	业务发起流水号		
4	M	D101	业务发起时间		
5	M	E301	银行代码		
6	O	E302	银行名称		
7	M	A201	资金账号		
8	O	A204	资金账户名称		
9	M	D201	业务发生日期范围		
10	M	Z202	模块结束	B _ JBXX	基本信息模块结束
------┤必备模块 B 基本信息					

7.2.32　资金账户查询响应（F06）

消息发送方：登记结算机构 / 银行

消息接收方：结算会员 / 登记结算机构

使用说明：用于登记结算机构响应结算会员对头寸账户的款项进出情况的查询，银行响应登记结算机构资金账户款项进出情况的查询。

具体消息定义见表 37。

表 37　资金账户查询响应

序号 No.	状态 Status	标记 Tag	数据域名称 Field Name	取值 Value	说　明
1	M	消息概要模块			
------>必备模块 B 基本信息					
2	M	Z201	模块开始	B _ JBXX	基本信息模块开始
3	M	H102	业务响应流水号		
4	M	D102	业务响应时间		
5	M	F102	处理结果代码		
6	M	H101	业务发起流水号		
7	M	D101	业务发起时间		
8	M	E301	银行代码		
9	O	E302	银行名称		
10	M	A201	资金账号		
11	O	A204	资金账户名称		
12	M	D201	业务发生日期范围		
13	M	Z202	模块结束	B _ JBXX	基本信息模块结束
------┤必备模块 B 基本信息					
------>可重复可选模块 C 资金入出信息					
14	M	Z201	模块开始	C _ ZJRC/n/m	资金入出模块开始
15	M	F101	资金业务类别		转入、转出、交收等

续表

序号 No.	状态 Status	标记 Tag	数据域名称 Field Name	取值 Value	说　明
16	M	H102	业务发生流水号		
17	M	D102	业务发生时间		
18	M	E301	对方银行代码		
19	O	E302	对方银行名称		
20	M	A201	对方资金账号		
21	O	A204	对方资金账户名称		
22	M	C204	变动金额		
23	M	C205	当前余额		
24	M	F102	业务处理结果		
25	M	Z202	模块结束	C _ ZJRC/n	资金入出模块结束
------|可重复可选模块 C 资金入出信息					

7.2.33　资金账户调整通知（F08）

消息发送方：登记结算机构

消息接收方：结算会员

使用说明：用于结算保证金、备付金账户的金额调整通知。

具体消息定义见表 38。

表 38　资金账户调整通知

序号 No.	状态 Status	标记 Tag	数据域名称 Field Name	取值 Value	说　明
1	M	消息概要模块			
------>必备模块 B 基本信息					
2	M	Z201	模块开始	B _ JBXX	基本信息模块开始
3	M	E203	结算会员代码		
4	M	Z202	模块结束	B _ JBXX	基本信息模块结束
------|必备模块 B 基本信息					
------>可重复必备模块 C 资金账户调整信息					
5	M	Z201	模块开始	C _ TZXX/n/m	调整信息模块开始
6	M	A202	资金账户类别		
7	M	A201	资金账号		
8	M	C402	本次调整金额		
9	M	C401	调整后金额		资金账户要求金额
10	M	D205	调整生效日期		
11	M	Z202	模块结束	C _ TZXX/n	调整信息模块结束
------|可重复必备模块 C 资金账户调整信息					

7.2.34　预售要约收购或撤回预售要约收购申报（G01）

消息发送方：结算会员

消息接收方：登记结算机构

使用说明：用于结算会员发出或撤回预受要约收购申报信息。

具体消息定义见表39。

表39 预售要约收购或撤回预售要约收购申报

序号 No.	状态 Status	标记 Tag	数据域名称 Field Name	取值 Value	说明
1	M	消息概要模块			
------>必备模块B基本信息					
2	M	Z201	模块开始	B_JBXX	基本信息模块开始
3	M	E203	结算会员代码		
4	M	E204	结算席位代码		
5	M	Z202	模块结束	B_JBXX	基本信息模块结束
------|必备模块B基本信息					
------>可重复必备模块C申报信息					
6	M	Z201	模块开始	C_SBXX/n/m	申报信息模块开始
7	M	H101	委托编号		
8	M	A101	证券账号		
9	M	D101	申报时间		
10	M	B101	证券代码		
11	M	B202	证券委托数量		指投资者预受或撤回预受要约的证券数量，正数表示预受要约，负数表示撤回预受要约
12	M	Z202	模块结束	C_SBXX/n	申报信息模块结束
------|可重复必备模块C申报信息					

7.2.35 预受要约收购或撤回预受要约收购回报（G02）

消息发送方：登记结算机构

消息接收方：结算会员

使用说明：用于登记结算机构对结算会员发出或撤回的预受要约收购申报的回报信息。

具体消息定义见表40。

表40 预受要约收购或撤回预受要约收购回报

序号 No.	状态 Status	标记 Tag	数据域名称 Field Name	取值 Value	说明
1	M	消息概要模块			
------>必备模块B基本信息					
2	M	Z201	模块开始	B_JBXX	基本信息模块开始
3	M	E203	结算会员代码		
4	M	E204	结算席位代码		
5	M	Z202	模块结束	B_JBXX	基本信息模块结束
------|必备模块B基本信息					
------>可重复必备模块C回报信息					

续表

序号 No.	状态 Status	标记 Tag	数据域名称 Field Name	取值 Value	说 明
6	M	Z201	模块开始	C _ HBXX/n/m	回报信息模块开始
7	M	H101	委托编号		
8	M	A101	证券账号		
9	M	D101	申报时间		
10	M	B101	证券代码		
11	M	B202	证券委托数量		
12	M	H102	成交编号		
13	M	B203	证券成交数量		
14	M	D102	成交时间		
15	M	B205	证券当前余额		
16	M	Z202	模块结束	C _ HBXX/n	回报信息模块结束
------|可重复必备模块 C 回报信息					

7.2.36 放弃认购按市值配售新股申报（G03）

消息发送方：结算会员

消息接收方：登记结算机构

使用说明：用于放弃认购按市值配售新股的申报。

具体消息定义见表 41。

表 41 放弃认购按市值配售新股申报

序号 No.	状态 Status	标记 Tag	数据域名称 Field Name	取值 Value	说 明
1	M	消息概要模块			
------>必备模块 B 基本信息					
2	M	Z201	模块开始	B _ JBXX	基本信息模块开始
3	M	E203	结算会员代码		
4	M	E204	结算席位代码		
5	M	Z202	模块结束	B _ JBXX	基本信息模块结束
------|必备模块 B 基本信息					
------>可重复必备模块 C 申报信息					
6	M	Z201	模块开始	C _ SBXX/n/m	申报信息模块开始
7	M	H101	委托编号		
8	M	D101	委托时间		
9	M	A101	证券账号		
10	M	B101	证券代码		
11	M	B202	证券委托数量		
12	M	Z202	模块结束	C _ SBXX/n	申报信息模块结束
------|可重复必备模块 C 申报信息					

7.2.37 放弃认购按市值配售新股回报（G04）

消息发送方：登记结算机构

消息接收方：结算会员

使用说明：用于放弃认购按市值配售新股的回报。

具体消息定义见表42。

表42 放弃认购按市值配售新股回报

序号 No.	状态 Status	标记 Tag	数据域名称 Field Name	取值 Value	说　明
1	M	消息概要模块			
------>必备模块 B 基本信息					
2	M	Z201	模块开始	B _ JBXX	基本信息模块开始
3	M	E203	结算会员代码		
4	M	E204	结算席位代码		
5	M	Z202	模块结束	B _ JBXX	基本信息模块结束
------|必备模块 B 基本信息					
------>可重复必备模块 C 回报信息					
6	M	Z201	模块开始	C _ HBXX/n/m	回报信息模块开始
7	M	H101	委托编号		
8	M	D101	委托时间		
9	M	A101	证券账号		
10	M	B101	证券代码		
11	M	B202	证券委托数量		
12	M	F102	处理结果代码		
13	M	Z202	模块结束	C _ HBXX/n	回报信息模块结束
------|可重复必备模块 C 回报信息					

8 数据域字典

8.1 数据域字典

所有业务环节交换的数据项定义见表43。其中表中有“*”标记的数据域为代码词取值数据域，即域的取值是代码词，具体定义见8.2。

表43 数据域字典

域标记	域名称	域格式	描述及取值说明
账户有关的域			
A101	证券账号	10!c	投资人证券账户账号
A102	证券账户类别 *	3!c	投资人证券账户类别，如：个人 A 股账户，个人 B 股账户
A103	证券账户状态 *	2!c	证券账户的当前状态，如：冻结
A104	证券账户名称	80z	证券账户开户人名称

续表

域标记	域名称	域格式	描述及取值说明
A201	资金账号	20c	资金账户账号
A202	资金账户类别 *	3!c	资金账户类别（用途）
A203	资金账户状态 *	2!c	资金账户的当前状态，如：冻结
A204	资金账户名称	80z	资金账户的开户人名称
证券有关的域			
B101	证券代码	10!c	证券代码
B102	证券类别 *	2!c	某只证券的类别，如 A 股、债券、基金等
B103	证券持有状态 *	2!c	证券账户对一定数量证券的持有状态，如：流通、冻结
B104	证券持有属性 *	2!c	一定数量证券在证券账户中的属性，如：法人股、国有股
B201	证券过户类型 *	3!c	证券结算业务中所结算证券的来源属性，如：买入、卖出、红股、配股
B202	证券委托数量	16d	证券交易或柜台业务中的证券委托数量
B203	证券成交数量	16d	证券交易或柜台业务中的证券成交数量
B204	证券过户数量	16d	证券交易或柜台业务中的证券过户数量
B205	证券当前余额	16d	证券账户中某支证券的当前余额
B206	证券过户净额	16d	某支证券过入过出的算术和
B207	证券透支数量	16d	某支证券透支数量
B301	证券转换比例	8d/8d	证券转换相关业务中的证券转换比例。该数据域包含两个子域，表示原始证券和目标证券的转换比例关系。第一个子域表示原始证券，第二个子域表示目标证券。
资金有关的域			
C101	货币种类 *	3!a	货币种类代码
C201	交易价格	16d	交易或柜台业务中各种证券的交易价格，如通过交易所的竞价成交价格、新股申购价格、回购年收益率等
C202	交易金额	16d	一项业务涉及的直接交易金额，不包含各种税费
C203	资金发生科目 *	3!c	资金发生的科目类别
C204	资金发生数额	16d	某项资金科目发生的资金数额
C205	资金当前余额	16d	资金账户的当前余额
C206	资金发生净额	16d	资金账户中流入流出的资金算术和
C207	单笔业务费用	16d	单笔业务处理的费用
C208	托管银行收付款金额	16d	托管银行收付款发生金额
C209	付款方式 *	1!c	境外代理商和有托管银行客户的境内券商的交收付款方式
C210	透支金额	16d	资金透支数额
C301	质押贷款金额	16d	质押贷款业务中涉及的贷款金额
C302	票面利率	8d	债券等的票面利率
C303	利息金额	16d	利息发生金额
C401	资金账户要求金额	16d	登记结算机构对结算会员的保证金账户、备付金账户等要求的最低金额

续表

域标记	域名称	域格式	描述及取值说明
C402	资金账户调整金额	16d	登记结算机构对结算会员的保证金账户、备付金账户的调整金额
时间有关的域（包括日期、时间、期间等）			
D101	委托时间	[8!n]/[6!n]	业务委托的日期和时间，包括竞价交易、柜台业务等。该数据域包含两个可选的子域，第一个子域表示日期，格式为 YYYYMMDD，第二个子域表示时间，取值 24 小时制，格式为 HHMMSS。两个子域应至少有一个，并且子域分隔符“/”不能省略（下同）
D102	成交（处理）时间	[8!n]/[6!n]	竞价交易交易所成交或柜台业务被处理的日期和时间
D103	交收时间	[8!n]/[6!n]	证券和资金交收的日期和时间
D104	对账时间	[8!n]/[6!n]	对账数据的发送日期和时间
D201	业务发生日期范围	8!n8!n	标记业务的日期范围，格式为 YYYYMMDDYYYYMMDD
D202	权益派发年次	4!n/2!n	标记权益派发年份和次数。该数据域包含两个子域，第一个子域表示权益派发年份，第二个子域表示该次权益派发是该年份的第几次权益派发
D203	有效期限	8!n	业务的有效期限，如证券质押到期日、证券冻结到期日等
D204	计息天数	8d	债券等计算利息的天数
D205	生效时间	8!n	某种业务的生效时间
市场主体有关的域			
E101	交易地点代码 *	3!c	交易发生地点的代码，包括交易所、结算公司柜台等
E201	交易会员代码	6!c	交易会员代码
E202	交易席位代码	6!c	交易席位代码
E203	结算会员代码	6!c	结算会员代码
E204	结算席位代码	6!c	结算席位代码
E205	券商代码	6!c	券商代码
E206	券商营业部代码	6!c	券商营业部代码
E301	银行代码	20c	取国家对金融机构的标准编码
E302	银行名称	80z	银行的名称
E901	开户代理点代码	6!c	证券账户开户代理点代码
业务处理有关的域			
F101	业务类别 *	3!c	各项业务的类别代码
F102	处理结果代码 *	3!c	业务的处理结果
F201	有效业务笔数	16d	有效的业务发生数量
F301	依据文书类别 *	2!c	业务发生所依据的文书类别，如冻结证券依据的判决书等
F302	依据文书编号	16!c	业务依据的有效文书的编号
F303	银行提单号	20c	银行资金到账的提单编号
权益派发有关的域			
G101	有权证券数量	16d	获得派发权益所依据的有效证券数量

续表

域标记	域名称	域格式	描述及取值说明
G102	权益派发类别 *	2!c	权益派发的种类，如：红利、红股
G103	权益派发比例	8d/8d	权益派发的比例。该数据域包含两个子域，表示有权证券和派发权益的比例关系。第一个子域表示有权证券，第二个子域表示派发权益。如红股 10 送 3，则表示为“10/3”
G104	权益获得数额	16d	特定证券账户获得的权益数量
业务序号（编号）有关的域			
H101	委托编号	20!c	业务委托的编号，包括交易委托、柜台业务委托等
H102	成交（处理）编号	20!c	交易所给出的成交编号或者柜台业务处理编号
H103	交收编号	20!c	登记结算公司给出的交收业务编号
H104	股份结算编号	20!c	标记股份结算业务流水号
H105	资金结算编号	20!c	标记资金结算业务流水号
H201	质押物序号	8n	质押贷款业务中质押物的序号
身份有关的域			
I101	国家/地区代码 *	3!a	国家或地区代码
I201	身份类别 *	2!c	相关主体的身份类别，如投资人、法人代表、经办人等
I202	身份性质 *	2!c	相关主体的身份性质，如个人、机构等
I203	姓名或名称	80z	相关主体的姓名或名称
I204	身份证件类别 *	3!c	能够唯一识别相关主体的法定身份证件类别，如身份证等
I205	身份证件号码	30z	能够唯一识别相关主体的法定身份证件号码
I206	学历代码	3c	取值相关国家标准
I207	职业代码	3c	取值相关国家标准
I301	通讯地址	120z	通讯地址
I302	邮政编码	10z	邮政编码
I303	电话号码	30z	电话号码，可以填写多个电话号码，用“/”分隔
I304	传真号码	30z	传真号码，可以填写多个传真号码，用“/”分隔
I305	电子邮件	80z	电子邮件，可以填写多个电子邮件，用“/”分隔
消息结构有关的域			
Z101	消息编号	20!c	消息发送方给出的能够唯一标识消息的编号
Z102	消息版本号	3!n	三位数字表示消息的版本号。第一位是主版本号，第二、三位是副版本号。如 1.2 版表示为“120”
Z103	消息代码 *	3!c	用于表明消息类型的唯一字符串
Z104	消息功能 *	2!c	消息的功能，表示消息是新建消息还是为了取代或取消另一条消息等
Z105	消息关联类型 *	2!c	该消息与其他消息关联的种类，如表示和另一条消息先后关系的在前、在后等
Z201	模块开始	16c	标记消息模块的开始
Z202	模块结束	16c	标记消息模块的结束
Z301	消息发送方	20c	根据发送方身份分别取值会员代码、银行代码、登记结算机构代码
Z302	消息接收方	20c	根据接收方身份分别取值会员代码、银行代码、登记结算机构代码

8.2 代码型数据域取值描述

8.2.1 A102：证券账户类别

表 44 证券账户类别

编号		含义	说明
第1位	第2—3位		
A	个人账户		
	01	个人A股账户	投资者为自然人的A股账户
	02	个人B股账户	投资者为自然人的B股账户
	03	个人基金账户	投资者为自然人的基金账户
B	机构账户		
	01	机构A股账户	投资者为机构的A股账户
	02	机构B股账户	投资者为机构的B股账户
	03	机构基金账户	投资者为机构的基金账户

8.2.2 A103：证券账户状态

表 45 证券账户状态

编码	含义	说明
01	正常	证券账户处于正常状态
02	挂失	证券账户处于挂失状态
03	冻结	证券账户处于冻结状态
04	注销	证券账户处于注销状态

8.2.3 A202：资金账户类别

表 46 资金账户类别

编号		含义	说明
第1位	第2—3位		
A	A股相关		
	01	A股结算备付金账户	
	02	A股结算保证金账户	
B	B股相关		
	01	B股结算备付金账户	
	02	B股结算保证金账户	

8.2.4 A203：资金账户状态

表 47 资金账户状态

编码	含义	说明
01	正常	资金账户处于正常状态
02	冻结	资金账户处于冻结状态

8.2.5 B102：证券类别

表 48　证券类别

编　码	含　义	说　明
01	A 股	
02	B 股	
03	三板 A 股	
04	三板 B 股	
05	国债	
06	地方政府债券	
07	公司债券	
08	金融债券	
09	可转换债券	
10	封闭式基金	
11	LOFs	
12	回购	

8.2.6　B103：证券持有状态

表 49　证券持有状态

编　码	含　义	说　明
01	正常流通	该证券可以正常流通
02	未流通	账户中的该证券尚未上市流通
03	冻结	证券在账户中处于冻结状态
04	未到账	

8.2.7　B104：证券持有属性

表 50　证券持有属性

编　码	含　义	说　明
01	普通公众股	
02	国家股	
03	国有法人股	
04	境内法人股	
05	境外法人股	
06	社会法人股	
07	优先法人股	
08	国有法人股转配	
09	高管股	

8.2.8　B201：证券结算科目

表 51　证券结算科目

编号		含义	说明
第 1 位	第 2—3 位		
A	交易转让有关		
	01	交易买入	
	02	交易卖出	
	03	大宗交易买入	
	04	大宗交易卖出	
	05	股份转让	通过登记结算机构柜台完成的股份转让
	06	强制平仓	
	07	债券回售	
	08	债券赎回	
B	新股发行有关		
	01	新股登记	
	02	新股申购	
	03	新股配号	
	04	新股中签	
C	权益派发有关		
	01	配股权证到账	
	02	配股认购	
	03	配股到账	
	04	红股到账	
	05	转配	
D	登记托管有关		
	01	席位变更	
	02	指定交易	
	03	撤销指定交易	
	04	托管	
	05	解托管	
	06	转托管转出	
	07	转托管转入	
	08	更换证券账户	
	09	合并证券账户	
	10	债券存券	
	11	债券提券	
	12	手工调整	

续表

编号		含义	说明
第1位	第2—3位		
E	证券转换有关		
	01	证券代码改变	
	02	可转债转股	
	03	股权拆分	

8.2.9　C101：货币种类

采用国家标准 GB/T 12406－1996

8.2.10　C203：资金发生科目

表 52　资金发生科目

编号		含义	说明
第1位	第2—3位		
A	交易转让		
	01	买净额	
	02	卖净额	
	03	大宗交易买净额	
	04	大宗交易卖净额	
	05	债券兑付	
B	税费项目		
	01	印花税	
	02	交易经手费	
	03	股份结算费	
	04	非交易过户费	
	05	国债兑付手续费	
	06	派息手续费	
	07	配股登记费	
	08	配股手续费	
	09	新股登记费	
	10	新股发行手续费	
	11	转托管手续费	
	12	开户费	
	13	监管费	
C	处罚		
	01	透支罚息	
	02	卖空罚款	

续表

编号		含义	说明
第1位	第2—3位		
D	权益		
	01	派息	
E	各种风险基金		
	01	结算风险基金存入	
	02	结算风险基金调出	
	03	交易所风险基金存入	
	04	交易所风险基金调出	
F	结算		
	01	结算保证金追加	
	02	结算保证金调出	
	03	结算头寸存入	
	04	结算头寸调出	
	05	结算头寸内转	
	06	结算头寸利息	
	07	暂收结算款项	
G	新股		
	01	新股申购资金	
	02	新股认购资金	
	03	配股认购资金	

8.2.11 C209：付款方式

表53 付款方式

编码	含义	说明
N	No Custodian	
A	Against Payment	
F	Free of Payment	

8.2.12 E101：交易地点代码

表54 交易地点代码

编号		含义	说明
第1位	第2—3位		
A	交易所		
	01	上海证券交易所	
	02	深圳证券交易所	

续表

编号		含义	说明
第1位	第2—3位		
B	柜台		
	01	中国证券登记结算公司柜台	
	02	主办券商柜台	

8.2.13 F101：业务类别

表55 业务类别

编号		含义	说明
第1位	第2—3位		
A	证券账户管理		
	01	证券账户开户	
	02	证券账户信息查询	
	03	证券账户信息修改	
	04	证券账户挂失	
	05	证券账户解挂	
	06	证券账户注销	
	07	证券账户挂失换新号	
B	交易转让		
	01	交易买入	
	02	交易卖出	
	03	大宗交易买入	
	04	大宗交易卖出	
	05	股份转让	
	06	强制平仓	
	07	债券回售	
	08	债券赎回	
C	新股发行		
	01	新股登记	
	02	新股申购	
	03	新股配号	
	04	新股中签	

续表

编号		含义	说明
第1位	第2—3位		
D	权益派发		
	01	配股权证到账	
	02	配股认购	
	03	配股到账	
	04	红股到账	
	05	转配	
E	登记托管		
	01	席位变更	
	02	指定交易	
	03	撤销指定交易	
	04	托管	
	05	解托管	
	06	转托管转出	
	07	转托管转入	
	08	更换证券账户	
	09	合并证券账户	
	10	债券存券	
	11	债券提券	
	12	手工调整	
F	证券转换		
	01	证券代码转换	
	02	可转债转股	
	03	股权分拆	
G	持有状态		
	01	冻结	
	02	解冻	

8.2.14 F102：处理结果代码

表56 处理结果代码

编号		含义	说明
第1位	第2—3位		
A	证券账户管理		
	01	处理成功	
	02	业务类别错	
	03	此项业务暂停	
	04	开户点代码错	
	05	开户点无权限	
	06	证件类别代码错	
	07	证件号码错	
	08	投资者类别代码错	
	09	账户类别代码错	
	10	国家/地区代码错	
	11	通信地址错	
	12	邮政编码错	
	13	电话号码错	
	14	传真号码错	
	15	电子邮件错	
	16	该证件号码已开户	
	17	该证件号码不允许开户	
	18	无此证券账户/此股东未开户	
	19	该证券账户上还有股份/股息，不能注销	
	20	证券账户与证件名称、投资人名称不匹配	
	21	委托序号重复，委托无效	
	22	证券账户已注销，不能二次注销	
	23	导致委托失败的其他原因	

续表

编号		含义	说明
第1位	第2—3位		
B	登记托管有关		
	01	证券代码无效	
	02	转入席位无效	
	03	此证券不可转托管	
	04	转出席位不允许转托管	
	05	转入席位不允许转托管	
	06	委托的转托管股数小于等于零	
	07	可转托管股数小于委托股数	
	08	此证券不可质押	
	09	此投资人不可质押	
	10	此席位不可质押	
	11	席位代码无效	
	12	可质押/解质押股数小于委托股数	
	13	质押股数超出限制比例	
	14	质押日期无效	
	15	质押双方报盘纪录不匹配	
	16	被司法冻结，不可解押解冻	
	17	证券账户无效	
	18	席位代码无效	
C	资金划拨有关		
	01	处理成功	
	02	余额不足	
	03	清算账户无效	

8.2.15 F301：依据文书类别

表57 依据文书类别

编码	含义	说明
01	司法裁判文书	法院判决、裁定、通知等
02	协议转让合同	
03	质押合同	

8.2.16　G102：权益派发类别

表 58　权益派发类别

编　码	含　义	说　明
01	红利	
02	红股	
03	配股权	

8.2.17　I101：国家地区代码

采用国家标准 GB/T 2659 - 2000

8.2.18　I201：身份类别

表 59　身份类别

编　码	含　义	说　明
01	投资人	
02	法定代表人	机构投资者的法定代表人
03	经办人	机构投资者业务经办人

8.2.19　I202：身份性质

表 60　身份性质

编　码	含　义	说　明
01	自然人	
02	综合类证券公司（上市）法人	
03	综合类证券公司（非上市）法人	
04	经纪类证券公司（上市）法人	
05	经纪类证券公司（非上市）法人	
06	商业银行（上市）法人	
07	商业银行（非上市）法人	
08	信托投资公司（上市）法人	
09	信托投资公司（非上市）法人	
10	封闭式证券投资基金（上市）法人	
11	封闭式证券投资基金（非上市）法人	
12	开放式证券投资基金法人	
13	其他证券投资基金（上市）法人	
14	其他证券投资基金（非上市）法人	
15	基金管理公司法人	
16	社保基金	
17	保险公司（上市）法人	
18	保险公司（非上市）法人	
19	其他金融机构（上市）法人	
20	其他金融机构（非上市）法人	

续表

编　码	含　义	说　明
21	国有企业（上市）法人	
22	国有企业（非上市）法人	
23	非国有企业（上市）法人	
24	非国有企业（非上市）法人	
25	中外合资、合作企业（上市）法人	
26	中外合资、合作企业（非上市）法人	
27	中外合资、合作企业（国有控股、上市）法人	
28	中外合资、合作企业（国有控股、非上市）法人	
29	外商独资企业法人	
30	事业法人	
31	社团法人	
32	机关法人	
33	境外基金法人	
34	境外证券公司法人	
35	境外代理人	
36	境外一般机构法人	

8.2.20　I204：身份证件类别

表 61　身份证件类别

编　号		含　义	说　明
第 1 位	第 2—3 位		
A	个　人		
	01	居民身份证	
	02	护照	
	03	户口本	
	04	军官证	
	05	士兵证	
B	机　构		
	01	法人营业执照	

8.2.21 Z103：消息代码

表 62 消息代码

<table>
<tr><th colspan="2">编 号</th><th rowspan="2">含 义</th><th rowspan="2">说 明</th></tr>
<tr><th>第 1 位</th><th>第 2—3 位</th></tr>
<tr><td rowspan="9">A</td><td colspan="2">证券账户管理类</td><td></td></tr>
<tr><td>01</td><td>证券账户开户申请</td><td></td></tr>
<tr><td>02</td><td>证券账户开户回报</td><td></td></tr>
<tr><td>03</td><td>证券账户信息查询申请</td><td></td></tr>
<tr><td>04</td><td>证券账户信息查询回报</td><td></td></tr>
<tr><td>05</td><td>证券账户信息修改申请</td><td></td></tr>
<tr><td>06</td><td>证券账户信息修改回报</td><td></td></tr>
<tr><td>07</td><td>证券账户改变状态申请</td><td></td></tr>
<tr><td>08</td><td>证券账户改变状态申请回报</td><td></td></tr>
<tr><td rowspan="4">B</td><td colspan="2">清算类</td><td></td></tr>
<tr><td>02</td><td>交易清算通知</td><td></td></tr>
<tr><td>04</td><td>权益派发清算通知</td><td></td></tr>
<tr><td>06</td><td>证券转换清算通知</td><td></td></tr>
<tr><td rowspan="6">C</td><td colspan="2">交收类</td><td></td></tr>
<tr><td>02</td><td>证券过户通知</td><td></td></tr>
<tr><td>04</td><td>资金交收通知</td><td></td></tr>
<tr><td>06</td><td>证券账户管理业务费用结算信息</td><td></td></tr>
<tr><td>08</td><td>债券透支通知</td><td></td></tr>
<tr><td>09</td><td>交收指令</td><td></td></tr>
<tr><td rowspan="10">D</td><td colspan="2">证券持有类</td><td></td></tr>
<tr><td>01</td><td>席位变动申请</td><td></td></tr>
<tr><td>02</td><td>席位变动申请回报</td><td></td></tr>
<tr><td>03</td><td>证券持有状态改变申请</td><td></td></tr>
<tr><td>04</td><td>证券持有状态改变申请回报</td><td></td></tr>
<tr><td>05</td><td>质押申报</td><td></td></tr>
<tr><td>06</td><td>质押处理回报</td><td></td></tr>
<tr><td>08</td><td>债券利息通知</td><td></td></tr>
<tr><td>10</td><td>投资人证券持有余额对账</td><td></td></tr>
<tr><td>12</td><td>席位证券持有余额对账</td><td></td></tr>
<tr><td rowspan="2">E</td><td colspan="2">证券持有类</td><td></td></tr>
<tr><td>14</td><td>回购未到期对账</td><td></td></tr>
</table>

续表

编号		含义	说明
第1位	第2—3位		
F	资金划拨类		
	01	资金转账指令	
	02	资金转账响应指令	
	03	资金到账通知指令	
	04	资金到账通知响应指令	
	05	资金账户查询指令	
	06	资金账户查询响应指令	
	08	资金账户调整通知	
G	公司行为类		
	01	预售要约收购或撤回预售要约收购申报	
	02	预售要约收购或撤回预售要约收购回报	
	03	放弃认购按市值配售新股申报	
	04	放弃认购按市值配售新股回报	

8.2.22 Z104：消息功能

表63 消息功能

编码	含义	说明
01	新消息	表示该消息是一条新消息
02	重发	表示该消息是一条重发消息
03	拷贝通知	表示该消息是另一条消息的拷贝，用于通知其他市场参与主体
04	取消	表示该消息用于取消另一条消息
05	替代	表示该消息用于替代另一条消息

8.2.23 Z105：消息关联类型

表64 消息关联类型

编码	含义	说明
01	重发	该消息是对另一条消息的重发
02	取消	该消息用于取消另一条消息
03	取代	该消息用于取代另一条消息

附录 A
（资料性附录）
消息构建原则

A.1 消息结构

一条消息从一方发送给另一方；消息包含一个消息代码，该代码表示消息的种类。消息的版本被消息描述符唯一标识。消息包含数据域，这些数据域可以也可以不分组成数据域模块。每个数据域由一个域标记和一个数据项组成。域标记、数据项都是数据元，它们可以是简单数据元，也可以是复合数据元。复合数据元包含子域。

这样，消息可以按照如下层次定义：

消息

  消息描述符

      消息代码

      消息版本号

        数据域模块

          模块开始域

            模块开始之域类型

            模块开始之模块名

            模块开始之出现次数

              数据域

                数据域之域标记

                数据域之数据项

                  子域 1

                  ……

                  子域 n

          模块结束域

            模块结束之域标记

            模块结束之模块名

            模块结束之出现次数

下面是本协议的结构化元素：

消息

  模块的模块

数据域模块

　　数据域

　　　　子域

A.2 指导原则

a）域的顺序

消息或模块中域的顺序不改变消息的含义。系统应当设计成可以处理域以任何顺序出现的消息。

b）模块结构

虽然理论上对模块的嵌套层数不应有限制，但是基于实践考虑，推荐最多嵌套9层，即在最外层里最多有8层。

c）代码词

代码词不应是助记的，因为这会造成混乱并且会限制可能的代码词数量。

d）可选的模块和域

消息中的可选模块和域的数量应当尽可能少，因为它们不会使直通处理得到促进。

e）缺省值

不推荐使用缺省值。提倡用一个显式的代码值代替希望的缺省值，如“NONE”。

ICS 03.060
A11
备案号

JR

中华人民共和国金融行业标准

JR/T 0017-2012

开放式基金业务数据交换协议

Open-ended Fund Business Data Exchange Protocol

2012-05-17 发布　　　　2012-05-17 实施

中国证券监督管理委员会　发布

目　次

前　言

本标准依据 GB/T 1．1－2009 给出的规则起草。

本标准为《开放式基金业务数据交换协议》（JR/T0017－2004）的修订版本，与原文相比，除编辑性修改外主要技术变化如下：

——对数据索引文件名进行了扩展（见 A．1．1）；

——交易类汇总数据增加了账户申请、账户确认、交易申请、交易确认、参与人及结算席位文件、其他类申请、其他类确认、资金清算文件（见 7．65）；

——增加了参数类汇总数据（见 7．66）；

——业务交换数据项增加了变更交易账户申请和确认、基金联名卡开通和确认、积分确认、地区编号变更通知、确权申请和确认、快速过户申请和确认、基金质押申请和确认、ETF 申购赎回的申请和确认（见 7．10、7．11、7．50～7．64）；

——在数据字典、业务交换数据项中增加了若干字段（参见第 7 章、第 8 章）；

——对业务交换数据项中关键字段进行了详细描述（参见第 7 章）；

——将销售人代码、对方销售代码长度修改为九位（参见第 7 章）。

本标准由全国金融标准化技术委员会证券分技术委员会提出。

本标准由全国金融标准化技术委员会归口。

本标准起草单位：中国证监会基金监管部、中国证监会信息中心、中国证券登记结算公司、华夏基金管理有限公司、博时基金管理有限公司、嘉实基金管理有限公司、汇添富基金管理有限公司、中国工商银行、中国农业银行、中国建设银行、中国银行、招商银行。

本标准主要起草人：洪磊、杨淑琴、高斌、冷平生、林海中、程立、刘玉生、陈鸿鹄、邓学智、陈磊、鄂晓军、谢明、茅冬琳、老伟雄、周铁奇、唐强、邹钢、钱向阳、余林民、狄存。

本标准代替了《开放式基金业务数据交换协议》（JR/T0017－2004）。

《开放式基金业务数据交换协议》（JR/T0017－2004）的历次版本发布情况为：

——《开放式基金业务数据交换协议》（JR/T0017－2004）——2005 年发布。

引　言

《开放式基金业务数据交换协议》（JR/T0017－2004）发布以来，至今已有多年时间，在此期间，开放式基金领域拓展了很多新的产品和功能，为与此相适应，《开放式基金业务数据交换协议》（JR/T0017－2004）也需要修订和增加相关内容。

本次修订更加注重标准的实用性和适用性。

本标准为《开放式基金业务数据交换协议》（JR/T0017－2004）的第一次修订。

开放式基金业务数据交换协议

1 范围

本标准规定了基金、集合资产管理计划业务中机构之间进行数据交换时所采用的数据格式、数据定义和数据内容。

本标准适用于基金管理人、注册登记人、基金销售机构、基金托管人、清算机构等之间的数据交易业务。

2 规范性引用文件

下列文件中的条款通过本标准的引用而成为本标准的条款。凡是注日期的引用文件，其随后所有的修改单（不包括勘误的内容）或修改版均不适用于本标准，然而，鼓励根据本标准达成协议的各方研究是否可使用这些文件的最新版本。凡是不注日期的引用文件，其最新版本适用于本标准。

GB 2312－1980 信息交换用汉字编码字符集 基本集

GB 18030－2005 信息技术 信息交换用汉字编码字符集 基本集的扩充

GB/T 1988－1998 信息技术 信息交换用七位编码字符集

GB/T 12406－2008 表示货币和资金的代码

GB/T 2260－2007 中华人民共和国行政区划代码

GB/T 2659－2000 世界各国和地区名称代码

GB/T 4754－2011 国民经济行业分类代码

3 术语和定义

下列术语和定义适用于本文件。

3.1

基金业务当事人 Fund Business Party

与基金业务处理相关的所有机构与个人。

3.1.1

基金发起人 Fund Founder-Member

以基金的成立为目的，并按照规定的设立条件和程序设立基金的机构。

3.1.2

基金管理人 Fund Manager

依法从事投资基金管理的基金管理公司。

3.1.3

基金托管人 Fund Custodian

依法保管基金资产、监督管理人投资活动的机构。

3.1.4

注册（过户）登记人 Transfer Agent

负责基金投资人账户保管、交易记录保存、代理分红、投资人账户报告、登记基金份额等服务的机构，简称 TA。

3.1.5

基金持有人 Fund Holder

持有证券投资基金份额的投资人。

3.1.6

基金销售人 Fund Saler

销售基金的法人或自然人。

3.2

业务种类 Business Type

基金业务处理中所涉及到的业务类型。

3.2.1

基金账户 Transfer Agent Account

注册登记人为基金投资人设立的基金账户，用于记录和保存持有人的基金单位份数。

3.2.2

开户 Open an Account

基金投资人申请设立注册登记基金账户的业务。

3.2.3

认购 Subsribe

投资人在开放式基金募集期间申请购买该基金的行为。

3.2.4

申购 Buy

投资人申请购买已经成立的开放式基金的行为。基金管理人接到投资人的购买申请时，应按当日公布的基金份额净资产加减必要费用予以成交，基金托管人按规定与基金管理人办理交割与清算手续，注册登记人增加投资人账户的基金数量和基金的资产。

3.2.5

赎回 Redeem

基金持有人申请开放式基金管理人买回该投资人已购其管理的开放式基金的行为。接到基金持有人赎回请求时，基金管理人应按当日公布的基金份额净资产加减必要费用予以成交，基金托管人按规定与基金管理人办理交割与清算手续，在规定期限内向基金持有人支付赎回资金，注册登记人减少基金持有人账户基金份数和基金的资产。

3.2.6

巨额赎回 Vastly Redeem

在基金的单个开放日，基金净赎回申请超过该基金总份数的一定比例时，就是巨额赎回。

3.2.7

预约赎回 Preengage Redeem

基金持有人为给基金管理人一定的时间办理赎回业务而提前发出的在未来某日赎回的申请。

3.2.8

分红 Dividend

按基金契约的规定，基金管理人在每个会计年度将基金运作所得收益按一定的比例分配给基金持有人的行为。

3.2.9

登记日 Register Date

登记基金持有人按其所持基金享受基金分红权利的时点。

3.2.10

红利发放日 Dividend Date

向基金持有人拨付红利款项的日期。

3.2.11

红利再投资 Dividend Reinvestment

基金持有人将所持基金分得的现金红利自动申请转为持有该基金单位的投资活动。

3.2.12

非交易过户 Transfer

基金赠与、继承、协助执行司法判决等有双方参与且涉及基金单位数量变化的过户业务。

3.2.13

基金转换 Fund Conversion

基金管理人向基金持有人提供的一种服务，即将基金持有人的某只基金转换为另一只基金的服务。

3.3

基金信息 Fund Information

有关基金本身的特征信息。

3.3.1

基金单位资产净值 Net Asset Value

基金开放日闭市后基金资产净值除以当日基金单位的余额数量。

3.3.2

申购费 Buy Charge

投资人申购开放式基金单位所需支付的费用。

3.3.3

赎回费 Redemption Charge

投资人赎回开放式基金单位时所支付的费用。

3.3.4

账户管理费 Account Management Charge

基金管理人向投资人收取的用于管理维护投资人基金账户的费用。

3.3.5

注册登记费 Transfer Agent Charge

注册登记代理人根据“注册登记代理协议”向基金管理人收取的费用。

3.3.6

尾随佣金 Rake-off

基金管理人给予基金代理销售人的销售业绩报酬。

4 要求

4.1 数据类型定义

表 1 给出了本标准中使用的数据类型定义。

表 1 数据类型定义

标识符	数据类型
C	字符型
A	数字字符型，限于 0～9
N	数值型，其长度不包含小数点，可参与数值计算
TEXT	不定长文本

4.2 数据处理

本标准包括开放式基金监管部门规定的开放式基金相关业务规则所要求的数据。数据处理规则为：

a）数字左补零右对齐，字符右补空格左对齐。

b）字符不区分大小写。

c）对于数据交换文件：

1）采用文本文件定长记录方式；

2）每行一条完整记录；

3）换行须用换行（OAH）、回车（ODH）字符；

4）带有小数点的数值型数据，传输时不传小数点。

d）汉字信息交换按国家标准 GB 2312－1980 和 GB 18030－2005 执行，西文信息交换按国家标准 GB/T 1988－1998 执行。

4.3 加密

对通过公网进行传输的敏感数据进行加密是非常必要的，本标准建议对这些数据进行加密处理。

5 信息交换格式

每次交换的信息包括三个部分：信息头、信息体和信息尾。文件交换方式的详细约定见附录 A 中的格式。

a）信息头：表示一次数据交换的开始，它给出本次数据交换的信息提要，其内容如表 2 所示。

表 2 信息头格式

名　　称	说　　明
信息头标识	用以标明该信息头的格式类型
协议版本号	
信息创建人	销售人/注册登记人/基金管理人/托管人的代码
信息接收人	销售人/注册登记人/基金管理人/托管人的代码
传送发生日期	传送发生日期

b）信息体：包括数据交换的内容，见表 3。

表 3　信息体格式

名　　称	说　　明
汇总表号	文件传输次序标志
文件类型代码	
发送人	
接收人	
字段数	表示该数据文件的构成字段数
字段名 1	
……	
字段名 N	
记录数	该数据文件包含的数据记录数
记录 1	
记录 2	
记录 3	
……	
记录 M	
信息体结束标识	用以标明信息体的结束

c）信息尾：表示一次数据交换的结束。

6　业务类型编码

开放式基金业务所涉及的业务类型见表 4。业务代码在数据交换文件中使用，为三位编码。其中第一位表示业务发起的方向（0 表示申请，1 表示确认，有的业务为单向发起），第二、三位表示业务类别。

表 4　开放式基金业务类型

申请业务代码	确认业务代码	业务名称	备　　注
001	101	开　户	
002	102	销　户	
003	103	账户信息修改	
004	104	基金账户冻结	
005	105	基金账户解冻	
006	106	基金账户卡挂失	
007	107	基金账户卡解挂	
008	108	增加交易账户	
009	109	撤销交易账户	
020	120	认　购	此时的确认无清算结果

续表

申请业务代码	确认业务代码	业务名称	备　注
021	121	预约认购	此时的确认无清算结果
022	122	申　购	
023	123	预约申购	此时的确认无清算结果
024	124	赎　回	
025	125	预约赎回	此时的确认无清算结果
026	126	转销售人/机构	026、126 业务与 027、127 或 028、128 不能在一笔业务中同时存在
027	127	转销售人/机构转入	
028	128	转销售人/机构转出	
029	129	设置分红方式	
	130	认购结果	发行结束时的认购情况
031	131	基金份数冻结	
032	132	基金份数解冻	
033	133	非交易过户	033、133 业务与 034、134 或 035、135 不能在一笔业务中同时存在
034	134	非交易过户转入	
035	135	非交易过户转出	
036	136	基金转换	036、136 业务与 037、137 或 038、138 不能在一笔业务中同时存在
037	137	基金转换转入	
038	138	基金转换转出	
039	139	定时定额申购	
040	140	退　款	
041	141	补　款	
	142	强行赎回	
	143	红利发放	
	144	强行调增	
	145	强行调减	
	146	配　号	
	149	募集失败	
	150	基金清盘	
	151	基金终止	
052	152	撤　单	
053	153	撤预约单	
054	154	无效资金	
	155	基金销售人资金清算	
	156	投资人资金清算	
	157	红利解冻	
058	158	变更交易账号	

续表

申请业务代码	确认业务代码	业务名称	备　注
059	159	定时定额申购开通	
060	160	定时定额申购撤销	
061	161	定时定额申购修改	
062	162	认购调整	
063	163	定时定额赎回	
067	167	基金联名卡开通	
068	168	基金联名卡撤销	
	169	积分确认	
070		地区编号变更通知	
080	180	确权	
088	188	基金质押	
091	191、192	ETF 基金申购	
093	193、194	ETF 基金赎回	
098	198	快速过户	

7　业务交换数据项

7.1　说明

各业务环节需要交换的数据项分为两类：必需的和非必需的。必需的数据项要求数据交换的各方在进行业务数据交换时必须包含。非必需数据项则由数据交换的各方根据具体情况选择包含或不包含。

7.2　开户申请（001）、账户信息修改申请（003）

开户是基金注册登记人为投资人开立基金账户的业务。投资人在参与开放式基金认购、申购、赎回之前必须到基金管理人在各地的直销网点或代理点申请开立账户。账户用于记载投资人的基金所有权及其变更。

账户信息修改是指对投资人基金账户信息进行修改。

申请更新账户信息是基金管理人要求注册登记人对账户信息进行补充和完善的申请。

需要交换的数据项见表 5。

表 5　账户信息数据

ID	字段名	类型	长度	描　述	备　注	是否必需
4	Address	C	120	通讯地址		N
5	InstReprIDCode	C	30	法人代表身份证件代码		N

续表

ID	字段名	类型	长度	描　述	备　注	是否必需
6	InstReprIDType	C	1	法人代表证件类型	0-身份证，1-护照 2-军官证，3-士兵证 4-港澳居民来往内地通行证，5-户口本 6-外国护照，7-其他 8-文职证，9-警官证 A-台胞证	N
7	InstReprName	C	20	法人代表姓名		N
8	AppSheetSerialNo	A	24	申请单编号	同一销售机构不能重复	Y
27	CertificateType	C	1	个人证件类型及机构证件类型	个人证件类型 0-身份证，1-护照 2-军官证，3-士兵证 4-港澳居民来往内地通行证，5-户口本 6-外国护照，7-其他 8-文职证，9-警官证 A-台胞证 机构证件类型 0-组织机构代码证 1-营业执照，2-行政机关 3-社会团体，4-军队 5-武警，6-下属机构（具有主管单位批文号） 7-基金会，8-其他	Y
72	CertificateNo	C	30	投资人证件号码		Y
85	InvestorName	C	120	投资人户名		Y
92	TransactionDate	A	8	交易发生日期	格式为：YYYYMMDD	Y
98	IndividualOrInstitution	A	1	个人/机构标志	0-机构，1-个人	Y
325	InstitutionType	C	1	机构类型	0-保险机构，1-基金公司 2-上市公司，3-信托公司 4-证券公司，5-理财产品 6-企业年金，7-社保基金 8-其他机构	N
101	PostCode	A	6	投资人邮政编码		N
106	TransactorCertNo	C	30	经办人证件号码	对机构必填	N
107	TransactorCertType	C	1	经办人证件类型	对机构必填 0-身份证，1-护照 2-军官证，3-士兵证 4-港澳居民来往内地通行证，5-户口本 6-外国护照，7-其他 8-文职证，9-警官证 A-台胞证	N
108	TransactorName	C	20	经办人姓名	对机构必填	N
120	TransactionAccountID	A	17	投资人基金交易账号	投资人在销售机构内开设的用于交易的账号	Y

续表

ID	字段名	类型	长度	描 述	备 注	是否必需
121	DistributorCode	C	9	销售人代码		Y
135	BusinessCode	A	3	业务代码	编码见表 4	Y
19	AcctNoOfFMInClearing Agency	C	28	基金管理人在资金清算机构的交收账号		N
20	AcctNameOfFMInClear-ingAgency	C	60	基金管理人在资金清算机构的交收账户名		N
21	ClearingAgencyCode	A	9	基金资金清算机构代码		N
23	InvestorsBirthday	A	8	投资人出生日期	格式为：YYYYMMDD	N
28	DepositAcct	C	19	投资人在销售人处用于交易的资金账号		N
29	RegionCode	A	4	交易所在地区编号		N
48	EducationLevel	C	3	投资人学历	01-研究生，02-大学本科，03-大学专科，04-中专或技校， 05-技工学校，06-高中， 07-初中，08-小学 09-文盲或半文盲	N
49	EmailAddress	C	40	投资人 E-mail 地址		N
51	FaxNo	C	24	投资人传真号码		N
65	VocationCode	C	3	投资人职业代码	01-党政机关、事业单位，02-企业单位，03-自由业主，04-学生，05-军人，06-其他	N
69	HomeTelNo	C	22	投资人住址电话		N
73	AnnualIncome	N	8	投资人年收入		N
83	MobileTelNo	C	24	投资人手机号码		N
84	MultiAcctFlag	A	1	多渠道开户标志	0-首次开设基金账户 1-已经其他渠道开户	N
87	BranchCode	C	9	网点号码	托管网点号码。对大集中方式的销售人，此字段与销售人代码相同	Y
88	OfficeTelNo	C	22	投资人单位电话号码		N
93	TransactionTime	A	6	交易发生时间	格式为：HHMMSS	Y
122	AccountAbbr	C	12	投资人户名简称		N
124	ConfidentialDocumentCode	C	8	密函编号		N
126	Sex	A	1	投资人性别	1-男，2-女	N
127	SHSecuritiesAccountID	C	10	上交所证券账号		N
128	SZSecuritiesAccountID	C	10	深交所证券账号		N

续表

ID	字段名	类型	长度	描　述	备　注	是否必需
136	TAAccountID	C	12	投资人基金账号	账户信息修改申请时为必选项	N
140	TelNo	C	22	投资人电话号码		N
164	TradingMethod	C	8	使用的交易手段	共 8 个字符，每个字符代表一种交易手段，其含义为： 第 1 位：CALLCENTER 第 2 位：INTERNET 第 3 位：自助终端 第 4 位：柜台 第 5～8 位：保留 每个字符取 1 表示使用此种手段，取 0 表示不使用	N
167	MinorFlag	C	1	未成年人标志	0 -否，1 -是	N
169	DeliverType	C	1	对账单寄送选择	1 -不寄送，2 -按月 3 -按季，4 -半年 5 -一年	N
170	TransactorIDType	C	1	经办人识别方式	1 -书面委托，2 -印鉴 3 -密码，4 -证件	N
171	AccountCardID	C	8	基金账户卡的凭证号		N
265	DeliverWay	C	8	对账单寄送方式	共 8 个字符，每个字符代表一种交易手段，其含义为： 第 1 位：邮寄 第 2 位：传真 第 3 位：E-mail 第 4 位：短消息 第 5～8 位：保留 每位字符取 1 表示采用此种手段，取 0 表示不使用	N
522	Nationality	C	3	投资者国籍	采用 GB/T 2659 - 2000	N
524	NetNo	C	9	操作（清算）网点编号		N
530	Broker	C	12	经纪人	客户所属的经纪人	N
282	CorpName	C	40	工作单位名称		N
286	CertValidDate	A	8	证件有效日期		N
287	InstTranCertValidDate	A	8	机构经办人身份证件有效日期		N
288	InstReprCertValidDate	A	8	机构法人身份证件有效日期		N
289	ClientRiskRate	C	1	客户风险等级		N
290	InstReprManageRange	C	2	机构法人经营范围		N
291	ControlHolder	C	80	控股股东		N
292	ActualController	C	80	实际控制人		N
293	MarriageStatus	C	1	婚姻状况		N

续表

ID	字段名	类型	长度	描　述	备　注	是否必需
294	FamilyNum	N	2	家庭人口数		N
295	Penates	N	16（两位小数）	家庭资产		N
296	MediaHobby	C	1	媒体偏好		N
334	EnglishFirstName	C	20	投资人英文名		N
335	EnglishFamliyName	C	20	投资人英文姓		N
336	Vocation	C	4	行业	采用国标 GB/T 4754－2011	N
337	CorpoProperty	C	2	企业性质		N
338	StaffNum	N	16（两位小数）	员工人数		N
339	Hobbytype	C	2	兴趣爱好类型		N
340	Province	C	6	省/直辖市	采用国标 GB/T 2260－2007 中 6 位数字代码	N
341	City	C	6	市	采用国标 GB/T 2260－2007 中 6 位数字代码	N
342	County	C	6	县/区	采用国标 GB/T 2260－2007 中 6 位数字代码	N
343	CommendPerson	C	40	推荐人		N
344	CommendPersonType	C	1	推荐人类型	1：内部员工 2：注册用户 3：基金账户 4：客户经理编号 5：客户经理姓名 0：其他	N
181	AcctNameOfInvestorIn ClearingAgency	C	60	投资人收款银行账户户名		N
182	AcctNoOfInvestorIn ClearingAgency	C	28	投资人收款银行账户账号		N
183	ClearingAgency	A	9	投资人收款银行账户开户行		N
302	AcceptMethod	C	1	受理方式		N

7.3　开户确认（101）

开户确认是基金注册登记人对投资人开户申请的处理结果。

需要交换的数据项见表 6。

表 6　开户确认数据

ID	字段名	类型	长度	描　述	备　注	是否必需
8	AppSheetSerialNo	A	24	申请单编号	同一销售机构不能重复	Y
32	TransactionCfmDate	A	8	交易确认日期	格式为：YYYYMMDD	Y

续表

ID	字段名	类型	长度	描　述	备　注	是否必需
119	ReturnCode	A	4	交易处理返回代码	取值见附录 B	Y
120	TransactionAccountID	A	17	投资人基金交易账号	投资人在销售机构内开设的用于交易的账号	Y
121	DistributorCode	C	9	销售人代码		Y
135	BusinessCode	A	3	业务代码	编码见表 4	Y
136	TAAccountID	C	12	投资人基金账号		Y
84	MultiAcctFlag	A	1	多渠道开户标志	0-首次开设基金账户 1-已经其他渠道开户	N
87	BranchCode	C	9	网点号码		Y
92	TransactionDate	A	8	交易发生日期	格式为：YYYYMMDD	Y
93	TransactionTime	A	6	交易发生时间	格式为：HHMMSS	Y
137	TASerialNO	A	20	TA 确认交易流水号		N
256	FromTAFlag	A	1	是否注册登记人发起业务标志	0-由销售人发起， 1-由注册登记人发起	N
29	RegionCode	A	4	交易所在地区编号		N

7.4 销户申请（002），撤销交易账户申请（009）

销户申请是指投资人向注册登记人提出撤销其基金账户的申请。

撤销交易账户申请是指投资人提出撤销其交易账户的申请。

需要交换的数据项见表 7。

表 7　销户/撤销交易账户申请数据

ID	字段名	类型	长度	描　述	备　注	是否必需
8	AppSheetSerialNo	A	24	申请单编号	同一销售机构不能重复	Y
92	TransactionDate	A	8	交易发生日期	格式为：YYYYMMDD	Y
120	TransactionAccountID	A	17	投资人基金交易账号	投资人在销售机构内开设的用于交易的账号	Y
121	DistributorCode	C	9	销售人代码		Y
135	BusinessCode	A	3	业务代码	编码见表 4	Y
136	TAAccountID	C	12	投资人基金账号		Y

续表

ID	字段名	类型	长度	描　述	备　注	是否必需
27	CertificateType	C	1	个人证件类型及机构证件类型	个人证件类型 0-身份证，1-护照 2-军官证，3-士兵证 4-港澳居民来往内地通行证，5-户口本 6-外国护照，7-其它 8-文职证，9-警官证 A-台胞证 机构证件类型 0-组织机构代码证 1-营业执照，2-行政机关 3-社会团体，4-军队 5-武警 6-下属机构（具有主管单位批文号） 7-基金会，8-其他	N
29	RegionCode	A	4	交易所在地区编号		N
72	CertificateNo	C	30	投资人证件号码		N
87	BranchCode	C	9	网点号码		Y
93	TransactionTime	A	6	交易发生时间	格式为：HHMMSS	Y

7.5 销户确认（102），账户信息修改确认（103），基金账户冻结确认（104），基金账户解冻确认（105），基金账户卡挂失确认（106），基金账户卡解挂确认（107），增加交易账户确认（108），撤销交易账户确认（109）

销户确认是基金注册登记人对投资人提出的销户申请的处理结果。销户后，原基金账号作废，一般不再分配给其他投资人。

账户修改确认是基金注册登记人对投资人提出的账号信息修改申请的处理结果。

基金账户冻结确认是基金注册登记人对投资人提出的冻结申请的处理结果。账户在冻结后将不能接受投资人除解冻以外的其他任何业务申请。

基金账户解冻确认是基金注册登记人对投资人提出的解冻申请的处理结果。账户解冻后将恢复该账户的正常状态。

基金账户卡挂失确认是基金注册登记人对投资人提出的基金账户卡挂失申请的处理结果。挂失后的基金账户在处理某些业务时受到限制。

基金账户卡解挂确认是基金注册登记人对投资人提出的基金账户卡解挂申请的处理结果。解挂后的基金账户为正常状态。

增加交易账户确认是基金注册登记人对投资人提出的增加交易账户申请的处理结果。增加交易账户可以实现一个基金账户对应多个交易账户，即一个投资人可以同时在多个销售人处进行交易。

撤销交易账户确认是基金注册登记人对投资人提出的撤销交易账户申请的处理结果。

需要交换的数据项见表8。

表 8 账户确认数据

ID	字段名	类型	长度	描 述	备 注	是否必需
8	AppSheetSerialNo	A	24	申请单编号	同一销售机构不能重复	Y
32	TransactionCfmDate	A	8	交易确认日期	格式为：YYYYMMDD	Y
119	ReturnCode	A	4	交易处理返回代码	取值见附录 B	Y
120	TransactionAccountID	A	17	投资人基金交易账号	投资人在销售机构内开设的用于交易的账号	Y
121	DistributorCode	C	9	销售人代码		Y
135	BusinessCode	A	3	业务代码	编码见表 4	Y
136	TAAccountID	C	12	投资人基金账号		Y
27	CertificateType	C	1	个人证件类型及机构证件类型	个人证件类型 0 -身份证，1 -护照 2 -军官证，3 -士兵证 4 -港澳居民来往内地通行证， 5 -户口本 6 -外国护照，7 -其他 8 -文职证，9 -警官证 A -台胞证 机构证件类型 0 -组织机构代码证 1 -营业执照，2 -行政机关 3 -社会团体，4 -军队 5 -武警 6 -下属机构（具有主管单位批文号） 7 -基金会，8 -其他	N
72	CertificateNo	C	30	投资人证件号码		N
85	InvestorName	C	120	投资人户名		N
87	BranchCode	C	9	网点号码		Y
92	TransactionDate	A	8	交易发生日期	格式为：YYYYMMDD	Y
93	TransactionTime	A	6	交易发生时间	格式为：HHMMSS	Y
98	IndividualOrInstitution	A	1	个人/机构标志	0 -机构，1 -个人	N
122	AccountAbbr	C	12	投资人户名简称		N
137	TASerialNO	A	20	TA 确认交易流水号		N
171	AccountCardID	C	8	基金账户卡的凭证号		N
256	FromTAFlag	A	1	是否注册登记人发起业务标志	0 -由销售人发起，1 -由注册登记人发起	N
254	Specification	C	60	摘要/说明	对基金账户冻结解冻业务，可填入法律文号、质押合同编号等信息	N
29	RegionCode	A	4	交易所在地区编号		N

续表

ID	字段名	类型	长度	描　述	备　注	是否必需
60	FrozenCause	A	1	冻结原因	0—司法冻结，1—柜台冻结 2—质押冻结，3—质押、司法双重冻结， 4—柜台、司法双重冻结	N
58	FreezingDeadline	A	8	冻结截止日期	格式为： YYYYMMDD	N

7.6 基金账户冻结申请（004）

基金账户冻结申请是投资人或司法等有关部门对投资人的基金账户提出冻结的申请。

需要交换的数据项见表9。

表9 基金账户冻结申请数据

ID	字段名	类型	长度	描　述	备　注	是否必需
8	AppSheetSerialNo	A	24	申请单编号	同一销售机构不能重复	Y
60	FrozenCause	A	1	冻结原因	0-司法冻结，1-柜台冻结 2-质押冻结，3-质押、司法双重冻结，4-柜台、司法双重冻结	Y
92	TransactionDate	A	8	交易发生日期	格式为：YYYYMMDD	Y
120	TransactionAccountID	A	17	投资人基金交易账号	投资人在销售机构内开设的用于交易的账号	Y
121	DistributorCode	C	9	销售人代码		Y
135	BusinessCode	A	3	业务代码	编码见表4	Y
136	TAAccountID	C	12	投资人基金账号		Y
29	RegionCode	A	4	交易所在地区编号		N
58	FreezingDeadline	A	8	冻结截止日期	格式为：YYYYMMDD	N
87	BranchCode	C	9	网点号码		Y
93	TransactionTime	A	6	交易发生时间	格式为：HHMMSS	Y
254	Specification	C	60	摘要/说明	对基金账户冻结解冻业务，可填入法律文号、质押合同编号等信息	N

7.7 基金账户解冻申请（005），基金账户卡解挂申请（007）

基金账户解冻申请是指投资人或司法等有关部门对投资人的基金账户提出解除冻结的申请。

基金账户卡解挂申请是指投资人在一定的时间内，提出解除基金账户卡挂失状态的申请。

需要交换的数据项见表10。

表10 账户解冻/账户卡解挂申请数据

ID	字段名	类型	长度	描　述	备　注	是否必需
8	AppSheetSerialNo	A	24	申请单编号	同一销售机构不能重复	Y
60	FrozenCause	A	1	冻结原因	0-司法冻结，1-柜台冻结，2-质押冻结，3-质押、司法双重冻结，4-柜台、司法双重冻结	Y

续表

ID	字段名	类型	长度	描　述	备　注	是否必需
92	TransactionDate	A	8	交易发生日期	格式为：YYYYMMDD	Y
120	TransactionAccountID	A	17	投资人基金交易账号	投资人在销售机构内开设的用于交易的账号	Y
121	DistributorCode	C	9	销售人代码		Y
135	BusinessCode	A	3	业务代码	编码见表 4	Y
136	TAAccountID	C	12	投资人基金账号		Y
29	RegionCode	A	4	交易所在地区编号		N
87	BranchCode	C	9	网点号码		Y
89	OriginalSerialNo	A	20	TA 的原确认流水号		N
90	OriginalAppSheetNo	A	24	原申请单编号		N
93	TransactionTime	A	6	交易发生时间	格式为：HHMMSS	Y
261	OriginalCfmDate	A	8	TA 的原确认日期		N
254	Specification	C	60	摘要/说明	对基金账户冻结解冻业务，可填入法律文号、质押合同编号等信息	N

7.8　基金账户卡挂失申请（006）

基金账户卡挂失申请是投资人因基金账户卡丢失等原因而提出的基金账户卡挂失申请。

需要交换的数据项见表 11。

表 11　基金账户卡挂失申请数据

ID	字段名	类型	长度	描　述	备　注	是否必需
8	AppSheetSerialNo	A	24	申请单编号	同一销售机构不能重复	Y
58	FreezingDeadline	A	8	冻结截止日期	格式为：YYYYMMDD	N
92	TransactionDate	A	8	交易发生日期	格式为：YYYYMMDD	Y
120	TransactionAccountID	A	17	投资人基金交易账号	投资人在销售机构内开设的用于交易的账号	Y
121	DistributorCode	C	9	销售人代码		Y
135	BusinessCode	A	3	业务代码	编码见表 4	Y
136	TAAccountID	C	12	投资人基金账号		Y
29	RegionCode	A	4	交易所在地区编号		N
87	BranchCode	C	9	网点号码		Y
93	TransactionTime	A	6	交易发生时间	格式为：HHMMSS	Y

7.9　增加交易账户申请（008）

当投资人在完成第一次开户，持有基金账号后，需要在销售人处开设另外的交易账户时，应在该销售机构提交增开交易账户的申请，从而实现一个基金账户对应多个交易账户，即一个投资人可以同时在多个销售人处或同一个销售人的多个销售点处进行交易委托。

同一个销售人或托管网点下，也允许投资人拥有多个不同的交易账号，简称多交易账号。对大集中模式的销售人，就是指允许在该销售人处拥有多个交易账号。对于非大集中模式的销售人，就是指允许在该销售人同一托管网点下拥有多个交易账号。

需要交换的数据项见表 12。

表 12　增加交易账户申请数据

ID	字段名	类型	长度	描　述	备　注	是否必需
8	AppSheetSerialNo	A	24	申请单编号	同一销售机构不能重复	Y
27	CertificateType	C	1	个人证件类型及机构证件类型	个人证件类型 0-身份证，1-护照 2-军官证，3-士兵证 4-港澳居民来往内地通行证， 5-户口本 6-外国护照，7-其他 8-文职证，9-警官证 A-台胞证 机构证件类型 0-组织机构代码证 1-营业执照，2-行政机关 3-社会团体，4-军队 5-武警 6-下属机构（具有主管单位批文号） 7-基金会，8-其他	Y
72	CertificateNo	C	30	投资人证件号码		Y
85	InvestorName	C	120	投资人户名		Y
92	TransactionDate	A	8	交易发生日期	格式为：YYYYMMDD	Y
98	IndividualOrInstitution	A	1	个人/机构标志	0-机构，1-个人	Y
120	TransactionAccountID	A	17	投资人基金交易账号	投资人在销售机构内开设的用于交易的账号	Y
121	DistributorCode	C	9	销售人代码		Y
135	BusinessCode	A	3	业务代码	编码见表 4	Y
136	TAAccountID	C	12	投资人基金账号		Y
29	RegionCode	A	4	交易所在地区编号		N
84	MultiAcctFlag	A	1	多渠道开户标志	0-首次开设基金账户 1-已经其他渠道开户	N
87	BranchCode	C	9	网点号码		Y
93	TransactionTime	A	6	交易发生时间	格式为：HHMMSS	Y
122	AccountAbbr	C	12	投资人户名简称		N
124	ConfidentialDocumentCode	C	8	密函编号		N

续表

ID	字段名	类型	长度	描　述	备　注	是否必需
164	TradingMethod	C	8	使用的交易手段	共8个字符，每个字符代表一种交易手段，其含义为： 第1位：CALLCENTER 第2位：INTERNET 第3位：自助终端 第4位：柜台 第5～8位：保留 每个字符取1表示使用此种手段，取0表示不使用	N
167	MinorFlag	C	1	未成年人标志	0-否，1-是	N
171	AccountCardID	C	8	基金账户卡的凭证号		N

7.10 变更交易账号申请（058）

变更交易账号申请是由销售人/机构发起的变更投资者在该销售人/机构开设的交易账号的申请。从变更交易账号的当天起，其他业务申请应按变更后的新交易账号提交。

需要交换的数据项见表13。

表13　变更交易账号申请数据

ID	字段名	类型	长度	描述	备注	是否必需
8	AppSheetSerialNo	A	24	申请单编号	同一销售机构不能重复	Y
92	TransactionDate	A	8	交易发生日期		Y
142	TargetTransactionAccountID	A	17	对方销售人处投资人基金交易账号	新交易账号	Y
120	TransactionAccountID	A	17	投资人基金交易账号	旧交易账号	Y
121	DistributorCode	C	9	销售人代码		Y
135	BusinessCode	A	3	业务代码	编码见表4	Y
136	TAAccountID	C	12	投资人基金账号		Y
29	RegionCode	A	4	交易所在地区编号		N
87	BranchCode	C	9	网点号码		Y
93	TransactionTime	A	6	交易发生时间		Y

7.11 变更交易账号确认（158）

变更交易账号确认是基金注册登记人对变更投资人交易账号申请的处理结果。

需要交换的数据项见表14。

表14　变更交易账号确认数据

ID	字段名	类型	长度	描　述	备　注	是否必需
8	AppSheetSerialNo	A	24	申请单编号	同一销售机构不能重复	Y
32	TransactionCfmDate	A	8	交易确认日期		Y
92	TransactionDate	A	8	交易发生日期	指申报日期	Y
119	ReturnCode	A	4	交易处理返回代码	取值见附录B	Y

续表

ID	字段名	类型	长度	描　述	备　注	是否必需
142	TargetTransactionAccountID	A	17	对方销售人处投资人基金交易账号	新交易账号	Y
120	TransactionAccountID	A	17	投资人基金交易账号	旧交易账号	Y
121	DistributorCode	C	9	销售人代码		Y
135	BusinessCode	A	3	业务代码	编码见表 4	Y
136	TAAccountID	C	12	投资人基金账号		Y
137	TASerialNO	A	20	TA 确认交易流水号		N
29	RegionCode	A	4	交易所在地区编号		N
87	BranchCode	C	9	网点号码		Y
93	TransactionTime	A	6	交易发生时间		Y

7.12　认购申请（020），预约认购申请（021）

认购申请是投资人在开放式基金募集期间提出购买该开放式基金的申请。

预约认购申请是投资人在开放式基金募集期间，利用预约的方式提出购买该开放式基金的申请。

需要交换的数据项见表 15。

表 15　认购申请数据

ID	字段名	类型	长度	描　述	备　注	是否必需
8	AppSheetSerialNo	A	24	申请单编号	同一销售机构不能重复	Y
37	CurrencyType	A	3	结算币种	具体编码依 GB/T 12406－2008	Y
67	FundCode	C	6	基金代码		Y
92	TransactionDate	A	8	交易发生日期	格式为：YYYYMMDD	Y
120	TransactionAccountID	A	17	投资人基金交易账号	投资人在销售机构内开设的用于交易的账号	Y
121	DistributorCode	C	9	销售人代码		Y
134	ApplicationAmount	N	16（两位小数）	申请金额		Y
135	BusinessCode	A	3	业务代码	编码见表 4	Y
136	TAAccountID	C	12	投资人基金账号	未确知此账号时，填以空格，比如当天开户	Y
28	DepositAcct	C	19	投资人在销售人处用于交易的资金账号		N
29	RegionCode	A	4	交易所在地区编号		N
87	BranchCode	C	9	网点号码	托管网点号码。对大集中方式的销售人，此字段与销售人代码相同	Y
93	TransactionTime	A	6	交易发生时间	格式为：HHMMSS	Y
98	IndividualOrInstitution	A	1	个人/机构标志	0－机构，1－个人	N

续表

ID	字段名	类型	长度	描　述	备　注	是否 必需
132	ApplicationVol	N	16（两位小数）	申请基金份数		N
150	ValidPeriod	N	2	交易申请有效天数		N
260	ShareClass	A	1	收费方式	0-前收费，1-后收费，表明基金是前收费或后收费基金	Y
307	FutureSubscribeDate	A	8	指定认购日期	对预约认购业务必填	N

7.13 认购确认（120），预约认购确认（121）

认购确认是基金注册登记人对投资人认购申请的接收情况的处理结果。投资人的实际认购份数，要在该基金募集期满后才能确认。

预约认购确认是基金注册登记人对投资人预约认购申请的接收情况的处理结果。投资人的实际认购份数，要在该基金募集期满后才能确认。

需要交换的数据项见表16。

表16　认购确认数据

ID	字段名	类型	长度	描　述	备　注	是否 必需
8	AppSheetSerialNo	A	24	申请单编号	同一销售机构不能重复	Y
67	FundCode	C	6	基金代码		Y
119	ReturnCode	A	4	交易处理返回代码	取值见附录B	Y
120	TransactionAccountID	A	17	投资人基金交易账号	投资人在销售机构内开设的用于交易的账号	Y
121	DistributorCode	C	9	销售人代码		Y
134	ApplicationAmount	N	16（两位小数）	申请金额		Y
135	BusinessCode	A	3	业务代码	编码见表4	Y
136	TAAccountID	C	12	投资人基金账号		Y
28	DepositAcct	C	19	投资人在销售人处开设的资金账号		N
29	RegionCode	A	4	交易所在地区编号		N
32	TransactionCfmDate	A	8	交易确认日期	格式为：YYYYMMDD	Y
47	DownLoaddate	A	8	交易数据下传日期	指发送日期	Y
52	Charge	N	10（两位小数）	手续费		N
53	AgencyFee	N	10（两位小数）	代理费		N
62	ConfirmedVol	N	16（两位小数）	基金账户交易确认份数		N
64	ConfirmedAmount	N	16（两位小数）	每笔交易确认金额	含所有费用的总金额	Y

续表

ID	字段名	类型	长度	描　述	备　注	是否 必需
86	NAV	N	7（四位小数）	基金单位净值		Y
87	BranchCode	C	9	网点号码	托管网点号码。对大集中方式的销售人，此字段与销售人代码相同	Y
92	TransactionDate	A	8	交易发生日期	指交易申请日期	Y
93	TransactionTime	A	6	交易发生时间	格式为：HHMMSS，指交易申请时间	Y
98	IndividualOrInstitution	A	1	个人/机构标志	0-机构，1-个人	N
132	ApplicationVol	N	16（两位小数）	申请基金份数		N
133	TradingPrice	N	7（四位小数）	交易价格	单位基金净值+各种费用	N
137	TASerialNO	A	20	TA确认交易流水号	TA对每笔确认的唯一标识，同一日不能重复，与交易确认日期 TransactionCfmDate 一起组成 TA 中一笔确认的唯一键	Y
138	StampDuty	N	16（两位小数）	印花税		N
150	ValidPeriod	N	2	交易申请有效天数		N
255	TransferFee	N	10（两位小数）	过户费		N
256	FromTAFlag	A	1	是否注册登记人发起业务标志	0-由销售人发起，1-由注册登记人发起	N
260	ShareClass	A	1	收费方式	0-前收费，1-后收费，表明基金是前收费或后收费基金	Y
276	FeeCalculator	A	1	计费人	0-TA计费，1-基金计费	N
307	FutureSubscribeDate	A	8	指定认购日期		N

7.14 申购申请（022），预约申购申请（023），定时定额申购申请（039）

申购申请是投资人在开放式基金成立之后，在基金存续期间，通过开放式基金的销售人购买基金单位的申请。

预约申购申请是投资人在开放式基金成立之后，在基金存续期间，通过开放式基金的销售人预约购买基金单位的申请。

定时定额申购申请是投资人在开放式基金成立之后，在基金存续期间，通过开放式基金的销售人定时定额购买基金单位的申请。

需要交换的数据项见表17。

表 17　申购申请数据

ID	字段名	类型	长度	描　述	备　注	是否必需
8	AppSheetSerialNo	A	24	申请单编号	同一销售机构不能重复	Y
37	CurrencyType	A	3	结算币种	具体编码依 GB/T 12406－2008	Y
67	FundCode	C	6	基金代码		Y
92	TransactionDate	A	8	交易发生日期	格式为：YYYYMMDD	Y
120	TransactionAccountID	A	17	投资人基金交易账号	投资人在销售机构内开设的用于交易的账号	Y
121	DistributorCode	C	9	销售人代码		Y
134	ApplicationAmount	N	16（两位小数）	申请金额		Y
135	BusinessCode	A	3	业务代码	编码见表 4	Y
136	TAAccountID	C	12	投资人基金账号	未确知此账号时，填以空格，比如当天开户	Y
25	DiscountRateOfCommission	N	5（四位小数）	销售佣金折扣率	销售人申报的折扣率	N
28	DepositAcct	C	19	投资人在销售人处用于交易的资金账号		N
29	RegionCode	A	4	交易所在地区编号		N
40	DateOfPeriodicSubs	A	8	定时定额申购日期		N
87	BranchCode	C	9	网点号码	托管网点号码。对大集中方式的销售人，此字段与销售人代码相同	Y
90	OriginalAppSheetNo	A	24	原申请单编号		N
93	TransactionTime	A	6	交易发生时间	格式为：HHMMSS	Y
98	IndividualOrInstitution	A	1	个人/机构标志	0-机构，1-个人	N
137	TASerialNO	A	20	TA 确认交易流水号		N
150	ValidPeriod	N	2	交易申请有效天数		N
191	TermOfPeriodicSubs	N	5	定时定额申购期限		N
192	FutureBuyDate	A	8	指定申购日期	格式为：YYYYMMDD	N
260	ShareClass	A	1	收费方式	0-前收费，1-后收费，表明基金是前收费或后收费基金	Y
275	LargeBuyFlag	A	1	巨额购买处理标志	0-取消，1-顺延	N
280	VarietyCodeOfPeriodicSubs	C	5	定时定额品种代码		N
281	SerialNoOfPeriodicSubs	N	5	定时定额申购序号		N
392	ChargeType	C	1	收费类型	0-折扣率方式，1-指定费率，2-指定费用	Y

续表

ID	字段名	类型	长度	描　述	备　注	是否必需
393	SpecifyRateFee	N	9（八位小数）	指定费率	指由销售人指定的手续费率	N
394	SpecifyFee	N	16（两位小数）	指定费用	指由销售人指定的手续费用	N

7.15 申购确认（122），定时定额申购确认（139）

申购确认是基金注册登记人对投资人申购申请的处理结果，包括交易确认份数、交易确认金额等信息。

定时定额申购确认是基金注册登记人对投资人定时定额申购申请的处理结果，包括交易确认份数、交易确认金额等信息。

需要交换的数据项见表 18。

表 18　申购确认数据

ID	字段名	类型	长度	描　述	备　注	是否必需
8	AppSheetSerialNo	A	24	申请单编号	同一销售机构不能重复	Y
32	TransactionCfmDate	A	8	交易确认日期	格式为：YYYYMMDD	Y
37	CurrencyType	A	3	结算币种	具体编码依 GB/T 12406－2008	Y
62	ConfirmedVol	N	16（两位小数）	基金账户交易确认份数		Y
64	ConfirmedAmount	N	16（两位小数）	每笔交易确认金额	含所有费用的总金额	Y
67	FundCode	C	6	基金代码		Y
92	TransactionDate	A	8	交易发生日期	指交易申请日期	Y
119	ReturnCode	A	4	交易处理返回代码	取值见附录 B	Y
120	TransactionAccountID	A	17	投资人基金交易账号	投资人在销售机构内开设的用于交易的账号	Y
121	DistributorCode	C	9	销售人代码		Y
134	ApplicationAmount	N	16（两位小数）	申请金额		Y
135	BusinessCode	A	3	业务代码	编码见表 4	Y
136	TAAccountID	C	12	投资人基金账号		Y
177	BusinessFinishFlag	C	1	业务过程完全结束标识	0　中间过程，1　业务过程结束	N
25	DiscountRateOfCommission	N	5（四位小数）	销售佣金折扣率	销售人申报的折扣率	N
28	DepositAcct	C	19	投资人在销售人处用于交易的资金账号		N
29	RegionCode	A	4	交易所在地区编号		N

续表

ID	字段名	类型	长度	描　述	备　注	是否必需
40	DateOfPeriodicSubs	A	8	定时定额申购日期	格式为：YYYYMMDD 当业务代码为 139 时，为 Y 项	N
47	DownLoaddate	A	8	交易数据下传日期	指发送日期	Y
52	Charge	N	10（两位小数）	手续费	投资人应付总手续费	Y
53	AgencyFee	N	10（两位小数）	代理费	手续费中划归销售人的部分	Y
86	NAV	N	7（四位小数）	基金单位净值		Y
87	BranchCode	C	9	网点号码	托管网点号码。对大集中方式的销售人，此字段与销售人代码相同	Y
90	OriginalAppSheetNo	A	24	原申请单编号		N
93	TransactionTime	A	6	交易发生时间	格式为：HHMMSS，指交易申请时间	Y
94	OtherFee1	N	10（两位小数）	其他费用 1		N
98	IndividualOrInstitution	A	1	个人/机构标志	0-机构，1-个人	N
133	TradingPrice	N	7（四位小数）	交易价格	单位基金净值＋各种费用	N
137	TASerialNO	A	20	TA 确认交易流水号	TA 对每笔确认的唯一标识，同一日不能重复，与交易确认日期 TransactionCfmDate 一起组成 TA 中一笔确认的唯一键	Y
138	StampDuty	N	16（两位小数）	印花税		N
150	ValidPeriod	N	2	交易申请有效天数		N
193	RateFee	N	9（八位小数）	费率	分段收费考虑	N
255	TransferFee	N	10（两位小数）	过户费		Y
256	FromTAFlag	A	1	是否注册登记人发起业务标志	0-由销售人发起，1-由注册登记人发起	N
260	ShareClass	A	1	收费方式	0-前收费，1-后收费，表明基金是前收费或后收费基金	Y
275	LargeBuyFlag	A	1	巨额购买处理标志	0-取消，1-顺延	N

续表

ID	字段名	类型	长度	描 述	备 注	是否必需
276	FeeCalculator	A	1	计费人	0－TA 计费，1－基金计费	N
280	VarietyCodeOfPeriodicSubs	C	5	定时定额品种代码		N
281	SerialNoOfPeriodicSubs	N	5	定时定额申购序号		N

7.16 预约申购确认（123）

预约申购确认是基金注册登记人对投资人预约申购申请的处理结果。

需要交换的数据项见表 19。

表 19 预约申购确认数据

ID	字段名	类型	长度	描 述	备 注	是否必需
8	AppSheetSerialNo	A	24	申请单编号	同一销售机构不能重复	Y
67	FundCode	C	6	基金代码		Y
92	TransactionDate	A	8	交易发生日期	格式为：YYYYMMDD	Y
119	ReturnCode	A	4	交易处理返回代码	取值见附录 B	Y
120	TransactionAccountID	A	17	投资人基金交易账号	投资人在销售机构内开设的用于交易的账号	Y
121	DistributorCode	C	9	销售人代码		Y
134	ApplicationAmount	N	16（两位小数）	申请金额		Y
135	BusinessCode	A	3	业务代码	编码见表 4	Y
136	TAAccountID	C	12	投资人基金账号		Y
25	DiscountRateOfCommission	N	5（四位小数）	销售佣金折扣率		N
29	RegionCode	A	4	交易所在地区编号		N
47	DownLoaddate	A	8	交易数据下传日期	格式为：YYYYMMDD	Y
87	BranchCode	C	9	网点号码		Y
93	TransactionTime	A	6	交易发生时间	格式为：HHMMSS	Y
98	IndividualOrInstitution	A	1	个人/机构标志	0－机构，1－个人	N
137	TASerialNO	A	20	TA 确认交易流水号		N
150	ValidPeriod	N	2	交易申请有效天数		N
256	FromTAFlag	A	1	是否注册登记人发起业务标志	0－由销售人发起，1－由注册登记人发起	N
260	ShareClass	A	1	收费方式	0－前收费，1－后收费	Y
275	LargeBuyFlag	A	1	巨额购买处理标志	0－取消，1－顺延	N

7.17 赎回申请（024），定时定额赎回申请（063），预约赎回申请（025）

赎回申请是投资人在开放式基金成立之后，基金存续期间，通过销售人将持有的基金单位按一定价格卖给基金管理人并收回现金的申请。

预约赎回申请是投资人采用预约方式提出的赎回申请。

需要交换的数据项见表 20。

表 20 赎回申请数据

ID	字段名	类型	长度	描 述	备 注	是否必需
8	AppSheetSerialNo	A	24	申请单编号	同一销售机构不能重复	Y
67	FundCode	C	6	基金代码		Y
80	LargeRedemptionFlag	A	1	巨额赎回处理标志	0-取消，1-顺延	Y
92	TransactionDate	A	8	交易发生日期	格式为：YYYYMMDD	Y
120	TransactionAccountID	A	17	投资人基金交易账号	投资人在销售机构内开设的用于交易的账号	Y
121	DistributorCode	C	9	销售人代码		Y
132	ApplicationVol	N	16（两位小数）	申请基金份数		Y
135	BusinessCode	A	3	业务代码	编码见表 4	Y
136	TAAccountID	C	12	投资人基金账号		Y
28	DepositAcct	C	19	投资人在销售人处用于交易的资金账号		N
29	RegionCode	A	4	交易所在地区编号		N
37	CurrencyType	A	3	结算币种	具体编码依 GB/T 12406-2008	N
87	BranchCode	C	9	网点号码	托管网点号码。对大集中方式的销售人，此字段与销售人代码相同	Y
89	OriginalSerialNo	A	20	TA 的原确认流水号	指定赎回时指明针对哪一笔的原确认流水号	N
90	OriginalAppSheetNo	A	24	原申请单编号		N
91	OriginalSubsDate	A	8	原申购日期		N
93	TransactionTime	A	6	交易发生时间	格式为：HHMMSS	Y
98	IndividualOrInstitution	A	1	个人/机构标志	0-机构，1-个人	N
102	RedemptionDateInAdvance	A	8	预约赎回日期	格式为：YYYYMMDD	N
150	ValidPeriod	N	2	交易申请有效天数		N
260	ShareClass	A	1	收费方式	0-前收费，1-后收费，表明基金是前收费或后收费基金	Y
261	OriginalCfmDate	A	8	TA 的原确认日期	指定赎回时指明针对哪一个过户日的赎回	N
327	TakeIncomeFlag	C	1	带走收益标志	0-不带走，1-带走	N

续表

ID	字段名	类型	长度	描 述	备 注	是否必需
392	ChargeType	C	1	收费类型	0-折扣率方式，1-指定费率，2-指定费用。对于未指定费率（费用）的那些费用，仍可使用折扣率方式	Y
393	SpecifyRateFee	N	9（八位小数）	指定费率	指由销售人指定的后收手续费率	N
394	SpecifyFee	N	16（两位小数）	指定费用	指由销售人指定的后收手续费用	N

7.18 赎回确认（124），定时定额赎回确认（163），强行赎回确认（142）

赎回确认是基金注册登记人对投资人赎回申请的处理结果，包括交易确认份数、交易确认金额等信息。

强行赎回确认是强行赎回的处理结果。

需要交换的数据项见表21。

表21 赎回确认数据

ID	字段名	类型	长度	描 述	备 注	是否必需
8	AppSheetSerialNo	A	24	申请单编号	同一销售机构不能重复	Y
32	TransactionCfmDate	A	8	交易确认日期	格式为：YYYYMMDD	Y
37	CurrencyType	A	3	结算币种	具体编码依GB/T 12406-2008	Y
62	ConfirmedVol	N	16（两位小数）	基金账户交易确认份数		Y
64	ConfirmedAmount	N	16（两位小数）	每笔交易确认金额	为投资者实得金额。不含手续费，含业绩补偿。对货币基金，含已兑付的收益	Y
67	FundCode	C	6	基金代码		Y
80	LargeRedemptionFlag	A	1	巨额赎回处理标志	0-取消，1-顺延，对申请的回执字段	Y
92	TransactionDate	A	8	交易发生日期	对强制赎回，此处填写交易确认日期的上一工作日。对巨额赎回顺延，此处填写原始申请日期。	Y
119	ReturnCode	A	4	交易处理返回代码	取值见附录B	Y
120	TransactionAccountID	A	17	投资人基金交易账号	投资人在销售机构内开设的用于交易的账号	Y
121	DistributorCode	C	9	销售人代码		Y
132	ApplicationVol	N	16（两位小数）	申请基金份数		Y

续表

ID	字段名	类型	长度	描　述	备　注	是否必需
135	BusinessCode	A	3	业务代码	编码见表 4	Y
136	TAAccountID	C	12	投资人基金账号		Y
137	TASerialNO	A	20	TA 确认交易流水号	TA 对每笔确认的唯一标识，同一日不能重复，与交易确认日期 TransactionCfmDate 一起组成 TA 中一笔确认的唯一键	Y
177	BusinessFinishFlag	C	1	业务过程完全结束标识	0-中间过程，1-业务过程结束，比如因巨额赎回导致顺延，存在中间过程	Y
28	DepositAcct	C	19	投资人在销售人处用于交易的资金账号		N
29	RegionCode	A	4	交易所在地区编号		N
47	DownLoaddate	A	8	交易数据下传日期	指发送日期	Y
52	Charge	N	10（两位小数）	手续费	投资人应付总手续费。含违约金、惩罚性费用、业绩报酬等。含后收手续费	Y
53	AgencyFee	N	10（两位小数）	代理费	手续费中划归销售人的部分	Y
86	NAV	N	7（四位小数）	基金单位净值		Y
87	BranchCode	C	9	网点号码	托管网点号码。对大集中方式的销售人，此字段与销售人代码相同	Y
89	OriginalSerialNo	A	20	TA 的原确认流水号	指定赎回时指明针对哪一笔的原确认流水号	N
90	OriginalAppSheetNo	A	24	原申请单编号		N
91	OriginalSubsDate	A	8	原申购日期		N
93	TransactionTime	A	6	交易发生时间	格式为：HHMMSS，指交易申请时间	Y
94	OtherFee1	N	10（两位小数）	其他费用 1	赎回手续费中划归基金资产的部分	Y
98	IndividualOrInstitution	A	1	个人/机构标志	0-机构，1-个人	N
102	RedemptionDateInAdvance	A	8	预约赎回日期	格式为：YYYYMMDD	N
138	StampDuty	N	16（两位小数）	印花税		N
150	ValidPeriod	N	2	交易申请有效天数		N

续表

ID	字段名	类型	长度	描　述	备　注	是否必需
173	TotalBackendLoad	N	16（两位小数）	后端收费总额	收费方式为后收费时必填，即后收手续费	N
193	RateFee	N	9（八位小数）	费率		N
255	TransferFee	N	10（两位小数）	过户费		Y
260	ShareClass	A	1	收费方式	0-前收费，1-后收费，表明基金是前收费或后收费基金	Y
261	OriginalCfmDate	A	8	TA 的原确认日期	指定赎回时指明针对哪一个过户日的赎回	N
263	RedemptionReason	A	1	强行赎回原因	0-小于最低持有数，1-司法执行，2-政策原因	N
264	DetailFlag	A	1	明细标志	0-非明细，1-明细，对一笔赎回申请，可以返回一笔非明细确认，或一笔非明细确认和多笔明细确认。明细确认是针对过户日或 TA 确认流水号的确认记录	N
276	FeeCalculator	A	1	计费人	0-TA 计费，1-基金计费	N
300	BreachFee	N	16（两位小数）	违约金		Y
306	BreachFeeBackToFund	N	16（两位小数）	违约金归基金资产金额		Y
305	PunishFee	N	16（两位小数）	惩罚性费用		Y
543	AchievementPay	N	16（两位小数）	业绩报酬		Y
544	AchievementCompen	N	16（两位小数）	业绩补偿		Y
507	UndistributeMonetaryIncome	N	16（两位小数）	货币基金未付收益金额	货币基金为 Y 项	N
510	UndistributeMonetaryIncomeFlag	C	1	货币基金未付收益金额正负	0-正，1-负，货币基金为 Y 项	N
327	TakeIncomeFlag	C	1	带走收益标志	0-不带走，1-带走	N
303	ForceRedemptionType	C	1	强制赎回类型	0-强制赎回，1-违约赎回，2-到期	N

7.19 预约赎回确认（125）

预约赎回确认是基金注册登记人对投资人预约赎回申请的接收情况的处理结果。

需要交换的数据项见表22。

表22 预约赎回确认数据

ID	字段名	类型	长度	描 述	备 注	是否必需
8	AppSheetSerialNo	A	24	申请单编号	同一销售机构不能重复	Y
32	TransactionCfmDate	A	8	交易确认日期	格式为：YYYYMMDD	Y
67	FundCode	C	6	基金代码		Y
92	TransactionDate	A	8	交易发生日期	格式为：YYYYMMDD	Y
119	ReturnCode	A	4	交易处理返回代码	取值见附录B	Y
120	TransactionAccountID	A	17	投资人基金交易账号	投资人在销售机构内开设的用于交易的账号	Y
121	DistributorCode	C	9	销售人代码		Y
132	ApplicationVol	N	16（两位小数）	申请基金份数		Y
135	BusinessCode	A	3	业务代码	编码见表4	Y
136	TAAccountID	C	12	投资人基金账号		Y
137	TASerialNO	A	20	TA确认交易流水号		Y
25	DiscountRateOfCommission	N	5（四位小数）	销售佣金折扣率		N
28	DepositAcct	C	19	投资人在销售人处用于交易的资金账号		N
29	RegionCode	A	4	交易所在地区编号		N
47	DownLoaddate	A	8	交易数据下传日期	格式为：YYYYMMDD	Y
87	BranchCode	C	9	网点号码		Y
90	OriginalAppSheetNo	A	24	原申请单编号		N
91	OriginalSubsDate	A	8	原申购日期	格式为：YYYYMMDD	N
93	TransactionTime	A	6	交易发生时间	格式为：HHMMSS	Y
98	IndividualOrInstitution	A	1	个人/机构标志	0-机构，1-个人	N
102	RedemptionDateInAdvance	A	8	预约赎回日期	格式为：YYYYMMDD	N
150	ValidPeriod	N	2	交易申请有效天数		N
256	FromTAFlag	A	1	是否注册登记人发起业务标志	0-由销售人发起，1-由注册登记人发起	N

7.20 转销售人/机构申请（026），转销售人/机构转入申请（027），转销售人/机构转出申请（028）

转销售人/机构业务一般有两种处理模式：第一种是投资人在原基金销售人/机构处提交转销售人/机构申请，基金注册登记人根据该转销售人/机构申请，直接将其基金份数转到投资人指定的销售人/机构处。第二种是投资人在原基金销售人/机构处提交转销售人/机构转出申请，经基金注册登记人确认后，到拟转入的基金销售人/机构处办理转入申请。

转销售人/机构申请（026）是针对第一种处理模式的，即一步转托管。转销售人/机构转入申请（027），转销售人/机构转出申请（028）是针对第二种处理模式的，即两步转托管。

一步转托管只允许通过 026 业务进行申报，对转出方确认为一笔 126 业务（成功或失败都为 126），对转入方确认为一笔 127 业务。两步转托管通过 028 或 027 业务进行申报，相应的确认为 128 或 127。

需要交换的数据项见表 23。

表 23　转销售人/机构申请数据

ID	字段名	类型	长度	描　述	备　注	是否必需
8	AppSheetSerialNo	A	24	申请单编号	同一销售机构不能重复	Y
67	FundCode	C	6	基金代码		Y
92	TransactionDate	A	8	交易发生日期	格式为：YYYYMMDD	Y
97	TargetDistributor Code	C	9	对方销售人代码	此字段为“101”时，代表跨市场转托管，从场外销售人转到上海席位。此字段为“102”时，代表跨市场转托管，从场外销售人转到深圳席位。对普通的场外销售人之间的转托管，此字段填写要转到的销售人代码。对同一个销售人不同网点间的内部转托管，此字段与销售人代码相同，但网点号码和对方网点号应不同。对同一销售人同一网点不同交易账号之间的内部转托管，网点号码和对方网点号相同，投资人基金交易账号和对方销售人处投资人基金交易账号应不同。	Y
120	TransactionAc-countID	A	17	投资人基金交易账号	投资人在销售机构内开设的用于交易的账号	Y
121	DistributorCode	C	9	销售人代码		Y
132	ApplicationVol	N	16（两位小数）	申请基金份数		Y
135	BusinessCode	A	3	业务代码	编码见表 4	Y
136	TAAccountID	C	12	投资人基金账号		Y
28	DepositAcct	C	19	投资人在销售人处用于交易的资金账号		N
29	RegionCode	A	4	交易所在地区编号		N
52	Charge	N	10（两位小数）	手续费		N
87	BranchCode	C	9	网点号码	托管网点号码。对大集中方式的销售人，此字段与销售人代码相同	Y
89	OriginalSerialNo	A	20	TA 的原确认流水号		N

续表

ID	字段名	类型	长度	描　述	备　注	是否必需
90	OriginalAppSheetNo	A	24	原申请单编号	027业务使用，表示转出时的申请单编号	N
93	TransactionTime	A	6	交易发生时间	格式为：HHMMSS	Y
98	IndividualOrInstitution	A	1	个人/机构标志	0-机构，1-个人	N
141	TargetBranchCode	C	9	对方网点号	对跨市场转托管业务，此字段填写要转入的上海或深圳的席位号	N
142	TargetTransactionAccountID	A	17	对方销售人处投资人基金交易账号	在转销售人是一次完成时，为必须项	N
152	TargetRegionCode	A	4	对方所在地区编号		N
260	ShareClass	A	1	收费方式	0-前收费，1-后收费	Y
261	OriginalCfmDate	A	8	TA的原确认日期		N

7.21 转销售人/机构确认（126），转销售人/机构转入确认（127），转销售人/机构转出确认（128）

转销售人/机构确认是基金注册登记人对投资人提出的转销售人/机构申请的处理结果。该结果应根据转入/转出标识，分别向转入和转出的销售人/机构发送。

转销售人/机构转入确认是基金注册登记人对投资人提出的转销售人/机构转入申请的处理结果。

转销售人/机构转出确认是基金注册登记人对投资人提出的转销售人/机构转出申请的处理结果。

需要交换的数据项见表24。

表24　转销售人/机构确认数据

ID	字段名	类型	长度	描　述	备　注	是否必需
8	AppSheetSerialNo	A	24	申请单编号	同一销售机构不能重复	Y
32	TransactionCfmDate	A	8	交易确认日期	格式为：YYYYMMDD	Y
62	ConfirmedVol	N	16（两位小数）	基金账户交易确认份数		Y
67	FundCode	C	6	基金代码		Y
92	TransactionDate	A	8	交易发生日期	格式为：YYYYMMDD	Y
97	TargetDistributorCode	C	9	对方销售人代码		Y
119	ReturnCode	A	4	交易处理返回代码	取值见附录B	Y
120	TransactionAccountID	A	17	投资人基金交易账号	投资人在销售机构内开设的用于交易的账号	Y
121	DistributorCode	C	9	销售人代码		Y
132	ApplicationVol	N	16（两位小数）	申请基金份数		Y
135	BusinessCode	A	3	业务代码	编码见表4	Y

续表

ID	字段名	类型	长度	描　述	备　注	是否必需
136	TAAccountID	C	12	投资人基金账号		Y
137	TASerialNO	A	20	TA 确认交易流水号	TA 对每笔确认的唯一标识，同一日不能重复，与交易确认日期 TransactionCfmDate 一起组成 TA 中一笔确认的唯一键	Y
176	TransferDirection	A	1	转入/转出标识	0-转出，1-转入	N
28	DepositAcct	C	19	投资人在销售人处用于交易的资金账号		N
29	RegionCode	A	4	交易所在地区编号		N
47	DownLoaddate	A	8	交易数据下传日期	格式为：YYYYMMDD	Y
52	Charge	N	10（两位小数）	手续费		N
53	AgencyFee	N	10（两位小数）	代理费		N
87	BranchCode	C	9	网点号码		Y
89	OriginalSerialNo	A	20	TA 的原确认流水号		N
90	OriginalAppSheetNo	A	24	原申请单编号	127 业务使用，表示转出时的申请单编号	N
93	TransactionTime	A	6	交易发生时间	格式为：HHMMSS，指交易申请时间	Y
94	OtherFee1	N	10（两位小数）	其他费用 1		N
98	IndividualOrInstitution	A	1	个人/机构标志	0-机构，1-个人	N
138	StampDuty	N	16（两位小数）	印花税		N
141	TargetBranchCode	C	9	对方网点号	转销售人/机构、非交易过户时使用	N
142	TargetTransactionAc-countID	A	17	对方销售人处投资人基金交易账号		N
152	TargetRegionCode	A	4	对方所在地区编号		N
173	TotalBackendLoad	N	16（两位小数）	交易后端收费总额		N
177	BusinessFinishFlag	C	1	业务过程完全结束标识	0-中间过程，1-业务过程结束	N
255	TransferFee	N	10（两位小数）	过户费		Y
256	FromTAFlag	A	1	是否注册登记人发起业务标志	0-由销售人发起，1-由注册登记人发起	N
260	ShareClass	A	1	收费方式	0-前收费，1-后收费	Y

续表

ID	字段名	类型	长度	描　述	备　注	是否必需
261	OriginalCfmDate	A	8	TA的原确认日期		N
264	DetailFlag	A	1	明细标志	0-非明细，1-明细	N
274	ShareRegisterDate	A	8	份额注册日期	若无该项，则以该笔交易的确认日期为份额注册日期	N
276	FeeCalculator	A	1	计费人	0-TA计费，1-基金计费	N

7.22 设置分红方式申请（029）

设置分红方式是指投资人设置其基金账户下所持有某基金的分红处理方式。分红处理方式包括：红利转投；现金分红。该业务需要在权益登记日之前提出申请。设置完成后，该基金除权时就以设定的分红处理方式进行处理。

需要交换的数据项见表25。

表25　设置分红方式申请数据

ID	字段名	类型	长度	描　述	备　注	是否必需
8	AppSheetSerialNo	A	24	申请单编号	同一销售机构不能重复	Y
24	DefDividendMethod	A	1	默认分红方式	0-红利转投，1-现金分红	Y
67	FundCode	C	6	基金代码		Y
92	TransactionDate	A	8	交易发生日期	格式为：YYYYMMDD	Y
120	TransactionAccountID	A	17	投资人基金交易账号	投资人在销售机构内开设的用于交易的账号	Y
121	DistributorCode	C	9	销售人代码		Y
135	BusinessCode	A	3	业务代码	编码见表4	Y
136	TAAccountID	C	12	投资人基金账号		Y
29	RegionCode	A	4	交易所在地区编号		N
87	BranchCode	C	9	网点号码	托管网点号码。对大集中方式的销售人，此字段与销售人代码相同	Y
93	TransactionTime	A	6	交易发生时间	格式为：HHMMSS	Y
98	IndividualOrInstitution	A	1	个人/机构标志	0-机构，1-个人	N
123	DividendRatio	N	16（两位小数）	红利比例		N
260	ShareClass	A	1	收费方式	0-前收费，1-后收费，2-前后收费共用（基金代码）	Y

7.23 设置分红方式确认（129）

设置分红方式确认是基金注册登记人对投资人设置分红方式申请的处理结果。

需要交换的数据项见表26。

表 26　设置分红方式确认数据

ID	字段名	类型	长度	描　述	备　注	是否必需
8	AppSheetSerialNo	A	24	申请单编号	同一销售机构不能重复	Y
24	DefDividendMethod	A	1	默认分红方式	0-红利转投，1-现金分红	Y
32	TransactionCfmDate	A	8	交易确认日期	格式为：YYYYMMDD	Y
67	FundCode	C	6	基金代码		Y
92	TransactionDate	A	8	交易发生日期	格式为：YYYYMMDD	Y
119	ReturnCode	A	4	交易处理返回代码	取值见附录 B	Y
120	TransactionAccountID	A	17	投资人基金交易账号	投资人在销售机构内开设的用于交易的账号	Y
121	DistributorCode	C	9	销售人代码		Y
135	BusinessCode	A	3	业务代码	编码见表 4	Y
136	TAAccountID	C	12	投资人基金账号		Y
137	TASerialNO	A	20	TA 确认交易流水号	TA 对每笔确认的唯一标识，同一日不能重复，与交易确认日期 TransactionCfmDate 一起组成 TA 中一笔确认的唯一键	Y
29	RegionCode	A	4	交易所在地区编号		N
47	DownLoaddate	A	8	交易数据下传日期	格式为：YYYYMMDD	Y
87	BranchCode	C	9	网点号码		Y
93	TransactionTime	A	6	交易发生时间	格式为：HHMMSS，指交易申请时间	Y
98	IndividualOrInstitution	A	1	个人/机构标志	0-机构，1-个人	N
123	DividendRatio	N	16（两位小数）	红利比例		N
256	FromTAFlag	A	1	是否注册登记人发起业务标志	0-由销售人发起，1-由注册登记人发起	N
260	ShareClass	A	1	收费方式	0-前收费，1-后收费，2-前后收费共用（基金代码）	Y

7.24　认购结果（130）

认购结果是指开放式基金认购成功后，基金注册登记人根据投资人提出的有效认购申请和认购规则，计算出投资人的每一笔认购的确认金额、确认份数、认购费用等数据，并将这些数据返回给相应基金销售人。对于基金募集成功，但二次确认时被置失败的交易，也通过 130 返回，此时每笔交易确认金额取值为 0。

需要交换的数据项见表 27。

表 27　认购结果数据

ID	字段名	类型	长度	描　述	备　注	是否必需
8	AppSheetSerialNo	A	24	申请单编号	同一销售机构不能重复	Y
37	CurrencyType	A	3	结算币种	具体编码依 GB/T 12406－2008	Y
62	ConfirmedVol	N	16（两位小数）	基金账户交易确认份数	包括利息折算的份额	Y
64	ConfirmedAmount	N	16（两位小数）	每笔交易确认金额	含所有费用的总金额，不含利息	Y
67	FundCode	C	6	基金代码		Y
92	TransactionDate	A	8	交易发生日期	格式为：YYYYMMDD，指交易申请日期	Y
119	ReturnCode	A	4	交易处理返回代码	取值见附录 B	Y
120	TransactionAccountID	A	17	投资人基金交易账号	投资人在销售机构内开设的用于交易的账号	Y
121	DistributorCode	C	9	销售人代码		Y
132	ApplicationVol	N	16（两位小数）	申请基金份数		N
134	ApplicationAmount	N	16（两位小数）	申请金额	经认购一次确认后的金额，非原始申请金额	Y
135	BusinessCode	A	3	业务代码	编码见表 4	Y
136	TAAccountID	C	12	投资人基金账号		Y
25	DiscountRateOfCommission	N	5（四位小数）	销售佣金折扣率		N
28	DepositAcct	C	19	投资人在销售人处用于交易的资金账号		N
29	RegionCode	A	4	交易所在地区编号		N
32	TransactionCfmDate	A	8	交易确认日期	格式为：YYYYMMDD	Y
47	DownLoaddate	A	8	交易数据下传日期	格式为：YYYYMMDD	Y
52	Charge	N	10（两位小数）	手续费	投资人应付总手续费	Y
53	AgencyFee	N	10（两位小数）	代理费	手续费中划归销售人的部分	Y
76	Interest	N	10（两位小数）	基金账户利息金额	认购一次确认的金额在整个计息周期中产生的利息	Y
87	BranchCode	C	9	网点号码		Y
93	TransactionTime	A	6	交易发生时间	格式为：HHMMSS，指交易申请时间	Y
94	OtherFee1	N	10（两位小数）	其他费用 1		N

续表

ID	字段名	类型	长度	描　述	备　注	是否必需
98	IndividualOrInstitution	A	1	个人/机构标志	0-机构，1-个人	N
133	TradingPrice	N	7（四位小数）	交易价格	单位基金净值+各种费用	N
137	TASerialNO	A	20	TA确认交易流水号	TA对每笔确认的唯一标识，同一日不能重复，与交易确认日期TransactionCfmDate一起组成TA中一笔确认的唯一键	Y
138	StampDuty	N	16（两位小数）	印花税		N
225	RaiseInterest	N	16（两位小数）	认购期间利息	因认购二次确认失败而退还给投资人的利息	Y
156	InterestTax	N	16（两位小数）	利息税		Y
255	TransferFee	N	10（两位小数）	过户费		Y
260	ShareClass	A	1	收费方式	0-前收费，1-后收费	Y
266	VolumeByInterest	N	16（两位小数）	利息产生的基金份数		Y
276	FeeCalculator	A	1	计费人	0-TA计费，1-基金计费	N
283	RefundAmount	N	16（两位小数）	退款金额	销售人应退还给投资人的金额（认购原始申请金额和认购二次确认金额的差值）	N
285	SalePercent	N	8（五位小数）	配售比例	认购二次确认的配售比例	N

7.25 基金份数冻结申请（031）

基金份数冻结申请是投资人或司法等有关部门对投资人基金账户中的基金份数提出部分或全部冻结的申请。

需要交换的数据项见表28。

表28　基金份数冻结申请数据

ID	字段名	类型	长度	描　述	备　注	是否必需
8	AppSheetSerialNo	A	24	申请单编号	同一销售机构不能重复	Y
60	FrozenCause	A	1	冻结原因	0-司法冻结，1-柜台冻结，2-质押冻结，3-质押、司法双重冻结，4-柜台、司法双重冻结	Y

续表

ID	字段名	类型	长度	描　述	备　注	是否必需
67	FundCode	C	6	基金代码		Y
92	TransactionDate	A	8	交易发生日期	格式为：YYYYMMDD	Y
120	TransactionAccountID	A	17	投资人基金交易账号	投资人在销售机构内开设的用于交易的账号	Y
121	DistributorCode	C	9	销售人代码		Y
132	ApplicationVol	N	16（两位小数）	申请基金份数		Y
135	BusinessCode	A	3	业务代码	编码见表 4	Y
136	TAAccountID	C	12	投资人基金账号		Y
29	RegionCode	A	4	交易所在地区编号		N
58	FreezingDeadline	A	8	冻结截止日期	格式为：YYYYMMDD	N
87	BranchCode	C	9	网点号码		Y
93	TransactionTime	A	6	交易发生时间	格式为：HHMMSS	Y
98	IndividualOrInstitution	A	1	个人/机构标志	0-机构，1-个人	N
254	Specification	C	60	摘要/说明		N
260	ShareClass	A	1	收费方式	0-前收费，1-后收费	Y
261	OriginalCfmDate	A	8	TA 的原确认日期		N
264	DetailFlag	A	1	明细标志	0-非明细，1-明细	N

7.26　基金份数冻结确认（131）

基金份数冻结确认是基金注册登记人对基金份数冻结申请的处理结果。基金份数冻结后不接受除基金份数解冻以外的业务申请。

需要交换的数据项见表 29。

表 29　基金份数冻结确认数据

ID	字段名	类型	长度	描　述	备　注	是否必需
8	AppSheetSerialNo	A	24	申请单编号	同一销售机构不能重复	Y
32	TransactionCfmDate	A	8	交易确认日期	实际上是冻结开始日期，格式为：YYYYMMDD	Y
62	ConfirmedVol	N	16（两位小数）	基金账户交易确认份数		Y
67	FundCode	C	6	基金代码		Y
89	OriginalSerialNo	A	20	TA 的原确认流水号	产生该部分份额的交易确认流水号	N
92	TransactionDate	A	8	交易发生日期	格式为：YYYYMMDD	Y
119	ReturnCode	A	4	交易处理返回代码	取值见附录 B	Y

续表

ID	字段名	类型	长度	描　述	备　注	是否必需
120	TransactionAccountID	A	17	投资人基金交易账号	投资人在销售机构内开设的用于交易的账号	Y
121	DistributorCode	C	9	销售人代码		Y
132	ApplicationVol	N	16（两位小数）	申请基金份数		Y
135	BusinessCode	A	3	业务代码	编码见表 4	Y
136	TAAccountID	C	12	投资人基金账号		Y
137	TASerialNO	A	20	TA 确认交易流水号		Y
29	RegionCode	A	4	交易所在地区编号		N
47	DownLoaddate	A	8	交易数据下传日期	格式为：YYYYMMDD	Y
58	FreezingDeadline	A	8	冻结截止日期	格式为：YYYYMMDD	N
60	FrozenCause	A	1	冻结原因	0-司法冻结，1-柜台冻结，2-质押冻结，3-质押、司法双重冻结，4-柜台、司法双重冻结	N
87	BranchCode	C	9	网点号码	Y	
93	TransactionTime	A	6	交易发生时间	格式为：HHMMSS	Y
98	IndividualOrInstitution	A	1	个人/机构标志	0-机构，1-个人	N
254	Specification	C	60	摘要/说明		N
256	FromTAFlag	A	1	是否注册登记人发起业务标志	0-由销售人发起，1-由注册登记人发起	N
257	FrozenMethod	A	1	冻结方式	0-原份数冻结，1-原份数+滋息冻结	N
260	ShareClass	A	1	收费方式	0-前收费，1-后收费	Y
261	OriginalCfmDate	A	8	TA 的原确认日期		N
264	DetailFlag	A	1	明细标志	0-非明细，1-明细	N

7.27 基金份数解冻申请（032）

基金份数解冻申请是投资人或司法等有关部门对投资人基金账户中的处于冻结状态基金份数提出部分或全部解除冻结的申请。

需要交换的数据项见表 30。

表 30 基金份数解冻申请数据

ID	字段名	类型	长度	描　述	备　注	是否必需
8	AppSheetSerialNo	A	24	申请单编号	同一销售机构不能重复	Y
67	FundCode	C	6	基金代码		Y
92	TransactionDate	A	8	交易发生日期	格式为：YYYYMMDD	Y
120	TransactionAccountID	A	17	投资人基金交易账号	投资人在销售机构内开设的用于交易的账号	Y

续表

ID	字段名	类型	长度	描　述	备　注	是否必需
121	DistributorCode	C	9	销售人代码		Y
132	ApplicationVol	N	16（两位小数）	申请基金份数		Y
135	BusinessCode	A	3	业务代码	编码见表 4	Y
136	TAAccountID	C	12	投资人基金账号		Y
29	RegionCode	A	4	交易所在地区编号		N
87	BranchCode	C	9	网点号码		Y
89	OriginalSerialNo	A	20	TA 的原确认流水号	对应原冻结确认的 TASerialNO 字段	N
93	TransactionTime	A	6	交易发生时间	格式为：HHMMSS	Y
98	IndividualOrInstitution	A	1	个人/机构标志	0-机构，1-个人	N
254	Specification	C	60	摘要/说明		N
260	ShareClass	A	1	收费方式	0-前收费，1-后收费	Y
261	OriginalCfmDate	A	8	TA 的原确认日期	对应原冻结确认的 TransactionCfmDate 字段	N
264	DetailFlag	A	1	明细标志	0-非明细，1-明细	N
90	OriginalAppSheetNo	A	24	原申请单编号	要解冻的那一笔原始交易的申请单编号	N

7.28　基金份数解冻确认（132）

基金份数解冻确认是基金注册登记人对基金份数解冻申请的处理结果。基金份数解冻后，对应的基金份数将恢复正常状态。解冻应根据原冻结申请具体情况，逐笔解冻及确认。

需要交换的数据项见表 31。

表 31　基金份数解冻确认数据

ID	字段名	类型	长度	描　述	备　注	是否必需
8	AppSheetSerialNo	A	24	申请单编号	同一销售机构不能重复	Y
32	TransactionCfmDate	A	8	交易确认日期	格式为：YYYYMMDD	Y
62	ConfirmedVol	N	16（两位小数）	基金账户交易确认份数		Y
67	FundCode	C	6	基金代码		Y
89	OriginalSerialNo	A	20	TA 的原确认流水号	对应原冻结确认的 TASerialNO 字段	Y
92	TransactionDate	A	8	交易发生日期	格式为：YYYYMMDD	Y
119	ReturnCode	A	4	交易处理返回代码	取值见附录 B	Y
120	TransactionAccountID	A	17	投资人基金交易账号	投资人在销售机构内开设的用于交易的账号	Y
121	DistributorCode	C	9	销售人代码		Y

续表

ID	字段名	类型	长度	描　述	备　注	是否必需
132	ApplicationVol	N	16（两位小数）	申请基金份数		Y
135	BusinessCode	A	3	业务代码	编码见表 4	Y
136	TAAccountID	C	12	投资人基金账号		Y
137	TASerialNO	A	20	TA 确认交易流水号		Y
29	RegionCode	A	4	交易所在地区编号		N
47	DownLoaddate	A	8	交易数据下传日期	格式为：YYYYMMDD	Y
87	BranchCode	C	9	网点号码		Y
93	TransactionTime	A	6	交易发生时间	格式为：HHMMSS	Y
98	IndividualOrInstitution	A	1	个人/机构标志	0-机构，1-个人	N
254	Specification	C	60	摘要/说明		N
256	FromTAFlag	A	1	是否注册登记人发起业务标志	0-由销售人发起，1-由注册登记人发起	N
260	ShareClass	A	1	收费方式	0-前收费，1-后收费	Y
261	OriginalCfmDate	A	8	TA 的原确认日期	对应原冻结确认的 TransactionCfmDate 字段	N
90	OriginalAppSheetNo	A	24	原申请单编号	要解冻的那一笔原始交易的申请单编号	N

7.29 非交易过户申请（033），非交易过户转入申请（034），非交易过户转出申请（035）

基金的非交易过户是指在继承、赠与、破产支付、司法执行等非交易原因情况下发生的基金单位所有权转移的行为。

非交易过户的业务处理通常有两种方式：一种是在基金注册登记人处一步完成（033）；另一种是分转出和转入（034 和 035）两步完成。

对一步完成的情况，只能以 033 进行申报，成功或失败均确认一笔 133。

需要交换的数据项见表 32。

表 32　非交易过户申请数据

ID	字段名	类型	长度	描　述	备　注	是否必需
8	AppSheetSerialNo	A	24	申请单编号	同一销售机构不能重复	Y
67	FundCode	C	6	基金代码		Y
92	TransactionDate	A	8	交易发生日期	格式为：YYYYMMDD	Y
120	TransactionAccountID	A	17	投资人基金交易账号	投资人在销售机构内开设的用于交易的账号	Y
121	DistributorCode	C	9	销售人代码		Y
132	ApplicationVol	N	16（两位小数）	申请基金份数		Y
135	BusinessCode	A	3	业务代码	编码见表 4	Y

续表

ID	字段名	类型	长度	描 述	备 注	是否必需
136	TAAccountID	C	12	投资人基金账号		Y
147	TargetTAAccountID	A	12	对方基金账号	转销售人/机构、非交易过户时使用	Y
25	DiscountRateOfCommission	N	5（四位小数）	销售佣金折扣率		N
29	RegionCode	A	4	交易所在地区编号		N
87	BranchCode	C	9	网点号码		Y
89	OriginalSerialNo	A	20	TA 的原确认流水号		N
90	OriginalAppSheetNo	A	24	原申请单编号	034 业务使用，表示转出时的申请单编号	N
93	TransactionTime	A	6	交易发生时间	格式为：HHMMSS	Y
97	TargetDistributorCode	C	9	对方销售人代码		N
98	IndividualOrInstitution	A	1	个人/机构标志	0-机构，1-个人	N
141	TargetBranchCode	C	9	对方网点号	转销售人/机构、非交易过户时使用	N
142	TargetTransactionAccountID	A	17	对方销售人处投资人基金交易账号		N
254	Specification	C	60	摘要/说明		N
260	ShareClass	A	1	收费方式	0-前收费，1-后收费	Y
261	OriginalCfmDate	A	8	TA 的原确认日期		N
264	DetailFlag	A	1	明细标志	0-非明细，1-明细	N

7.30 非交易过户确认（133），非交易过户转入确认（134），非交易过户转出确认（135）

非交易过户确认是对投资人非交易过户申请的处理结果。基金注册登记人将处理结果分别发送给该业务涉及的申请方和申请方的对方。

非交易过户转入确认、非交易过户转出确认是基金注册登记人对投资人相应申请的处理结果。

需要交换的数据项见表 33。

表 33 非交易过户确认数据

ID	字段名	类型	长度	描 述	备 注	是否必需
8	AppSheetSerialNo	A	24	申请单编号	同一销售机构不能重复	Y
32	TransactionCfmDate	A	8	交易确认日期	格式为：YYYYMMDD	Y
62	ConfirmedVol	N	16（两位小数）	基金账户交易确认份数		Y
67	FundCode	C	6	基金代码		Y
92	TransactionDate	A	8	交易发生日期	格式为：YYYYMMDD	Y
119	ReturnCode	A	4	交易处理返回代码	取值见附录 B	Y
120	TransactionAccountID	A	17	投资人基金交易账号	投资人在销售机构内开设的用于交易的账号	Y

续表

ID	字段名	类型	长度	描　述	备　注	是否必需
121	DistributorCode	C	9	销售人代码		Y
132	ApplicationVol	N	16（两位小数）	申请基金份数		Y
135	BusinessCode	A	3	业务代码	编码见表 4	Y
136	TAAccountID	C	12	投资人基金账号		Y
137	TASerialNO	A	20	TA 确认交易流水号		Y
147	TargetTAAccountID	A	12	对方基金账号	转销售人、非交易过户时使用	Y
176	TransferDirection	A	1	转入/转出标识	0-转出，1-转入	N
29	RegionCode	A	4	交易所在地区编号		N
47	DownLoaddate	A	8	交易数据下传日期	格式为：YYYYMMDD	Y
52	Charge	N	10（两位小数）	手续费		N
53	AgencyFee	N	10（两位小数）	代理费		N
87	BranchCode	C	9	网点号码		Y
89	OriginalSerialNo	A	20	TA 的原确认流水号		N
90	OriginalAppSheetNo	A	24	原申请单编号	134 业务使用，表示转出时的申请单编号	N
93	TransactionTime	A	6	交易发生时间	格式为：HHMMSS	Y
97	TargetDistributorCode	C	9	对方销售人代码		N
98	IndividualOrInstitution	A	1	个人/机构标志	0-机构，1-个人	N
138	StampDuty	N	16（两位小数）	印花税		N
141	TargetBranchCode	C	9	对方网点号	转销售人/机构、非交易过户时使用	N
142	TargetTransactionAccountID	A	17	对方销售人处投资人基金交易账号		N
152	TargetRegionCode	A	4	对方所在地区编号		N
173	TotalBackendLoad	N	16（两位小数）	交易后端收费总额		N
177	BusinessFinishFlag	C	1	业务过程完全结束标识	0-中间过程，1-业务过程结束	N
254	Specification	C	60	摘要/说明		N
255	TransferFee	N	10（两位小数）	过户费		Y
256	FromTAFlag	A	1	是否注册登记人发起业务标志	0-由销售人发起，1-由注册登记人发起	N

续表

ID	字段名	类型	长度	描述	备注	是否必需
260	ShareClass	A	1	收费方式	0-前收费，1-后收费	Y
261	OriginalCfmDate	A	8	TA的原确认日期		N
264	DetailFlag	A	1	明细标志	0-非明细，1-明细	N
274	ShareRegisterDate	A	8	份额注册日期	若无该项，则以该笔交易的确认日期为份额注册日期	N
276	FeeCalculator	A	1	计费人	0-TA计费，1-基金计费	N

7.31 基金转换申请（036），基金转换转入申请（037），基金转换转出申请（038）

基金转换，是指基金投资人可以将其持有的一只基金转换为另一只基金。

同一TA的基金转换业务，只允许通过036业务进行申报，确认为一笔136业务（成功或失败都为136）。对跨TA的基金转换业务，应以038或037进行申报（使用038还是037，根据接收申报数据的TA的基金是转出或是转入来确定，比如申报从TA1的基金1转换为TA2的基金2，如果数据报送给TA1，则使用038；报送给TA2，则使用037），成功或失败相应地确认一笔138或137。

需要交换的数据项见表34。

表34 基金转换申请数据

ID	字段名	类型	长度	描 述	备 注	是否必需
8	AppSheetSerialNo	A	24	申请单编号	同一销售机构不能重复	Y
25	DiscountRateOfCommission	N	5（四位小数）	销售佣金折扣率	指销售人申报的转换费的折扣率，不是补差费折扣率	Y
34	CodeOfTargetFund	A	6	转换时的目标基金代码		Y
67	FundCode	C	6	基金代码		Y
80	LargeRedemptionFlag	A	1	巨额赎回处理标志	0-取消，1-顺延	Y
92	TransactionDate	A	8	交易发生日期	格式为：YYYYMMDD	Y
120	TransactionAccountID	A	17	投资人基金交易账号	投资人在销售机构内开设的用于交易的账号	Y
121	DistributorCode	C	9	销售人代码		Y
132	ApplicationVol	N	16（两位小数）	申请基金份数	申请的转出基金份数	Y
135	BusinessCode	A	3	业务代码	编码见表4	Y
136	TAAccountID	C	12	投资人基金账号		Y
29	RegionCode	A	4	交易所在地区编号		N
87	BranchCode	C	9	网点号码	托管网点号码。对大集中方式的销售人，此字段与销售人代码相同	Y
89	OriginalSerialNo	A	20	TA的原确认流水号		N
90	OriginalAppSheetNo	A	24	原申请单编号	037业务使用，表示转出时的申请单编号	N

续表

ID	字段名	类型	长度	描述	备注	是否必需
93	TransactionTime	A	6	交易发生时间	格式为：HHMMSS	Y
98	IndividualOrInstitution	A	1	个人/机构标志	0-机构，1-个人	N
173	TotalBackendLoad	N	16（两位小数）	交易后端收费总额		N
260	ShareClass	A	1	收费方式	0-前收费，1-后收费	Y
261	OriginalCfmDate	A	8	TA的原确认日期		N
264	DetailFlag	A	1	明细标志	0-非明细，1-明细	N
347	BackenloadDiscount	N	5（4位小数）	补差费折扣率	补差费折扣率	Y
526	TargetShareType	C	1	对方基金份额类别	0-前收费 1-后收费	Y
147	TargetTAAccountID	C	12	对方基金账号	跨TA基金转换、非交易过户和跨市场转托管时使用	N
617	TargetRegistrarCode	C	2	对方TA代码	跨TA基金转换时为“Y”	N
327	TakeIncomeFlag	C	1	带走收益标志	0-不带走，1-带走	N
392	ChargeType	C	1	收费类型	0-折扣率方式，1-指定费率，2-指定费用。对于未指定费率（费用）的那些费用，仍可使用折扣率方式，比如指定了补差费，但转换费仍可采用折扣率方式	Y
393	SpecifyRateFee	N	9（八位小数）	指定费率	指由销售人指定的补差费率	N
394	SpecifyFee	N	16（两位小数）	指定费用	指由销售人指定的补差费用	N

7.32 基金转换确认（136），基金转换转入确认（137），基金转换转出确认（138）

基金转换确认、基金转换转入确认、基金转换转出确认是基金注册登记人对投资人相应申请的处理结果。

需要交换的数据项见表35。

表35 基金转换确认数据

ID	字段名	类型	长度	描 述	备 注	是否必需
8	AppSheetSerialNo	A	24	申请单编号	同一销售机构不能重复	Y
32	TransactionCfmDate	A	8	交易确认日期	格式为：YYYYMMDD	Y
34	CodeOfTargetFund	A	6	转换时的目标基金代码		Y

续表

ID	字段名	类型	长度	描述	备注	是否必需
62	ConfirmedVol	N	16（两位小数）	基金账户交易确认份数	确认的转出基金份数	Y
67	FundCode	C	6	基金代码		Y
80	LargeRedemptionFlag	A	1	巨额赎回处理标志	0-取消，1-顺延，对申请的回执字段	Y
177	BusinessFinishFlag	C	1	业务过程完全结束标识	0-中间过程，1-业务过程结束	N
92	TransactionDate	A	8	交易发生日期	格式为：YYYYMMDD	Y
119	ReturnCode	A	4	交易处理返回代码	取值见附录 B	Y
120	TransactionAccountID	A	17	投资人基金交易账号	投资人在销售机构内开设的用于交易的账号	Y
121	DistributorCode	C	9	销售人代码		Y
132	ApplicationVol	N	16（两位小数）	申请基金份数		Y
135	BusinessCode	A	3	业务代码	编码见表 4	Y
136	TAAccountID	C	12	投资人基金账号		Y
137	TASerialNO	A	20	TA 确认交易流水号	TA 对每笔确认的唯一标识，同一日不能重复，与交易确认日期 TransactionCfmDate 一起组成 TA 中一笔确认的唯一键	Y
161	CfmVolOfTargetFund	N	16（两位小数）	目标基金的确认份数	确认的转入基金份数	Y
25	DiscountRateOfCommission	N	5（四位小数）	销售佣金折扣率	指销售人申报的基金转换费的折扣率，不是补差费折扣率	N
29	RegionCode	A	4	交易所在地区编号		N
47	DownLoaddate	A	8	交易数据下传日期	格式为：YYYYMMDD	Y
52	Charge	N	10（两位小数）	手续费	投资人应付总手续费，等于转换费＋补差费	Y
53	AgencyFee	N	10（两位小数）	代理费	手续费中划归销售人的部分	Y
86	NAV	N	7（四位小数）	基金单位净值	转出基金净值	Y
87	BranchCode	C	9	网点号码	托管网点号码。对大集中方式的销售人，此字段与销售人代码相同	Y
89	OriginalSerialNo	A	20	TA 的原确认流水号		N
90	OriginalAppSheetNo	A	24	原申请单编号	137 业务使用，表示转出时的申请单编号	N
93	TransactionTime	A	6	交易发生时间	格式为：HHMMSS	Y
98	IndividualOrInstitution	A	1	个人/机构标志	0-机构，1-个人	N

续表

ID	字段名	类型	长度	描述	备注	是否必需
133	TradingPrice	N	7（四位小数）	交易价格	单位基金净值＋各种费用	N
139	Tax	N	16（两位小数）	税金		N
162	TargetNAV	N	7（四位小数）	目标基金的单位净值	转入基金净值	Y
163	TargetFundPrice	N	7（四位小数）	目标基金的价格		N
173	TotalBackendLoad	N	16（两位小数）	交易后端收费总额	对基金转换，此字段无意义	N
193	RateFee	N	9（八位小数）	费率	分段收费考虑	N
194	MinFee	N	10（两位小数）	最少收费		N
255	TransferFee	N	10（两位小数）	过户费		Y
256	FromTAFlag	A	1	是否注册登记人发起业务标志	0-由销售人发起，1-由注册登记人发起	N
260	ShareClass	A	1	收费方式	0-前收费，1-后收费	Y
261	OriginalCfmDate	A	8	TA的原确认日期		N
274	ShareRegisterDate	A	8	份额注册日期	若无该项，则以该笔交易的确认日期为份额注册日期	N
276	FeeCalculator	A	1	计费人	0-TA计费，1-基金计费	N
147	TargetTAAccountID	C	12	对方基金账号	跨TA基金转换、非交易过户和跨市场转托管时使用	N
617	TargetRegistrarCode	C	2	对方TA代码	跨TA基金转换时为“Y”	N
526	TargetShareType	C	1	对方基金份额类别	0-前收费，1-后收费	Y
542	ChangeFee	N	16（两位小数）	转换费		Y
541	RecuperateFee	N	16（两位小数）	补差费		Y
347	BackenloadDiscount	N	5（4位小数）	补差费折扣率	补差费折扣率	Y

续表

ID	字段名	类型	长度	描述	备注	是否必需
64	ConfirmedAmount	N	16（两位小数）	每笔交易确认金额	转出金额总额，包含各种费用	N
507	UndistributeMonetaryIncome	N	16（两位小数）	货币基金未付收益金额	货币基金为Y项，表示转出基金份额已兑付的收益	N
510	UndistributeMonetaryIncomeFlag	C	1	货币基金未付收益金额正负	0-正，1-负，货币基金为Y项	N
327	TakeIncomeFlag	C	1	带走收益标志	0-不带走，1-带走	N
543	AchievementPay	N	16（两位小数）	业绩报酬		Y
544	AchievementCompen	N	16（两位小数）	业绩补偿		Y
386	ChangeAgencyFee	N	16（两位小数）	转换代理费		Y
387	RecuperateAgencyFee	N	16（两位小数）	补差代理费		Y

7.33 红利/红利再投资发放（143）

红利/红利再投资发放是指基金注册登记人把对投资人发放红利/红利再投资的数据发送给基金销售人。对于冻结份额分红时产生的再投资份额，若继续冻结，分红时应发送一笔红利再投资记录（143）和一笔份额冻结确认记录（131），解冻时发送一笔份额解冻记录（132，针对续冻份额的解冻记录），每笔份额解冻记录与原份额冻结记录一一对应。冻结份额分红时还可能产生现金冻结，在分红时将投资人未被冻结的现金分红确认记录下发（143），解冻时再将解冻的现金分红确认记录下发（143）。

需要交换的数据项见表36。

表36 红利/红利再投资发放数据

ID	字段名	类型	长度	描 述	备 注	是否必需
22	BasisforCalculatingDividend	N	16（两位小数）	红利/红利再投资基数	登记日基金持有人的基金份数	Y
32	TransactionCfmDate	A	8	交易确认日期	格式为：YYYYMMDD	Y
37	CurrencyType	A	3	结算币种	具体编码依GB/T 12406-2008	Y
41	VolOfDividendforReinvestment	N	16（两位小数）	基金账户红利再投资基金份数	投资人实得红股，含被续冻的红股	Y
42	DividentDate	A	8	分红日/发放日		Y
43	DividendAmount	N	16（两位小数）	基金账户红利资金	红利总金额，含冻结红利及再投资的红利	Y
46	XRDate	A	8	除权日		Y

续表

ID	字段名	类型	长度	描述	备注	是否必需
64	ConfirmedAmount	N	16（两位小数）	每笔交易确认金额	实发红利资金，不含冻结红利及再投资的红利	Y
67	FundCode	C	6	基金代码		Y
113	RegistrationDate	A	8	权益登记日期	格式为：YYYYMMDD	Y
119	ReturnCode	A	4	交易处理返回代码	取值见附录 B	Y
120	TransactionAccountID	A	17	投资人基金交易账号	投资人在销售机构内开设的用于交易的账号	Y
121	DistributorCode	C	9	销售人代码		Y
135	BusinessCode	A	3	业务代码	编码见表 4	Y
136	TAAccountID	C	12	投资人基金账号		Y
155	DividendPerUnit	N	16（两位小数）	单位基金分红金额（含税）	举例：每千份分两元，则此处填 2	Y
24	DefDividendMethod	A	1	默认分红方式	0-红利转投，1-现金分红，投资人本次分红的方式	Y
28	DepositAcct	C	19	投资人在销售人处用于交易的资金账号		N
29	RegionCode	A	4	交易所在地区编号		N
47	DownLoaddate	A	8	交易数据下传日期	格式为：YYYYMMDD	Y
52	Charge	N	10（两位小数）	手续费		Y
53	AgencyFee	N	10（两位小数）	代理费		Y
59	TotalFrozenVol	N	16（两位小数）	基金冻结总份数		N
86	NAV	N	7（四位小数）	基金单位净值		N
87	BranchCode	C	9	网点号码	托管网点号码。对大集中方式的销售人，此字段与销售人代码相同	Y
94	OtherFee1	N	10（两位小数）	其他费用 1		N
95	OtherFee2	N	16（两位小数）	其他费用 2		N
98	IndividualOrInstitution	A	1	个人/机构标志	0-机构，1-个人	N
123	DividendRatio	N	16（两位小数）	红利比例		N

续表

ID	字段名	类型	长度	描述	备注	是否必需
137	TASerialNO	A	20	TA确认交易流水号	TA对每笔确认的唯一标识，同一日不能重复，与交易确认日期TransactionCfmDate一起组成TA中一笔确认的唯一键	Y
138	StampDuty	N	16（两位小数）	印花税		N
187	FrozenBalance	N	16（两位小数）	冻结金额		N
255	TransferFee	N	10（两位小数）	过户费		Y
260	ShareClass	A	1	收费方式	0-前收费，1-后收费	Y
276	FeeCalculator	A	1	计费人	0-TA计费，1-基金计费	N
601	DrawBonusUnit	N	10	分红单位	举例：每千份分多少，则分红单位就为一千	Y
602	FrozenSharesforReinvest	N	16（两位小数）	冻结再投资份额	再投资份额中被续冻的部分	N
354	DividendType	C	1	分红类型	0-普通分红，1-质押基金分红，2-货币基金收益结转，3-保本基金赔付，4-专户到期处理	Y
90	OriginalAppSheetNo	A	24	原申请单编号	对质押基金分红为Y项，表示原质押业务的申请单编号	N
543	AchievementPay	N	16（两位小数）	业绩报酬		Y
544	AchievementCompen	N	16（两位小数）	业绩补偿		Y

7.34 强行调增（144），强行调减（145）

强行调增/调减是指基金注册登记人在某种特定或契约预先规定的情况下，强制性地增加/减少投资人所持基金份数。

需要交换的数据项见表37。

表37 强行调增/调减数据

ID	字段名	类型	长度	描 述	备 注	是否必需
32	TransactionCfmDate	A	8	交易确认日期	格式为：YYYYMMDD	Y
37	CurrencyType	A	3	结算币种		Y

续表

ID	字段名	类型	长度	描述	备注	是否必需
62	ConfirmedVol	N	16（两位小数）	基金账户交易确认份数		Y
67	FundCode	C	6	基金代码		Y
119	ReturnCode	A	4	交易处理返回代码	取值见附录B	Y
120	TransactionAccountID	A	17	投资人基金交易账号	投资人在销售机构内开设的用于交易的账号	Y
121	DistributorCode	C	9	销售人代码		Y
135	BusinessCode	A	3	业务代码	编码见表4	Y
136	TAAccountID	C	12	投资人基金账号		Y
260	ShareClass	A	1	收费方式	0-前收费，1-后收费	Y
28	DepositAcct	C	19	投资人在销售人处用于交易的资金账号		N
29	RegionCode	A	4	交易所在地区编号		N
47	DownLoaddate	A	8	交易数据下传日期	格式为：YYYYMMDD	Y
52	Charge	N	10（两位小数）	手续费		N
55	TotalTransFee	N	10（两位小数）	交易确认费用合计		N
64	ConfirmedAmount	N	16（两位小数）	每笔交易确认金额		N
94	OtherFee1	N	10（两位小数）	其他费用1		N
95	OtherFee2	N	16（两位小数）	其他费用2		N
98	IndividualOrInstitution	A	1	个人/机构标志	0-机构，1-个人	N
137	TASerialNO	A	20	TA确认交易流水号	TA对每笔确认的唯一标识，同一日不能重复，与交易确认日期TransactionCfmDate一起组成TA中一笔确认的唯一键	Y
138	StampDuty	N	16（两位小数）	印花税		N
254	Specification	C	60	摘要/说明		N
255	TransferFee	N	10（两位小数）	过户费		Y
256	FromTAFlag	A	1	是否注册登记人发起业务标志	0-由销售人发起，1-由注册登记人发起	N

续表

ID	字段名	类型	长度	描述	备注	是否必需
276	FeeCalculator	A	1	计费人	0-TA计费，1-基金计费	N
603	SharesAdjustmentFlag	C	1	份额强制调整标志	0-柜台业务，1-管理人批量调整，2-管理人普通调整，3-ETF份额标准化，4-货币基金收益结转，5-基金分拆，6-确权，7-挂失换新号，8-基金升降级，9-净值调整，A-业绩报酬，B-业绩补偿，C-联名卡还款份额调整，D-基金展期份额调整	N
34	CodeOfTargetFund	A	6	转换时的目标基金代码	对基金升降级业务必填，表示基金升或降至的目标基金代码	N
526	TargetShareType	C	1	对方基金份额类别	0-前收费，1-后收费，对基金升降级业务必填	N
89	OriginalSerialNo	A	20	TA的原确认流水号		N
261	OriginalCfmDate	A	8	TA的原确认日期		N

7.35 配号（146）

配号是指基金注册登记人确认有效认购，剔除无效认购，并按有效认购量连续配号后，将配号结果传输给各销售机构。此业务暂不使用。

需要交换的数据项见表38。

表38 配号数据

ID	字段名	类型	长度	描 述	备 注	是否必需
8	AppSheetSerialNo	A	24	申请单编号	同一销售机构不能重复	Y
32	TransactionCfmDate	A	8	交易确认日期	格式为：YYYYMMDD	Y
47	DownLoaddate	A	8	交易数据下传日期	格式为：YYYYMMDD	Y
62	ConfirmedVol	N	16（两位小数）	基金账户交易确认份数		Y
67	FundCode	C	6	基金代码		Y
120	TransactionAccountID	A	17	投资人基金交易账号	投资人在销售机构内开设的用于交易的账号	Y
121	DistributorCode	C	9	销售人代码		Y
135	BusinessCode	A	3	业务代码	编码见表4	Y
136	TAAccountID	C	12	投资人基金账号		Y
137	TASerialNO	A	20	TA确认交易流水号		Y
158	BeginAllotNo	N	12	配号开始号		Y
159	EndAllotNo	N	12	配号结束号		Y
160	TotalAllotNo	N	12	配号总数		N

7.36 募集失败（149）

基金募集失败后，基金注册登记人需要向基金销售人和资金清算机构发送处理结果。

需要交换的数据项见表 39。

表 39 募集失败数据

ID	字段名	类型	长度	描 述	备 注	是否必需
32	TransactionCfmDate	A	8	交易确认日期	格式为：YYYYMMDD	Y
37	CurrencyType	A	3	结算币种	具体编码依 GB/T 12406－2008	Y
64	ConfirmedAmount	N	16（两位小数）	每笔交易确认金额	取值为 0	Y
67	FundCode	C	6	基金代码		Y
76	Interest	N	10（两位小数）	基金账户利息金额	认购一次确认的金额在整个计息周期中产生的利息	Y
92	TransactionDate	A	8	交易发生日期	格式为：YYYYMMDD	Y
120	TransactionAccountID	A	17	投资人基金交易账号	投资人在销售机构内开设的用于交易的账号	Y
121	DistributorCode	C	9	销售人代码		Y
132	ApplicationVol	N	16（两位小数）	申请基金份数		N
134	ApplicationAmount	N	16（两位小数）	申请金额	经认购一次确认后的金额，非原始申请金额	Y
135	BusinessCode	A	3	业务代码	编码见表 4	Y
136	TAAccountID	C	12	投资人基金账号		Y
156	InterestTax	N	16（两位小数）	利息税		Y
28	DepositAcct	C	19	投资人在销售人处用于交易的资金账号		N
31	TransferDateThroughClearingAgency	A	8	清算资金经清算人划出日期	格式为：YYYYMMDD	N
47	DownLoaddate	A	8	交易数据下传日期	格式为：YYYYMMDD	Y
137	TASerialNO	A	20	TA 确认交易流水号		N
225	RaiseInterest	N	16（两位小数）	认购期间利息	因基金募集失败而退还给投资人的利息	Y
283	RefundAmount	N	16（两位小数）	退款金额	销售人应退还给投资人的金额（认购原始申请金额和认购二次确认金额的差值）	N
260	ShareClass	A	1	收费方式	0－前收费，1－后收费	Y

7.37 基金清盘（150），基金终止（151）

基金清盘、终止时，基金注册登记人需要向基金销售人和资金清算机构发送处理结果。需要交换的数据项见表40。

表40 基金清盘/终止数据

ID	字段名	类型	长度	描 述	备 注	是否必需
32	TransactionCfmDate	A	8	交易确认日期	格式为：YYYYMMDD	Y
37	CurrencyType	A	3	结算币种	具体编码依GB/T 12406-2008	Y
59	TotalFrozenVol	N	16（两位小数）	基金冻结总份数		Y
62	ConfirmedVol	N	16（两位小数）	基金账户交易确认份数	清除的份额	Y
64	ConfirmedAmount	N	16（两位小数）	每笔交易确认金额	投资人实得金额	Y
67	FundCode	C	6	基金代码		Y
86	NAV	N	7（四位小数）	基金单位净值		Y
120	TransactionAccountID	A	17	投资人基金交易账号	投资人在销售机构内开设的用于交易的账号	Y
121	DistributorCode	C	9	销售人代码		Y
135	BusinessCode	A	3	业务代码	编码见表4	Y
136	TAAccountID	C	12	投资人基金账号		Y
157	FundVolBalance	N	16（两位小数）	基金份数余额		Y
28	DepositAcct	C	19	投资人在销售人处用于交易的资金账号		N
31	TransferDateThrough ClearingAgency	A	8	清算资金经清算人划出日期	格式为：YYYYMMDD	N
47	DownLoaddate	A	8	交易数据下传日期	格式为：YYYYMMDD	Y
52	Charge	N	10（两位小数）	手续费		N
137	TASerialNO	A	20	TA确认交易流水号		N
276	FeeCalculator	A	1	计费人	0-TA计费，1-基金计费	N
53	AgencyFee	N	10（两位小数）	代理费	手续费中划归销售人的部分	N
543	AchievementPay	N	16（两位小数）	业绩报酬		Y
544	AchievementCompen	N	16（两位小数）	业绩补偿		Y

续表

ID	字段名	类型	长度	描述	备注	是否必需
187	FrozenBalance	N	16（两位小数）	冻结金额		Y
260	ShareClass	A	1	收费方式	0-前收费，1-后收费	Y

7.38 撤单（052），撤预约单（053）

投资人可以申请撤销尚未处理的交易或预约交易申请，即撤单或撤预约单。如已日结或已处理则不能进行撤单或撤预约单。

需要交换的数据项见表41。

表41 撤单/撤预约单数据

ID	字段名	类型	长度	描　述	备　注	是否必需
8	AppSheetSerialNo	A	24	申请单编号	同一销售机构不能重复	Y
67	FundCode	C	6	基金代码		Y
90	OriginalAppSheetNo	A	24	原申请单编号	要撤销的那一笔交易的申请单编号	Y
92	TransactionDate	A	8	交易发生日期	格式为：YYYYMMDD	Y
120	TransactionAccountID	A	17	投资人基金交易账号	投资人在销售机构内开设的用于交易的账号	Y
121	DistributorCode	C	9	销售人代码		Y
135	BusinessCode	A	3	业务代码	编码见表4	Y
136	TAAccountID	C	12	投资人基金账号		Y
132	ApplicationVol	N	16（两位小数）	申请基金份数		N
134	ApplicationAmount	N	16（两位小数）	申请金额		N
258	OriginalAppDate	A	8	原申请日期	格式为：YYYYMMDD	N

7.39 撤单确认（152），撤预约单确认（153）

撤单确认、撤预约单确认是对投资人相应申请的处理结果。

需要交换的数据项见表42。

表42 撤单/撤预约单确认数据

ID	字段名	类型	长度	描　述	备　注	是否必需
8	AppSheetSerialNo	A	24	申请单编号	同一销售机构不能重复	Y
32	TransactionCfmDate	A	8	交易确认日期	格式为：YYYYMMDD	Y
135	BusinessCode	A	3	业务代码	编码见表4	Y
67	FundCode	C	6	基金代码		Y
90	OriginalAppSheetNo	A	24	原申请单编号		Y
92	TransactionDate	A	8	交易发生日期	格式为：YYYYMMDD	Y

续表

ID	字段名	类型	长度	描述	备注	是否必需
119	ReturnCode	A	4	交易处理返回代码	取值见附录 B	Y
120	TransactionAccountID	A	17	投资人基金交易账号	投资人在销售机构内开设的用于交易的账号	Y
121	DistributorCode	C	9	销售人代码		Y
136	TAAccountID	C	12	投资人基金账号		Y
137	TASerialNO	A	20	TA 确认交易流水号		Y
47	DownLoaddate	A	8	交易数据下传日期	格式为：YYYYMMDD	Y
62	ConfirmedVol	N	16（两位小数）	基金账户交易确认份数		N
64	ConfirmedAmount	N	16（两位小数）	每笔交易确认金额	金额为全额	N
132	ApplicationVol	N	16（两位小数）	申请基金份数		N
134	ApplicationAmount	N	16（两位小数）	申请金额		N
256	FromTAFlag	A	1	是否注册登记人发起业务标志	0-由销售人发起，1-由注册登记人发起	N

7.40 无效资金（054）

销售人与注册登记人之间在资金结算时，判定某笔资金为无效资金。此业务暂不使用。

需要交换的数据项见表 43。

表 43 无效资金数据

ID	字段名	类型	长度	描 述	备 注	是否必需
8	AppSheetSerialNo	A	24	申请单编号	同一销售机构不能重复	Y
32	TransactionCfmDate	A	8	交易确认日期	格式为：YYYYMMDD	Y
37	CurrencyType	A	3	结算币种	具体编码依 GB/T 12406-2008	Y
47	DownLoaddate	A	8	交易数据下传日期	格式为：YYYYMMDD	Y
62	ConfirmedVol	N	16（两位小数）	基金账户交易确认份数		Y
67	FundCode	C	6	基金代码		Y
77	BackAmountByInvalid	N	16（两位小数）	因为无效而划回投资人的资金		Y
92	TransactionDate	A	8	交易发生日期	格式为：YYYYMMDD	Y
93	TransactionTime	A	6	交易发生时间	格式为：HHMMSS	Y
98	IndividualOrInstitution	A	1	个人/机构标志	0-机构，1-个人	Y
119	ReturnCode	A	4	交易处理返回代码	取值见附录 B	Y

续表

ID	字段名	类型	长度	描述	备注	是否必需
120	TransactionAccountID	A	17	投资人基金交易账号	投资人在销售机构内开设的用于交易的账号	Y
121	DistributorCode	C	9	销售人代码		Y
134	ApplicationAmount	N	16（两位小数）	申请金额		Y
135	BusinessCode	A	3	业务代码	编码见表 4	Y
136	TAAccountID	C	12	投资人基金账号		Y
137	TASerialNO	A	20	TA 确认交易流水号		Y
16	BackendLoad	N	16（两位小数）	每笔交易后端收费		N
28	DepositAcct	C	19	投资人在销售人处用于交易的资金账号		N
29	RegionCode	A	4	交易所在地区编号		N
52	Charge	N	10（两位小数）	手续费		N
61	FrontendFee	N	16（两位小数）	每笔交易前端收费		N
64	ConfirmedAmount	N	16（两位小数）	每笔交易确认金额	金额为全额	N
86	NAV	N	7（四位小数）	基金单位净值		N
89	OriginalSerialNo	A	20	TA 的原确认流水号		N
90	OriginalAppSheetNo	A	24	原申请单编号		N
94	OtherFee1	N	10（两位小数）	其他费用 1		N
95	OtherFee2	N	16（两位小数）	其他费用 2		N
138	StampDuty	N	16（两位小数）	印花税		N

7.41 基金销售人资金清算（155）

注册登记人生成下述资金清算数据，由资金清算机构向基金销售人根据此数据进行各种基金业务的资金清算。此业务暂不使用。

需要交换的数据项见表 44。

表 44　基金销售人资金清算数据

ID	字段名	类型	长度	描　述	备　注	是否必需
11	TotalSubsCharge	N	16（两位小数）	申购手续费总金额		Y
25	DiscountRateOfCommission	N	5（四位小数）	销售佣金折扣率		Y
32	TransactionCfmDate	A	8	交易确认日期		Y
44	TotalDividendAmount	N	16（两位小数）	基金红利总额	接受文件的代理人代理分配红利的总额	Y
45	DividendOrShare	A	1	红利/红利再投资标志	0－红利再投资，1－红利	Y
56	TotalFeeForDividend	N	8（两位小数）	分红费用合计		Y
67	FundCode	C	6	基金代码		Y
76	Interest	N	10（两位小数）	基金账户利息金额		Y
92	TransactionDate	A	8	交易发生日期		Y
111	TotalFeeOfRedemption	N	16（两位小数）	赎回手续费总金额		Y
121	DistributorCode	C	9	销售人代码		Y
135	BusinessCode	A	3	业务代码	编码见表 4	Y
156	InterestTax	N	16（两位小数）	利息税		Y
174	TotalFailingAmount	N	16（两位小数）	失败金额汇总		Y
175	TotalSuccessfulAmount	N	16（两位小数）	成功金额汇总		Y
15	AmntReinbursed	N	16（两位小数）	退回金额		N
29	RegionCode	A	4	交易所在地区编号		N
37	CurrencyType	A	3	结算币种	具体编码依 GB/T 12406－2008	N
39	AmountOfPeriodicSubs	N	16（两位小数）	定时定额申购的金额		N
47	DownLoaddate	A	8	交易数据下传日期		Y
52	Commission	N	10（两位小数）	手续费		N

续表

ID	字段名	类型	长度	描 述	备 注	是否必需
53	AgencyFee	N	10（两位小数）	代理费		N
54	CommissionRate	N	6（4位小数）	手续费率		N
55	TotalTransFee	N	10（两位小数）	交易确认费用合计		N
77	BackAmountByInvalid	N	16（两位小数）	因为无效而划回投资人的资金		N
94	OtherFee1	N	10（两位小数）	其他费用1		N
95	OtherFee2	N	16（两位小数）	其他费用2		N
96	OtherFee3	N	16（两位小数）	其他费用3		N
115	RegistrationFee	N	16（两位小数）	注册登记费		N
148	TrailCommission	N	16（两位小数）	尾随佣金		N
172	TotalFrontendFee	N	16（两位小数）	交易前端收费总额		N
173	TotalBackendLoad	N	16（两位小数）	交易后端收费总额		N
251	CreditDebit	N	1	借贷方向	0-借方，1-贷方	Y
253	NetSettlement	N	16（两位小数）	资金清算净额	全额交收可以用作实际清算额	Y
254	Specification	C	60	摘要/说明		N

7.42 投资人资金清算（156）

注册登记人生成下述数据，发送给基金销售人。基金销售人根据这些数据与投资人进行资金清算，并根据这些数据向投资人提供交易确认中有关资金的信息。此业务暂不使用。

需要交换的数据项见表45。

表45 投资人资金清算数据

ID	字段名	类型	长度	描 述	备 注	是否必需
8	AppSheetSerialNo	A	24	申请单编号	同一销售机构不能重复	Y
16	BackendLoad	N	16（两位小数）	每笔交易后端收费		Y

续表

ID	字段名	类型	长度	描　述	备　注	是否必需
25	DiscountRateOfCommission	N	5（四位小数）	销售佣金折扣率		Y
32	TransactionCfmDate	A	8	交易确认日期		Y
43	DividendAmount	N	16（两位小数）	基金账户红利资金		Y
45	DividendOrShare	A	1	红利/红利再投资标志	0－红利再投资，1－红利	Y
61	FrontendFee	N	16（两位小数）	每笔交易前端收费		Y
64	ConfirmedAmount	N	16（两位小数）	每笔交易确认金额	金额为全额	Y
67	FundCode	C	6	基金代码		Y
76	Interest	N	10（两位小数）	基金账户利息金额		Y
92	TransactionDate	A	8	交易发生日期		Y
98	IndividualOrInstitution	A	1	个人/机构标志	0－机构，1－个人	Y
119	ReturnCode	A	4	交易处理返回代码	取值见附录 B	Y
120	TransactionAccountID	A	17	投资人基金交易账号	投资人在销售机构内开设的用于交易的账号	Y
121	DistributorCode	C	9	销售人代码		Y
133	TradingPrice	N	7（两位小数）	交易价格	单位基金净值＋各种费用	Y
135	BusinessCode	A	3	业务代码	编码见表 4	Y
136	TAAccountID	C	12	投资人基金账号		Y
138	StampDuty	N	10（两位小数）	印花税		Y
156	InterestTax	N	16（两位小数）	利息税		Y
251	CreditDebit	N	1	借贷方向	0－借方，1－贷方	Y
252	RedemptionFee	N	16（两位小数）	赎回费		Y
253	NetSettlement	N	16（两位小数）	资金清算净额	全额交收可以用作实际清算额	Y
1	AcctManFee	N	16（两位小数）	基金账户管理费		N
15	AmntReinbursed	N	16（两位小数）	退回金额		N

续表

ID	字段名	类型	长度	描　述	备　注	是否必需
29	RegionCode	A	4	交易所在地区编号		N
37	CurrencyType	A	3	结算币种	具体编码依 GB/T 12406-2008	N
39	AmountOfPeriodicSubs	N	16（两位小数）	定时定额申购的金额		N
40	DateOfPeriodicSubs	A	8	定时定额申购日期		N
47	DownLoaddate	A	8	交易数据下传日期		Y
77	BackAmountByInvalid	N	16（两位小数）	因为无效而划回投资人的资金		N
80	LargeRedemptionFlag	A	1	巨额赎回处理标志	0-取消，1-顺延	N
94	OtherFee1	N	10（两位小数）	其他费用 1		N
95	OtherFee2	N	16（两位小数）	其他费用 2		N
96	OtherFee3	N	16（两位小数）	其他费用 3		N
115	RegistrationFee	N	16（两位小数）	注册登记费		N
137	TASerialNO	A	20	TA 确认交易流水号		N
138	StampDuty	N	10（两位小数）	印花税		N
139	Tax	N	16（两位小数）	税金		N
254	Specification	C	60	摘要/说明		N

7.43 红利解冻确认（157）

红利解冻确认是基金注册登记人对基金红利解冻的处理结果。基金红利解冻后，对应的基金红利份数将恢复正常状态。相关功能可通过红利发放（143）业务和冻结业务实现，此业务暂不使用。

需要交换的数据项见表 46。

表 46　红利解冻确认数据

ID	字段名	类型	长度	描　述	备　注	是否必需
32	TransactionCfmDate	A	8	交易确认日期	格式为：YYYYMMDD	Y
64	ConfirmedAmount	N	16（两位小数）	每笔交易确认金额	红利解冻金额	Y
67	FundCode	C	6	基金代码		Y
92	TransactionDate	A	8	交易发生日期	格式为：YYYYMMDD	Y

续表

ID	字段名	类型	长度	描 述	备 注	是否必需
119	ReturnCode	A	4	交易处理返回代码	取值见附录 B	Y
120	TransactionAccountID	A	17	投资人基金交易账号	投资人在销售机构内开设的用于交易的账号	Y
121	DistributorCode	C	9	销售人代码		Y
135	BusinessCode	A	3	业务代码	编码见表 4	Y
136	TAAccountID	C	12	投资人基金账号		Y
137	TASerialNO	A	20	TA 确认交易流水号		Y
256	FromTAFlag	A	1	是否注册登记人发起业务标志	0-由销售人发起，1-由注册登记人发起	N
8	AppSheetSerialNo	A	24	申请单编号	同一销售机构不能重复	N
87	BranchCode	C	9	网点号码		Y
89	OriginalSerialNo	A	20	TA 的原确认流水号	表示 TA 确认的冻结序号	N
93	TransactionTime	A	6	交易发生时间	格式为：HHMMSS	Y
98	IndividualOrInstitution	A	1	个人/机构标志	0-机构，1-个人	N

7.44 定时定额注册申请（059），定时定额注销申请（060）

定时定额注册申请是指投资人在开放式基金成立后，通过开放式基金的销售人定时定额购买基金单位之前而进行的注册申请。

定时定额注销申请是指投资人在定时定额注册之后，不再通过开放式基金的销售人定时定额购买基金单位而进行的注销申请。

需要交换的数据项见表 47。

表 47 定时定额注册开通/注销申请数据

ID	字段名	类型	长度	描 述	备 注	是否必需
8	AppSheetSerialNo	A	24	申请单编号	同一销售机构不能重复	Y
37	CurrencyType	A	3	结算币种	具体编码依 GB/T 12406-2008	Y
67	FundCode	C	6	基金代码		Y
92	TransactionDate	A	8	交易发生日期	格式为：YYYYMMDD	Y
120	TransactionAccountID	A	17	投资人基金交易账号	投资人在销售机构内开设的用于交易的账号	Y
121	DistributorCode	C	9	销售人代码		Y
134	ApplicationAmount	N	16（两位小数）	申请金额		Y
135	BusinessCode	A	3	业务代码	编码见表 4	Y
136	TAAccountID	C	12	投资人基金账号	首次允许为空	Y

续表

ID	字段名	类型	长度	描　述	备　注	是否必需
25	DiscountRateOfCommission	N	5（四位小数）	销售佣金折扣率		N
28	DepositAcct	C	19	投资人在销售人处用于交易的资金账号		N
29	RegionCode	A	4	交易所在地区编号		N
40	DateOfPeriodicSubs	A	8	定时定额申购日期	格式为：YYYYMMDD，当业务代码为059时，为Y项	N
87	BranchCode	C	9	网点号码		Y
93	TransactionTime	A	6	交易发生时间	格式为：HHMMSS	Y
98	IndividualOrInstitution	A	1	个人/机构标志	0-机构，1-个人	N
137	TASerialNO	A	20	TA确认交易流水号		N
150	ValidPeriod	N	2	交易申请有效天数		N
191	TermOfPeriodicSubs	N	5	定时定额申购期限		N
192	FutureBuyDate	A	8	指定申购日期	格式为：YYYYMMDD	N
260	ShareClass	A	1	收费方式	0-前收费，1-后收费	Y
269	BeginDateOfPeriodicSubs	A	8	定时定额申购起始日期	格式为：YYYYMMDD	N
270	EndDateOfPeriodicSubs	A	8	定时定额申购终止日期	格式为：YYYYMMDD	N
271	SendDayOfPeriodicSubs	N	2	定时定额申购每周期发送日	指每周期的第几天。如果遇非交易日，则顺延到下一交易日	N
280	VarietyCodeOfPeriodicSubs	C	5	定时定额品种代码		N
281	SerialNoOfPeriodicSubs	C	5	定时定额申购序号		N
298	RationProtocolNo	C	20	定期定额协议号		N
299	RationType	C	1	定期定额种类	0-定期定额申购，1-定期不定额申购，2-定额不定期申购，3-不定额不定期申购	N
328	PurposeOfPeSubs	C	40	定投目的		N
329	FrequencyOfPeSubs	N	5	定投频率		N
395	PeriodSubTimeUnit	C	1	定投周期单位	0-日，1-周，2-月，与定投频率配套使用，比如2日、3周、4月	N
330	BatchNumOfPeSubs	N	16（两位小数）	定投期数		N

7.45 定时定额注册确认（159），定时定额注销确认（160）

定时定额注册确认是基金注册登记人对投资人定时定额注册申请的处理结果，包括此交易确认是否成功信息。

定时定额注销确认是基金注册登记人对投资人定时定额注销申请的处理结果，包括此交易确认是否成功信息。

需要交换的数据项见表 48。

表 48　定时定额注册/注销确认数据

ID	字段名	类型	长度	描　述	备　注	是否必需
8	AppSheetSerialNo	A	24	申请单编号	同一销售机构不能重复	Y
32	TransactionCfmDate	A	8	交易确认日期	格式为：YYYYMMDD	Y
37	CurrencyType	A	3	结算币种	具体编码依 GB/T 12406－2008	Y
67	FundCode	C	6	基金代码		Y
92	TransactionDate	A	8	交易发生日期	格式为：YYYYMMDD	Y
119	ReturnCode	A	4	交易处理返回代码	取值见附录 B	Y
120	TransactionAccountID	A	17	投资人基金交易账号	投资人在销售机构内开设的用于交易的账号	Y
121	DistributorCode	C	9	销售人代码		Y
134	ApplicationAmount	N	16（两位小数）	申请金额		Y
135	BusinessCode	A	3	业务代码	编码见表 4	Y
136	TAAccountID	C	12	投资人基金账号		Y
177	BusinessFinishFlag	C	1	业务过程完全结束标识	0－中间过程，1－业务过程结束	Y
25	DiscountRateOfCommission	N	5（四位小数）	销售佣金折扣率		N
28	DepositAcct	C	19	投资人在销售人处用于交易的资金账号		N
29	RegionCode	A	4	交易所在地区编号		N
40	DateOfPeriodicSubs	A	8	定时定额申购日期	格式为：YYYYMMDD，当业务代码为 059 时，为 Y 项	N
47	DownLoaddate	A	8	交易数据下传日期	格式为：YYYYMMDD	Y
87	BranchCode	C	9	网点号码		Y
93	TransactionTime	A	6	交易发生时间		Y
98	IndividualOrInstitution	A	1	个人/机构标志	0－机构，1－个人	N
137	TASerialNO	A	20	TA 确认交易流水号		N
193	RateFee	N	9（八位小数）	费率	分段收费考虑	N
256	FromTAFlag	A	1	是否注册登记人发起业务标志	0－由销售人发起，1－由注册登记人发起	N
260	ShareClass	A	1	收费方式	0－前收费，1－后收费	Y
269	BeginDateOfPeriodicSubs	A	8	定时定额申购起始日期	格式为：YYYYMMDD	N
270	EndDateOfPeriodicSubs	A	8	定时定额申购终止日期	格式为：YYYYMMDD	N

续表

ID	字段名	类型	长度	描　述	备　注	是否必需
271	SendDayOfPeriodicSubs	N	2	定时定额申购每周期发送日	指每周期的第几天。如果遇非交易日，则顺延到下一交易日	N
280	VarietyCodeOfPeriodicSubs	C	5	定时定额品种代码		N
281	SerialNoOfPeriodicSubs	C	5	定时定额申购序号		N
298	RationProtocolNo	C	20	定期定额协议号		N
299	RationType	C	1	定期定额种类	0-定期定额申购， 1-定期不定额申购， 2-定额不定期申购， 3-不定额不定期申购	N
328	PurposeOfPeSubs	C	40	定投目的		N
329	FrequencyOfPeSubs	N	5	定投频率		N
395	PeriodSubTimeUnit	C	1	定投周期单位	0-日，1-周，2-月	N
330	BatchNumOfPeSubs	N	16（两位小数）	定投期数		N

7.46　定时定额变更申请（061）

定时定额变更申请是指对投资人定时定额信息进行变更的申请。

需要交换的数据项见表 49。

表 49　定时定额变更申请数据

ID	字段名	类型	长度	描　述	备　注	是否必需
8	AppSheetSerialNo	A	24	申请单编号	同一销售机构不能重复	Y
37	CurrencyType	A	3	结算币种	具体编码依 GB/T 12406-2008	Y
40	DateOfPeriodicSubs	A	8	定时定额申购日期		Y
67	FundCode	C	6	基金代码		Y
87	BranchCode	C	9	网点号码		Y
92	TransactionDate	A	8	交易发生日期		Y
93	TransactionTime	A	6	交易发生时间		Y
120	TransactionAccountID	A	17	投资人基金交易账号	投资人在销售机构内开设的用于交易的账号	Y
121	DistributorCode	C	9	销售人代码		Y
134	ApplicationAmount	N	16（两位小数）	申请金额		Y
135	BusinessCode	A	3	业务代码	编码见表 4	Y
136	TAAccountID	C	12	投资人基金账号		Y
29	RegionCode	A	4	交易所在地区编号		N
165	ContractNo	A	20	合约编号		N

续表

ID	字段名	类型	长度	描　述	备　注	是否必需
280	VarietyCodeOfPeriodicSubs	C	5	定时定额品种代码		N
281	SerialNoOfPeriodicSubs	C	5	定时定额申购序号		N
298	RationProtocolNo	C	20	定期定额协议号		N
260	ShareClass	A	1	收费方式	0-前收费，1-后收费	Y

7.47　定时定额变更确认（161）

定时定额变更确认是指对投资人定时定额信息变更申请的处理结果。

需要交换的数据项见表 50。

表 50　定时定额变更确认数据

ID	字段名	类型	长度	描　述	备　注	是否必需
8	AppSheetSerialNo	A	24	申请单编号	同一销售机构不能重复	Y
32	TransactionCfmDate	A	8	交易确认日期		Y
37	CurrencyType	A	3	结算币种	具体编码依 GB/T 12406-2008	Y
40	DateOfPeriodicSubs	A	8	定时定额申购日期		Y
67	FundCode	C	6	基金代码		Y
87	BranchCode	C	9	网点号码		Y
92	TransactionDate	A	8	交易发生日期		Y
93	TransactionTime	A	6	交易发生时间		Y
119	ReturnCode	A	4	交易处理返回代码	取值见附录 B	Y
121	DistributorCode	C	9	销售人代码		Y
134	ApplicationAmount	N	16（两位小数）	申请金额		Y
135	BusinessCode	A	3	业务代码	编码见表 4	Y
136	TAAccountID	C	12	投资人基金账号		Y
29	RegionCode	A	4	交易所在地区编号		N
137	TASerialNO	A	20	TA 确认交易流水号		N
165	ContractNo	A	20	合约编号		N
280	VarietyCodeOfPeriodicSubs	C	5	定时定额品种代码		N
281	SerialNoOfPeriodicSubs	C	5	定时定额申购序号		N
298	RationProtocolNo	C	20	定期定额协议号		N
260	ShareClass	A	1	收费方式	0-前收费，1-后收费	Y

7.48　认购调整申请（062）

认购调整申请是基金管理人在认购期间发起的业务，对已进行资金交收的认购数据进行调整。

需要交换的数据项见表 51。

表 51　认购调整申请数据

ID	字段名	类型	长度	描　述	备　注	是否必需
8	AppSheetSerialNo	A	24	申请单编号	同一销售机构不能重复	Y
67	FundCode	C	6	基金代码		Y
120	TransactionAccountID	A	17	投资人基金交易账号	投资人在销售机构内开设的用于交易的账号	Y
121	DistributorCode	C	9	销售人代码		Y
132	ApplicationVol	N	16（两位小数）	申请基金份数		Y
134	ApplicationAmount	N	16（两位小数）	申请金额		Y
135	BusinessCode	A	3	业务代码		Y
136	TAAccountID	A	12	投资人基金账号		Y
25	DiscountRateOfCommission	N	5（四位小数）	销售佣金折扣率		N
28	DepositAcct	C	19	投资人在销售人处开设的资金账号		N
29	RegionCode	A	4	交易所在地区编号		N
47	DownLoaddate	A	8	交易数据下传日期	格式为：YYYYMMDD	Y
52	Charge	N	10（两位小数）	手续费		N
53	AgencyFee	N	10（两位小数）	代理费		N
62	ConfirmedVol	N	16（两位小数）	基金账户交易确认份数		N
64	ConfirmedAmount	N	16（两位小数）	每笔交易确认金额	调整后的金额	N
86	NAV	N	7（四位小数）	基金单位净值		N
87	BranchCode	C	9	网点号码		Y
90	OriginalAppSheetNo	A	24	原申请单编号		N
91	OriginalSubsDate	A	8	原申购日期	格式为：YYYYMMDD	N
98	IndividualOrInstitution	A	1	个人/机构标志	0-机构，1-个人	N
133	TradingPrice	N	7（四位小数）	交易价格	单位基金净值＋各种费用	N
138	StampDuty	N	16（两位小数）	印花税		N

续表

ID	字段名	类型	长度	描　述	备　注	是否必需
255	TransferFee	N	10（两位小数）	过户费		N
256	FromTAFlag	A	1	是否注册登记人发起业务标志	0-由代销商发起，1-由TA发起	N
260	ShareClass	C	1	收费类别	0-前收费，1-后收费	Y
276	FeeCalculator	A	1	计费人	0-TA计费，1-基金计费	N

7.49　认购调整确认（162）

认购调整确认是注册登记人对基金管理人的认购调整申请（062）确认的回报。

需要交换的数据项见表52。

表52　认购调整确认数据

ID	字段名	类型	长度	描　述	备　注	是否必需
8	AppSheetSerialNo	A	24	申请单编号	同一销售机构不能重复	Y
67	FundCode	C	6	基金代码		Y
119	ReturnCode	A	4	交易处理返回代码		Y
120	TransactionAccountID	A	17	投资人基金交易账号	投资人在销售机构内开设的用于交易的账号	Y
121	DistributorCode	C	9	销售人代码		Y
132	ApplicationVol	N	16（两位小数）	申请基金份数		Y
134	ApplicationAmount	N	16（两位小数）	申请金额		Y
135	BusinessCode	A	3	业务代码		Y
136	TAAccountID	A	12	投资人基金账号		Y
25	DiscountRateOfCommission	N	5（四位小数）	销售佣金折扣率		N
28	DepositAcct	C	19	投资人在销售人处开设的资金账号		N
29	RegionCode	A	4	交易所在地区编号		N
47	DownLoaddate	A	8	交易数据下传日期	格式为：YYYYMMDD	Y
52	Charge	N	10（两位小数）	手续费		N
53	AgencyFee	N	10（两位小数）	代理费		N
62	ConfirmedVol	N	16（两位小数）	基金账户交易确认份数		N

续表

ID	字段名	类型	长度	描　述	备　注	是否必需
64	ConfirmedAmount	N	16（两位小数）	每笔交易确认金额		N
86	NAV	N	7（四位小数）	基金单位净值		N
87	BranchCode	C	9	网点号码		Y
89	OriginalSerialNo	A	20	TA 的原确认流水号	表示 TA 确认申购的流水号	N
90	OriginalAppSheetNo	A	24	原申请单编号		N
98	IndividualOrInstitution	A	1	个人/机构标志	0-机构，1-个人	N
133	TradingPrice	N	7（四位小数）	交易价格	单位基金净值＋各种费用	N
138	StampDuty	N	16（两位小数）	印花税		N
255	TransferFee	N	10（两位小数）	过户费		N
256	FromTAFlag	A	1	是否注册登记人发起业务标志	0-由销售人发起，1-由注册登记人发起	N
258	OriginalAppDate	A	8	原申请日期		N
260	ShareClass	C	1	收费类别	0-前收费，1-后收费	Y
261	OriginalCfmDate	A	8	TA 的原确认日期	表示 TA 确认申购的日期	N
276	FeeCalculator	A	1	计费人	0-TA 计费，1-基金计费	N

7.50　基金联名卡开通申请（067），基金联名卡撤销申请（068）

投资人通过基金销售人办理基金联名卡，通过该卡进行交易可以获取基金公司奖励的积分，根据积分可以获得基金公司提供的相关优惠。

需要交换的数据项见表 53。

表 53　基金联名卡开通/撤消申请数据

ID	字段名	类型	长度	描　述	备　注	是否必需
8	AppSheetSerialNo	A	24	申请单编号	同一销售机构不能重复	Y
37	CurrencyType	A	3	结算币种	具体编码依 GB/T 12406-2008	Y
92	TransactionDate	A	8	交易发生日期	格式为：YYYYMMDD	Y
93	TransactionTime	A	6	交易发生时间	格式为：HHMMSS	Y
120	TransactionAccountID	A	17	投资人基金交易账号	投资人在销售机构内开设的用于交易的账号	Y
121	DistributorCode	C	9	销售人代码		Y

续表

ID	字段名	类型	长度	描　述	备　注	是否必需
135	BusinessCode	A	3	业务代码	编码见表4	Y
136	TAAccountID	C	12	投资人基金账号	当天开户此处允许为空	Y
28	DepositAcct	C	19	投资人在销售人处用于交易的资金账号		Y
29	RegionCode	A	4	交易所在地区编号		N
87	BranchCode	C	9	网点号码	托管网点号码。对大集中方式的销售人，此字段与销售人代码相同	Y
524	NetNo	C	9	操作（清算）网点编号	投资人实际申报交易的操作网点编号	N
98	IndividualOrInstitution	A	1	个人/机构标志	0-机构，1-个人	N
27	CertificateType	C	1	个人证件类型及机构证件类型	个人证件类型 0-身份证，1-护照，2-军官证，3-士兵证，4-港澳居民来往内地通行证，5-户口本，6-外国护照，7-其他，8-文职证，9-警官证，A-台胞证 机构证件类型 0-组织机构代码证 1-营业执照，2-行政机关， 3-社会团体，4-军队，5-武警， 6-下属机构（具有主管单位批文号）， 7-基金会，8-其他	N
72	CertificateNo	C	30	投资人证件号码		N
85	InvestorName	C	120	投资人户名		N

7.51　基金联名卡开通确认（167），基金联名卡撤销确认（168）

需要交换的数据项见表54。

表54　基金联名卡开通/撤消确认数据

ID	字段名	类型	长度	描　述	备　注	是否必需
8	AppSheetSerialNo	A	24	申请单编号	同一销售机构不能重复	Y
136	TAAccountID	C	12	投资人基金账号		Y
120	TransactionAccountID	A	17	投资人基金交易账号	投资人在销售机构内开设的用于交易的账号	Y
92	TransactionDate	A	8	交易发生日期	指交易申请日期	Y
93	TransactionTime	A	6	交易发生时间	格式为：HHMMSS，指交易申请时间	Y
135	BusinessCode	A	3	业务代码	编码见表4	Y

续表

ID	字段名	类型	长度	描　述	备　注	是否必需
121	DistributorCode	C	9	销售人代码		Y
32	TransactionCfmDate	A	8	交易确认日期	格式为：YYYYMMDD	Y
47	DownLoaddate	A	8	交易数据下传日期	指发送日期	Y
87	BranchCode	C	9	网点号码	托管网点号码。对大集中方式的销售人，此字段与销售人代码相同	Y
524	NetNo	C	9	操作（清算）网点编号	投资人实际申报交易的操作网点编号	N
29	RegionCode	A	4	交易所在地区编号		N
137	TASerialNO	A	20	TA确认交易流水号	TA对每笔确认的唯一标识，同一日不能重复，与交易确认日期TransactionCfmDate一起组成TA中一笔确认的唯一键	Y
119	ReturnCode	A	4	交易处理返回代码		Y
256	FromTAFlag	A	1	是否注册登记人发起业务标志	0-由销售人发起，1-由注册登记人发起	N
309	ErrorDetail	C	60	出错详细信息		N

7.52　积分确认（169）

通过积分确认业务，基金管理人将投资人基金账户对应的积分值发送给基金销售人。

需要交换的数据项见表55。

表55　积分确认数据

ID	字段名	类型	长度	描　述	备　注	是否必需
137	TASerialNO	A	20	TA确认交易流水号	TA对每笔确认的唯一标识，同一日不能重复，与交易确认日期TransactionCfmDate一起组成TA中一笔确认的唯一键	Y
136	TAAccountID	C	12	投资人基金账号		Y
120	TransactionAccountID	A	17	投资人基金交易账号	投资人在销售机构内开设的用于交易的账号	Y
135	BusinessCode	A	3	业务代码	编码见表4	Y
67	FundCode	C	6	基金代码		N
313	FundCorpCode	C	8	基金公司代码		Y
311	PointsType	C	1	积分类型	0-基金公司一般积分，1-利添利联名卡积分	Y
316	PointsStatus	C	1	积分状态	0-正常，1-作废	Y

续表

ID	字段名	类型	长度	描　述	备　注	是否必需
312	Points	N	15（两位小数）	积分值		Y
121	DistributorCode	C	9	销售人代码		Y
32	TransactionCfmDate	A	8	交易确认日期	格式为：YYYYMMDD	Y
47	DownLoaddate	A	8	交易数据下传日期	指发送日期	Y
87	BranchCode	C	9	网点号码	托管网点号码。对大集中方式的销售人，此字段与销售人代码相同	Y
524	NetNo	C	9	操作（清算）网点编号	投资人实际申报交易的操作网点编号	N
29	RegionCode	A	4	交易所在地区编号		N
349	AlternationDate	A	8	最后更新日		Y
119	ReturnCode	A	4	交易处理返回代码		N
256	FromTAFlag	A	1	是否注册登记人发起业务标志	0-由销售人发起，1-由注册登记人发起	N
261	ShareClass	A	1	收费方式	0-前收费，1-后收费，表明基金是前收费或后收费基金	Y

7.53　地区编号变更通知（070）

通过地区编号变更通知业务，基金销售人将投资人的地区编号变更情况发送给基金管理人。基金管理人据此更改与交易所在地区编号相关的份额登记、协议登记等信息。

需要交换的数据项见表56。

表56　地区编号变更通知数据

ID	字段名	类型	长度	描　述	备　注	是否必需
8	AppSheetSerialNo	A	24	申请单编号	同一销售机构不能重复	Y
136	TAAccountID	C	12	投资人基金账号		Y
120	TransactionAccountID	A	17	投资人基金交易账号	投资人在销售机构内开设的用于交易的账号	Y
92	TransactionDate	A	8	交易发生日期	格式为：YYYYMMDD	Y
135	BusinessCode	A	3	业务代码	编码见表4	Y
29	RegionCode	A	4	交易所在地区编号		Y
152	TargetRegionCode	A	4	对方所在地区编号	变更后的地区编号	Y

7.54 确权申请（080）

通过确权业务，可将投资人持有的在证券市场上交易的封闭式基金转换为可在基金销售人系统中交易的开放式基金。

需要交换的数据项见表57。

表 57 确权申请数据

ID	字段名	类型	长度	描 述	备 注	是否必需
8	AppSheetSerialNo	A	24	申请单编号	同一销售机构不能重复	Y
136	TAAccountID	C	12	投资人基金账号		Y
120	TransactionAccountID	A	17	投资人基金交易账号	投资人在销售机构内开设的用于交易的账号	Y
284	SecuritiesAccountID	C	10	证券账号	原场内证券账户	Y
324	SeatCode	C	6	席位代码		Y
85	InvestorName	C	120	投资人户名		Y
98	IndividualOrInstitution	A	1	个人/机构标志	0-机构，1-个人	Y
27	CertificateType	C	1	个人证件类型及机构证件类型	个人证件类型 0-身份证，1-护照， 2-军官证，3-士兵证， 4-港澳居民来往内地通行证， 5-户口本， 6-外国护照，7-其他， 8-文职证，9-警官证， A-台胞证 机构证件类型 0-组织机构代码证， 1-营业执照，2-行政机关， 3-社会团体，4-军队， 5-武警， 6-下属机构（具有主管单位批文号），7-基金会，8-其他	Y
72	CertificateNo	C	30	投资人证件号码		Y
92	TransactionDate	A	8	交易发生日期	格式为：YYYYMMDD	Y
93	TransactionTime	A	6	交易发生时间	格式为：HHMMSS	Y
135	BusinessCode	A	3	业务代码	编码见表 4	Y
67	FundCode	C	6	基金代码		Y
132	ApplicationVol	N	16（两位小数）	申请基金份数		Y
121	DistributorCode	C	9	销售人代码		Y
87	BranchCode	C	9	网点号码	托管网点号码。对大集中方式的销售人，此字段与销售人代码相同	Y
524	NetNo	C	9	操作（清算）网点编号	投资人实际申报交易的操作网点编号	N
29	RegionCode	A	4	交易所在地区编号		N
140	TelNo	C	22	投资人电话号码		Y
83	MobileTelNo	C	24	投资人手机号码		Y
4	Address	C	120	通讯地址		N
101	PostCode	A	6	投资人邮政编码		N
49	EmailAddress	C	40	投资人 E-MAIL 地址		N

续表

ID	字段名	类型	长度	描　述	备　注	是否必需
106	TransactorCertNo	C	30	经办人证件号码		N
107	TransactorCertType	C	1	经办人证件类型	0－身份证，1－护照，2－军官证，3－士兵证，4－港澳居民来往内地通行证，5－户口本，6－外国护照，7－其他，8－文职证，9－警官证，A－台胞证	N
108	TransactorName	C	20	经办人姓名		N
23	InvestorsBirthday	A	8	投资人出生日期	格式为：YYYYMMDD	N
28	DepositAcct	C	19	投资人在销售人处用于交易的资金账号		N
48	EducationLevel	C	3	投资人学历		N
51	FaxNo	C	24	投资人传真号码		N
65	VocationCode	C	3	投资人职业代码		N
69	HomeTelNo	C	22	投资人住址电话		N
73	AnnualIncome	N	8	投资人年收入		N
88	OfficeTelNo	C	22	投资人单位电话号码		N
122	AccountAbbr	C	12	投资人户名简称		N
126	Sex	A	1	投资人性别	1－男，2－女	N
167	MinorFlag	C	1	未成年人标志	0－否，1－是	N
169	DeliverType	C	1	对账单寄送选择	1－不寄送，2－按月 ，3－按季，4－半年，5－一年	N
170	TransactorIDType	C	1	经办人识别方式	1－书面委托，2－印鉴，3－密码，4－证件	N
260	ShareClass	A	1	收费方式	0－前收费，1－后收费，表明基金是前收费或后收费基金	Y
265	DeliverWay	C	8	对账单寄送方式	共8个字符，每个字符代表一种交易手段，其含义为： 第1位：邮寄， 第2位：传真， 第3位：E－mail， 第4位：短消息， 第5～8位：保留。 每位字符取1表示采用此种手段，取0表示不使用	N

7.55　确权确认（180）

需要交换的数据项见表58。

表58　确权确认数据

ID	字段名	类型	长度	描　述	备　注	是否必需
8	AppSheetSerialNo	A	24	申请单编号	同一销售机构不能重复	Y
136	TAAccountID	C	12	投资人基金账号		Y
120	TransactionAccountID	A	17	投资人基金交易账号	投资人在销售机构内开设的用于交易的账号	Y

续表

ID	字段名	类型	长度	描　述	备　注	是否必需
284	SecuritiesAccountID	C	10	证券账号	原场内证券账户	Y
324	SeatCode	C	6	席位代码		Y
92	TransactionDate	A	8	交易发生日期	指交易申请日期	Y
93	TransactionTime	A	6	交易发生时间	格式为：HHMMSS，指交易申请时间	Y
135	BusinessCode	A	3	业务代码	编码见表 4	Y
67	FundCode	C	6	基金代码		Y
132	ApplicationVol	N	16（两位小数）	申请基金份数		Y
62	ConfirmedVol	N	16（两位小数）	基金账户交易确认份数		Y
121	DistributorCode	C	9	销售人代码		Y
32	TransactionCfmDate	A	8	交易确认日期	格式为：YYYYMMDD	Y
47	DownLoaddate	A	8	交易数据下传日期	指发送日期	Y
87	BranchCode	C	9	网点号码	托管网点号码。对大集中方式的销售人，此字段与销售人代码相同	Y
524	NetNo	C	9	操作（清算）网点编号	投资人实际申报交易的操作网点编号	N
29	RegionCode	A	4	交易所在地区编号		N
137	TASerialNO	A	20	TA 确认交易流水号	TA 对每笔确认的唯一标识，同一日不能重复，与交易确认日期 TransactionCfmDate 一起组成 TA 中一笔确认的唯一键	Y
119	ReturnCode	A	4	交易处理返回代码		Y
256	FromTAFlag	A	1	是否注册登记人发起业务标志	0-由销售人发起，1-由注册登记人发起	N
260	ShareClass	A	1	收费方式	0-前收费，1-后收费，表明基金是前收费或后收费基金	Y
309	ErrorDetail	C	60	出错详细信息		N

7.56　快速过户申请（098）

申请将客户账户中基金份额过户到销售人的特别账户下。

需要交换的数据项见表 59。

表 59　快速过户申请数据

ID	字段名	类型	长度	描　述	备　注	是否必需
8	AppSheetSerialNo	A	24	申请单编号	同一销售机构不能重复	Y

续表

ID	字段名	类型	长度	描　述	备　注	是否必需
25	DiscountRateOfCommis-sion	N	5（四位小数）	销售佣金折扣率		N
29	RegionCode	A	4	交易所在地区编号		N
37	CurrencyType	A	3	结算币种	具体编码依 GB/T 12406－2008	Y
67	FundCode	C	6	基金代码		Y
87	BranchCode	C	9	网点号码		Y
92	TransactionDate	A	8	交易发生日期	格式为：YYYYMMDD	Y
93	TransactionTime	A	6	交易发生时间	格式为：HHMMSS	Y
97	TargetDistributorCode	C	9	对方销售人代码		Y
98	IndividualOrInstitution	A	1	个人/机构标志	0－机构，1－个人	Y
120	TransactionAccountID	A	17	投资人基金交易账号	投资人在销售机构内开设的用于交易的账号	Y
121	DistributorCode	C	9	销售人代码		Y
132	ApplicationVol	N	16（两位小数）	申请基金份数		Y
135	BusinessCode	A	3	业务代码	编码见表 4	Y
136	TAAccountID	C	12	投资人基金账号		Y
142	TargetTransactionAc-countID	A	17	对方销售人处投资人基金交易账号		Y
147	TargetTAAccountID	C	12	对方基金账号		Y
152	TargetRegionCode	A	4	对方所在地区编号		N
141	TargetBranchCode	C	9	对方网点号		Y
260	ShareClass	A	1	收费方式	0－前收费，1－后收费	Y

7.57 快速过户确认（198）

需要交换的数据项见表 60。

表 60　快速过户确认数据

ID	字段名	类型	长度	描　述	备　注	是否必需
8	AppSheetSerialNo	A	24	申请单编号	同一销售机构不能重复	Y
29	RegionCode	A	4	交易所在地区编号		N
32	TransactionCfmDate	A	8	交易确认日期	格式为：YYYYMMDD	Y
37	CurrencyType	A	3	结算币种	具体编码依 GB/T 12406－2008	Y
62	ConfirmedVol	N	16（两位小数）	基金账户交易确认份数		Y
67	FundCode	C	6	基金代码		Y

续表

ID	字段名	类型	长度	描　述	备　注	是否必需
87	BranchCode	C	9	网点号码		Y
92	TransactionDate	A	8	交易发生日期	格式为：YYYYMMDD	Y
93	TransactionTime	A	6	交易发生时间	格式为：HHMMSS	Y
97	TargetDistributorCode	C	9	对方销售人代码		Y
98	IndividualOrInstitution	A	1	个人/机构标志	0-机构，1-个人	Y
119	ReturnCode	A	4	交易处理返回代码		Y
120	TransactionAccountID	A	17	投资人基金交易账号	投资人在销售机构内开设的用于交易的账号	Y
121	DistributorCode	C	9	销售人代码		Y
132	ApplicationVol	N	16（两位小数）	申请基金份数		Y
135	BusinessCode	A	3	业务代码	编码见表 4	Y
136	TAAccountID	C	12	投资人基金账号		Y
142	TargetTransactionAc-countID	A	17	对方销售人处投资人基金交易账号		Y
147	TargetTAAccountID	C	12	对方基金账号		Y
152	TargetRegionCode	A	4	对方所在地区编号		N
141	TargetBranchCode	C	9	对方网点号		Y
260	ShareClass	A	1	收费方式	0-前收费，1-后收费	Y

7.58 基金质押申请（088）

客户以在基金销售系统中购买的基金份额作为质押品，从销售人处获取质押贷款。办理质押业务时，需把客户账户中的基金份额转到销售人特别账户。

需要交换的数据项见表 61。

表 61　基金质押申请数据

ID	字段名	类型	长度	描　述	备　注	是否必需
8	AppSheetSerialNo	A	24	申请单编号	同一销售机构不能重复	Y
25	DiscountRateOfCommis-sion	N	5（四位小数）	销售佣金折扣率		Y
29	RegionCode	A	4	交易所在地区编号		N
37	CurrencyType	A	3	结算币种	具体编码依 GB/T 12406-2008	Y
67	FundCode	C	6	基金代码		Y
87	BranchCode	C	9	网点号码		Y
90	OriginalAppSheetNo	A	24	原申请单编号	对于质押贷款解押交易及强卖交易为必填项，填写客户质押贷款时的申请单编号	N

续表

ID	字段名	类型	长度	描　述	备　注	是否必需
92	TransactionDate	A	8	交易发生日期	格式为：YYYYMMDD	Y
93	TransactionTime	A	6	交易发生时间	格式为：HHMMSS	Y
97	TargetDistributorCode	C	9	对方销售人代码		Y
98	IndividualOrInstitution	A	1	个人/机构标志	0-机构，1-个人	Y
120	TransactionAccountID	A	17	投资人基金交易账号	投资人在销售机构内开设的用于交易的账号	Y
121	DistributorCode	C	9	销售人代码		Y
132	ApplicationVol	N	16（两位小数）	申请基金份数		Y
135	BusinessCode	A	3	业务代码	编码见表4	Y
136	TAAccountID	C	12	投资人基金账号		Y
142	TargetTransactionAc-countID	A	17	对方销售人处投资人基金交易账号		Y
147	TargetTAAccountID	C	12	对方基金账号		Y
152	TargetRegionCode	A	4	对方所在地区编号		N
260	ShareClass	A	1	收费方式	0-前收费，1-后收费	Y

7.59　基金质押确认（188）

需要交换的数据项见表62。

表62　基金质押确认数据

ID	字段名	类型	长度	描　述	备　注	是否必需
8	AppSheetSerialNo	A	24	申请单编号	同一销售机构不能重复	Y
29	RegionCode	A	4	交易所在地区编号		N
32	TransactionCfmDate	A	8	交易确认日期	格式为：YYYYMMDD	Y
37	CurrencyType	A	3	结算币种	具体编码依GB/T 12406－2008	Y
62	ConfirmedVol	N	16（两位小数）	基金账户交易确认份数		Y
67	FundCode	C	6	基金代码		Y
87	BranchCode	C	9	网点号码		Y
90	OriginalAppSheetNo	A	24	原申请单编号	对于质押贷款解押交易及强卖交易为必填项，填写客户质押贷款时的申请单编号	N
92	TransactionDate	A	8	交易发生日期	格式为：YYYYMMDD	Y
93	TransactionTime	A	6	交易发生时间	格式为：HHMMSS	Y
97	TargetDistributorCode	C	9	对方销售人代码		Y
98	IndividualOrInstitution	A	1	个人/机构标志	0-机构，1-个人	Y

续表

ID	字段名	类型	长度	描　述	备　注	是否必需
119	ReturnCode	A	4	交易处理返回代码		Y
120	TransactionAccountID	A	17	投资人基金交易账号	投资人在销售机构内开设的用于交易的账号	Y
121	DistributorCode	C	9	销售人代码		Y
132	ApplicationVol	N	16（两位小数）	申请基金份数		Y
135	BusinessCode	A	3	业务代码	编码见表 4	Y
136	TAAccountID	C	12	投资人基金账号		Y
142	TargetTransactionAccountID	A	17	对方销售人处投资人基金交易账号		Y
147	TargetTAAccountID	C	12	对方基金账号		Y
152	TargetRegionCode	A	4	对方所在地区编号		N
260	ShareClass	A	1	收费方式	0-前收费，1-后收费	Y

7.60 ETF 申购申请（091）

ETF 基金专用的申购业务类型。

需要交换的数据项见表 63。

表 63　ETF 申购申请

ID	字段名	类型	长度	描　述	备　注	是否必需
8	AppSheetSerialNo	A	24	申请单编号	同一销售机构不能重复	Y
25	DiscountRateOfCommission	N	5（四位小数）	销售佣金折扣率		N
28	DepositAcct	C	19	投资人在销售人处用于交易的资金账号		N
29	RegionCode	A	4	交易所在地区编号		N
37	CurrencyType	A	3	结算币种		Y
40	DateOfPeriodicSubs	A	8	定期定额申购日期		N
67	FundCode	C	6	基金代码		Y
87	BranchCode	C	9	网点号码		Y
90	OriginalAppSheetNo	A	24	原申请单编号	仅在业务代码为 039 时，为 Y 项	N
92	TransactionDate	A	8	交易发生日期	格式为：YYYYMMDD	Y
93	TransactionTime	A	6	交易发生时间	格式为：HHMMSS	Y
98	IndividualOrInstitution	A	1	个人/机构标志	0-机构，1-个人	N
120	TransactionAccountID	A	17	投资人交易账号	投资人在销售机构内开设的用于交易的账号	Y
121	DistributorCode	C	9	销售人代码		Y

续表

ID	字段名	类型	长度	描　述	备　注	是否必需
132	ApplicationVol	N	16（两位小数）	申请基金份数		N
134	ApplicationAmount	N	16（两位小数）	申请金额		Y
260	ShareClass	C	1	收费类别	0－前收费，1－后收费	Y

7.61 ETF 赎回申请（093）

ETF 基金专用的赎回业务类型。

需要交换的数据项见表 64。

表 64　ETF 赎回申请

ID	字段名	类型	长度	描　述	备　注	是否必需
8	AppSheetSerialNo	A	24	申请单编号	同一销售机构不能重复	Y
25	DiscountRateOfCommission	N	5（四位小数）	销售佣金折扣率		N
28	DepositAcct	C	19	投资人在销售人处用于交易的资金账号		N
29	RegionCode	A	4	交易所在地区编号		N
37	CurrencyType	A	3	结算币种		N
67	FundCode	C	6	基金代码		Y
80	LargeRedemptionFlag	A	1	巨额赎回处理标志	0－取消，1－顺延	Y
87	BranchCode	C	9	网点号码		Y
89	OriginalSerialNo	A	20	TA 的原确认流水号	表示 TA 确认申购的流水号	N
90	OriginalAppSheetNo	A	24	原申请单编号		N
91	OriginalSubsDate	A	8	原申购日期	格式为：YYYYMMDD	N
92	TransactionDate	A	8	交易发生日期	格式为：YYYYMMDD	Y
93	TransactionTime	A	6	交易发生时间	格式为：HHMMSS	Y
98	IndividualOrInstitution	A	1	个人/机构标志	0－机构，1－个人	N
102	RedemptionDateInAdvance	A	8	预约赎回日期	（TA 默认为交易发生日期）	N
120	TransactionAccountID	A	17	投资人交易账号	投资人在销售机构内开设的用于交易的账号	Y
121	DistributorCode	C	9	销售人代码		Y
132	ApplicationVol	N	16（两位小数）	申请基金份数		Y
135	BusinessCode	A	3	业务代码	编码见表 1	Y

续表

ID	字段名	类型	长度	描　述	备　注	是否必需
136	TAAccountID	A	12	投资人基金账号	未确知此账号时，填以空格。前两位为空格时，表示股票交易市场中的证券账户	Y
150	ValidPeriod	N	2	交易申请有效天数		N
195	DaysRedemptionInAd-vance	N	5	预约赎回工作日天数		N
260	ShareClass	C	1	收费类别	0-前收费，1-后收费	Y
261	OriginalCfmDate	A	8	TA 的原确认日期	表示 TA 确认申购的日期	N

7.62　ETF 申购一次确认（191）

ETF 基金专用的申购业务类型。ETF 基金需要经过两次确认，第一次确认金额和费用，第二次再增加份额的确认。

需要交换的数据项见表 65。

表 65　ETF 申购一次确认

ID	字段名	类型	长度	描　述	备　注	是否必需
8	AppSheetSerialNo	A	24	申请单编号	同一销售机构不能重复	Y
25	DiscountRateOfCommis-sion	N	5（四位小数）	销售佣金折扣率		N
28	DepositAcct	C	19	投资人在销售人处用于交易的资金账号		N
29	RegionCode	A	4	交易所在地区编号		N
37	CurrencyType	A	3	结算币种		Y
40	DateOfPeriodicSubs	A	8	定期定额申购日期	格式为：YYYYMMDD，当业务代码为 039 时，为 Y 项	N
47	DownLoaddate	A	8	交易数据下传日期	格式为：YYYYMMDD	Y
52	Charge	N	10（两位小数）	手续费		Y
53	AgencyFee	N	10（两位小数）	代理费		Y
55	TotalTransFee	N	10（两位小数）	交易确认费用合计		N
62	ConfirmedVol	N	16（两位小数）	交易确认份数		N
64	ConfirmedAmount	N	16（两位小数）	交易确认金额	含所有费用的总金额	Y
67	FundCode	C	6	基金代码		Y

续表

ID	字段名	类型	长度	描 述	备 注	是否必需
86	NAV	N	7（四位小数）	基金单位净值		Y
87	BranchCode	C	9	网点号码		Y
89	OriginalSerialNo	A	20	TA 的原确认流水号		N
90	OriginalAppSheetNo	A	24	原申请单编号	仅在业务代码为 039 时，为 Y 项	N
92	TransactionDate	A	8	交易发生日期	格式为：YYYYMMDD	Y
93	TransactionTime	A	6	交易发生时间	格式为：HHMMSS	Y
94	OtherFee1	N	10（两位小数）	其他费用 1		N
98	IndividualOrInstitution	A	1	个人/机构标志	0-机构，1-个人	N
119	ReturnCode	A	4	交易处理返回代码	取值见附录 B	Y
120	TransactionAccountID	A	17	投资人交易账号	投资人在销售机构内开设的用于交易的账号	Y
121	DistributorCode	C	9	销售人代码		Y
133	TradingPrice	N	7（四位小数）	交易价格	单位基金净值＋各种费用	N
134	ApplicationAmount	N	16（两位小数）	申请金额		Y
135	BusinessCode	A	3	业务代码	编码见表 1	Y
136	TAAccountID	A	12	投资人基金账号	未确知此账号时，填以空格。前两位为空格时，表示股票交易市场中的证券账户	Y
138	StampDuty	N	16（两位小数）	印花税		N
150	ValidPeriod	N	2	交易申请有效天数		N
177	BusinessFinishFlag	C	1	业务过程完全结束标识	0-中间过程，1-业务过程结束	Y
193	RateFee	N	9（八位小数）	费率	分段收费考虑	N
560	ManagerRealRatio	N	7（四位小数）	实际计算折扣		N
255	TransferFee	N	10（两位小数）	过户费		Y
256	FromTAFlag	A	1	是否注册登记人发起业务标志	0-由销售人发起，1-由注册登记人发起	Y
260	ShareClass	C	1	收费类别	0-前收费，1-后收费	Y

续表

ID	字段名	类型	长度	描　述	备　注	是否必需
276	FeeCalculator	A	1	计费人	0－TA 计费，1－基金计费	N
506	HandleCharge	N	10（两位小数）	经手费		N
32	TransactionCfmDate	A	8	交易确认日期	格式为：YYYYMMDD	Y
137	TASerialNO	A	20	TA 确认流水号		Y

7.63　ETF 申购二次确认（192）

ETF 基金专用的申购业务类型。ETF 基金需要经过两次确认，第一次确认金额和费用，第二次再增加份额的确认。

需要交换的数据项见表 66。

表 66　ETF 申购二次确认

ID	字段名	类型	长度	描　述	备　注	是否必需
8	AppSheetSerialNo	A	24	申请单编号	同一销售机构不能重复	Y
25	DiscountRateOfCommission	N	5（四位小数）	销售佣金折扣率		N
28	DepositAcct	C	19	投资人在销售人处用于交易的资金账号		N
29	RegionCode	A	4	交易所在地区编号		N
37	CurrencyType	A	3	结算币种		Y
40	DateOfPeriodicSubs	A	8	定期定额申购日期	格式为：YYYYMMDD，当业务代码为 039 时，为 Y 项	N
47	DownLoaddate	A	8	交易数据下传日期	格式为：YYYYMMDD	Y
52	Charge	N	10（两位小数）	手续费		Y
53	AgencyFee	N	10（两位小数）	代理费		Y
55	TotalTransFee	N	10（两位小数）	交易确认费用合计		N
62	ConfirmedVol	N	16（两位小数）	交易确认份数		Y
64	ConfirmedAmount	N	16（两位小数）	交易确认金额	含所有费用的总金额	Y
67	FundCode	C	6	基金代码		Y

续表

ID	字段名	类型	长度	描　述	备　注	是否必需
86	NAV	N	7（四位小数）	基金单位净值		Y
87	BranchCode	C	9	网点号码		Y
89	OriginalSerialNo	A	20	TA 的原确认流水号		N
90	OriginalAppSheetNo	A	24	原申请单编号	仅在业务代码为 039 时，为 Y 项	N
92	TransactionDate	A	8	交易发生日期	格式为：YYYYMMDD	Y
93	TransactionTime	A	6	交易发生时间	格式为：HHMMSS	Y
94	OtherFee1	N	10（两位小数）	其他费用 1		N
95	OtherFee2	N	16（两位小数）	其他费用 2		N
96	OtherFee3	N	16（两位小数）	其他费用 3		N
98	IndividualOrInstitution	A	1	个人/机构标志	0-机构，1-个人	N
119	ReturnCode	A	4	交易处理返回代码	取值见附录 B	Y
120	TransactionAccountID	A	17	投资人交易账号	投资人在销售机构内开设的用于交易的账号	Y
121	DistributorCode	C	9	销售人代码		Y
132	ApplicationVol	N	16（两位小数）	申请基金份数		N
133	TradingPrice	N	7（四位小数）	交易价格	单位基金净值＋各种费用	N
134	ApplicationAmount	N	16（两位小数）	申请金额		Y
135	BusinessCode	A	3	业务代码	编码见表 1	Y
136	TAAccountID	A	12	投资人基金账号	未确知此账号时，填以空格。前两位为空格时，表示股票交易市场中的证券账户	Y
138	StampDuty	N	16（两位小数）	印花税		N
150	ValidPeriod	N	2	交易申请有效天数		N
177	BusinessFinishFlag	C	1	业务过程完全结束标识	0-中间过程，1-业务过程结束	Y
193	RateFee	N	9（八位小数）	费率	分段收费考虑	N

续表

ID	字段名	类型	长度	描　述	备　注	是否必需
560	ManagerRealRatio	N	7（四位小数）	实际计算折扣		N
255	TransferFee	N	10（两位小数）	过户费		Y
256	FromTAFlag	A	1	是否注册登记人发起业务标志	0-由销售人发起，1-由注册登记人发起	Y
260	ShareClass	C	1	收费类别	0-前收费，1-后收费	Y
32	TransactionCfmDate	A	8	交易确认日期	格式为：YYYYMMDD	Y
137	TASerialNO	A	20	TA 确认流水号		Y

7.64　ETF 赎回一次确认（193）

ETF 基金专用的赎回业务类型。ETF 基金赎回需要经过两次确认，第一次确认份额，第二次再增加金额和费用的确认。

需要交换的数据项见表 67。

表 67　ETF 赎回一次确认

ID	字段名	类型	长度	描　述	备　注	是否必需
8	AppSheetSerialNo	A	24	申请单编号	同一销售机构不能重复	Y
25	DiscountRateOfCommission	N	5（四位小数）	销售佣金折扣率		N
28	DepositAcct	C	19	投资人在销售人处用于交易的资金账号		N
29	RegionCode	A	4	交易所在地区编号		N
37	CurrencyType	A	3	结算币种		Y
47	DownLoaddate	A	8	交易数据下传日期	格式为：YYYYMMDD	Y
62	ConfirmedVol	N		交易确认份数		Y
67	FundCode	C	6	基金代码		Y
80	LargeRedemptionFlag	A	1	巨额赎回处理标志	0-取消，1-顺延	Y
87	BranchCode	C	9	网点号码		Y
92	TransactionDate	A	8	交易发生日期	格式为：YYYYMMDD	Y
93	TransactionTime	A	6	交易发生时间	格式为：HHMMSS	Y
98	IndividualOrInstitution	A	1	个人/机构标志	0-机构，1-个人	N
102	RedemptionDateInAdvance	A	8	预约赎回日期	格式为：YYYYMMDD	N
119	ReturnCode	A	4	交易处理返回代码	取值见附录 B	Y
120	TransactionAccountID	A	17	投资人交易账号	投资人在销售机构内开设的用于交易的账号	Y
121	DistributorCode	C	9	销售人代码		Y

续表

ID	字段名	类型	长度	描　述	备　注	是否必需
132	ApplicationVol	N	16（两位小数）	申请基金份数		Y
135	BusinessCode	A	3	业务代码	编码见表1	Y
136	TAAccountID	A	12	投资人基金账号	未确知此账号时，填以空格。前两位为空格时，表示股票交易市场中的证券账户	Y
150	ValidPeriod	N	2	交易申请有效天数		N
255	TransferFee	N	10（两位小数）	过户费		Y
256	FromTAFlag	A	1	是否注册登记人发起业务标志	0-由销售人发起，1-由注册登记人发起	N
260	ShareClass	C	1	收费类别	0-前收费，1-后收费	Y
262	RedemptionInAdvance-Flag	A	1	预约赎回标志	0-非预约赎回，1-预约赎回	N
276	FeeCalculator	A	1	计费人	0-TA计费，1-基金计费	N
32	TransactionCfmDate	A	8	交易确认日期	格式为：YYYYMMDD	Y
137	TASerialNO	A	20	TA确认流水号		Y

7.65 ETF 赎回二次确认（194）

ETF基金专用的赎回业务类型。ETF基金赎回需要经过两次确认，第一次确认份额，第二次再增加金额和费用的确认。

需要交换的数据项见表68。

表68　ETF赎回二次确认

ID	字段名	类型	长度	描　述	备　注	是否必需
8	AppSheetSerialNo	A	24	申请单编号	同一销售机构不能重复	Y
29	RegionCode	A	4	交易所在地区编号		N
37	CurrencyType	A	3	结算币种		Y
47	DownLoaddate	A	8	交易数据下传日期	格式为：YYYYMMDD	Y
52	Charge	N	10（两位小数）	手续费		Y
53	AgencyFee	N	10（两位小数）	代理费		Y
62	ConfirmedVol	N	16（两位小数）	交易确认份数		Y

续表

ID	字段名	类型	长度	描　述	备　注	是否必需
64	ConfirmedAmount	N	16（两位小数）	交易确认金额	为投资者实得金额，不含手续费	Y
67	FundCode	C	6	基金代码		Y
86	NAV	N	7（四位小数）	基金单位净值		Y
87	BranchCode	C	9	网点号码		Y
89	OriginalSerialNo	A	20	原TA确认流水号		N
90	OriginalAppSheetNo	A	24	原申请单编号	027业务使用，表示转出时的申请单编号	N
92	TransactionDate	A	8	交易发生日期	格式为：YYYYMMDD	Y
93	TransactionTime	A	6	交易发生时间	格式为：HHMMSS	Y
94	OtherFee1	N	10（两位小数）	其他费用1		Y
98	IndividualOrInstitution	A	1	个人/机构标志	0-机构，1-个人	N
119	ReturnCode	A	4	交易处理返回代码	取值见附录B	Y
120	TransactionAccountID	A	17	投资人交易账号	投资人在销售机构内开设的用于交易的账号	Y
121	DistributorCode	C	9	销售人代码		Y
132	ApplicationVol	N	16（两位小数）	申请基金份数		Y
135	BusinessCode	A	3	业务代码	编码见表1	Y
136	TAAccountID	A	12	投资人基金账号	未确知此账号时，填以空格。前两位为空格时，表示股票交易市场中的证券账户	Y
255	TransferFee	N	10（两位小数）	过户费		Y
256	FromTAFlag	A	1	是否注册登记人发起业务标志	0-由销售人发起，1-由注册登记人发起	N
258	OriginalAppDate	A	8	原申请日期	格式为：YYYYMMDD	N
260	ShareClass	C	1	收费类别	0-前收费，1-后收费	Y
276	FeeCalculator	A	1	计费人	0-TA计费，1-基金计费	N
32	TransactionCfmDate	A	8	交易确认日期	格式为：YYYYMMDD	Y
137	TASerialNO	A	20	TA确认流水号		Y

7.66　TA与销售人交易类汇总数据

7.66.1　账户申请（01文件）

账户申请数据项见表 69。各字段是否必需根据业务类型而不同，详见前述各章节。

表 69 账户申请

ID	字段名	类型	长度	描 述	备 注
4	Address	C	120	通讯地址	
5	InstReprIDCode	C	30	法人代表身份证件代码	
6	InstReprIDType	C	1	法人代表证件类型	
7	InstReprName	C	20	法人代表姓名	
8	AppSheetSerialNo	A	24	申请单编号	
27	CertificateType	C	1	个人证件类型及机构证件类型	
72	CertificateNo	C	30	投资人证件号码	
85	InvestorName	C	120	投资人户名	
92	TransactionDate	A	8	交易发生日期	
93	TransactionTime	A	6	交易发生时间	
98	IndividualOrInstitution	A	1	个人/机构标志	
101	PostCode	A	6	投资人邮政编码	
106	TransactorCertNo	C	30	经办人证件号码	
107	TransactorCertType	C	1	经办人证件类型	
108	TransactorName	C	20	经办人姓名	
120	TransactionAccountID	A	17	投资人基金交易账号	
121	DistributorCode	C	9	销售人代码	
135	BusinessCode	A	3	业务代码	
19	AcctNoOfFMInClearingAgency	C	28	基金管理人在资金清算机构的交收账号	
20	AcctNameOfFMInClearingAgency	C	60	基金管理人在资金清算机构的交收账户名	
21	ClearingAgencyCode	A	9	基金资金清算机构代码	
23	InvestorsBirthday	A	8	投资人出生日期	
28	DepositAcct	C	19	投资人在销售人处用于交易的资金账号	
29	RegionCode	A	4	交易所在地区编号	
48	EducationLevel	C	3	投资人学历	
49	EmailAddress	C	40	投资人 E－MAIL 地址	
51	FaxNo	C	24	投资人传真号码	
65	VocationCode	C	3	投资人职业代码	
69	HomeTelNo	C	22	投资人住址电话	
73	AnnualIncome	N	8	投资人年收入	
83	MobileTelNo	C	24	投资人手机号码	
87	BranchCode	C	9	网点号码	
88	OfficeTelNo	C	22	投资人单位电话号码	
122	AccountAbbr	C	12	投资人户名简称	

续表

ID	字段名	类型	长度	描　述	备　注
124	ConfidentialDocumentCode	C	8	密函编号	
126	Sex	A	1	投资人性别	
127	SHSecuritiesAccountID	C	10	上海证券账号	
128	SZSecuritiesAccountID	C	10	深圳证券账号	
136	TAAccountID	A	12	投资人基金账号	
140	TelNo	C	22	投资人电话号码	
164	TradingMethod	C	8	使用的交易手段	
167	MinorFlag	C	1	未成年人标志	
169	DeliverType	C	1	对账单寄送选择	
170	TransactorIDType	C	1	经办人识别方式	
171	AccountCardID	C	8	基金账户卡的凭证号	
84	MultiAcctFlag	A	1	多渠道开户标志	
142	TargetTransactionAccountID	A	17	对方销售人处投资人基金交易账号	
181	AcctNameOfInvestorInClearin-gAgency	C	60	投资人收款银行账户户名	
182	AcctNoOfInvestorInClearingAgency	C	28	投资人收款银行账户账号	
183	ClearingAgency	A	9	投资人收款银行账户开户行	
265	DeliverWay	C	8	对账单寄送方式	
522	Nationality	C	3	投资者国籍	
524	NetNo	C	9	操作（清算）网点编号	
530	Broker	C	12	经纪人	
282	CorpName	C	40	工作单位名称	
286	CertValidDate	A	8	证件有效日期	
287	InstTranCertValidDate	A	8	机构经办人身份证件有效日期	
288	InstReprCertValidDate	A	8	机构法人身份证件有效日期	
289	ClientRiskRate	C	1	客户风险等级	
290	InstReprManageRange	C	2	机构法人经营范围	
291	ControlHolder	C	80	控股股东	
292	ActualController	C	80	实际控制人	
293	MarriageStatus	C	1	婚姻状况	
294	FamilyNum	N	2	家庭人口数	
295	Penates	N	16（两位小数）	家庭资产	
296	MediaHobby	C	1	媒体偏好	
325	InstitutionType	C	1	机构类型	
334	EnglishFirstName	C	20	投资人英文名	

续表

ID	字段名	类型	长度	描　述	备　注
335	EnglishFamliyName	C	20	投资人英文姓	
336	Vocation	C	4	行业	
337	CorpoProperty	C	2	企业性质	
338	StaffNum	N	16（两位小数）	员工人数	
339	Hobbytype	C	2	兴趣爱好类型	
340	Province	C	6	省/直辖市	
341	City	C	6	市	
342	County	C	6	县/区	
343	CommendPerson	C	40	推荐人	
344	CommendPersonType	C	1	推荐人类型	
302	AcceptMethod	C	1	受理方式	
60	FrozenCause	A	1	冻结原因	
58	FreezingDeadline	A	8	冻结截止日期	
89	OriginalSerialNo	A	20	TA 的原确认流水号	
90	OriginalAppSheetNo	A	24	原申请单编号	
254	Specification	C	60	摘要/说明	

7.66.2　账户确认（02 文件）

账户确认数据项见表 70。各字段是否必需根据业务类型而不同，详见前述各章节。

表 70　账户确认

ID	字段名	类型	长度	描　述	备　注
8	AppSheetSerialNo	A	24	申请单编号	
32	TransactionCfmDate	A	8	交易确认日期	
119	ReturnCode	A	4	交易处理返回代码	
120	TransactionAccountID	A	17	投资人基金交易账号	
121	DistributorCode	C	9	销售人代码	
135	BusinessCode	A	3	业务代码	
136	TAAccountID	A	12	投资人基金账号	
84	MultiAcctFlag	A	1	多渠道开户标志	
137	TASerialNO	A	20	TA 确认交易流水号	
92	TransactionDate	A	8	交易发生日期	
93	TransactionTime	A	6	交易发生时间	
87	BranchCode	C	9	网点号码	
256	FromTAFlag	A	1	是否注册登记人发起业务标志	
27	CertificateType	C	1	个人证件类型及机构证件类型	

续表

ID	字段名	类型	长度	描　述	备　注
72	CertificateNo	C	30	投资人证件号码	
85	InvestorName	C	120	投资人户名	
98	IndividualOrInstitution	A	1	个人/机构标志	
122	AccountAbbr	C	12	投资人户名简称	
171	AccountCardID	C	8	基金账户卡的凭证号	
29	RegionCode	A	4	交易所在地区编号	
142	TargetTransactionAccountID	A	17	对方销售人处投资人基金交易账号	
524	NetNo	C	9	操作（清算）网点编号	
254	Specification	C	60	摘要/说明	
297	CustomerNo	C	12	TA 客户编号	
60	FrozenCause	A	1	冻结原因	
58	FreezingDeadline	A	8	冻结截止日期	
309	ErrorDetail	C	60	出错详细信息	

7.66.3　交易申请（03 文件）

交易申请数据项见表 71。各字段是否必需根据业务类型而不同，详见前述各章节。

表 71　交易申请

ID	字段名	类型	长度	描　述	备　注
8	AppSheetSerialNo	A	24	申请单编号	
67	FundCode	C	6	基金代码	
80	LargeRedemptionFlag	A	1	巨额赎回处理标志	
92	TransactionDate	A	8	交易发生日期	
93	TransactionTime	A	6	交易发生时间	
120	TransactionAccountID	A	17	投资人基金交易账号	
121	DistributorCode	C	9	销售人代码	
132	ApplicationVol	N	16（两位小数）	申请基金份数	
134	ApplicationAmount	N	16（两位小数）	申请金额	
135	BusinessCode	A	3	业务代码	
136	TAAccountID	A	12	投资人基金账号	
25	DiscountRateOfCommission	N	5（四位小数）	销售佣金折扣率	
28	DepositAcct	C	19	投资人在销售人处用于交易的资金账号	
29	RegionCode	A	4	交易所在地区编号	
37	CurrencyType	A	3	结算币种	

续表

ID	字段名	类型	长度	描　述	备　注
87	BranchCode	C	9	网点号码	
90	OriginalAppSheetNo	A	24	原申请单编号	
91	OriginalSubsDate	A	8	原申购日期	
98	IndividualOrInstitution	A	1	个人/机构标志	
150	ValidPeriod	N	2	交易申请有效天数	
195	DaysRedemptionInAdvance	N	5	预约赎回工作日天数	
102	RedemptionDateInAdvance	A	8	预约赎回日期	
89	OriginalSerialNo	A	20	TA 的原确认流水号	
40	DateOfPeriodicSubs	A	8	定期定额申购日期	
137	TASerialNO	A	20	TA 确认交易流水号	
191	TermOfPeriodicSubs	N	5	定期定额申购期限	
192	FutureBuyDate	A	8	指定申购日期	
97	TargetDistributorCode	C	9	对方销售人代码	
52	Charge	N	10（两位小数）	手续费	
141	TargetBranchCode	C	9	对方网点号	
142	TargetTransactionAccountID	A	17	对方销售人处投资人基金交易账号	
152	TargetRegionCode	A	4	对方所在地区编号	
123	DividendRatio	N	16（两位小数）	红利比例	
254	Specification	C	60	摘要/说明	
34	CodeOfTargetFund	A	6	转换时的目标基金代码	
173	TotalBackendLoad	N	16（两位小数）	交易后端收费总额	
260	ShareClass	C	1	收费类别	
261	OriginalCfmDate	A	8	TA 的原确认日期	
264	DetailFlag	C	1	数据明细标志	
258	OriginalAppDate	A	8	原申请日期	
24	DefDividendMethod	A	1	默认分红方式	
60	FrozenCause	A	1	冻结原因	
58	FreezingDeadline	A	8	冻结截止日期	
280	VarietyCodeOfPeriodicSubs	C	5	定时定额品种代码	
281	SerialNoOfPeriodicSubs	C	5	定时定额申购序号	
299	RationType	C	1	定期定额种类	
147	TargetTAAccountID	C	12	对方基金账号	
617	TargetRegistrarCode	C	2	对方 TA 代码	

续表

ID	字段名	类型	长度	描　述	备　注
524	NetNo	C	9	操作（清算）网点编号	
297	CustomerNo	C	12	TA 客户编号	
526	TargetShareType	C	1	对方基金份额类别	
298	RationProtocolNo	C	20	定期定额协议号	
269	BeginDateOfPeriodicSubs	A	8	定时定额申购起始日期	
270	EndDateOfPeriodicSubs	A	8	定时定额申购终止日期	
271	SendDayOfPeriodicSubs	N	2	定时定额申购每月发送日	
530	Broker	C	12	经纪人	
301	SalesPromotion	C	3	促销活动代码	
302	AcceptMethod	C	1	受理方式	
303	ForceRedemptionType	C	1	强制赎回类型	
327	TakeIncomeFlag	C	1	带走收益标志	
328	PurposeOfPeSubs	C	40	定投目的	
329	FrequencyOfPeSubs	N	5	定投频率	
395	PeriodSubTimeUnit	C	1	定投周期单位	
330	BatchNumOfPeSubs	N	16（两位小数）	定投期数	
345	CapitalMode	C	2	资金方式	
346	DetailCapticalMode	C	2	明细资金方式	
347	BackenloadDiscount	N	5（4 位小数）	补差费折扣率	
348	CombineNum	C	6	组合编号	
307	FutureSubscribeDate	A	8	指定认购日期	
164	TradingMethod	C	8	使用的交易手段	
275	LargeBuyFlag	A	1	巨额购买处理标志	
392	ChargeType	C	1	收费类型	
393	SpecifyRateFee	N	9（八位小数）	指定费率	
394	SpecifyFee	N	16（两位小数）	指定费用	

7.66.4　交易确认（04 文件）

交易确认数据项见表 72。各字段是否必需根据业务类型而不同，详见前述各章节。

表 72 交易确认

ID	字段名	类型	长度	描　述	备　注
8	AppSheetSerialNo	A	24	申请单编号	
32	TransactionCfmDate	A	8	交易确认日期	
37	CurrencyType	A	3	结算币种	
62	ConfirmedVol	N	16（两位小数）	基金账户交易确认份数	
64	ConfirmedAmount	N	16（两位小数）	每笔交易确认金额	
67	FundCode	C	6	基金代码	
80	LargeRedemptionFlag	A	1	巨额赎回处理标志	
92	TransactionDate	A	8	交易发生日期	
93	TransactionTime	A	6	交易发生时间	
119	ReturnCode	A	4	交易处理返回代码	
120	TransactionAccountID	A	17	投资人基金交易账号	
121	DistributorCode	C	9	销售人代码	
132	ApplicationVol	N	16（两位小数）	申请基金份数	
134	ApplicationAmount	N	16（两位小数）	申请金额	
135	BusinessCode	A	3	业务代码	
136	TAAccountID	A	12	投资人基金账号	
137	TASerialNO	A	20	TA 确认交易流水号	
177	BusinessFinishFlag	C	1	业务过程完全结束标识	
25	DiscountRateOfCommission	N	5（四位小数）	销售佣金折扣率	
28	DepositAcct	C	19	投资人在销售人处用于交易的资金账号	
29	RegionCode	A	4	交易所在地区编号	
47	DownLoaddate	A	8	交易数据下传日期	
52	Charge	N	10（两位小数）	手续费	
53	AgencyFee	N	10（两位小数）	代理费	
86	NAV	N	7（四位小数）	基金单位净值	
87	BranchCode	C	9	网点号码	
90	OriginalAppSheetNo	A	24	原申请单编号	

续表

ID	字段名	类型	长度	描　述	备　注
91	OriginalSubsDate	A	8	原申购日期	
94	OtherFee1	N	10（两位小数）	其他费用1	
98	IndividualOrInstitution	A	1	个人/机构标志	
102	RedemptionDateInAdvance	A	8	预约赎回日期	
138	StampDuty	N	16（两位小数）	印花税	
150	ValidPeriod	N	2	交易申请有效天数	
193	RateFee	N	9（八位小数）	费率	
173	TotalBackendLoad	N	16（两位小数）	交易后端收费总额	
89	OriginalSerialNo	A	20	TA的原确认流水号	
254	Specification	C	60	摘要/说明	
40	DateOfPeriodicSubs	A	8	定期定额申购日期	
97	TargetDistributorCode	C	9	对方销售人代码	
141	TargetBranchCode	C	9	对方网点号	
142	TargetTransactionAccountID	A	17	对方销售人处投资人基金交易账号	
152	TargetRegionCode	A	4	对方所在地区编号	
176	TransferDirection	A	1	转入/转出标识	
24	DefDividendMethod	A	1	默认分红方式	
123	DividendRatio	N	16（两位小数）	红利比例	
76	Interest	N	10（两位小数）	基金账户利息金额	
266	VolumeByInterest	N	16（两位小数）	利息产生的基金份数	
156	InterestTax	N	16（两位小数）	利息税	
133	TradingPrice	N	7（四位小数）	交易价格	
58	FreezingDeadline	A	8	冻结截止日期	
60	FrozenCause	A	1	冻结原因	
139	Tax	N	16（两位小数）	税金	

续表

ID	字段名	类型	长度	描 述	备 注
162	TargetNAV	N	7（四位小数）	目标基金的单位净值	
163	TargetFundPrice	N	7（四位小数）	目标基金的价格	
161	CfmVolOfTargetFund	N	16（两位小数）	目标基金的确认份数	
194	MinFee	N	10（两位小数）	最少收费	
95	OtherFee2	N	16（两位小数）	其他费用 2	
258	OriginalAppDate	A	8	原申请日期	
255	TransferFee	N	10（两位小数）	过户费	
256	FromTAFlag	A	1	是否注册登记人发起业务标志	
260	ShareClass	C	1	收费类别	
264	DetailFlag	C	1	数据明细标志	
262	RedemptionInAdvanceFlag	A	1	预约赎回标志	
257	FrozenMethod	A	1	冻结方式	
261	OriginalCfmDate	A	8	TA 的原确认日期	
263	RedemptionReason	A	1	强行赎回原因	
34	CodeOfTargetFund	A	6	转换时的目标基金代码	
55	TotalTransFee	N	10（两位小数）	交易确认费用合计	
280	VarietyCodeOfPeriodicSubs	C	5	定时定额品种代码	
281	SerialNoOfPeriodicSubs	C	5	定时定额申购序号	
299	RationType	C	1	定期定额种类	
147	TargetTAAccountID	C	12	对方基金账号	
617	TargetRegistrarCode	C	2	对方 TA 代码	
524	NetNo	C	9	操作（清算）网点编号	
297	CustomerNo	C	12	TA 客户编号	
526	TargetShareType	C	1	对方基金份额类别	
298	RationProtocolNo	C	20	定期定额协议号	
269	BeginDateOfPeriodicSubs	A	8	定时定额申购起始日期	
270	EndDateOfPeriodicSubs	A	8	定时定额申购终止日期	
271	SendDayOfPeriodicSubs	N	2	定时定额申购每月发送日	
530	Broker	C	12	经纪人	

续表

ID	字段名	类型	长度	描　述	备　注
301	SalesPromotion	C	3	促销活动代码	
302	AcceptMethod	C	1	受理方式	
303	ForceRedemptionType	C	1	强制赎回类型	
349	AlternationDate	A	8	最后更新日	
327	TakeIncomeFlag	C	1	带走收益标志	
328	PurposeOfPeSubs	C	40	定投目的	
329	FrequencyOfPeSubs	N	5	定投频率	
395	PeriodSubTimeUnit	C	1	定投周期单位	
330	BatchNumOfPeSubs	N	16（两位小数）	定投期数	
345	CapitalMode	C	2	资金方式	
346	DetailCapticalMode	C	2	明细资金方式	
347	BackenloadDiscount	N	5（4位小数）	补差费折扣率	
348	CombineNum	C	6	组合编号	
283	RefundAmount	N	16（两位小数）	退款金额	
285	SalePercent	N	8（五位小数）	配售比例	
560	ManagerRealRatio	N	7（四位小数）	实际计算折扣	
542	ChangeFee	N	16（两位小数）	转换费	
541	RecuperateFee	N	16（两位小数）	补差费	
543	AchievementPay	N	16（两位小数）	业绩报酬	
544	AchievementCompen	N	16（两位小数）	业绩补偿	
603	SharesAdjustmentFlag	C	1	份额强制调整标志	
562	GeneralTASerialNO	A	20	总 TA 确认流水号	
507	UndistributeMonetaryIncome	N	16（两位小数）	货币基金未付收益金额	
510	UndistributeMonetaryIncomeFlag	C	1	货币基金未付收益金额正负	
300	BreachFee	N	16（两位小数）	违约金	

续表

ID	字段名	类型	长度	描　述	备　注
306	BreachFeeBackToFund	N	16（两位小数）	违约金归基金资产金额	
305	PunishFee	N	16（两位小数）	惩罚性费用	
164	TradingMethod	C	8	使用的交易手段	
386	ChangeAgencyFee	N	16（两位小数）	转换代理费	
387	RecuperateAgencyFee	N	16（两位小数）	补差代理费	
309	ErrorDetail	C	60	出错详细信息	
275	LargeBuyFlag	A	1	巨额购买处理标志	
225	RaiseInterest	N	16（两位小数）	认购期间利息	
276	FeeCalculator	A	1	计费人	
274	ShareRegisterDate	A	8	份额注册日期	
59	TotalFrozenVol	N	16（两位小数）	基金冻结总份数	
187	FrozenBalance	N	16（两位小数）	冻结金额	

7.66.5　基金账户对账数据（05 文件）

基金账户对账数据项见表 73。

表 73　基金账户对账数据

ID	字段名	类型	长度	描　述	备　注	是否必需
13	AvailableVol	N	16（两位小数）	持有人可用基金份数		Y
18	TotalVolOfDistributorInTA	N	16（两位小数）	基金总份数（含冻结）		Y
32	TransactionCfmDate	A	8	交易确认日期	格式为：YYYYMMDD	Y
67	FundCode	C	6	基金代码		Y
120	TransactionAccountID	A	17	投资人基金交易账号	投资人在销售机构内开设的用于交易的账号	Y
121	DistributorCode	C	9	销售人代码		Y
136	TAAccountID	C	12	投资人基金账号		Y
59	TotalFrozenVol	N	16（两位小数）	基金冻结总份数	仅包括账户类和交易类冻结业务及派生继续冻结的份额	N
87	BranchCode	C	9	网点号码		Y

续表

ID	字段名	类型	长度	描　述	备　注	是否必需
137	TASerialNO	A	20	TA 确认交易流水号		N
173	TotalBackendLoad	N	16（两位小数）	交易后端收费总额		N
260	ShareClass	A	1	收费方式	0-前收费，1-后收费	Y
264	DetailFlag	A	1	明细标志	0-非明细，1-明细，非明细指针对基金账户的对账，明细指针对基金账户具体过户日或TA 确认流水号的对账	Y
268	AccountStatus	A	1	账户状态	0-正常，1-冻结，2-挂失	N
274	ShareRegisterDate	A	8	份额注册日期	明细标志为 1 时必填	N
507	UndistributeMonetaryIncome	N	16（两位小数）	货币基金未付收益金额	对货币基金，明细标志为 0 时必填	N
510	UndistributeMonetaryIncomeFlag	C	1	货币基金未付收益金额正负	0-正，1-负，对货币基金，明细标志为 0 时必填	N
508	GuaranteedAmount	N	16（两位小数）	剩余保本金额		N
527	SourceType	C	1	份额原始来源	0-认购，1-申购，2-定期定额申购，3-分红，明细标志为 1 时必填	N
24	DefDividendMethod	A	1	默认分红方式	0-红利转投，1-现金分红	N

7.66.6　分红数据（06 文件）

分红数据项见表 74。

表 74　分红数据

ID	字段名	类型	长度	描　述	备　注	是否必需
22	BasisforCalculatingDividend	N	16（两位小数）	红利/红利再投资基数	登记日基金持有人的基金份数	Y
32	TransactionCfmDate	A	8	交易确认日期	格式为：YYYYMMDD	Y
37	CurrencyType	A	3	结算币种	具体编码依 GB/T 12406-2008	Y
41	VolOfDividendforReinvestment	N	16（两位小数）	基金账户红利再投资基金份数	投资人实得红股，含被续冻的红股	Y
42	DividentDate	A	8	分红日/发放日		Y
43	DividendAmount	N	16（两位小数）	基金账户红利资金	红利总金额，含冻结红利及再投资的红利	Y

续表

ID	字段名	类型	长度	描　述	备　注	是否必需
46	XRDate	A	8	除权日		Y
64	ConfirmedAmount	N	16（两位小数）	每笔交易确认金额	实发红利资金，不含冻结红利及再投资的红利	Y
67	FundCode	C	6	基金代码		Y
113	RegistrationDate	A	8	权益登记日期	格式为：YYYYMMDD	Y
119	ReturnCode	A	4	交易处理返回代码	取值见附录B	Y
120	TransactionAccountID	A	17	投资人基金交易账号	投资人在销售机构内开设的用于交易的账号	Y
121	DistributorCode	C	9	销售人代码		Y
135	BusinessCode	A	3	业务代码	编码见表4	Y
136	TAAccountID	C	12	投资人基金账号		Y
155	DividendPerUnit	N	16（两位小数）	单位基金分红金额（含税）	举例：每千份分两元，则此处填2	Y
24	DefDividendMethod	A	1	默认分红方式	0-红利转投，1-现金分红，投资人本次分红的方式	Y
28	DepositAcct	C	19	投资人在销售人处用于交易的资金账号		N
29	RegionCode	A	4	交易所在地区编号		N
47	DownLoaddate	A	8	交易数据下传日期	指发送日期	Y
52	Charge	N	10（两位小数）	手续费		Y
53	AgencyFee	N	10（两位小数）	代理费		Y
59	TotalFrozenVol	N	16（两位小数）	基金冻结总份数		N
86	NAV	N	7（四位小数）	基金单位净值		N
87	BranchCode	C	9	网点号码	托管网点号码。对大集中方式的销售人，此字段与销售人代码相同	Y
94	OtherFee1	N	10（两位小数）	其他费用1		N
95	OtherFee2	N	16（两位小数）	其他费用2		N
98	IndividualOrInstitution	A	1	个人/机构标志	0-机构，1-个人	N

续表

ID	字段名	类型	长度	描　述	备　注	是否必需
123	DividendRatio	N	16（两位小数）	红利比例		N
137	TASerialNO	A	20	TA 确认交易流水号	TA 对每笔确认的唯一标识，同一日不能重复，与交易确认日期 TransactionCfmDate 一起组成 TA 中一笔确认的唯一键	Y
138	StampDuty	N	16（两位小数）	印花税		N
187	FrozenBalance	N	16（两位小数）	冻结金额		N
255	TransferFee	N	10（两位小数）	过户费		Y
260	ShareClass	A	1	收费方式	0-前收费，1-后收费	Y
276	FeeCalculator	A	1	计费人	0-TA 计费，1-基金计费	N
601	DrawBonusUnit	N	10	分红单位	举例：每千份分多少，则分红单位就为一千	Y
602	FrozenSharesforReinvest	N	16（两位小数）	冻结再投资份额		N
354	DividendType	C	1	分红类型	0-普通分红，1-质押基金分红，2-货币基金收益结转，3-保本基金赔付，4-专户到期处理	Y
90	OriginalAppSheetNo	A	24	原申请单编号	对质押基金分红为 Y 项，表示原质押业务的申请单编号	N
543	AchievementPay	N	16（两位小数）	业绩报酬		Y
544	AchievementCompen	N	16（两位小数）	业绩补偿		Y

7.66.7　基金动态信息数据项（07 文件）

基金动态信息数据项见表 75。

表 75　基金信息数据

ID	字段名	类型	长度	描　述	备　注	是否必需
63	FundName	C	40	基金名称		Y
66	TotalFundVol	N	16（两位小数）	基金总份数		Y

续表

ID	字段名	类型	长度	描　述	备　注	是否必需
67	FundCode	C	6	基金代码		Y
68	FundStatus	C	1	基金状态	0-可申购赎回，1-发行，4-停止申购赎回，5-停止申购，6-停止赎回，8-基金终止，9-基金封闭	Y
86	NAV	N	7（五位小数）	基金单位净值		Y
149	UpdateDate	A	8	基金净值日期	格式为：YYYYMMDD，对ETF、QDII基金的申购或赎回净值，此字段的含义为该申购或赎回净值适用的交易申请的日期	Y
555	NetValueType	C	1	净值类型	0-普通净值，1-申购净值，2-赎回净值，对ETF、QDII基金可同时下发3条净值记录，通过此字段区分基金单位净值及基金净值日期的含义	Y
273	AccumulativeNAV	N	7（五位小数）	累计基金单位净值		Y
180	ConvertStatus	C	1	基金转换状态	0-可转入、可转出，1-只可转入，2-只可转出，3-不可转换	Y
604	PeriodicStatus	C	1	定期定额状态	0-允许定期定额业务，1-仅允许定投业务，2-仅允许定赎业务，3-禁止定期定额业务	Y
605	TransferAgencyStatus	C	1	转托管状态	0-允许所有转托管，1-仅允许场外转托管，2-仅允许跨市场转托管，3-禁止所有转托管	Y
129	FundSize	N	16（两位小数）	基金规模	基金的金额规模	Y
37	CurrencyType	A	3	结算币种	具体编码依GB/T 12406-2008	Y
317	AnnouncFlag	C	1	公告标志	0-公告，1-不公告	Y
24	DefDividendMethod	A	1	默认分红方式		N
2	InstAppSubsAmnt	N	16（两位小数）	法人追加认购金额		N
3	InstAppSubsVol	N	16（两位小数）	法人追加认购份数		N
35	MinAmountByInst	N	16（两位小数）	法人首次认购最低金额		N
36	MinVolByInst	N	16（两位小数）	法人首次认购最低份数		N

续表

ID	字段名	类型	长度	描　述	备　注	是否必需
38	CustodianCode	A	3	托管人代码		N
39	AmountOfPeriodicSubs	N	16（两位小数）	定时定额申购的金额		N
40	DateOfPeriodicSubs	A	8	定时定额申购日期	格式为：YYYYMMDD	N
70	MaxRedemptionVol	N	16（两位小数）	基金最高赎回份数		N
71	MinAccountBalance	N	16（两位小数）	基金最低持有份数		N
78	IPOStartDate	A	8	基金募集开始日期	格式为：YYYYMMDD	N
79	IPOEndDate	A	8	基金募集结束日期	格式为：YYYYMMDD	N
82	FundManagerCode	C	3	基金管理人		N
99	IndiAppSubsVol	N	16（两位小数）	个人追加认购份数		N
100	IndiAppSubsAmount	N	16（两位小数）	个人追加认购金额		N
104	MinSubsVolByIndi	N	16（两位小数）	个人首次认购最低份数		N
105	MinSubsAmountByIndi	N	16（两位小数）	个人首次认购最低金额		N
114	RegistrarCode	C	2	注册登记人代码		N
130	FundSponsor	A	3	基金发起人		N
133	TradingPrice	N	7（五位小数）	交易价格		N
151	FaceValue	N	7（五位小数）	基金面值		N
42	DividentDate	A	8	分红日/发放日		N
113	RegistrationDate	A	8	权益登记日期	格式为：YYYYMMDD	N
46	XRDate	A	8	除权日	表示最近一次除权日期	N
198	MaxSubsVolByIndi	N	16（两位小数）	个人最高认购份数		N
199	MaxSubsAmountByIndi	N	16（两位小数）	个人最高认购金额		N
200	MaxSubsVolByInst	N	16（两位小数）	法人最高认购份数		N

续表

ID	字段名	类型	长度	描 述	备 注	是否必需
201	MaxSubsAmountByInst	N	16（两位小数）	法人最高认购金额		N
202	UnitSubsVolByIndi	N	16（两位小数）	个人认购份数单位	表示级差含义	N
203	UnitSubsAmountByIndi	N	16（两位小数）	个人认购金额单位	表示级差含义	N
204	UnitSubsVolByInst	N	16（两位小数）	法人认购份数单位	表示级差含义	N
205	UnitSubsAmountByInst	N	16（两位小数）	法人认购金额单位	表示级差含义	N
206	MinBidsAmountByIndi	N	16（两位小数）	个人首次申购最低金额		N
207	MinBidsAmountByInst	N	16（两位小数）	法人首次申购最低金额		N
208	MinAppBidsAmountByIn-di	N	16（两位小数）	个人追加申购最低金额		N
209	MinAppBidsAmountBy Inst	N	16（两位小数）	法人追加申购最低金额		N
210	MinRedemptionVol	N	16（两位小数）	基金最少赎回份数		N
211	MinInterconvertVol	N	16（两位小数）	最低基金转换份数		N
212	IssueTypeByIndi	C	1	个人发行方式	1-比例发行，2-摇号，3-先来先买	N
213	IssueTypeByInst	C	1	机构发行方式	1-比例发行，2-摇号，3-先来先买	N
214	SubsType	C	1	认购方式	0-金额认购，1-份数认购	N
215	CollectFeeType	C	1	交易费收取方式	0-价内费，1-价外费	N
216	NextTradeDate	A	8	下一开放日		N
267	ValueLine	N	7（两位小数）	产品价值线数值		N
308	TotalDivident	N	8（五位小数）	累计单位分红		N
501	FundIncome	N	8（五位小数）	货币基金万份收益	货币基金必填	N
502	FundIncomeFlag	C	1	货币基金万份收益正负	0-正，1-负，货币基金必填	N

续表

ID	字段名	类型	长度	描述	备注	是否必需
503	Yield	N	8（五位小数）	货币基金七日年化收益率	货币基金必填	N
504	YieldFlag	C	1	货币基金七日年化收益率正负	0-正，1-负，货币基金必填	N
505	GuaranteedNAV	N	7（五位小数）	保本净值		N
556	FundYearIncomeRate	N	8（五位小数）	货币基金年收益率	最近一年来的收益率	N
557	FundYearIncomeRateFlag	C	1	货币基金年收益率正负		N
609	IndiMaxPurchase	N	16（两位小数）	个人最大申购金额		N
610	InstMaxPurchase	N	16（两位小数）	法人最大申购金额		N
611	IndiDayMaxSumBuy	N	16（两位小数）	个人当日累计购买最大金额		N
612	InstDayMaxSumBuy	N	16（两位小数）	法人当日累计购买最大金额		N
613	IndiDayMaxSumRedeem	N	16（两位小数）	个人当日累计赎回最大份额		N
614	InstDayMaxSumRedeem	N	16（两位小数）	法人当日累计赎回最大份额		N
615	IndiMaxRedeem	N	16（两位小数）	个人最大赎回份额		N
616	InstMaxRedeem	N	16（两位小数）	法人最大赎回份额		N
535	FundDayIncomeFlag	C	1	基金当日总收益正负	货币基金必填	N
536	FundDayIncome	N	16（两位小数）	基金当日总收益	货币基金必填	N
304	AllowBreachRedempt	C	1	允许违约赎回标志	0-允许，1-不允许	N
310	FundType	C	2	基金类型		N
331	FundTypeName	C	30	基金类型名称		N
332	RegistrarName	C	40	注册登记人名称		N
333	FundManagerName	C	40	基金管理人名称		N
314	FundServerTel	C	30	基金公司客服电话		N
315	FundInternetAddress	C	40	基金公司网站网址		N

7.66.8 公告（08 文件）

公告数据项见表 76。

表 76 公告数据

ID	字段名	类型	长度	描 述	备 注	是否必需
33	AnnContent	C	4000	公告内容		Y
57	AnnouncementNo	C	13	公告文件号	基金管理公司编码：(NNN) +YYYYMMDD+序号 (NN)	Y
74	AnnouncementDate	A	8	公告日期	格式为：YYYYMMDD	Y
75	AnnouncementType	A	1	公告类别	0-常规，1-异常	Y
81	LengthOfAnnouncement	N	10	公告内容长度		Y
131	AnnouncementTitle	C	100	公告标题		Y

7.66.9 红利汇总数据项（09 文件）

红利汇总数据项见表 77。

表 77 红利汇总数据

ID	字段名	类型	长度	描 述	备 注	是否必需
42	DividentDate	A	8	分红日/发放日		Y
44	TotalDividendAmount	N	16（两位小数）	基金红利总额		Y
50	TotalDividendIndeed	N	16（两位小数）	基金实发红利总金额		Y
56	TotalFeeForDividend	N	10（两位小数）	分红费用合计		Y
67	FundCode	C	6	基金代码		Y
116	TotalReinvestmentDividend	N	16（两位小数）	红利自动再投资总金额		Y
121	DistributorCode	C	9	销售人代码		Y
125	DocumentSendDate	A	8	文件发送日期	格式为：YYYYMMDD	Y
139	Tax	N	16（两位小数）	税金		Y
272	TotalVolumeofReinvestmentDividend	N	16（两位小数）	红利再投资份额总额		Y

7.66.10 日交割汇总数据项（10 文件）

日交割数据项见表 78。

表 78　日交割汇总数据

ID	字段名	类型	长度	描　述	备　注	是否必需
9	TotalSubsAmnt	N	16（两位小数）	申购总金额		Y
11	TotalSubsCharge	N	16（两位小数）	申购手续费总金额		Y
12	TotalSubsVol	N	16（两位小数）	申购总份数		Y
67	FundCode	C	6	基金代码		Y
109	TotalRedemptionAmount	N	16（两位小数）	基金赎回总金额		Y
111	TotalFeeOfRedemption	N	16（两位小数）	赎回手续费总金额		Y
118	TotalRedemptionVol	N	16（两位小数）	赎回总份数		Y
121	DistributorCode	C	9	销售人代码		Y
15	AmntReinbursed	N	16（两位小数）	退回金额		N
18	TotalVolOfDistributorInTA	N	16（两位小数）	代销机构在注册登记机构处的单只基金总份数（含冻结）		N
41	VolOfDividendforReinvestment	N	16（两位小数）	红利转投资部分总份数		N
43	DividendAmount	N	16（两位小数）	红利现金部分总金额		N
44	TotalDividendAmount	N	16（两位小数）	分红总金额		N
56	TotalFeeForDividend	N	10（两位小数）	分红手续费		N
77	BackAmountByInvalid	N	16（两位小数）	因为无效而划回投资人的资金		N
95	OtherFee2	N	16（两位小数）	其他费用 2		N
96	OtherFee3	N	16（两位小数）	其他费用 3		N
116	TotalReinvestmentDividend	N	16（两位小数）	红利转投资部分总金额		N

续表

ID	字段名	类型	长度	描　述	备　注	是否必需
117	BackAmountByExcess	N	16（两位小数）	因为剩余而划回投资人的资金		N
139	Tax	N	16（两位小数）	税金		N
144	AggregationDate	A	8	汇总日期	格式为：YYYYMMDD	N
148	TrailCommission	N	16（两位小数）	尾随佣金		N
172	TotalFrontendFee	N	16（两位小数）	交易前端收费总额		N
173	TotalBackendLoad	N	16（两位小数）	交易后端收费总额		N
217	SalerNetReceivable Amount	N	16（两位小数）	销售人净收结算金额		N
218	SalerNetPayableAmount	N	16（两位小数）	销售人净付结算金额		N
219	SalerTotalFee	N	16（两位小数）	销售人收取费用总额		N
220	SalerBuyFee	N	16（两位小数）	销售人收取申购费用		N
221	SalerBidFee	N	16（两位小数）	销售人收取赎回费用		N
222	FundTotalFee	N	16（两位小数）	赎回费用总额（扣除保留在基金资产部分）		N
223	RaiseTotalAmount	N	16（两位小数）	认购资金总额		N
224	AccumulativeTotal RaiseAmount	N	16（两位小数）	累计认购资金总额		N
225	RaiseInterest	N	16（两位小数）	认购期间利息		N
226	SalerRaiseFee	N	16（两位小数）	销售人认购费		N
227	ConversionInAmount	N	16（两位小数）	转入款		N
228	ConvertingToAmount	N	16（两位小数）	转出款		N

续表

ID	字段名	类型	长度	描 述	备 注	是否必需
229	SalerExchangeFee	N	16（两位小数）	销售人转换费		N
230	BidTax	N	16（两位小数）	申购印花税		N
231	RedemptionTax	N	16（两位小数）	赎回印花税		N
232	IndividualCapitalGainTax	N	16（两位小数）	分红个人利得所得税		N
233	InstituteCapitalGainTax	N	16（两位小数）	分红机构利得所得税		N
234	IndividualIncomeTax	N	16（两位小数）	分红个人增值所得税		N
235	InstituteIncomeTax	N	16（两位小数）	分红机构增值所得税		N
236	SalerReinvestmentFee	N	16（两位小数）	销售人再投资费		N
237	SubFeeRetTA	N	16（两位小数）	申购归注册登记人所得费用	包括注册登记人的费用	N
238	RedemFeeRetTA	N	16（两位小数）	赎回归注册登记人所得费用	包括注册登记人的费用	N
239	TotalTransInAmount	N	16（两位小数）	基金转换入总金额		N
240	TotalFeeOfTransIn Amount	N	16（两位小数）	基金转换入手续费总金额		N
241	TotalTransInVol	N	16（两位小数）	基金转换入总份数		N
242	TotalTransOutAmount	N	16（两位小数）	基金转换出总金额		N
243	TotalFeeOfTransOut Amount	N	16（两位小数）	基金转换出手续费总金额		N
244	TotalTransOutVol	N	16（两位小数）	基金转换出总份数		N
245	BidTrade	N	13	成功申购总户数		N
246	RedeemTrade	N	13	成功赎回总户数		N
247	FreezeTotal	N	16（两位小数）	冻结总份数		N

续表

ID	字段名	类型	长度	描　述	备　注	是否必需
248	ManagerCode	A	3	管理人代码		N
249	NetBidTotalAmount	N	16（两位小数）	申购成功资金总额（不含费用，不含税）		N
250	NetRedeemTotalAmount	N	16（两位小数）	赎回成功资金总额（不含费用，不含税）		N

7.66.11　TA 发送的业务申请汇总数据项（11 文件）

TA 接收基金销售人申报并经合法性检查后，向基金销售人发送业务申请汇总文件。

业务申请汇总数据项见表 79。

表 79　业务申请汇总数据

ID	字段名	类型	长度	描　述	备　注	是否必需
67	FundCode	C	6	基金代码		Y
121	DistributorCode	C	9	销售人代码		Y
135	BusinessCode	A	3	业务代码	编码见表 4	Y
143	AggregationOfTransactionByBusinessType	N	8	每种业务笔数汇总		Y
144	AggregationDate	A	8	汇总日期	格式为：YYYYMMDD	Y
154	TotalSuccessfulVol	N	16（两位小数）	份数汇总		Y
175	TotalSuccessfulAmount	N	16（两位小数）	金额汇总		Y

7.66.12　TA 发送的业务确认汇总数据项（12 文件）

TA 完成对基金销售人申报数据的确认之后，向基金销售人发送业务确认汇总文件。

业务确认数据项见表 80。

表 80　业务确认汇总数据

ID	字段名	类型	长度	描　述	备　注	是否必需
67	FundCode	C	6	基金代码		Y
121	DistributorCode	C	9	销售人代码		Y
135	BusinessCode	A	3	业务代码	编码见表 4	Y
143	AggregationOfTransactionByBusinessType	N	8	每种业务笔数汇总		Y
144	AggregationDate	A	8	汇总日期	格式为：YYYYMMDD	Y
153	TotalFailingVol	N	16（两位小数）	失败份数汇总		Y
154	TotalSuccessfulVol	N	16（两位小数）	成功份数汇总		Y

续表

ID	字段名	类型	长度	描　述	备　注	是否必需
174	TotalFailingAmount	N	16（两位小数）	失败金额汇总		Y
175	TotalSuccessfulAmount	N	16（两位小数）	成功金额汇总		Y
178	TotalFailingDealingNum	N	6	失败交易笔数		Y
179	TotalSuccessfulDealingNum	N	6	成功交易笔数		Y

7.66.13 销售人发送的业务申请汇总数据项（13 文件）

基金销售人根据当日申报数据生成业务申请汇总文件，发送给 TA。

业务申请汇总数据项见表 81。

表 81　业务申请汇总数据

ID	字段名	类型	长度	描　述	备　注	是否必需
67	FundCode	C	6	基金代码		Y
121	DistributorCode	C	9	销售人代码		Y
135	BusinessCode	A	3	业务代码	编码见表 4	Y
143	AggregationOfTransactionByBusinessType	N	8	每种业务笔数汇总		Y
144	AggregationDate	A	8	汇总日期	格式为：YYYYMMDD	Y
154	TotalSuccessfulVol	N	16（两位小数）	份数汇总		Y
175	TotalSuccessfulAmount	N	16（两位小数）	金额汇总		Y

7.66.14 参与人及结算席位文件（21 文件）

参与人及结算席位数据项见表 82。

基金参与人及结算席位文件用于 TA 系统向基金销售代理人发送基金参与人和结算席位信息。

表 82　参与人及结算席位文件

ID	字段名	类型	长度	描　述	备　注	是否必需
324	SeatCode	C	6	席位代码	场内席位必填	N
121	DistributorCode	C	9	销售人代码	场外销售人必填	N
326	DistributorName	C	80	销售人名称	席位或销售人的名称	Y
318	TransferPermitFlag	C	1	跨市场转入允许标志	0-允许，1-不允许	Y
47	DownLoaddate	A	8	交易数据下传日期	格式为：YYYYMMDD，指发送日期	Y

7.66.15 其他类申请文件（23 文件）

包含确权、联名卡业务。

其他类申请数据项见表 83。各字段是否必需根据业务类型而不同，详见前述各章节。

表 83　其他类申请数据

ID	字段名	类型	长度	描　述	备　注
8	AppSheetSerialNo	A	24	申请单编号	
37	CurrencyType	A	3	结算币种	
136	TAAccountID	C	12	投资人基金账号	
120	TransactionAccountID	A	17	投资人基金交易账号	
284	SecuritiesAccountID	C	10	证券账号	
324	SeatCode	C	6	席位代码	
85	InvestorName	C	120	投资人户名	
98	IndividualOrInstitution	A	1	个人/机构标志	
27	CertificateType	C	1	个人证件类型及机构证件类型	
72	CertificateNo	C	30	投资人证件号码	
92	TransactionDate	A	8	交易发生日期	
93	TransactionTime	A	6	交易发生时间	
135	BusinessCode	A	3	业务代码	
67	FundCode	C	6	基金代码	
132	ApplicationVol	N	16（两位小数）	申请基金份数	
121	DistributorCode	C	9	销售人代码	
87	BranchCode	C	9	网点号码	
28	DepositAcct	C	19	投资人在销售人处用于交易的资金账号	
524	NetNo	C	9	操作（清算）网点编号	
29	RegionCode	A	4	交易所在地区编号	
140	TelNo	C	22	投资人电话号码	
83	MobileTelNo	C	24	投资人手机号码	
4	Address	C	120	通讯地址	
101	PostCode	A	6	投资人邮政编码	
49	EmailAddress	C	40	投资人 E-MAIL 地址	
106	TransactorCertNo	C	30	经办人证件号码	
107	TransactorCertType	C	1	经办人证件类型	
108	TransactorName	C	20	经办人姓名	
23	InvestorsBirthday	A	8	投资人出生日期	
48	EducationLevel	C	3	投资人学历	
51	FaxNo	C	24	投资人传真号码	
65	VocationCode	C	3	投资人职业代码	
69	HomeTelNo	C	22	投资人住址电话	
73	AnnualIncome	N	8	投资人年收入	

续表

ID	字段名	类型	长度	描　述	备　注
88	OfficeTelNo	C	22	投资人单位电话号码	
122	AccountAbbr	C	12	投资人户名简称	
126	Sex	A	1	投资人性别	
134	ApplicationAmount	N	16（两位小数）	申请金额	
167	MinorFlag	C	1	未成年人标志	
169	DeliverType	C	1	对账单寄送选择	
170	TransactorIDType	C	1	经办人识别方式	
260	ShareClass	A	1	收费方式	
265	DeliverWay	C	8	对账单寄送方式	
97	TargetDistributorCode	C	9	对方销售人代码	
141	TargetBranchCode	C	9	对方网点号	
142	TargetTransactionAccountID	A	17	对方销售人处投资人基金交易账号	
152	TargetRegionCode	A	4	对方所在地区编号	

7.66.16 其他类确认文件（24 文件）

包含确权、联名卡、积分确认业务。各字段是否必需根据业务类型而不同，详见前述各章节。其他类确认数据项见表 84。

表 84　其他类确认数据

ID	字段名	类型	长度	描　述	备　注
8	AppSheetSerialNo	A	24	申请单编号	
37	CurrencyType	A	3	结算币种	
136	TAAccountID	C	12	投资人基金账号	
120	TransactionAccountID	A	17	投资人基金交易账号	
284	SecuritiesAccountID	C	10	证券账号	
324	SeatCode	C	6	席位代码	
92	TransactionDate	A	8	交易发生日期	
93	TransactionTime	A	6	交易发生时间	
135	BusinessCode	A	3	业务代码	
67	FundCode	C	6	基金代码	
132	ApplicationVol	N	16（两位小数）	申请基金份数	
62	ConfirmedVol	N	16（两位小数）	基金账户交易确认份数	
121	DistributorCode	C	9	销售人代码	
32	TransactionCfmDate	A	8	交易确认日期	

续表

ID	字段名	类型	长度	描 述	备 注
47	DownLoaddate	A	8	交易数据下传日期	
87	BranchCode	C	9	网点号码	
524	NetNo	C	9	操作（清算）网点编号	
29	RegionCode	A	4	交易所在地区编号	
137	TASerialNO	A	20	TA 确认交易流水号	
119	ReturnCode	A	4	交易处理返回代码	
256	FromTAFlag	A	1	是否注册登记人发起业务标志	
260	ShareClass	A	1	收费方式	
309	ErrorDetail	C	60	出错详细信息	
52	Charge	N	10（两位小数）	手续费	
53	AgencyFee	N	10（两位小数）	代理费	
86	NAV	N	7（五位小数）	基金单位净值	
94	OtherFee1	N	10（两位小数）	其他费用 1	
173	TotalBackendLoad	N	16（两位小数）	后端收费总额	
193	RateFee	N	9（八位小数）	费率	
255	TransferFee	N	10（两位小数）	过户费	
261	OriginalCfmDate	A	8	TA 的原确认日期	
313	FundCorpCode	C	8	基金公司代码	
311	PointsType	C	1	积分类型	
316	PointsStatus	C	1	积分状态	
312	Points	N	15（两位小数）	积分值	
349	AlternationDate	A	8	最后更新日	
97	TargetDistributorCode	C	9	对方销售人代码	
141	TargetBranchCode	C	9	对方网点号	
142	TargetTransactionAccountID	A	17	对方销售人处投资人基金交易账号	
152	TargetRegionCode	A	4	对方所在地区编号	

7.66.17 资金清算文件（25 文件）

TA 系统在每个交易确认日，将场外、场内申购赎回委托等业务合并在一起进行资金清算，生成各基金、销售人之间的资金清算数据。对每一笔资金清算汇总数据，还可根据网点或席位进行细分，供基金参与人用于资金对账，或者发送给下属网点和席位进行资金对账使用。

资金清算数据项见表 85。

表 85　资金清算文件

ID	字段名	类型	长度	描　述	备　注	是否必需
355	SequenceNO	A	20	序号	唯一确定一条记录，不能重复	Y
92	TransactionDate	A	8	交易发生日期	格式为：YYYYMMDD，对 130 认购结果业务，此字段无意义	Y
32	TransactionCfmDate	A	8	交易确认日期	格式为：YYYYMMDD	Y
37	CurrencyType	A	3	结算币种		Y
509	ExchangeFlag	C	1	交易所标志	0-深圳场内，1-上海场内，2-场外，0 表示席位在深圳，1 表示席位在上海	Y
319	InstAccount	C	30	销售人结算法人资金账号		N
67	FundCode	C	6	基金代码		Y
121	DistributorCode	C	9	销售人代码		Y
324	SeatCode	C	6	席位代码	场内业务必填，否则置空	N
87	BranchCode	C	9	网点号码	场外细分网点清算时必填，否则置空	N
135	BusinessCode	A	3	业务代码	120 为认购，122 为申购，124 为赎回（含 163 定额赎回、142 强制赎回、基金清盘 150、基金终止 151），126 为转托管，136 为基金转换，139 为定时定额申购，143 为分红，130 为认购结果（含募集失败 149），191 为 ETF 基金申购，194 为 ETF 基金赎回，171 为资金调账，172 为月费划拨，173 为销售服务费划拨，174 为尾随佣金划拨（对 171/172/173/174 等业务其资金类型一般只有“001-交易金额”）	Y
320	CapitalType	C	3	资金类型	001-交易金额，002-手续费，003-代理费，004-印花税，005-认购成功利息，006-利息税，007-过户费，008-其他费用，009-现金红利，010-红利所得税，011-认购退款金额（基金退给销售人的本金部分，对认购结果、募集失败业务有效），012-认购退款利息，013-现金分红手续费	Y
64	ConfirmedAmount	N	16（两位小数）	每笔交易确认金额	各种资金类型的划付金额	Y

续表

ID	字段名	类型	长度	描　述	备　注	是否必需
321	ReceOrPayFlag	C	1	收付标志	0-销售人收，1-销售人付，2-其他	Y
322	CalculateDate	A	8	清算日期	生成划款指令的日期，一般为T+1日，其中T日为开放式基金交易申报日	Y
323	PayDate	A	8	交收日期	执行资金交收的日期	Y
264	DetailFlag	C	1	数据明细标志	0-非明细，1-明细， 非明细指针对销售人的记录，明细指针对销售人下属清算网点或结算席位的记录	Y
47	DownLoaddate	A	8	交易数据下传日期	格式为：YYYYMMDD， 指文件发送日期	Y

7.67　TA与销售人参数类汇总数据

TA系统应于每个工作日上午，将参数信息发送给销售人。可以按全量或者增量（增量指仅传送变动的内容）方式进行传输，通过“全量标志”进行区分，注意所有记录的“全量标志”应当相同。如果是进行增量传输，则应通过“修改方式”字段指明该条参数记录属于新增、修改或者删除。

对于“上限”类的参数，如果没有指定的数值，而该参数又是数值型，则应按照该参数的长度全部填“9”（包括小数点以后的小数位）。

7.67.1 基金基础参数（C1文件）

基金基础参数信息见表86。

表86　基金基础参数

ID	字段名	类型	长度	描　述	备　注	是否必需
355	SequenceNO	A	20	序号	唯一确定一条记录，不能重复	Y
67	FundCode	C	6	基金代码		Y
260	ShareClass	A	1	收费方式	0-前收费，1-后收费， 2-前后收费共用（基金代码）	Y
63	FundName	C	40	基金名称		Y
367	FundNameAbbr	C	20	基金简称		Y
66	TotalFundVol	N	16（两位小数）	基金总份数		N
310	FundType	C	2	基金类型	01-股票型，02-债券型，03-混合型，04-货币型	Y
331	FundTypeName	C	30	基金类型名称		N
368	IsGuaranteedFund	C	1	是否保本基金		Y
369	IsLOFFund	C	1	是否LOF基金		Y
370	IsQDIIFund	C	1	是否QDII基金		Y
371	IsETFFund	C	1	是否ETF基金		Y
372	RedeemFeeBackRatio	N	16（两位小数）	赎回费归基金资产比例		Y

续表

ID	字段名	类型	长度	描　述	备　注	是否必需
24	DefDividendMethod	A	1	默认分红方式		Y
388	RedemptionSequence	C	1	指定赎回方式	0-先进先出，1-后进先出	Y
389	BuyUpperAmount	N	16（两位小数）	申购金额上限		Y
390	CovertInUpperAmount	N	16（两位小数）	基金转换转入金额上限		Y
391	PeriodSubUpperAmount	N	16（两位小数）	定时定额申购金额上限		Y
2	InstAppSubsAmnt	N	16（两位小数）	法人追加认购金额		Y
3	InstAppSubsVol	N	16（两位小数）	法人追加认购份数		Y
35	MinAmountByInst	N	16（两位小数）	法人首次认购最低金额		Y
36	MinVolByInst	N	16（两位小数）	法人首次认购最低份数		Y
37	CurrencyType	A	3	结算币种	具体编码依 GB/T 12406-2008	N
38	CustodianCode	A	3	托管人代码		Y
39	AmountOfPeriodicSubs	N	16（两位小数）	定时定额申购的金额		Y
40	DateOfPeriodicSubs	A	8	定时定额申购日期	格式为：YYYYMMDD	Y
70	MaxRedemptionVol	N	16（两位小数）	基金最高赎回份数		Y
71	MinAccountBalance	N	16（两位小数）	基金最低持有份数		Y
78	IPOStartDate	A	8	基金募集开始日期	格式为：YYYYMMDD	Y
79	IPOEndDate	A	8	基金募集结束日期	格式为：YYYYMMDD	Y
373	FundEstablishDate	A	8	基金成立日期	YYYYMMDD	Y
82	FundManagerCode	C	3	基金管理人		Y
99	IndiAppSubsVol	N	16（两位小数）	个人追加认购份数		Y
100	IndiAppSubsAmount	N	16（两位小数）	个人追加认购金额		Y
104	MinSubsVolByIndi	N	16（两位小数）	个人首次认购最低份数		Y

续表

ID	字段名	类型	长度	描　述	备　注	是否必需
105	MinSubsAmountByIndi	N	16（两位小数）	个人首次认购最低金额		Y
114	RegistrarCode	C	2	注册登记人代码		Y
129	FundSize	N	16（两位小数）	基金规模	基金的金额规模	N
509	ExchangeFlag	C	1	交易所标志	指基金发行渠道， 0-深圳场内（含场外）， 1-上海场内（含场外）， 2-场外	Y
130	FundSponsor	A	3	基金发起人		N
151	FaceValue	N	7（五位小数）	基金面值		Y
198	MaxSubsVolByIndi	N	16（两位小数）	个人最高认购份数		Y
199	MaxSubsAmountByIndi	N	16（两位小数）	个人最高认购金额		Y
200	MaxSubsVolByInst	N	16（两位小数）	法人最高认购份数		Y
201	MaxSubsAmountByInst	N	16（两位小数）	法人最高认购金额		Y
202	UnitSubsVolByIndi	N	16（两位小数）	个人认购份数单位		Y
203	UnitSubsAmountByIndi	N	16（两位小数）	个人认购金额单位		Y
204	UnitSubsVolByInst	N	16（两位小数）	法人认购份数单位		Y
205	UnitSubsAmountByInst	N	16（两位小数）	法人认购金额单位		Y
206	MinBidsAmountByIndi	N	16（两位小数）	个人首次申购最低金额		Y
207	MinBidsAmountByInst	N	16（两位小数）	法人首次申购最低金额		Y
208	MinAppBidsAmountByIndi	N	16（两位小数）	个人追加申购最低金额		Y
209	MinAppBidsAmountByInst	N	16（两位小数）	法人追加申购最低金额		Y
210	MinRedemptionVol	N	16（两位小数）	基金最少赎回份数		Y

续表

ID	字段名	类型	长度	描　述	备　注	是否必需
211	MinInterconvertVol	N	16（两位小数）	最低基金转换份数		Y
212	IssueTypeByIndi	C	1	个人发行方式	1-比例发行， 2-摇号， 3-先来先买	Y
213	IssueTypeByInst	C	1	机构发行方式	1-比例发行， 2-摇号， 3-先来先买	Y
214	SubsType	C	1	认购方式	0-金额认购， 1-份数认购	Y
215	CollectFeeType	C	1	交易费收取方式	0-价内费， 1-价外费	Y
609	IndiMaxPurchase	N	16（两位小数）	个人最大申购金额		Y
610	InstMaxPurchase	N	16（两位小数）	法人最大申购金额		Y
611	IndiDayMaxSumBuy	N	16（两位小数）	个人当日累计购买最大金额		Y
612	InstDayMaxSumBuy	N	16（两位小数）	法人当日累计购买最大金额		Y
613	IndiDayMaxSumRedeem	N	16（两位小数）	个人当日累计赎回最大份额		Y
614	InstDayMaxSumRedeem	N	16（两位小数）	法人当日累计赎回最大份额		Y
615	IndiMaxRedeem	N	16（两位小数）	个人最大赎回份额		Y
616	InstMaxRedeem	N	16（两位小数）	法人最大赎回份额		Y
332	RegistrarName	C	40	注册登记人名称		Y
333	FundManagerName	C	40	基金管理人名称		Y
314	FundServerTel	C	30	基金公司客服电话		Y
315	FundInternetAddress	C	40	基金公司网站网址		Y
254	Specification	C	60	摘要/说明		N
384	WholeFlag	C	1	全量标志	0-增量，1-全量	Y
385	ModifyWay	C	1	修改方式	增量方式传递参数必填。 0-新增，1-修改，2-删除	N
356	OperateDate	A	8	生效日期	YYYYMMDD	Y
47	DownLoaddate	A	8	交易数据下传日期	格式为：YYYYMMDD，指文件发送日期	Y

7.67.2 基金代理关系（C2 文件）

基金代理关系参数信息见表 87。

表 87 基金代理关系

ID	字段名	类型	长度	描 述	备 注	是否必需
355	SequenceNO	A	20	序号	唯一确定一条记录，不能重复	Y
67	FundCode	C	6	基金代码		Y
260	ShareClass	A	1	收费方式	0-前收费，1-后收费，2-前后收费共用（基金代码）	Y
121	DistributorCode	C	9	销售人代码		Y
87	BranchCode	C	9	网点号码	托管网点号码。对大集中方式的销售人，此字段与销售人代码相同	N
375	IsDiscount	C	1	是否允许打折	0-非，1-是	N
376	BuyPayPeriod	N	16（两位小数）	申购交收天数	举例：T 日申报申购交易，T+2 日资金划付到基金备付金户，则申购交收天数为 2	Y
377	RedemptionPayPeriod	N	16（两位小数）	赎回交收天数	举例：T 日申报赎回交易，T+2 日资金划付到销售人备付金户，则赎回交收天数为 2	Y
378	ConversionPayPeriod	N	16（两位小数）	基金转换交收天数	指转出基金划出资金到对方基金的时间	Y
382	SubPayBackPeriod	N	16（两位小数）	认购退款交收天数	指认购未成功的金额划回到销售人账户距离比例配售确认日的天数	N
383	DividendPayPeriod	N	16（两位小数）	分红交收天数	指分红款划到销售人账户距离权益登记日的天数	N
379	ChargePayMethod	C	1	手续费结算方式	0-净额结算，1-全额结算	Y
384	WholeFlag	C	1	全量标志	0-增量，1-全量	Y
385	ModifyWay	C	1	修改方式	增量方式传递参数必填。0-新增，1-修改，2-删除	N
356	OperateDate	A	8	生效日期	YYYYMMDD	Y
47	DownLoaddate	A	8	交易数据下传日期	格式为：YYYYMMDD 指文件发送日期	Y

7.67.3 基金转换关系（C3 文件）

基金转换关系参数信息见表 88。

表 88 基金转换关系

ID	字段名	类型	长度	描 述	备 注	是否必需
355	SequenceNO	A	20	序号	唯一确定一条记录，不能重复	Y
67	FundCode	C	6	基金代码	转出基金代码	Y
260	ShareClass	A	1	收费方式	0-前收费，1-后收费，2-前后收费共用（基金代码）	Y
357	VolLowerLimit	N	16（两位小数）	份额下限	基金转出最低份额	Y

续表

ID	字段名	类型	长度	描　述	备　注	是否必需
358	VolUpperLimit	N	16（两位小数）	份额上限	基金转出最高份额	Y
361	DaysLowerLimit	N	5	天数下限	转出基金最小持有天数	Y
34	CodeOfTargetFund	A	6	转换时的目标基金代码		Y
526	TargetShareType	C	1	对方基金份额类别	0-前收费，1-后收费	Y
98	IndividualOrInstitution	A	1	个人/机构标志	0-机构，1-个人，2-全部	Y
114	RegistrarCode	C	2	注册登记人代码	跨 TA 基金转换时必填	N
617	TargetRegistrarCode	C	2	对方 TA 代码	跨 TA 基金转换时必填	N
384	WholeFlag	C	1	全量标志	0-增量，1-全量	Y
385	ModifyWay	C	1	修改方式	增量方式传递参数必填。 0-新增，1-修改，2-删除	N
356	OperateDate	A	8	生效日期	YYYYMMDD	Y
47	DownLoaddate	A	8	交易数据下传日期	格式为：YYYYMMDD， 指文件发送日期	Y

7.67.4　基金分红方案（C4 文件）

基金分红方案参数信息见表 89。

表 89　基金分红方案

ID	字段名	类型	长度	描　述	备　注	是否必需
355	SequenceNO	A	20	序号	唯一确定一条记录，不能重复	Y
67	FundCode	C	6	基金代码		Y
260	ShareClass	A	1	收费方式	0-前收费，1-后收费， 2-前后收费共用（基金代码）	Y
113	RegistrationDate	A	8	权益登记日期	对分红必填	N
42	DividentDate	A	8	分红日/发放日	对分红必填	N
46	XRDate	A	8	除权日		Y
155	DividendPerUnit	N	16（两位小数）	单位基金分红金额（含税）	对分红必填。 举例：每千份分两元，则此处填 2	N
601	DrawBonusUnit	N	10	分红单位	对分红而言，表示分红的基数。举例：每千份分多少，则分红单位就为一千。对净值调整而言，表示净值归一所调整份额的基数。举例：每万份调减 500 份后净值归一，则分红单位为一万，除权值为 500，除权值正负为“1”	Y
351	XRValue	N	16（两位小数）	除权值	表示基金净值归一所调整的份额（正负值通过“除权值正负”字段表示）	N
352	XRValueFlag	C	1	除权值正负	0-正，1-负	N
353	XRType	C	1	除权类型	0-分红，1-净值调整	Y
254	Specification	C	60	摘要/说明		N

续表

ID	字段名	类型	长度	描　述	备　注	是否必需
384	WholeFlag	C	1	全量标志	0-增量，1-全量	Y
385	ModifyWay	C	1	修改方式	增量方式传递参数必填。 0-新增，1-修改，2-删除	N
47	DownLoaddate	A	8	交易数据下传日期	格式为：YYYYMMDD， 指文件发送日期	Y

7.67.5 基金费率（C5文件）

基金费率所涉及的区间均为闭区间，即费率值适用于该区间的金额（或份额或天数）下限和上限。举例说明：

(1) 假设对某基金、某代理人，对个人客户申购业务的手续费设置为：小于50000元申购手续费率为0.02，50000元（含）以上为0.01，则费率表为两条记录。

第一条记录：业务代码122，资金类型002，个人/机构标志为1，取费率方式为1，金额下限为0，金额上限为49999.99，费率为0.02，费率标志为0，最高费用为99999999999999.99，最低费用为0。

第二条记录：业务代码122，资金类型002，个人/机构标志为1，取费率方式为1，金额下限为50000，金额上限为99999999999999.99，费率为0.01，费率标志为0，最高费用为99999999999999.99，最低费用为0。

(2) 假设对某基金、某代理人，对个人客户赎回业务的手续费设置为：一年（含）内赎回手续费率为0.005，一年以上为0.002，则费率表为两条记录。

第一条记录：业务代码124，资金类型002，个人/机构标志为1，取费率方式为2，天数下限为0，天数上限为365，费率为0.005，费率标志为0，最高费用为99999999999999.99，最低费用为0。

第二条记录：业务代码124，资金类型002，个人/机构标志为1，取费率方式为2，天数下限为366，天数上限为99999，费率为0.002，费率标志为0，最高费用为99999999999999.99，最低费用为0。

(3) 假设对某基金、某代理人，对个人客户转托管业务的过户费设置为：每笔固定收费20元，则费率表为一条记录。

业务代码126，资金类型007，个人/机构标志为1，取费率方式为0，固定费用为20，最高费用为99999999999999.99，最低费用为0。

基金费率见表90。

表90　基金费率

ID	字段名	类型	长度	描　述	备　注	是否必需
355	SequenceNO	A	20	序号	唯一确定一条记录，不能重复	Y
67	FundCode	C	6	基金代码		Y
260	ShareClass	A	1	收费方式	0-前收费，1-后收费， 表明基金是前收费或后收费基金	Y
34	CodeOfTarget Fund	A	6	转换时的目标基金代码	基金转换业务必填	N
526	TargetShareType	C	1	对方基金份额类别	基金转换业务必填。 0-前收费，1-后收费	N

续表

ID	字段名	类型	长度	描　述	备　注	是否必需
121	DistributorCode	C	9	销售人代码		Y
87	BranchCode	C	9	网点号码	托管网点号码。对大集中方式的销售人，此字段与销售人代码相同	N
135	BusinessCode	A	3	业务代码	120 为认购，122 为申购，124 为赎回，163 为定额赎回，142 为强制赎回，126 为转托管，136 为基金转换，139 为定时定额申购，143 为分红，130 为认购结果，191 为 ETF 基金申购，194 为 ETF 基金赎回，172 为月费，173 为销售服务费，174 为尾随佣金	Y
320	CapitalType	C	3	资金类型	表示费用的类型 002 -手续费，003 -代理费，004 -印花税，005 -认购成功利息，006 -利息税，007 -过户费，008 -其他费用，009 -现金红利，010 -红利所得税，011 -认购退款金额，012 -认购退款利息，013 -现金分红手续费，015 -后收手续费，016 -补差费，017 -销售服务费，018 -尾随佣金，020 -转换代理费，021 -补差代理费，022 -惩罚性费用	Y
98	IndividualOrInstitution	A	1	个人/机构标志	0 -机构，1 -个人，2 -全部	Y
365	GetFeeRateMethod	C	1	取费率方式	0 -固定收费，1 -按金额，2 -按天数，3 -按份额	Y
374	ConstantFee	N	16（两位小数）	固定费用	固定收费时必填	N
357	VolLowerLimit	N	16（两位小数）	份额下限	按份额分段计费时必填	N
358	VolUpperLimit	N	16（两位小数）	份额上限	按份额分段计费时必填	N
359	AmountLower Limit	N	16（两位小数）	金额下限	按金额分段计费时必填	N
360	AmountUpper Limit	N	16（两位小数）	金额上限	按金额分段计费时必填	N
361	DaysLowerLimit	N	5	天数下限	按持有天数分段计费时必填	N
362	DaysUpperLimit	N	5	天数上限	按持有天数分段计费时必填	N
363	MaxFee	N	16（两位小数）	最高费用	有最高费用限制时必填，否则填全 9	N
194	MinFee	N	10（两位小数）	最少收费	有最低费用限制时必填，否则填 0	N
193	RateFee	N	9（八位小数）	费率	如果是相对费率，此处填 0	Y

续表

ID	字段名	类型	长度	描　述	备　注	是否必需
366	FeeRateFlag	C	1	费率标志	0-绝对费率，1-相对费率	Y
380	CompareProportion	N	16（八位小数）	相对比例	相对费率必填。费率针对指定费率的比例，即费率/指定费率	N
381	CompareCapitalType	C	3	相对资金类型	相对费率必填。值域参考 CapitalType	N
384	WholeFlag	C	1	全量标志	0-增量，1-全量	Y
385	ModifyWay	C	1	修改方式	增量方式传递参数必填。0-新增，1-修改，2-删除	N
356	OperateDate	A	8	生效日期	YYYYMMDD	Y
47	DownLoaddate	A	8	交易数据下传日期	格式为：YYYYMMDD，指文件发送日期	Y

8　数据字典

所有业务环节交换的数据项定义见下表。

表 91　数据字典

ID	字段名	类型	长度	描　述	备　注
1	AcctManFee	N	16（两位小数）	基金账户管理费	
2	InstAppSubsAmnt	N	16（两位小数）	法人追加认购金额	
3	InstAppSubsVol	N	16（两位小数）	法人追加认购份数	
4	Address	C	120	通讯地址	
5	InstReprIDCode	C	30	法人代表身份证件代码	
6	InstReprIDType	C	1	法人代表证件类型	
7	InstReprName	C	20	法人代表姓名	
8	AppSheetSerialNo	A	24	申请单编号	同一销售机构不能重复
9	TotalSubsAmnt	N	16（两位小数）	申购总金额	
10	TotalAccptdSubsVol	N	10	成功申购总笔数	申请总笔数
11	TotalSubsCharge	N	16（两位小数）	申购手续费总金额	
12	TotalSubsVol	N	16（两位小数）	申购总份数	

续表

ID	字段名	类型	长度	描　述	备　注
13	AvailableVol	N	16（两位小数）	持有人可用基金份数	
14	IssueType	C	1	基金发行方式	1-不限量发行，2-限额发行，3-比例配售
15	AmntReinbursed	N	16（两位小数）	退回金额	
16	BackendLoad	N	16（两位小数）	每笔交易后端收费	
17	AcctBalanceInIndividualDis-tributor	N	16（两位小数）	持有人在单个销售机构的基金份数	
18	TotalVolOfDistributorInTA	N	16（两位小数）	基金总份数（含冻结）	
19	AcctNoOfFMInClearing Agency	C	28	基金管理人在资金清算机构的交收账号	
20	AcctNameOfFMInClearing Agency	C	60	基金管理人在资金清算机构的交收账户名	
21	ClearingAgencyCode	A	9	基金资金清算机构代码	
22	BasisforCalculatingDividend	N	16（两位小数）	红利/红利再投资基数	登记日基金持有人的基金份数
23	InvestorsBirthday	A	8	投资人出生日期	格式为：YYYYMMDD
24	DefDividendMethod	A	1	默认分红方式	0-红利转投，1-现金分红
25	DiscountRateOfCommission	N	5（四位小数）	销售佣金折扣率	销售人申报的折扣率
27	CertificateType	C	1	个人证件类型及机构证件类型	个人证件类型 0-身份证，1-护照， 2-军官证，3-士兵证， 4-港澳居民来往内地通行证， 5-户口本， 6-外国护照，7-其他， 8-文职证，9-警官证， A-台胞证 机构证件类型 0-组织机构代码证， 1-营业执照，2-行政机关， 3-社会团体，4-军队， 5-武警， 6-下属机构（具有主管单位批文号）， 7-基金会，8-其他

续表

ID	字段名	类型	长度	描　述	备　注
28	DepositAcct	C	19	投资人在销售人处用于交易的资金账号	
29	RegionCode	A	4	交易所在地区编号	
30	TransferDateFromCustodian	A	8	清算资金自托管人处划出日期	格式为：YYYYMMDD
31	TransferDateThroughClearingAgency	A	8	清算资金经清算人划出日期	格式为：YYYYMMDD
32	TransactionCfmDate	A	8	交易确认日期	格式为：YYYYMMDD
33	AnnContent	C	TEXT	公告内容	
34	CodeOfTargetFund	A	6	转换时的目标基金代码	
35	MinAmountByInst	N	16（两位小数）	法人首次认购最低金额	
36	MinVolByInst	N	16（两位小数）	法人首次认购最低份数	
37	CurrencyType	A	3	结算币种	具体编码依 GB/T12406 - 2008
38	CustodianCode	A	3	托管人代码	
39	AmountOfPeriodicSubs	N	16（两位小数）	定时定额申购的金额	
40	DateOfPeriodicSubs	A	8	定时定额申购日期	格式为：YYYYMMDD
41	VolOfDividendforReinvestment	N	16（两位小数）	基金账户红利再投资基金份数	
42	DividentDate	A	8	分红日/发放日	
43	DividendAmount	N	16（两位小数）	基金账户红利资金	
44	TotalDividendAmount	N	16（两位小数）	基金红利总额	
45	DividendOrShare	A	1	红利/红利再投资标志	0-红利再投资，1-红利
46	XRDate	A	8	除权日	
47	DownLoadDate	A	8	交易数据下传日期	指发送日期
48	EducationLevel	C	3	投资人学历	01-研究生，02-大学本科，03-大学专科，04-中专或技校，05-技工学校，06-高中，07-初中，08-小学，09-文盲或半文盲
49	EmailAddress	C	40	投资人 E-mail 地址	
50	TotalDividendIndeed	N	16（两位小数）	基金实发红利总金额	
51	FaxNo	C	24	投资人传真号码	

续表

ID	字段名	类型	长度	描　述	备　注
52	Charge	N	10（两位小数）	手续费	
53	AgencyFee	N	10（两位小数）	代理费	
54	ChargeRate	N	6（四位小数）	手续费率	
55	TotalTransFee	N	10（两位小数）	交易确认费用合计	
56	TotalFeeForDividend	N	10（两位小数）	分红费用合计	
57	AnnouncementNo	C	13	公告文件号	基金管理公司编码：（NNN）＋YYYYMMDD＋序号（NN）
58	FreezingDeadline	A	8	冻结截止日期	格式为：YYYYMMDD
59	TotalFrozenVol	N	16（两位小数）	基金冻结总份数	
60	FrozenCause	A	1	冻结原因	0-司法冻结，1-柜台冻结，2-质押冻结，3-质押、司法双重冻结，4-柜台、司法双重冻结
61	FrontendFee	N	16（两位小数）	每笔交易前端收费	
62	ConfirmedVol	N	16（两位小数）	基金账户交易确认份数	
63	FundName	C	40	基金名称	
64	ConfirmedAmount	N	16（两位小数）	每笔交易确认金额	
65	VocationCode	C	3	投资人职业代码	01-党政机关、事业单位，02-企业单位，03-自由业主，04-学生，05-军人，06-其他
66	TotalFundVol	N	16（两位小数）	基金总份数	
67	FundCode	C	6	基金代码	
68	FundStatus	C	1	基金状态	0-可申购赎回，1-发行，4-停止申购赎回，5-停止申购，6-停止赎回，8-基金终止，9-基金封闭
69	HomeTelNo	C	22	投资人住址电话	
70	MaxRedemptionVol	N	16（两位小数）	基金最高赎回份数	

续表

ID	字段名	类型	长度	描　述	备　注
71	MinAccountBalance	N	16（两位小数）	基金最低持有份数	
72	CertificateNo	C	30	投资人证件号码	
73	AnnualIncome	N	8	投资人年收入	
74	AnnouncementDate	A	8	公告日期	格式为：YYYYMMDD
75	AnnouncementType	A	1	公告类别	0-常规，1-异常
76	Interest	N	10（两位小数）	基金账户利息金额	
77	BackAmountByInvalid	N	16（两位小数）	因为无效而划回投资人的资金	
78	IPOStartDate	A	8	基金募集开始日期	格式为：YYYYMMDD
79	IPOEndDate	A	8	基金募集结束日期	格式为：YYYYMMDD
80	LargeRedemptionFlag	A	1	巨额赎回处理标志	0-取消，1-顺延
81	LengthOfAnnouncement	N	10	公告内容长度	
82	FundManagerCode	C	3	基金管理人	
83	MobileTelNo	C	24	投资人手机号码	
84	MultiAcctFlag	A	1	多渠道开户标志	0-首次开设基金账户，1-已经其他渠道开户
85	InvestorName	C	120	投资人户名	
86	NAV	N	7（四位小数）	基金份额净值	
87	BranchCode	C	9	网点号码	托管网点号码。对大集中方式的销售人，此字段与销售人代码相同
88	OfficeTelNo	C	22	投资人单位电话号码	
89	OriginalSerialNo	A	20	TA 的原确认流水号	
90	OriginalAppSheetNo	A	24	原申请单编号	
91	OriginalSubsDate	A	8	原申购日期	格式为：YYYYMMDD
92	TransactionDate	A	8	交易发生日期	格式为：YYYYMMDD
93	TransactionTime	A	6	交易发生时间	格式为：HHMMSS
94	OtherFee1	N	10（两位小数）	其他费用 1	
95	OtherFee2	N	16（两位小数）	其他费用 2	
96	OtherFee3	N	16（两位小数）	其他费用 3	

续表

ID	字段名	类型	长度	描　述	备　注
97	TargetDistributorCode	C	9	对方销售人代码	
98	IndividualOrInstitution	A	1	个人/机构标志	0-机构，1-个人
99	IndiAppSubsVol	N	16（两位小数）	个人追加认购份数	
100	IndiAppSubsAmount	N	16（两位小数）	个人追加认购金额	
101	PostCode	A	6	投资人邮政编码	
102	RedemptionDateInAdvance	A	8	预约赎回日期	格式为：YYYYMMDD
103	IPOPrice	N	7（四位小数）	发行价格	
104	MinSubsVolByIndi	N	16（两位小数）	个人首次认购最低份数	
105	MinSubsAmountByIndi	N	16（两位小数）	个人首次认购最低金额	
106	TransactorCertNo	C	30	经办人证件号码	
107	TransactorCertType	C	1	经办人证件类型	0-身份证，1-护照，2-军官证，3-士兵证，4-港澳居民来往内地通行证，5-户口本，6-外国护照，7-其他，8-文职证，9-警官证，A-台胞证
108	TransactorName	C	20	经办人姓名	
109	TotalRedemptionAmount	N	16（两位小数）	基金赎回总金额	
110	TotalTransactionOfSuccessfulRedemption	N	10	成功赎回总笔数	
111	TotalFeeOfRedemption	N	16（两位小数）	赎回手续费总金额	
112	VolOnRegistraionDate	N	16（两位小数）	权益登记日基金账户份数	
113	RegistrationDate	A	8	权益登记日期	格式为：YYYYMMDD
114	RegistrarCode	C	2	注册登记人代码	
115	RegistrationFee	N	16（两位小数）	注册登记费	
116	TotalReinvestmentDividend	N	16（两位小数）	红利自动再投资总金额	

续表

ID	字段名	类型	长度	描　述	备　注
117	BackAmountByExcess	N	16（两位小数）	因为剩余而划回投资人的资金	
118	TotalRedemptionVol	N	16（两位小数）	赎回总份数	
119	ReturnCode	A	4	交易处理返回代码	取值见附录 B
120	TransactionAccountID	A	17	投资人基金交易账号	投资人在销售机构内开设的用于交易的账号
121	DistributorCode	C	9	销售人代码	
122	AccountAbbr	C	12	投资人户名简称	
123	DividendRatio	N	16（两位小数）	红利比例	（金额/分红总额）
124	ConfidentialDocumentCode	C	8	密函编号	
125	DocumentSendDate	A	8	文件发送日期	格式为：YYYYMMDD
126	Sex	A	1	投资人性别	1-男，2-女
127	SHSecuritiesAccountID	C	10	上交所证券账号	
128	SZSecuritiesAccountID	C	10	深交所证券账号	
129	FundSize	N	16（两位小数）	基金规模	
130	FundSponsor	A	3	基金发起人	
131	AnnouncementTitle	C	100	公告标题	
132	ApplicationVol	N	16（两位小数）	申请基金份数	
133	TradingPrice	N	7（四位小数）	交易价格	单位基金净值＋各种费用
134	ApplicationAmount	N	16（两位小数）	申请金额	
135	BusinessCode	A	3	业务代码	编码见表 4
136	TAAccountID	C	12	投资人基金账号	
137	TASerialNO	A	20	TA 确认交易流水号	TA 对每笔确认的唯一标识，同一日不能重复，与交易确认日期 TransactionCfmDate 一起组成 TA 中一笔确认的唯一键
138	StampDuty	N	16（两位小数）	印花税	
139	Tax	N	16（两位小数）	税金	

续表

ID	字段名	类型	长度	描　述	备　注
140	TelNo	C	22	投资人电话号码	
141	TargetBranchCode	C	9	对方网点号	转销售人/机构、非交易过户时使用
142	TargetTransactionAccountID	A	17	对方销售人处投资人基金交易账号	非交易过户时使用
143	AggregationOfTransactionByBusinessType	N	8	每种业务笔数汇总	
144	AggregationDate	A	8	汇总日期	格式为：YYYYMMDD
145	TotalVol	N	16（两位小数）	基金份数汇总	
146	TotalAmount	N	16（两位小数）	基金金额汇总	
147	TargetTAAccountID	C	12	对方基金账号	转销售人、非交易过户时
148	TrailCommission	N	16（两位小数）	尾随佣金	
149	UpdateDate	A	8	基金净值日期	格式为：YYYYMMDD
150	ValidPeriod	N	2	交易申请有效天数	
151	FaceValue	N	7（四位小数）	基金面值	
152	TargetRegionCode	A	4	对方所在地区编号	
153	TotalFailingVol	N	16（两位小数）	失败份数汇总	
154	TotalSuccessfulVol	N	16（两位小数）	成功份数汇总	
155	DividendPerUnit	N	16（两位小数）	单位基金分红金额（含税）	
156	InterestTax	N	16（两位小数）	利息税	
157	FundVolBalance	N	16（两位小数）	基金份数余额	
158	BeginAllotNo	N	12	配号开始号	
159	EndAllotNo	N	12	配号结束号	
160	TotalAllotNo	N	12	配号总数	
161	CfmVolOfTargetFund	N	16（两位小数）	目标基金的确认份数	
162	TargetNAV	N	7（四位小数）	目标基金的单位净值	

续表

ID	字段名	类型	长度	描　述	备　注
163	TargetFundPrice	N	7（四位小数）	目标基金的价格	
164	TradingMethod	C	8	使用的交易手段	共8个字符，每个字符代表一种交易手段，其含义为：第1位：CALLCENTER，第2位：INTERNET，第3位：自助终端，第4位：柜台，第5~8位：保留。每个字符取1表示使用此种手段，取0表示不使用
165	ContractNo	A	20	合约编号	
166	SelfHelp	C	1	自助终端	0-取消，1-开通
167	MinorFlag	C	1	未成年人标志	0-否，1-是
169	DeliverType	C	1	对账单寄送选择	1-不寄送，2-按季，3-半年，4-一年
170	TransactorIDType	C	1	经办人识别方式	1-书面委托，2-印鉴，3-密码，4-证件
171	AccountCardID	C	8	基金账户卡的凭证号	
172	TotalFrontendFee	N	16（两位小数）	交易前端收费总额	
173	TotalBackendLoad	N	16（两位小数）	交易后端收费总额	
174	TotalFailingAmount	N	16（两位小数）	失败金额汇总	
175	TotalSuccessfulAmount	N	16（两位小数）	成功金额汇总	
176	TransferDirection	A	1	转入/转出标识	0-转出，1-转入
177	BusinessFinishFlag	C	1	业务过程完全结束标识	0-中间过程，1-业务过程结束
178	TotalFailingDealingNum	N	6	失败交易笔数	
179	TotalSuccessfulDealingNum	N	6	成功交易笔数	
180	ConvertStatus	C	1	基金转换状态	0-可转入、可转出，1-只可转入，2-只可转出，3-不可转换
181	AcctNameOfInvestorInClearingAgency	C	60	投资人收款银行账户户名	
182	AcctNoOfInvestorInClearingAgency	C	28	投资人收款银行账户账号	
183	ClearingAgency	A	9	投资人收款银行账户开户行	

续表

ID	字段名	类型	长度	描 述	备 注
184	UnFrozenBalance	N	16（两位小数）	解冻红利金额	账户冻结期间产生的红利
185	BusinessOrganiger	C	3	业务发起人代码	
186	AccountType	C	1	账户类型	0-普通账户，1-机构散户
187	FrozenBalance	N	16（两位小数）	冻结金额	
188	FrozenShares	N	16（两位小数）	冻结红利再投资份数	需冻结的红利再投资份数
189	TotalFare	N	16（两位小数）	交易费用汇总	
190	VastRedeemFlag	C	1	巨额赎回标志	0-非巨额，1-巨额
191	TermOfPeriodicSubs	N	5	定时定额申购期限	
192	FutureBuyDate	A	8	指定申购日期	格式为：YYYYMMDD
193	RateFee	N	9（八位小数）	费率	分段收费考虑
194	MinFee	N	10（两位小数）	最少收费	
195	DaysRedemptionInAdvance	N	5	预约赎回工作日天数	
198	MaxSubsVolByIndi	N	16（两位小数）	个人最高认购份数	
199	MaxSubsAmountByIndi	N	16（两位小数）	个人最高认购金额	
200	MaxSubsVolByInst	N	16（两位小数）	法人最高认购份数	
201	MaxSubsAmountByInst	N	16（两位小数）	法人最高认购金额	
202	UnitSubsVolByIndi	N	16（两位小数）	个人认购份数单位	
203	UnitSubsAmountByIndi	N	16（两位小数）	个人认购金额单位	
204	UnitSubsVolByInst	N	16（两位小数）	法人认购份数单位	
205	UnitSubsAmountByInst	N	16（两位小数）	法人认购金额单位	
206	MinBidsAmountByIndi	N	16（两位小数）	个人首次申购最低金额	

续表

ID	字段名	类型	长度	描　述	备　注
207	MinBidsAmountByInst	N	16（两位小数）	法人首次申购最低金额	
208	MinAppBidsAmountByIndi	N	16（两位小数）	个人追加申购最低金额	
209	MinAppBidsAmountByInst	N	16（两位小数）	法人追加申购最低金额	
210	MinRedemptionVol	N	16（两位小数）	基金最少赎回份数	
211	MinInterconvertVol	N	16（两位小数）	最低基金转换份数	
212	IssueTypeByIndi	C	1	个人发行方式	1-比例发行，2-摇号，3-先来先买
213	IssueTypeByInst	C	1	机构发行方式	1-比例发行，2-摇号，3-先来先买
214	SubsType	C	1	认购方式	0-金额认购，1-份数认购
215	CollectFeeType	C	1	交易费收取方式	0-价内费，1-价外费
216	NextTradeDate	A	8	下一开放日	
217	SalerNettReceivableAmount	N	16（两位小数）	销售人净收结算金额	
218	SalerNetPayableAmount	N	16（两位小数）	销售人净付结算金额	
219	SalerTotalFee	N	16（两位小数）	销售人收取费用总额	
220	SalerBidFee	N	16（两位小数）	销售人收取申购费用	
221	SalerBidFee	N	16（两位小数）	销售人收取赎回费用	
222	FundTotalFee	N	16（两位小数）	赎回费用总额（扣除保留在基金资产部分）	
223	RaiseTotalAmount	N	16（两位小数）	认购资金总额	
224	AccumulativeTotalRaiseAmount	N	16（两位小数）	累计认购资金总额	
225	RaiseInterest	N	16（两位小数）	认购期间利息	

续表

ID	字段名	类型	长度	描　述	备　注
226	SalerRaiseFee	N	16（两位小数）	销售人认购费	
227	Conversion InAmount	N	16（两位小数）	转入款	
228	ConvertingToAmount	N	16（两位小数）	转出款	
229	SalerExchangeFee	N	16（两位小数）	销售人转换费	
230	BidTax	N	16（两位小数）	申购印花税	
231	RedemptionTax	N	16（两位小数）	赎回印花税	
232	IndividualCapitalGainTax	N	16（两位小数）	分红个人利得所得税	
233	InstituteCapitalGainTax	N	16（两位小数）	分红机构利得所得税	
234	IndividualIncomeTax	N	16（两位小数）	分红个人增值所得税	
235	InstituteIncomeTax	N	16（两位小数）	分红机构增值所得税	
236	SalerReinvestmentFee	N	16（两位小数）	销售人再投资费	
237	SubFeeRetTA	N	16（两位小数）	申购归注册登记人所得费用	包括注册登记人的费用
238	RedemFeeRetTA	N	16（两位小数）	赎回归注册登记人所得费用	包括注册登记人的费用
239	TotalTransInAmount	N	16（两位小数）	基金转换入总金额	
240	TotalFeeOfTransInAmount	N	16（两位小数）	基金转换入手续费总金额	
241	TotalTransInVol	N	16（两位小数）	基金转换入总份数	
242	TotalTransOutAmount	N	16（两位小数）	基金转换出总金额	
243	TotalFeeOfTransOut Amount	N	16（两位小数）	基金转换出手续费总金额	

续表

ID	字段名	类型	长度	描　述	备　注
244	TotalTransOutVol	N	16（两位小数）	基金转换出总份数	
245	BidTrade	N	13	成功申购总户数	
246	RedeemTrade	N	13	成功赎回总户数	
247	FreezeTotal	N	16（两位小数）	冻结总份数	
248	ManagerCode	A	3	管理人代码	
249	NetBidTotalAmount	N	16（两位小数）	申购成功资金总额（不含费用，不含税）	
250	NetRedeemTotalAmount	N	16（两位小数）	赎回成功资金总额（不含费用，不含税）	
251	CreditDebit	N	1	借贷方向	0-借方，1-贷方
252	RedemptionFee	N	16（两位小数）	赎回费	
253	NetSettlement	N	16（两位小数）	资金清算净额	全额交收可以用作实际清算额
254	Specification	C	60	摘要/说明	
255	TransferFee	N	10（两位小数）	过户费	
256	FromTAFlag	A	1	是否注册登记人发起业务标志	0-由销售人发起， 1-由注册登记人发起
257	FrozenMethod	A	1	冻结方式	0-原份数冻结， 1-原份数+滋息冻结
258	OriginalAppDate	A	8	原申请日期	格式为：YYYYMMDD
259	TotalBackendLoadVol	N	16（两位小数）	交易后端收费总份数	
260	ShareClass	A	1	收费方式	-0-前收费，1-后收费， 2-前后收费共用（基金代码）
261	OriginalCfmDate	A	8	TA的原确认日期	
262	RedemptionInAdvanceFlag	A	1	预约赎回标志	0-非预约赎回，1-预约赎回
263	RedemptionReason	A	1	强行赎回原因	0-小于最低持有数， 1-司法执行，2-政策原因
264	DetailFlag	A	1	明细标志	0-非明细，1-明细

续表

ID	字段名	类型	长度	描 述	备 注
265	DeliverWay	C	8	对账单寄送方式	共8个字符，每个字符代表一种交易手段，其含义为： 第1位：邮寄， 第2位：传真， 第3位：E-mail， 第4位：短消息， 第5～8位：保留。 每位字符取1表示采用此种手段，取0表示不使用
266	VolumeByInterest	N	16（两位小数）	利息产生的基金份数	
267	ValueLine	N	7（两位小数）	产品价值线数值	
268	AccountStatus	A	1	账户状态	0-正常，1-冻结，2-挂失
269	BeginDateOfPeriodicSubs	A	8	定时定额申购起始日期	格式为：YYYYMMDD
270	EndDateOfPeriodicSubs	A	8	定时定额申购终止日期	格式为：YYYYMMDD
271	SendDayOfPeriodicSubs	N	2	定时定额申购每周期发送日	指每周期的第几天。如果遇非交易日，则顺延到下一交易日
272	TotalVolumeofReinvestmentDividend	N	16（两位小数）	红利再投资份额总额	
273	AccumulativeNAV	N	7（四位小数）	累计基金单位净值	
274	ShareRegisterDate	A	8	份额注册日期	
275	LargeBuyFlag	A	1	巨额购买处理标志	0-取消，1-顺延
276	FeeCalculator	A	1	计费人	0-TA计费，1-基金计费
277	IndiAcctCfmRate	N	5（四位小数）	个人账户确认比例	
278	InstAcctCfmRate	N	5（四位小数）	机构账户确认比例	
279	GenAcctCfmRate	N	5（四位小数）	综合账户确认比例	
280	VarietyCodeOfPeriodicSubs	C	5	定时定额品种代码	
281	SerialNoOfPeriodicSubs	C	5	定时定额申购序号	
282	CorpName	C	40	工作单位名称	
283	RefundAmount	N	16（两位小数）	退款金额	
284	SecuritiesAccountID	C	10	证券账号	

续表

ID	字段名	类型	长度	描　述	备　注
285	SalePercent	N	8（五位小数）	配售比例	
286	CertValidDate	A	8	证件有效日期	
287	InstTranCertValidDate	A	8	机构经办人身份证件有效日期	
288	InstReprCertValidDate	A	8	机构法人身份证件有效日期	
289	ClientRiskRate	C	1	客户风险等级	
290	InstReprManageRange	C	2	机构法人经营范围	01-农、林、牧、渔业，02-采矿业，03-制造业，04-电力、燃气及水的生产和供应业，05-建筑业，06-交通运输、仓储和邮政业，07-信息传输、计算机服务和软件业，08-批发和零售业，09-住宿和餐饮业，10-金融业，11-房地产业，12-租赁和商务服务业，13-科学研究、技术服务和地质勘查业，14-水利、环境和公共设施管理业，15-居民服务和其他服务业，16-教育,17-卫生、社会保障和社会福利业，18-文化、体育和娱乐业，19-公共管理与社会组织，20-国际组织
291	ControlHolder	C	80	控股股东	
292	ActualController	C	80	实际控制人	
293	MarriageStatus	C	1	婚姻状况	0-未婚，1-已婚
294	FamilyNum	N	2	家庭人口数	
295	Penates	N	16（两位小数）	家庭资产	
296	MediaHobby	C	1	媒体偏好	0-网络，1-广播，2-电视，3-报刊，4-其他
297	CustomerNo	C	12	TA 客户编号	
298	RationProtocolNo	C	20	定期定额协议号	
299	RationType	C	1	定期定额种类	
300	BreachFee	N	16（两位小数）	违约金	
301	SalesPromotion	C	3	促销活动代码	
302	AcceptMethod	C	1	受理方式	0-柜台，1-电话，2-网上，3-自助，4-传真，5-其他
303	ForceRedemptionType	C	1	强制赎回类型	0-强制赎回，1-违约赎回，2-到期

续表

ID	字段名	类型	长度	描　述	备　注
304	AllowBreachRedempt	C	1	允许违约赎回标志	0-允许，1-不允许
305	PunishFee	N	16（两位小数）	惩罚性费用	
306	BreachFeeBackToFund	N	16（两位小数）	违约金归基金资产金额	
307	FutureSubscribeDate	A	8	指定认购日期	
308	TotalDivident	N	8（五位小数）	累积单位分红	
309	ErrorDetail	C	60	出错详细信息	
310	FundType	C	2	基金类型	01-股票型，02-债券型，03-混合型，04-货币型
311	PointsType	C	1	积分类型	0-基金公司一般积分，1-利添利联名卡积分
312	Points	N	15（两位小数）	积分值	
313	FundCorpCode	C	8	基金公司代码	
314	FundServerTel	C	30	基金公司客服电话	
315	FundInternetAddress	C	40	基金公司网站网址	
316	PointsStatus	C	1	积分状态	0-正常，1-作废
317	AnnouncFlag	C	1	公告标志	0-公告，1-不公告
318	TransferPermitFlag	C	1	跨市场转入允许标志	0-允许，1-不允许
319	InstAccount	C	30	销售人结算法人资金账号	
320	CapitalType	C	3	资金类型	
321	ReceOrPayFlag	C	1	收付标志	
322	CalculateDate	A	8	清算日期	
323	PayDate	A	8	交收日期	
324	SeatCode	C	6	席位代码	
325	InstitutionType	C	1	机构类型	0-保险机构，1-基金公司，2-上市公司，3-信托公司，4-证券公司，5-其他机构，6-理财产品，7-企业年金，8-社保基金
326	DistributorName	C	80	销售人名称	
327	TakeIncomeFlag	C	1	带走收益标志	0-不带走，1-带走
328	PurposeOfPeSubs	C	40	定投目的	
329	FrequencyOfPeSubs	N	5	定投频率	

续表

ID	字段名	类型	长度	描 述	备 注
330	BatchNumOfPeSubs	N	16（两位小数）	定投期数	
331	FundTypeName	C	30	基金类型名称	
332	RegistrarName	C	40	注册登记人名称	
333	FundManagerName	C	40	基金管理人名称	
334	EnglishFirstName	C	20	投资人英文名	
335	EnglishFamliyName	C	20	投资人英文姓	
336	Vocation	C	4	行业	采用国标 GB/T4754－2011
337	CorpoProperty	C	2	企业性质	0－国企，1－民营，2－合资，3－其他
338	StaffNum	N	16（两位小数）	员工人数	
339	Hobbytype	C	2	兴趣爱好类型	
340	Province	C	6	省/直辖市	采用国标 GB/T 2260－2007 中 6 位数字代码
341	City	C	6	市	采用国标 GB/T 2260－2007 中 6 位数字代码
342	County	C	6	县/区	采用国标 GB/T 2260－2007 中 6 位数字代码
343	CommendPerson	C	40	推荐人	
344	CommendPersonType	C	1	推荐人类型	1－内部员工，2－注册用户，3－基金账户，4－客户经理编号，5－客户经理姓名，0－其他
345	CapitalMode	C	2	资金方式	1－普通方式，2－兴业银基通，3－银联通，4－工行网银，5－好易联，6－汇付天下，7－工行银基通，8－好易联托收，9－银行代扣款，A－农行网银，B－建行网银，C－交行网银，D－北京银行，E－支付宝，F－浦发网银，G－招行网银，H－开联网银，I－富友，J－民生网银，K－网下转账，L－平安网银，M－通联，N－中行网银，P－易宝，Q－财富通
346	DetailCapticalMode	C	2	明细资金方式	
347	BackenloadDiscount	N	5（四位小数）	补差费折扣率	
348	CombineNum	C	6	组合编号	

续表

ID	字段名	类型	长度	描　述	备　注
349	AlternationDate	A	8	最后更新日	
350	TargetDistributorType	C	1	对方销售人类型	
351	XRValue	N	16（两位小数）	单位除权值	
352	XRValueFlag	C	1	单位除权值正负	0-正，1-负
353	XRType	C	1	除权类型	0-分红，1-净值调整
354	DividendType	C	1	分红类型	0-普通分红，1-质押基金分红，2-货币基金收益结转，3-保本基金赔付，4-专户到期处理
355	SequenceNO	A	20	序号	
356	OperateDate	A	8	生效日期	YYYYMMDD
357	VolLowerLimit	N	16（两位小数）	份额下限	
358	VolUpperLimit	N	16（两位小数）	份额上限	
359	AmountLowerLimit	N	16（两位小数）	金额下限	
360	AmountUpperLimit	N	16（两位小数）	金额上限	
361	DaysLowerLimit	N	5	天数下限	
362	DaysUpperLimit	N	5	天数上限	
363	MaxFee	N	16（两位小数）	最高费用	
365	GetFeeRateMethod	C	1	取费率方式	0-固定收费，1-按金额，2-按天数，3-按份额
366	FeeRateFlag	C	1	费率标志	0-绝对费率，1-相对费率
367	FundNameAbbr	C	20	基金简称	
368	IsGuaranteedFund	C	1	是否保本基金	0-非，1-是
369	IsLOFFund	C	1	是否 LOF 基金	0-非，1-是
370	IsQDIIFund	C	1	是否 QDII 基金	0-非，1-是
371	IsETFFund	C	1	是否 ETF 基金	0-非，1-是
372	RedeemFeeBackRatio	N	16（两位小数）	赎回费归基金资产比例	
373	FundEstablishDate	A	8	基金成立日期	YYYYMMDD
374	ConstantFee	N	16（两位小数）	固定费用	

续表

ID	字段名	类型	长度	描　述	备　注
375	IsDiscount	C	1	是否允许打折	0-非，1-是
376	BuyPayPeriod	N	16（两位小数）	申购交收天数	
377	RedemptionPayPeriod	N	16（两位小数）	赎回交收天数	
378	ConversionPayPeriod	N	16（两位小数）	基金转换交收天数	
379	ChargePayMethod	C	1	手续费结算方式	0-净额结算，1-全额结算
380	CompareProportion	N	16（八位小数）	相对比例	费率针对指定费率的比例，即费率/指定费率
381	CompareCapitalType	C	3	相对资金类型	
382	SubPayBackPeriod	N	16（两位小数）	认购退款交收天数	
383	DividendPayPeriod	N	16（两位小数）	分红交收天数	
384	WholeFlag	C	1	全量标志	0-增量，1-全量
385	ModifyWay	C	1	修改方式	0-新增，1-修改，2-删除
386	ChangeAgencyFee	N	16（两位小数）	转换代理费	
387	RecuperateAgencyFee	N	16（两位小数）	补差代理费	
388	RedemptionSequence	C	1	指定赎回方式	0-先进先出，1-后进先出
389	BuyUpperAmount	N	16（两位小数）	申购金额上限	
390	CovertInUpperAmount	N	16（两位小数）	基金转换转入金额上限	
391	PeriodSubUpperAmount	N	16（两位小数）	定时定额申购金额上限	
392	ChargeType	C	1	收费类型	
393	SpecifyRateFee	N	9（八位小数）	指定费率	
394	SpecifyFee	N	16（两位小数）	指定费用	
395	PeriodSubTimeUnit	C	1	定投周期单位	
501	FundIncome	N	8（五位小数）	货币基金万份收益率	

续表

ID	字段名	类型	长度	描　述	备　注
502	FundIncomeFlag	C	1	货币基金万份收益正负	0-正，1-负
503	Yield	N	8（五位小数）	货币基金七日年收益	
504	YieldFlag	C	1	货币基金七日年收益正负	0-正，1-负
505	GuaranteedNAV	N	7（四位小数）	保本净值	
506	HandleCharge	N	10（两位小数）	经手费	
507	UndistributeMonetaryIncome	N	16（两位小数）	货币基金未付收益金额	
508	GuaranteedAmount	N	16（两位小数）	剩余保本金额	
509	ExchangeFlag	C	1	交易所标志	0-深圳场内，1-上海场内，2-场外
510	UndistributeMonetaryIncomeFlag	C	1	货币基金未付收益金额正负	0-正，1-负
511	Ref	C	10	券商用	
512	Internet	C	1	INTERNET 交易	0-取消，1-开通
521	ShareType	C	1	份额类别	保留字段。0-前收费，1-后收费
522	Nationality	C	3	投资者国籍	采用 GB/T 2659-2000
524	NetNo	C	9	操作（清算）网点编号	
526	TargetShareType	C	1	对方基金份额类别	
527	SourceType	C	1	份额原始来源	0-认购，1-申购，2-定期定额申购，3-分红
529	VastRedeemRatio	N	9（八位小数）	巨额赎回兑现比例	
530	Broker	C	12	经纪人	客户所属的经纪人
532	ProtocalEndDate	A	8	协议截止日期	
533	RationDate	N	5	定期定额的指定日期	
535	FundDayIncomeFlag	C	1	基金当日总收益正负	

续表

ID	字段名	类型	长度	描 述	备 注
536	FundDayIncome	N	16（两位小数）	基金当日总收益	
537	CustomerID	C	12	客户号	
538	RationKind	C	3	定期定额品种代码	
539	BelongFundAssetFare	N	16（两位小数）	归基金资产费	
540	BackFare	N	16（两位小数）	后收手续费	
541	RecuperateFee	N	16（两位小数）	补差费	
542	ChangeFee	N	16（两位小数）	转换费	
543	AchievementPay	N	16（两位小数）	业绩报酬	
544	AchievementCompen	N	16（两位小数）	业绩补偿	
549	OverAmount	N	16（两位小数）	申请超限金额	
550	OverShares	N	16（两位小数）	申请超限份额	
551	CapitalGainTax	N	16（两位小数）	红利所得税	
552	CashDividendFee	N	16（两位小数）	现金分红手续费	
553	ConfirmPayDate	C	8	确认支付日期	
554	NetValueDate	C	8	净值日期	
555	NetValueType	C	1	净值类型	0-普通净值，1-申购净值，2-赎回净值
556	FundYearIncomeRate	N	8（五位小数）	货币基金年收益率	最近一年来的收益率
557	FundYearIncomeRateFlag	C	1	货币基金年收益率正负	
558	BeginInterestDate	C	8	起息日期	转发 LOF 认购明细中起息日期
559	LofDataType	C	1	LOF 数据类别	转发 LOF 认购明细中数据类别
560	ManagerRealRatio	N	7（四位小数）	实际计算折扣	

续表

ID	字段名	类型	长度	描　述	备　注
561	CostPrice	N	7（四位小数）	成本价	批量份额调整业务用
562	GeneralTASerialNO	A	20	总 TA 确认流水号	用于发送交易明细
601	DrawBonusUnit	N	10	分红单位	
602	FrozenSharesforReinvest	N	16（两位小数）	冻结再投资份额	
603	SharesAdjustmentFlag	C	1	份额强制调整标志	0-柜台业务，1-管理人批量，调整 2-管理人普通调整，3-ETF 份额标准化，4-货币基金收益结转，5-基金分拆，6-确权，7-挂失换新号，8-基金升降级，9-净值调整，A-业绩报酬，B-业绩补偿，C-联名卡还款份额调整，D-基金展期份额调整
604	PeriodicStatus	C	1	定期定额状态	0-允许定期定额业务，1-仅允许定投业务，2-仅允许定赎业务，3-禁止定期定额业务
605	TransferAgencyStatus	C	1	转托管状态	0-允许所有转托管，1-仅允许场外转托管，2-仅允许跨市场转托管，3-禁止所有转托管
606	TransactionAccountStatus	C	1	交易账户状态	0-正常，3-注销
607	RationNo	C	3	定期定额序号	
608	AchievementPayFlag	C	1	业绩报酬正负	
609	IndiMaxPurchase	N	16（两位小数）	个人最大申购金额	
610	InstMaxPurchase	N	16（两位小数）	法人最大申购金额	
611	IndiDayMaxSumBuy	N	16（两位小数）	个人当日累计购买最大金额	
612	InstDayMaxSumBuy	N	16（两位小数）	法人当日累计购买最大金额	
613	IndiDayMaxSumRedeem	N	16（两位小数）	个人当日累计赎回最大份额	
614	InstDayMaxSumRedeem	N	16（两位小数）	法人当日累计赎回最大份额	
615	IndiMaxRedeem	N	16（两位小数）	个人最大赎回份额	

续表

ID	字段名	类型	长度	描　述	备　注
616	InstMaxRedeem	N	16（两位小数）	法人最大赎回份额	
617	TargetRegistrarCode	C	2	对方 TA 代码	

附录A
（规范性附录）
文件方式接口及通讯规范

A.1 TA与销售人汇总数据文件组织结构

A.1.1 数据索引文件

数据索引文件名为："OFI/OFJ/OFS/OFK/OFC"＋"_"＋文件创建人代码＋"_"＋文件接收人代码＋"_"＋日期（YYYYMMDD）＋". TXT"。

数据索引文件格式见表A.1。

表A.1 索引文件格式

名　称	长　度	值	含义（作用）
文件标识	8	"OFDCFIDX"	用以标明该文件的格式类型
文件版本号	4	20	2.0版本
文件创建人	9	销售人/TA/基金管理人/托管人的代码，由证监会统一发放	用于标明该文件的提交人
文件接收人	9	销售人/TA/基金管理人/托管人的代码，由证监会统一发放	用于标明该文件的接收人
日期	8	日期	与文件名日期一致，不是机器时间
文件个数	3	要传送的数据文件的个数	用于标明接下来要传送的数据文件个数
文件名1			第一个文件名
…			
文件结束标识	8	"OFDCFEND"	文件结束

注：表中的每一项在文件中为一行，下同。

A.1.2 数据文件

数据文件名"OFD"＋"_"＋文件创建人代码＋"_"＋文件接收人代码＋"_"＋日期（YYYYMMDD）＋"_"＋两位文件类型编码＋". TXT"。

数据文件格式见表A.2。

表 A.2 数据文件格式

名　称	长　度	值	含义（作用）
文件标识	8	"OFDCFDAT"	用以标明该文件的格式类型
文件版本号	4	20	2.0 版本
文件创建人	9	销售人/注册登记人/基金管理人/托管人的代码，由证监会统一发放	用于标明该文件的提交人
文件接收人	9	销售人/注册登记人/基金管理人/托管人的代码，由证监会统一发放	用于标明该文件的接收人
日期	8	日期	与文件名日期一致，不是机器日期
汇总表号	3		文件传输次序标志
文件类型码	2	01：账户申请 02：账户确认 03：交易申请数据与业务 04：交易确认数据与业务 05：基金账户对账 06：基金分红 07：基金动态信息 08：公告 09：红利汇总 10：日交割汇总 11：业务申请汇总（TA 发送） 12：业务确认汇总 13：业务申请汇总（代理人发送） 21：参与人及结算席位文件 23：其他类申请 24：其他类确认 25：资金清算	用于标明文件的功能类型
发送人	8	具体某机构某人	
接收人	8	具体某机构某人	
字段数	3	N	标明该数据文件的构成字段数
字段名 1			采用数据字典中的字段名
…			
字段名 N			
记录数	8	M	该数据文件包含的数据记录数，最多 99999999 条
记录 1			
记录 2			
记录 3			
…			
记录 M－2			
记录 M－1			
记录 M			
文件结束标识	8	"OFDCFEND"	文件结束

A. 1. 3 TA 与代理人交换的数据索引文件、数据文件列表

表 A. 3 TA 接收代理人文件列表

汇总数据	发送方	文件名	说明
索引文件	代理人	OFI _ xxx _ ??_ yyyymmdd. TXT	
账户申请	代理人	OFD _ xxx _ ??_ yyyymmdd _ 01. TXT	
交易申请	代理人	OFD _ xxx _ ??_ yyyymmdd _ 03. TXT	
其他类申请	代理人	OFD _ xxx _ ??_ yyyymmdd _ 23. TXT	
业务申请汇总	代理人	OFD _ xxx _ ??_ yyyymmdd _ 13. TXT	

其中“??”为 TA 代码，“XXX”为销售代理人代码，yyyymmdd 为文件发送日期。

表 A. 4 TA 发送代理人文件列表

汇总数据	发送方	文件名	说明
索引文件	代理人	OFJ _ ??_ xxx _ yyyymmdd. TXT	07/08/21 文件的索引文件
基金行情	代理人	OFD _ ??_ xxx _ yyyymmdd _ 07. TXT	
公告	代理人	OFD _ ??_ xxx _ yyyymmdd _ 08. TXT	
参与人及结算席位文件	代理人	OFD _ ??_ xxx _ yyyymmdd _ 21. TXT	
索引文件	代理人	OFS _ ??_ xxx _ yyyymmdd. TXT	11 文件的索引文件
业务申请汇总	代理人	OFD _ ??_ xxx_ yyyymmdd _ 11. TXT	
索引文件	代理人	OFI _ ??_ xxx _ yyyymmdd. TXT	02/04/05/06/09/12/24 文件的索引文件
账户回报	代理人	OFD _ ??_ xxx _ yyyymmdd _ 02. TXT	
交易回报	代理人	OFD _ ??_ xxx _ yyyymmdd _ 04. TXT	
份额对账	代理人	OFD _ ??_ xxx _ yyyymmdd _ 05. TXT	
基金分红	代理人	OFD _ ??_ xxx _ yyyymmdd _ 06. TXT	
红利汇总	代理人	OFD _ ??_ xxx _ yyyymmdd _ 09. TXT	
业务确认汇总	代理人	OFD _ ??_ xxx _ yyyymmdd _ 12. TXT	
其他类确认	代理人	OFD _ ??_ xxx _ yyyymmdd _ 24. TXT	
索引文件	代理人	OFK _ ??_ xxx _ yyyymmdd. TXT	25/10 资金类文件的索引文件
资金清算文件	代理人	OFD _ ??_ xxx _ yyyymmdd _ 25. TXT	

续表

汇总数据	发送方	文件名	说明
日交割汇总	代理人	OFD _ ?? _ xxx _ yyyymmdd _ 10. TXT	
索引文件	代理人	OFC _ ?? _ xxx _ yyyymmdd. TXT	C1/C2/C3/C4/C5 文件的索引文件
基金基础参数	代理人	OFD _ ?? _ xxx _ yyyymmdd _ C1. TXT	
基金代理关系	代理人	OFD _ ?? _ xxx _ yyyymmdd _ C2. TXT	
基金转换关系	代理人	OFD _ ?? _ xxx _ yyyymmdd _ C3. TXT	
基金分红方案	代理人	OFD _ ?? _ xxx _ yyyymmdd _ C4. TXT	
基金费率	代理人	OFD _ ?? _ xxx _ yyyymmdd _ C5. TXT	

A. 1. 4 文件类型与业务类型对应关系表

表 A. 5 文件类型与业务类型对照表

文件类型	业务类型
01：账户申请	开户申请（001），账户信息修改申请（003）
	销户申请（002），撤销交易账户申请（009）
	增加交易账户申请（008），变更交易账号（058）
02：账户确认	开户确认（101）
	销户确认（102），账户信息修改确认（103），增加交易账户确认（108），变更交易账号确认（158），撤销交易账户确认（109）
03：交易申请	认购申请（020）
	申购申请（022），定时定额申购申请（039），ETF 申购申请（091）
	赎回申请（024），预约赎回申请（025），定时定额赎回申请（063），ETF 赎回申请（093）
	转销售人/机构申请（026），转销售人/机构转入申请（027），转销售人/机构转出申请（028）
	设置自动再投资申请（029）
	基金份额冻结申请（031）
	基金份额解冻申请（032）
	基金转换申请（036），基金转换转入申请（037），基金转换转出申请（038）
	撤预约单（053）
	定时定额申购开通申请（059），定时定额申购撤销申请（060），定时定额变更申请（061）
	认购调整申请（062）
	基金质押申请（088），快速过户申请（098）

续表

文件类型	业务类型
04：交易确认	认购确认（120）
	申购确认（122），定时定额申购确认（139），ETF 申购一次确认（191），ETF 申购二次确认（192）
	赎回确认（124），强行赎回确认（142），定时定额赎回确认（163），ETF 赎回一次确认（193），ETF 赎回二次确认（194）
	预约赎回确认（125）
	转销售人/机构确认（126），转销售人/机构转入确认（127），转销售人/机构转出确认（128）
	设置自动再投资确认（129）
	认购结果（130）
	基金份额冻结确认（131）
	基金份额解冻确认（132）
	基金红利解冻确认（157）
	非交易过户转入确认（134），非交易过户转出确认（135）
	基金转换转入确认（137）
	基金转换转出确认（138）
	撤预约单确认（153）
	强行调增（144），强行调减（145）
	认购调整确认（162），定时定额申购开通确认（159），定时定额申购撤销确认（160），定时定额变更确认（161）
	基金质押确认（188），快速过户确认（198）
	募集失败（149），基金清盘（150），基金终止（151）
05：基金账户对账	基金账户对账数据
06：基金分红	红利/红利再投资发放（143）
07：基金和净值数据	基金信息数据项
08：公告	公告
09：红利汇总	红利汇总数据
10：日交割汇总	日交割汇总数据
11：业务申请汇总	业务申请汇总数据
12：业务确认汇总	业务确认汇总数据
21：参与人及结算席位文件	参与人及结算席位数据
23：其他类申请	确权申请（080），基金联名卡开通申请（067），基金联名卡撤销申请（068）地区编号变更通知（070）
24：其他类确认	确权确认（180），基金联名卡开通确认（167），基金联名卡撤销确认（168）积分确认（169）
25：资金清算	资金清算

A.2 文件加密与数字签名技术

由数据文件交换各方协商决定文件加密和数字签名所采用的技术方案。

附录 B
（规范性附录）
交易处理返回代码的取值及含义

注意：如果找不到合适的返回代码，统一填写“9999”，即“其他错误”。

表 B.1 交易处理返回代码

返回代码	含　义	备　注
0000	成功	
0001	份数余额不足	
0002	账户已冻结	
0003	账户已挂失	
0004	发行期不受理	
0005	封闭期不受理	
0006	非开放日不受理	
0007	收到预约数据确认	
0008	巨额不受理	
0009	无此账户	
0010	其他原因失败	
0100	证件号码错误	包括无证件号码
0101	证件号码重复	
0102	地区号无效	
0103	业务种类非法	
0104	销售人交易基金账号非法	
0105	销售代理人代码错误	
0106	无户名	
0107	个人/法人标志非法	
0108	证件类型非法	
0109	无经办人姓名	
0110	经办人证件类型非法	包括无经办人证件号码
0111	经办人证件号码错误	
0112	无通讯地址	
0113	邮政编码非法	包括无邮政编码
0114	无电话	
0115	无住址电话	
0116	无单位电话	

续表

返回代码	含　　义	备　　注
0117	开户网点非法	
0118	冻结挂失截止日期无效	
0119	无 E-mail 地址	
0120	无法人代表姓名	
0121	法人代表证件类型非法	
0122	法人身份证件代码非法	包括无法人身份证件代码
0123	基金账号非法	包括无基金账号
0124	密函编号非法	包括无密函编号
0125	职业代码非法	
0126	学历代码无效	
0127	年收入代码	
0128	性别非法	
0129	出生日期非法	
0130	传真号码非法	
0131	手机号码非法	
0132	传呼机号码非法	
0133	交收行代码非法	
0134	交收行账户名非法	
0135	交收行账号非法	
0136	上交所账号非法	
0137	深交所账号非法	
0138	开户日期非法	
0139	申请单编号非法	包括无申请单编号
0140	冻结标志非法	
0141	默认分红方式非法	
0200	基金代码非法	
0201	交易日期非法	
0202	交易时间非法	
0203	销售人流水号非法	
0204	币种代码非法	
0205	资金账号非法	
0206	交易数量非法	
0207	交易金额非法	
0208	对方销售人基金账号非法	
0209	受理日期已变为下一个工作日	
0210	对方基金账号非法	

续表

返回代码	含 义	备 注
0211	过户代理地点代码非法	
0212	股东账户代码非法	
0213	指定券商席位号非法	
0214	预约赎回日期非法	
0215	网点号非法	
0216	折扣率非法	
0217	有效天数非法	
0218	原申请单编号非法	
0219	巨额赎回处理标志非法	
0220	冻结原因非法	
0221	对方网点号非法	
0222	再投资类型非法	
0223	目标基金代码非法	
0224	手续费率非法	
0225	手续费非法	
0226	对方销售人代码非法	
0227	原申购日期非法	
0228	账户未挂失	
0229	账户未冻结	
0301	账户申请日期无效	
0302	账户申请不存在	
0303	投资人已注册基金账户	
0304	账户申请注册失败	
0305	赎回份数过小	
0306	因投资人未在转入方开户致使转销售人/机构失败	
0307	持有份数超过持有上限	
0308	基金账户已注销	
0309	单笔申购低于申购下限	
0310	赎回后剩余份数低于持有下限	
0311	转出方余额不足	
0312	确认异常	
0313	投资人名或证件类型或证件代码与股东资料不符	
0314	基金账户已挂账	
0315	证券账户不存在	
0316	基金账户不存在	
0317	基金非认购期	

续表

返回代码	含　　义	备　　注
0318	基金非申购期	
0319	基金非赎回期	
0320	基金禁止转销售人/机构	
0321	证券账户已注册为基金账户	
0322	基金账户有转托基金的冻结份数能单只基金全部转销售人/机构	
0323	有在途份数，不能全转销售人/机构	
0324	转出方余额为零	
0325	原申请日期无效	
0326	转入转出是同一代理人	
0327	销售代理人不能代理此基金	
0328	销售代理人无效	
0329	性别代码无效	
0330	申请日期无效	
0331	投资人姓名无效	
0332	投资人证件类型无效	
0333	投资人证件号码无效	
0334	通讯地址无效	
0335	法人代表姓名无效	
0336	经办人姓名无效	
0337	单笔认购低于认购下限	
0338	单笔认购高于认购上限	
0339	基金处于权益分配期间，不允许更改分红方式	
0340	单笔赎回高于预约下限	
0341	单笔赎回低于赎回下限	
0342	取基金信息错误	
0343	写权益登记错误	
0344	写基金明细表出错	
0345	撤单申请无效	
0346	转销售人/机构类型错	
0347	转销售人/机构类型与申报数据不符	
0348	旧基金账号个人资料不存在	
0349	旧基金账号机构资料不存在	
0350	无效分红方式	
0351	该基金账号有份数允许注销	
0352	赎回金额不足以支付手续费	
0353	证券账户类型非法	

续表

返回代码	含　　义	备　　注
0354	同一网点申报相同数据	
0355	管理人拒绝	
0356	管理人配售确认撤销	
0357	认购金额过少	
0358	经办人识别方式非法	
0359	CALLCENTER 交易标志非法	
0360	INTERNET 交易标志非法	
0361	账单寄送选择方式非法	
0362	有基金份数，销户非法	
0363	基金账号信息未作改动，拒绝申请	
0364	基金账号凭证号非法	
0365	有当日申请，销户非法	
0366	基金净值非法	
0367	转销售人/机构中转出与转入交易账户的基金账户不同	
0368	基金不能转入	
0369	基金不能转出	
0370	持有份数小于最低持有份数，应全部赎回或转换	
0371	税率非法	
0372	分红方案错误	
0373	基金发行失败，退回认购	
0374	该预约赎回单已失效	
0375	手续费分成非法	
0376	基金终止	
0377	基金不在发行期或认购结束，认购不受理	
0378	基金在正常交易期	
0379	基金已发行或发行失败	
0380	基金停止交易	
0381	基金停止申购	
0382	基金停止赎回	
0383	基金正在权益登记	
0384	红利发放，业务不受理	
0385	无法识别的基金状态	
0386	非交易过户对方账号未登记	
0387	本日有冻结、挂失申请，交易无效	
0388	一天仅接受一次重要资料修改	
0389	分红期间有在途权益，不能处理	

续表

返回代码	含　义	备　注
0390	基金账号已登记	
0391	基金账号未登记	
0392	该交易账号已开户	
0393	有重复的冻结申请	
0394	非交易过户必须逐笔确认	
0395	交易后，入方余额低于最低限制	
0396	交易后，出方余额低于最低限制	
0397	基金转换对方基金停止交易	
0398	基金无份数可冻结解冻	
0399	无此冻结申请	
0400	解冻份数与原冻结数不匹配	
0401	超过最高赎回份数限制	
0402	申购金额低于手续费	
0403	总份额已超过募集金额，不能再认购	
0404	按份数认购，金额计算错误	
0405	不允许机构认购	
0406	不允许个人认购	
0407	逐笔人工处理为无效	
0408	逐笔人工处理为成功	
0409	已撤单	
0410	巨额赎回延续部分	
0411	重复开户	
0412	不支持预约申请	
0413	有份数冻结，不允许账户冻结	
0414	没有指定赎回的基金份数	
0415	小于初次投资金额限制	
0416	小于追加投资限制	
0417	转销售人/机构对方销售商或网点不存在	
0418	不能修改客户类型	
0419	重要资料修改当天不能赎回转销售人/机构	
0420	申请日期大于最后认购日期	
0421	巨额赎回，不能基金转换	
0422	当天多次开户（交易账号重）	
0423	当天多次开户（基金账号重）	
0424	不存在要转出的份数	
0425	经办人识别方式非法	

续表

返回代码	含　　义	备　　注
0426	账单寄送选择方式非法	
0427	基金账号信息未作改动，拒绝申请	
0428	持有份数小于最低持有份数，应全部赎回或转换	
0429	分红方案错误	
0430	该预约赎回单已失效	
0431	持有份数小于等于最低赎回份数，应全部赎回或转换	
0432	基金在个人认购期，不接受机构认购	
0433	基金在机构认购期，不接受个人认购	
0434	认购金额小于机构最低认购金额	
0435	认购申请金额小于个人最低认购金额	
0436	认购金额大于机构最高认购金额	
0437	认购申请金额大于个人最高认购金额	
0438	基金处于不允许申购状态	
0439	申购申请金额小于机构最低追加投资金额	
0440	申购申请金额小于个人最低追加投资金额	
0441	申购申请金额小于机构最低首次投资金额	
0442	申购申请金额小于个人最低首次投资金额	
0443	定时定额申购申请金额小于最低定额	
0444	定时定额申购申请金额超出最低定额部分不是级差的整数倍	
0445	定时定额申购合约终止	
0446	定时定额申购金额与原合约不符	
0447	持有份数大于最低赎回份数，申请赎回份数不小于最低赎回份数	
0448	柜员登录注销错误	
0449	柜员代码不能为空	
0450	没有此柜员	
0451	此柜员已被冻结	
0452	此柜员已被删除	
0453	柜员密码不符	
0454	此柜员已经登录系统，或者此前非正常退出系统，请与系统管理员联系	
0455	登录柜员记录出现异常，请与系统管理员联系	
0456	注销柜员状态出现异常，请与系统管理员联系	
0457	操作员过期	
0458	柜员管理类错误	
0459	柜员代码长度必须为三位	
0460	此柜员代码已经存在	

续表

返回代码	含　　义	备　　注
0461	柜员姓名不能为空	
0462	存在同名的有效柜员，系统不允许姓名重复	
0463	柜员密码不能为空	
0464	柜员所属部门不能为空	
0465	有效天数必须是大于 0 的整数	
0466	起始日期不能为空	
0467	确认密码不能为空	
0468	组代码不能为空	
0469	组的成员已经存在	
0470	权限代码不能为空	
0471	组的权限已经存在	
0472	柜员的权限已经存在	
0473	组名称不能为空	
0474	此组已经存在	
0475	柜员角色不能为空	
0476	组非空不能删除	
0477	组的成员不存在	
0478	组的权限不存在	
0479	根用户不能删除	
0480	操作员代码不能为空	
0481	没有此组	
0482	此柜员代码不存在	
0483	确认密码不正确	
0484	修改柜员资料时柜员状态不允许被设置为“删除”	
0485	柜员已被删除，操作被禁止	
0486	柜员处于活动状态，操作被禁止	
0487	交易密码错误	
0488	交易账号凭证号错误	
0489	交易账户处于等待确认状态	
0490	交易账户已挂失	
0491	确认密码不正确	
0492	基金账户处于等待确认状态	
0493	当天有账户申请	
0494	当天有交易申请	
0495	案号非法	
0496	该交易申请已经提交	

续表

返回代码	含　义	备　注
0497	定时定额申购日期非法	
0498	定时定额申购类型错误	
0499	定时定额申购状态非法	
0500	该定时定额申购已完成	
0501	该定时定额申购已撤单	
0502	该定时定额申购已撤销	
0503	定时定额申请不存在或其他数据库错误	
0504	解冻份数大于已冻结份数	
0505	在同一工作日同一投资者有相同的更改基金分红方式申请	
0506	交易账户已作废	
0507	交易账户凭证号状态错误	
0508	交易账户已销户	
0509	交易账户已冻结	
0510	交易账户已撤销	
0511	交易账户待确认	
0512	交易账户未开基金账户	
0513	基金账户挂失	
0514	基金账户冻结	
0515	基金账户销户	
0516	转销售人/机构对方机构代码与发起机构代码相同	
0517	基金转换转出基金与目标基金相同	
0518	交易账户与基金账户不匹配	
0519	禁止此模式基金转换	
0520	存在逆向基金转换	
0521	无要复核的申请合同号	
0522	要复核的合同号不属于本机构	
0523	要复核的合同号不属于本网点	
0524	要复核的合同号业务类型不一致	
0525	复核人员与受理人员相同	
0526	要复核的合同号已复核	
0527	要复核的合同号已作废	
0528	要复核的合同号已撤单	
0529	复核流水的基金代码不对	
0530	复核流水的申请金额不对	
0531	复核流水的交易账号不对	
0532	写更改申请流水的复核标志失败	

续表

返回代码	含　　义	备　　注
0533	复核流水的操作员代码不对	
0534	复核流水的申请份数不对	
0535	复核流水的巨额赎回处理方式不对	
0536	复核流水的对方机构代码不对	
0537	复核流水的转换目标基金代码不对	
0538	复核流水的申请费用不对	
0539	复核流水的分红方式不对	
0540	复核流水的分红比例不对	
0541	无此交易码	
0542	该操作现不可用	
0543	该申请已撤单	
0544	该申请已作废	
0545	该申请还未复核	
0546	电话委托受理业务不能通过柜面撤单	
0547	该申请已复核	
0548	系统通用参数查询失败	
0549	查询表单列值信息失败	
0550	查询报表输出固定数据配置信息失败	
0551	查询表单输入条件的配置信息失败	
0552	未定义的表单查询	
0553	查询表单数据集信息失败	
0554	请选择输入查询表单号	
0555	未定义的查询类别	
0556	查询表单数据集信息失败	
0557	取申请账页失败	
0558	发布日期不能为空	
0559	利率生效时间非法	
0560	利率非法	
0561	利息税率非法	
0562	实施时间不能为空	
0563	最小手续费比率不能小于 0	
0564	最大手续费比率不能大于 1	
0565	最小手续费比率不能大于最大手续费比率	
0566	注册登记人手续费分成比率不能为空	
0567	此业务不能设置进入基金资产手续费比率	
0568	手续费分成比率不能大于最小手续费比率	

续表

返回代码	含　　义	备　　注
0569	手续费分成比率不能小于0	
0570	权益登记日非法	
0571	除权日非法	
0572	派息日非法	
0573	利得比例不能为空	
0574	利得比例必须在0～1之间	
0575	分红方案编码非法	
0576	费率方案编号不能为空	
0577	手续费计算方案起始时间非法	
0578	基金名称不能为空	
0579	基金状态非法	
0580	基金转换状态非法	
0581	基金认购价格非法	
0582	费率方案不完整	
0583	存在未确认记录，不能提交	
0584	此操作员未输入费率方案，不能输入费率	
0585	金额非法	
0586	持有天数非法	
0587	手续费率段重叠	
0588	此操作员未输入费率方案，不能删除费率	
0589	基金账户受理方式不能为空	
0590	不存在的基金账户受理方式	
0591	到账情况不能为空	
0592	证件唯一性不能为空	
0593	系统状态不能为空	
0594	强行签退时间不能为空	
0595	强行签退持续时间不能为空	
0596	强行签退持续时间不能小于0	
0597	基金净值路径不能为空	
0598	销售点代码不能为空	
0599	清算日期不能为空	
0600	工作日期不能为空	
0601	巨额赎回比例不能为空	
0602	巨额赎回比例必须在0～1之间	
0603	未知的系统参数	
0604	定时定额申购日期不能为空	

续表

返回代码	含　义	备　注
0605	按定时定额申购日期错	
0606	印花税率非法	
0607	审批日期不能为空	
0608	审批人不能为空	
0609	审批数量不能为空	
0610	审批数量不能小于 0	
0611	批准的基金转换份数应小于等于基金总份数	
0612	待确认的记录超过一条	
0613	确认审批内容与第一次输入内容不符	
0614	不支持的基金发行方案	
0615	待确认的基金发行记录超过一条	
0616	到款日期不能为空	
0617	预售规模不能为空	
0618	预售规模不能小于 0	
0619	认购价格不能小于 0	
0620	销售机构设置错误	
0621	销售机构接收目录不能为空	
0622	销售机构发送目录不存在	
0623	销售机构接收目录不能为空	
0624	销售机构接收目录不存在	
0625	销售机构代码不能为空	
0626	销售机构名称不能为空	
0627	销售机构状态不能为空	
0628	销售机构类型不能为空	
0629	销售机构接受目录长度大于 120	
0630	销售机构发送目录长度大于 120	
0631	网点代码不能为空	
0632	网点名称不能为空	
0633	区域代码不能为空	
0634	区域代码不存在	
0635	银行名称不能为空	
0636	银行状态不能为空	
0637	公告状态不能为空	
0638	公告已输入，未复核	
0639	公告已复核成功	
0640	未定义的公告状态	

续表

返回代码	含　　义	备　　注
0641	此公告不存在	
0642	公告标题不能为空	
0643	公告日期不能为空	
0644	公告日期不能比当前日期小	
0645	公告内容不能为空	
0646	公告类型不能为空	
0647	取公告编号流水号失败	
0648	操作员相同，不能复核公告	
0649	操作员不同，不能修改公告	
0650	公告已经发布	
0651	公告复核错误	
0652	不支持的传输状态	
0653	未解上传包	
0654	未打包上传包	
0655	未解下传包	
0656	未打包下传包	
0657	包传输状态不存在	
0658	第一次输入	
0659	第一次删除	
0660	第一次修改	
0661	未生效	
0662	已生效	
0663	已实施	
0664	未知状态	
0665	记录只有一条	
0666	记录不存在	
0667	记录多于一条	
0668	不是本操作员输入，不能修改，请先清屏	
0669	本操作员输入，不能再次输入	
0670	不是本操作员输入，不能删除	
0671	第二次输入内容与第一次输入内容不符	
0672	第二次修改内容与第一次修改内容不符	
0673	数据库错误	
0674	写日志失败	
0675	取交易账户编号失败	
0676	取基金账户流水号失败	

续表

返回代码	含　　义	备　　注
0677	取系统日期失败	
0678	存在认购或未完成的赎回申请	
0679	清算步骤错误	
0680	取系统时间失败　、	
0681	取参数 ACCPTMD（受理方式）的值失败	
0682	取交易账号凭证流水号失败	
0683	取销售机构代码失败	
0684	存在冻结的基金份数	
0685	正在清算，不能处理到账操作	
0686	存在未审批的巨额赎回	
0687	取交易账号凭证号失败	
0688	取交易账号失败	
0689	取交易密码失败	
0690	取基金余额失败	
0691	更改余额失败	
0692	写资金回款流水失败	
0693	交易清算类型错误	
0694	取清算日失败	
0695	修改投资者基金分红信息失败	
0696	取市场标志失败	
0697	市场标志错误	
0698	现为收市状态，还未日初，不能进行业务受理	
0699	现为日终状态，还未日初，不能进行业务受理	
0700	系统步骤错误	
0701	取市场状态描述错误	
0702	设置市场状态错误	
0703	设置下一工作日错误	
0704	生成工作日表错误	
0705	系统日初错误	
0706	系统日终错误	
0707	设置上一工作日错误	
0708	取收市处理状态失败	
0709	收市处理步骤错误	
0710	取收市处理状态描述失败	
0711	设置收市处理状态失败	
0712	收市初始化错误	

续表

返回代码	含　　义	备　　注
0713	收市复核错误	
0714	收市写账页错误	
0715	取系统状态失败	
0716	取系统状态描述失败	
0717	设置系统状态失败	
0718	系统当前状态不允许操作	
0719	取清算处理状态失败	
0720	清算处理步骤错误	
0721	取清算处理状态描述失败	
0722	设置清算处理状态失败	
0723	清算初始化错误	
0724	清算数据备份错误	
0725	清算数据恢复错误	
0726	账户清算错误	
0727	交易清算错误	
0728	清算复核错误	
0729	清算结束错误	
0730	预清算错误	
0731	清算数据汇总错误	
0732	审批赎回份数大于允许的最大审批份数	
0733	审批申购份数大于允许的最大审批份数	
0734	基金未发生巨额或超规模不用进行审批	
0735	基金发生巨额或超规模请进行审批	
0736	取募集期日处理状态失败	
0737	募集期日处理步骤错误	
0738	取募集期日处理状态描述失败	
0739	设置募集期日处理状态失败	
0740	募集期日处理初始化错误	
0741	募集期日处理数据备份错误	
0742	募集期日处理数据检查错误	
0743	募集期日处理当日有效认购统计错误	
0744	募集期日处理错误	
0745	募集期日处理发行统计错误	
0746	募集期日处理数据汇总错误	
0747	募集期日处理复核开始错误	
0748	募集期日处理复核结束错误	

续表

返回代码	含　　义	备　　注
0749	募集期日处理数据恢复错误	
0750	募集期日处理结束错误	
0751	基金认购费率未设置或无有效费率	
0752	基金交易费率未设置或无有效费率	
0753	基金 NAV 值未设置或无有效 NAV 值	
0754	没有基金可进行募集处理	
0755	取发行处理状态失败	
0756	发行处理步骤错误	
0757	取发行处理状态描述失败	
0758	设置发行处理状态失败	
0759	发行处理初始化错误	
0760	发行处理数据备份错误	
0761	发行处理错误	
0762	发行处理复核开始错误	
0763	发行处理复核结束错误	
0764	发行处理数据恢复错误	
0765	发行处理结束错误	
0766	发行预处理错误	
0767	计算发行利息错误	
0768	发行失败处理错误	
0769	发行成功处理错误	
0770	利率未设置或不存在	
0771	没有基金可进行发行处理	
0772	分红方案非法	
0773	分红方案状态错误	
0774	取投资者分红信息错误	
0775	计算投资者分红权益错误	
0776	权益登记错误	
0777	红利发放错误	
0778	红利统计错误	
0779	统计认购清算确认数据错误	
0780	统计认购数据（给核算）错误	
0781	统计发行确认数据错误	
0782	统计发行确认数据（给核算）错误	
0783	汇总业务申请数据错误	
0784	汇总业务确认数据错误	

续表

返回代码	含　　义	备　　注
0785	汇总统计固定收费错误	
0786	读数据库失败，请查看错误日志	
0787	写数据库错误，请查看错误日志	
0788	数据操作失败，请查看系统日志	
0789	写交易申请流水失败	
0790	写账页失败	
0791	数据历史备份与清除失败	
0792	按申请编号检查申请数据错误	
0793	按基金状态检查申请数据错误	
0794	按申请数量检查申请数据错误	
0795	写确认流水错误	
0796	累计投资者认购金额错误	
0797	写认购队列错误	
0798	更改申请流水处理状态错误	
0799	系统错误	
9999	其他错误	

ICS 03.060
A11
备案号

JR

中华人民共和国金融行业标准

JR/T 0087-2012

股指期货业务基金与期货数据交换接口

Data Exchange Protocol for Stock Index Futures between Funds and Futures

2012-12-26 发布

2012-12-26 实施

中国证券监督管理委员会　发布

目　次

前　言

本标准按照 GB/T 1.1－2009 给出的规则起草。

本标准由全国金融标准化技术委员会证券分技术委员会提出。

本标准由全国金融标准化技术委员会归口。

本标准起草单位：中国证券投资基金业协会、中国证券业协会、中国期货业协会、中国期货保证金监控中心、深圳证券通信有限公司、博时基金公司、大成基金公司、交银施罗德基金公司、万家基金公司、信诚基金公司、工银瑞信基金公司、嘉实基金公司、国泰君安期货有限公司、上海东证期货有限公司、上海期货信息技术有限公司、胜科金仕达有限公司、恒生电子股份有限公司。

本标准主要起草人：钟蓉萨、郑富仕、张喆、刘铁斌、谢文海、谢晨、王书松、陈佳驹、张绍莲、吕彬、陈宗彦、陈逸辛、万晓鹰、肖军伟、吴乐俭、范径武、牟建峰、张轶、高谦、林琦、高翔、姚旭东、盛明浩、邓廷勋、周常顺。

引　言

本标准交易接口部分内容参照了金融信息交换协议（FIX4.2）和证券交易数据交换协议(STEP)，结算接口参照了中国期货保证金监控中心公司发布的《期货保证金安全存管系统对交易结算会员和非结算会员报送数据的要求》3.1版。

本标准将随着业务和技术的发展，适时修订。

股指期货业务基金与期货数据交换接口

1 范围

本标准规定了基金管理公司参与股指期货业务时，基金公司、托管银行与期货公司之间的交易和结算数据交换接口，其中交易接口规定了应用环境、消息格式、安全与加密、数据完整性、扩展方式、消息定义、数据字典等内容，结算接口采用文件格式，约定了客户基本资金数据文件、出入金记录文件、成交明细文件、持仓数据文件、平仓明细文件、持仓明细文件及交割明细文件等7类文件格式。

本标准适用于基金管理公司参与股指期货业务中，期货公司与基金公司、托管银行等相关金融机构间的交易及结算数据交换。

2 规范性引用文件

下列文件对于本文件的应用是必不可少的。凡是注日期的引用文件，仅所注日期的版本适用于本文件。凡是不注日期的引用文件，其最新版本（包括所有的修改单）适用于本文件。

GB/T 2659-2000 世界各国和地区名称代码

GB/T 12406-2008 表示货币和资金的代码

GB/T 23696-2009 证券和相关金融工具 交易所和市场识别码

3 术语和定义

下列术语和定义适用于本文件。

3.1

新订单 New Order Single

交易客户方新产生的订单。

3.2

执行报告 Execution Reports

交易服务方响应交易客户方的消息，主要用于：订单确认、订单状态变化确认（如撤单确认）、发送订单的成交回报、订单拒绝。

3.3

交易客户方订单编号 Client Orders Identity

由交易客户方赋予的订单编号，在订单有效交易日内必须唯一。

3.4

期货公司委托号 Order Identity

期货公司委托号，同一个交易日内必须唯一。

3.5

执行编号 Executiveidentity

期货公司分配的执行编号，在订单有效交易日内必须唯一，主要用于对应具体执行报告消息。在订单状态应答中，取值为“0”。

3.6

报单号 Declarationidentity

交易所分配的报单号。

3.7

撮合编号 Tradeidentity

交易所分配的撮合编号。

3.8

客户资金账号 Client Identity

客户在期货公司开设的资金账号。

3.9

客户交易编码 Account

交易所为客户分配的交易编码。

4 通讯方式

交易双方可自定选择通讯方式。FIX 会话层消息请参照附录 E。

如果交易双方采用了 FIX 会话层作为通讯方式，对于 FIX 会话缺口填补处理内容请参照附录 A，FIX 会话连接场景请参照附录 B。

5 消息格式

5.1 数据类型

数据类型用于定义数据域的取值类型，本接口由几个基本的数据类型（整数、浮点数、单字符、字符串、二进制数据块）和在此基础上扩展的数据类型组成。除“data”数据类型外，其他数据类型均以 ASCII 码字符串表示。

5.1.1 整数 int

无逗号和小数位的序号，可表示正负（ASCII 码字符“-”，“0”至“9”组成），符号占据一个字符位置。允许前置字符零（例：“00023” = “23”）。

整数类型的扩展定义：

a）长度 Length：以整数表示字节为单位的数据长度，正数。

b）重复数 NumInGroup：以整数表示重复组的个数，正数。

c）消息序号 SeqNum：以整数表示消息序号，正数。

d）域号 TagNum：以整数表示的域号（或称 Tag），正数，首位不能为零。

e）月日期号 Day-of-Month：以整数表示的月份中第几天，取值 1～31。

5.1.2 浮点数 float

含有可选的小数部分，可表示正负（ASCII 码字符“-”，“0”至“9”和“.”组成），最多 15 位有效数字。允许前置字符零（例：“00023”=“23”），允许小数部分后置字符零（例：“23.0”=“23.0000”=“23”）。

浮点数类型的扩展定义（除非特别声明，浮点数类型均有正负）：

a）量 Qty：委托数量等，可以有小数部分。

b）价格 Price：小数位数可变。

c）价格偏移量 PriceOffset：代表价格偏移量的浮点域。

d）金额 Amt：典型的价格与数量相乘结果，如成交金额。

e）百分比 Percentage：小数表示方法：.05 代表 5%。

number（m，n）（用于结算文件中）：m 表示所有有效数字的最长位数（不含小数点和正负号），小数位数为 n。

5.1.3 单个字符 char

指除界定符外所有字母字符和标点字符，区分字母大小写。

字符类型的扩展定义：

布尔 Boolean：该域取值于两个字符，（“Y”=True/Yes，“N”=False/No）

5.1.4 字符串 String

区分字母大小写。

字符串类型的扩展定义：

a）多元值字符串 MultipleValueString：用空格分隔。

b）字符串货币类型 Currency：参见 GB/T 12406-2008。

c）交易所或市场编号 Exchange：字符串，参见 GB/T 23696-2009。

d）字符串 char（n）（用于结算文件中）：表示长度不超过 n 个字节的字符串。

e）年月日期 month-year，格式：

YYYYMM 或 YYYYMMDD 或 YYYYMMWW，

YYYY=0000-9999，MM=01-12，DD=01-31，WW=w1，w2，w3，w4，w5。

f）年月日期 date（用于结算文件中），格式：

YYYY-MM-DD

g）国际标准时时间戳 UTCTimestamp，格式：

YYYYMMDD-HH：MM：SS（秒）或

YYYYMMDD-HH：MM：SS.sss（毫秒），

YYYY=0000-9999，MM=01-12，DD=01-31，HH=00-23，MM=00-59，SS=00-60（秒），sss=000-999（毫秒）。

h）国际标准时时间 UTCTimeOnly 或者 Time（用于结算文件中），格式：

HH：MM：SS 或 HH：MM：SS.sss，

HH=00-23，MM=00-59，SS=00-60（秒），sss=000-999（毫秒）。

i）国际标准时日期 UTCDate，格式：

YYYYMMDD，YYYY=0000-9999，MM=01-12，DD=01-31。

j）本地市场日期 LocalMktDate，格式：

YYYYMMDD，YYYY=0000-9999，MM=01-12，DD=01-31。

5.1.5　数据

无格式和内容限制的原始数据，包含长度域和数据域两个部分，数据域数据可以包含数值0x01，长度域指明数据域的字节数。

5.2　域

5.2.1　域的定义

域是基本的数据元素，每个域有其域号、业务含义和确定的取值范围，域号统一分配给不同的域，是域的区分标志，在消息中，通过域号来确定不同的域。域的数据类型决定了其取值类型，域的取值范围可以是一个集合，任何在此集合外的取值被认为是非法取值。数据字典部分详细定义了所有域的业务定义、数据类型和取值范围。

5.2.2　域的使用

在消息中，域的使用有三种方式：必须的、可选的、条件限制选择（即根据其他相关域的存在与否或取值来决定）。作为一个完整的消息，必须域和条件限制选择域是需要包含的。

5.2.3　自定义域

如本接口中定义的域不够使用时，市场参与者可以扩展定义新的域，即自定义域。

5.2.4　域汉字编码

域取值若为汉字，应遵守汉字内码扩展规范（GBK）。

5.2.5　域界定

消息中所有的域（包含data类型数据域）都有一个分隔符来界定分隔，该分隔符就是不可打印字符ASCII码“SOH”（＃001，hex：0x01，本文档中以<SOH>表示）。因此，所有消息以“8=CSIFP. x. y. z<SOH>”字符串开始并以“10=nnn<SOH>”字符串结束。

除data数据类型域外，其他数据域内容都不应包含域界定符<SOH>。

5.2.6　语法

任何消息都严格由多个“域号＝值”的基本结构组成，“域号＝值”基本结构用域界定符<SOH>分隔。消息组成结构如图1所示。

图1　消息格式

消息由消息头、消息的正文和消息尾组成。同样，每个组成部分都由一系列“域号＝值”组成，并且在遵循以下规则前提下“域号＝值”基本结构可以是任意的次序。

a）开始部分应是消息头，随后是正文，最后是消息尾。

b）消息头的前3个域的次序不能改变：起始串（Tag＝8）、消息体长度（Tag＝9）、消息类型（Tag＝35）。

c）消息尾的最后一个域应是校验和域（Tag＝10）。

d）重复组中，域出现的顺序应遵循该重复组在消息或组件中定义时的次序。

e）在一条消息中，除重复组域外任何其他域不能重复出现。

5.2.7　重复组

域可以在重复组里多次重复，用以传输数组类的数据。通常域名起始为“No”字符的域指明重复的次数，并位于重复组的开始处。本文档中重复组的定义通过缩进的→符号表示，重复组也可嵌套。使用子重复组时不能省略父重复组。

6 安全与加密

由于消息有可能在公网或不安全的网络上传输交换，因此需要对相关的敏感数据加密处理。具体加密的方法由连接双方达成的协议而定。消息内除某些需要公开识别的域以明文传输外，其他任何域都可以加密放置密文数据域（SecureData）内。当然，这些被加密的域也可以同时保留明文的表示方式。当决定使用加密方案时，可以对消息正文内所有的域加密。如果消息的重复组内有部分需要加密的，那么要求对整个重复组加密。本协议还提供一些域用以支持数字签名、密钥交换和正文加密等安全技术。

正文加密方案有三种：

a）将安全敏感的域加密后移至 SecureData 域。

b）将所有允许加密的域加密后移至 SecureData 域。

c）将所有允许加密的域加密后移至 SecureData 域，同时这些域以明文在消息中重复出现。

7 数据完整性

数据的完整性通过两个方法保证：消息体长度和校验和的验证。

消息体长度是以 BodyLength 域来表示，其值是计算出的消息长度域后面的字符数，包含紧靠校验和域标志“10=”之前的界定符 SOH。

校验和是把每个字符的二进制值从消息开头“8=”中的“8”开始相加，一直加到紧靠在校验和域“10=”之前的域界定符，然后取按 256 取模得到的结果。

校验和域位于消息的最末一个，校验和的计算是在加密之后进行的。计算校验和 C 语言代码段可参考附录 D。

8 扩展方式

8.1 扩展分类

扩展分为两个部分：消息定义扩展和域定义扩展。

消息定义扩展可以通过新增消息类型来实现，但优先考虑在已有消息中通过域定义或取值扩展来定义新业务。已有消息所代表的业务在扩展时不能改变。

域定义扩展可以通过新增域来实现，但优先考虑通过扩展域值来扩展域的定义。消息中已定义的必须的域不能取消定义，也不能改变成可选域。

8.2 扩展规则

自定义消息的消息类型值首字符为“UF”。消息的模块顺序在扩展定义时不能改变，但可改变域和重复组的顺序。

消息头前三个域的定义和位置不能改变，但可扩展增加消息头的可选域。

消息尾最后一个域的定义和位置不能改变，但可扩展增加消息尾的可选域。

8.3 版本管理

本协议的版本管理权属于中国证券业协会。

版本号格式为 X. Y. Z，版本号从 1.0.0 起始，当新版本完全兼容上一版本时只改变版本号中的 Z。

9 消息定义

9.1 消息头

每一个会话或应用消息有一个消息头，该消息头指明消息类型、消息体长度、发送目的地、消息序号、发送起始点和发送时间。

其中有两个域用于消息重发。使用 FIX 会话时对于会话级的事件而重复发送消息时将可能重复发送标志（PossDupFlag）设置为 Y（发送时用原来的消息序号）。当重新发送使用新的消息序号时将可能重新发送标志（PossResend）设置为 Y，接受者应按以下方法处理上述消息：

可能重复发送：如果带有该消息序号的消息在以前曾经接受过，则忽略消息，如果未曾收到过，则按正常步骤处理。（支持 FIX 会话层需要）

可能重新发送：将消息传递给应用层以确定此前是否收到该消息（通过检查订单编号或相关参数）。

消息头格式见表 1。

表 1 消息头（Message Header）

Tag	域 名	必需	说 明
8	BeginString	Y	起始串，取值：FIX. 4. 2（不可加密，消息的第一个域）
9	BodyLength	Y	消息体长度（不可加密，消息的第二个域）
35	MsgType	Y	消息类型（不可加密，消息的第三个域）
49	SenderCompID	Y	发送方代码（不可加密，发送方标识符）
56	TargetCompID	Y	接收方代码（不可加密，接收方标识符）
115	OnBehalfOfCompID	N	最初发送方标识符（可加密），用于经第三方发送
128	DeliverToCompID	N	最终接收方标识符（可加密），用于经第三方发送
90	SecureDataLen	N	密文数据长度
91	SecureData	N	密文数据（紧跟密文数据长度域）
34	MsgSeqNum	Y	消息序号（可加密），如果交易双方不采用 FIX 会话机制，可将该 tag 置为一个固定的值，例如 0
50	SenderSubID	N	发送方子标识符（可加密）
142	SenderLocationID	N	发送方方位标识符（可加密）
57	TargetSubID	N	接收方子标识符（可加密）
143	TargetLocationID	N	接收方方位标识符（可加密）
116	OnBehalfOfSubID	N	最初发送方子标识符（可加密）
144	OnBehalfOfLocationID	N	最初发送方方位标识符（可加密）
129	DeliverToSubID	N	最终接收方子标识符（可加密）
145	DeliverToLocationID	N	最终接收方方位标识符（可加密）
43	PossDupFlag	N	可能重复标志，重复发送时，作此标记（可加密）
97	PossResend	N	可能重发标志（可加密）

续表

Tag	域　名	必需	说　明
52	SendingTime	Y	发送时间（可加密）
122	OrigSendingTime	N	原始发送时间（可加密）
347	MessageEncoding	N	消息中 Encoded 域的字符编码类型（非 ASCII 码）
369	LastMsgSeqNumProcessed	N	最后处理消息序号（可加密）
370	OnBehalfOfSendingTime	N	最初发送时间（用 UTC 表示时间）

9.2 消息尾

每一个消息（会话或应用消息）有一个消息尾，并以此终止。消息尾可用于分隔多个消息，包含有 3 位数的校验和值。

消息尾格式见表 2。

表 2　消息尾（Message Trailer）

Tag	域　名	必需	说　明
93	SignatureLength	N	数字签名长度（不可加密）
89	Signature	N	数字签名（不可加密）
10	CheckSum	Y	校验和，消息的最末域（不可加密）

9.3 应用消息

9.3.1 客户登录管理类

9.3.1.1 客户登录管理类消息说明

客户登录类消息主要是支持客户登录、登出和其他客户管理的等消息。交易双方可根据自身业务需要选择是否支持登录、登出等交易。

9.3.1.2 客户登录请求（MsgType=UF001）

在会话层连接建立以后，客户请求登录期货公司的系统。

客户登录请求（User Logon Request）的格式见表 3。

表 3　客户登录请求（User Logon Request）

Tag	域　名	必需	说　明
	标准消息头	Y	MsgType=UF001
8088	RequestID	Y	客户方请求编号，在同一个交易日内必须唯一
109	ClientID	Y	客户资金账号
98	EncryptMethod	Y	加密方法（不可加密）
8001	LogonPasswd	Y	交易密码
95	RawDataLength	N	无格式数据长度，用于认证
96	RawData	N	无格式数据，用于认证（可用于表示密钥）
8096	MacNetInfo	N	客户方机器网络信息
8105	ClientSoftName	N	客户方的软件客户端名称
8106	ClientSoftVersion	N	客户方的软件客户端版本
	标准消息尾	Y	

9.3.1.3 客户登录应答（MsgType=UF002）

客户请求登录期货公司的系统后，期货公司返回的应答。

客户登录应答（User Logon Response）的格式见表4。

表4 客户登录应答（User Logon Response）

Tag	域 名	必需	说 明
	标准消息头	Y	MsgType=UF002
8088	RequestID	Y	客户方请求编号，在同一个交易日内必须唯一
109	ClientID	Y	客户资金账号
8002	LogonStatus	Y	登录状态
8031	UserRespType	Y	应答类型
8003	AccountName	N	客户名称
8004	RiskLevel	N	客户风险度
8005	AdditionalMargin	N	追加保证金
8006	ClientSecuType	N	客户安全类别
8011	RiskRatio	N	客户风险率
8007	LastLogonIP	N	上次登录IP
8008	LastLogonTime	N	上次登录日期和时间
8032	LongonRejReason	N	拒绝登录的原因，当UserRespType（8031）=1（拒绝）时可以选择使用
58	Text	N	描述拒绝原因，当UserRespType（8031）=1（拒绝）时可以选择使用
	标准消息尾	Y	

9.3.1.4 客户登出请求（MsgType=UF003）

在业务时间结束以后，客户请求登出期货公司的系统。

客户登出请求（User Logout Request）的格式见表5。

表5 客户登出请求（User Logout Request）

Tag	域 名	必需	说 明
	标准消息头	Y	MsgType=UF003
8088	RequestID	Y	客户方请求编号，在同一个交易日内必须唯一
109	ClientID	Y	客户资金账号
	标准消息尾	Y	

9.3.1.5 客户登出应答（MsgType=UF004）

期货公司对客户请求登出系统的应答。

客户登出应答（User Logout Response）的格式见表6。

表6 客户登出应答（User Logout Response）

Tag	域 名	必需	说 明
	标准消息头	Y	MsgType=UF004
8088	RequestID	Y	客户方请求编号，在同一个交易日内必须唯一
109	ClientID	Y	客户资金账号
8002	LogonStatus	Y	登录状态

续表

Tag	域　名	必需	说　明
8031	UserRespType	Y	应答类型
8033	LogoutRejReason	N	拒绝登出的原因，当 UserRespType（8031）=1（拒绝）时可以选择使用
58	Text	N	描述拒绝原因，当 UserRespType（8031）=1（拒绝）时可以选择使用
	标准消息尾	Y	

9.3.1.6　客户修改密码请求（MsgType=UF005）

客户请求修改密码。

客户修改密码请求（User Change PassWd Request）的格式见表 7。

表 7　客户修改密码请求（User Change PassWd Request）

Tag	域　名	必需	说　明
	标准消息头	Y	MsgType=UF005
8088	RequestID	Y	客户方请求编号，在同一个交易日内必须唯一
109	ClientID	Y	客户资金账号
8089	PassWdType	Y	密码类型
8090	OldPassWd	Y	客户旧的密码
8091	NewPassWd	Y	客户新的密码
58	Text	N	
	标准消息尾	Y	

9.3.1.7　客户修改密码应答（MsgType=UF006）

期货公司对客户请求修改密码的应答。

客户修改密码应答（User Change PassWd Response）的格式见表 8。

表 8　客户修改密码应答（User Change PassWd Response）

Tag	域　名	必需	说　明
	标准消息头	Y	MsgType=UF006
8088	RequestID	Y	客户方请求编号，在同一个交易日内必须唯一
109	ClientID	Y	客户资金账号
8031	UserRespType	Y	应答类型
8034	ChangePWRejReason	N	拒绝修改密码原因，当 UserRespType（8031）=1（拒绝）时可以选择使用
58	Text	N	描述修改密码失败原因，当 UserRespType（8031）=1（拒绝）时可以选择使用
	标准消息尾	Y	

9.3.2　订单业务类

9.3.2.1　订单业务类说明

订单业务类消息主要是支持日常实时交易消息。其主要应用场景请参照附录 C。

9.3.2.2　新订单消息（MsgType=D）

对于在消息头中设置了 PossResend 标志的订单消息，应当使用交易客户方订单编号（ClOrdID）核实是否已收到该订单，具体实现时还应检查订单参数（买卖方向、证券代码、数量等）进行核实。如果之前收到该订单，应以执行报告消息回应订单状态。如果之前未收到，则以执行报告消息回应订单确认。

TransactTime 域指示订单发起时间，可结合业务规则来判断收到的订单是否已过期。

新订单消息（New Order-Single）的格式见表 9。

表 9 新订单（New Order-Single）

Tag	域 名	必需	说 明
	标准消息头	Y	MsgType=D
11	ClOrdID	Y	交易客户方订单编号，在订单有效交易日内必须唯一
109	ClientID	Y	客户资金账号
1	Account	Y	客户交易编码
110	MinQty	N	最小成交量
55	Symbol	Y	期货合约代码
167	SecurityType	N	FUT=期货
200	MaturityMonthYear	N	用于指定期货到期的年和月
205	MaturityDay	N	用于期货的到期日期，并被与到期年月（MaturityMonthYear）联合使用
207	SecurityExchange	Y	用于指定交易所
77	OpenClose	Y	指明开仓、平仓
8009	HedgeFlag	Y	投机套保标志
8010	TouchCondition	N	触发条件
54	Side	Y	买卖方向
38	OrderQty	N	委托手数
60	TransactTime	Y	订单发起时间
40	OrdType	Y	订单类型
44	Price	N	价格（限价订单时有效）
423	PriceType	N	价格类型
99	StopPx	N	停止价
15	Currency	N	币种
59	TimeInForce	N	新订单生效时间，默认为当日有效
168	EffectiveTime	N	用于指定订单的有效时间
432	ExpireDate	N	在有条件地用于在生效时间（TimeInForce）=在某日前有效（GTD），而没有指定截止时间（ExpireTime）的情况之下
126	ExpireTime	N	在有条件地用于生效时间（TimeInForce）=在某日前有效（GTD）和到期日没有被指定的情况之下
8096	MacNetInfo	N	委托方的机器网络信息
58	Text	N	
	标准消息尾	Y	

9.3.2.3 执行报告消息（MsgType=8）

执行报告消息可用于：

a）订单确认

b）订单状态变化确认（如撤单确认）

c）发送订单的成交回报

d）订单拒绝

每个执行报告中都包含两个域：OrdStatus，订单状态；ExecType，执行类型。

OrdStatus 用以报告订单当前状态。

ExecType 域用以标识执行报告的执行类型。执行报告中 ExecType 和 OrdStatus 共同指示了订单状态的改变。

执行信息（如已成交或部分成交）与其他状态变化信息（如待撤销、已撤销、已接受、当天完成）不能在一个执行报告中同时传递。

撤单在订单有剩余数量时才有效。

一般性公式为：订单手数 OrderQty＝累计执行数量 CumQty＋订单剩余数量 LeavesQty

公式的例外情况：如果 ExecType 和/或 OrdStatus 为已撤销、当天完成、已过期、已计算、已拒绝，则订单不处于活跃状态，LeavesQty 为 0。

ClOrdID 提供给交易客户方进行订单标识，在其内部系统中唯一。域 OrderID 则是由期货公司生成的委托号。在撤单中，ClOrdID/OrigClOrdID 需要形成链接。

支持强平推送消息，并置 OpenClose 为”Q”。

对于不支持返回成交平均价的柜台，可将成交平均价置为 0。

执行报告消息（Execution Report）的格式见表 10。

表 10　执行报告消息（Execution Report）

Tag	域　名	必需	说　明
	标准消息头	Y	MsgType＝8
37	OrderID	Y	期货公司委托号，同个交易日必须唯一
11	ClOrdID	N	交易客户方订单编号。如果是强平回报，则该值取值为以”NONE”开头的当天交易日唯一的字符串标识
41	OrigClOrdID	N	原始交易客户方订单编号，指示被撤销订单的 ClOrdID
17	ExecID	Y	期货公司的执行编号，在订单有效交易日内必须唯一
150	ExecType	Y	执行类型
39	OrdStatus	Y	订单状态
103	OrdRejReason	N	订单拒绝时需要
109	ClientID	Y	客户资金账号
1	Account	Y	客户交易编码
55	Symbol	Y	期货合约代码
167	SecurityType	N	FUT＝期货
200	MaturityMonthYear	N	到期年月
205	MaturityDay	N	到期日期
207	SecurityExchange	Y	用于指定交易所
77	OpenClose	N	指明开仓，平仓
54	Side	Y	买卖方向
38	OrderQty	Y	委托手数

续表

Tag	域　名	必需	说　明
40	OrdType	N	订单类型
44	Price	N	订单价格
99	StopPx	N	停止价
59	TimeInForce	N	新订单生效时间，默认为当日有效
15	Currency	N	币　种
32	LastShares	N	上一成交数（最近一笔成交数量）
31	LastPx	N	上一成交价（最近一笔成交价格）
30	LastMkt	N	上一成交市场
151	LeavesQty	Y	订单剩余数量
14	CumQty	Y	成交总数
6	AvgPx	Y	成交平均价
60	TransactTime	N	执行报告时间
381	GrossTradeAmt	N	成交总金额
110	MinQty	N	最小成交量
8500	OrderEntryTime	N	订单申报时间
8093	DeclarationID	N	报单号
8094	TradeID	N	撮合编号
	标准消息尾	Y	

9.3.2.4　订单状态请求消息（MsgType＝H）

订单状态请求用于向交易服务方请求某订单的状态，交易服务方通过执行报告消息返回订单状态。

订单状态请求消息的格式见表11。

表11　订单状态请求消息（Order Status Request）

Tag	域　名	必需	说　明
	标准消息头	Y	MsgType＝H
37	OrderID	Y	期货公司委托号，同个交易日必须唯一
11	ClOrdID	Y	交易客户方订单编号
109	ClientID	Y	客户资金账号
1	Account	Y	客户交易编码
55	Symbol	Y	期货合约代码
207	SecurityExchange	Y	用于指定交易所
167	SecurityType	N	FUT＝期货

续表

Tag	域　名	必需	说　明
200	MaturityMonthYear	N	用于指定期货到期的年和月
205	MaturityDay	N	用于期货的到期日期，并被与到期年月（MaturityMonthYear）联合使用
54	Side	Y	买卖方向
	标准消息尾	Y	

9.3.2.5　撤单消息（MsgType=F）

撤单消息用以撤销订单的全部订单剩余数量。

撤单消息仅在订单能成功撤回，没有产生成交或者部分成交的情况下被接受。

撤单消息也被赋予一个 ClOrdID，可视作另外一个订单。如果被拒绝，撤单拒绝消息的 ClOrdID 放置于撤单消息的 ClOrdID，而原始订单的 ClOrdID 则放入 OrigClOrdID 域。ClOrdID 必须唯一。

撤单消息需要立即回应。除非撤单能立刻被处理或拒绝，否则应先发送一个待撤销的执行报告。

撤单消息（Order Cancel Request）的格式见表 12。

表 12　撤单消息（Order Cancel Request）

Tag	域　名	必需	说　明
	标准消息头	Y	MsgType=F
41	OrigClOrdID	Y	原始交易客户方订单编号，指示被撤销订单的 ClOrdID
37	OrderID	Y	期货公司委托号，同个交易日必须唯一
11	ClOrdID	Y	交易客户方订单编号
109	ClientID	Y	客户资金账号
1	Account	Y	客户交易编码
55	Symbol	Y	期货合约代码
167	SecurityType	N	证券代码源
200	MaturityMonthYear	N	FUT=期货
205	MaturityDay	N	期货到期年月
207	SecurityExchange	Y	期货到期日期
54	Side	Y	买卖方向
60	TransactTime	Y	订单发起时间
40	OrdType	Y	订单类型
38	OrderQty	Y	委托手数
8093	DeclarationID	N	报单号
58	Text	N	
	标准消息尾	Y	

9.3.2.6　撤单拒绝消息（MsgType=9）

本消息用于撤单消息的拒绝。

交易服务方接收到撤单发现无法执行（已成交订单不可更改等），将发送撤单拒绝。

拒绝撤单时，撤单拒绝消息应用 ClOrdID 指示撤单的 ClOrdID，用 OrigClOrdID 指示之前最后接受的订单（除非拒绝原因是“未知订单”）。

撤单拒绝消息（Order Cancel Reject）的格式见表 13。

表 13　撤单拒绝消息（Order Cancel Reject）

Tag	域　名	必需	说　明
	标准消息头	Y	MsgType=9
37	OrderID	Y	期货公司委托号，同个交易日必须唯一
11	ClOrdID	Y	交易客户方订单编号
41	OrigClOrdID	Y	原始交易客户方订单编号，指示被撤销订单的 ClOrdID
39	OrdStatus	Y	订单状态
109	ClientID	Y	客户资金账号
1	Account	Y	客户交易编码
60	TransactTime	N	订单发起时间
434	CxlRejResponseTo	N	撤单拒绝回应类型
102	CxlRejReason	N	撤单拒绝原因
58	Text	N	
	标准消息尾	Y	

9.3.3　查询业务类

9.3.3.1　查询业务类消息说明

查询业务类消息主要支持查询相关消息。

9.3.3.2　查询持仓请求（MsgType=UF201）

客户请求查询其当前持仓情况。

客户可以请求查询其在所有交易所的持仓情况；可请求查询其在特定交易所的所有持仓情况；可请求查询其在特定交易所的所有持仓情况；可请求查询某种合约的持仓情况。

查询当前/历史持仓请求消息（Position Status Request）的格式见表 14。

表 14　查询持仓请求（Position Status Request）

Tag	域　名	必需	说　明
	标准消息头	Y	MsgType=UF201
8088	RequestID	Y	客户方请求编号，在同一个交易日内必须唯一
109	ClientID	Y	客户资金账号
8035	PosStatReqType	Y	查询持仓请求类型
1	Account	N	客户交易编码
55	Symbol	N	期货合约代码
207	SecurityExchange	N	用于指定交易所
54	Side	N	用于指定持仓的买卖方向
8101	BeginDate	C	历史查询起始时间，当 PosStatReqType（8035）=1（查询历史持仓请求）时必需
8102	EndDate	C	历史查询结束时间，当 PosStatReqType（8035）=1（查询历史持仓请求）时必需
	标准消息尾	Y	

9.3.3.3　查询持仓应答（MsgType=UF202）

客户请求查询其持仓情况应答。也可作为请求持仓应答缺口的应答。

在交易期间，如果期货公司收到查询历史持仓请求，不需返回应答。

查询持仓应答消息（Position Status Response）的格式见表15。

表15 查询持仓应答（Position Status Response）

Tag	域　名	必需	说　明
	标准消息头	Y	MsgType＝UF202
8088	RequestID	Y	客户方请求编号，在同一个交易日内必须唯一
8031	UserRespType	Y	应答类型
8026	TotalRetNum	N	返回应答数量
8027	PresentRetNum	N	当前返回应答序号
8095	NextFlag	N	是否有后续包标识
109	ClientID	Y	客户资金账号
1	Account	N	客户交易编码
55	Symbol	Y	期货合约代码
207	SecurityExchange	Y	用于指定交易所
8012	LatestPx	N	最新价
54	Side	Y	买卖方向
8009	HedgeFlag	C	投机套保标志，当PosStatRespType（8507）＝0（接受）时必需
14	CumQty	C	总持仓量（成交总数），当PosStatRespType（8507）＝0（接受）时必需
8015	TdPosition	C	当日持仓，当PosStatRespType（8507）＝0（接受）时必需
8016	YDPosition	N	昨日持仓
8017	FrozenPosition	N	冻结数量
8018	FrozenAmt	N	冻结金额
8019	PositionDate	N	持仓日期
6	AvgPx	N	持仓成本（平均成交价）
12	Commission	N	手续费
8021	PositionProfit	N	持仓盈亏
8022	PositionPrice	N	持仓均价
8075	OneLotQty	N	每手数量
8036	PosStatRejReason	N	拒绝查询原因，当UserRespType（8031）＝1（拒绝）时可以选择使用
58	Text	N	描述拒绝查询原因，当UserRespType（8031）＝1（拒绝）时可以选择使用
	标准消息尾	Y	

9.3.3.4 查询最大操作数量请求（MsgType＝UF203）

客户请求查询其开仓和平仓的最大数量情况。

查询最大操作数量请求消息（Max Operation Position Status Request）的格式见表16。

表16 查询最大操作数量请求（Max Operation Position Status Request）

Tag	域　名	必需	说　明
	标准消息头	Y	MsgType＝UF203
8088	RequestID	Y	客户方请求编号，在同一个交易日内必须唯一
109	ClientID	Y	客户资金账号

续表

Tag	域　名	必需	说　明
1	Account	N	客户交易编码
55	Symbol	Y	期货合约代码
207	SecurityExchange	Y	用于指定交易所
77	OpenClose	Y	指明开仓、平仓
54	Side	Y	买卖方向
44	Price	N	价格，查询开仓最大操作数量时必需
8009	HedgeFlag	Y	投机套保标志
	标准消息尾	Y	

9.3.3.5　查询最大操作数量应答（MsgType=UF204）

客户请求查询其开仓和平仓的最大数量情况的应答。

查询最大操作数量应答消息（Max Operation Position Status Response）的格式见表 17。

表 17　查询最大操作数量应答（Max Operation Position Status Response）

Tag	域　名	必需	说　明
	标准消息头	Y	MsgType=UF204
8088	RequestID	Y	客户方请求编号，在同一个交易日内必须唯一
109	ClientID	Y	客户资金账号
8031	UserRespType	Y	应答类型
1	Account	N	客户交易编码
55	Symbol	Y	期货合约代码
207	SecurityExchange	Y	用于指定交易所
77	OpenClose	Y	指明开仓、平仓
54	Side	Y	买卖方向
8023	MaxOpenPosition	N	最大开仓量，查询开仓时必需
8024	MaxClosePosition	N	最大平仓量，查询平仓时必需。如支持平昨和平今则该值为最大平昨仓量
8025	MaxCloseTdPosition	N	最大平今仓量，如查询平仓并且支持平昨和平今则该值必需
8009	HedgeFlag	Y	投机套保标志
8037	MaxOpPosStatRejReason	N	拒绝查询原因，当 UserRespType（8031）=1（拒绝）时可以选择使用
58	Text	N	描述拒绝查询原因，当 UserRespType（8031）=1（拒绝）时可以选择使用
	标准消息尾	Y	

9.3.3.6　查询所有订单状态请求（MsgType=UF205）

客户请求查询其所有的订单状态。也可查询特定交易所的订单状态。

查询所有订单状态请求消息（All Orders Status Request）的格式见表 18。

表 18　查询所有订单状态请求（All Orders Status Request）

Tag	域　名	必需	说　明
	标准消息头	Y	MsgType=UF205
8088	RequestID	Y	客户方请求编号，在同一个交易日内必须唯一
109	ClientID	Y	客户资金账号
8038	AllOrdStatReqType	Y	查询所有订单状态请求类型
207	SecurityExchange	N	用于指定交易所
8101	BeginDate	C	历史查询起始时间
8102	EndDate	C	历史查询结束时间
	标准消息尾	Y	

9.3.3.7　查询所有订单状态应答（MsgType=UF206）

客户请求查询其所有订单状态应答。也可作为客户请求重发所有订单状态应答缺口应答。

在交易期间，如果期货公司收到查询历史所有订单状态请求，不需返回应答。

查询所有订单状态消息（All Orders Status Response）的格式见表 19。

表 19　查询所有订单状态应答（All Orders Status Response）

Tag	域　名	必需	说　明
	标准消息头	Y	MsgType=UF206
8088	RequestID	Y	客户方请求编号，在同一个交易日内必须唯一
8031	UserRespType	Y	应答类型
8026	TotalRetNum	N	返回应答数量
8027	PresentRetNum	N	当前返回应答序号
8095	NextFlag	N	是否有后续包标识
109	ClientID	Y	客户资金账号
1	Account	C	客户交易编码，当 AllOrdStatRespType（8512）=0（接受）时必需
55	Symbol	C	期货合约代码，当 AllOrdStatRespType（8512）=0（接受）时必需
207	SecurityExchange	C	用于指定交易所，当 AllOrdStatRespType（8512）=0（接受）时必需
11	ClOrdID	C	交易客户方订单编号，当 AllOrdStatRespType（8512）=0（接受）时必需
39	OrdStatus	C	订单状态，当 AllOrdStatRespType（8512）=0（接受）时必需
77	OpenClose	C	指明开仓、平仓，当 AllOrdStatRespType（8512）=0（接受）时必需
54	Side	C	买卖方向，当 AllOrdStatRespType（8512）=0（接受）时必需
38	OrderQty	C	委托手数，当 AllOrdStatRespType（8512）=0（接受）时必需
40	OrdType	C	订单类型，当 AllOrdStatRespType（8512）=0（接受）时必需
44	Price	N	订单价格
99	StopPx	N	停止价
59	TimeInForce	N	新订单生效时间，默认为当日有效

续表

Tag	域　名	必需	说　明
15	Currency	N	币种
151	LeavesQty	Y	订单剩余数量
14	CumQty	Y	成交总数
6	AvgPx	Y	成交平均价
60	TransactTime	N	执行报告时间
381	GrossTradeAmt	N	成交总金额
110	MinQty	N	最小成交量
8500	OrderEntryTime	N	订单申报时间
8039	AllOrdStatRejReason	N	拒绝查询原因，当 UserRespType（8031）=1（拒绝）时可以选择使用
58	Text	N	描述拒绝查询原因，当 UserRespType（8031）=1（拒绝）时可以选择使用
	标准消息尾	Y	

9.3.3.8　查询结算结果请求（MsgType=UF207）

客户请求查询结算结果。

查询结算结果请求消息（Settlement Result Status Request）的格式见表 20。

表 20　查询结算结果请求（Settlement Result Status Request）

Tag	域　名	必需	说　明
	标准消息头	Y	MsgType=UF207
8088	RequestID	Y	客户方请求编号，在同一个交易日内必须唯一
109	ClientID	Y	客户资金账号
8028	SettlementDate	Y	结算结果日期
207	SecurityExchange	Y	用于指定交易所
	标准消息尾	Y	

9.3.3.9　查询结算结果应答（MsgType=UF208）

客户请求查询结算结果请求，期货公司返回的应答。也可以作为客户请求查询结算结果应答缺口的应答。

查询结算结果应答（Settlement Result Status Response）的格式见表 21。

表 21　查询结算结果应答（Settlement Result Status Response）

Tag	域　名	必需	说　明
	标准消息头	Y	MsgType=UF208
8088	RequestID	Y	客户方请求编号，在同一个交易日内必须唯一
8031	UserRespType	Y	应答类型
8028	SettlementDate	Y	结算结果日期
207	SecurityExchange	Y	用于指定交易所
8026	TotalRetNum	N	返回应答数量

续表

Tag	域　名	必需	说　明
8027	PresentRetNum	N	当前返回应答序号
8095	NextFlag	N	是否有后续包标识
8040	SettlementResult StatRejReason	N	拒绝查询原因，当 UserRespType（8031）＝1（拒绝）时可以选择使用
58	Text	C	当 UserRespType（8031）＝0（接受）时必需，为结算结果内容；当 UserRespType（8031）＝1（拒绝）时可以选择使用，为拒绝查询原因描述
	标准消息尾	Y	

9.3.3.10　结算结果确认请求（MsgType＝UF209）

客户请求结算结果确认。

结算结果确认请求消息（Settlement Result Comfirm Request）的格式见表 22。

表 22　结算结果确认请求（Settlement Result Comfirm Request）

Tag	域　名	必需	说　明
	标准消息头	Y	MsgType＝UF209
8088	RequestID	Y	客户方请求编号，在同一个交易日内必须唯一
109	ClientID	Y	客户资金账号
8028	SettlementDate	N	结算结果日期
8029	SettlementConfirm	Y	结算结果确认
207	SecurityExchange	Y	用于指定交易所
	标准消息尾	Y	

9.3.3.11　结算结果确认应答（MsgType＝UF210）

客户请求查询结算结果确认，期货公司返回的应答。也可作为客户查询结算结果确认请求的应答。

查询结算确认应答（Settlement Result Comfirm Response）的格式见表 23。

表 23　结算结果确认应答（Settlement Result Confirm Response）

Tag	域　名	必需	说　明
	标准消息头	Y	MsgType＝UF210
8088	RequestID	Y	客户方请求编号，在同一个交易日内必须唯一
8031	UserRespType	Y	应答类型
8028	SettlementDate	N	结算结果日期
8030	SettlementConfirmResult	C	结算结果确认结果，当 UserRespType（8031）＝0（接受）时必需
207	SecurityExchange	Y	用于指定交易所
8041	SettlementResult ConfirmRejReason	N	拒绝查询原因，当 UserRespType（8031）＝1（拒绝）时可以选择使用
58	Text	N	描述拒绝查询原因，当 UserRespType（8031）＝1（拒绝）时可以选择使用
	标准消息尾	Y	

9.3.3.12 查询结算结果确认请求（MsgType=UF211）

客户请求查询结算结果确认。

查询结算结果确认请求消息（Settlement Result Comfirm Status Request）的格式见表24。

表24 查询结算结果确认请求（Settlement Result Comfirm Status Request）

Tag	域 名	必需	说 明
	标准消息头	Y	MsgType=UF211
8088	RequestID	Y	客户方请求编号，在同一个交易日内必须唯一
109	ClientID	Y	客户资金账号
8028	SettlementDate	N	结算结果日期
207	SecurityExchange	Y	用于指定交易所
	标准消息尾	Y	

9.3.2.13 查询结算结果确认应答

客户请求查询结算结果确认结果，期货公司返回的应答。参考结算结果确认应答消息。

9.3.3.14 查询保证金率请求（MsgType=UF212）

客户请求查询保证金率。客户可查询某种品种的保证金率，也可以查询指定交割期的品种的保证金率。

查询保证金率请求（MarginRate Status Request）的格式见表25。

表25 查询保证金率请求（MarginRate Status Request）

Tag	域 名	必需	说 明
	标准消息头	Y	MsgType=UF212
8088	RequestID	Y	客户方请求编号，在同一个交易日内必须唯一
109	ClientID	Y	客户资金账号
1	Account	N	客户交易编码
8078	VarietyCode	Y	品种代码
55	Symbol	N	期货合约代码
200	MaturityMonthYear	N	用于指定期货到期的年和月
207	SecurityExchange	Y	用于指定交易所
	标准消息尾	Y	

9.3.3.15 查询保证金率应答（MsgType=UF213）

客户请求查询保证金率后，期货公司返回的应答。

如在盘中保证金率发生改变，期货公司可以主动推送该消息。

查询保证金率应答（MarginRate Status Response）的格式见表26。

表26 查询保证金率应答（MarginRate Status Response）

Tag	域 名	必需	说 明
	标准消息头	Y	MsgType=UF213
8088	RequestID	Y	客户方请求编号，在同一个交易日内必须唯一。如果期货公司主动推送保证金率时，取值为“None”开头的当天交易日唯一的字符串标识
109	ClientID	Y	客户资金账号
8031	UserRespType	Y	应答类型

续表

Tag	域 名		必需	说 明
1	Account		N	客户交易编码
55	Symbol		N	期货合约代码
200	MaturityMonthYear		N	用于指定期货到期的年和月
8054	NoMarginEntries		C	保证金条目数量，当 UserRespType（8031）=0（接受）时必需
→	8055	MarginType	N	保证金种类
→	8056	MarginRate	N	保证金率
→	8057	MaginAmt	N	保证金费
207	SecurityExchange		Y	用于指定交易所
8042	MarginRateStatRejReason		N	拒绝查询原因，当 UserRespType（8031）=1（拒绝）时可以选择使用
58	Text		N	描述拒绝查询原因，当 UserRespType(8031)=1(拒绝)时可以选择使用
	标准消息尾		Y	

9.3.3.16 查询手续费率请求（MsgType=UF214）

客户请求查询手续费率。

查询手续费率请求（Commission Rate Status Request）的格式见表 27。

表 27 查询手续费率请求（Commission Rate Status Request）

Tag	域 名	必需	说 明
	标准消息头	Y	MsgType=UF214
8088	RequestID	Y	客户方请求编号，在同一个交易日内必须唯一
109	ClientID	Y	客户资金账号
8078	VarietyCode	N	品种代码
55	Symbol	N	期货合约代码
200	MaturityMonthYear	N	用于指定期货到期的年和月
207	SecurityExchange	Y	用于指定交易所
	标准消息尾	Y	

9.3.3.17 查询手续费率应答（MsgType=UF215）

客户请求查询手续费率后，期货公司返回的应答。

查询手续费率应答（Commission Rate Status Response）的格式见表 28。

表 28 查询手续费率应答（Commission Rate Status Response）

Tag	域 名	必需	说 明
	标准消息头	Y	MsgType=UF215
8088	RequestID	Y	客户方请求编号，在同一个交易日内必须唯一
8031	UserRespType	Y	应答类型
8026	TotalRetNum	N	返回应答数量
8027	PresentRetNum	N	当前返回应答序号
8095	NextFlag	N	是否有后续包标识

续表

Tag	域名		必需	说明
8078	VarietyCode		N	品种代码
55	Symbol		N	期货合约代码
200	MaturityMonthYear		N	用于指定期货到期的年和月
8058	NoCommissionEntries		C	手续费条目数量，当 UserRespType（8031）=0（接受）时必需
→	8059	CommissionType	N	手续费种类
→	8070	CommissionRate	N	手续费率
→	8071	CommssionAmt	N	手续费
8092	SettleFee		N	交割手续费
207	SecurityExchange		Y	用于指定交易所
8043	CommissionRateStatRejReason		N	拒绝查询原因，当 UserRespType（8031）=1（拒绝）时可以选择使用
58	Text		N	描述拒绝查询原因，当 UserRespType(8031)=1(拒绝)时可以选择使用
	标准消息尾		Y	

9.3.3.18 查询客户资金状况请求（MsgType=UF216）

客户请求查询其资金状况。

查询客户资金状况请求（Customer Capital Status Request）的格式见表 29。

表 29 查询客户资金状况请求（Customer Capital Status Request）

Tag	域名	必需	说明
	标准消息头	Y	MsgType=UF216
8088	RequestID	Y	客户方请求编号，在同一个交易日内必须唯一
109	ClientID	Y	客户资金账号
15	Currency	N	币　种
	标准消息尾	Y	

9.3.3.19 查询客户资金状况应答（MsgType=UF217）

客户请求查询资金状况后，期货公司返回的应答。期货公司可主动推送该消息用于向客户追缴保证金。

查询客户资金状况应答（Customer Capital Status Response）的格式见表 30。

表 30 查询客户资金状况应答（Customer Capital Status Response）

Tag	域名	必需	说明
	标准消息头	Y	MsgType=UF217
8088	RequestID	Y	客户方请求编号，在同一个交易日内必须唯一。如果是追缴保证金，则该值取值为以“None”开头的当天交易日唯一的字符串标识
109	ClientID	Y	客户资金账号
8031	UserRespType	Y	应答类型
8045	BuyMarginAmt	C	买保证金，当 UserRespType（8031）=0（接受）时必需

续表

Tag	域　名	必需	说　明
8046	SellMarginAmt	C	卖保证金，当 UserRespType（8031）＝0（接受）时必需
8047	SupplementalMarginAmt	C	追加保证金，当 UserRespType（8031）＝0（接受）时必需
8048	OccupyMarginAmt	C	占用保证金，当 UserRespType（8031）＝0（接受）时必需
8049	TotalMarginAmt	C	总保证金，当 UserRespType（8031）＝0（接受）时必需
8014	TotalExMarginAmt	N	总交易所保证金
8081	YesterdayStlAmt	C	上日存结，当 UserRespType（8031）＝0（接受）时必需
8082	BuyFrozenAmt	C	买入冻结金额，当 UserRespType（8031）＝0（接受）时必需
8083	SellFrozenAmt	C	卖出冻结金额，当 UserRespType（8031）＝0（接受）时必需
8020	FrozenCommision	N	冻结手续费
8074	TotalFrozenAmt	N	总冻结金额
8084	UseableAmt	C	可用资金，当 UserRespType（8031）＝0（接受）时必需
8098	FetchAmt	N	可取资金
12	Commission	N	手续费
8085	FloatProfit	N	浮动盈亏
8086	CloseProfit	N	平仓盈亏
8087	DayFolatProfit	N	当日出入金额
8099	DayPaymentAmt	N	当日出金金额
8100	DayIncomeAmt	N	当日入金金额
8004	RiskLevel	C	客户风险度，当 UserRespType（8031）＝0（接受）时必需
8006	ClientSecuType	C	客户安全类别，当 UserRespType（8031）＝0（接受）时必需
8011	Riskratio	C	客户风险率，当 UserRespType（8031）＝0（接受）时必需
15	Currency	N	币　种
8044	CustomerCapitalStat RejReason	N	拒绝查询原因，当 UserRespType（8031）＝1（拒绝）时可以选择使用
58	Text	N	描述拒绝查询原因，当 UserRespType(8031)＝1(拒绝)时可以选择使用
	标准消息尾	Y	

9.3.3.20　查询合约请求（MsgType＝UF218）

客户请求查询合约。可查询所有合约或者具体的合约。

查询合约请求消息（Agreement Status Request）的格式见表 31。

表 31　查询合约请求（Agreement Status Request）

Tag	域　名	必需	说　明
	标准消息头	Y	MsgType＝UF218
8088	RequestID	Y	客户方请求编号，在同一个交易日内必须唯一
55	Symbol	N	期货合约代码
207	SecurityExchange	N	用于指定交易所
	标准消息尾	Y	

9.3.3.21 查询合约应答（MsgType=UF219）

客户请求查询合约应答。

查询合约应答消息（Agreement Status Response）的格式见表32。

表32 查询合约应答（Agreement Status Response）

Tag	域　名	必需	说　明
	标准消息头	Y	MsgType=UF219
8088	RequestID	Y	客户方请求编号，在同一个交易日内必须唯一
8031	UserRespType	Y	应答类型
8026	TotalRetNum	N	返回应答数量
8027	PresentRetNum	N	当前返回应答序号
8095	NextFlag	N	是否有后续包标识
207	SecurityExchange	C	用于指定交易所，当UserRespType（8031）=0（接受）时必需
8073	ExchangeName	N	交易所名称
55	Symbol	C	期货合约代码，当UserRespType（8031）=0（接受）时必需
65	SymbolSfx	N	合约名称
8075	OneLotQty	C	每手数量，当UserRespType（8031）=0（接受）时必需
200	MaturityMonthYear	N	用于指定期货到期的年和月
8076	MaxLotQty	C	最大手数，当UserRespType（8031）=0（接受）时必需
8077	MaxHoldPosition	C	最大持仓，当UserRespType（8031）=0（接受）时必需
8078	VarietyCode	C	品种代码，当UserRespType（8031）=0（接受）时必需
8079	VarietyName	C	品种名称，当UserRespType（8031）=0（接受）时必需
8080	MinPxAlterUnit	C	最小价格变动单位，当UserRespType（8031）=0（接受）时必需
8050	AgreementStatRejReason	N	拒绝查询原因，当UserRespType（8031）=1（拒绝）时可以选择使用
58	Text	N	描述拒绝查询原因，当UserRespType(8031)=1(拒绝)时可以选择使用
	标准消息尾	Y	

9.3.4 行情类

9.3.4.1 行情类消息说明

行情类消息主要是支持交易行情的消息。

9.3.4.2 行情数据请求（MsgType=UF301）

客户请求获得行情数据。

客户可请求所有交易所的行情数据、某个交易所的行情数据，也可请求某个合约代码的行情数据。

行情数据请求（Market Data Status Request）的格式见表33。

表33 行情数据请求（Market Data Status Request）

Tag	域　名	必需	说　明
	标准消息头	Y	MsgType=301
262	MDReqID	Y	行情请求标识符，在同一个交易日内必须唯一
263	SubscriptionRequestType	Y	订阅请求类型

续表

Tag	域　名	必需	说　明
55	Symbol	N	期货合约代码
207	SecurityExchange	N	用于指定交易所
	标准消息尾	Y	

9.3.4.3　行情数据应答（MsgType=UF302）

客户请求行情数据后，期货公司返回的应答。

期货公司可主动推送行情。

行情数据应答（Market Data Status Response）的格式见表 34。

表 34　行情数据应答（Market Data Status Response）

Tag	域　名	必需	说　明
	标准消息头	Y	MsgType=UF302
262	MDReqID	Y	客户行情请求标识符，在同一个交易日内必须唯一。期货公司主动推送行情时，取值为"NONE"开头的当天交易日唯一的字符串标识
263	SubscriptionRequestType	Y	订阅请求类型
8031	UserRespType	Y	应答类型
55	Symbol	C	期货合约代码，SubscriptionRequestType（263）=0（快照），且 UserRespType（8031）=0（接受）时必需 SubscriptionRequestType（263）=1（快照+预定更新），且 UserRespType（8031）=0（接受）时必需 SubscriptionRequestType（263）=2（取消快照+预定更新），且客户请求取消订阅单个合约代码时必需
75	TradeDate	C	交易日，SubscriptionRequestType（263）=0（快照），且 UserRespType（8031）=0（接受）时必需 SubscriptionRequestType（263）=1（快照+预定更新），且 UserRespType（8031）=0（接受）时必需
207	SecurityExchange	C	用于指定交易所，SubscriptionRequestType（263）=0（快照），且 UserRespType（8031）=0（接受）时必需 SubscriptionRequestType（263）=1（快照+预定更新），且 UserRespType（8031）=0（接受）时必需
8072	NoMDPxEntries	C	行情数据价格条目数量，SubscriptionRequestType（263）=0（快照），且 UserRespType（8031）=0（接受）时必需 SubscriptionRequestType（263）=1（快照+预定更新），且 UserRespType（8031）=0（接受）时必需
→	8103　MDPxEntryType	N	行情价格条目类型
→	8104　MDEntryPx	N	行情价格条目
8052	PreHoldPosition	C	昨日持仓量，SubscriptionRequestType（263）=0（快照），且 UserRespType（8031）=0（接受）时必需 SubscriptionRequestType（263）=1（快照+预定更新），且 UserRespType（8031）=0（接受）时必需
14	CumQty	C	成交总数，SubscriptionRequestType（263）=0（快照），且 UserRespType（8031）=0（接受）时必需 SubscriptionRequestType（263）=1（快照+预定更新），且 UserRespType（8031）=0（接受）时必需

续表

Tag	域　名		必需	说　明
381	GrossTradeAmt		C	成交总金额，SubscriptionRequestType（263）=0（快照），且 UserRespType（8031）=0（接受）时必需 SubscriptionRequestType（263）=1（快照＋预定更新），且 UserRespType（8031）=0（接受）时必需
6	AvgPx		C	成交平均价，SubscriptionRequestType（263）=0（快照），且 UserRespType（8031）=0（接受）时必需 SubscriptionRequestType（263）=1（快照＋预定更新），且 UserRespType（8031）=0（接受）时必需
8060	HoldPosition		C	持仓量，SubscriptionRequestType（263）=0（快照），且 UserRespType（8031）=0（接受）时必需 SubscriptionRequestType（263）=1（快照＋预定更新），且 UserRespType（8031）=0（接受）时必需
8061	BidQty		N	申报买入量
8062	AskQty		N	申报卖出量
8063	UpdateTime		C	更新时间，SubscriptionRequestType（263）=0（快照），且 UserRespType（8031）=0（接受）时必需 SubscriptionRequestType（263）=1（快照＋预定更新），且 UserRespType（8031）=0（接受）时必需
8064	UpdateMillisec		C	更新毫秒，SubscriptionRequestType（263）=0（快照），且 UserRespType（8031）=0（接受）时必需 SubscriptionRequestType（263）=1（快照＋预定更新），且 UserRespType（8031）=0（接受）时必需
8065	NoOfferPriceLevel		C	申卖档位数（价格由高至低），SubscriptionRequestType（263）=0（快照），且 UserRespType（8031）=0（接受）时必需 SubscriptionRequestType（263）=1（快照＋预定更新），且 UserRespType（8031）=0（接受）时必需
→	133	OfferPx	N	申卖价，3 位小数
→	135	OfferSize	N	申卖量
8066	NoBidPriceLevel		C	申买档位数（价格由高至低），SubscriptionRequestType（263）=0（快照），且 UserRespType（8031）=0（接受）时必需 SubscriptionRequestType（263）=1（快照＋预定更新），且 UserRespType（8031）=0（接受）时必需
→	132	BidPx	N	申买价，3 位小数
→	134	BidSize	N	申买量
200	MaturityMonthYear		N	用于指定期货到期的年和月
205	MaturityDay		N	用于期货的到期日期，并被与到期年月（MaturityMonthYear）联合使用。
8051	MarketDataStatRejReason		N	拒绝查询原因，当 UserRespType（8031）=1（拒绝）时可以选择使用
58	Text		N	描述拒绝查询原因，当 UserRespType(8031)=1(拒绝)时可以选择使用
	标准消息尾		Y	

9.3.5　交易辅助类

9.3.5.1　交易辅助类消息说明

交易辅助类消息主要是支持交易的一些辅助功能的消息。

9.3.5.2 应答缺口重发请求（MsgType=UF801）

客户在接受多条应答时，应答可能有缺口，客户请求期货公司重发缺口内容。

应答缺口重发请求（Response Gap Resend Request）的格式见表35。

表35 应答缺口重发请求（Response Gap Fill Resend Request）

Tag	域　名	必需	说　明
	标准消息头	Y	MsgType=UF801
8088	RequestID	Y	客户方请求编号，在同一个交易日内必须唯一
109	ClientID	Y	客户资金账号
8067	GapMessageType	Y	缺口消息类型
8068	GapStartNum	Y	缺口开始编号
8069	GapEndNum	Y	缺口结束编号
	标准消息尾	Y	

9.3.5.3 应答缺口重发拒绝（MsgType=UF802）

如果应答缺口重发请求正确，缺口重发应答对应到各个消息类型的应答消息。否则，使用应答缺口重发拒绝回应客户。

应答缺口重发拒绝（Response Gap Fill Resend Rejected）的格式见表36。

表36 应答缺口重发拒绝（Response Gap Fill Resend Rejected）

Tag	域名	必需	说明
	标准消息头	Y	MsgType=UF802
8088	RequestID	Y	客户方请求编号，在同一个交易日内必须唯一
109	ClientID	Y	客户资金账号
8053	RespGapFillResendRejReason	N	拒绝重发原因
58	Text	N	描述拒绝查询原因
	标准消息尾	Y	

9.3.5.4 信息发布（MsgType=UF803）

期货公司在需要的时候，发布信息给客户。在通知交易所开市、闭市、开盘、收盘等信息时，如果没有指定交易所，则表示所有交易所的信息。

信息发布（Information Issue Request）的格式见表37。

表37 信息发布（Information Issue Request）

Tag	域　名	必需	说　明
	标准消息头	Y	MsgType=UF803
8013	InformationID	Y	信息标识符
8097	InfomationType	Y	信息类型
58	Text	N	信息发布内容
207	SecurityExchange	N	用于指定交易所
	标准消息尾	Y	

9.3.5.5 信息发布确认（MsgType=UF804）

客户接收到期货公司的信息发布之后返回的确认。

信息发布确认（Information IssueResponse）的格式见表38。

表 38 信息发布确认（Information Issue Response）

Tag	域 名	必需	说 明
	标准消息头	Y	MsgType=UF804
8013	InformationID	Y	信息标识符
	标准消息尾	Y	

10 数据字典

应用层消息和附录 E 会话层消息中用到的数据域的数据字典见表 39，数据类型定义格式参见数据类型定义（5.1）说明部分。

表 39 数据字典（Field Definitions）

Tag	域 名	域中文名	数据类型	说 明
1	Account	客户交易编码	String	交易所客户分配的交易编码
6	AvgPx	成交平均价	Price	订单所有成交的平均成交价
7	BeginSeqNo	起始消息序号	SeqNum	重发消息区的起始消息序号
8	BeginString	起始串	String	起始串，指示协议版本，不可加密，消息中的第一个域，取值：FIX.4.2
9	BodyLength	消息体长度	Length	消息体长度，不可加密，消息的第二个域
10	CheckSum	校验和	String	校验和，不可加密，消息最后一个域
11	ClOrdID	交易客户方订单编号	String	由交易客户方分配的订单编号，在订单的有效交易日内必须唯一。对隔夜订单，可以在该域内嵌入交易日期。如果是强平回报，则该值取值为以“None”开头的当天交易日唯一的字符串标识
12	Commission	手续费	Amt	期货公司收取的手续费
14	CumQty	成交总数	Qty	累计成交总数量或持仓数量
15	Currency	币 种	Currency	价格的货币单位，可以缺省，但最好给出
16	EndSeqNo	结束消息序号	SeqNum	重发消息区的结束消息序号 BeginSeqNo=EndSeqNo，表明重发一条消息 EndSeqNo=“0”，表明重发起始消息序号后的所有消息
17	ExecID	执行编号	String	期货公司分配的执行编号，在订单有效交易日内必须唯一，主要用于对应具体执行报告消息。在订单状态应答中，取值为“0”
30	LastMkt	上一成交市场	Exchange	
31	LastPx	上一成交价	Price	订单最近一笔成交的成交价
32	LastShares	上一成交数	Qty	订单最近一笔成交的数量
34	MsgSeqNum	消息序号	SeqNum	消息序号，如果交易双方不采用 FIX 会话机制，可将 tag 置为一个固定的值，例如 0

续表

Tag	域　名	必需	说　明	
35	MsgType	消息类型	String	消息类型，不可加密，消息的第三个域。自定义消息类型以“UF”开头。消息类型取值范围： 0=心跳（Heartbeat） 1=测试请求（Test Request） 2=重发请求（Resend Request） 3=会话拒绝（Reject） 4=序号重设（Sequence Reset） 5=注销（Logout） 8=执行报告（Execution Report） 9=撤单拒绝（Order Cancel Reject） A=登录（Logon） D=新订单（Order-Single） F=撤单（Order Cancel Request） H=订单状态请求（Order Status Request） UF001=客户登录请求（User Logon Request） UF002=客户登录应答（User Logon Response） UF003=客户登出请求（User Logout Request） UF004=客户登出应答（User Logout Response） UF005=客户修改密码请求（User Change PassWd Request） UF006=客户修改密码应答（User Change PassWd Response） UF201=查询持仓请求（Position Status Request） UF202=查询持仓应答（Position Status Response） UF203=查询最大操作数量请求（Max Operation Position Status Request） UF204=查询最大操作数量应答（Max Operation Position Status Response） UF205=查询所有订单状态请求（All Orders Status Request） UF206=查询所有订单状态应答（All Orders Status Response） UF207=查询结算结果请求（Settlement Result Status Request） UF208=查询结算结果应答（Settlement Result Status Response） UF209=结算结果确认请求（Settlement Result Comfirm Request） UF210=结算结果确认应答（Settlement Result Comfirm Response） UF211=查询结算结果确认请求（Settlement Result Comfirm Status Request） UF212=查询保证金率请求（Margin Rate Status Request） UF213=查询保证金率应答（Margin Rate Status Response） UF214=查询手续费率请求（Commission Rate Status Request） UF215=查询手续费率应答（Commission Rate Status Response） UF216=查询客户资金状况请求（Customer Capital Status Request） UF217=查询客户资金状况应答（Customer Capital Status Response） UF218=查询合约请求（Agreement Status Request） UF219=查询合约应答（Agreement Status Response） UF301=行情数据请求（Market Data Status Request） UF302=行情数据应答（Market Data Status Response）

续表

Tag	域　名	域中文名	数据类型	说　明
35	MsgType	消息类型	String	UF801=应答缺口重发请求（Response Gap Resend Request） UF802=应答缺口重发拒绝（Response Gap Fill Resend Rejected） UF803=信息发布（Information Issue Request） UF804=信息发布确认（Information Issue Response）
36	NewSeqNo	新消息序号	SeqNum	新消息序号
37	OrderID	期货公司委托号	String	期货公司分配的委托号，同一个交易日必须唯一
38	OrderQty	订单数量	Qty	委托数量
39	OrdStatus	订单状态	char	订单当前状态，取值范围： 0=新（New） 1=部分成交（Partially filled） 2=已成交（Filled） 4=已撤销（Canceled） 6=待撤销（Pending Cancel） 7=已终止（Stopped） 8=已拒绝（Rejected） 9=已延缓（Suspended） A=待处理（Pending New） B=已计算（Calculated） C=已过期（Expired）
40	OrdType	订单类型	char	订单类型，取值范围： 1=市价 2=限价 a=最优价 b=最新价 c=最新价浮动上浮 1 个 ticks d=最新价浮动上浮 2 个 ticks e=最新价浮动上浮 3 个 ticks f=卖一价 g=卖一价浮动上浮 1 个 ticks h=卖一价浮动上浮 2 个 ticks i=卖一价浮动上浮 3 个 ticks j=买一价 k=买一价浮动上浮 1 个 ticks l=买一价浮动上浮 2 个 ticks m=买一价浮动上浮 3 个 ticks
41	OrigClOrdID	原始交易客户方订单编号	String	之前相关订单的ClOrdID，用于撤单
43	PossDupFlag	可能重复标志	Boolean	指示该消息序号的消息可能重复发送，取值范围： Y=可能重复 N=首次发送
44	Price	价　格	Price	价　格
45	RefSeqNum	关联消息序号	SeqNum	消息的关联消息序号
49	SenderCompID	发送方代码	String	发送方代码
50	SenderSubID	发送方子标识符	String	发送方子代码（如交易员）
52	SendingTime	发送时间	UTCTimestamp	消息发送时间

续表

Tag	域　名	域中文名	数据类型	说　明
54	Side	买卖方向	char	订单买卖方向，取值范围： 1＝买入（Buy） 2＝卖出（Sell）
55	Symbol	期货合约代码	String	
56	TargetCompID	接收方代码	String	接收方代码
57	TargetSubID	接收方子标识符	String	接收方的人员代码
58	Text	文本	String	自由格式文本串
59	TimeInForce	生效时间	char	订单生效时间，取值范围： 0＝当日有效 1＝撤销前有效 2＝本节有效 3＝立即完成，否则撤销 6＝指定日期前有效 7＝集合竞价有效
60	TransactTime	事务时间	UTCTime stamp	订单或执行的创建时间
65	SymbolSfx	期货合约名称	String	
75	TradeDate	交易日	LocalMkt Date	
77	OpenClose	开仓平仓标志	char	开仓平仓标志，取值范围： O＝开仓 C＝平仓 Y＝平昨仓 T＝平今仓 Q＝强平
89	Signature	数字签名	data	数字签名
90	SecureDataLen	密文数据长度	Length	加密数据块长度
91	SecureData	密文数据	data	加密数据块
93	Signature Length	数字签名长度	Length	数字签名域的字节数
95	RawData Length	无格式数据长度	Length	无格式数据的字节数
96	RawData	无格式数据	data	无格式的数据，可以是位图、Word 文档
97	PossResend	可能重发标志	Boolean	指示该消息可能发送过（使用不同的消息序号），取值范围： Y＝可能重发 N＝首次发送
98	EncryptMethod	加密方法	int	加密方法，取值范围： 0＝无加密或其他加密方法（None / Other） 1＝PKCS 加密方法（私有） 2＝DES 加密方法（ECB 模式） 3＝PKCS/DES 加密方法（私有） 4＝PGP/DES 加密方法 5＝PGP/DES－MD5 加密方法 6＝PEM/DES－MD5 加密方法
99	StopPx	停止价	Price	

续表

Tag	域　名	域中文名	数据类型	说　明
102	CxlRejReason	撤单拒绝原因	int	撤单拒绝原因，取值范围： 0=撤单太晚（Too late to cancel） 1=未知订单（Unknown order） 2=自选原因（Broker / Exchange Option） 3=正在撤销（Order already in Pending Cancel or Pending Replace status） 4=不能群组撤单（Unable to process Order Mass Cancel Request） 5=订单时间不匹配（OrigOrdModTime did not match last TransactTime of order） 6=收到重复单（Duplicate ClOrdID received） 7=找不到预埋撤单（Parked cancel not found） 8=预埋撤单已经发送（Parked cancel has sended） 9=预埋订单已经删除（Parked cancel has delete） 10=经纪商没有足够可用的条件单数量（Broker not enough condition order） 11=投资者没有足够可用的条件单数量（Investor not enough condition order） 12=经纪商不支持条件单（Broker not support condition order） 99=其他（Other）
103	OrdRejReason	订单拒绝原因	int	订单拒绝原因，取值范围： 0=经纪商/交易所选项（Broker / Exchange option） 1=证券代码非法（Unknown symbol） 2=交易关闭（Exchange closed） 3=订单超过限价（Order exceeds limit） 4=订单太迟（Too late to enter） 5=未知订单（Unknown Order） 6=重复订单（Duplicate Order（e. g. dupe ClOrdID）） 7=与口头报单重复（Duplicate of a verbally communicated order） 8=失效订单（Stale Order） 9=Trade Along required 10=无效账户（Invalid Investor ID） 11=不支持的订单特征（Unsupported order characteristic） 12=监查选择原因（Surveillence Option） 13=数量错误（Incorrect quantity） 14=数量分配错误（Incorrect allocated quantity） 15=未知账号（Unknown account（s）） 16=平仓量超过持仓量（Over close position） 17=资金不足（Insufficient money） 18=找不到预埋单（Parked order not found） 19=预埋单已经发送（Parked order has sended） 20=预埋单已经删除（Parked order has delete） 21=平今仓位不足（Over close today position） 22=平昨仓位不足（Over close yesterday position） 23=经纪商没有足够可用的条件单数量（Broker not enough condition order） 24=投资者没有足够可用的条件单数量（Investor not enough condition order） 25=经纪商不支持条件单（Broker not support condition order） 99=其他（Other）

续表

Tag	域　名	域中文名	数据类型	说　明
107	SecurityDesc	证券描述	String	证券描述信息，在 FIX 中用以描述证券的英文简称
108	HeartBtInt	心跳间隔	int	心跳间隔（单位：秒）
109	ClientID	客户资金账号	String	客户在期货公司开设的资金账号
110	MinQty	最小成交量	Qty	
111	MaxFloor	每笔限量	Qty	每笔限量
112	TestReqID	测试请求标识符	String	用于测试请求消息，将包含在回应的心跳消息中
115	OnBehalfOf CompID	最初发送方标识符	String	用于经第三方发送消息，指明原始发送方公司代码，SenderCompID 域指明第三方公司代码
116	OnBehalf OfSubID	最初发送方子标识符	String	用于经第三方发送消息，指明原始发送方交易员代码
122	OrigSending Time	原始发送时间	UTCTime stamp	收到重发请求后，将订单重发时，记录的原始消息发送时间
123	GapFillFlag	缺口填补标志	Boolean	用于序号重设消息，指示是否填补缺口，取值范围： Y=序号重设－缺口填补消息，消息序号域有效（Gap Fill message，MsgSeqNum field valid） N=序号重设－重设消息，消息序号域无效（Sequence Reset，Ignore MsgSeqNum）
126	ExpireTime	失效时间	UTCTime stamp	有条件地用于生效时间（TimeInForce）＝在某日前有效（GTD）和到期日没有被指定的情况之下
128	DeliverTo CompID	最终接收方标识符	String	用于经第三方发送消息，指明最终接收方公司代码，TargetCompID 域指明第三方公司代码
129	DeliverTo SubID	最终接收方子标识符	String	用于经第三方发送消息，指明最终接收方人员代码
132	BidPx	申买价，3 位小数	Price	
133	OfferPx	申卖价，3 位小数	Price	
134	BidSize	申买量	Qty	
135	OfferSize	申卖量	Qty	
136	NoMiscFees	杂项费用类别数	NumIn Group	杂项费用重复组重复次数
137	MiscFeeAmt	杂项费用金额	Amt	杂项费用金额
139	MiscFeeType	杂项费用类别	String	指明杂项费用的费用类型，取值范围： 1=监管费用（Regulatory（e.g. SEC）） 2=税（Tax） 3=佣金（Local Commission） 4=经手费（Exchange Fees） 5=印花税（Stamp） 6=征管费（Levy） 7=其他（Other） 8=价格附加值（Markup） 9=消费税（Consumption Tax） 10=每次交易（Per transaction） 11=转换费（Conversion） 12=代理费（Agent） 13=过户费（TransferFee）

续表

Tag	域　名	域中文名	数据类型	说　明
140	PreClosePx	昨收盘价	Price	昨收盘价
141	ResetSeq NumFlag	序号重设标志	Boolean	指示会话连接双方是否要重设序号，取值范围： Y=Yes，需要重设序号（reset sequence numbers） N=No
142	Sender LocationID	发送方方位标识符	String	消息发起方人员所在地点
143	Target LocationID	接收方方位标识符	String	消息接收方人员所在地点
144	OnBehalfOf LocationID	最初发送方方位标识符	String	用于经第三方发送消息，指明消息原始发起方人员所在地点
145	DeliverTo LocationID	最终接收方方位标识符	String	用于经第三方发送消息，指明消息最终接收方人员所在地点
150	ExecType	执行类型	char	执行报告的类型，与 OrdStatus 配合使用，取值范围： 0=新（New） 4=已撤销（Canceled） 6=待撤销（Pending Cancel） 7=已终止（Stopped） 8=已拒绝（Rejected） 9=已延缓（Suspended） A=待处理（Pending New） B=已计算（Calculated） C=已过期（Expired） F=成交或部分成交（ Trade (partial fill or fill)） I=订单状态（Order Status）
151	LeavesQty	剩余数量	Qty	订单仍开放（可以撮合）部分的数量
167	SecurityType	证券类别	String	指示证券类别，FUT=期货
168	EffectiveTime	订单有效时间	UTCTime stamp	
200	Maturity MonthYear	期货到期的年月	month-year	格式：YYYYMM（如 201010）
205	MaturityDay	期货到期日期	day-of-month	与期货到期年月（MaturityMonthYear）联合使用。有效值：1～31
207	Security Exchange	交易所代码	Exchange	ISO10383 标准，其中： CCFX=中国金融期货交易所
263	Subscription RequestType	订阅请求类型	char	订阅请求类型，取值范围： 0=快照（Snapshot），仅订阅一次最新行情 1=快照+预定更新（Snapshot+Updates）订阅持续的行情 2=取消之前的快照+预订更新（Snapshot+Updates）请求，取消订阅
347	Message Encoding	消息编码类型	String	消息中编码域的字符编码类型（非 ASCII 码），取值范围： ISO-2022-CN UTF-8（Unicode 字符编码，for using Unicode） GBK（GBK 汉字编码标准，中国大陆以及新加坡使用） GB2312（中华人民共和国国家汉字信息交换用编码）

续表

Tag	域　名	域中文名	数据类型	说　明
354	Encoded-TextLen	编码文本长度	Length	EncodedText 域的字节数
355	EncodedText	编码文本	data	Text 域的编码形式，使用 MessageEncoding 域指明的编码方式，如果使用，必须同时使用 Text 域（用 ASCII 码）
369	LastMsgSeq NumProcessed	最近处理消息序号	SeqNum	最新一次接收并处理的消息序号，可以在每条消息中都给出，利于对方了解情况
370	OnBehalfOf SendingTime	最初发送时间	UTCTime stamp	
371	RefTagID	相关域号	int	所引用的 Tag
372	RefMsgType	相关消息类型	String	所引用消息的类型
373	SessionReject Reason	会话拒绝原因	int	用于会话消息拒绝，指示拒绝原因，取值范围： 0＝存在无效的域号 1＝该消息中必须的域丢失 2＝该消息中出现未曾定义的域 3＝未定义域号 4＝域未赋值 5＝域取值错误（范围溢出） 6＝取值格式错误 7＝解密错误 8＝签名错误 9＝公司标识符错误 10＝发送时间精度错误 11＝无效的消息类型 12＝XML 验证错误（XML Validation error） 13＝同一域多次出现（非重复组） 1＝有序的域出现次序错误 15＝重复组域次序错误 16＝重复组重复次数错误 17＝非 data 数据域中出现域界定符<SOH>
378	ExecRestate-mentReason	重述原因	int	交易服务方主动发出的执行报告中给出主动执行原因，取值范围： 0＝GT Corporate action 1＝GT renewal / restatement (no corporate action) 2＝口头更改（Verbal change） 3＝订单重新定价（Repricing of order） 4＝经纪人选择权（Broker option） 5＝部分订单量拒绝，如交易所发起部分拒绝（Partial decline of OrderQty (e. g. exchange－initiated partial cancel)） 6＝因交易停止而取消（Cancel on Trading Halt） 7＝因系统故障而取消（Cancel on System Failure） 8＝市场/交易所选择权（Market (Exchange) Option） 101＝国债回购到期反向成交（Repurchase Settlement）
381	GrossTradeAmt	成交总金额	Amt	成交总金额：CumQty ×AvgPx（Currency 单位）
383	MaxMessage Size	最大消息长度	Length	单条消息的最大字节数
384	NoMsgTypes	消息类型个数	NumIn Group	重复组中 MsgType 的个数

续表

Tag	域　名	域中文名	数据类型	说　明
385	MsgDirection	消息方向	char	指明消息方向，取值范围： S=发送（Send） R=接收（Receive）
423	PriceType	价格类型	int	价格类型代码，取值范围： 1=百分比（ Percentage） 2=每单位，每股或每合约（per unit（i. e. per share or contract）） 3=固定数量，绝对值（Fixed Amount（absolute value）） 4=折扣—低于标准百分点（discount - percentage points below par） 5=补贴—高于标准百分点（premium - percentage points over par） 6=与基准利率相差的点数（basis points relative to benchmark） 7=三个月国债期货合同和三个月境外美元期货合同的价格差（TED price） 8=三个月国债期货合同和三个月境外美元期货合同的收益差（TED yield）
432	ExpireDate	失效日期	LocalMkt Date	有条件地用于在生效时间（TimeInForce）=在某日前有效（GTD），而没有指定截止时间（ExpireTime）的情况之下
434	CxlRej ResponseTo	撤单拒绝类型	char	在撤单拒绝消息中，指示是撤单，取值范围： 1=撤单
8001	LogonPasswd	交易密码	String	
8002	LogonStatus	登录状态	char	客户登录状态，取值范围： 0=已登录 1=已登出 9=其他
8003	AccountName	账号名称	String	
8004	RiskLevel	风险度	char	账号风险度，取值范围： 0=正常 1=追加 2=强平 3=警告 4=爆仓 5=异常
8005	Additional Margin	追加保证金	Amt	
8006	ClientSecuType	客户安全类别	char	客户安全类别，取值范围： 0=安全客户 1=低风险客户 2=危险客户 3=冻结客户 4=关注客户
8007	LastLogonIP	上次登录 IP	Sting	客户上次登录 IP
8008	LastLogonTime	上次登录日期和时间	UTCTime stamp	客户上次登录日期和时间

续表

Tag	域　名	域中文名	数据类型	说　明
8009	HedgeFlag	投机套保标志	char	投机套保标志，取值范围： 0＝投机 1＝套保 2＝套利
8010	TouchCondition	触发条件	char	订单触发条件，取值范围： 1＝立即 2＝止损 3＝止赢 4＝预埋单 5＝条件价大于最新价 6＝条件价大于等于最新价 7＝条件价小于最新价 8＝条件价小于等于最新价 9＝条件价大于卖一价 A＝条件价大于等于卖一价 B＝条件价小于卖一价 C＝条件价小于等于卖一价 D＝条件价大于买一价 E＝条件价大于等于买一价 F＝条件价小于买一价 H＝条件价小于等于买一价
8011	Riskratio	客户风险率	float	客户风险率＝保证金占用/客户权益
8012	LatestPx	最新价	Price	
8013	InformationID	信息标识符	String	
8014	TotalEx MarginAmt	总交易所保证金	Amt	
8015	TdPosition	当日持仓	Qty	
8016	YDPosition	昨日持仓	Qty	
8017	FrozenPosition	冻结数量	Qty	
8018	FrozenAmt	冻结金额	Amt	
8019	PositionDate	持仓日期	LocalMkt Date	
8020	Frozen Commision	冻结手续费	Amt	
8021	PositionProfit	持仓盈亏	Amt	
8022	PositionPrice	持仓均价	Amt	
8023	MaxOpen Position	最大开仓量	Qty	
8024	MaxClose Position	最大平仓量	Qty	
8025	MaxCloseTd Position	最大平今仓量	Qty	
8026	TotalRetNum	返回应答数量	int	

续表

Tag	域　名	域中文名	数据类型	说　明
8027	PresentRetNum	当前返回应答序号	int	
8028	SettlementDate	结算结果日期	LocalMktDate	
8029	SettlementConfirm	结算结果确认	char	取值范围： 0=确认结算结果
8030	SettlementConfirmResult	结算结果确认结果	char	取值范围： 0=结算结果已确认 1=结算结果未确认
8031	UserRespType	对客户请求的应答类型	int	对客户请求的应答类型，取值范围为： 0=接受请求 1=拒绝请求
8032	LogonRejReason	拒绝登录请求原因	int	拒绝登录请求原因，取值范围为： 0=重复的请求编号 1=无效的资金账号 2=密码错误 3=重复的登录请求 4=客户端版本过低 99=其他
8033	LogoutRejReason	拒绝登出请求原因	int	拒绝登出请求原因，取值范围为： 0=重复的请求编号 1=无效的资金账号 2=客户还没有登录 99=其他
8034	ChangePWRejReason	拒绝修改密码请求原因	int	拒绝修改密码请求原因，取值范围为： 0=重复的请求编号 1=无效的资金账号 2=错误的密码类型 3=旧密码错误 4=新密码不符合要求 99=其他
8035	PosStatReqType	查询持仓请求类型	int	查询持仓请求类型，取值范围为： 0=查询当前持仓请求 1=查询历史持仓请求
8036	PosStatRejReason	拒绝查询持仓原因	int	拒绝查询持仓原因，取值范围为： 0=重复的请求编号 1=无效的资金账号 2=错误的请求类型 3=错误的客户交易编码 4=错误的合约代码 5=错误的交易所代码 6=错误的日期范围 99=其他

续表

Tag	域　名	域中文名	数据类型	说　明
8037	MaxOpPosStat RejReason	拒绝查询最大操作数量原因	int	拒绝查询最大操作数量原因，取值范围为： 0=重复的请求编号 1=无效的资金账号 2=错误的客户交易编码 3=错误的期货合约代码 4=错误的交易所代码 5=开仓但未指明价格 99=其他
8038	AllOrdStat ReqType	查询所有订单状态请求类型	int	查询所有订单状态请求类型，取值范围为： 0=查询当前所有订单状态请求类型 1=查询历史所有订单状态请求类型
8039	AllOrdStat RejReason	拒绝查询所有订单状态原因	int	拒绝查询所有订单状态原因，取值范围为： 0=重复的请求编号 1=无效的资金账号 2=错误的请求类型 3=错误的交易所代码 4=错误的日期范围 99=其他
8040	Settlement ResultStat RejReason	拒绝查询结算结果原因	int	拒绝查询结算结果原因，取值范围为： 0=重复的请求编号 1=无效的资金账号 2=错误的结算结果日期 3=错误的交易所代码 99=其他
8041	Settlement Result Confirm RejReason	拒绝结算结果确认请求原因	int	拒绝结算结果确认请求原因，取值范围为： 0=重复的请求编号 1=无效的资金账号 2=错误的结算结果日期 3=错误的结算结果确认 4=错误的交易所代码 99=其他
8042	MarginRateStat RejReason	拒绝查询保证金率原因	int	拒绝查询保证金率原因，取值范围为： 0=重复的请求编号 1=无效的资金账号 2=错误的客户交易编码 3=错误的品种代码 4=错误的期货合约代码 5=错误的期货到期年月 6=错误的交易所代码 99=其他
8043	Commission RateStatRej Reason	拒绝查询手续费率原因	int	拒绝查询手续费率原因，取值范围为： 0=重复的请求编号 1=无效的资金账号 2=错误的品种代码 3=错误的合约代码 4=错误的期货到期年月 5=错误的交易所代码 99=其他

续表

Tag	域　名	域中文名	数据类型	说　明
8044	CustomerCapital StatRejReason	拒绝查询客户资金状况原因	int	拒绝查询客户资金状况原因，取值范围为： 0=重复的请求编号 1=无效的资金账号 2=错误的币种 99=其他
8045	BuyMarginAmt	买保证金	Amt	
8046	SellMarginAmt	卖保证金	Amt	
8047	Supplemental MarginAmt	追加保证金	Amt	
8048	Occupy MarginAmt	占用保证金	Amt	
8049	TotalMargin Amt	总保证金	Amt	
8050	Agreement StatRejReason	拒绝查询合约原因	int	拒绝查询合约原因，取值范围为： 0=重复的请求编号 1=错误的期货合约代码 2=错误的交易所代码 99=其他
8051	MarketData StatRejReason	拒绝行情数据请求原因	int	拒绝行情数据请求原因，取值范围为： 0=行情请求标识符重复 1=订阅请求类型错误 2=期货合约代码错误 3=交易所代码错误 99=其他
8052	PreHold Position	昨日持仓量	Qty	
8053	RespGapFill ResendRej Reason	拒绝应答缺口重发原因	int	拒绝应答缺口重发原因，取值范围为： 0=重复的请求编号 1=无效的资金账号 2=错误的缺口消息类型 3=错误的缺口编号 99=其他
8054	NoMargin Entries	保证金条目数量	int	
8055	MarginType	保证金种类	int	保证金种类，取值范围为： 0=投机多头 1=投机空头 2=套保多头 3=套保空头 4=套利多头 5=套利空头 99=其他
8056	MarginRate	保证金率	Float	
8057	MaginAmt	保证金费	Amt	
8058	NoCommission Entries	手续费条目数量	int	

续表

Tag	域　名	域中文名	数据类型	说　明
8059	Commission Type	手续费种类	int	手续费种类，取值范围为： 0＝开仓 1＝平仓 2＝平今 99＝其他
8060	HoldPosition	持仓量	Qty	
8061	BidQty	申报买入量	Qty	
8062	AskQty	申报卖出量	Qty	
8063	UpdateTime	更新时间	LocalMkt Date	
8064	UpdateMillisec	更新毫秒	Sting	
8065	NoOffer PriceLevel	申卖档位数（价格由高至低）	NumIn Group	
8066	NoBid PriceLevel	申买档位数（价格由高至低）	NumIn Group	
8067	GapMessage Type	缺口消息类型	char	取值范围： 0＝查询当前/历史持仓应答缺口 1＝查询当前/历史所有订单状态应答缺口 2＝查询结算结果应答缺口 3＝查询手续费率应答缺口 4＝查询合约应答缺口
8068	GapStartNum	缺口开始编号	SeqNum	
8069	GapEndNum	缺口结束编号	SeqNum	
8070	Commission Rate	手续费率	float	
8071	CommssionAmt	手续费	Amt	
8072	NoMDPx Entries	行情数据价格条目数量	int	
8073	ExchangeName	交易所名称	String	
8074	TotalFrozen Amt	总冻结金额	Amt	
8075	OneLotQty	每手数量	Qty	
8076	MaxLotQty	最大手数	Qty	
8077	MaxHold Position	最大持仓	Qty	
8078	VarietyCode	品种代码	String	
8079	VarietyName	品种名称	String	
8080	MinPx AlterUnit	最小价格变动单位	Amt	
8081	Yesterday StlAmt	上日存结	Amt	

续表

Tag	域　名	域中文名	数据类型	说　明
8082	BuyFrozenAmt	买入冻结金额	Amt	
8083	SellFrozenAmt	卖出冻结金额	Amt	
8084	UseableAmt	可用资金	Amt	
8085	FloatProfit	浮动盈亏	Amt	
8086	CloseProfit	平仓盈亏	Amt	
8087	DayFolatProfit	当日出入金额	Amt	
8088	RequestID	客户方请求编号，在同一个交易日内必须唯一	String	如果期货公司主动推送消息时，取值为“None”开头的当天交易日唯一的字符串标识。该编号由请求方给出，应答方应答时的 RequestID 应与对应的请求方保持一致。
8089	PassWdType	密码类型	char	取值范围为： 0=交易密码 1=资金密码 2=委托密码
8090	OldPassWd	客户旧的密码	String	
8091	NewPassWd	客户新的密码	String	
8092	SettleFee	交割手续费	Amt	
8093	DeclarationID	报单号	String	交易所分配的报单号
8094	TradeID	撮合编号	String	交易所分配的撮合编号
8095	NextFlag	是否有后续包标识	Boolean	
8096	MacNetInfo	机器网络信息	String	机器网络信息，格式为“信息编码：取值	信息编码：取值…”，其中信息编码的取值范围为： 0=IP 地址 1=MAC 地址 2=主板编号 3=CPU 编号 4=硬盘编号
8097	InfomationType	信息类型	char	期货公司发布的信息类型，取值范围为： 0=一般通知 1=交易所开市 2=交易所闭市 3=交易所开盘 4=交易所收盘 5=交易所暂停交易（用于交易集合竞价之后的集中撮合阶段或者某些特殊情况） 6=交易提示 7=市场资讯 8=咨询信息
8098	FetchAmt	可取资金	Amt	
8099	DayPayment Amt	当日出金金额	Amt	
8100	DayIncomeAmt	当日入金金额	Amt	
8101	BeginDate	起始时间	LocalMkt Date	

续表

Tag	域　名	域中文名	数据类型	说　明
8102	EndDate	结束时间	LocalMkt Date	
8103	MDPxEntry Type	行情价格条目种类	int	行情价格种类，取值范围为： 0＝最新价 1＝昨日结算价 2＝昨日收盘价 3＝开盘价格 4＝最高价 5＝最低价 6＝今收盘价 7＝结算价 8＝涨停价 9＝跌停价 99＝其他
8104	MDEntryPx	行情价格条目	Price	
8105	ClientSoftName	客户方的软件客户端名称	String	
8106	ClientSoft Version	客户方的软件客户端版本	String	
8500	OrderEntry Time	订单申报时间	UTC Timestamp	

11　结算数据文件格式

结算数据发送方每天分别向基金公司和托管银行发送客户基本资金数据文件、客户出入金记录文件、成交明细文件、持仓数据文件、平仓明细文件、持仓明细文件和交割明细文件等 7 类文件，采用汇总方式发送，即将一个基金公司下所有基金产品或一个托管银行下所有托管的基金产品的同类数据合并成一个文件，若无该类型数据时应发送空文件。因此，结算数据发送方每天需向基金公司或托管银行发送 7 个文本文件，分别为：客户基本资金数据文件、客户出入金记录文件、客户成交明细文件、客户持仓数据文件、平仓明细文件、持仓明细文件、交割明细文件。文件命名规则如下：

发送方统一标识＋文件类型名＋日期＋ _ ＋接收方（基金公司或托管银行）组织机构代码 . txt

其中，发送方标识（Number（4），下文表述为 XXXX）采用中国保证金监控中心公司的编码方式，基金公司或托管银行采用组织机构代码（Char（40），下文表述为 Y）。

11.1　客户基本资金数据文件

发送方（统一标识 XXXX）发给基金公司或托管银行（组织机构代码证 Y）的客户基本资金数据文件名：XXXXcusfund＋日期 _ Y. txt

如日期为 2005 年 10 月 8 日、标识为 0001 的期货公司发给组织机构代码为 710685288 的基金公司的客户基本资金数据文件名为 0001cusfund20051008 _ 710685288. txt。

发送方每天需给基金公司或托管银行发送一个相应文件名的客户基本资金数据文件，每个资金账号一条记录，每条记录的字段和数据类型见表 40。

表 40 客户基本资金数据文件（Customer Fund File）

字 段	数据类型	是否可为空	备 注
日 期	date	N	格式：yyyy-mm-dd
客户内部资金账户	char（18）	N	
资金权益总额	number（14，2）	N	当日客户权益
可用资金	number（14，2）	N	逐日盯市下计算得出的可用资金。此外，在逐笔对冲下，将浮动盈亏算入可用资金后，其额度应该等同于在逐日盯市下计算得出的可用资金
需追加保证金	number（14，2）	N	
风险度	number（14，2）	N	去掉百分号，如 46 表示 46%
上日结存（逐日盯市）	number（14，2）	N	
上日结存（逐笔对冲）	number（14，2）	Y	
当日结存（逐日盯市）	number（14，2）	N	
当日结存（逐笔对冲）	number（14，2）	Y	
当日总盈亏（逐日盯市 N	number（14，2）	N	逐日盯市下的当日总盈亏，计算方式为：客户当日持仓盈亏＋平仓盈亏＋交割配对盈亏
当日总盈亏（逐笔对冲）	number（14，2）	Y	逐笔对冲下的平仓盈亏
浮动盈亏（逐笔对冲）	number（14，2）	Y	逐笔对冲方式计算的浮动盈亏
质押金	number（14，2）	N	期货公司提供给客户结算单上的质押金
是否为非结算会员	char	N	此处都为否-N
结算会员统一标识	char（10）	N	监控中心编码
交易会员统一标识	char（10）	N	监控中心编码

举例：

2004－12－15@000002@500000.00@300000.00@0.00@46.00@500000.00@510000.00@500000.00@500000.00@0.00@400.00@－10000.00@0.00@N@0001@0001

11.2 客户出入金记录文件

发送方（统一标识 XXXX）发给基金公司或托管银行（组织机构代码证 Y）的客户出入金记录文件名：XXXXfundchg＋日期_Y.txt

如报送日期为 2005 年 10 月 8 日、标识为 0001 的期货公司发给组织机构代码为 710685288 的基金公司的客户出入金记录文件名为 0001fundchg20051008_710685288.txt。

发送方每天需给基金公司或托管银行发送一个相应文件名的客户出入金记录文件，基金公司每发生一次出金或入金，就有一条记录，每条记录的字段和数据类型见表 41。

表 41 客户出入金记录文件（Customer Fund Change File）

内 容	数据类型	是否可为空	备 注
日驱邪期	date	N	格式：yyyy-mm-dd
客户内部资金账户	char（18）	N	
出入金额	number（14，2）	N	出金为负，入金为正
客户期货结算账户银行统一标识	char（2）	Y	非银期转账的出入金，该字段可为空
客户期货结算账户	char（22）	Y	非银期转账的出入金，该字段可为空
公司保证金专用账户银行统一标识	char（2）	Y	非银期转账的出入金，该字段可为空

续表

内　容	数据类型	是否可为空	备　注
公司保证金专用账户	char（22）	Y	非银期转账的出入金，该字段可为空
备注	char（40）	Y	
是否为非结算会员	char	N	此处都为否-N
结算会员统一标识	char（10）	N	监控中心编码
交易会员统一标识	char（10）	N	监控中心编码

举例：

2005-12-15@000001@500000.00@01@1234567890123@02@8888888888888@@N@0001@0001

2005-12-15@000002@—1000000.00@05@9999999999999@03@777777777777@@N@0001@0001

11.3　成交明细文件

发送方（统一标识 XXXX）发给基金公司或托管银行（组织机构代码证 Y）的客户成交明细数据文件名：XXXXtrddata＋日期_Y.txt

如日期为 2005 年 10 月 8 日、标识为 0001 的期货公司发给组织机构代码为 710685288 的基金公司的客户成交明细数据文件名为 0001trddata20051008_710685288.txt。

发送方每天需给基金公司或托管银行发送一个相应文件名的客户成交明细数据文件，每条记录的字段和数据类型见表 42。

表 42　成交明细文件（Trading Data File）

字　段	数据类型	是否可为空	备　注
日　期	date	N	格式：yyyy-mm-dd
客户内部资金账户	char（18）	N	
成交流水号	char（8）	N	交易所发布的成交序列号
品种合约	char（6）	N	
买卖标志	char	N	买-B，卖-S
成交量	number（10）	N	单位：手
成交价	number（14，2）	N	
成交额	number（14，2）	N	
成交时间	time	N	格式：hh：mm：ss
开平仓标志	char	N	开仓-O，平仓-L
投机套保标志	char	N	投机-S，套保-H，套利-A
平仓盈亏（逐日盯市）	number（14，2）	N	如开仓，则此字段为 0
平仓盈亏（逐笔对冲）	number（14，2）	Y	逐笔对冲方式的平仓盈亏，如开仓，则字段为 0
手续费	number（14，2）	N	
交易编码	char（10）	N	该笔成交对应交易所的客户交易编码
交易所统一标识	char	N	大商所 D，郑商所 Z，上期所 S，中金所 J
是否为非结算会员	char	N	此处都为否-N

续表

字　段	数据类型	是否可为空	备　注
报单号	char（12）	N	交易所成交单中的报单号
席位号	char（15）	N	
结算会员统一标识	char（10）	N	监控中心编码
交易会员统一标识	char（10）	N	监控中心编码

举例：

2005－01－21@000001@00038331@WT501@B@100@1560.00@1560000.00@09：30：55@O@S@200.00@400.00@1560.00@00171401@Z@N@000001000001@200801@0001@0001

11.4 持仓数据文件

发送方（统一标识XXXX）发给基金公司或托管银行（组织机构代码证Y）的客户持仓数据文件名：XXXXholddata＋日期_Y.txt

如日期为2005年10月8日、标识为0001的期货公司发给组织机构代码为710685288的基金公司的客户持仓数据文件名为0001holddata20051008_710685288.txt。

发送方每天需给基金公司或托管银行发送一个相应文件名的客户持仓数据文件，每条记录的字段和数据类型见表43。

表43　持仓数据文件（Holding Data File）

字　段	数据类型	是否可为空	备　注
日　期	date	N	格式：yyyy－mm－dd
客户内部资金账户	char（18）	N	
品种合约	char（6）	N	
买卖标志	char	N	
投机套保标志	char	N	投机－S，套保－H，套利－A
持仓量	number（10）	N	单位：手
交易保证金	number（14，2）	N	
持仓盈亏（逐日盯市）	number（14，2）	N	
持仓盈亏（逐笔对冲）	number（14，2）	Y	逐笔对冲方式的持仓盈亏
持仓均价	number（14，2）	N	
昨结算价	number（14，2）	N	
今结算价	number（14，2）	N	
交易编码	char（10）	N	该笔持仓对应交易所的客户交易编码
交易所统一标识	char	N	大商所D，郑商所Z，上期所S，中金所J
是否为非结算会员	char	N	此处都为否－N
结算会员统一标识	char（10）	N	监控中心编码
交易会员统一标识	char（10）	N	监控中心编码

举例：

2005－01－25@000008@WT502@B@S@100@78000.00@4000.00@600.00@11200.00@12000.00@12100.00@00171401@Z@N@0001@0001

2005-01-25@000009@WT505@S@H@200@166000.00@-2000.00@-3000.00@10200.00@11000.00@11100.00@00579246@Z@N@0001@0001

11.5 平仓明细文件

发送方（统一标识 XXXX）发给基金公司或托管银行（组织机构代码证 Y）的客户平仓明细文件名：XXXXliquiddetails＋日期 _ Y. txt

如日期为 2005 年 10 月 8 日、标识为 0001 的期货公司发给组织机构代码为 710685288 的基金公司的客户平仓明细文件名为 0001liquiddetails20051008 _ 710685288. txt。

发送方每天需给基金公司或托管银行发送一个相应文件名的客户平仓明细文件，每条记录的字段和数据类型见表 44。

表 44　平仓明细文件（Liquid Details File）

字　段	数据类型	是否可为空	备　注
日　期	date	N	格式：yyyy-mm-dd
客户内部资金账户	char（18）	N	
品种合约	char（6）	N	
成交流水号	char（8）	N	交易所发布的成交序列号
买卖标志	char	N	买-B，卖-S
成交价	number（14，2）	N	平仓时的成交价
开仓价	number（14，2）	N	开仓时的成交价
成交量	number（10）	N	平仓手数，单位：手
昨结算价	number（14，2）	N	
今结算价	number（14，2）	N	
平仓盈亏（逐日盯市）	number（14，2）	N	
平仓盈亏（逐笔对冲）	number（14，2）	Y	逐笔对冲方式的平仓盈亏
原成交流水号	char（8）	Y	交易所在客户开仓时发布的成交序列号
交易编码	char（10）	N	
结算会员统一标识	char（10）	N	监控中心编码
交易会员统一标识	char（10）	N	监控中心编码

举例：

2005-01-26@2565@m0505@00013914@S@2147.00@2147.00@2@2144.00@2145.00@60.00@0.00@00002140@20000003@0001@0001

11.6 持仓明细文件

期货公司（统一标识 XXXX）发给基金公司或托管银行（组织机构代码证 Y）的客户持仓明细文件名：XXXXholddetails＋日期 _ Y. txt

如日期为 2005 年 10 月 8 日、标识为 0001 的期货公司发给组织机构代码为 710685288 的基金公司的客户持仓明细文件名为 0001holddetails20051008 _ 710685288. txt。

发送方每天需给基金公司或托管银行发送一个相应文件名的客户持仓明细文件，每条记录的字段和数据类型见表 45。

表 45　持仓明细文件（Holding Details File）

字　段	数据类型	是否可为空	备　注
日　期	date	N	格式：yyyy - mm - dd
客户内部资金账户	char（18）	N	
品种合约	char（6）	N	
成交流水号	char（8）	N	交易所发布的成交序列号
买卖标志	char	N	买- B，卖- S
投机套保标志	char	N	投机- S，套保- H，套利- A
持仓量	number（10）	N	单位：手
开仓价	number（14，2）	N	
昨结算价	number（14，2）	N	
今结算价	number（14，2）	N	
持仓盈亏（逐日盯市）	number（14，2）	N	
持仓盈亏（逐笔对冲）	number（14，2）	Y	逐笔对冲方式的持仓盈亏
交易编码	char（10）	N	客户该笔持仓对应交易所的交易编码
结算会员统一标识	char（10）	N	监控中心编码
交易会员统一标识	char（10）	N	监控中心编码

举例：

2005 - 01 - 26@2565@m0505@00005968@B@S@5@2148.00@2144.00@2145.00@50.00@-150.00 @00171401@0001@0001

11.7　交割明细文件

发送方（统一标识 XXXX）发给基金公司或托管银行（组织机构代码证 Y）的客户交割明细文件名：XXXXdelivdetails＋日 _ Y. txt

如日期为 2005 年 10 月 8 日、标识为 0001 的期货公司发给组织机构代码为 710685288 的基金公司的客户交割明细文件名为 0001delivdetails20051008 _ 710685288. txt。

发送方每天需给基金公司或托管银行发送一个相应文件名的客户交割明细文件，每条记录的字段和数据类型见表 46。

表 46　交割明细文件（Delivering Details File）

字　段	数据类型	是否可为空	备　注
日　期	date	N	交割日，格式：yyyy - mm - dd
客户内部资金账户	char（18）	N	
品种合约	char（6）	N	交割合约号
买卖标志	char	N	买- B，卖- S
成交均价	number（14，2）	N	分客户分品种合约分买卖的开仓成交均价
成交金额	number（14，2）	N	总　额
交割结算价	number（14，2）	N	
交割货款	number（14，2）	N	
交割手数	number（10）	N	单位：手

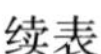

续表

字　段	数据类型	是否可为空	备　注
交割手续费	number（14，2）	N	
交割配对盈亏	number（14，2）	N	
交易编码	char（10）	N	
结算会员统一标识	char（10）	N	监控中心编码
交易会员统一标识	char（10）	N	监控中心编码

举例：

2006-04-19@00100008@cu0604@S@68970.00@689700.00@78100.00@781000.00@2@100.00@91300.00@20000003@0001@0001

附录 A
（资料性附录）
FIX 会话缺口填补方式

使用 FIX 会话时，接收方在检测到消息丢失后（发现消息缺口），有两种方式处理缺口：方式一，接收方发现缺口后向发送方请求发送缺口消息及其后的所有消息，见图 A.1；方式二，接收方发现缺口后，保存已收到消息，并向发送方请求发送缺口消息，见图 A.2。

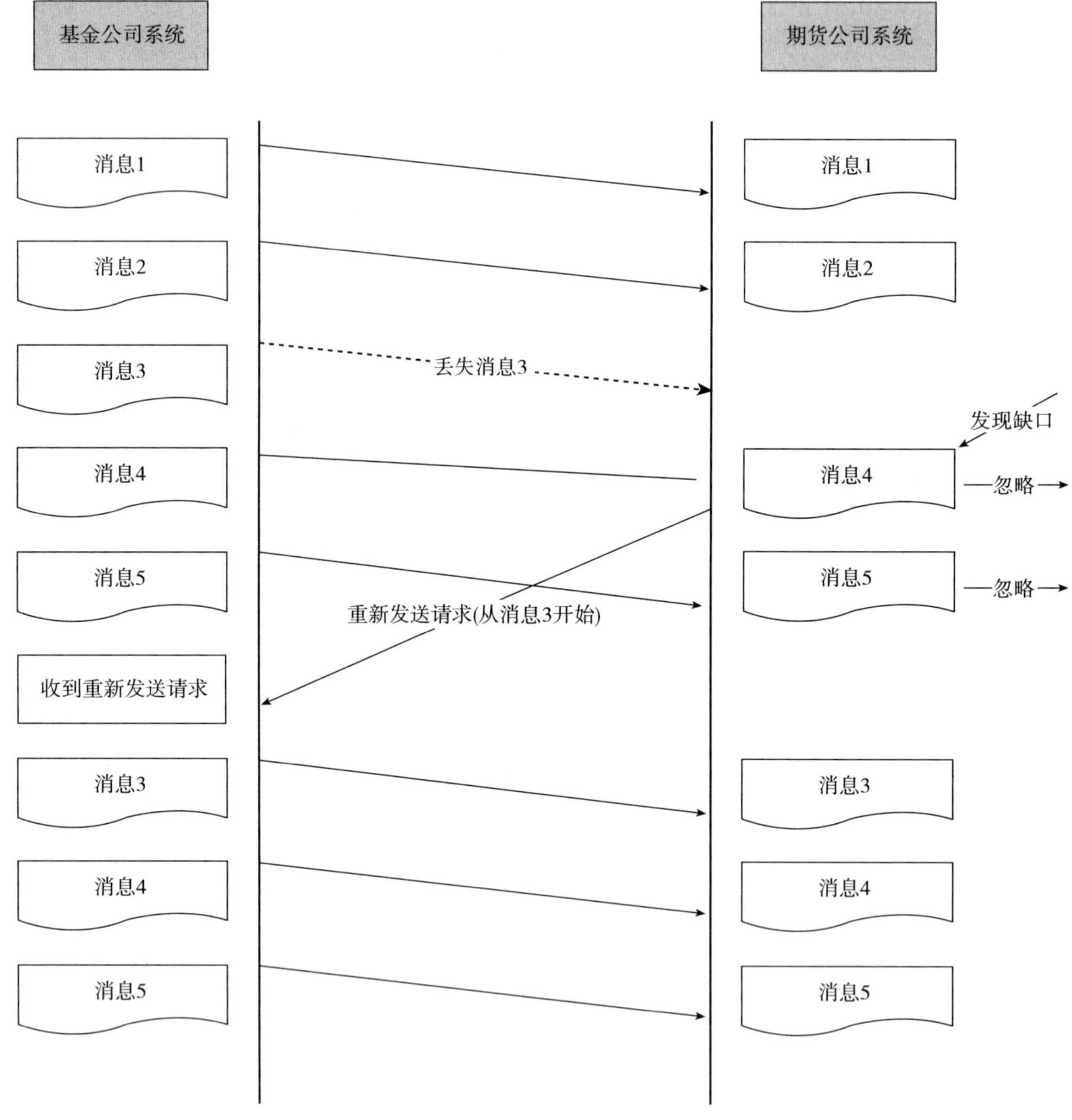

图 A.1　缺口填补方式一

基金公司系统
期货公司系统
消息1
消息1
消息2
消息2
消息3
丢失消息3
发现缺口
消息4
消息4
保留
消息5
丢失消息5
重新发送请求(消息3)
收到重新发送请求
消息3
消息3
消息6
消息4
发现缺口
收到重新发送请求
重新发送请求(消息5)
消息6
保留

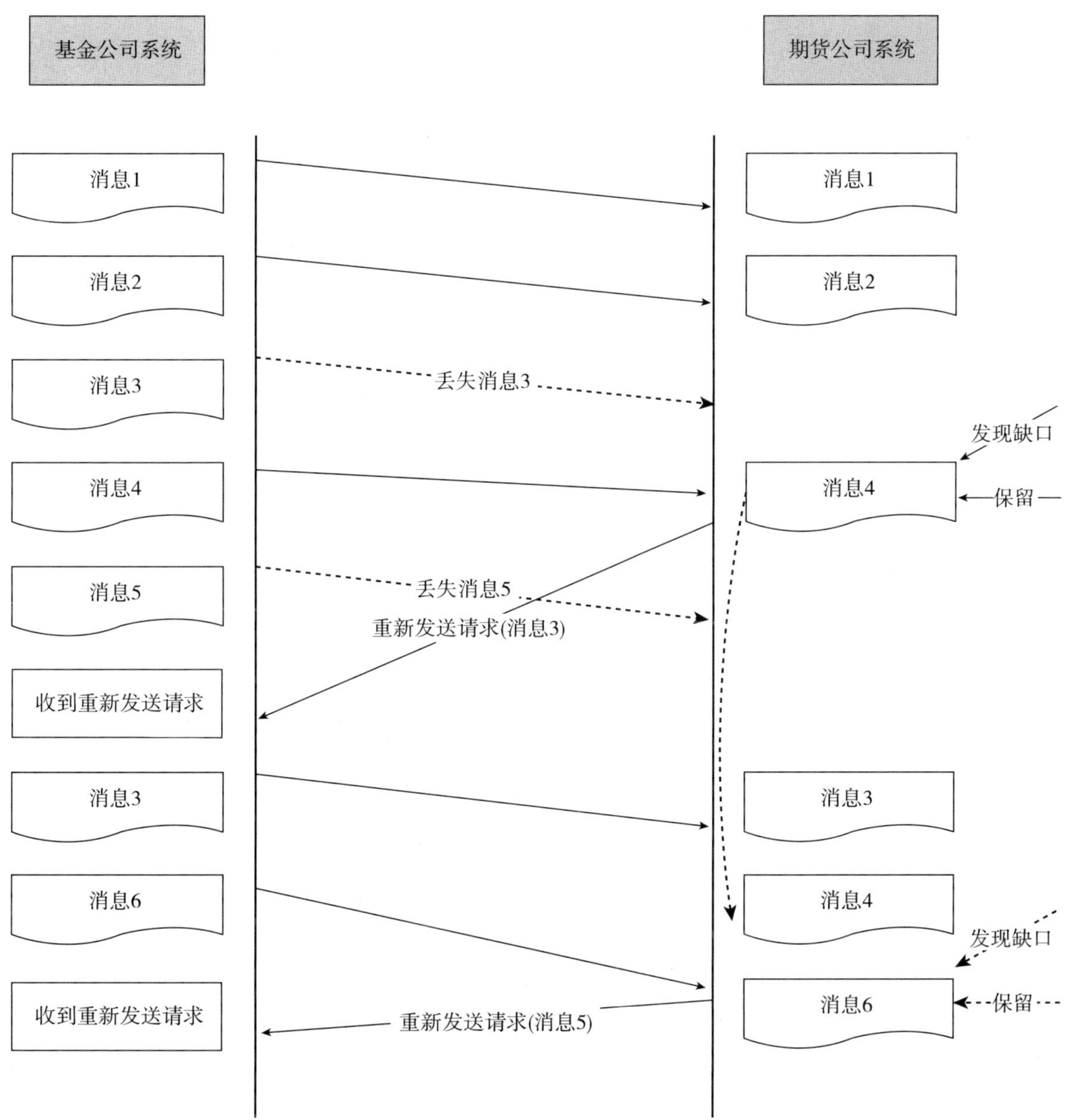

图 A.2　缺口填补方式二

附录 B
（资料性附录）
FIX 会话连接场景

B.1 FIX 会话登录

图 B.1 是一个连接登录的场景，连接申请方向连接服务方发送一个登录消息，第一个消息因无效而通过注销来拒绝登录。第二个消息有效，服务方回送一条登录消息表示确认。

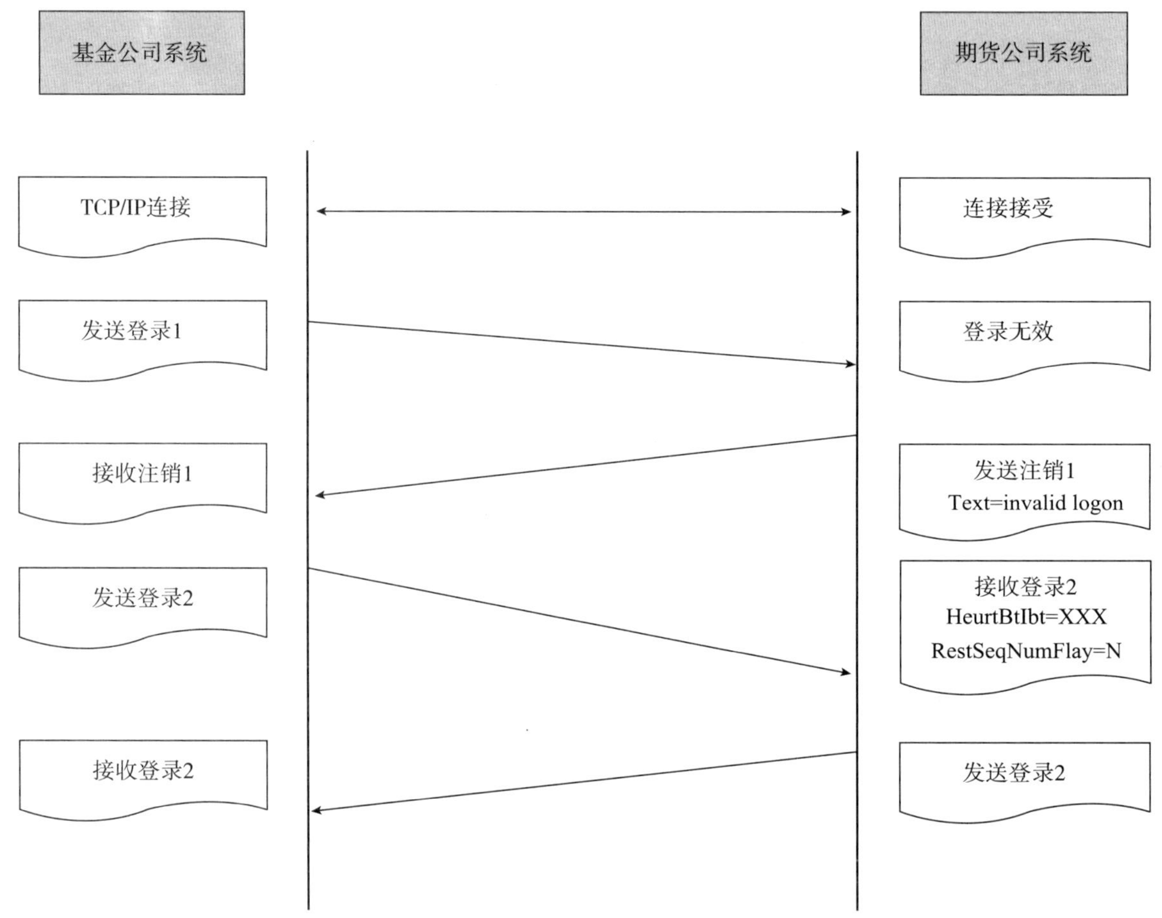

图 B.1 登录

B.2 注销

图 B.2 显示注销会话的场景，申请注销后，服务方回送注销消息确认断开会话。

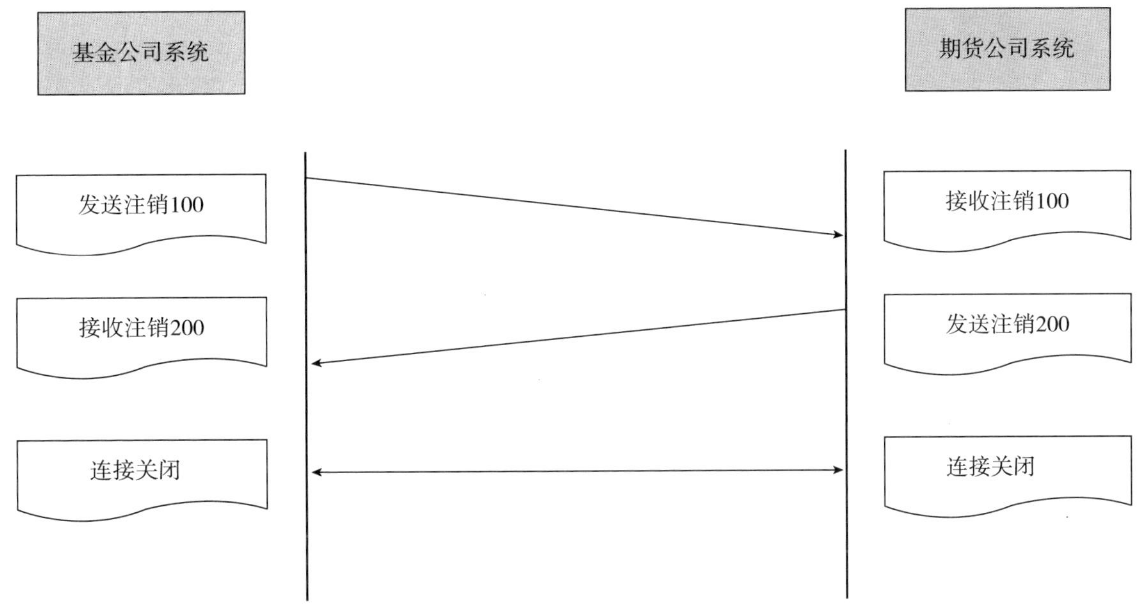

图 B.2　注销

B.3 重发

图 B.3 是会话断开而重发消息的场景，发送方在发送完一些应用消息给接收方后，在某个时刻 TCP/IP 连接意外断开。此后发送方一直发送完 104 号才发现通讯故障并等待通讯恢复，通讯恢复后，发送方发送 105 号登录消息重新连接，连接后接收方发送重发请求消息给发送方，要求重新发送 103 号及其以后的消息。发送方响应其请求，并用序号重设来覆盖 105 号登录消息。

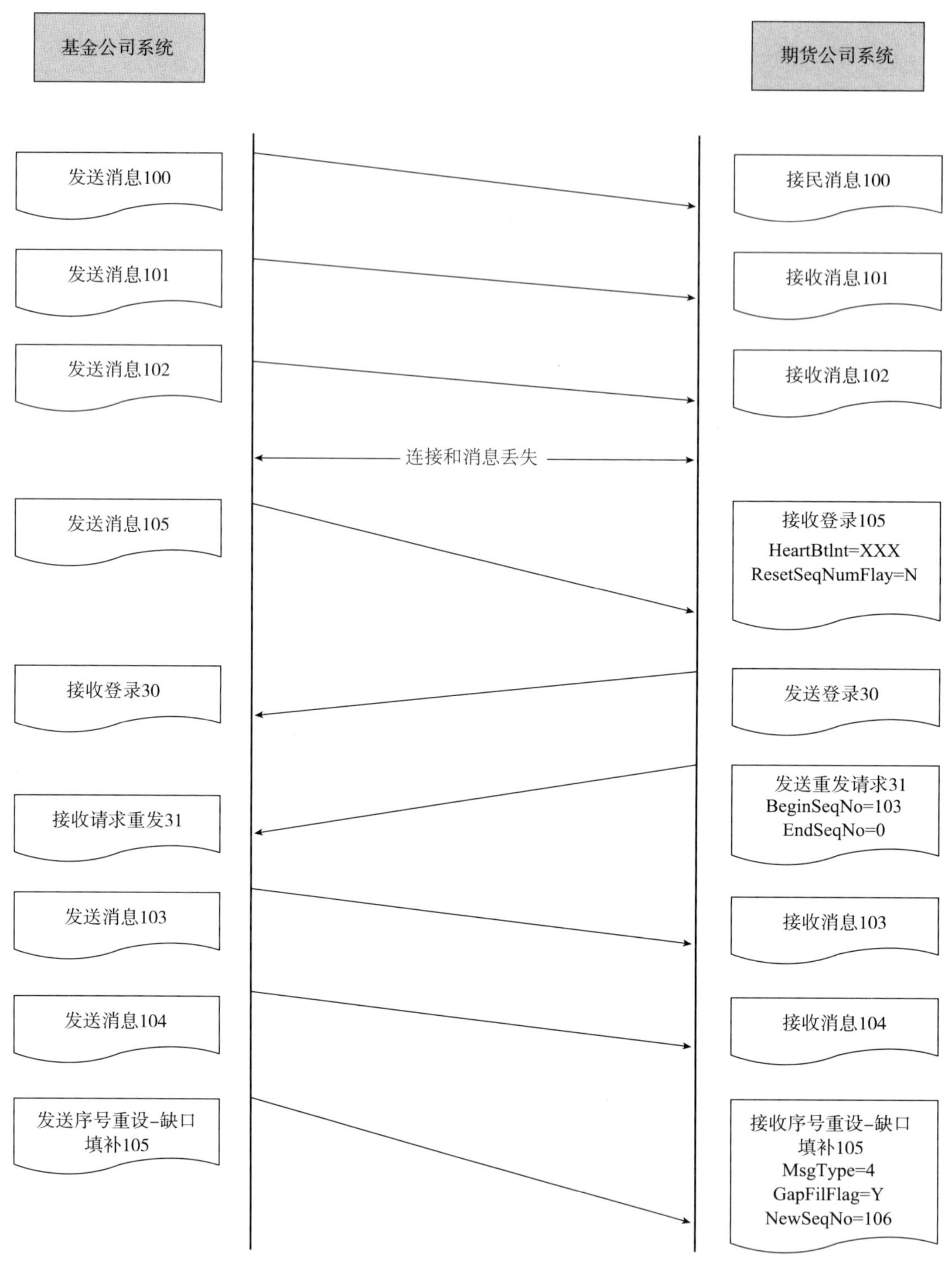

图 B.3　重发

B.4　重发请求

图 B.4 是一个重发消息中含有会话消息的重发场景，发送方在发送完一些应用消息和心跳消息给接收方后，收到了一条重发请求 30 号（接收方的当前发送消息序号）。发送方于是重新发送应用消息给接收方，而心跳消息则通过序号重设消息来覆盖或跳过，这样保持了消息序号的对应和连续。通常发送方应保存一定范围的消息供填补缺口，这些需保存的消息含有应用消息和会话消息即所有曾发送的消息。

基金公司系统
期货公司系统
发送消息100
接收消息100
发送消息101
接收消息101
发送心跳102
接收消息102
发送心跳103
接收消息103
发送消息104
接收消息104
发送重发请求30
BeginSeqNo=100
EngSeqNo=0
接收重发请求30
发送消息100
接收消息100
发送消息101
接收消息101
发送序号重设-缺口
填补102
接收序号重设-缺口
填补102
MsgType=4
GapFillFlag=Y
NewSeqNo=104
发送消息104
接收消息104

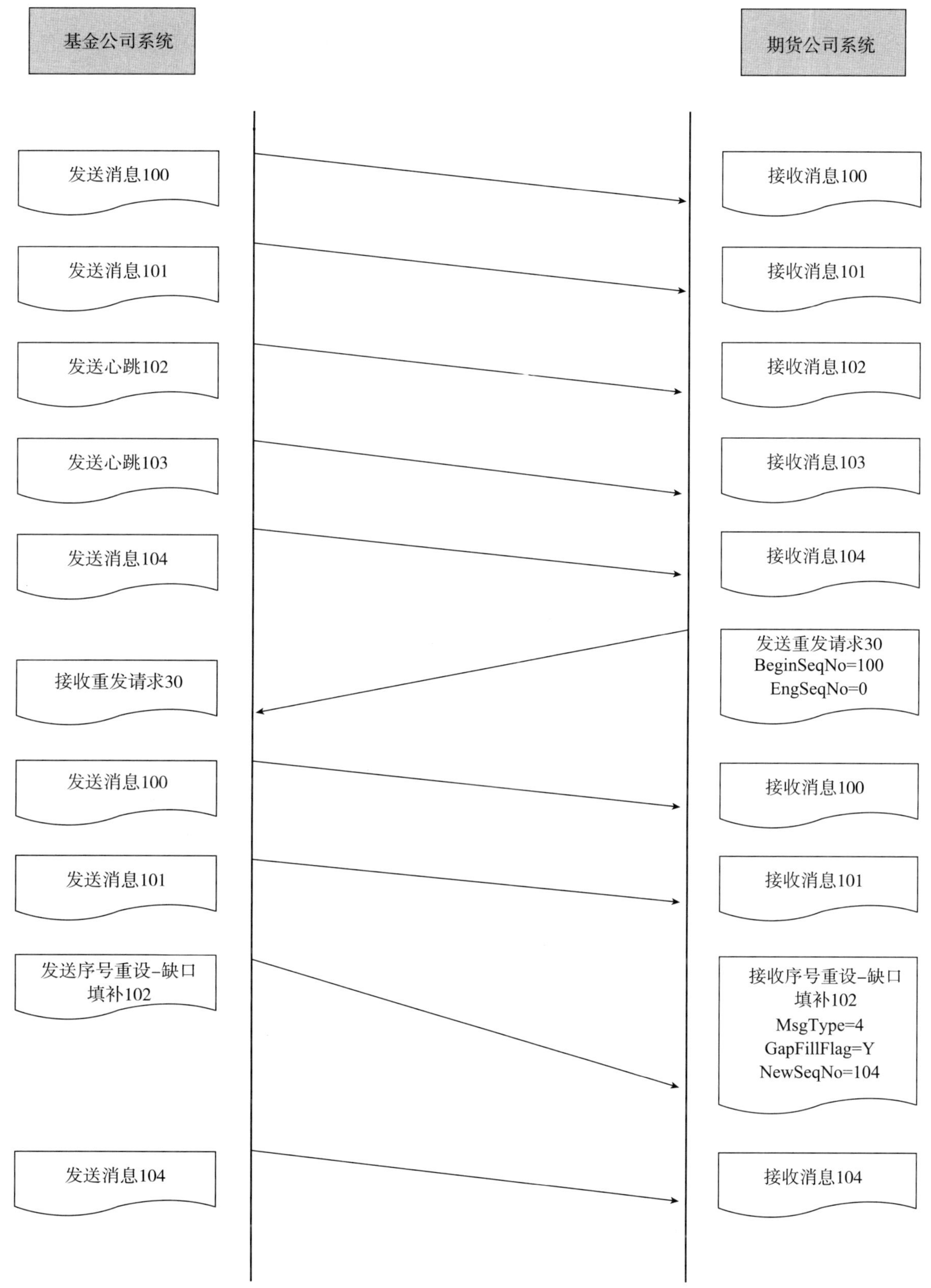

图 B.4 重发请求

B.5 心跳和测试请求

图 B.5 是心跳和测试请求的场景，连接双方的空闲持续在经过一个约定的时间间隔后，连接双方根据规则都可以发送心跳或测试请求。

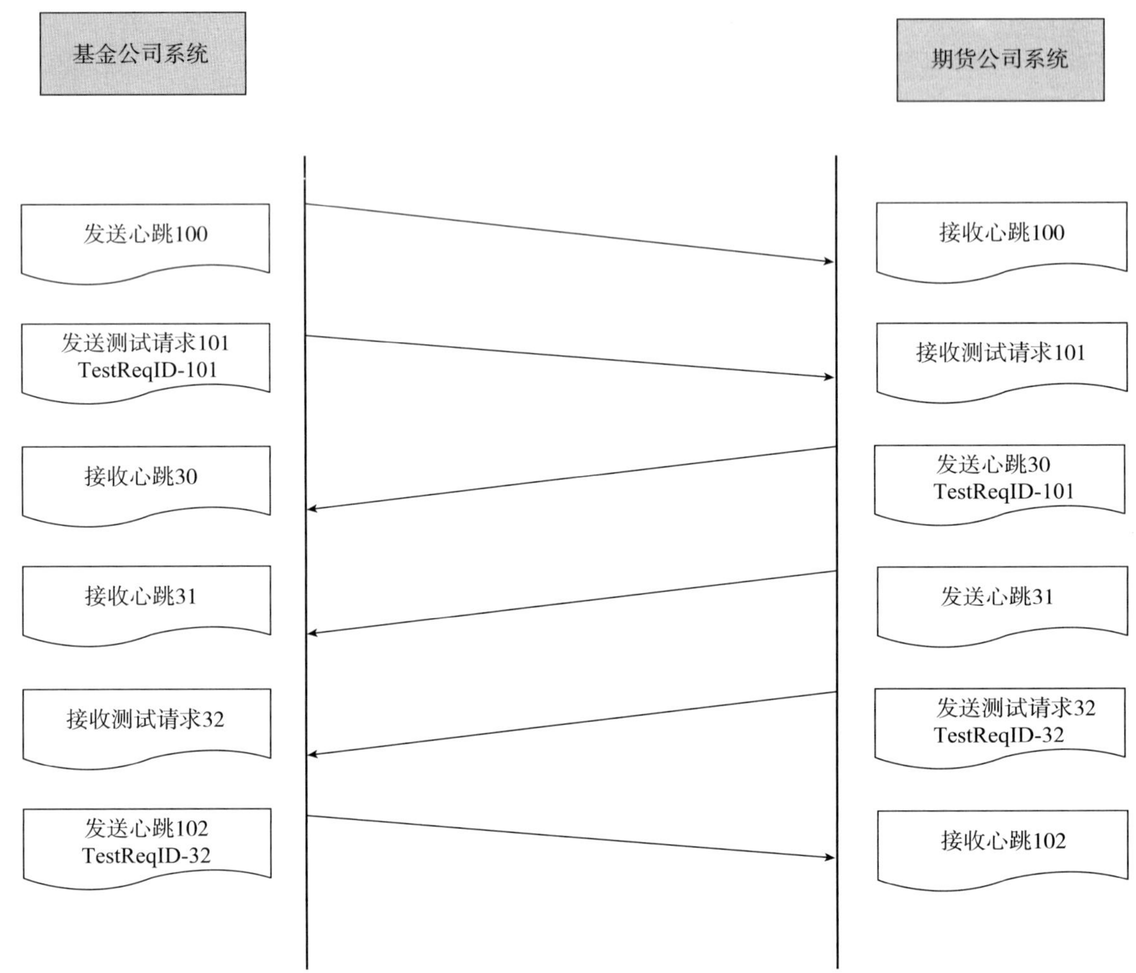

图 B.5 心跳和测试请求

附录 C
(资料性附录)
应用场景

C.1 新订单场景图

新订单场景见图 C.1。

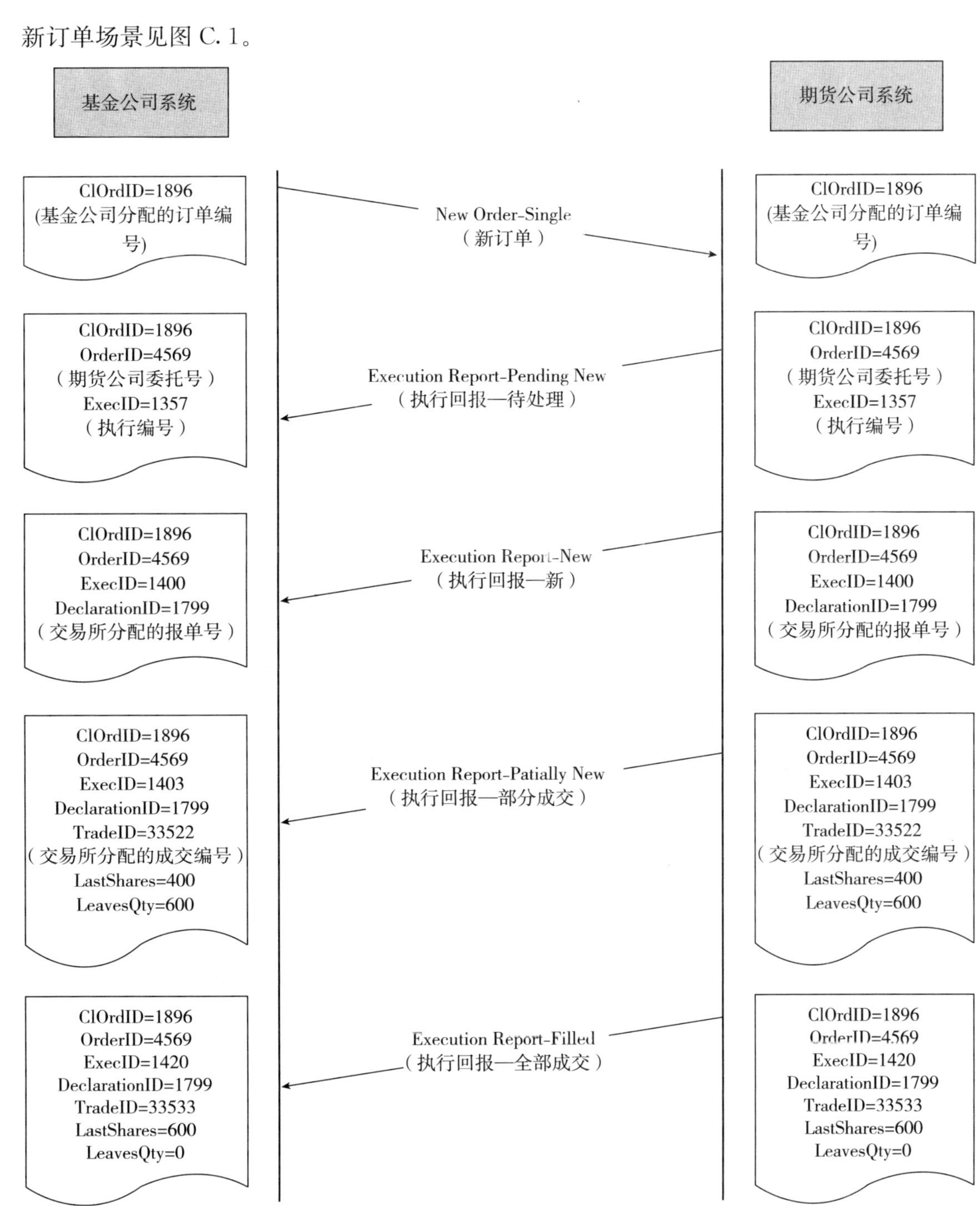

图 C.1 新订单场景

C. 2 撤单场景图

撤单场景见图 C. 2。

基金公司系统

期货公司系统

基金公司系统	消息	期货公司系统
ClOrdID=1896 (基金公司分配的订单编号)	New Order-Single（新订单）→	ClOrdID=1896 (基金公司分配的订单编号)
ClOrdID=1896 OrderID=4569 （期货公司委托号） ExecID=1357 （执行编号）	← Execution Report-Pending New（执行回报—待处理）	ClOrdID=1896 OrderID=4569 （期货公司委托号） ExecID=1357 （执行编号）
ClOrdID=1896 OrderID=4569 ExecID=1400 DeclarationID=1799 （交易所分配的报单号）	← Execution Report-New（执行回报—新）	ClOrdID=1896 OrderID=4569 ExecID=1400 DeclarationID=1799 （交易所分配的报单号）
ClOrdID=1896 OrderID=4569 ExecID=1403 DeclarationID=1799 TradeID=33522 （交易所分配的成交编号） LastShares=400 LeavesQty=600	← Execution Report-Patially Filled（执行回报—部分成交）	ClOrdID=1896 OrderID=4569 ExecID=1403 DeclarationID=1799 TradeID=33522 （交易所分配的成交编号） LastShares=400 LeavesQty=600
ClOrdID=1900 OringClOrdID=1896 （待撤订单号）	Order Cancel Request（撤单请求）→	ClOrdID=1900 OringClOrdID=1896 （待撤订单号）
ClOrdID=1900 OringClOrdID=1896 OrderID=4569 ExecID=1420	← Execution Report-Pending Cancel（执行回报—待撤销）	ClOrdID=1900 OringClOrdID=1896 OrderID=4569 ExecID=1420
ClOrdID=1900 OringClOrdID=1896 OrderID=4569 ExecID=1425 LeavesQty=0	← Execution Report-Canceled（执行回报—已撤销）	ClOrdID=1900 OringClOrdID=1896 OrderID=4569 ExecID=1425 LeavesQty=0

图 C. 2 撤单场景

附录 D
（资料性附录）
计算校验和

以下为计算校验和的代码段：

```
char* GenerateCheckSum ( char* buf, long bufLen )
{
    static char tmpBuf [ 4 ];
    long idx;
    unsigned int cks;

    for ( idx=0L, cks=0; idx < bufLen; cks+= (unsigned int) buf [ idx++] );
    sprintf ( tmpBuf, "%03d", (unsigned int) ( cks % 256 ) );
    return ( tmpBuf );
}
```

附录 E
（资料性附录）
FIX 会话

E.1 FIX 会话

E.1.1 消息序号

任何一条消息都被分配有一个消息序号以作为唯一标识，消息序号在每次会话过程中从 1 开始，在整个会话过程中连续递增，直到该会话过程全部结束。通过监视消息序号的连续性可以知道交换中的消息缺口，并做出反应，使得连接双方数据同步。

连接双方都明确确定相互独立的消息序号，参与连接的任何一方负责维护自己发送的消息序号，并监视接收的消息序号以保证消息缺口的发现和处理。

E.1.2 心跳

在消息交换的空闲期间，连接双方将会产生有规则的心跳消息。通过心跳消息可以监控通讯连接的状态。心跳间隔时间由会话发起人在登录时确定。在发送任何消息后，应立即重新设置心跳间隔计时器。心跳间隔时间应该得到连接双方的确认，由登录发起人给出并得到登录接受方的确认。连接双方使用相同心跳间隔时间。

E.1.3 缺口填补

由于协议是基于乐观的消息传输模式，消息在传输过程中可能存在丢失，而这种消息丢失发送方不能检测，因此接收方应负责检测消息的缺口并处理。有两种处理方法：接收方发现缺口后向发送方请求发送缺口消息及其后的所有消息；接收方发现缺口后，保存已收到的消息，并向发送方请求重复发送缺口消息。

E.1.4 消息重复发送

响应一个重发请求而重复发送消息时，或者不确定对方是否收到某消息而重复发送该消息时，要求在该消息内加上可能重复标志（Possible Duplicate＝Y）。如何处理该消息则是接收方的事情。由于当生成有此类可能重复发送的消息时，仍使用该消息的原来序号，但某些信息可能会改变，如原始时间、发送时间、正文长度、可能重复标志等，所以应重新计算校验和。

E.1.5 消息重新发送

基于应用层的可能重发，如发送的订单在相当长的时间内没有确认，或者怀疑其根本未曾发送过，可以通过设置可能重新发送标志来重新发送（Possible Resend＝Y），并使用新的消息序号。接收方应用层收到该类消息后，应通过查询消息内的域（如订单编号等）来确定此前是否收到此条消息。该类消息应确定包含相同的正文数据，同样，由于某些信息可能会改变，所以应重新计算校验和。

E.1.6 消息确认

由于协议是基于乐观的消息传输模式，通过监视消息序号发现缺口，不支持对每个消息收发的确认。但大量消息收发的确认可在应用层定义。在应用层接受和拒绝是允许的，如订单的确认。

E.2 连接

会话过程的数据交换可以这样描述：连接双方各有一个连续的消息序号随消息传送，而交易期间可以多次断开并重新连接，其断开的原因可以是外因引起，也可以是连接双方根据系统来统一制定何时断开并重新连接。一次会话连接通常不应超过 24 小时，当然，如需要保持 24 小时以上的连接，则需要发送一条含有序号重设标志的登录消息来建立新的起始消息序号。

FIX 连接分为三个部分：登录、消息交换、注销。

E.2.1 登录

登录连接包含三个步骤：建立电信通讯连接、连接双方的确认/认证、消息传输同步的初始化。主要有以下几点：

E.2.1.1 连接

会话的发起方与接收方建立电信通讯连接。

E.2.1.2 认证

发起方发送登录消息（Logon），接收方认证发起方身份的合法性。登录消息应包括认证的必要数据，如客户名、密码等。如果发起方身份通过认证，则接收方发送一个登录消息作回应。如果认证失败，会话接收方则在发送一个含失败说明的注销消息（Logout）后关闭连接。不过发送注销消息并非是必须的，因为在某些情况下往往会引起其他问题。在发起方收到接收方的登录消息之后即可认为会话连接建立完成。会话发起方可以紧随登录消息之后开始发送其他消息。

通常在登录后或者刚发送完测试请求消息（TestRequest）时延迟等待一段时间，然后再发送新的消息，使得连接双方能有效控制重发请求。否则可能会导致一方会针对对方的每一条新消息发出重发请求。

E.2.1.3 初始化

在身份通过认证之后，发起方和接收方应首先同步消息序号，然后才能相互发送新的信息。同步消息序号通过消息序号域（MsgSeqNum）来确定，将登录消息里的消息序号（MsgSeqNum）与内部监控的下一个预期的消息序号进行比较就能发现消息的消息序号缺口。同样，发起方通过将接收方发送的登录消息里的消息序号（MsgSeqNum）与下一个预期的消息序号进行比较也能发现消息的缺口。

E.2.2 消息交换

在以上初始化完成之后，可以开始进行信息交换。所有有效消息的格式将在“会话消息”和“应用消息”部分中详细叙述。

E.2.3 注销

会话的正常结束是通过连接双方互相发送注销消息（Logout）完成的。若结束时没有收到回送的注销消息（Logout），则把对方视作已注销。除此之外的其他方式的会话结束视为非正常，并应按错误来处理。

在发送注销消息（Logout）之前，应发送测试请求消息（TestRequest）以要求对方的心跳信息，这有助于保证不出现消息序号缺口。

在结束会话之前，注销消息（Logout）的发起方应该等待对方回送的注销消息（Logout），这样给接收方一个填补缺口的机会。待重发请求的信息全部收到后，接收方才可发送应答的注销消息（Logout）。如果接收方在一定时间内没有答复，那么会话就可以立即中断。

注：注销不影响任何订单的状况。所有有效的订单都可在注销（Logout）之后执行。

E.2.4 消息恢复

以下描述了有关恢复消息的具体方法。

每一方必须维护两个消息序号，一个为了发送，一个为了接收。

当接收进来的消息序号与预期的消息序号不相符合时，须进行修正处理。但需要注意的是，如果接收进来的是序号重设一重设（SeqReset- Reset）消息则不需要修正处理，因为处理该消息时不必考虑它的消息序号。如果接收的消息的消息序号比预期的消息序号小，而且没有设置可能重复标志（PossDupFlag），那么表明发生了严重的错误。因此必须立即结束会话，并开始进行人工干预。如果接收进来的消息序号比预期的大，那么表明有消息被遗漏，应通过发送重发请求申请填补缺口。

当收到重发请求时，重发人可以作出回应为以下三种之一[①]：

a）作为正常回应，重发人按顺序发送被请求的消息，这些消息的消息序号仍为原消息序号，并且将可能重复的标志（PossDupFlag）置位为“Y”。

b）作为正常回应，重发人发送序号重设一缺口填补（SeqReset- GapFill）消息，可能重复标志（PossDupFlag）置位为“Y”，以表示删除过时或多余的消息。

c）作为非正常回应，重发人发送序号重设一重设（SeqReset- Reset）消息，可能重复的标志（PossDupFlag）置位为“Y”，以强制消息序号同步。

在缺口填补过程中，不需要重新发送某些会话消息。取而代之的是一种特殊的序号重设一缺口填补（SeqReset- GapFill）消息。不需要重新发送的会话消息是：登录、注销、重发请求、心跳、测试请求、序号重设一重设（SeqReset- Reset ）和序号重设一缺口填补（SeqReset- GapFill）。这样会话拒绝消息便成为了唯一可能被重新发送的会话消息。

会话过程中应监视接收进来的消息以便发现由于疏漏而被对方重新发送了的会话消息（设置了可能重复标志（PossDupFlag）的）。当收到这些消息以后，处理时，只要确保它们具有消息序号的完整性即可，而忽略对它们的业务或应用的处理。

如果碰到多个连续的不需要重发的会话消息，则只需发送一个序号重设一缺口填补（SeqReset-GapFill）消息取而代之。该序号重设一缺口填补消息的消息序号是下一个预期的消息序号。序号重设一缺口填补（SeqReset- GapFill）消息的新消息序号（NewSeqNo）为本连续会话消息段中最大消息序号＋1[②]。

在缺口被填补完成之后，交换引擎应将无序的消息暂时保存为有序的排列并按顺序对它们进行处理。这样防止出现对 n→m，n→m＋1，n→m＋2，…的重发请求，从而导致了大量的可能重复（PossDupFlag＝“Y”）标记。

检验消息序号的连续在会话过程管理中是必不可少的部分。不过，针对消息类型的不同，处理消息序号流的差异也就不同。下列的表 E.1 列出了当进来的消息序号大于预期消息序号时应采取的措施[③]。

表 E.1　消息序号错误处理（Sequence Number Error Handling）

消息类型	针对消息序号错误所采取的措施
登　录	永远是连接双方发送的第一条消息，用于认证和连接。如果发现登录消息中有缺口，则应在回送登录确认消息之后立即发送重发请求
注　销	如果发现有缺口，应发送重发请求消息以重新接收所有丢失的消息，然后再发送注销消息作为对注销请求的确认。注意严禁在有缺口情况下结束会话。并由注销的最初发起人负责结束会话，因此注销发起人有责任回应所有的重发请求

① 本文中请求人指的是提出重发请求的那一方，重发人指的是回应重发请求的那一方。

② 如在重新发送操作期间，有 7 条连续的会话消息等待发送，它们以消息序号 9 开始和以消息序号 15 结束，此时只发送一个序号重设一缺口填补（SeqReset- GapFill）消息来代替那 7 条消息，那么该序号重设一缺口填补（SeqReset- GapFill）消息的消息序号是 9，这是因为要承接上条消息而保持消息序号的连续性；其中新消息序号（NewSeqNo）是 16，这样使得对方知道下一消息发送时的消息序号。

③ 在任何情况下，除了序号重设一重设消息外，如果进来的消息序号比预期的消息序号小，而且可能重复标志（PossDup-Flag）没有被设置，那么应立即终止会话过程。并应在结束会话之前，向对方发送带有解释正文的注销（Logout）消息。

续表

消息类型	针对消息序号错误所采取的措施
重发请求	首先处理完对方的重发请求，随后发送自己的重发请求以填补消息序号错误而发现的消息缺口
序号重设—重设	可以忽略消息序号错误。因为在序号重设—重设（SeqReset - Reset）消息中的新消息序号（NewSeqNo）强制为下一发送消息的消息序号
序号重设—缺口填补	应立即向对方发送重发请求。但是，重要的是要确保没有无意间跳过任何消息，这意味着缺口填补消息应按次序被接收到，如果次序不对，那么表示出现了非正常的情况
所有其他信息	执行正常的缺口填补

E.3 FIX 会话消息

FIX 会话消息涉及标准的使用机制，将在以下各节中予以介绍，并定义会话消息格式。

连接双方均可生成会话消息。

E.3.1 心跳消息（MsgType=0）

心跳消息用于监控通信连接的状况，并可确认是否接收到最后一条消息。

当 FIX 连接的任何一方在（[HeartBtInt] 秒，心跳间隔）时间内没有发送任何数据的时候，将产生一个心跳消息并传送出去。当连接的任何一方在（[HeartBtInt] ＋ [合理传输时间]）时间内都没有收到任何有关数据的时候，将产生一个测试请求消息并传送出去。如果在此之后的（[HeartBtInt] ＋ [合理传输时间]）时间内，仍没有收到心跳消息，那么可认为此次连接失败，而且需开始实施修正操作。如果 HeartBtInt 被设置为零，那么将不会定期生成心跳消息。并且不论 HeartBtInt 取值多少，任何一方都可发送测试请求消息，接收方由此将强行生成心跳消息。

因对方的测试请求消息而产生的心跳（Heartbeats）消息应包括对方测试请求消息中的测试请求标识符（TestReqID）。这有利于确定该心跳消息是响应测试请求而产生的，而不是由于超时而产生的。

心跳消息格式见表 E.2。

表 E.2 心跳（Heartbeat）

Tag	域 名	必需	说 明
	标准消息头	Y	MsgType=0
112	TestReqID	N	测试请求标识符，如是对测试请求而响应的心跳消息，则应包含本域。
	标准消息尾	Y	

E.3.2 登录消息（MsgType=A）

登录消息能证实客户是否已建立与对方系统的连接。登录消息应是在 FIX 会话开始时的连接双方发送的第一个消息。

HeartBtInt 域用来声明产生心跳的时间间隔（连接双方 HeartBtInt 取相同的值）。连接双方事先约定取值，由登录发起方产生并得到接收方的确认响应。

在接收登录消息时，接收方将验证发起方身份的合法性，并且同样发出登录消息以确认连接请求已被接受。同样，确认登录消息也可以被发起方使用以验证连接了身份合法的接收方。

接收方应在收到登录消息之后，立即作好开始消息处理的准备。发起方可以选择在接收到确认登录消息之前开始 FIX 消息传输。不过本标准规定：在有关密钥确认的登录消息收到之后，才实施正常的消息交换。

确认登录消息还可被用于密钥相互确定。如果认为当前会话密钥强度较弱，需要更换密钥，那么就可通过发回带有新密钥的登录消息来建议使用更强的会话密钥。当然，这仅仅对允许密钥相互确认的加密协议有意义。

登录消息还可以用来指明最大消息长度（MaxMessageSize），也可以用来指明发送和接收时所支持的消息类型。

登录消息格式见表 E.3。

表 E.3 登录（Logon）

Tag	域名		必需	说明
	标准消息头		Y	MsgType=A
98	EncryptMethod		Y	加密方法（不可加密）
108	HeartBtInt		Y	心跳间隔
95	RawDataLength		N	无格式数据长度，用于认证
96	RawData		N	无格式数据，用于认证
141	ResetSeqNumFlag		N	序号重设标志
383	MaxMessageSize		N	最大消息长度，单条消息的最大字节数
384	NoMsgTypes		N	消息类型个数
→	372	RefMsgType	N	消息类型
→	385	MsgDirection	N	消息方向
	标准消息尾		Y	

E.3.3 测试请求消息（MsgType=1）

测试请求消息能强制对方发出心跳消息。测试请求消息的作用是检查对方消息序号和检查通信线路的状况。对方用带有测试请求标识符（TestReqID）的心跳作应答。

测试请求标识符（TestReqID）用以指明对方生成心跳消息是响应测试请求而非正常超时引起的。对方发送心跳消息作为应答时，将测试请求标识符（TestReqID）包括在消息中。任何字符串都可以用作测试请求标识符（TestReqID）（可使用时间戳（timestamp））。

测试请求消息格式见表 E.4。

表 E.4 测试请求（Test Request）

Tag	域名	必需	说明
	标准消息头	Y	MsgType=1
112	TestReqID	Y	测试请求标识符
	标准消息尾	Y	

E.3.4 重发请求消息（MsgType=2）

重发请求消息由接收方发出，目的是向发送方申请某些消息重复发送。此功能用于：发现消息序号缺口、接收方丢失了消息，在初始化过程中也可能使用。

重发请求消息能被用来请求重新发送单个消息、一系列的消息或在某一特定消息之后的所有消息。

当重复发送消息的时候，发送方将考虑消息类型；如：在重复发送系列中有一条会话消息，由于过期而不再有效，发送方不需要重复传输这条消息。因此，当发送方不重复发送某消息时，序号重设一缺口填补（SeqReset- Gap Fill）消息将被用来跳过消息①。

重发请求消息有以下几种表示方式：

a）请求重发一条消息：起始消息序号（BeginSeqNo）＝结束消息序号（EndSeqNo）

b）请求重发某个范围内的消息：起始消息序号（BeginSeqNo）＝该范围中的第 1 条消息，结束消息序号（EndSeqNo）＝该范围中的最后一条消息序号

c）请求重发某一特定消息之后的所有消息：起始消息序号（BeginSeqNo）＝该范围中的第 1 条消息，结束消息序号（EndSeqNo）＝0（无限大）。

重发请求消息的格式见表 E. 5。

表 E. 5　重发请求（Resend Request）

Tag	域　名	必需	说　明
	标准消息头	Y	MsgType=2
7	BeginSeqNo	Y	起始消息序号
16	EndSeqNo	Y	结束消息序号
	标准消息尾	Y	

E. 3. 5　会话拒绝消息（MsgType=3）

当接收方收到一条消息时，由于违反了会话机制而造成不能适当地处理该消息时，应该发出会话拒绝消息。如：当收到一条消息，这条消息虽成功地通过了解密、校验和和正文长度检验，但却被发现带有无效的数据（如：消息类型（MsgType）＝&），此时应发出拒绝消息。

被拒绝的消息应该写入日志。

接收方应该忽略任何被歪曲、不能被解析，或数据完整性核对失败的消息。立即对下一个有效的 FIX 消息进行处理将会发现消息缺口，并且，将产生重发请求。在 FIX 交换引擎内应能够识别这种无限重发循环。

产生和收到会话拒绝消息意味着出现了严重错误，可能发送方或接收方的应用存在逻辑错误。

如果要重新传输拒绝消息，那么应赋予该消息一个新的消息序号，并设置可能重发标志（PossResend）为 Y。

无论何时，本接口规定应在正文域里尽可能描述拒绝原因。

如果所收到的应用层消息遵循了会话机制，那么可以开始在业务层处理该消息。如果在处理过程中，发现违反业务规则，那么应该发出业务层的“拒绝”消息。很多业务层的消息都有指定的“拒绝”消息，此时这些消息可以发挥作用。其他无对应会话拒绝消息的，则均可通过业务“拒绝”消息进行拒绝。

① 接收方按订单顺序进行消息处理是非常有必要的。例如，如果订单第 7 条消息被错过，而收到第 8 条和第 9 条，那么应用方将忽略 8 和 9，然后要求重发送第 7 条～第 9 条，或者要求重新发送第 7 条～第 0 条（0 表现无限）。在顺序混乱的状况中通常用后一方案恢复消息，因为当连接双方都同时试图尽快恢复缺口的状况下，此种方法能更快地进行消息恢复。

会话拒绝消息格式见表 E. 6。

表 E. 6　会话拒绝（Reject）

Tag	域　名	必需	说　明
	标准消息头	Y	MsgType＝3
45	RefSeqNum	Y	关联消息序号，即被拒绝的消息序号
371	RefTagID	N	相关错误域号
372	RefMsgType	N	相关错误消息类型
373	SessionRejectReason	N	会话拒绝原因编号
58	Text	N	文本，可作解释拒绝的原因
354	EncodedTextLen	N	编码文本长度
355	EncodedText	N	编码文本（非 ASCII 码）
	标准消息尾	Y	

会话拒绝原因见表 E. 7。

表 E. 7　会话拒绝原因（英文）

会话拒绝原因
0＝存在无效的域号
1＝该消息中必须的域丢失
2＝该消息中出现未曾定义的域
3＝未定义域号
4＝域未赋值
5＝域取值错误（范围溢出）
6＝取值格式错误
7＝解密错误
8＝签名错误
9＝公司标识符错误
10＝发送时间精度错误
11＝无效的消息类型
12＝XML 验证错误（XML Validation Error）
13＝同一域多次出现（非重复组）
14＝有序的域出现次序错误
15＝重复组域次序错误
16＝重复组重复次数错误
17＝非 Data 数据域中出现域界定符＜SOH＞

E. 3. 6　序号重设消息（MsgType＝4）

序号重设消息由发送方发出，用于告知接收方下一个消息的消息序号。序号重设消息有两种模式：序号重设一缺口填补（SeqReset- Gap Fill）；序号重设一重设（SeqReset- Reset）。序号重设一重设通常在灾难恢复情况下使用。

当需要支持 24 小时的连接并用序号重设标志（ResetSeqNumFlag）来建立新的一套消息序号

的时候，关于连接双方的序号重设时间和发起方另行确定，但序号重设的发起方不同于登录过程的发起方。其处理过程如下：其中一方先发送测试请求（TestRequest）。在收到心跳消息后，确认没有消息序号缺口后，发起方发送一条登录消息，在该消息中应附有设为Y的序号重设标志（ResetSeqNumFlag），并且它的消息序号（MsgSeqNum）为1。接收方则应该发送一条登录消息作回应，其中序号重设标志（ResetSeqNumFlag）为Y，消息序号（MsgSeqNum）为1。此后，连接双方发送出的消息的消息序号应从2开始。需要注意的是一旦发起方发送附有序号重设标志（ResetSeqNumFlag）的登录消息，那么接收人应服从该请求，并且，"昨天"传送的消息不可能再重发。如果不遵守以上的处理规则应立即中断连接，并手工设置干预。

序号重设消息两种模式表示：

当GapFillFlag=Y时，该消息为序号重设一缺口填补（SeqReset- Gap Fill），当GapFillFlag=N或没有设置时，该消息为序号重设一重设（SeqReset- Reset）。

序号重设消息能在下列情况下使用：

a）在重新发送的处理过程中，发送方可以选择不发送某个消息（例如一个会话消息）。序号重设一缺口填补（SeqReset- Gap Fill）能被用来填补那条消息。

b）在重新发送的处理过程中，有大量的会话消息不需要发送，这样产生的消息序号缺口也可以由序号重设一缺口填补（SeqReset- Gap Fill）消息来填补。

c）在应用层失败的情况下，有必要通过发送序号重设一重设（SeqReset- Reset）在发送和接收的连接双方进行强制消息序号同步。

在任何情况下，序号重设消息都指定了NewSeqNo（新的消息序号），并重设该值为下一个将被传送消息的消息序号。

如果缺口填补标志（GapFillFlag）域被设置为Y，那么消息序号（MsgSeqNum）域取值应该遵循消息序号规则，即：序号重设一缺口填补（SeqReset- Gap Fill）消息的消息序号（MsgSeqNum）应该对应缺口范围内第一条消息的消息序号，因为对方正准备接收这个消息序号的消息。

序号重设一缺口填补（SeqReset- Gap Fill）只能增加消息序号。如果收到的序号重设一缺口填补（SeqReset- Gap Fill）消息试图使下一个预期的消息序号变小，那么此消息应该被拒绝接受，并被视作为错误①。

如果缺口填补标志（GapFillFlag）域没有出现（或被设为N），即为序号重设一重设（SeqReset- Reset）消息，那么此序号重设一重设（SeqReset- Reset）消息的目的可能是恢复混乱顺序的消息。此时消息头里的消息序号（MsgSeqNum）应该忽略。禁止在重发请求的正常回应中使用序号重设一重设（SeqReset- Reset）（应使用序号重设一缺口填补（SeqReset- Gap Fill））。序号重设一重设（SeqReset- Reset）仅用于无法用序号重设一缺口填补（SeqReset- Gap Fill）进行恢复的灾难情况。注意使用序号重设一重设（SeqReset- Reset）可能会造成消息丢失。

序号重设消息格式见表E.8。

---

① 如可能存在接收方发送多个重发请求（如先请求重发5～10，随后请求重发5～11）。如果消息序号8、10和11表示应用消息，而5～7和9表示会话消息，那么为响应该重发请求，有一些应用消息需被重新发送，首先发送的SeqReset- GapFill中新消息序号（NewSeqNo）设置为8，即第8条消息；完成重发应用消息后，发送SeqReset- GapFill且新消息序号（NewSeqNo）设置为10，即第10条消息，接着完成重发应用消息。随后又可能发送SeqReset- GapFill且新消息序号（NewSeqNo）设置为8，即第8条消息（序号变小）；完成重发应用消息后，发送SeqReset- GapFill且新消息序号（NewSeqNo）设置为10，即第10条消息，以及第11条消息，接着完成重发应用消息。此时接收方通过检查在序号重设一缺口填补（SeqReset- Gap Fill）中的新消息序号（NewSeqNo）是否比预期的小可发现此种错误。如果发现有这种错误，那么说明该序号重设一缺口填补（SeqReset- Gap Fill）是重复的，应该放弃处理。

表 E.8　序号重设（Sequence Reset）

Tag	域　名	必需	说　明
	标准消息头	Y	MsgType=4
123	GapFillFlag	N	缺口填补标志
36	NewSeqNo	Y	新消息序号
	标准消息尾	Y	

E.3.7　注销消息（MsgType=5）

注销消息是发起或确认 FIX 会话终止的消息。未经注销消息交换而断开连接，一律视为非正常的断开。

在最后终止会话之前，注销的发起人应该等待连接对方确认注销消息。这使得连接对方有了实施任何有必要的缺口填补的机会。如果连接对方没有在适当的时间间隔里作回应，那么会话就可以终止。

注销发起人在发送注销消息之后不应发送任何消息，除非接收到连接对方发出的重发请求消息。

注销消息格式见表 E.9。

表 E.9　注销（Logout）

Tag	域　名	必需	说　明
	标准消息头	Y	MsgType=5
58	Text	N	文　本
354	EncodedTextLen	N	编码文本长度
355	EncodedText	N	编码文本（非 ASCII 码）
	标准消息尾	Y	

ICS 03.060
A11
备案号

JR

中华人民共和国金融行业标准

JR/T 0046－2009

证券期货业与银行间业务数据交换消息体结构和设计规则

Structure and Design Rules of Message Type in Data Exchange between Bank and Securities & Future Industry

2009－03－11 发布　　　　2009－03－11 实施

中国人民银行
中国证券监督管理委员会　发布

目　次

前言

本标准中部分消息体的结构和设计规则是参照ISO 20022证券—电文图解数据域字典的内容编写，本标准与它们一致性程度为非等效。

本标准的附录A为规范性附录，附录B、附录C和附录D为资料性附录。

本标准由全国金融标准化技术委员会证券分技术委员会提出。

本标准由全国金融标准化技术委员会归口。

本标准的主要起草单位：中国证券监督管理委员会信息中心、国泰君安证券股份有限公司、国信证券有限责任公司、长江证券有限责任公司、深圳证券通信公司、上海证券通信公司、恒生电子股份有限公司、金证高科技有限公司、上海期货信息技术有限公司、中国期货业协会、申银万国证券公司、中国银河证券公司。

本标准的主要起草人：杨淑琴、左峰、俞枫、王肇东、许强、范径武、郭怡峰、朱武林、王习平、王毛路、程立、刘铁斌、刘汉西、王彦龙、陈文培、巫禄芳、何铁军、何志强、叶鹏、余西林、熊绍军、张华、吕晓宁、金守罕、王海航、王书芳、徐明、龚大平、边志辉、蔡英军。

本标准为第一次发布。

证券期货业与银行间业务数据交换消息体结构和设计规则

1 范围

本标准规定了证券期货业与银行间业务数据交换消息体的结构和设计规则。

本标准适用于银行与证券公司间转账、银行与期货公司间转账、证券公司客户交易结算资金第三方存管等业务消息体的设计和使用。

2 规范性引用文件

下列文件中的条款通过本标准的引用而成为本标准的条款。凡是注明日期的引用文件，其随后所有的修改单（不包括勘误的内容）或修订版均不适用于本标准，然而，鼓励根据本标准达成协议的各方研究是否可使用这些文件的最新版本。凡是不注日期的引用文件，其最新版本适用于本标准。

GB/T 12406－1996　表示货币和资金的代码

GB/T 2659－1994　世界各国和地区名称代码

GB/T 4880.2－2000　语种名称代码第 2 部分：3 字母代码

GB 18030－2005　信息技术 中文编码字符集

3 术语和定义

下列术语和定义适用于本标准。

3.1

元素 Element

代表一个数据域。

3.2

业务组件 Business Components

消息中具有一定业务相关的数据域集合，主要用于更直观地描述消息的业务含义。一个业务组件可能由多个元素和多个其他业务组件构成。

3.3

业务要素 Business Element

业务要素是消息体的基本组成元素。它对应于业务流程操作中的一个商业元素。业务要素可能是一个简单的元素，也可能是一个复杂的业务组件。

3.4

消息体 Message Body

业务描述报文。在实际传输交换过程中，应嵌入在数据包中。消息体对应于应用层。

3.5

数据包 Data Package

双方在会话层传输的通信报文。数据包对应于会话层。

3.6

证券方 Securities

包含证券公司、期货公司、基金公司。

3.7

关联银行 Affiliated Bank

在银行与证券公司间转账、银行与期货公司间转账业务中表示转账银行，在证券公司客户交易结算资金第三方存管业务中表示存管银行。

4 总则

4.1 语法描述

4.1.1 基本语法

数据包和消息体采用XML格式描述，数据包和消息体的语法规则应遵循XML语法规则。

4.1.2 描述语法

4.1.2.1 业务要素的可选与重复性

业务要素或元素在消息体中的选择性应分成如下两种：

M表示必填的（Mandatory）；

O表示可选的（Optional）。

本标准利用［m.n］来描述业务要素的可选性及出现的次数，［m.n］表示该要素至少应出现m次，最多出现n次。比如［0.1］表示该元素可以不出现，也可以出现一次。

4.1.2.2 消息块的循环性

消息块为多个业务要素组成的整体组合。消息块的循环性可分为如下两种：

Y表示可循环；

N表示不可循环。

本标准利用“{”标志表示可以循环的消息块的起始业务要素，用“}”标志表示可以循环的消息块的结束处，用“OR”表示消息块中的循环的业务要素。

4.2 元素类型

4.2.1 元素类型

元素类型用于定义数据域的取值类型，包含基本数据类型、业务元素类型和业务组件类型。

4.2.2 基本数据类型

本标准定义了一些基本的数据类型（数值、金额、日期、时间等）。

4.2.2.1 金额

金额的数据类型见表1。

表 1 金额数据类型

定　义	代表金额
类型名称	Amount
格　式	金额总的最大长度 18 位，小数位长度最大为 2 fractionDigital：2，minInclusive：0，totalDigital：18
例　子	1234567890.00

4.2.2.2 数值

4.2.2.2.1 整数

整数的数据类型见表 2。

表 2 整数数据类型

定　义	整数类型的数字
类型名称	Number
格　式	最大长度为 18 位，小数位为 0 fractionDigital：0，totalDigital：18
例　子	123456789012345678

4.2.2.2.2 小数

小数的数据类型见表 3。

表 3 小数数据类型

定　义	浮点数类型的数字
类型名称	DecimalNumber
格　式	数值最大长度为 18 位，小数位最大长度为 17 fractionDigital：17，totalDigital：18
例　子	123456789.123456789

4.2.2.2.3 定长 5 位整数

定长 5 位整数的数据类型，见表 4。

表 4 定长 5 位整数数据类型

定　义	5 位定长的数字
类型名称	Fix5Digital
格　式	数值固定长度为 5 位，左面补填 0 fractionDigital：0，totalDigital：5
例　子	02345

4.2.2.3 日期时间

4.2.2.3.1 日期

日期的数据类型见表 5。

表 5 日期数据类型

定　义	日　期
类型名称	Date
格　式	YYYYMMDD
例　子	20060708

4.2.2.3.2 时间

时间的数据类型见表 6。

表 6 时间数据类型

定 义	时 间
类型名称	Time
格 式	HHMMSS
例 子	130000

4.2.2.3.3 日期时间

日期时间的数据类型见表 7。

表 7 日期时间数据类型

定 义	日期和时间
类型名称	DateTime
格 式	YYYYMMDDHHMMSS
例 子	20060708130000

4.2.2.4 文本

4.2.2.4.1 字符集选择

本标准文本采用 GB18030 - 2005 标准规定的强制部分。

4.2.2.4.2 定长 1 位文本

定长 1 位文本的数据类型见表 8。

表 8 定长 1 位文本数据类型

定 义	最大 1 个字符
类型名称	Fix1Text
格 式	固定长度 1 个字符
例 子	A

4.2.2.4.3 35 位长度文本

35 位长度文本的数据类型见表 9。

表 9 35 位长度文本数据类型

定 义	最大 35 个字符
类型名称	Max35Text
格 式	最大长度 35 个字符，最小长度 1 个字符
例 子	Aaaaa

4.2.2.4.4 70 位长度文本

70 位长度文本的数据类型见表 10。

表 10 70 位长度文本数据类型

定 义	最大 70 个字符
类型名称	Max70Text
格 式	最大长度 70 个字符，最小长度 1 个字符
例 子	Aaaaa

4.2.2.4.5 128 位长度文本

128 位长度文本的数据类型见表 11。

表 11 128 位长度文本数据类型

定 义	最大 128 个字符
类型名称	Max128Text
格 式	最大长度 128 个字符，最小长度 1 个字符
例 子	Aaaaa

4.2.2.4.6 3000 位长度文本

3000 位长度文本的数据类型见表 12。

表 12 3000 位长度文本数据类型

定 义	最大 3000 个字符
类型名称	Max3000Text
格 式	最大长度 3000 个字符，最小长度 1 个字符
例 子	aaaaa…aaaa

4.2.3 业务元素类型

本标准定义了描述基本组成元素数据类型。具体业务元素类型内容见第 7 节的详细描述。

4.2.4 业务组件类型

本标准中定义了一些业务组件，在应用消息定义中利用这些组件描述业务流程中的业务要素。具体业务组件内容见第 6 节的详细描述。

4.3 会话机制

4.3.1 会话生命周期时序

双方建立整个会话的过程是一个关键流程，对于双方的会话方式应采用相同的会话生命周期时序。会话生命周期时序见图 1。

4.3.2 数据包格式

会话双方传输的通信报文，应按照功能类型分成三个部分，见表 13。一是会话控制信息，对应于数据包头；二是业务描述信息，对应于消息体；三是报文标志信息，对应于数据包尾。

表 13 数据包格式

数据包	数据包头	会话控制信息
	消息体	业务描述信息
	数据包尾	报文标志信息

一个完整的数据包格式如下：

```
<IFTS Len= "XXXXX"  DataVer= "1.0.0.1"  SeqNo= "1"  Type= "B"  Dup= "N"
CheckSum=" 12345678" >
    <MsgText>
    </MsgText>
</IFTS>
```

4.3.3 数据包头

4.3.3.1 数据包头内容

数据包头包含数据包长度、数据包版本、数据包类型、数据包序号、可能重复标志、重发标志等内容。数据包头见表 14。

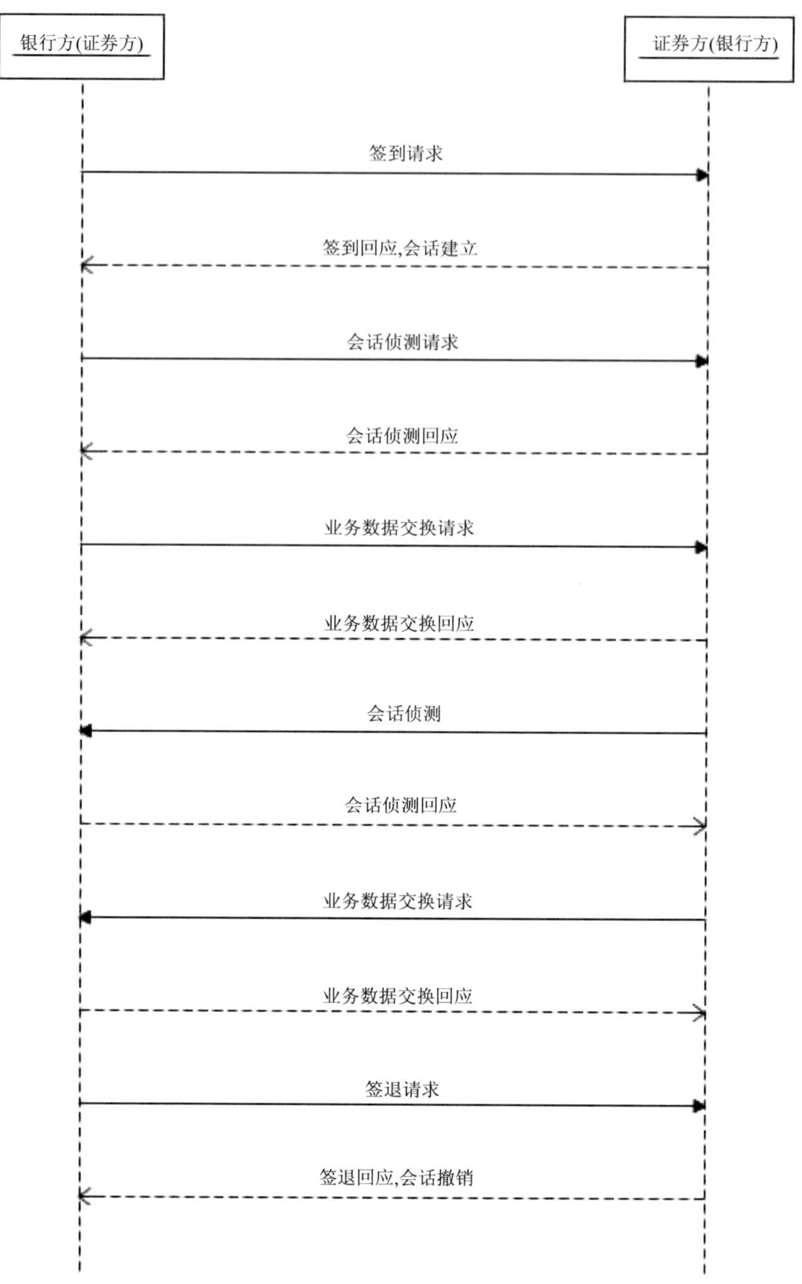

图 1　会话生命周期时序图

表 14　数据包头

索引	要素名称	英文名称	标签名称	重复	元素类型	备注
1	数据包长度	Len	<Len>	[1..1]	Fix5Digital	
2	数据包版本	DatagramVersion	<DataVer>	[1..1]	Max35Text	
3	数据包序号	SeqNo	<SeqNo>	[1..1]	Number	
4	数据包类型	Type	<Type>	[1..1]	Fix1Text	
5	可能重复标志	Dup	<Dup>	[0..1]	YesNoIndicator	
6	校验和	CheckSum	<CheckSum>	[0..1]	Max128Text	

4.3.3.2 数据包长度

整个通信包的字节长度，指从数据包头到数据包结尾的总的长度，包含所有通信包的内容。

4.3.3.3 数据包版本

目前版本为1.0.0.1。

4.3.3.4 数据包序号

所有的数据包都通过一个唯一的序号标识。序号在每个会话开始时被初始化为1，并在整个会话中递增。通过监视序号的变化能识别并处理丢失的数据包，并在会话中重新连接时顺利地同步应用程序。

每个会话都建立一个独立的接收和发送序号。参与者维护一个序号赋给发送的数据包和一个单独的序号来监视接收到数据包的序号间隔。

协议双方采取完全的顺序数据包处理，实施者在设计数据包丢失处理过程时应考虑到这一点。有两种方法可以处理数据包丢失，一个是请求最后收到数据包的所有后续数据包，另一个是通过维护新数据包的序列列表请求指定的丢失数据包。例如，接收者丢失五个数据包中的第2个数据包，应用程序应忽略第3到第5个数据包并重新请求第2到第5个数据包，或者是第2到0（这里0表示无穷）。另一个方法是保存第3到第5个数据包并仅重发第2个数据包。

无论哪一种方法，第3到第5个数据包应在第2个数据包后处理。

4.3.3.5 数据包类型

主要用于区分数据包中包含的消息体的类型，目前取值有两类：对于系统性消息取值为“S”，对于其他业务类消息，取值为“B”。

4.3.3.6 可能重复标志

对于会话级的事件而重复发送数据包时将可能重复发送标志（Dup）设置为“Y”（发送时用原来的数据包序号）。没有该标识或其值为“N”的数据包都认为是原始的数据包。

4.3.3.7 校验和

该字段用于对消息体进行校验或签名。校验和是把消息体中每个字符的二进制值从开头的“＜”开始相加，一直加到结尾的“＞”，然后取按256取模得到的结果。

4.3.4 消息体

具体内容见4.4节的详细描述。

4.3.5 数据包尾

保留用，目前未做定义。

4.3.6 系统消息处理

4.3.6.1 数据包重发请求

重发请求由接收应用程序发送以开始重新传输数据包。这个功能当检测到序列号间隔、接收应用程序丢失了数据包或初始化过程时使用。

重发请求能请求一个数据包、一段范围内的数据包或某特殊数据包后所有的数据包。

注意：发送应用程序在发送数据包时可能希望考虑应用类型，如重发系列中有一个新的定单并且从起点开始一段重要的时间已过去，发送者在情况变化时可能不希望重发这个请求。

注意：接收应用程序应按顺序处理数据包，如数据包7被丢失而收到了数据包8和数据包9，应用程序应忽略数据包8和数据包9并请求重发数据包7～数据包9，或者数据包7～数据包0（0表示无穷）更好。强烈推荐用后面的方法来恢复次序错误的情况，因为它在双方同时尝试恢复间隔产生竞争情况时允许更快速地恢复现场。

4.3.6.2 数据包序号重设

序列号重置数据包由发送应用程序用来重置对方的接收序列号。序列号重置数据包可在下列情况使用：

在正常的重发送过程中，发送应用程序可以选择不发送一个数据包。序列号重置数据包可用来标记那个数据包。

在正常的重发送过程中，可能有许多系统管理数据包不被重发。序列号重置数据包可用来填补由此产生的数据包间隔。

若应用程序产生错误，可能需要强制发送方和接收方进行序列号同步。

发送应用程序开始序列号重置。在所有情况下数据包指定的 SeqNo 作为下一个传输的序列号。

4.4 消息体格式

4.4.1 消息体结构

每一个消息体由一个消息头和多个业务要素构成。一个完整的消息见表 15。

表 15 消息体结构

	起始标签	内容为＜MsgText＞
	消息名称	消息体的标签名称
	消息头	消息头内容
	业务要素 1	业务要素 1 内容
	业务要素 2	业务要素 2 内容
	业务要素 3	业务要素 3 内容
	……	……
	消息名称	消息体的标签名称
	结束标签	内容为＜/MsgText＞

4.4.2 消息头

每一个会话或应用传输的消息应只有一个消息头；该消息头指明消息类型、发送起始点、发送目的地、发送时间、消息流水号以及其他一些通用信息。消息头格式见表 16。

表 16 消息头

索引	要素名称	英文名称	标签名称	重复	元素类型	备注
1	版本	Version	＜Ver＞	[1..1]	Max35Text	
2	应用系统类型	SystemType	＜SysType＞	[1..1]	SystemType	
3	业务功能码	InstructionCode	＜InstrCd＞	[1..1]	InstructionCode	
4	交易发起方	TradeSource	＜TradSrc＞	[1..1]	InsitutionType	
5	创建者	Creator	＜Creator＞	[0..1]	Institution	组件
6	发送机构	Sender	＜Sender＞	[1..1]	Institution	组件
7	接收机构	Recver	＜Recver＞	[1..1]	Institution	组件
8	发生日期	CreateDate	＜Date＞	[0..1]	Date	
9	发生时间	CreateTime	＜Time＞	[0..1]	Time	
10	消息流水号	Refrence	＜Ref＞	[0..1]	Reference	组件
11	相关消息流水号	RelatedReference	＜RltdRef＞	[0..1]	Reference	组件
12	最后分片标志	LastFragment	＜LstFrag＞	[0..1]	YesNoIndicator	

注：

1. 版本：消息体版本号，目前为1.0.0.1。
2. 应用系统类型：现阶段包含第三方存管、银证转账、银期转账。
3. 业务功能码：比如开户、销户，修改客户资料等。
4. 交易发起方：B表示银行发起，S表示证券公司发起。
5. 创建者：消息创建者标识，包含创建机构ID，分支机构ID等。
6. 发送机构：消息发送者标识，包含发送机构ID，分支机构ID等。
7. 接收机构：消息接收者标识，包含接收机构ID，分支机构ID等。
8. 交易日期：消息发送日期。可选。
9. 交易时间：消息发送时间。可选。
10. 消息流水号：本消息的流水号。如果是证券方发起，应填证券流水号，如果是银行方发起，应填银行流水号。必选。
11. 本消息链接的相关消息流水号。应答消息利用该元素指定对应的请求消息体流水号。
12. 最后分片标志：用于表述消息集合，说明是否为最后一个分片（Y：是，N：不是）。可选，如果不包含该元素，默认为Y。

4.4.3 业务要素

业务要素是消息体的基本组成元素。它对应于业务流程操作中的一个商业元素。每一个业务要素都有其XML Tag、业务含义、数据类型和取值范围。在消息中，根据不同的XML Tag来确定不同业务要素。业务要素的数据类型决定了其取值范围。它的取值范围是一个集合，任何在此集合外的取值被认为是非法取值。数据字典部分详细定义了取值范围。业务要素可能是一个简单的元素，也可能是一个复杂的业务组件。

4.4.4 业务组件

应用消息中有很多业务相关的数据域集合。比如说，大多数应用消息都会用到一系列定义客户信息的数据域：客户名称、客户类型、客户证件类型、客户证件号码……为避免重复，本标准中定义了一些业务组件，在应用消息定义中利用这些组件描述业务流程中的业务要素。实际的消息定义和使用中，则应该将组件扩展开成为相应的数据域集合。一个业务组件可以包含其他的业务组件和元素。

4.4.5 消息体列表

本标准将业务划分为五类，每类可进一步划分为几种具体的业务。每种业务对应一类消息体，可利用消息体中定义的业务功能码完成相关的多个业务操作。消息体与业务对应关系见表17。

表17　消息体列表

业务种类	消息体	业务功能码	业务说明
系统类	会话消息 会话回执	10001	签到
		10002	签退
		10003	会话检测
		10004	密钥同步
		10005	数据包重发请求
		10006	数据包序号重设
账户类	开户 开户回执	11001	指定关联银行
		11002	预指定关联银行
		11003	预指定关联银行确认
		11010	登记币种信息
	销户 销户回执	11004	撤销关联银行

续表

业务种类	消息体	业务功能码	业务说明
账户类	账户信息修改 账户信息修改回执	11005	修改客户资料
		11011	修改账户状态
	账户变更 账户变更回执	11006	变更客户银行方账户
	账户查询 账户查询回执	11007	客户身份验证
		11008	查询客户证券方账户余额
		11009	查询客户银行方账户余额
交易类	转账 转账回执	12001	银行方转证券方
		12002	证券方转银行方
	转账冲正 转账冲正回执	12003	银行方转证券方冲正
		12004	证券方转银行方冲正
	结息 结息回执	12006	客户证券资金结息
交易结果保障类	交易结果查询 交易结果回执	12005	查询交易结果
对账类	对账 对账回执	13001	账户状态对账
		13002	账户交易明细对账
		13003	转账交易明细对账
		13004	账户余额对账
		13010	账户总账对账
	日终数据就绪 日终数据就绪回执	13005	日终数据就绪通知
	文件操作 文件操作回执	13006	请求文件信息
		13007	请求文件数据
		13008	发送文件信息
		13009	发送文件数据
	日间业务结束 日间业务结束回执	13011	日间业务结束
	日间业务开始 日间业务开始回执	13012	日间业务开始

4.5 扩展方式

4.5.1 扩展分类

扩展分为下述两个部分：

a）消息定义扩展：通过新增消息类型来实现。已有消息所代表的业务在扩展时不能改变。

b）域定义扩展：通过新增域来实现。消息中已定义的必须的域不能取消定义，也不能改变成可选域。

4.5.2 扩展规则

自定义消息的消息类型值应以“UM”开头。自定义的业务要素应以“UE”开头。消息的模块顺序在扩展定义时不能改变，即保持消息头、消息体的顺序。

消息头定义和位置不能改变，但可以扩展增加消息头的可选域。

5 消息定义

5.1 会话消息

5.1.1 业务功能

a）签到（业务功能码：10001）；

b）签退（业务功能码：10002）；

c）通信检测（业务功能码：10003）；

d）密钥同步（业务功能码：10004）；

e）数据包重发请求（业务功能码：10005）；

f）数据包序号重设（业务功能码：10006）。

5.1.2 标签名称

本消息体的标签名称为：<Sysm.001.01>

5.1.3 业务要素

会话消息的业务要素见表18。

表18 会话消息

索引	循环	要素名称	英文名称	标签名称	重复	元素类型	备注
1		消息头	MessageHeader	<MsgHdr>	[0..1]	MessageHeader	组件
2		认证数据	AuthenticData	<AuthData>	[0..1]	Max128Text	
3		密钥	PasswordKey	<PwdKey>	[0..4]	Max128Text	
4		数据包序号	SequenceNo	<SeqNo>	[0..2]	Number	
5		摘要	Digest	<Dgst>	[0..1]	Max35Text	

5.1.4 使用规则

a）系统根据消息头中的业务功能码确定消息的具体业务功能。

b）消息头中的消息流水号必选，如果是银行方发起，应在该域填写银行流水号，如果是证券方发起，应在该域填写证券流水号。

c）如果是通信检测业务，消息体中可以不包含认证数据、密钥两个业务要素。

d）如果是签到、签退业务，消息体中应该包含认证数据，但可以不包含密钥。

e）如果是密钥同步业务，消息体中应该包含密钥，但可以不包含认证数据业务要素；可以支持多种密钥的交换。

f）重设区间、重发消息时，数据包序号将表示在两个序号之间的闭区间需要重设和重发；如果某项值为0，表示为无穷大。

5.2 会话回执

5.2.1 业务功能

回应会话消息。

5.2.2 标签名称

本消息体的标签名称为：<Sysm.002.01>。

5.2.3 业务要素

会话回执消息的业务要素见表19。

表19 会话回执消息

索引	循环	要素名称	英文名称	标签名称	重复	元素类型	备注
1		消息头	MessageHeader	<MsgHdr>	[1..1]	MessageHeader	组件
2		返回结果	ReturnResult	<Rst>	[1..1]	ReturnResult	组件

5.2.4 使用规则

a）本消息用来回应对方发来的会话消息。消息头中的业务功能码应与回应消息中的业务功能码一致。

b）返回结果指示业务操作是否成功。

5.3 开户

5.3.1 业务功能

a）客户指定关联银行（业务功能码：11001）；

b）预指定关联银行（业务功能码：11002）；

c）预指定关联银行确认（业务功能码：11003）；

d）登记币种信息（业务功能码：11010）。

5.3.2 标签名称

本消息体的标签名称为：<Acmt.001.01>

5.3.3 业务要素

开户消息的业务要素见表20。

表20 开户消息

索引	循环	要素名称	英文名称	标签名称	重复	元素类型	备注
1		消息头	MessageHeader	<MsgHdr>	[1..1]	MessageHeader	组件
2		客户信息	Customer	<Cust>	[1..1]	Customer	组件
3		代理人信息	Agent	<Agt>	[0..1]	Agent	组件
4		银行方账户	BankAccount	<BkAcct>	[0..1]	Account	组件
5		证券方账户	SecuritiesAccount	<ScAcct>	[0..1]	Account	组件
6		币种	Currency	<Ccy>	[0..1]	CurrencyCode	
7		汇钞标志	CashExCode	<CashExCd>	[0..1]	CashExCode	
8		证券方账户余额	SecuritiesBalance	<ScBal>	[0..1]	Balance	
9		摘要	Digest	<Dgst>	[0..1]	Max35Text	

5.3.4 使用规则

a）系统根据消息头中的业务功能码确定消息的具体业务功能。

b）客户指定关联银行可以由证券方、银行方双向发起；预指定关联银行由证券公司发起，把客户信息传送给银行；预指定关联银行确认业务由银行发起，用于预指定存管银行的客户进行确认后，银行通知证券公司；登记币种信息由银行发起，登记币种信息一次只能登记一个币种，如果登记多个币种，需要重复发送登记币种消息。

c）消息头中的消息流水号必选。如果是银行方发起，应在该域填写银行流水号；如果是证券方发起，应在该域填写证券流水号。

d）开户消息中应该包含客户信息，如果是机构投资者，客户信息中填写机构信息。

e）如果该客户指定了代理人，应该提供代理人信息。

f）消息体中的银行方账户或证券方账户可能包含密码，密码的加密传输方式由交易双方约定。

g）证券方账户余额表示该账户的日初余额，用户根据证券公司和银行的业务要求确定消息体中是否需要包含账户余额要素。

h）摘要的填充内容是系统、柜台操作员或者客户提交的与本次操作相关的一些文字说明信息，摘要内容可以与本次操作流水一起保存在相关日志中，可选。

5.4 开户回执

5.4.1 业务功能

回应开户消息。

5.4.2 标签名称

本消息的标签名称为：<Acmt.002.01>

5.4.3 业务要素

开户回执消息的业务要素见表21。

表21 开户回执消息

索引	循环	要素名称	英文名称	标签名称	重复	元素类型	备注
1		消息头	MessageHeader	<MsgHdr>	[1..1]	MessageHeader	组件
2		返回结果	ReturnResult	<Rst>	[1..1]	ReturnResult	组件
3		银行方账户	BankAccount	<BkAcct>	[0..1]	Account	组件
4		证券方账户	SecuritiesAccount	<ScAcct>	[0..1]	Account	组件
5		币种	Currency	<Ccy>	[0..1]	CurrencyCode	
6		汇钞标志	CashExCode	<CashExCd>	[0..1]	CashExCode	
7		证券方账户余额	SecuritiesBalance	<ScBal>	[0..1]	Balance	
8		摘要	Digest	<Dgst>	[0..1]	Max35Text	

5.4.4 使用规则

a）本消息用来回应对方发来的开户消息。消息头中的业务功能码应与请求消息中的业务功能码一致。

b）消息头中的消息流水号必选，填写本消息的流水号。

c）消息头中的相关流水号必选，填写与之对应的请求消息流水号。

d）返回结果指示业务操作是否成功，如果失败，消息体中可以不包含返回结果后的元素。

e）回执消息中应该包含银行方账户和证券方账户，表示该客户分别在证券端和银行端的账户。

f）摘要的填充内容是系统、柜台操作员或者客户提交的与本次操作相关的一些文字说明信息，摘要内容可以与本次操作流水一起保存在相关日志中，可选。

5.5 销户消息

5.5.1 业务功能

撤销关联银行（业务功能码：11004）。

5.5.2 标签名称

本消息的标签名称为：<Acmt.003.01>

5.5.3 业务要素

销户消息的业务要素见表22。

表22 销户消息

索引	循环	要素名称	英文名称	标签名称	重复	元素类型	备注
1		消息头	MessageHeader	<MsgHdr>	[1..1]	MessageHeader	组件
2		客户信息	Customer	<Cust>	[1..1]	Customer	组件
3		银行方账户	BankAccount	<BkAcct>	[1..1]	Account	组件
4		证券方账户	SecuritiesAccount	<ScAcct>	[1..1]	Account	组件
5		币种	Currency	<Ccy>	[0..1]	CurrencyCode	
6		证券方账户余额	SecuritiesBalance	<ScBal>	[0..1]	Balance	
7		摘要	Digest	<Dgst>	[0..1]	Max35Text	

5.5.4 使用规则

a）系统根据消息头中的业务功能码确定消息的具体业务功能。

b）消息头中的消息流水号必选。如果是银行方发起，应在该域填写银行流水号；如果是证券方发起，应在该域填写证券流水号。

c）消息中应该包含银行方账户和证券方账户，指示待销账户。对于预指定关联银行的客户销户，消息中可以不包含银行方账户。

d）摘要的填充内容是系统、柜台操作员或者客户提交的与本次操作相关的一些文字说明信息，摘要内容可以与本次操作流水一起保存在相关日志中，可选。

5.6 销户回执

5.6.1 业务功能

回应销户消息。

5.6.2 标签名称

本消息的标签名称为：<Acmt.004.01>

5.6.3 业务要素

销户回执消息的业务要素见表23。

表23 销户回执消息

索引	循环	要素名称	英文名称	标签名称	重复	元素类型	备注
1		消息头	MessageHeader	<MsgHdr>	[1..1]	MessageHeader	组件
2		返回结果	ReturnResult	<Rst>	[1..1]	ReturnResult	组件
3		银行方账户	BankAccount	<BkAcct>	[0..1]	Account	组件
4		证券方账户	SecuritiesAccount	<ScAcct>	[0..1]	Account	组件
5		币种	Currency	<Ccy>	[0..1]	CurrencyCode	
6		摘要	Digest	<Dgst>	[0..1]	Max35Text	

5.6.4 使用规则

a）本消息用来回应对方发来的销户消息。消息头中的业务功能码应与回应消息中的业务功能码一致。

b）消息头中的消息流水号必选，填写本消息的流水号。

c）消息头中的相关流水号必选，填写与之对应的请求消息流水号。

d）返回结果指示业务操作是否成功，如果失败，消息体中可以不包含返回结果后的元素。

e）消息中应该包含银行方账户和证券方账户，指示被撤销的账户或解除签约关系的账户。

f）摘要的填充内容是系统、柜台操作员或者客户提交的与本次操作相关的一些文字说明信息，摘要内容可以与本次操作流水一起保存在相关日志中，可选。

5.7 账户信息修改

5.7.1 业务功能

a）变更客户资料（业务功能码：11005）；

b）账户状态变更（业务功能码：11011）。

5.7.2 标签名称

本消息的标签名称为：<Acmt.005.01>

5.7.3 业务要素

账户信息修改消息的业务要素见表24。

表24 账户信息修改消息

索引	循环	要素名称	英文名称	标签名称	重复	元素类型	备注
1		消息头	MessageHeader	<MsgHdr>	[1..1]	MessageHeader	组件
2		客户信息	Customer	<Cust>	[0..1]	Customer	组件
3		银行方账户	BankAccount	<BkAcct>	[0..1]	Account	组件
4		证券方账户	SecuritiesAccount	<ScAcct>	[0..1]	Account	组件
5		摘要	Digest	<Dgst>	[0..1]	Max35Text	

5.7.4 使用规则

a）系统根据消息头中的业务功能码确定消息的具体业务功能。

b）消息头中的消息流水号必选。如果是银行方发起，应在该域填写银行流水号；如果是证券方发起，应在该域填写证券流水号。

c）消息体中的客户信息为变更后的新客户信息。客户信息中包含的元素都表示需要修改成新值。

d）摘要的填充内容是系统、柜台操作员或者客户提交的与本次操作相关的说明信息，可以与本次操作流水一起保存在日志中，可选。

5.8 账户信息修改回执

5.8.1 业务功能

回应账户管理消息。

5.8.2 标签名称

本消息的标签名称为：<Acmt.006.01>

5.8.3 业务要素

账户信息修改回执消息的业务要素见表25。

表 25 账户信息修改回执消息

索引	循环	要素名称	英文名称	标签名称	重复	元素类型	备注
1		消息头	MessageHeader	<MsgHdr>	[1..1]	MessageHeader	组件
2		返回结果	ReturnResult	<Rst>	[1..1]	ReturnResult	组件
3		银行方账户	BankAccount	<BkAcct>	[0..1]	Account	组件
4		证券方账户	SecuritiesAccount	<ScAcct>	[0..1]	Account	组件
5		摘要	Digest	<Dgst>	[0..1]	Max35Text	

5.8.4 使用规则

a）本消息用来回应对方发来的账户管理消息。消息头中的业务功能码应与回应消息中的业务功能码一致。

b）消息头中的消息流水号必选，填写的内容是本消息的流水号。

c）消息头中的相关流水号必选，填写的内容是与之对应的请求消息流水号。

d）返回结果指示业务操作是否成功。如果失败，消息体中可以不包含返回结果后的元素。

e）摘要的填充内容是系统、柜台操作员或者客户提交的与本次操作相关的一些文字说明信息，摘要内容可以与本次操作流水一起保存在相关日志中，可选。

5.9 账户变更

5.9.1 业务功能

变更银行方账户（业务功能码：11006）。

5.9.2 标签名称

本消息的标签名称为：<Acmt.007.01>

5.9.3 业务要素

账户变更消息的业务要素见表 26。

表 26 账户变更消息

索引	循环	要素名称	英文名称	标签名称	重复	元素类型	备注
1		消息头	MessageHeader	<MsgHdr>	[1..1]	MessageHeader	组件
2		客户信息	Customer	<Cust>	[0..1]	Customer	组件
3		银行方账户	BankAccount	<BkAcct>	[0..1]	Account	组件
4		新银行方账户	NewBankAccount	<NewBkAcct>	[0..1]	Account	组件
5		证券方账户	SecuritiesAccount	<ScAcct>	[0..1]	Account	组件
6		币种	Currency	<Ccy>	[0..1]	CurrencyCode	
7		摘要	Digest	<Dgst>	[0..1]	Max35Text	

5.9.4 使用规则

a）系统根据消息头中的业务功能码确定消息的具体业务功能。

b）消息头中的消息流水号必选。如果是银行方发起，应在该域填写银行流水号；如果是证券方发起，应在该域填写证券流水号。

c）如果变更账户时银行需要校验客户信息，消息体中应该包含客户信息，基本内容包含客户名称、证件类型及证件号码。

d）原银行方账户和新银行方账户分别表示变更前后的银行方账户。

e）如果交易双方采用授信机制，银行方账户或证券方账户中可以不包含密码；如果交易双方不授信，消息体中的银行方账户或证券方账户应该包含密码，密码的加密传输方式由交易双方约定。

f）一次只能变更一个币种。

g）摘要的填充内容是系统、柜台操作员或者客户提交的与本次操作相关的一些文字说明信息，摘要内容可以与本次操作流水一起保存在相关日志中，可选。

5.10 账户变更回执

5.10.1 业务功能

回应账户变更消息。

5.10.2 标签名称

本消息体的标签名称为：<Acmt.008.01>

5.10.3 业务要素

账户变更回执消息的业务要素见表27。

表27 账户变更回执消息

索引	循环	要素名称	英文名称	标签名称	重复	元素类型	备注
1		消息头	MessageHeader	<MsgHdr>	[1..1]	MessageHeader	组件
2		返回结果	ReturnResult	<Rst>	[1..1]	ReturnResult	组件
3		银行方账户	BankAccount	<BkAcct>	[0..1]	Account	组件
4		证券方账户	SecuritiesAccount	<ScAcct>	[0..1]	Account	组件
5		币种	Currency	<Ccy>	[0..1]	CurrencyCode	
6		摘要	Digest	<Dgst>	[0..1]	Max35Text	

5.10.4 使用规则

a）本消息用来回应对方发来的账户变更消息。消息头中的业务功能码应与回应消息中的业务功能码一致。

b）消息头中的消息流水号必选，填写本消息的流水号。

c）消息头中的相关流水号必选，填写与之对应的请求消息流水号。

d）返回结果指示业务操作是否成功。如果失败，消息体中可以不包含返回结果后的元素。

e）消息体中应包含银行账号或证券资金账号，指示变更后的账户信息。

f）摘要的填充内容是系统、柜台操作员或者客户提交的与本次操作相关的一些文字说明信息，摘要的内容可以与本次操作流水一起保存在相关日志中，可选。

5.11 账户查询

5.11.1 业务功能

a）客户身份验证（业务功能码：11007）；

b）查询证券方账户余额（业务功能码：11008）；

c）查询银行方账户余额（业务功能码：11009）。

5.11.2 标签名称

本消息体的标签名称为：<Acmt.009.01>；

5.11.3 业务要素

账户查询消息的业务要素见表28。

表 28 账户查询消息

索引	循环	要素名称	英文名称	标签名称	重复	元素类型	备注
1		消息头	MessageHeader	<MsgHdr>	[1..1]	MessageHeader	组件
2		客户信息	Customer	<Cust>	[0..1]	Customer	组件
3		银行方账户	BankAccount	<BkAcct>	[0..1]	Account	组件
4		证券方账户	SecuritiesAccount	<ScAcct>	[0..1]	Account	组件
5		币种	Currency	<Ccy>	[0..1]	CurrencyCode	
6		摘要	Digest	<Dgst>	[0..1]	Max35Text	

5.11.4 使用规则

a) 系统根据消息头中的业务功能码确定消息的具体业务功能。

b) 客户身份验证证券方、银行方都可发起。查询证券资金余额由银行方发起，查询银行方余额由证券方发起。

c) 消息头中的消息流水号必选。如果是银行方发起，应在该域填写银行流水号；如果是证券方发起，应在该域填写证券流水号。

d) 校验客户身份或查询余额时银行要求核对客户信息，消息体中应该包含客户信息，基本内容包含客户名称、证件类型及证件号码。

e) 消息体中应包含银行账号和证券资金账号，用于指定希望查询的账户。

f) 如果交易双方采用授信机制，银行方账户或证券方账户中可以不包含密码；如果交易双方不授信，消息体中的银行方账户或证券方账户应该包含密码，密码的加密传输方式由交易双方约定。

g) 摘要的填充内容是系统、柜台操作员或者客户提交的与本次操作相关的一些文字说明信息，摘要内容可以与本次操作流水一起保存在相关日志中，可选。

5.12 账户查询回执

5.12.1 业务功能

回应账户查询消息。

5.12.2 标签名称

本消息体的标签名称为：<Acmt.010.01>

5.12.3 业务要素

账户查询回执消息的业务要素见表 29。

表 29 账户查询回执消息

索引	循环	要素名称	英文名称	标签名称	重复	元素类型	备注
1		消息头	MessageHeader	<MsgHdr>	[1..1]	MessageHeader	组件
2		返回结果	ReturnResult	<Rst>	[1..1]	ReturnResult	组件
3		银行方账户	BankAccount	<BkAcct>	[0..1]	Account	组件
4		银行方账户余额	BankAccoutBalance	<BkBal>	[0..n]	Balance	组件
5		证券方账户	SecuritiesAccount	<ScAcct>	[0..1]	Account	组件
6		证券资金余额	SecuritiesBalance	<ScBal>	[0..n]	Balance	组件
7		币种	Currency	<Ccy>	[0..1]	CurrencyCode	
8		摘要	Digest	<Dgst>	[0..1]	Max35Text	

5.12.4 使用规则

a）本消息用来回应对方发来的账户查询消息。消息头中的业务功能码应与回应消息中的业务功能码一致。

b）消息头中的消息流水号必选，填写本消息的流水号。

c）消息头中的相关流水号必选，填写与之对应的请求消息流水号。

d）返回结果指示业务操作是否成功。如果失败，消息体中可以不包含返回结果后的元素。

e）银行账号或证券资金账号表示查询账户。

f）如果查询银行方账户余额，消息体中可以不包含证券方账户余额；如果查询证券方账户余额，消息体中可以不包含银行方账户余额。

g）摘要的填充内容是系统、柜台操作员或者客户提交的与本次操作相关的一些文字说明信息，摘要内容可以与本次操作流水一起保存在相关日志中，可选。

5.13 转账

5.13.1 业务功能

a）银行方转证券方业务（业务功能码：12001）；

b）证券方转银行方业务（业务功能码：12002）。

5.13.2 标签名称

本消息体的标签名称为：<Trf.001.01>

5.13.3 业务要素

转账消息的业务要素见表30。

表30 转账消息

索引	循环	要素名称	英文名称	标签名称	重复	元素类型	备注
1		消息头	MessageHeader	<MsgHdr>	[1..1]	MessageHeader	组件
2		预约流水号	BookReference	<BookRef>	[0..1]	Reference	组件
3		重发标志	ResendFlag	<Resend>	[0..1]	YesNoIndicator	
4		客户信息	Customer	<Cust>	[0..1]	Customer	组件
5		银行方账户	BankAccount	<BkAcct>	[0..1]	Account	组件
6		证券方账户	SecuritiesAccount	<ScAcct>	[0..1]	Account	组件
7		币种	Currency	<Ccy>	[0..1]	CurrencyCode	
8		转账金额	TransferAmount	<TrfAmt>	[1..1]	Amount	
9		发送方的代理机构	SenderAgent	<SndAgt>	[0..1]	Institution	组件
10		接收方的代理机构	RecverAgent	<RcvAgt>	[0..1]	Institution	组件
11		费用支付标志	FeePayFlag	<FeePayFlg>	[0..1]	FeeFlagCode	
12		发送方费用	SenderFee	<SendFee>	[0..1]	Amount	
13		接收方费用	RecverFee	<RecvFee>	[0..1]	Amount	
14		发送方给接收方的消息	Message	<Msg>	[0..1]	Max128Text	
15		摘要	Digest	<Dgst>	[0..1]	Max35Text	

5.13.4 使用规则

a）系统根据消息头中的业务功能码确定消息的具体业务功能。

b）消息头中的消息流水号必选。如果是银行方发起，应在该域填写银行流水号；如果是证券方发起，应在该域填写证券流水号。

c）如果是机构转账业务，消息体中流水号可能包含预约流水号。

d）重发标志。如果重发标志为“Y”，表示本消息可能是重新发送的转账交易，其消息流水号应和以前发送的流水号一致。如果接收方已经处理过该消息，业务上不需要再次进行转账交易，但应返回被重复消息的处理结果。

e）如果转账冲正时银行需要校验客户信息，消息体中应该包含客户信息，基本内容包含客户名称、证件类型及证件号码。

f）消息体中应包含银行账号和证券资金账号，用于指定发生转账关系的两个账户。

g）如果交易双方采用授信机制，银行方账户或证券方账户中可以不包含密码；如果交易双方不授信，消息体中的银行方账户或证券方账户应该包含密码，密码的加密传输方式由交易双方约定。

h）消息体中应包含转账金额，转账金额中包含币种信息，缺省为人民币。转账金额应大于0。

i）如果业务过程中涉及转账费用，消息体中应包含费用标志，指明是费用支付方，同时包含发送方或接收方应支付的费用信息。

j）摘要的填充内容是系统、柜台操作员或者客户提交的与本次转账相关的一些文字说明信息，摘要内容要求与本次转账的操作流水一起保存在相关日志或者流水中。

5.14 转账回执

5.14.1 业务功能

回应转账消息。

5.14.2 标签名称

本消息体的标签名称为：<Trf.002.01>

5.14.3 业务要素

转账回执消息的业务要素见表31。

表31 转账回执消息

索引	循环	要素名称	英文名称	标签名称	重复	元素类型	备注
1		消息头	MessageHeader	<MsgHdr>	[1..1]	MessageHeader	组件
2		返回结果	ReturnResult	<Rst>	[1..1]	ReturnResult	组件
3		银行方账户	BankAccount	<BkAcct>	[0..1]	Account	组件
4		证券方账户	SecuritiesAccount	<ScAcct>	[0..1]	Account	组件
5		币种	Currency	<Ccy>	[0..1]	CurrencyCode	
6		转账金额	TransferAmout	<TrfAmt>	[0..1]	Amount	
7		费用支付标志	FeePayFlag	<FeePayFlg>	[0..1]	FeeFlagCode	
8		摘要	Digest	<Dgst>	[0..1]	Max35Text	

5.14.4 使用规则

a）本消息用来回应对方发来的转账消息。消息头中的业务功能码应与回应消息中的业务功能码一致。

b）消息头中的消息流水号必选，填写本消息的流水号。

c）消息头中的相关流水号必选，填写与之对应的请求消息流水号。

d）返回结果指示业务操作是否成功。如果失败，消息体中可以不包含返回结果后的元素。

e）回执消息体中应包含银行账号和证券资金账号，用于指定发生转账关系的两个账户。

f）转账回执消息体中应包含转账金额要素，以便于转账发起方能够核对转账是否正确。

g）可以根据证券公司和银行的业务要求确定消息体中是否需要包含账户余额要素。

h）摘要的填充内容是系统、柜台操作员或者客户提交的与本次转账相关的一些文字说明信息，摘要内容要求与本次转账的操作流水一起保存在相关日志或者流水中。

5.15 转账冲正

5.15.1 业务功能

a）银行方转证券方冲正（业务功能码：12003）；

b）证券方转银行方冲正（业务功能码：12004）。

5.15.2 标签名称

本消息体的标签名称：<Trf.003.01>

5.15.3 业务要素

转账冲正消息的业务要素见表32。

表32 转账冲正消息

索引	循环	要素名称	英文名称	标签名称	重复	元素类型	备注
1		消息头	MessageHeader	<MsgHdr>	[1..1]	MessageHeader	组件
2		被冲正的流水号	CancelReference	<CnRef>	[0..1]	Reference	
3		客户信息	Customer	<Cust>	[0..1]	Customer	组件
4		银行方账户	BankAccount	<BkAcct>	[0..1]	Account	组件
5		证券方账户	SecuritiesAccount	<ScAcct>	[0..1]	Account	组件
6		币种	Currency	<Ccy>	[0..1]	CurrencyCode	
7		转账金额	TransferAmount	<TrfAmt>	[0..1]	Amount	
8		摘要	Digest	<Dgst>	[0..1]	Max35Text	

5.15.4 使用规则

a）系统根据消息头中的业务功能码确定消息的具体业务功能。

b）消息头中的消息流水号必选。如果是银行方发起，应在该域填写银行流水号；如果是证券方发起，应在该域填写证券流水号。

c）被冲正的流水号指的是希望进行冲正的原始转账请求流水号。

d）如果转账冲正时银行需要校验客户信息，消息体中应该包含客户信息，基本内容包含客户名称、证件类型及证件号码。

e）消息体中应包含银行账号和证券资金账号，用于指定发生转账关系的两个账户。

f）如果交易双方采用授信机制，银行方账户或证券方账户中不包含密码；如果交易双方不授信，消息体中的银行方账户或证券方账户应该包含密码，密码的加密传输方式由交易双方约定。

g）摘要的填充内容是系统、柜台操作员或者客户提交的与本次转账相关的一些文字说明信息，摘要内容要求与本次转账的操作流水一起保存在相关日志或者流水中。

h）消息体中最好包含客户信息、银行方账户、证券方账户、转账金额信息，用于核对是否与被冲正的原始转账记录的相关信息一致。

5.16 转账冲正回执

5.16.1 业务功能

回应转账冲正消息。

5.16.2 标签名称

本消息体的名称标签名称为：<Trf.004.01>

5.16.3 业务要素

转账冲正回执消息的业务要素见表33。

表33 转账冲正回执消息

索引	循环	要素名称	英文名称	标签名称	重复	元素类型	备注
1		消息头	MessageHeader	<MsgHdr>	[1..1]	MessageHeader	组件
2		返回结果	ReturnResult	<Rst>	[1..1]	ReturnResult	组件
3		被冲正的流水号	CancelReference	<CnRef>	[0..1]	Reference	组件
4		银行方账户	BankAccount	<BkAcct>	[0..1]	Account	组件
5		证券方账户	SecuritiesAccount	<ScAcct>	[0..1]	Account	组件
6		币种	Currency	<Ccy>	[0..1]	CurrencyCode	
7		转账金额	TransferAmout	<TrfAmt>	[0..1]	Amount	
8		摘要	Digest	<Dgst>	[0..1]	Max35Text	

5.16.4 使用规则

a）本消息用来回应对方发来的转账冲正消息。消息头中的业务功能码应与回应消息中的业务功能码一致。

b）消息头中的消息流水号必选，填写本消息的流水号。

c）消息头中的相关流水号必选，填写对应的请求消息流水号。

d）返回结果指示业务操作是否成功。如果失败，消息体中可以不包含返回结果后的元素。

e）消息体中应包含银行账号和证券资金账号，用于指定发生转账关系的两个账户。

f）转账冲正回执消息体中应包含转账金额业务要素，以便于转账冲正发起方能够核对转账冲正这笔交易正确。

g）可以根据证券公司和银行的业务要求确定消息体中是否需要包含账户余额要素。

h）摘要的填充内容是系统、柜台操作员或者客户提交的与本次转账相关的一些文字说明信息，摘要内容要求与本次转账的操作流水一起保存在相关日志或者流水中。

5.17 交易结果查询

5.17.1 业务功能

查询交易结果（12005）。

5.17.2 标签名称

本消息体的标签名称为：<Trf.005.01>

5.17.3 业务要素

交易结果查询消息的业务要素见表34。

表 34 交易结果查询消息

索引	循环	要素名称	英文名称	标签名称	重复	元素类型	备注
1		消息头	MessageHeader	<MsgHdr>	[1..1]	MessageHeader	组件
2		被查询流水号	QueryReference	<QryRef>	[1..1]	Reference	
3		客户信息	Customer	<Cust>	[0..1]	Customer	组件
4		银行方账户	BankAccount	<BkAcct>	[0..1]	Account	组件
5		证券方账户	SecuritiesAccount	<ScAcct>	[0..1]	Account	组件
6		币种	Currency	<Ccy>	[0..1]	CurrencyCode	
7		转账金额	TransferAmount	<Amt>	[0..1]	Amount	
8		摘要	Digest	<Dgst>	[0..1]	Max35Text	

5.17.4 使用规则

a) 系统根据消息头中的业务功能码确定消息的具体业务功能。

b) 消息头中的消息流水号必选。如果是银行方发起，应在该域填写银行流水号；如果是证券方发起，应在该域填写证券流水号。

c) 被查询交易流水号指的是希望查询的原始交易请求流水号。

d) 如果查询交易结果时银行需要校验客户信息，消息体中应该包含客户信息，基本内容包含客户名称、证件类型及证件号码。

e) 消息体中应包含银行账号和证券方账户，用于指定发生转账关系的两个账户。

f) 如果交易双方采用授信机制，银行方账户或证券方账户中可以不包含密码；如果交易双方不授信，消息体中的银行方账户或证券方账户应该包含密码，密码的加密传输方式由交易双方约定。

g) 消息体中应包含转账金额信息，用于核对是否与被查询的原始转账记录的相关信息一致。

h) 摘要的填充内容是系统、柜台操作员或者客户提交的与本次转账相关的一些文字说明信息，摘要内容要求与本次转账的操作流水一起保存在相关日志或者流水中。

5.18 交易结果查询回执

5.18.1 业务功能

回应交易查询消息。

5.18.2 标签名称

本消息体的标签名称为：<Trf.006.01>

5.18.3 业务要素

交易结果查询回执消息的业务要素见表 35。

表 35 交易结果查询回执消息

索引	循环	要素名称	英文名称	标签名称	重复	元素类型	备注
1		消息头	MessageHeader	<MsgHdr>	[1..1]	MessageHeader	组件
2		返回结果	ReturnResult	<Rst>	[1..1]	ReturnResult	组件
3		查询证券流水号	QueryReference	<QryRef>	[0..2]	Reference	组件
4		原始交易结果	OriginResult	<OrgRst>	[1..1]	ReturnResult	组件
5		银行方账户	BankAccount	<BkAcct>	[0..1]	Account	组件

续表

索引	循环	要素名称	英文名称	标签名称	重复	元素类型	备注
6		证券方账户	SecuritiesAccount	<ScAcct>	[0..1]	Account	组件
7		币种	Currency	<Ccy>	[0..1]	CurrencyCode	
8		转账金额	TransferAmount	<TrfAmt>	[0..1]	Amount	
9		摘要	Digest	<Dgst>	[0..1]	Max35Text	

5.18.4 使用规则

a）本消息用来回应对方发来的交易查询消息。消息头中的业务功能码应与回应消息中的业务功能码一致。

b）消息头中的消息流水号必选，填写本消息的流水号。

c）消息头中的相关流水号必选，填写对应的请求消息流水号。

d）返回结果指示查询操作是否成功。如果失败，消息体中可以不包含返回结果后的元素。

e）被查询交易流水号指的是希望查询的原始交易请求流水号。

f）原始交易结果指的是原始交易请求的执行结果，也即被查询交易的执行结果。

g）消息体中应包含银行账号和证券资金账号，用于指定发生转账关系的两个账户。

h）转账冲正回执消息体中应包含转账金额业务要素，以便于交易查询发起方能够核对这笔交易的正确性。

i）可以根据证券公司和银行的业务要求确定消息体中是否需要包含账户余额要素。

j）摘要的填充内容是系统、柜台操作员或者客户提交的与本次转账相关的一些文字说明信息，摘要内容要求与本次转账的操作流水一起保存在相关日志或者流水中。

5.19 结息

5.19.1 业务功能

结息（业务功能码：12006）。

5.19.2 标签名称

本消息体的标签名称为：<Trf.007.01>

5.19.3 业务要素

结息消息的业务要素见表36。

表36 结息消息

索引	循环	要素名称	英文名称	标签名称	重复	元素类型	备注
1		消息头	MessageHeader	<MsgHdr>	[1..1]	MessageHeader	组件
2		客户信息	Customer	<Cust>	[0..1]	Customer	组件
3		银行方账户	BankAccount	<BkAcct>	[0..1]	Account	组件
4		证券方账户	SecuritiesAccount	<ScAcct>	[0..1]	Account	组件
5		币种	Currency	<Ccy>	[0..1]	CurrencyCode	
6		结息类型	ClearAccuralType	<ClrAccrlType>	[0..1]	ClearAccuralType	
7		利息	Tax	<Tax>	[1..1]	Amount	
8		利息税	TaxAccural	<TaxAccr>	[0..1]	Amount	
9		摘要	Digest	<Dgst>	[0..1]	Max35Text	

5.19.4 使用规则

a）系统根据消息头中的业务功能码确定消息的具体业务功能。

b）消息头中的消息流水号必选。如果是银行方发起，应在该域填写银行流水号；如果是证券方发起，应在该域填写证券流水号。

c）如果银行结息时需要校验客户信息，消息体中应该包含客户信息。基本内容包含客户名称、证件类型及证件号码。

d）消息体中应包含银行账号和证券资金账号，用于指定发生结息的账户信息。对于预指定关联银行的客户销户，消息中可以不包含银行方账户。

e）结息类型指示该结息操作是批量结息还是销户结息。

f）消息体中应该包含利息和利息税。利息和利息税金额中包含币种信息，缺省为人民币。每次只对一种币种结息。

g）摘要的填充内容是系统、柜台操作员或者客户提交的与本次结息相关的一些文字说明信息，摘要内容要求与本次结息的操作流水一起保存在相关日志或者流水中。

5.20 结息回执

5.20.1 业务功能

回应结息消息。

5.20.2 标签名称

本消息体的标签名称为：<Trf.008.01>

5.20.3 业务要素

结息回执消息的业务要素见表37。

表37 结息回执消息

索引	循环	要素名称	英文名称	标签名称	重复	元素类型	备注
1		消息头	MessageHeader	<MsgHdr>	[1..1]	MessageHeader	组件
2		返回结果	ReturnResult	<Rst>	[1..1]	Customer	组件
3		银行方账户	BankAccount	<BkAcct>	[0..1]	Account	组件
4		证券方账户	SecuritiesAccount	<ScAcct>	[0..1]	Account	组件
5		币种	Currency	<Ccy>	[0..1]	CurrencyCode	
6		结息类型	ClearAccuralType	<ClrAccrlType>	[0..1]	ClearAccuralType	
7		利息	Tax	<Tax>	[1..1]	Amount	
8		利息税	TaxAccural	<TaxAccr>	[1..1]	Amount	
9		摘要	Digest	<Dgst>	[0..1]	Max35Text	

5.20.4 使用规则

a）本消息用来回应对方发来的结息消息。消息头中的业务功能码应与回应消息中的业务功能码一致。

b）消息头中的消息流水号必选，填写本消息的流水号。

c）消息头中的相关流水号必选，填写对应的请求消息流水号。

d）返回结果指示业务操作是否成功。如果失败，消息体中可以不包含返回结果后的元素。

e）回执消息中可以包含结息账户信息、结息类型、利息、利息税等信息，用于发起方核对结息操作的正确性。

f）摘要的填充内容是系统、柜台操作员或者客户提交的与本次转账相关的一些文字说明信息，摘要内容要求与本次转账的操作流水一起保存在相关日志或者流水中。

5.21 对账

5.21.1 业务功能

本消息体主要用于在线实时对账。鉴于国内目前有些用户在线实时对账条件不成熟，用户可以选择采用日终文件对账方式。日终文件接口规范请参考附件一。本消息完成的对账功能包含：

a）账户状态明细对账（业务功能码：13001）；

b）账户交易对账（业务功能码：13002）；

c）转账明细对账（业务功能码：13003）；

d）账户余额对账（业务功能码：13004）；

e）转账汇总对账（业务功能码：13010）。

5.21.2 标签名称

本消息体的标签名称为：<Stmt.001.01>

5.21.3 业务要素

对账消息的业务要素见表38。

表38 对账消息

索引	循环	要素名称	英文名称	标签名称	重复	元素类型	备注
1		消息头	MessageHeader	<MsgHdr>	[1..1]	MessageHeader	组件
2		记录笔数	RecordNum	<RecNum>	[0..1]	Number	
3	{OR	账户状态明细	StatusStatement	<AcctStStmt>	[0..n]	AccountStatus Statement	组件
4	OR	账户交易明细	AccountTrade Statement	<AcctTradStmt>	[0..n]	AccountTrade Statement	组件
5	OR	转账明细	TansferStatement	<TrfStmt>	[0..n]	TansferStatement	组件
6	OR	账户余额对账	BalanceStatement	<BalStmt>	[0..n]	BalanceStatement	组件
7	OR}	转账汇总对账	TransferSummury Statement	<TrfSumStamt>	[0..n]	TransferSummury Statement	组件
8		摘要	Digest	<Dgst>	[0..1]	Max35Text	

5.21.4 使用规则

a）系统根据消息头中的业务功能码确定消息的具体对账业务功能。

b）消息头中的消息流水号必选。如果是银行方发起，应在该域填写银行流水号；如果是证券方发起，应在该域填写证券流水号。

c）对于所有业务，记录笔数都必选，用于指示本消息体含有的对账记录数。

d）对于不同的业务，根据业务功能码，账户状态明细、账户交易明细、转账交易明细和账户余额明细应且只能选择一个。业务功能组合规则见表39。如果是账户状态对账业务，消息体中应包含账户状态明细；如果是账户交易明细对账业务，消息体中应包含账户交易明细；如果是转账交易明细对账业务，消息体中应包含转账交易明细；如果是账户余额对账业务，消息体中应包含账户余额明细。

表 39　业务功能组合规则

业务功能码	组合规则	备　注
13001	账户状态明细必选	
13002	账户交易明细必选	
13003	转账交易明细必选	
13004	账户余额明细必选	
13010	转账汇总对账必选	

e）摘要的填充内容是系统、柜台操作员或者客户提交的与本次对账相关的一些文字说明信息，摘要内容可以与本次对账的操作流水一起保存在相关日志或者流水中。

5.22　对账回执

5.22.1　业务功能

回应账户状态对账消息。

5.22.2　标签名称

本消息体的标签名称为：<Stmt.002.01>

5.22.3　业务要素

对账回执消息的业务要素见表 40。

表 40　对账回执消息

索引	循环	要素名称	英文名称	标签名称	重复	元素类型	备注
1		消息头	MessageHeader	<MsgHdr>	[1..1]	MessageHeader	组件
2		返回结果	ReturnResult	<Rst>	[1..1]	ReturnResult	组件
3		记录笔数	RecordNum	<RecNum>	[0..1]	Number	
4	{OR	账户状态对账结果	Account Status StatementConfirm	<AcctStCnfm>	[0..n]	Account Status StatementConfirm	组件
5	OR	账户交易对账结果	Account Trade StatementConfirm	<AcctTradCnfm>	[0..n]	Account Trade StatementConfirm	组件
6	OR	转账明细对账结果	TransferCheck StatementConfirm	<TrfCnfm>	[0..n]	TransferStatement Confirm	组件
7	OR	账户余额对账结果	Balance StatementConfirm	<BalCnfm>	[0..n]	Balance StatementConfirm	组件
8	OR}	转账汇总对账结果	TransferSummury StatementConfirm	<TrfSumCnfm>	[0..n]	TransferSummury StatementConfirm	组件
9		摘要	Digest	<Dgst>	[0..1]	Max35Text	

5.22.4　使用规则

a）本消息用来回应对方发来的对账消息。消息头中的业务功能码应与回应消息中的业务功能码一致。

b）消息头中的消息流水号必选，填写本消息的流水号。

c）消息头中的相关流水号必选，填写对应的请求消息流水号。

d）返回结果指示业务操作是否成功。如果失败，消息体中可以不包含返回结果后的元素。

e）记录笔数标识本消息体中包含的对账结果记录数。为了提高对账效率，只需要返回双方不一致的对账结果记录。

f）对于不同的业务，根据业务功能码，账户状态对账结果、账户交易对账结果、转账明细对账结果和账户余额对账结果应且只能选择一个，业务功能组合规则见表 41。如果是账户状态对账业务，消息体中应包含账户状态对账结果；如果是账户交易明细对账业务，消息体中应包含账户交易对账结果；如果是转账交易明细对账业务，消息体中应包含转账交易对账结果；如果是账户余额对账业务，消息体中应包含账户余额对账结果。

表 41　业务功能组合规则

业务功能码	组合规则	备　注
13001	账户状态对账结果必选	
13002	账户交易对账结果必选	
13003	转账交易对账结果必选	
13004	账户余额对账结果必选	
13010	转账汇总对账必选	

g）摘要的填充内容是系统、柜台操作员或者客户提交的与本次对账相关的一些文字说明信息，摘要内容可以与本次对账的操作流水一起保存在相关日志中。

5.23　日终数据就绪

5.23.1　业务功能

银行或证券日终文件生成后通知对方（业务功能码：13005）。

5.23.2　标签名称

本消息体的标签名称为：<Stmt.003.01>

5.23.3　业务要素

日终数据就绪消息的业务要素见表 42。

表 42　日终数据就绪消息

索引	循环	要素名称	英文名称	标签名称	重复	元素类型	备注
1		消息头	MessageHeader	<MsgHdr>	[1..1]	MessageHeader	组件
2		结算文件信息	FileInfo	<FileInfo>	[0..n]	FileInfo	组件
3		摘要	Digest	<Dgst>	[0..1]	Max35Text	

5.23.4　使用规则

a）系统根据消息头中的业务功能码确定消息的具体业务功能。

b）消息头中的消息流水号必选。如果是银行方发起，应在该域填写银行流水号；如果是证券方发起，应在该域填写证券流水号。

c）结算文件信息是相关的清算文件列表清单，包含清算文件的名称、业务功能，存放主机、目录等信息，可选。

d）摘要的填充内容是系统、柜台操作员或者客户提交的与本次操作相关的一些文字说明信息，摘要内容可以与本次操作流水一起保存在相关日志中，可选。

5.24 日终数据就绪回执

5.24.1 业务功能

回应日终数据就绪通知。

5.24.2 标签名称

本消息体的标签名称为：<Stmt.004.01>

5.24.3 业务要素

日终数据就绪回执消息的业务要素见表43。

表43 日终数据就绪回执消息

索引	循环	要素名称	英文名称	标签名称	重复	元素类型	备注
1		消息头	MessageHeader	<MsgHdr>	[1..1]	MessageHeader	组件
2		返回结果	ReturnResult	<Rst>	[1..1]	ReturnResult	组件
3		摘要	Digest	<Dgst>	[0..1]	Max35Text	

5.24.4 使用规则

a) 本消息用来回应对方发来的日终数据就绪消息。消息头中的业务功能码应与回应消息中的业务功能码一致。

b) 消息头中的消息流水号必选，填写本消息的流水号。

c) 消息头中的相关流水号必选，填写对应的请求消息流水号。

d) 返回结果指示业务操作是否成功。如果失败，消息体中可以不包含返回结果后的元素。

e) 摘要的填充内容是系统、柜台操作员或者客户提交的与本次操作相关的一些文字说明信息，摘要内容可以与本次操作流水一起保存在相关日志中，可选。

5.25 日间业务结束

5.25.1 业务功能

业务参与方通知对方日间业务结束（业务功能码：13011）。

5.25.2 标签名称

本消息体的标签名称为：<Stmt.005.01>

5.25.3 业务要素

日间业务结束消息的业务要素见表44。

表44 日间业务结束消息

索引	循环	要素名称	英文名称	标签名称	重复	元素类型	备注
1		消息头	MessageHeader	<MsgHdr>	[1..1]	MessageHeader	组件
2		摘要	Digest	<Dgst>	[0..1]	Max35Text	

5.25.4 使用规则

a) 系统根据消息头中的业务功能码确定消息的具体业务功能。

b) 消息头中的消息流水号必选。如果是银行方发起，应在该域填写银行流水号；如果是证券方发起，应在该域填写证券流水号。

c) 摘要的填充内容是系统、柜台操作员或者客户提交的与本次操作相关的一些文字说明信息，摘要内容可以与本次操作流水一起保存在相关日志中，可选。

5.26 日间业务结束回执

5.26.1 业务功能

回应日间业务结束通知。

5.26.2 标签名称

本消息体的标签名称为：<Stmt.006.01>

5.26.3 业务要素

日间业务结束回执消息的业务要素见表45。

表45 日间业务结束回执消息

索引	循环	要素名称	英文名称	标签名称	重复	元素类型	备注
1		消息头	MessageHeader	<MsgHdr>	[1..1]	MessageHeader	组件
2		返回结果	ReturnResult	<Rst>	[1..1]	ReturnResult	组件
3		摘要	Digest	<Dgst>	[0..1]	Max35Text	

5.26.4 使用规则

a）本消息用来回应对方发来的业务结束消息。消息头中的业务功能码应与回应消息中的业务功能码一致。

b）消息头中的消息流水号必选，填写本消息的流水号。

c）消息头中的相关流水号必选，填写对应的请求消息流水号。

d）返回结果指示业务操作是否成功。如果失败，消息体中可以不包含返回结果后的元素。

e）摘要的填充内容是系统、柜台操作员或者客户提交的与本次操作相关的一些文字说明信息，摘要内容可以与本次操作流水一起保存在相关日志中，可选。

5.27 日间业务开始

5.27.1 业务功能

业务参与方通知对方日间业务开始（业务功能码：13012）。

5.27.2 标签名称

本消息体的标签名称为：<Stmt.007.01>

5.27.3 业务要素

日间业务开始消息的业务要素见表46。

表46 日间业务开始消息

索引	循环	要素名称	英文名称	标签名称	重复	元素类型	备注
1		消息头	MessageHeader	<MsgHdr>	[1..1]	MessageHeader	组件
2		业务日期	BusinessDate	<BusiDate>	[0..1]	Date	
3		摘要	Digest	<Dgst>	[0..1]	Max35Text	

5.27.4 使用规则

a）系统根据消息头中的业务功能码确定消息的具体业务功能。

b）消息头中的消息流水号必选。如果是银行方发起，应在该域填写银行流水号；如果是证券方发起，应在该域填写证券流水号。

c）业务日期指定业务实际清算的日期，为当前交易日或下一个交易日。用以证券期货和银行双方支持7×24小时转账时约定一致的业务日期。

d）摘要的填充内容是系统、柜台操作员或者客户提交的与本次操作相关的一些文字说明信息，摘要内容可以与本次操作流水一起保存在相关日志中，可选。

5.28 日间业务开始回执

5.28.1 业务功能

回应日间业务开始通知。

5.28.2 标签名称

本消息体的标签名称为：<Stmt.008.01>

5.28.3 业务要素

日间业务开始回执消息的业务要素见表47。

表47 日间业务开始回执消息

索引	循环	要素名称	英文名称	标签名称	重复	元素类型	备注
1		消息头	MessageHeader	<MsgHdr>	[1..1]	MessageHeader	组件
2		返回结果	ReturnResult	<Rst>	[1..1]	ReturnResult	组件
3		摘要	Digest	<Dgst>	[0..1]	Max35Text	

5.28.4 使用规则

a）本消息用来回应对方发来的业务开始消息。消息头中的业务功能码应与回应消息中的业务功能码一致。

b）消息头中的消息流水号必选，填写本消息的流水号。

c）消息头中的相关流水号必选，填写对应的请求消息流水号。

d）返回结果指示业务操作是否成功。如果失败，消息体中可以不包含返回结果后的元素。

e）摘要的填充内容是系统、柜台操作员或者客户提交的与本次操作相关的一些文字说明信息，摘要内容可以与本次操作流水一起保存在相关日志中，可选。

5.29 文件操作

5.29.1 业务功能

a）向对方请求文件信息（业务功能码：13006）；

b）向对方请求文件数据（业务功能码：13007）；

c）向对方发送文件信息（业务功能码：13008）；

d）向对方发送文件数据（业务功能码：13009）。

5.29.2 标签名称

本消息体的标签名称为：<File.001.01>

5.29.3 业务要素

文件操作消息的业务要素见表48。

表48 文件操作消息

索引	循环	要素名称	英文名称	标签名称	重复	元素类型	备注
1		消息头	MessageHeader	<MsgHdr>	[1..1]	MessageHeader	组件
2		文件信息	FileInfo	<FileInfo>	[0..1]	FileInfo	组件
3		起始位置	StartPos	<StPos>	[0..1]	Number	
4		数据长度	DataLen	<DataLen>	[0..1]	Number	
5		文件数据	FileData	<FileData>	[0..1]	Max3000Text	
6		摘要	Digister	<Dgst>	[0..1]	Max35Text	

5.29.4 使用规则

a）系统根据消息头中的业务功能码确定消息的具体业务功能。用户可以利用本消息体向对方请求文件信息（业务功能码：13006），也可以向对方请求文件数据（业务功能码：13008）、发送文件信息（业务功能码：13006）、发送文件数据（业务功能码：13009）。

b）消息头中的消息流水号必选。如果是银行方发起，应在该域填写银行流水号；如果是证券方发起，应在该域填写证券流水号。

c）一个消息体只能处理一个文件操作，如果希望请求或发送多个文件信息，请重复发送本消息体。

d）如果是请求文件信息业务操作，消息体中应包含希望请求的文件信息，消息体中不包含文件数据、长度起始位置信息；如果是请求文件数据，应该同时包含请求数据的起始位置信息。业务功能组合规则见表49。

表49 业务功能组合规则

业务功能码	组合规则	备　　注
13006	文件信息必选 数据起始位置不含 数据长度不含 文件数据不含	
13007	文件信息必选 文件数据起始位置必选 数据长度不含 文件数据不含	

e）如果是发送文件信息操作，这个消息告诉对方文件相关信息（如存放的主机、文件时间、大小等），这时消息体中不包含文件数据；如果是发送文件数据，消息体中包含文件数据，数据起始位置，数据长度等业务要素。业务功能组合规则见表50。

表50 业务功能组合规则

业务功能码	组合规则	备　　注
13008	文件信息必选 文件数据起始位置可选 数据长度可选 文件数据可选	
13009	文件信息必选 文件数据起始位置必选 数据长度必选 文件数据必选	

f）数据长度标识本消息体中包含的文件数据长度。

g）摘要的填充内容是系统、柜台操作员或者客户提交的与本次操作相关的一些文字说明信息，摘要内容可以与本次操作流水一起保存在相关日志中，可选。

5.30 文件操作回执

5.30.1 业务功能

回应文件操作消息。

5.30.2 标签名称

本消息体的标签名称为：<File.002.01>

5.30.3 业务要素

文件操作回执消息的业务要素见表51。

表51 文件操作回执消息

索引	循环	要素名称	英文名称	标签名称	重复	元素类型	备注
1		消息头	MessageHeader	<MsgHdr>	[1..1]	MessageHeader	组件
2		返回结果	ReturnResult	<Rst>	[1..1]	ReturnResult	组件
3		文件信息	FileInfo	<FileInfo>	[0..1]	FileInfo	组件
4		起始位置	StartPos	<StPos>	[0..1]	Number	
5		数据长度	DataLen	<DataLen>	[0..1]	Number	
6		文件数据	FileData	<FileData>	[0..1]	Max3000Text	
7		摘要	Digister	<Dgst>	[0..1]	Max35Text	

5.30.4 使用规则

a）本消息用来回应对方发来的文件操作消息。消息头中的业务功能码应与回应消息中的业务功能码一致。

b）消息头中的消息流水号必选，填写本消息的流水号。

c）消息头中的相关流水号必选，填写对应的请求消息流水号。

d）返回结果指示业务操作是否成功。如果失败，消息体中可以不包含返回结果后的元素。

e）如果是回应文件信息请求，消息体中应该包含请求的相关信息；如果是回应文件数据请求，消息体应该包含请求的文件数据。业务功能组合规则见表52。

表52 业务功能组合规则

业务功能码	组合规则	备　　注
13006	文件信息必选 文件数据起始位置可选 文件数据可选	
13007	文件信息必选 文件数据起始位置必选 文件数据必选	

f）如果是回应发送文件信息或发送文件数据请求，消息体中最好包含文件信息，文件发送者利用该信息核对文件发送的正确性。业务功能组合规则见表53。

表53 业务功能组合规则

业务功能码	组合规则	备　　注
13006 13007	文件信息可选 文件数据起始位置可选 文件数据包含	

g）数据长度标识本消息体中包含的文件数据长度。

h）摘要的填充内容是系统、柜台操作员或者客户提交的与本次操作相关的一些文字说明信息，摘要内容可以与本次操作流水一起保存在相关日志中，可选。

6. 业务组件

6.1 消息头

6.1.1 类型名称

本组件的类型名称为：MessgeHeader

6.1.2 消息头组件

消息头组件见表54。

表54 消息头组件

索引	要素名称	英文名称	标签名称	重复	元素类型	备注
1	版本	Version	<Ver>	[1..1]	Max35Text	
2	应用系统类型	SystemType	<SysType>	[1..1]	SystemType	
3	业务功能码	InstructionCode	<InstrCd>	[1..1]	InstructionCode	
4	交易发起方	TradeSource	<TradSrc>	[1..1]	InstitutionType	
5	创建者	Creator	<Creator>	[0..1]	Institution	组件
6	发送机构	Sender	<Sender>	[1..1]	Institution	组件
7	接收机构	Recver	<Recver>	[1..1]	Institution	组件
8	发生日期	CreateDate	<Date>	[0..1]	Date	
9	发生时间	CreateTime	<Time>	[0..1]	Time	
10	消息流水号	Refrence	<Ref>	[0..1]	Reference	组件
11	相关消息流水号	RelatedReference	<RltdRef>	[0..1]	Reference	组件
12	最后分片标志	LastFragment	<LstFrag>	[0..1]	YesNoIndicator	

6.1.3 版本

版本要素见表55。

表55 版本

定　义	版本号：描述本消息体采用的版本号
标签名称	<Ver>
数据类型	Max35Text
格　式	MaxLength 35，MinLength 1
选择性	必选

6.1.4 应用系统类型

版本要素见表56。

表56 应用系统类型

定　义	应用系统类型：指示本消息所属的业务系统，比如第三方存管、银证转账、银期转账等
标签名称	<SysType>
数据类型	SystemType
格　式	{0～9} {1，1}，取值参考应用系统类型取值
选择性	必选

6.1.5 业务功能码

业务功能码要素见表 57。

表 57 业务功能码

定　义	业务功能码：指示本消息完成的业务功能
标签名称	<InstrCd>
数据类型	InstructionCode
格　式	{0～9}{4，4}，取值参考业务功能码列表
选择性	必选

6.1.6 交易发起方

交易发起方要素见表 58。

表 58 交易发起方

定　义	交易发起方：指示本次交易的发起方机构类型，比如是银行发起还是证券公司发起
标签名称	<TradSrc>
数据类型	InstitutionType
格　式	{A～Z}{1，1}，取值参考机构类型
选择性	必选

6.1.7 创建者

创建者要素见表 59。

表 59 创建者

定　义	创建者：指示本消息的创建者，包含创建者的机构类别、机构代码、分支机构代码、网点代码等信息
标签名称	<Creator>
数据类型	Institution
格　式	组件
选择性	可选

6.1.8 发送机构

发送机构要素见表 60。

表 60 发送机构

定　义	发送机构：指示本消息的发送方，包含发送方的机构类别、机构代码、分支机构代码、网点代码等信息
标签名称	<Sender>
数据类型	Institution
格　式	组件
选择性	必选

6.1.9 接收机构

接收机构要素见表 61。

表 61 接收机构

定 义	接收机构：指示本消息的接收方，包含接收方的机构类别、机构代码、分支机构代码、网点代码等信息
标签名称	<Recver>
数据类型	Institution
格 式	组件
选择性	必选

6.1.10 交易日期

交易日期要素见表 62。

表 62 交易日期

定 义	交易日期
标签名称	<Date>
数据类型	Date
格 式	YYYYMMDD
选择性	可选

6.1.11 交易时间

交易时间要素见表 63。

表 63 交易时间

定 义	交易时间
标签名称	<Time>
数据类型	Time
格 式	HHMMSS
选择性	可选

6.1.12 消息流水号

消息流水号要素见表 64。

表 64 消息流水号

定 义	消息流水号：本消息体的唯一标识号，如流水号
标签名称	<Ref>
数据类型	Reference
格 式	组件
选择性	必选

6.1.13 相关消息流水号

相关消息流水号要素见表 65。

表 65　相关消息流水号

定　义	相关消息流水号：相关消息体的流水号，应答消息应使用它指示其对应的请求消息
标签名称	<RltdRef>
数据类型	Reference
格　式	组件
选择性	可选

6.1.14　最后分片标志

最后分片标志要素见表 66。

表 66　最后分片标志

定　义	最后分片标志：是否为消息集合中的最后结尾，Y 表示是，N 表示否
标签名称	<LstFrag>
数据类型	YesNoIndicator
格　式	{Y，N} {1，1}，取值参考 YesNoIndicator
选择性	可选

6.2　返回结果

6.2.1　类型名称

本组件的类型名称为：ReturnResult。

6.2.2　返回结果组件

返回结果组件见表 67。

表 67　返回结果组件

索引	要素名称	英文名称	标签名称	重复	元素类型	备注
1	返回码	Code	<Code>	[1..1]	ReturnCode	
2	返回信息	Info	<Info>	[0..1]	Max128Text	

6.2.3　返回码

返回码要素见表 68。

表 68　返回码

定　义	返回码：指示本次交易是否成功
标签名称	<Code>
数据类型	RcturnCode
格　式	{0～9} {4，4}，具体取值参考返回码定义
选择性	必选

6.2.4　返回信息

返回信息要素见表 69。

表 69　返回信息

定　义	返回信息：附带的返回信息
标签名称	<Info>
数据类型	Max128Text
格　式	MaxLength 128，MinLength 1
选择性	可选

6.3　流水号

6.3.1　类型名称

本组件的类型名称为：Reference。

6.3.2　流水号组件

流水号组件见表 70。

表 70　流水号组件

索引	要素名称	英文名称	标签名称	重复	元素类型	备注
1	流水号	Reference	<Ref>	[1..1]	Max35Text	
2	流水号发布者类型	RefrenceIssureType	<IssrType>	[1..1]	InstitutionType	
3	发布者	ReferenceIssure	<RefIssr>	[0..1]	Max35Text	

6.3.3　流水号

流水号要素见表 71。

表 71　流水号

定　义	流水号：本次交易的唯一标识号
标签名称	<Ref>
数据类型	Max35Text
格　式	MaxLength 35，MinLength 1
选择性	必选

6.3.4　流水号发布者类型

流水号发布者类型要素见表 72。

表 72　流水号发布者类型

定　义	流水号发布者类型：本流水号发布者的机构类型
标签名称	<IssrType>
数据类型	InstitutionType
格　式	机构类别，取值参考 InstitutionType
选择性	必选

6.3.5　流水号发布者

流水号发布者要素见表 73。

表 73　流水号发布者

定　义	流水号发布者：本流水号发布者的机构代码
标签名称	<RefIssr>
数据类型	Max35Text
格　式	MaxLength 35，MinLength 1
选择性	可选

6.4　机构信息

6.4.1　类型名称

本组件的类型名称为：Institution。

6.4.2　机构信息组件

机构信息组件见表 74。

表 74　机构信息组件

索引	要素名称	英文名称	标签名称	重复	元素类型	备注
1	机构类型	InstitutionType	<InstType>	[1..1]	InstitutionType	
2	机构标识	InstitutionIdentifier	<InstId>	[1..1]	Max35Text	
3	机构名称	InstitutionName	<InstNm>	[0..1]	Max70Text	
4	分支机构代码	BranchIdentifier	<BrchId>	[0..1]	Max35Text	
5	分支机构名称	BranchName	<BrchNm>	[0..1]	Max70Text	
6	网点号	SubBranchIdentifier	<SubBrchId>	[0..1]	Max35Text	
7	网点名称	SubBranchName	<SubBrchNm>	[0..1]	Max70Text	

6.4.3　机构类型

机构类型要素见表 75。

表 75　机构类型

定　义	机构类型
标签名称	<InstType>
数据类型	InstitutionType
格　式	{A～Z，a～z，0～9} {1，1} 取值参考机构类型定义
选择性	必选

6.4.4　机构标识

机构标识要素见表 76。

表 76　机构标识

定　义	机构标识：该机构的唯一标识符
标签名称	<InstId>
数据类型	Max35Text
格　式	MaxLength 35，MinLength 1
选择性	必选

6.4.5 机构名称

机构名称要素见表 77。

表 77 机构名称

定　义	机构名称
标签名称	<InstNm>
数据类型	Max70Text
格　式	MaxLength 70，MinLength 1
选择性	可选

6.4.6 分支机构标识

分支机构标识要素见表 78。

表 78 分支机构标识

定　义	分支机构标识：该分支机构的唯一标识符，由机构对其分支机构进行统一的编码
标签名称	<BrchId>
数据类型	Max35Tcxt
格　式	MaxLength 35，MinLength 1
选择性	可选

6.4.7 分支机构名称

分支机构名称要素见表 79。

表 79 分支机构名称

定　义	分支机构名称
标签名称	<BrchNm>
数据类型	Max70Text
格　式	MaxLength 70，MinLength 1
选择性	可选

6.4.8 网点标识

网点标识要素见表 80。

表 80 网点标识

定　义	网点标识：该网点的唯一标识符，由机构对其营业网点进行统一的编码
标签名称	<SubBrchId>
数据类型	Max35Text
格　式	MaxLength 35，MinLength 1
选择性	可选

6.4.9 网点名称

网点名称要素见表 81。

表 81　网点名称

定　义	网点名称
标签名称	<SubBrchNm>
数据类型	Max70Text
格　式	MaxLength 70，MinLength 1
选择性	可选

6.5　客户信息

6.5.1　类型名称

本组件的类型名称为：Customer

6.5.2　客户信息组件

客户信息组件见表 82。

表 82　客户信息组件

索引	要素名称	英文名称	标签名称	重复	元素类型	备注
1	客户名称	Name	<Name>	[1..1]	Max70Text	
2	证件类型	CertificationType	<CertType>	[1..1]	CertificationType	
3	证件号码	CertificationIdentifier	<CertId>	[1..1]	Max35Text	
4	客户类型	Type	<Type>	[0..1]	CustomerType	
5	客户性别	Gender	<Gender>	[0..1]	GenderCode	
6	客户国籍	Nationality	<Ntnl>	[0..1]	CountryCode	
7	通信地址	Address	<Addr>	[0..1]	Max70Text	
8	邮政编码	Postcode	<PstCd>	[0..1]	Max35Text	
9	电子邮件	Email	<Email>	[0..1]	Max70Text	
10	传真	Fax	<Fax>	[0..1]	Max35Text	
11	手机	Mobile	<Mobile>	[0..1]	Max35Text	
12	电话	Telephone	<Tel>	[0..1]	Max35Text	
13	传呼	Bp	<Bp>	[0..1]	Max35Text	

6.5.3　客户名称

客户名称要素见表 83。

表 83　客户名称

定　义	客户名称
标签名称	<Name>
数据类型	Max70Text
格　式	MaxLength 70，MinLength 1
选择性	可选

6.5.4 证件类型

证件类型要素见表 84。

表 84 证件类型

定　义	证件类型
标签名称	<CertType>
数据类型	CertificationType
格　式	{0～9} {2，2} 取值参考证件类型定义
选择性	可选

6.5.5 证件号码

证件号码要素见表 85。

表 85 证件号码

定　义	证件号码
标签名称	<CertId>
数据类型	Max35Text
格　式	MaxLength 35，MinLength 1
选择性	可选

6.5.6 客户类型

客户类型要素见表 86。

表 86 客户类型

定　义	客户类型
标签名称	<Type>
数据类型	CustomerType
格　式	{A～Z} {4，4}，具体取值参考客户类型
选择性	可选

6.5.7 客户性别

客户性别要素见表 87。

表 87 客户性别

定　义	客户性别
标签名称	<Gender>
数据类型	GenderCode
格　式	{A～Z} {1，1}，取值参考性别定义
选择性	可选

6.5.8 客户国籍

客户国籍要素见表 88。

表 88 客户国籍

定　义	客户国籍
标签名称	<Ntnl>
数据类型	CountryCode
格　式	{A～Z} {3，3}，取值参考国家代码
选择性	可选

6.5.9 通信地址

通信地址要素见表 89。

表 89 通信地址

定　义	通信地址
标签名称	<Addr>
数据类型	Max70Text
格　式	MaxLength 70，MinLength 1
选择性	可选

6.5.10 邮政编码

邮政编码要素见表 90。

表 90 邮政编码

定　义	邮政编码
标签名称	<PstCd>
数据类型	Max35Text
格　式	MaxLength 35，MinLength 1
选择性	可选

6.5.11 电子邮件

电子邮件要素见表 91。

表 91 电子邮件

定　义	电子邮件
标签名称	<Email>
数据类型	Max70Text
格　式	MaxLength 35，MinLength 1
选择性	可选

6.5.12 传真

传真要素见表 92。

表 92 传真

定 义	传真
标签名称	<Fax>
数据类型	Max35Text
格 式	MaxLength 35，MinLength 1
选择性	可选

6.5.13 手机

手机要素见表 93。

表 93 手机

定 义	手机
标签名称	<Mobile>
数据类型	Max35Text
格 式	MaxLength 35，MinLength 1
选择性	可选

6.5.14 电话

电话要素见表 94。

表 94 电话

定 义	电话
标签名称	<Tel>
数据类型	Max35Text
格 式	MaxLength 35，MinLength 1
选择性	可选

6.5.15 传呼

传呼要素见表 95。

表 95 传呼

定 义	传呼
标签名称	<Bp>
数据类型	Max35Text
格 式	MaxLength 35，MinLength 1
选择性	可选

6.6 代理人信息

6.6.1 类型名称

本组件的类型名称为：Agent

6.6.2 代理人信息组件

代理人信息组件见表 96。

表 96 代理人信息组件

索引	要素名称	英文名称	标签名称	重复	元素类型	备注
1	代理人姓名	Name	<Name>	[0..1]	Max70Text	
2	证件类型	CertificationType	<CertType>	[0..1]	CertificationType	
3	证件号码	CertificationIdentifier	<CertId>	[0..1]	Max35Text	
4	代理人权限	Authentication	<Auth>	[0..1]	AgentAuthCode	
5	代理人性别	Gender	<Gender>	[0..1]	GenderCode	
6	代理人国籍	Nationality	<Ntnl>	[0..1]	CountryCode	
7	通信地址	Address	<Addr>	[0..1]	Max70Text	
8	邮政编码	Postcode	<PstCd>	[0..1]	Max35Text	
9	电子邮件	Email	<Email>	[0..1]	Max70Text	
10	传真	Fax	<Fax>	[0..1]	Max35Text	
11	手机	Mobile	<Mobile>	[0..1]	Max35Text	
12	电话	Telephone	<Tel>	[0..1]	Max35Text	
13	传呼	Bp	<Bp>	[0..1]	Max35Text	
14	代理开始日	BeginDate	<BgnDt>	[0..1]	Date	
15	代理结束日	EndDate	<EndDt>	[0..1]	Date	

6.6.3 代理人姓名

代理人姓名要素见表 97。

表 97 代理人姓名

定　义	代理人姓名
标签名称	<Name>
数据类型	Max70Text
格　式	MaxLength 70，MinLength 1
选择性	可选

6.6.4 证件类型

证件类型要素见表 98。

表 98 证件类型

定　义	证件类型
标签名称	<CertType>
数据类型	CertificationType
格　式	{0~9} {2，2} 取值参考证件类型定义
选择性	可选

6.6.5 证件号码

证件号码要素见表 99。

表 99　证件号码

定　义	证件号码
标签名称	<CertId>
数据类型	Max35Text
格　式	MaxLength 35，MinLength 1
选择性	可选

6.6.6　代理人权限

代理人权限要素见表 100。

表 100　代理人权限

定　义	代理人权限
标签名称	<Auth>
数据类型	AgentAuthCode
格　式	{0～9} {2，2}，具体取值参考代理权限
选择性	可选

6.6.7　代理人性别

代理人性别要素见表 101。

表 101　代理人性别

定　义	代理人性别
标签名称	<Gender>
数据类型	GenderCode
格　式	{A～Z} {1，1}，取值参考性别定义
选择性	可选

6.6.8　代理人国籍

代理人国籍要素见表 102。

表 102　代理人国籍

定　义	代理人国籍
标签名称	<Ntnl>
数据类型	CountryCode
格　式	{A～Z} {3，3}，取值参考国家代码
选择性	可选

6.6.9　通信地址

通信地址要素见表 103。

表 103 通信地址

定　义	通信地址
标签名称	<Addr>
数据类型	Max70Text
格　式	MaxLength 70，MinLength 1
选择性	可选

6.6.10 邮政编码

邮政编码要素见表 104。

表 104 邮政编码

定　义	邮政编码
标签名称	<PstCd>
数据类型	Max35Text
格　式	MaxLength 35，MinLength 1
选择性	可选

6.6.11 电子邮件

电子邮件要素见表 105。

表 105 电子邮件

定　义	电子邮件
标签名称	<Email>
数据类型	Max70Text
格　式	MaxLength 70，MinLength 1
选择性	可选

6.6.12 传真

传真要素见表 106。

表 106 传真

定　义	传真
标签名称	<Fax>
数据类型	Max35Text
格　式	MaxLength 35，MinLength 1
选择性	可选

6.6.13 手机

手机要素见表 107。

表 107 手机

定　义	手机
标签名称	<Mobile>
数据类型	Max35Text
格　式	MaxLength 35，MinLength 1
选择性	可选

6.6.14 电话

电话要素见表 108。

表 108 电话

定　义	电话
标签名称	<Tel>
数据类型	Max35Text
格　式	MaxLength 35，MinLength 1
选择性	可选

6.6.15 传呼

传呼要素见表 109。

表 109 传呼

定　义	传呼
标签名称	<Bp>
数据类型	Max35Text
格　式	MaxLength 35，MinLength 1
选择性	可选

6.6.16 代理开始日

代理开始日要素见表 110。

表 110 代理开始日

定　义	代理开始日
标签名称	<BgnDt>
数据类型	Date
格　式	YYYYMMDD
选择性	可选

6.6.17 代理结束日

代理结束日要素见表 111。

表 111　代理结束日

定　义	代理结束日
标签名称	<EndDt>
数据类型	Date
格　式	YYYYMMDD
选择性	可选

6.7　账户

6.7.1　类型名称

本组件的类型名称为：Account

6.7.2　账户组件

账户组件见表 112。

表 112　账户组件

索引	要素名称	英文名称	标签名称	重复	元素类型	备注
1	账号	AccountIdentification	<Id>	[1..1]	Max35Text	
2	账户名称	AccountName	<Name>	[0..1]	Max70Text	
3	账户类别	AccountType	<Type>	[0..1]	AccountType	
4	账户状态	AccountStatus	<Status>	[0..1]	AccountStatus	
5	密码	Password	<Pwd>	[0..n]	Password	组件
6	开户日期	RegisterDate	<RegDt>	[0..1]	Date	
7	生效日期	ValidDate	<VldDt>	[0..1]	Date	
8	账户服务商	AccountService	<AcctSvcr>	[0..1]	Institution	组件

6.7.3　账号

账号要素见表 113。

表 113　账号

定　义	账号
标签名称	<Id>
数据类型	Max35Text
格　式	MaxLength 35，MinLength 1
选择性	可选

6.7.4　账户名称

账户名称要素见表 114。

表 114　账户名称

定　义	账户名称
标签名称	<Name>
数据类型	Max70Text
格　式	MaxLength 70，MinLength 1
选择性	可选

6.7.5 账户类型

账户类型要素见表 115。

表 115 账户类型

定 义	账户类型
标签名称	<Type>
数据类型	AccountType
格 式	{0~9} {2, 2}，取值参考账户类型定义
选择性	可选

6.7.6 账户状态

账户状态要素见表 116。

表 116 账户状态

定 义	账户状态
标签名称	<Status>
数据类型	AccountStatus
格 式	{0~9} {2, 2}，取值参考账户状态定义
选择性	可选，默认为正常

6.7.7 密码

密码要素见表 117。

表 117 密码

定 义	密码
标签名称	<Pwd>
数据类型	Password
格 式	业务组件，详细信息参考密码
选择性	可选

6.7.8 开户日期

开户日期要素见表 118。

表 118 开户日期

定 义	开户日期
标签名称	<RegDt>
数据类型	Date
格 式	YYYYMMDD
选择性	可选

6.7.9 有效日期

有效日期要素见表 119。

表 119 有效日期

定　义	有效日期
标签名称	<VldDt>
数据类型	Date
格　式	YYYYMMDD
选择性	可选

6.7.10 账户服务商

账户服务商要素见表 120。

表 120 账户服务商

定　义	账户服务商：设立该账户的机构。
标签名称	<AcctSvcr>
数据类型	Institution
格　式	组件
选择性	可选

6.8 密钥

6.8.1 类型名称

本组件的类型名称为：PasswordKey

6.8.2 密钥组件

密钥组件见表 121。

表 121 密钥组件

索引	要素名称	英文名称	标签名称	重复	元素类型	备注
1	密钥类型	KeyType	<KeyType>	[0..1]	PasswordKeyType	
2	加密方式	EncryMode	<Enc>	[0..1]	EncryMode	
3	密钥	PasswordKey	<PwdKey>	[0..1]	Max35Text	

6.8.3 密钥类型

密钥类型要素见表 122。

表 122 密钥类型

定　义	密钥类型
标签名称	<KeyType>
数据类型	PasswordKeyType
格　式	{0~9} {1，1} 取值参考密码类型
选择性	可选

6.8.4 加密方式

加密方式要素见表 123。

表 123　加密方式

定　义	加密方式：机构要求密码在传输过程中，进行加密处理，本字段指示密码的加密方式
标签名称	<Enc>
数据类型	EncryMode
格　式	{0～9} {2，2}，取值参考加密方式
选择性	可选，如果该元素不存在，则表示密码不加密，为明文传送。

6.8.5　密钥

密钥要素见表 124。

表 124　密钥

定　义	密钥：如果密钥要求加密传输，则为密文
标签名称	<PwdKey>
数据类型	Max35Text
格　式	MaxLength 35，MinLength 1
选择性	可选

6.9　密码

6.9.1　类型名称

本组件的类型名称为：Password

6.9.2　密码组件

密码组件见表 125。

表 125　密码组件

索引	要素名称	英文名称	标签名称	重复	元素类型	备注
1	密码类型	Type	<Type>	[0..1]	PasswordType	
2	加密方式	EncryMode	<Enc>	[0..1]	EncryMode	
3	密码	Password	<Pwd>	[0..1]	Max35Text	

6.9.3　密码类型

密码类型要素见表 126。

表 126　密码类型

定　义	密码类型
标签名称	<Type>
数据类型	PasswordType
格　式	{0～9} {1，1} 取值参考密码类型
选择性	可选

6.9.4　加密方式

加密方式要素见表 127。

表 127 加密方式

定 义	加密方式：机构要求密码在传输过程中，进行加密处理，本字段指示密码的加密方式
标签名称	<Enc>
数据类型	EncryMode
格 式	{0～9} {2，2}，取值参考加密方式
选择性	可选，如果该元素不存在，则表示密码不加密，为明文传送。

6.9.5 密码

密码要素见表 128。

表 128 密码

定 义	密码：如果密码要求加密传输，则为密文
标签名称	<Pwd>
数据类型	Max35Text
格 式	MaxLength 35，MinLength 1
选择性	可选

6.10 余额

6.10.1 类型名称

本组件的类型名称为：Balance

6.10.2 余额组件

余额组件见表 129。

表 129 余额组件

索引	要素名称	英文名称	标签名称	重复	元素类型	备注
1	余额类型	BalanceType	<Type>	[0..1]	BalanceType	
2	余额	Balance	<Bal>	[1..1]	Amount	

6.10.3 余额类型

余额类型要素见表 130。

表 130 余额类型

定 义	余额类型
标签名称	<Type>
数据类型	BalanceType
格 式	{0～9} {1，1} 取值参考余额类型数据字典的定义
选择性	可选

6.10.4 余额

余额要素见表 131。

表 131　余额

定　义	余额
标签名称	<Bal>
数据类型	Amount
格　式	{0～9}
选择性	可选

6.11　文件信息

6.11.1　类型名称

本组件的类型名称为：FileInfo

6.11.2　文件信息组件

文件信息组件见表 132。

表 132　文件信息组件

索引	要素名称	英文名称	标签名称	重复	元素类型	备注
1	文件业务功能	FileBusCode	<BusCode>	[0..1]	FileBusinessCode	
2	文件业务日期	BusinessDate	<BusDate>	[0..1]	Date	
3	文件存放主机	Host	<Host>	[0..1]	Max35Text	
4	文件名称	FileName	<FileName>	[1..1]	Max128Text	
5	文件长度	FileLength	<FileLen>	[0..1]	Number	
6	文件时间	FileTime	<FileTime>	[0..1]	DateTime	
7	文件校验码	FileMac	<FileMac>	[0..1]	Max128Text	

6.11.3　文件业务功能

文件业务功能要素见表 133。

表 133　文件业务功能

定　义	文件业务功能
标签名称	<BusCode>
数据类型	FileBusinessCode
格　式	{0～9} {4，4}，具体取值参考文件业务功能
选择性	可选

6.11.4　文件业务日期

文件业务日期要素见表 134。

表 134　文件业务日期

定　义	文件业务日期
标签名称	<BusDate>
数据类型	Date
格　式	YYYYMMDD
选择性	可选

6.11.5　文件存放主机

文件存放主机要素见表 135。

表 135　文件存放主机

定　义	文件存放主机 IP 地址
标签名称	<Host>
数据类型	Max35Text
格　式	MaxLength 35，MinLength 1
选择性	可选

6.11.6　文件名称

文件名称要素见表 136。

表 136　文件名称

定　义	文件名称
标签名称	<FileName>
数据类型	Max128Text
格　式	MaxLength 128，MinLength 1
选择性	可选

6.11.7　文件长度

文件长度要素见表 137。

表 137　文件长度

定　义	文件长度
标签名称	<FileLen>
数据类型	Number
格　式	{0～9}
选择性	可选

6.11.8　文件时间

文件时间要素见表 138。

表 138　文件时间

定　义	文件时间
标签名称	<FileTime>
数据类型	DateTime
格　式	YYYYMMDDHHMMSS
选择性	可选

6.11.9　文件校验码

文件校验码要素见表 139。

表 139 文件校验码

定　义	文件校验码
标签名称	<FileMac>
数据类型	Max128Text
格　式	MaxLength 128，MinLength 1
选择性	可选

6.12 账户状态明细

6.12.1 类型名称

本组件的类型名称为：AccountStatusStatement

6.12.2 账户状态明细组件

账户状态明细组件见表 140。

表 140 账户状态明细组件

索引	要素名称	英文名称	标签名称	重复	元素类型	备注
1	客户信息	Customer	<Cust>	[1..1]	Customer	
2	银行方账户	BankAccount	<BkAcct>	[0..1]	Account	
3	证券方账户	SecuritiesAccount	<ScAcct>	[1..1]	Account	
4	存管状态	ManageStatus	<MngSt>	[1..1]	ManagerStatus	
5	币种	Currency	<Ccy>	[0..1]	CurrencyCode	
6	汇钞标志	CashExCode	<CashExCd>	[0..1]	CashExCode	
7	发生日期	Date	<Date>	[0..1]	Date	

6.12.3 客户信息

客户信息要素见表 141。

表 141 客户信息

定　义	客户信息
标签名称	<Cust>
数据类型	Customer
格　式	组件
选择性	可选

6.12.4 银行方账户

银行方账户要素见表 142。

表 142 银行方账户

定　义	银行方账户
标签名称	<BkAcct>
数据类型	Account
格　式	组件
选择性	可选

6.12.5 证券方账户

证券方账户要素见表143。

表143 证券方账户

定　义	证券方账户
标签名称	<ScAcct>
数据类型	Account
格　式	组件
选择性	必选

6.12.6 存管状态

存管状态要素见表144。

表144 存管状态

定　义	账户存管状态
标签名称	<MngSt>
数据类型	ManagerStatus
格　式	{0～9} {1，1}，取值参考存管状态定义
选择性	必选

6.12.7 币种

币种要素见表145。

表145 币种

定　义	币种：账户状态记录的货币代码
标签名称	<Ccy>
数据类型	CurrencyCode
格　式	{A～Z} {3，3}，取值参考货币代码
选择性	可选

6.12.8 汇钞标志

汇钞标志要素见表146。

表146 汇钞标志

定　义	汇钞标志
标签名称	<CashExCd>
数据类型	CashExCode
格　式	{0～9} {1，1}，取值参考汇钞标志
选择性	可选

6.12.9 发生日期

发生日期要素见表147。

表 147 发生日期

定 义	发生日期：引起账户状态变化的交易日期
标签名称	<Date>
数据类型	Date
格 式	YYYYMMDD
选择性	可选

6.13 账户状态对账结果

6.13.1 类型名称

本组件的类型名称为：AccountStatusStatementConfirm

6.13.2 账户状态对账结果组件

账户状态对账结果组件见表 148。

表 148 账户状态对账结果组件

索引	要素名称	英文名称	标签名称	重复	元素类型	备注
1	银行方账户状态明细记录	BankEntry	<BkEntry>	[1..1]	AccountStatusStatement	组件
2	证券方账户状态明细记录	SecuritiesEntry	<ScEntry>	[1..1]	AccountStatusStatementt	组件
3	对账结果	CheckResult	<ChkRst>	[1..1]	ReturnResult	

6.13.3 银行方账户状态明细

银行方账户状态明细要素见表 149。

表 149 银行方账户状态明细

定 义	银行方账户状态明细
标签名称	<BkEntry>
数据类型	AccountStatusStatement
格 式	组件
选择性	可选

6.13.4 证券方账户状态明细

证券方账户状态明细要素见表 150。

表 150 证券方账户状态明细

定 义	证券方账户状态明细
标签名称	<ScEntry>
数据类型	AccountStatusStatement
格 式	组件
选择性	可选

6.13.5 对账结果

对账结果要素见表 151。

表 151 对账结果

定 义	对账结果：账户状态对账后的返回结果
标签名称	<ChkRst>
数据类型	ReturnResult
格 式	组件
选择性	可选，默认为正常

6.14 账户交易明细

6.14.1 类型名称

本组件的类型名称为：AccountTradeStatement

6.14.2 账户交易明细组件

账户交易明细组件见表 152。

表 152 账户交易明细组件

索引	要素名称	英文名称	标签名称	重复	元素类型	备注
1	流水号	Reference	<Ref>	[1..2]	Reference	组件
2	交易发起方	TradeSource	<TradSrc>	[1..1]	InstitutionType	
3	业务功能码	InstructionCode	<InstrCd>	[1..1]	InstructionCode	
4	客户信息	Customer	<Cust>	[0..1]	Customer	组件
5	银行方账户	BankAccount	<BkAcct>	[0..1]	Account	组件
6	证券方账户	SecuritiesAccount	<ScAcct>	[0..1]	Account	组件
7	币种	Currency	<Ccy>	[0..1]	CurrencyCode	
8	汇钞标志	CashExCode	<CashExCd>	[0..1]	CashExCode	
9	证券方账户余额	SecuritiesBalance	<ScBal>	[0..n]	Balance	组件
10	发生日期	Date	<Date>	[0..1]	Date	
11	发生时间	Time	<Time>	[0..1]	Time	
12	业务摘要	Digest	<Dgst>	[0..1]	Max35Text	

6.14.3 流水号

流水号要素见表 153。

表 153 流水号

定 义	流水号
标签名称	<Ref>
数据类型	Reference
格 式	组件
选择性	可重复，最多两次，分别填写证券流水号和银行流水号

6.14.4 交易发起方

交易发起方要素见表 154。

表 154 交易发起方

定 义	交易发起方：发起方机构类型，比如是银行发起还是证券公司发起
标签名称	<TradSrc>
数据类型	InstitutionType
格 式	{A~Z} {1，1}，取值参考机构类型
选择性	必选

6.14.5 业务功能码

业务功能码要素见表 155。

表 155 业务功能码

定 义	业务功能码
标签名称	<InstrCd>
数据类型	InstructionCode
格 式	{0~9} {4，4}，取值参考业务功能码列表
选择性	必选

6.14.6 客户信息

客户信息要素见表 156。

表 156 客户信息

定 义	客户信息
标签名称	<Cust>
数据类型	Customer
格 式	组件
选择性	可选

6.14.7 银行方账户

银行方账户要素见表 157。

表 157 银行方账户

定 义	银行方账户
标签名称	<BkAcct>
数据类型	Account
格 式	组件
选择性	可选

6.14.8 证券方账户

证券方账户要素见表 158。

表 158 证券方账户

定 义	证券方账户
标签名称	<ScAcct>
数据类型	Account
格 式	组件
选择性	必选

6.14.9 币种

币种要素见表 159。

表 159 币种

定　义	币种：账户状态记录的货币代码
标签名称	<Ccy>
数据类型	CurrencyCode
格　式	{A～Z} {3，3}，取值参考 GB/T406
选择性	可选

6.14.10 汇钞标志

汇钞标志要素见表 160。

表 160 汇钞标志

定　义	汇钞标志
标签名称	<CashExCd>
数据类型	CashExCode
格　式	{0～9} {1，1}，取值参考汇钞标志
选择性	可选

6.14.11 证券方账户余额

证券方账户余额要素见表 161。

表 161 证券方账户余额

定　义	证券方账户余额
标签名称	<ScBal>
数据类型	Balance
格　式	组件
选择性	可选

6.14.12 发生日期

发生日期要素见表 162。

表 162 发生日期

定　义	发生日期：账户交易时的日期
标签名称	<Date>
数据类型	Date
格　式	YYYYMMDD
选择性	可选

6.14.13 发生时间

发生时间要素见表 163。

表 163 发生时间

定　义	发生时间：账户交易时的时间
标签名称	<Time>
数据类型	Time
格　式	HHMMSS
选择性	可选

6.14.14 业务摘要

业务摘要要素见表 164。

表 164 业务摘要

定　义	业务摘要：账户交易时的说明信息
标签名称	<Dgst>
数据类型	Max35Text
格　式	MaxLength 35，MinLength 1
选择性	可选

6.15 账户交易对账结果

6.15.1 类型名称

本组件的类型名称为：AccountTradeStatementConfirm

6.15.2 账户交易对账结果组件

账户交易对账结果组件见表 165。

表 165 账户交易对账结果组件

索引	要素名称	英文名称	标签名称	重复	元素类型	备注
1	银行方账户交易明细	BankEntry	<BkEntry>	[1..1]	AccountTradeStatement	组件
2	证券方账户交易明细	SecuritiesEntry	<ScEntry>	[1..1]	AccountTradeStatement	组件
3	对账结果	CheckResult	<ChkRst>	[1..1]	ReturnResult	组件

6.15.3 银行方账户交易明细

银行方账户交易明细要素见表 166。

表 166 银行方账户交易明细

定　义	账户交易对账结果银行方明细记录
标签名称	<BkEntry>
数据类型	AccountTradeStatement
格　式	组件
选择性	可选

6.15.4 证券方账户交易明细

证券方账户交易明细要素见表 167。

表 167 证券方账户交易明细

定　义	账户交易对账结果的证券方明细记录
标签名称	<ScEntry>
数据类型	AccountTradeStatement
格　式	组件
选择性	可选

6.15.5 对账结果

对账结果要素见表 168。

表 168 对账结果

定　义	账户交易记录的对账返回结果
标签名称	<ChkRst>
数据类型	ReturnResult
格　式	组件
选择性	可选，默认为正常

6.16 转账明细

6.16.1 类型名称

本组件的类型名称为：TransferStatement

6.16.2 转账明细组件

转账明细组件见表 169。

表 169 转账明细组件

索引	要素名称	英文名称	标签名称	重复	元素类型	备注
1	流水号	Reference	<Ref>	[1..2]	Reference	组件
2	交易发起方	TradeSource	<TradSrc>	[1..1]	InstitutionType	
3	业务功能码	InstructionCode	<InstrCd>	[1..1]	InstructionCode	
4	客户信息	Customer	<Cust>	[0..1]	Customer	
5	银行方账户	BankAccount	<BkAcct>	[1..1]	Account	组件
6	证券方账户	SecuritiesAccount	<ScAcct>	[1..1]	Account	组件
7	汇钞标志	CashExCode	<CashExCd>	[0..1]	CashExCode	
8	币种	Currency	<Ccy>	[0..1]	CurrencyCode	
9	转账金额	Amount	<TrfAmt>	[1..1]	Amount	
10	发生日期	Date	<Date>	[0..1]	Date	
11	发生时间	Time	<Time>	[0..1]	Time	
12	清算日期	SettleDate	<SetDate>	[0..1]	Date	
13	业务摘要	Digest	<Dgst>	[0..1]	Max35Text	

6.16.3 流水号

流水号要素见表 170。

表 170 流水号

定　义	转账交易的流水号
标签名称	<Ref>
数据类型	Reference
格　式	组件
选择性	可重复，最多两次，分别填写证券流水号和银行流水号

6.16.4 交易发起方

交易发起方要素见表 171。

表 171 交易发起方

定　义	交易发起方：转账交易的发起方机构类别，比如是银行发起还是证券公司发起
标签名称	<TradSrc>
数据类型	InstitutionType
格　式	{A～Z} {1，1}，取值参考机构类别
选择性	必选

6.16.5 业务功能码

业务功能码要素见表 172。

表 172 业务功能码

定　义	业务功能码。
标签名称	<InstrCd>
数据类型	InstructionCode
格　式	{0～9} {4，4}，取值参考业务功能码列表
选择性	必选

6.16.6 客户信息

客户信息要素见表 173。

表 173 客户信息

定　义	客户信息
标签名称	<Cust>
数据类型	Customer
格　式	组件
选择性	可选

6.16.7 银行方账户

银行方账户要素见表 174。

表 174 银行方账户

定　义	转账明细记录的相关银行方账户
标签名称	<BkAcct>
数据类型	Account
格　式	组件
选择性	可选

6.16.8 关联账户

关联账户要素见表175。

表175 关联账户

定　义	账户状态记录的相关关联账号
标签名称	<MngAcct>
数据类型	Account
格　式	组件
选择性	可选

6.16.9 证券方账户

证券方账户要素见表176。

表176 证券方账户

定　义	转账明细记录的相关证券方账户
标签名称	<ScAcct>
数据类型	Account
格　式	组件
选择性	必选

6.16.10 汇钞标志

汇钞标志要素见表177。

表177 汇钞标志

定　义	转账交易记录的汇钞标志
标签名称	<CashExCd>
数据类型	CashExCode
格　式	{0～9} {1，1}，取值参考汇钞标志
选择性	可选

6.16.11 币种

币种要素见表178。

表178 币种

定　义	转账交易记录的货币代码
标签名称	<Ccy>
数据类型	CurrencyCode
格　式	{A～Z} {3，3}，取值参考货币代码
选择性	可选

转账金额要素见表179。

表179 转账金额

定　义	转账记录的转账金额
标签名称	<TrfAmt>
数据类型	Amount
格　式	
选择性	必选

6.16.12 发生日期

发生日期要素见表180。

表180 发生日期

定　义	转账交易日期
标签名称	<Date>
数据类型	Date
格　式	YYYYMMDD
选择性	可选

6.16.13 发生时间

发生时间要素见表181。

表181 发生时间

定　义	转账交易时间
标签名称	<Time>
数据类型	Time
格　式	HHMMSS
选择性	可选

6.16.14 清算日期

清算日期要素见表182。

表182 清算日期

定　义	业务实际清算日期
标签名称	<SetDate>
数据类型	Date
格　式	YYYYMMDD
选择性	可选

6.16.15 业务摘要

业务摘要要素见表183。

表 183 业务摘要

定 义	转账交易的业务摘要
标签名称	<Dgst>
数据类型	Max35Text
格 式	MaxLength 35，MinLength 1
选择性	可选

6.17 转账对账结果

6.17.1 类型名称

本组件的类型名称为：TransferStatementConfirm

6.17.2 转账对账结果组件

转账对账结果组件见表 184。

表 184 转账对账结果组件

索引	要素名称	英文名称	标签名称	重复	元素类型	备注
1	银行方转账明细	BankEntry	<BkEntry>	[0..1]	TransferStatement	组件
2	证券方转账明细	SecuritiesEntry	<ScEntry>	[0..1]	TransferStatement	组件
3	对账结果	CheckResult	<ChkRst>	[1..1]	ReturnResult	组件

6.17.3 银行方转账交易明细

银行方转账交易明细要素见表 185。

表 185 银行方转账交易明细

定 义	转账交易对账的银行方明细记录
标签名称	<BkEntry>
数据类型	TransferStatement
格 式	组件
选择性	可选

6.17.4 证券方转账交易明细

证券方转账交易明细要素见表 186。

表 186 证券方转账交易明细

定 义	转账交易对证的证券方明细记录
标签名称	<ScEntry>
数据类型	TransferStatement
格 式	组件
选择性	可选

6.17.5 对账结果

对账结果要素见表 187。

表 187　对账结果

定　义	转账交易记录的对账返回结果
标签名称	<ChkRst>
数据类型	ReturnResult
格　式	组件
选择性	可选，默认为正常

6.18　转账汇总对账

6.18.1　类型名称

本组件的类型名称为：TransferSummuryStatement

6.18.2　转账汇总对账组件

转账汇总对账组件见表 188。

表 188　转账汇总对账组件

索引	要素名称	英文名称	标签名称	重复	元素类型	备注
1	转入笔数	DepositNum	<DpstNum>	[1..1]	Number	组件
2	转入金额	DepositAmount	<DpstAmt>	[1..1]	Amount	
3	转出笔数	WithDrawNum	<WtdrNum>	[1..1]	Number	
4	转出金额	WithdrawAmount	<WtdrAmt>	[1..1]	Amount	

6.18.3　转入笔数

转入笔数要素见表 189。

表 189　转入笔数

定　义	转入笔数
标签名称	<DpstNum>
数据类型	Number
格　式	组件
选择性	必选，只能出现一次

6.18.4　转入金额

转入金额要素见表 190。

表 190　转入金额

定　义	转入金额
标签名称	<DpstAmt>
数据类型	Amount
格　式	组件
选择性	必选

6.18.5 转出笔数

转出笔数要素见表 191。

表 191 转出笔数

定 义	转出笔数
标签名称	<WtdrNum>
数据类型	Number
格 式	组件
选择性	必选，只能出现一次

6.18.6 转出金额

转出金额要素见表 192。

表 192 转出金额

定 义	转出金额
标签名称	<WtdrAmt>
数据类型	Amount
格 式	组件
选择性	必选

6.19 转账汇总对账结果

6.19.1 类型名称

本组件的类型名称为：TransferSummuryStatementConfirm

6.19.2 转账汇总对账结果组件

转账汇总对账结果组件见表 193。

表 193 转账汇总对账结果组件

索引	要素名称	英文名称	标签名称	重复	元素类型	备注
1	银行方转账汇总	BankEntry	<BkEntry>	[0..1]	TransferSummuryStatement	组件
2	证券方转账汇总	SecuritiesEntry	<ScEntry>	[0..1]	TransferSummuryStatement	组件
3	对账结果	CheckResult	<ChkRst>	[1..1]	ReturnResult	组件

6.19.3 银行方转账汇总

银行方转账汇要素见表 194。

表 194 银行方转账汇总

定 义	转账汇总的银行方转账明细信息
标签名称	<BkEntry>
数据类型	TransferSummuryStatement
格 式	组件
选择性	可选

6.19.4 证券方转账汇总

证券方转账汇总要素见表 195。

表 195　证券方转账汇总

定　义	转账汇总的证券方转账明细信息
标签名称	<ScEntry>
数据类型	TransferSummuryStatement
格　式	组件
选择性	可选

6.19.5　对账结果

对账结果要素见表 196。

表 196　对账结果

定　义	转账汇总的对账返回结果
标签名称	<ChkRst>
数据类型	ReturnResult
格　式	组件
选择性	可选，默认为正常

6.20　账户余额明细

6.20.1　类型名称

本组件的类型名称为：BalanceStatement

6.20.2　账户余额明细组件

账户余额明细组件见表 197。

表 197　账户余额明细组件

索引	要素名称	英文名称	标签名称	重复	元素类型	备注
1	客户信息	Customer	<Cust>	[0..1]	Customer	组件
2	银行方账户	BankAccount	<BkAcct>	[0..1]	Account	组件
3	证券方账户	SecuritiesAccount	<ScAcct>	[0..1]	Account	组件
4	汇钞标志	CashExCode	<CashExCd>	[0..1]	CashExCode	
5	币种	Currency	<Ccy>	[0..1]	CurrencyCode	
6	证券方账户余额	SecuritiesBalance	<ScBal>	[0..n]	Balance	组件
7	发生日期	Date	<Date>	[0..1]	Date	

6.20.3　客户信息

客户信息要素见表 198。

表 198　客户信息

定　义	账户余额明细的客户信息
标签名称	<Cust>
数据类型	Customer
格　式	组件
选择性	可选

6.20.4 银行方账户

银行方账户要素见表199。

表199 银行方账户

定　义	账户余额明细记录的相关银行方账户
标签名称	<BkAcct>
数据类型	Account
格　式	组件
选择性	可选

6.20.5 证券方账户

证券方账户要素见表200。

表200 证券方账户

定　义	账户余额明细记录的相关证券方账户
标签名称	<ScAcct>
数据类型	Account
格　式	组件
选择性	必选

6.20.6 汇钞标志

汇钞标志要素见表201。

表201 汇钞标志

定　义	账户余额明细的汇钞标志
标签名称	<CashExCd>
数据类型	CashExCode
格　式	{0～9}{1，1}，取值参考汇钞标志
选择性	可选

6.20.7 币种

币种要素见表202。

表202 币种

定　义	账户余额明细记录的货币代码
标签名称	<Ccy>
数据类型	CurrencyCode
格　式	{A～Z}{3，3}，取值参考货币代码
选择性	可选

6.20.8 证券方账户余额

证券方账户余额要素见表203。

表 203　证券方账户余额

定　义	证券方账户余额
标签名称	<SaBal>
数据类型	Balance
格　式	组件
选择性	可选

6.20.9　发生日期

发生日期见表 204。

表 204　发生日期

定　义	发生日期
标签名称	<Date>
数据类型	Date
格　式	YYYYMMDD
选择性	可选

6.21　账户余额对账结果

6.21.1　类型名称

本组件的类型名称为：BalanceStatementConfirm

6.21.2　账户余额对账结果组件

账户余额对账结果组件见表 205。

表 205　账户余额对账结果组件

索引	要素名称	英文名称	标签名称	重复	元素类型	备注
1	银行方账户余额明细	BankEntry	<BkEntry>	[1..1]	BalanceStatement	组件
2	证券方账户余额明细	SecuritiesEntry	<ScEntry>	[1..1]	BalanceStatement	组件
3	对账结果	CheckResult	<ChkRst>	[0..1]	ReturnResult	组件

6.21.3　银行方账户余额明细记录<BkTrfDet>

银行方账户余额明细记录要素见表 206。

表 206　银行方账户余额明细记录

定　义	账户余额对账结果的银行方账户余额明细记录
标签名称	<BkEntry>
数据类型	BalanceStatement
格　式	组件
选择性	可选

6.21.4　证券方账户余额明细账号

证券方账户余额明细账号要素见表 207。

表 207　证券方账户余额明细账号

定　义	账户余额对账结果的证券方账户余额明细记录
标签名称	<ScEntry>
数据类型	BalanceStatement
格　式	组件
选择性	可选

6.21.5　对账结果

对账结果要素见表 208。

表 208　对账结果

定　义	账户余额对账结果的对账返回结果
标签名称	<ChkRst>
数据类型	ReturnResult
格　式	组件
选择性	可选，默认为正常

7　业务元素数据类型

7.1　国家代码

国家代码见表 209。

表 209　国家代码

定　义	国家代码，参考 GB/T 2659	
类型名称	CountryCode	
格　式	{A～Z} {3，3}	
取　值	描　述	备　注
CHN	中国	
USA	美国	
…		

7.2　货币代码

货币代码见表 210。

表 210　货币代码

定　义	货币代码，参考 GB/T 12406	
类型名称	CurrencyCode	
格　式	{A～Z} {3，3}	
取　值	描　述	备　注
CNY	人民币	
USD	美元	
HKD	港元	
…		

7.3 语言代码

语言代码见表 211。

表 211 语言代码

定　义	语言代码，参考 GB/T 4880	
类型名称	LanguageCode	
格　式	{A～Z} {3，3}	
取　值	描　述	备　注
CHN	汉语	
ENG	英语	
…		

7.4 性别代码

性别代码见表 212。

表 212 性别代码

定　义	性别代码	
类型名称	GenderCode	
格　式	{A～Z} {1，1}	
取　值	描　述	备　注
F	女	
M	男	
O	未定	

7.5 密钥类型

密钥类型见表 213。

表 213 密钥类型

定　义	密钥类型	
类型名称	PasswordKeyType	
格　式	{0～9} {1，1}	
取　值	描　述	备　注
0	交换密钥	
1	密码密钥	
2	MAC 密钥	
3	报文密钥	

7.6 密码类型

密码类型见表 214。

表 214 密码类型

定　义	密码类型	
类型名称	PasswordType	
格　式	{0～9} {1，1}	
取　值	描　述	备　注
0	查询	
1	取款	
2	转账	
3	交易	

7.7 加密方式

加密方式见表 215。

表 215 加密方式

定　义	加密方式	
类型名称	EncryMode	
格　式	{0～9} {2，2}	
取　值	描　述	备　注
00	不加密	
01	DES	
02	3DES	

7.8 机构类型

机构类型见表 216。

表 216 机构类型

定　义	机构类型	
类型名称	InstitutionType	
格　式	{A～Z，0～9} {1，1}	
取　值	描　述	备　注
B	银行	
S	证券公司	
F	期货公司	
C	期货保证金中心	

7.9 证件类型

证件类型见表 217。

表 217 证件类型

定 义	证件类型	
类型名称	CertificationType	
格 式	{0～9}{2，2}	
取 值	描 述	备 注
10	身份证	
11	护照	
12	军官证	
13	士兵证	
14	回乡证	
15	户口本	
16	营业执照	
17	组织机构代码证	
18	临时营业执照	
19	民办非企业登记证书	
20	其他证件	
21	主管部门批文	
22	事业法人登记证书	
23	部队开户许可证	
24	国家税务登记证	
25	地方税务登记证	
26	贷款证	
27	金融机构许可证	
28	学生证	
29	临时居民身份证	
30	武警身份证	
31	通行证	
32	监护人证件	
33	居住证	
34	暂住证	
35	社会团体法人登记证书	

7.10 客户类型

客户类型见表218。

表218 客户类型

定 义	客户类型	
类型名称	CustomerType	
格 式	{A～Z} {4，4}	
取 值	描 述	备 注
INVE	个人	
INVI	机构	
INVA	代理人	

7.11 账户类型

账户类型见表219。

表219 账户类型

定 义	账户类型	
类型名称	AccountType	
格 式	{0～9} {1，1}	
取 值	描 述	备 注
1	银行结算账户	
2	银行存管账户	
3	证券资金台账	

7.12 账户状态

账户状态见表220。

表220 账户状态

定 义	账户状态	
类型名称	AccountStatus	
格 式	{0～9} {1，1}	
取 值	描 述	备 注
0	正常	缺省值
1	冻结	
2	挂失	

7.13 存管状态

存管状态见表221。

表 221　存管状态

定　义	存管状态	
类型名称	ManageStatus	
格　式	{0～9}{1，1}	
取　值	描　述	备　注
0	指定存管	
1	预指定	
2	撤销指定	

7.14　汇钞标志

汇钞标志见表 222。

表 222　汇钞标志

定　义	汇钞标志	
类型名称	CashExCode	
格　式	{0～9}{1，1}	
取　值	描　述	备　注
1	汇	
2	钞	

7.15　余额类型

余额类型见表 223。

表 223　余额类型

定　义	余额类型	
类型名称	BalanceType	
格　式	{0～9}{1，1}	
取　值	描　述	备　注
0	当前余额	缺省值，账户的现金持有数量
1	可用余额	
2	可取余额	
3	冻结余额	

7.16　结息类型

结息类型见表 224。

表 224　结息类型

定　义	结息类型	
类型名称	ClearAccuralType	
格　式	{0～9}{1，1}	
取　值	描　述	备　注
1	销户结息	
2	批量结息	

7.17 代理权限

代理权限见表 225。

表 225 代理人权限

定 义	代理人权限	
类型名称	AgentAuthCode	
格 式	{0～9} {1，1}	
取 值	描 述	备 注
0	无代理权限	
1	代理取款	

7.18 应用系统类型

应用系统类型见表 226。

表 226 应用系统类型

定 义	应用系统类型	
类型名称	SystemType	
格 式	{0，9} {1，1}	
取 值	描 述	备 注
0	第三方存管	
1	银证转账	
2	银期转账	

7.19 费用支付标志

费用支付标志见表 227。

表 227 费用支付标志

定 义	费用支付标志	
类型名称	FeePayFlag	
格 式	{A～Z} {3，3}	
取 值	描 述	备 注
BEN	由受益方支付费用	
OUR	由发送方支付费用	
SHA	由发送方支付发起的费用，受益方支付接受的费用	

7.20 是否标志

是否标志见表 228。

表 228 是否标志

定　义	是否标志	
类型名称	YesNoIndicator	
格　式	{A～Z} {1，1}	
取　值	描　述	备　注
Y	是	
N	否	

7.21 业务功能码

业务功能码见表 229。

表 229 业务功能码

定　义	业务功能码 10001～10999 系统类 11001～11999 账户类 12001～12999 交易类 13001～13999 对账类	
类型名称	InstructionCode	
格　式	{0～9} {5，5}	
取　值	描　述	备　注
10001	签到	
10002	签退	
10003	通信检测	
10004	密钥同步	
11001	指定关联银行	
11002	预指定关联银行	
11003	预指定关联银行确认	
11004	撤销关联银行	
11005	变更客户信息	
11006	变更银行方账户	
11007	客户身份查询	
11008	查询证券方账户余额	
11009	查询银行方账户余额	
11010	登记币种信息	
11011	账户状态变更	
12001	银行方转证券方	
12002	证券方转银行方	
12003	银行方转证券方冲正	
12004	证券方转银行方冲正	
12005	查询交易结果	

续表

12006	结息	
13001	账户状态对账	
13002	账户交易对账	
13003	转账明细对账	
12004	账户余额对账	
13005	日终清算通知	
13006	请求文件信息	
13007	请求文件数据	
13008	发送文件信息	
13009	发送文件数据	
13010	转账汇总对账	
13011	日间业务结束	

7.22 文件业务功能

文件业务功能见表 230。

表 230 文件业务功能

定　义	文件业务功能	
类型名称	FileBusinessCode	
格　式	{0～9}{4，4}	
取　值	描　述	备　注
0000	其他	
0001	转账交易明细对账	
0002	客户账户状态对账	
0003	账户类交易明细对账	
0004	证券方账户信息变更明细对账	
0005	客户资金台账余额明细对账	
0006	客户销户结息明细对账	
0007	客户资金余额对账结果	
0008	其他对账异常结果文件	
0009	客户结息净额明细	
0010	客户资金交收明细	
0011	法人存管银行资金交收汇总	
0012	主体间资金交收汇总	
0013	总分平衡监管数据	
0014	存管银行备付金余额	
0015	协办存管银行资金监管数据	

7.23 返回码

返回码见表 231。

表 231 返回码

定 义	返回码 成功 0000 银行返回错误代码 1001～1999 5001～5999 证券返回错误代码 2001～3999 通信返回错误代码 9001～9999	
类型名称	ReturnCode	
格 式	{0～9} {4，4}	
取 值	描 述	备 注
0	交易成功	
1001	银行密码错	
1002	银行账户余额不足	
1003	累计金额超限	
1004	重复的交易批次号及证券交易流水号	
1005	被冲正流水不存在	
1006	该流水已冲正	
1007	冲正流水信息不符	
1008	银行账户余额不足，不允许冲正	
1009	清算账户余额不足	对公账户
1010	清算账户状态错	
1011	被查询流水不存在	
1012	证件不符	
1013	银行账户状态错	
1014	银行账户不存在	
1015	银行账户已经销户	
1016	证券账户与银行账户未建立对应关系	
1017	证券账户与银行账户已建立对应关系	
1018	银行账户转账功能未开启	
1019	银行账户转账功能已关闭	
1020	银行产生流水号错	
1021	通存通兑功能已关闭	
1022	证券账户不存在	
1024	交易金额超限	
1025	被查询流水已成功	
1026	被查询流水已失败	
1027	被查询流水不存在	

续表

1028	被查询流水状态未知	
1032	日期不符	
1033	无此交易	
1034	此交易未开通	
1037	转账功能未开通	
1038	无效银行号	
1039	证券公司尚未签退	
1040	银行主机拒绝签到	
1041	银行主机系统错误	
1043	通信校验错误	
1044	通信消息体格式错误	
1052	管理账户余额不足	
2001	资金密码校验错误	
2002	资金账户余额不足	
2003	累计金额超限	
2004	银行流水号重复	
2005	被冲正流水不存在（冲正交易）	
2006	原流水已冲正（冲正交易）	
2007	与原流水信息不符（冲正交易）	
2008	资金账户余额不足，不允许冲正	
2009	身份证号码不符	
2010	资金账户状态不正常	
2011	资金账户不存在	
2012	资金账户已经销户	
2013	资金账户与银行方账户未建立对应关系	
2014	资金账户与银行方账户已建立对应关系	
2015	该客户转账功能未开启	
2016	客户被限制转账	
2018	预约流水不存在	
2019	预约流水信息不符	
2020	预约流水已取款	
2021	预约流水未生效	
2024	单笔金额超限	
2025	被查询流水已成功	
2026	被查询流水已失败	
2027	被查询流水不存在	
2028	被查询流水状态未知	

续表

2031	营业部编码错	
2032	系统尚未换日	
2033	此交易未开通	
2034	不允许该操作方式	
2038	当天有业务发生，不允许销户	
2041	服务器系统错误	
2042	MAC 校验错	
2043	通信校验错误	
2044	通信消息体格式错误	
2047	账户姓名不符	
3001	银行账号校验错	
3002	股东账号校验错	
3003	对应关系状态错	
3006	新工作密钥生成失败	
3007	转账时间已过	
3011	币种错	
3013	已开通其他银行	
3052	操作柜员错	
3053	银行暂停交易	
3054	银行代码错	
3091	银证系统错误	
3092	取银行明细失败	
3093	取证券明细失败	
5001	该客户不存在	
5002	该银行账号已开通存管功能	
5003	该客户已冻结	
5004	该客户未冻结	
5005	该客户已挂失	
5006	该客户未挂失	
5007	该客户已销户	
5008	该客户状态不正常	
5010	证件类型不符	
5011	证件号码不符	
5012	客户无此权限	
5013	无此资金账户	
5014	银行账户状态错	
5015	客户类型不能为空	

续表

5016	该账户不属于同一个客户	
5017	无此客户信息	
5018	客户已开户	
5019	银行账户已存在	
5020	开通存管客户失败	
5021	机构无此交易权限	
5026	客户已移植	
5028	客户开户失败	
5029	创建转账关系失败	
5030	代理人开户失败	
5031	客户无转账关系	
5032	客户为指定存管	
5201	银证转账对应关系已存在	
5202	未建立银证转账对应关系	
5203	证券端客户号错	
5204	MAC 校验错	
5205	有转账流水	
5206	生成新密钥错误	
5208	发送明细文件错	
5214	银证转账证券公司已注销	
5215	银证转账证券公司已签退	
5216	银证转账证券公司状态非正常	
5217	银证转账客户状态非正常	
5218	银证转账客户已冻结	
5219	银证转账客户已挂失	
5220	银证转账客户已销户	
5229	银证转账客户已半冻结	
5230	银证转账客户已待销户	
5231	银证转账客户已限制	
5232	银证转账客户状态正常	
5221	银证转账金额超限	
5226	银证转账金额到达预警金额	
5227	银证转账资金账号已使用	
5223	被查询流水不存在	
5224	未收到银行主机应答	
5225	有转账业务发生	
5233	冲正账号与原交易不符	

续表

5234	冲正币种与原交易不符	
5235	冲正交易码与原交易不符	
5236	请求流水号不合法	
5237	非交易时间	
5301	取资金信息出错	
5302	校验资金出错	
5303	解冻银行资金出错	
5304	冻结银行资金错	
5305	可取资金不足	
5306	冻结资金错	
5307	修改资金流水错	
5308	币种不能为空	
5309	冲正冻结资金错	
5310	解冻资金错	
5311	冲正解冻资金错	
5312	冲正冻结资金与原交易不符	
5313	重发解冻资金与原交易不符	
5314	冲正解冻资金与原交易不符	
5315	错误的解冻标志	
5316	该股东有资金余额	
5317	该股东有冻结资金	
5318	该股东有未回资金	
5319	资金为负	
5320	可用资金不足	
5321	资金开户失败	
5322	备注信息不能为空	
5323	冲正资金与原交易不符	
5401	证券公司不存在	
5402	该证券公司已存在	
5403	该证券公司已注销	
5404	非同属一个证券公司	
5405	该证券公司正在清算	
5406	该证券公司状态不正常	
5407	证券公司柜台交易服务关闭	
5408	无此证券公司扩展信息	
5409	证券公司未签到	
5410	证券公司已签到	
5411	证券公司未签退	
5412	取证券公司清算账号错误	

续表

5413	无证券公司对应营业部编号	
9000	通信包格式错误	
9001	连接银行失败	
9002	向银行发送请求失败	
9003	向银行后台发送请求失败	
9004	接受银行后台应答失败	
9005	发送银行应答失败	
9006	接受银行应答失败	
9010	接受银行请求失败	
9011	发送主机失败	
9012	接受主机应答失败	
9013	连接证券失败	
9014	发送请求到证券失败	
9015	接受证券应答失败	
9016	发送证券应答失败	

7.24 机构代码

机构代码见表232。

表232 机构代码

定　义	一、银行机构代码参照大额支付系统代码 结构：　　nnn nnnn 　　　行别代码 地区代码 （1）行别代码：1位类别代码+2位行别顺序码。 　　类别代码：1位数字，标识银行类型。值定义如下： 　　　　0—中央银行 　　　　1—国有独资商业银行 　　　　2—政策性银行 　　　　3—其他商业银行 　　　　4—非银行金融机构 　　　　5—外资银行 　　　　（6、7、8待分配） 　　　　9—特许参与者 行别顺序码：2位数字。 （2）地区代码：4位数字，参见大额支付系统地区代码。 二、证券机构代码共8位，参见中国证券登记结算公司结算会员代码。 三、期货机构代码共8位，参见附录D	
类型名称	InstitutionCode	
格　式	{0～9}{0，30}	
取　值	描　述	备　注
1	银行机构代码	参见附录D
2	券商机构代码	参见附录D
3	期货机构代码	参见附录D

附录 A
（规范性附录）
日终数据接口规范

A.1 数据文件格式约定

a）数据文件为纯文本文件。

b）字段间以“|”作为分隔符。

c）字段长度为定长；CHAR 类型左对齐，右补空格；INT 类型右对齐，左补数字 0。

d）金额是以分为单位的整数，不带小数点。

e）日期的格式为 YYYYMMDD，时间格式为 HHMMSS。

f）文件命名规则：发送方——文件类型 _ 日期。对于同时应对多家协作机构的情况，建议以子目录来区分文件集合。

注：文件命名说明。

发送方：证券方为 S，银行方为 B；

文件类型：CHKxx、DIFxx、DATyy（xx 和 yy 为数字）；

日期：YYYYMMDD

g）文件压缩：文件发送前采用 gzip 算法进行压缩，压缩文件扩展名为 .gz。

h）文件传输：建议采用安全高效的传输机制，本规范中不做具体规定。

A.2 日终文件功能说明

日终文件功能说明见表 A.1。

表 A.1 日终文件功能说明

文件类型编号	中文名称	功能描述	发送方	备　注
CHK01	转账交易明细对账文件	日间所有客户银证转账交易（不论发起方）的明细流水。	证券方 银行方	银行方发送结果文件给证券方，由证券方调账。
CHK02	客户账户状态对账文件	包含当日发生指定关联银行（含预指定）、撤销关联银行或变更银行结算账户等账户类交易的客户在证券公司和银行端的日终存管状态、关联银行和客户银行结算账户等明细记录。	证券方 银行方	对于异常情况，进行保守性调整（详见业务规则）。
CHK03	账户类交易明细对账文件	包含当日发生的各笔指定关联银行（含预指定）、撤销关联银行或变更银行结算账户等账户类交易明细、变更客户名称、证件号码等。	证券方 银行方	无结果文件，异常时以业务发起方为准，客户信息变更以证券方为准。

续表

文件类型编号	中文名称	功能描述	发送方	备　注
CHK04	客户资金台账余额明细对账文件	证券方在日终清算后，将所有客户资金台账余额发送给银行方，银行方以之与账户的日终计算后余额进行比对。如有差异，通知证券方，并上报监管部门。	证券方	结果文件为 DIF04
DIF04	客户资金台账余额对账结果文件	银行方将“客户资金台账余额明细对账”的异常结果信息发送给证券方，发送时间为下一营业日中午 12 点前。	银行方	原则上以银行为准
DIFxx	其他对账异常结果文件	各种对账文件如果需要返回结果信息，则只返回异常的部分，除“客户资金余额对账结果”外，所有其他对账结果文件都采用同样的风格。		通用文件格式约定，其中 xx 对应于 CHKxx 的编号
DAT01	客户结息净额明细文件	进行批量结息时，银行根据该文件信息增加账户的余额。如果为销户结息，则仅作为对账信息使用。	证券方	可能同时包含批量结息和销户结息两种信息
DAT02	客户资金交收明细文件	该文件内容为客户证券资金台账户当日已交收的证券交易清算交收款项。关联银行根据该文件，在相应客户的账户中添加一笔清算交收明细（备注说明：证券交易清算），调增或调减账户余额。	证券方	指令性文件
DATzt	交收主体间资金交收汇总文件	用于证券公司法人交收账户与登记结算公司（场内）、基金公司等场外交收主体之间的清算交收。	证券方	格式模板
DAT03	存管银行资金交收汇总文件	资金汇总账户与法人交收账户之间的清算交收信息，由证券方发送至所有存管银行，用于调整净买卖差。	证券方	指令性文件，格式同于 DATzt
DAT04	法人存管银行银行间资金交收汇总文件	由证券方发送至主办存管银行，其中包含所有存管银行资金汇总账户与法人交收账户之间的清算交收信息。本文件仅发挥对账作用。	证券方	对账性文件，格式同于 DATzt
DAT05	法人存管银行 A 股资金交收汇总文件	用于证券公司法人交收账户与登记结算公司之间的清算交收。	证券方	指令性文件，格式同于 DATzt
DAT06	法人存管银行开放式基金资金交收汇总文件	用于证券公司法人交收账户与基金公司之间的清算交收。	证券方	指令性文件，格式同于 DATzt

A.3　日终文件字段说明

日终文件字段说明见表 A.2。

表 A.2　日终文件字段说明

字段名称	数据类型/长度	描　　述
货币代码	CHAR（3）	见 7.2
汇钞标志	CHAR（1）	见 7.14
存管账户	CHAR（22）	指存管银行为每个投资者开立的，管理投资者用于证券买卖用途的交易结算资金存管专户。
存管状态	CHAR（1）	见 7.13
对方交收主体代码	CHAR（8）	对方交收主体包含上海登记结算公司、深圳登记结算公司、基金公司等，采用全国统一编号。
对方交收主体账户开户银行	CHAR（60）	
对方交收主体账户账号	CHAR（32）	
对账异常处理结果代码	CHAR（2）	B1 银行方已修正 S1 证券方已修正 B0 银行方不修正，要求证券方修正 S0 证券方不修正，要求银行方修正 X0 需双方协调处理
对账异常发生字段的位置集合	CHAR（40）	位置值从 1 起始，以逗号分隔（如果实现上有困难，可以不填）。
对账异常原因代码	CHAR（1）	B 银行方有，但证券方没有 S 证券方有，但银行方没有 X 双方都有，但数据不一致
对账异常原因描述	CHAR（60）	描述性文本
发起方	CHAR（1）	S 证券方 B 银行方
法人交收账户开户银行	CHAR（60）	
法人交收账户账号	CHAR（32）	指证券公司为履行《证券法》规定的清算交收责任而在主办存管银行开立的，用于证券公司与登记结算公司和其他结算主体之间进行一级法人资金交收用途的银行结算账户。
汇总金额	INT（16）	以分为单位，不包含小数点。
交收日期	CHAR（8）	YYYYMMDD
交易类型	CHAR（5）	账户类业务功能码，11001～11006。
交易日期	CHAR（8）	YYYYMMDD
交易时间	CHAR（6）	HHMMSS
结息类型	CHAR（1）	见 7.16
金额	INT（16）	以分为单位，不包含小数点。
客户名称	CHAR（70）	
客户银行结算账户账号	CHAR（32）	投资者在关联银行开立的，用于银行资金往来结算，并与客户证券资金台账和账户建立转账对应关系的银行存款账户。客户存入交易结算资金的，应先将资金存入银行结算账户；客户取出的交易结算资金，只能回到客户银行结算账户。

续表

字段名称	数据类型/长度	描　　述
券商机构代码	CHAR (8)	见 7.24
日期	CHAR (8)	YYYYMMDD
业务功能码	CHAR (5)	见 7.22
银行机构代码	CHAR (8)	见 7.24
银行流水号	CHAR (20)	
预留备付金额	INT (16)	以分为单位，不包含小数点。
证件号码	CHAR (20)	
证件类型	CHAR (2)	见 7.9
证券机构分支代码	CHAR (4)	证券公司下属分支机构代码（由证券公司自行指定）。
证券流水号	CHAR (20)	
证券资金台账账号	CHAR (14)	指投资者在证券公司开立专门用于证券交易的资金台账，与投资者在关联银行开立的账户一一对应。证券公司通过该账户对投资者的证券买卖交易进行前端控制，进行清算交收和计付利息等。
转账金额	INT (16)	以分为单位，不包含小数点。
资金汇总账户开户银行	CHAR (60)	
资金汇总账户账号	CHAR (32)	指存管银行为集中存管证券公司客户（包含个人投资者和机构投资者）交易结算资金而开立的专用存款账户。

A.4　日终文件格式说明

A.4.1　转账交易明细对账文件

转账交易明细对账文件的文件类型编号为 CHK01，文件结构见表 A.3。

表 A.3　转账交易明细对账文件

数据项名称	数据长度/类型	描　　述
银行机构代码	CHAR (8)	
券商机构代码	CHAR (8)	
证券机构分支号	CHAR (4)	
交易日期	CHAR (8)	
交易时间	CHAR (6)	
清算日期	CHAR (8)	
银行流水号	CHAR (20)	发起方为 B 时必须填
证券流水号	CHAR (20)	发起方为 S 时必须填
客户银行结算账户账号	CHAR (32)	
证券资金台账账号	CHAR (14)	
客户名称	CHAR (32)	

续表

数据项名称	数据长度/类型	描　述
发起方	CHAR (1)	S：证券端，B：银行端
业务功能码	CHAR (5)	交易类业务功能码
货币代码	CHAR (3)	
汇钞标志	CHAR (1)	
转账金额	INT (16)	

A.4.2　客户账户状态对账文件

客户账户状态对账文件的文件类型编号为CHK02，文件结构见表A.4。

表A.4　客户账户状态对账文件

数据项名称	数据长度/类型	描　述
银行机构代码	CHAR (8)	
券商机构代码	CHAR (8)	
证券机构分支号	CHAR (4)	
交易日期	CHAR (8)	
客户银行结算账户账号	CHAR (32)	
证券资金台账账号	CHAR (14)	
客户名称	CHAR (32)	
货币代码	CHAR (3)	
汇钞标志	CHAR (1)	
存管状态	CHAR (1)	

A.4.3　账户类交易明细对账文件

账户类交易明细对账文件见的文件类型编号为CHK03，文件结构见表A.5。

表A.5　账户类交易明细对账文件

数据项名称	数据长度/类型	描　述
银行机构代码	CHAR (8)	
券商机构代码	CHAR (8)	
证券机构分支号	CHAR (4)	
交易日期	CHAR (8)	
交易时间	CHAR (6)	
银行流水号	CHAR (20)	
证券流水号	CHAR (20)	
存管账户	CHAR (22)	
客户银行结算账户账号	CHAR (32)	
证券资金台账账号	CHAR (14)	
客户名称	CHAR (32)	

续表

数据项名称	数据长度/类型	描　　述
证件类型	CHAR (2)	
证件号码	CHAR (20)	
发起方	CHAR (1)	
业务功能码	CHAR (5)	账户类业务功能码
货币代码	CHAR (3)	
汇钞标志	CHAR (1)	
金额	INT (16)	记录指定关联银行交易时，证券公司回复的客户证券资金余额。

A.4.4 客户资金台账余额明细对账文件

客户资金台账余额明细对账文件的文件类型编号为CHK04，文件结构见表A.6。

表A.6　客户资金台账余额明细对账文件

数据项名称	数据长度/类型	描　　述
银行机构代码	CHAR (8)	
券商机构代码	CHAR (8)	
证券机构分支号	CHAR (4)	
交易日期	CHAR (8)	
证券资金台账账号	CHAR (14)	
客户名称	CHAR (32)	
货币代码	CHAR (3)	
汇钞标志	CHAR (1)	
金额	INT (16)	

A.4.5 客户资金台账余额对账结果

客户资金台账余额对账结果的文件类型编号为DIF04，文件结构见表A.7。

表A.7　客户资金台账余额对账结果

数据项名称	数据长度/类型	描　　述
银行机构代码	CHAR (8)	
券商机构代码	CHAR (8)	
证券机构分支号	CHAR (4)	
日期	CHAR (8)	
货币代码	CHAR (3)	
汇钞标志	CHAR (1)	
证券资金台账账号	CHAR (14)	
客户名称	CHAR (32)	
证券公司金额	INT (16)	
银行金额	INT (16)	
备注信息	CHAR (32)	

A.4.6 其他对账异常结果文件

其他对账异常结果文件的文件类型编号为DIFxx，文件结构见表A.8。

表A.8 其他对账异常结果文件

数据项名称	数据长度/类型	描　述
对账异常原因代码	CHAR（1）	B只在银行方有，证券方没有 S只在证券方有，银行方没有 X双方都有，但数据不一致
对账异常原因描述	CHAR（60）	描述性文本
对账异常发生字段的位置集合	CHAR（40）	位置值从1起始，以逗号分隔（如果实现上有困难，可以不填）。
对账异常处理结果代码	CHAR（2）	B1 银行方已修正 S1 证券方已修正 B0 银行方不修正，要求证券方修正 S0 证券方不修正，要求银行方修正 X0 需双方协调处理
证券方原始记录	RECORD	记录格式与所对账的文件相同
银行方原始记录	RECORD	记录格式与所对账的文件相同

A.4.7 客户结息净额明细文件

客户结息净额明细文件的文件类型编号为DAT01，文件结构见表A.9。

表A.9 客户结息净额明细文件

数据项名称	数据长度/类型	描　述
银行机构代码	CHAR（8）	
券商机构代码	CHAR（8）	
证券机构分支号	CHAR（4）	
交易日期	CHAR（8）	
证券流水号	CHAR（20）	
证券资金台账账号	CHAR（14）	
客户名称	CHAR（32）	
结息类型	CHAR（1）	
货币代码	CHAR（3）	
汇钞标志	CHAR（1）	
利息	INT（16）	税前利息
利息税	INT（16）	

A.4.8 客户资金交收明细文件

客户资金交收明细文件的文件类型编号为DAT02，文件结构见表A.10。

表 A.10　客户资金交收明细文件

数据项名称	数据长度/类型	描　　述
银行机构代码	CHAR（8）	
券商机构代码	CHAR（8）	
证券机构分支号	CHAR（4）	
交易日期	CHAR（8）	
证券资金台账账号	CHAR（14）	
客户名称	CHAR（32）	
货币代码	CHAR（3）	
汇钞标志	CHAR（1）	
交收金额	INT（16）	正数为卖差，负数为买差

A.4.9　交收主体间资金交收汇总文件

交收主体间资金交收汇总文件的文件类型编号为 DATzt，文件结构见表 A.11。

表 A.11　交收主体间资金交收汇总文件

数据项名称	数据长度/类型	描　　述
券商机构代码	CHAR（8）	
交收日期	CHAR（8）	
法人交收账户账号	CHAR（32）	
法人交收账户开户银行	CHAR（60）	
对方交收主体代码	CHAR（8）	
对方交收主体账户账号	CHAR（32）	
对方交收主体账户开户银行	CHAR（60）	
货币代码	CHAR（3）	
汇钞标志	CHAR（1）	
交收金额	INT（16）	有正负

A.4.10　存管银行资金交收汇总文件

存管银行资金交收汇总文件的文件类型编号为 DAT03，格式同 A.4.9。

A.4.11　法人存管银行银行间资金交收汇总表

法人存管银行银行间资金交收汇总表的文件类型编号为 DAT04，格式同 A.4.9。

A.4.12　法人存管银行 A 股资金交收汇总表

法人存管银行 A 股资金交收汇总表的文件类型编号为 DAT05，格式同 A.4.9。

A.4.13　法人存管银行开放式基金资金交收汇总表

法人存管银行开放式基金资金交收汇总表的文件类型编号为 DAT06，格式同 A.4.9。

附录 B
（资料性附录）
消息体报文示例

例：消息体报文示例。

```
<MsgText>
<Acmt.001.01>
    <MsgHdr>
        <Ver>1.0</Ver>
        <SysType>0</SysType>
        <InstrCd>11001</InstrCd>
        <TradSrc>S</TradSrc>
        <Sender>
            <InstType>S</InstType>
            <InstId>10270000</InstId>
        </Sender>
        <Recver>
            <InstType>B</InstType>
            <InstId>1042900</InstId>
        </Recver>
        <Date>20060721</Date>
        <Time>130000</Time>
        <Ref>
            <Ref>00000001</Ref>
            <IssrType>S</IssrType>
        </Ref>
    </MsgHdr>
    <Cust>
        <Name>张三</Name>
        <CertType>10</CertType>
        <CertId>610103198001012435</CertId>
        <Type>INDV</Type>
        <Gender>M</Gender>
        <Ntnl>CHN</Ntnl>
        <Addr>上海市静安区</Addr>
        <PstCd>666666</PstCd>
        <Email>123456@hotmail.com</Email>
        <Mobile>13888888888</Mobile>
```

```
    </Cust>
    <BkAcct>
        <Id>888888888888</Id>
        <Type>1</Type>
    </BkAcct>
    <ScAcct>
        <Id>999999999999</Id>
        <Type>3</Type>
    </ScAcct>
    <Ccy>RMB</Ccy>
    <ScBal>
        <Type>0</Type>
        <Bal>10000.00</Bal>
    </ScBal>
    <Dgst>张三开户</Dgst>
</Acmt.001.01>
</MsgText>
```

附录 C
（资料性附录）
消息体与业务对照

消息体与业务对照见表 C.1。

表 C.1　消息体与业务对照表

消息类型	第三方存管业务	银证转账业务	银期转账业务
会话消息（Sysm.001.01）	√	√	√
会话回执（Sysm.002.01）	√	√	√
开户（Acmt.001.01）	√	√	√
开户回执（Acmt.002.01）	√	√	√
销户消息（Acmt.003.01）	√	√	√
销户回执（Acmt.004.01）	√	√	√
账户信息修改（Acmt.005.01）	√	√	√
账户修改回执（Acmt.006.01）	√	√	√
账户变更（Acmt.007.01）	√	√	√
账户变更回执（Acmt.008.01）	√	√	√
账户查询（Acmt.009.01）	√	√	√
账户查询回执（Acmt.010.01）	√	√	√
转账（Trf.001.01）	√	√	√
转账回执（Trf.002.01）	√	√	√
转账冲正（Trf.003.01）	√	√	√
转账冲正回执（Trf.004.01）	√	√	√
交易结果查询（Trf.005.01）	√	√	√
交易结果查询回执（Trf.006.01）	√	√	√
结息（Trf.007.01）	√		
结息回执（Trf.008.01）	√		
对账（Stmt.001.01）	√	√	√
对账回执（Stmt.002.01）	√	√	√
日终数据就绪（Stmt.003.01）	√	√	
日终数据就绪回执（Stmt.004.01）	√	√	
日间业务结束（Stmt.005.01）	√	√	
日间业务结束回执（Stmt.006.01）	√	√	
日间业务开始（Stmt.007.01）	√	√	
日间业务开始回执（Stmt.008.01）	√	√	
文件操作（File.001.01）	√	√	
文件操作回执（File.002.01）	√	√	

附录 D
（资料性附录）
机构代码

D.1 银行机构代码

银行机构代码见表 D.1。

表 D.1 银行机构代码表

取 值	描 述	备 注
1021000	中国工商银行	
1031000	中国农业银行	
1041000	中国银行	
1051000	中国建设银行	
3012900	交通银行	
3021000	中信银行	
3031000	中国光大银行	
3041000	华夏银行	
3051000	中国民生银行	
3065810	广东发展银行	
3075840	深圳发展银行	
3085840	招商银行	
3093910	兴业银行	
3102900	上海浦东发展银行	
3131000	北京银行	
3132900	上海银行	
3131100	天津银行	
3132610	哈尔滨银行	
3133010	南京银行	
3135840	深圳平安银行	
3136020	东莞银行	

D.2 券商机构代码

券商机构代码见表 D.2。

表 D.2　券商机构代码表

取　值	描　述	备　注
10040000	渤海证券有限责任公司	
10050000	长城证券有限责任公司	
10060000	长江证券股份有限公司	
10080000	东海证券有限责任公司	
10090000	国金证券有限责任公司	
10140000	大同证券经纪有限责任公司	
10150000	东北证券股份有限公司	
10160000	东方证券股份有限公司	
10170000	东莞证券有限责任公司	
10180000	第一创业证券有限责任公司	
10200000	光大证券股份有限公司	
10230000	广发证券股份有限公司	
10240000	国海证券有限责任公司	
10250000	广州证券有限责任公司	
10270000	国泰君安证券股份有限公司	
10280000	招商证券股份有限公司	
10290000	国信证券股份有限公司	
10330000	海通证券股份有限公司	
10380000	宏源证券股份有限公司	
10400000	华安证券有限责任公司	
10420000	华龙证券有限责任公司	
10430000	华泰证券有限责任公司	
10440000	华西证券有限责任公司	
10460000	华鑫证券有限责任公司	
10470000	民生证券有限责任公司	
10480000	联讯证券经纪有限责任公司	
10500000	华林证券有限责任公司	
10510000	世纪证券有限责任公司	
10540000	联合证券有限责任公司	
10610000	南京证券有限责任公司	
10620000	平安证券有限责任公司	
10680000	山西证券股份有限公司	
10700000	航天证券经纪有限责任公司	
10710000	上海证券有限责任公司	
10720000	申银万国证券股份有限公司	

续表

取　值	描　述	备　注
10730000	五矿证券经纪有限责任公司	
10750000	沈阳诚浩证券经纪有限责任公司	
10760000	首创证券有限责任公司	
10780000	天风证券经纪有限责任公司	
10820000	中信万通证券有限责任公司	
10830000	英大证券有限责任公司	
10870000	西部证券股份有限公司	
10880000	西藏证券经纪有限责任公司	
10890000	西南证券有限责任公司	
10900000	厦门证券有限公司	
10910000	湘财证券有限责任公司	
10940000	兴业证券股份有限公司	
10960000	众成证券有限责任公司	
10970000	方正证券有限责任公司	
10990000	中国国际金融有限公司	
11000000	中国银河证券股份有限公司	
11010000	中山证券有限责任公司	
11020000	中信证券股份有限公司	
11080000	川财证券经纪有限公司	
11100000	大通证券股份有限公司	
11170000	国元证券股份有限公司	
11200000	和兴证券经纪有限责任公司	
11300000	陕西开源证券经纪有限责任公司	
11380000	万联证券有限责任公司	
11460000	财通证券经纪有限责任公司	
11620000	国都证券有限责任公司	
12360000	齐鲁证券有限公司	
12710000	中信金通证券有限责任公司	
12970000	日信证券有限责任公司	
13080000	华宝证券经纪有限公司	
13090000	华创证券经纪有限责任公司	
13110000	红塔证券股份有限公司	
13120000	国联证券股份有限公司	
13130000	中国民族证券有限责任公司	
13140000	河北财达证券经纪有限责任公司	
13160000	东吴证券有限责任公司	

续表

取　值	描　述	备　注
13170000	万和证券经纪有限公司	
13180000	浙商证券有限责任公司	
13190000	中银国际证券有限责任公司	
13200000	财富证券有限责任公司	
13210000	爱建证券有限责任公司	
13230000	西安华弘证券经纪有限责任公司	
13250000	信泰证券有限责任公司	
13260000	金元证券股份有限公司	
13270000	江南证券有限责任公司	
13300000	长财证券经纪有限责任公司	
13310000	恒泰证券有限责任公司	
13320000	国盛证券有限责任公司	
13360000	天源证券经纪有限公司	
13370000	中原证券股份有限公司	
13400000	德邦证券有限责任公司	
13420000	新时代证券有限责任公司	
13440000	上海远东证券有限公司	
13450000	江海证券经纪有限责任公司	
13460000	长江证券承销保荐有限公司	
13470000	航空证券有限责任公司	
13480000	太平洋证券股份有限公司	
13500000	广发华福证券有限责任公司	
13510000	中天证券有限责任公司	
13530000	海际大和证券有限责任公司	
13540000	北京高华证券有限责任公司	
13570000	中国建银投资证券有限责任公司	
13590000	中信建投证券有限责任公司	
13630000	高盛高华证券有限责任公司	
13640000	银泰证券经纪有限责任公司	
13660000	安信证券股份有限公司	
13670000	瑞银证券有限责任公司	
13680000	华欧国际证券有限责任公司	
13710000	信达证券股份有限公司	
13720000	华融证券股份有限公司	
13730000	东兴证券股份有限公司	
13740000	瑞信方正证券有限责任公司	

D.3 期货机构代码

期货机构代码见表D.3。

表D.3 期货机构代码表

取 值	描 述	备 注
00010000	华安期货经纪有限公司	
00020000	安徽徽商期货经纪有限公司	
00030000	鞍山五环期货经纪有限公司	
00070000	北京中期期货经纪有限公司	
00080000	渤海期货有限公司	
00090000	财富期货有限公司	
00100000	长城伟业期货有限公司	
00120000	长江期货有限公司	
00150000	成都倍特期货经纪有限公司	
00160000	华西期货有限责任公司	
00170000	瑞达期货经纪有限公司	
00180000	重庆先融期货经纪有限公司	
00190000	大华期货有限公司	
00200000	北方期货经纪有限责任公司	
00210000	大连良运期货经纪有限公司	
00220000	银河期货经纪有限公司	
00230000	大通期货经纪有限公司	
00250000	道通期货经纪有限公司	
00260000	德盛期货有限公司	
00270000	东航期货经纪有限责任公司	
00280000	广东集成利期货经纪有限公司	
00290000	东莞市华联期货经纪有限公司	
00300000	海航东银期货有限公司	
00320000	甘肃陇达期货经纪有限公司	
00350000	格林期货有限公司	
00360000	冠华期货经纪有限公司	
00370000	冠通期货经纪有限公司	
00380000	广东鸿海期货经纪有限公司	
00390000	珠江期货有限公司	
00510000	广发期货有限公司	
00520000	国元期货有限责任公司	

续表

取　值	描　述	备　注
00550000	海南金海岸期货经纪有限公司	
00560000	海南星海期货经纪有限公司	
00570000	和融期货经纪有限责任公司	
00580000	河北恒银期货经纪有限公司	
00590000	万达期货有限公司	
00600000	国信期货有限责任公司	
00620000	黑龙江三力期货经纪有限责任公司	
00650000	黑龙江省天琪期货经纪有限公司	
00660000	黑龙江时代期货经纪有限公司	
00670000	弘信期货经纪有限公司	
00680000	南证期货有限责任公司	
00690000	湖南大有期货经纪有限责任公司	
00700000	湖南金信期货经纪有限公司	
00710000	方正期货有限公司	
00720000	东吴期货有限公司	
00730000	华海期货经纪有限公司	
00750000	华南期货经纪有限公司	
00760000	华闻期货经纪有限公司	
00770000	中信建投期货经纪有限公司	
00780000	宏源期货有限公司	
00790000	华证期货经纪有限公司	
00800000	中晟期货经纪有限公司	
00810000	吉粮期货经纪有限公司	
00830000	东海期货有限责任公司	
00850000	江南期货经纪有限公司	
00860000	江苏东华期货经纪有限公司	
00870000	江苏弘业期货经纪有限公司	
00890000	江苏苏物期货经纪有限公司	
00900000	江苏文峰期货经纪有限责任公司	
00910000	江西瑞奇期货经纪有限公司	
00920000	天汇期货有限公司	
00930000	金鹏期货经纪有限公司	
00950000	金瑞期货有限公司	
00960000	金元期货经纪有限公司	
00970000	津投期货经纪有限公司	
00990000	经易期货经纪有限公司	

续表

取　值	描　述	备　注
01000000	科信期货经纪有限公司	
01010000	辽粮期货经纪有限公司	
01020000	汇鑫期货经纪有限公司	
01030000	中期期货有限公司	
01050000	鲁能金穗期货经纪有限公司	
01060000	迈科期货经纪有限公司	
01070000	美尔雅期货经纪有限公司	
01080000	广永期货经纪有限公司	
01100000	南华期货经纪有限公司	
01110000	广晟期货有限公司	
01120000	宁波杉立期货经纪有限公司	
01130000	国泰君安期货有限公司	
01160000	金友期货经纪有限责任公司	
01180000	蓬达期货经纪有限公司	
01190000	鲁证期货有限公司	
01200000	和合期货经纪有限公司	
01210000	山西三立期货经纪有限公司	
01220000	民生期货有限公司	
01230000	中辉期货经纪有限公司	
01250000	陕西省长安期货经纪有限公司	
01260000	上海大陆期货有限公司	
01270000	上海东方期货经纪有限责任公司	
01280000	上海东亚期货经纪有限公司	
01290000	海通期货有限公司	
01300000	上海金城期货经纪有限公司	
01310000	上海金鹏期货经纪有限公司	
01320000	上海金源期货经纪有限责任公司	
01330000	上海久恒期货经纪有限公司	
01350000	上海东证期货有限公司	
01360000	上海良茂期货经纪有限公司	
01370000	光大期货有限公司	
01380000	上海普民期货经纪有限公司	
01390000	海证期货有限公司	
01500000	上海通联期货经纪有限公司	
01520000	上海永大期货经纪有限公司	
01530000	上海浙石期货经纪有限公司	

续表

取 值	描 述	备 注
01550000	上海中财期货有限公司	
01560000	上海中期期货经纪有限公司	
01570000	深圳金汇期货经纪有限公司	
01580000	中证期货有限公司	
01590000	乾坤期货有限公司	
01600000	五矿实达期货经纪有限责任公司	
01610000	平安期货有限公司	
01620000	招商期货有限公司	
01630000	神华期货经纪有限公司	
01660000	深圳瑞龙期货有限公司	
01670000	晟鑫期货经纪有限公司	
01680000	北京首创期货经纪有限责任公司	
01700000	国金期货有限责任公司	
01720000	安信期货有限责任公司	
01730000	天富期货经纪有限公司	
01750000	天鸿期货经纪有限公司	
01760000	天津金谷期货经纪有限公司	
01770000	申银万国期货有限公司	
01780000	创元期货经纪有限公司	
01800000	招金期货有限公司	
01810000	国联期货有限责任公司	
01820000	五矿海勤期货经纪有限公司	
01830000	德邦期货有限公司	
01850000	西部期货有限公司	
01860000	西南期货经纪有限公司	
01870000	国贸期货经纪有限公司	
01880000	湘财祈年期货经纪有限公司	
01890000	新纪元期货有限公司	
01920000	新疆天利期货经纪有限公司	
01930000	金石期货有限公司	
01950000	鑫国联期货经纪有限公司	
01960000	烟台中州期货经纪有限公司	
01970000	一德期货经纪有限公司	
01980000	银建期货经纪有限责任公司	
01990000	中原期货经纪有限公司	
02000000	云晨期货经纪有限公司	

续表

取 值	描 述	备 注
02010000	红塔期货有限责任公司	
02020000	浙江大地期货经纪有限公司	
02030000	浙江大越期货经纪有限责任公司	
02050000	宝城期货有限责任公司	
02060000	信达期货有限公司	
02070000	国海良时期货有限公司	
02080000	浙江省永安期货经纪有限公司	
02090000	新湖期货有限公司	
02100000	浙江天马期货经纪有限公司	
02110000	浙江新华期货经纪有限公司	
02120000	浙江新世纪期货经纪有限公司	
02130000	浙江中大期货经纪有限公司	
02160000	中诚期货经纪有限责任公司	
02170000	中钢期货有限公司	
02180000	中谷期货经纪有限公司	
02190000	中国国际期货经纪有限公司	
02200000	中航期货经纪有限公司	
02210000	中粮期货经纪有限公司	
02220000	中期嘉合期货经纪有限公司	
02230000	中天期货经纪有限公司	
02250000	中信东方汇理期货经纪有限公司	
02260000	摩根大通期货有限公司	
02270000	吉林金昌期货有限公司	
02280000	兴业期货有限公司	
02290000	重庆三五九期货经纪有限公司	
02300000	中银国际期货有限责任公司	
02310000	第一创业期货有限责任公司